집단상담과 치료

이론과 실제

GROUP COUNSELING AND PSYCHOTHERAPY

THEORY AND PRACTICE

강진령 저

학지사

시간을 되돌려 과거로 돌아갈 수 있다면, 언제로 돌아가 삶을 다시 시작하고 싶은가? "지금 자신이 변하지 않으면, 과거로 돌아가도 똑같은 삶을 살 것이다. 설령 모든 기억을 가지고 돌아간다 해도 결과는 달라지지 않을 것이다. 그러기에 우린 지금 달라져야 하고, 단지 그것을 깨닫는 것만으로는 이루어지지 않는다. 인생을 바쳐 그 변화를 시도해야 한다." 페테르 우스펜스키는 소설 『이반 오소킨의 인생여행 Strange Life of Ivan Osokin』을 통해 종교, 철학, 심리학적 깨달음을 피력하고 있다. 그렇다면 이 순간과 삶은 얼마나 소중한가?

마치 뫼비우스의 띠를 따라가는 여행처럼, 우리의 삶은 과거와 현재를 넘나드는 과정과 같다. 어디까지 과거이고, 어디가 현재이며, 또 어디부터 미래인가? 우리가 볼 수 없고 알 수 없는 시간의 흐름 속에 지금 우리는 현재에 살고 있는가, 과거에 살고 있는가, 아니면 미래에 살고 있는가? 나는 나의 삶, 과거 어느 시점에 처음으로 집단에 참여하게 되면서, 사람들의 마음을 치료하는 일을 하려는 소망과 함께 몇 가지 의문을 품었다. 치료적 집단이 어떻게 사람을 변하게 하는지, 이 집단의 리더는 어떤 역량을 갖춰야 하는지 등에 대해. 그때 품었던 의문점은 삶을 통해 답을 얻고 있다. 사람과 사람의 관계를 통해 '나의 나 됨'을 발견해 가면서 말이다.

이 책은 사람들과의 관계를 통해 지금 여기에서 삶의 변화를 시도하려는 이들을 어떻게 도울 것인가에 관한 나의 물음에 대한 답변이다. 이러한 물음은 지금 이 순간에도 계속되고 있고, 또 앞으로도 계속될 것이다. 지금 살아 있다는 것은 삶을 경험하고 있다는 것이고, 삶에 대한 해답은 삶의 경험을 통해 발견할 수 있다. 상담자든 내담자든, 집단리더든 집단참여자든, 지금 살아 있다는 것은 자신만의 답을 찾아가는, 삶의 이야기를 써 나가는 일이다. 이것이 바로 집단상담과 치료의 화두다.

이 책에는 치료적 집단의 운영에 필요한 증거기반의 실천적 지식practical knowledge이 담겨 있다. 나는 새 시대에 새롭게 조명되고 있는 동향을 반영하여, 최근에 발표된 경험적 연구 결과로 집단상담과 치료에 관한 주장을 뒷받침하고자 했다. 그런가 하면, 집단작업전문가 윤리에 관한 부분은 국내외 주요 학회의 최근 윤리강령을 기반으로 이들의 윤리적 실천과 다양성을 중시하는 시류를 반영하고자 했다. 다른 한편으로는 외국인 연구자와 임상가가 창안한 주요 개념에는 영문을 병기하여, 그들의 의도를 정확히 전달하고자 했다. 그리고 집단운영 시 기억하면 좋을 내용은 지침이나 체크리스트의 형식으로 '글상자'에 요약·정리했고, 주요 개념의 실제 적용에 도움이 되도록 '대화상자'에 대화의 예를 제시했다.

이 책에서는 외국에서 들어온 용어들을 일관성 있는 우리말로 표기하고자 했다. 예를 들면, 그동안 정신의학 분야에서는 'group psychotherapy'를 '집단정신치료'라는 말로 사용해 왔다. 그러나 우리나라에서는 지금까지 'psych-'라는 접두어는 '심리'라는 의미로 사용해 왔다. 따라서 'psychology'의 우리말 표기는 심리학으로, 'psychodrama'는 심리극이라는 말로 사용했다. 또한 정신장애는 'mental disorder'로 번역되어 사용되고 있다. 이러한 논리에 따르면, '집단정신치료'는 'group mental therapy'로 번역되어야 할 것이다. 따라서 향후 후학들이 국내외적으로 일관성 있는 용어를 사용하여 보편성 있는 학문발달을 이룰 수 있게 하기 위해서는 마땅히 'psycho-'는 '심리'로, 'mental'은 '정신'으로 통일되어 무리 없이 역 번역[back translation]이 가능해지도록 용어를 선정·사용할 필요가 있을 것이다. 이에 향후 'psychotherapy'는 '심리치료'로, 'psychoanalysis'는 '심리분석'으로 사용되어야 할 것이다.

치료적 집단의 리더로서 구성원들의 변화를 촉진하려는 정신건강 전문가 또는 예비 전문가들에게 어떤 전문지식이 요구되는가에 관한 성찰은 이 책의 핵심 내용이 되었다. 이들이 집단상담과 치료에 관한 전문지식을 어떤 순서로 개관·입력하는 것이 학습 내용의 인출과 임상 적용에 가장 효과적일까에 관한 궁리는 이 책의 구성이 되었다. 이에 이 책은 크게 '집단상담과 치료/이론'과 '집단상담과 치료/실제'의 2편으로 나뉜다. 1편에는 집단상담과 치료의 기초(제1장), 집단의 치료요인(제2장), 치료자와 리더십(제3장), 참여자와 치료적 쟁점(제4장), 집단상담과 치료의 윤리적 쟁점(제5장), 집단상담과 치료이론(제6장)이, 2편에는 집단작업(제7장), 집단작업기술(제8장), 집단계획과 준비(제9장), 집단작업의 진행과정(제10장), 집단발달(제11장), 그리고 대상별 집단(제12장)이 각 장으로 구분되어 있다.

탈고를 하면서 또다시 원고를 호리병에 넣어 유유히 흐르는 강물에 띄워 보내는 심정이 든다. 집단상담과 치료에 관한 작은 생각과 소망이 한 권의 책으로 결실을 맺기까지 지원과 성원을 아끼지 않으신 분들께 진정으로 감사드린다. 이 책을 접하는 분 모두가 집단상담·치료 이론과 실제를 겸비한 치료자로 거듭나기를 온 마음으로 소망한다.

2019년 8월
저자

/ 차례 /

✦ 머리말 _ 3

SECTION 1 집단상담과 치료/이론

CHAPTER 01 **집단상담과 치료의 기초 _ 11**

집단상담과 치료의 정의 ⋯⋯⋯14
집단상담과 치료의 발달사 ⋯⋯⋯15
집단상담과 치료의 과제와 전망 ⋯⋯⋯22
집단의 유형 ⋯⋯⋯24
집단의 형태 ⋯⋯⋯39
집단상담과 치료의 강점과 한계 ⋯⋯⋯43
◆성찰활동 ⋯⋯⋯48

CHAPTER 02 **집단의 치료요인 _ 51**

집단과정 ⋯⋯⋯54
집단역동 ⋯⋯⋯57
집단의 치료요인 ⋯⋯⋯67
임상가들이 주장한 집단의 치료요인 ⋯⋯⋯87
◆성찰활동 ⋯⋯⋯92

CHAPTER 03 **치료자와 리더십 _ 95**

집단리더의 역할 ⋯⋯⋯97
집단리더의 자질 ⋯⋯⋯99
집단리더의 전문성 ⋯⋯⋯109
집단전문가 교육과 훈련 ⋯⋯⋯116
집단리더십 ⋯⋯⋯123

공동리더십 ·········131
◆성찰활동 ·········137

CHAPTER 04   참여자와 치료적 쟁점 _ 143
집단원의 과업 ·········146
집단원의 기능적 역할 ·········147
집단원의 감정에 대한 개입 ·········152
집단원의 문제행동과 개입 ·········154
◆성찰활동 ·········190

CHAPTER 05   집단상담과 치료의 윤리적 쟁점 _ 193
윤리적 리더십 ·········195
집단전문가 윤리강령 ·········200
집단상담과 치료의 윤리적 쟁점 ·········202
◆성찰활동 ·········228

CHAPTER 06   집단상담과 치료이론 _ 231
정신분석집단 ·········235
개인심리학 집단 ·········242
심리극 ·········248
행동치료집단 ·········257
실존치료집단 ·········262
인간중심치료집단 ·········266
게슈탈트치료집단 ·········270
합리정서행동치료집단 ·········277
현실치료집단 ·········284
교류분석집단 ·········290
해결중심단기치료집단 ·········296
이야기치료집단 ·········303
동기강화면담집단 ·········308
통합적 접근 ·········314
◆성찰활동 ·········315

SECTION 2 집단상담과 치료/실제

CHAPTER 07 집단작업 _ 321

집단작업 준비 ·········323
과정분석 ·········326
◆성찰활동 ·········357

CHAPTER 08 집단작업기술 _ 359

내용기술 ·········362
과정기술 ·········384
◆성찰활동 ·········421

CHAPTER 09 집단계획과 준비 _ 425

집단준비 ·········427
집단계획 ·········432
집단계획서 작성 ·········440
예비집단 회기의 기능 ·········460
◆성찰활동 ·········463

CHAPTER 10 집단작업의 진행과정 _ 467

시작 회기 ·········470
중간 회기 ·········494
종결 회기 ·········517
◆성찰활동 ·········546

CHAPTER 11 집단발달 _ 549

탐색단계 ·········555
작업단계 ·········572
생산단계 ·········593
통합단계 ·········603

후속 집단 회기 ·········607
◆성찰활동 ·········610

CHAPTER
12
대상별 집단 _ 613

아동집단 ·········615
청소년집단 ·········625
대학생집단 ·········631
커플집단 ·········633
중독자집단 ·········636
나이 든 성인집단 ·········638
사별집단 ·········645
다문화집단 ·········647
◆성찰활동 ·········652

◈ 참고문헌 _ 654
◈ 찾아보기 _ 667

SECTION

1

집단상담과 치료/
이론

CHAPTER

01

집단상담과 치료의 기초

삶은 풀어야 할 문제가 아니라
살아야 할 신비다.
– 오쇼의 『장자, 도를 말하다』 중에서 –

☐ 집단상담과 치료의 정의 ⋯ 14
☐ 집단상담과 치료의 발달사 ⋯ 15
☐ 집단상담과 치료의 과제와 전망 ⋯ 22
☐ 집단의 유형 ⋯ 24
☐ 집단의 형태 ⋯ 39
☐ 집단상담과 치료의 강점과 한계 ⋯ 43
◆ 성찰활동 ⋯ 48

사람은 사람들 사이에서 태어나, 사람들 사이에서 살다가, 사람들 속에서 생을 마감한다. 사람은 사람을 필요로 하지만, 사람에게서 상처받기도 하고, 사람들 사이에서 치유되기도 한다. 인류 역사에서 사람은 언제나 사람들과 더불어 존재했고, 존재하고 있으며, 앞으로도 그럴 것이다(Forsyth, 2018). 이처럼 필연처럼 보이는 삶의 과정에서 사람들은 집단이라는 공동체에서 구성원들과 강하면서도 지속적인 유대관계를 이어 왔고, 욕구를 충족시켜 왔다. 대인관계를 기반으로 형성되는 집단의 응집력과 결속력이 없었다면, 사람의 생존이나 종의 유지는 가능하지 않았을 것이다.

행동주의 심리학의 아버지로 불리는 윌리엄 제임스[William James](1842~1910)는 일찍이 인간을 동료들과 함께 있고 싶어 하는 군집성 동물인 동시에, 동료들로부터 우호적으로 주목받기를 원하는 생래적 성향이 있는 존재로 보았다. 그는 사람을 사회로부터 격리하여 다른 구성원들의 주목을 받지 못하게 하는 것을 가장 잔인한 벌로 보았다. 제임스의 지적처럼, 사람들과 친밀한 관계를 형성하려는 욕구는 다른 생물학적 욕구 못지않게 기본적이고 선천적이며 생존에도 필수적이다. 사람은 중요한 타인의 평가에 기초하여 자아를 발달시킨다. 해리 설리번[Harry Sullivan](1892~1949)의 주장처럼, 개인의 성격은 중요한 타인들과의 상호작용의 산물이다. 개인의 심리적 문제나 병리적 현상 역시 중요한 타인들과의 관계에서 비롯될 수 있기 때문이다.

집단심리치료가 증상을 치료하는 기능이 있다면, 집단상담은 치료와 교육의 기능이 있다. 대체로 개인상담과 치료에 비해 집단작업에서 임상가와 구성원들과의 관계는 훨씬 더 복잡한 양상으로 발달한다. 전자의 경우에는 단지 두 사람의 교류가 있을 뿐이지만, 후자의 경우에는 구성원들 간의 상호작용이 이루어지기 때문이다(Conyne & Diederich, 2014). 생산적 · 치료적 집단이 되려면 구성원들 간에 좋은 관계가 필요하다는 주장만으로는 충분하지 않다. 어떤 관계가 요구되는지 증거를 바탕으로 언급할 수 있어야 한다. 여기서 치료적 집단[therapeutic group]이라 함은 특정한 집단유형을 가리키는 것이 아니라, 치료적 작업을 할 수 있는 집단을 일컫는다. 치료적 집단에서 구성원들은 다른 구성원들과의 상호작용을 통해 자기의 참모습을 발견하거나, 새로운 행동실천을 통해 비로소 자신이 원하는 삶을 추구하기도 한다. 집단상담과 치료는 이처럼 집단원들이 사회적 · 심리적 고립에서 벗어나 더욱 생산적인 삶을 영위할 수 있는 틀을 제공한다.

집단치료는 매우 효과적이고 유용한 치료의 한 형태라는 검증된 기록이 있고, 개인치료만큼 효과적일 뿐 아니라, 사회적 지지와 대인관계에 관한 학습이 치료의 중요한 목표인 경우에는 개인치료보다 더 효과적이다(Yalom, 2005). 일찍이 미국학교상담자협회(ASCA, 2005)는 국가모델에서 학교상담자들이 집단상담을 더 적극적으로 활용할 것을 권장한 바 있다. 학교장면에는 상담 전담교사 수보다 서비스 수혜자인 학생 수가 많다는 점에서 개인상담으로 전교생에게 상담의 혜택을 골고루 나누어 주기에는 한계가 있다.

반면, 집단상담은 제한된 시간을 가장 효율적으로 사용하면서 더 많은 학생에게 서비스를 고르게 제공할 수 있다는 강점이 있다(Sink, Edwards, & Eppler, 2012). 신입생 오리엔테이션, 진로·진학지도 및/또는 생활지도와 관련된 각종 프로그램을 통해 학교상담자와 교사들의 시간과 노력을 대폭 절약할 수 있다는 점이 좋은 예다. 여러 전문가는 대인관계와 사회적 기술 습득에 초점을 두는 상담집단이 학생들의 발달단계에 적합한 인간적 성장을 도모하는 데 가장 적합한 도구라는 사실에 동의하고 있다(Akos, Hamm, Mack, & Dunaway, 2007; Malekoff, 2014; Myrick, 2011).

집단상담과 치료는 예술[art]인 동시에 과학[science]이다(Stockton, 2010). 여기에는 전통과 혁신 사이의 균형이 요구된다. 전통과 정통성을 고수하려는 사람들은 최적보다는 안정을 추구한다. 이러한 태도는 추종자들에게 안정감을 주지만, 시대정신에 무감각하여 침체의 늪에 빠지게 할 수 있다. 혁신에 관심 있는 사람들은 최적보다는 변화를 추구한다. 혁신은 추종자들에게 열정과 창조성을 주지만, 과학적인 평가가 없다면 나아갈 방향을 잃고 표류하는 배 같은 운명이 될 수 있다. 그러면 집단상담과 치료란 무엇인가?

집단상담과 치료의 정의

집단상담과 치료는 치료적 집단에 관한 전문지식과 임상경험을 갖춘 1인 또는 그 이상의 전문가가 집단활동과 작업을 통해 2인 이상의 상호 독립적인 개인들의 변화와 성장을 추구하는 형태의 치료적 대인관계 과정이다. 여기서 '치료적[therapeutic]'이라 함은 집단의 이론, 기술, 기법, 전략 등의 적용은 물론, 개인내적 탐색과 역동적인 상호교류를 통해 구성원의 정신적·신체적 문제를 치료하거나 또는 변화·성장을 촉진하는 속성이 있음을 의미한다. 이러한 효과를 산출하려면, 치료적 집단은 ① 심리적 유의성, ② 직접적 의사소통, ③ 유의한 상호작용, ④ 역동적 상호관계, ⑤ 생산적 상호 의존의 조건을 갖추어야 한다.

　이에 비해, 집단심리치료^{group psychotherapy}는 집단을 도구 삼아 구성원 간의 상호작용, 즉 언어적 · 비언어적 의사소통으로 집단원의 정서 · 행동문제를 치료하는 방법이다. 집단심리치료의 목적은 치료자와 집단원, 그리고 집단원들 간에 진술한 상호작용을 통해 마음의 갈등 또는 문제를 해결하고, 대인관계의 어려움을 극복하며, 나아가 억압되었던 잠재 능력을 개발하여 높은 단계의 인간적 성숙을 달성하는 데 있다. 이는 개인심리치료와 같은 목적을 성취하기 위해 집단 내에서 구성원들의 모습을 이해하고, 집단에서 일어나는 대인관계 양상과 상호작용을 관찰하며, 집단에서 구성원의 역할 탐색을 중시한다(Barlow, 2008).

　집단심리치료와 집단치료는 흔히 혼용된다. 그러나 엄밀히 말하면, 집단치료^{group therapy}는 집단심리치료를 비롯하여 굳이 대화가 요구되지 않는 활동(예, 교육, 단순한 정보전달, 훈화, 설교 등)과 활동치료(운동, 활동, 예술, 연극 등)를 포함한다. 즉, 집단치료에는 집단심리치료와 사이코드라마 외에도 대집단치료, 활동치료에 해당하는 작업치료와 치료 레크리에이션, 예술치료에 해당하는 음악치료, 미술치료, 무용치료, 연극치료 등 다양한 치료양식이 포함된다. 이처럼 집단치료와 집단심리치료는 200여 개에 달하는 심리치료이론의 영향을 받았다는 점에서 이 두 가지 명칭은 동의어로 사용되기도 한다. 그렇지만 집단치료는 내과 의사에 의해 처음 실시되었고, 정신분석, 심리학, 사회학, 철학, 연극, 예술 등의 영향을 받았으며, 다양한 분야에서 다양한 양식으로 발달되어 왔다는 점에서 집단심리치료를 포함하는 광의의 개념으로 정의되어야 한다(이후경, 2000).

 ## 집단상담과 치료의 발달사

영국의 역사학자 에드워드 카^{Edward H. Carr}(1892~1982)는 역사를 역사가에 의해 항상 다시 작성되는, 역사가와 사실^{facts} 사이의 지속적인 상호작용 과정이며, 현재와 과거 사이의 끊임없는 대화로 정의했다. 그의 정의를 고려할 때, 이 시점에서 집단상담과 치료의 역사를 고찰하는 이유는 과거 사실을 반추하여 현재 상황을 이해하고, 보다 진보적이고 발전적인 미래를 준비하기 위해서다. 이러한 관점에서 과거, 현재, 미래는 시간으로 구분되는 대상이라기보다는 역사의 연속선상의 일부일 뿐이다. 역사적으로, 집단상담과 치료는 정신분석, 심리학, 사회심리학과 함께 집단과 관련된 다양한 이론이 창안되고 실제 경험이 소개되면서 태동했다.

고전적 정신분석에서는 주로 과거의 상처에 초점을 맞추어 이를 교정하는 완전한 성격 재건에 목표를 두었다. 그러나 오늘날 상담과 심리치료에서는 과거보다는 현재 속에 들어 있는 과거의 상처를 다루는 한편, 현재의 기능에 중점을 둔다는 점에서 맥을 같이한다. 즉, 현재의 관점에서 과거를 새롭게 해석하는 것이다(DeLucia-Waack, Kalodner, & Riva, 2014). 기록에 의하면, 집단상담과 치료는 미국에서 시작되었고, 유럽에서 활동하던 유명 정신분석가와 심리학자들이 대거 미국으로 건너가게 되면서, 집단심리치료의 기틀이 마련되었다(Scheidlinger, 1993). 이러한 점에서, 여기서는 미국의 집단상담과 치료의 발달과정을 조망한 다음, 우리나라에서의 발달과정을 살펴보기로 한다.

미국 집단상담과 치료 발달사

미국에서 집단상담과 치료의 발달은 20세기 초 집단치료group therapy의 형태로 시작되었다. 제2차 세계대전 종전 후, 집단치료는 경험과 성장 중심의 상담형태로 변모하여 오늘에 이르게 된다. 미국의 집단상담과 치료의 발달단계는 ① 태동기, ② 성장기, ③ 정착기로 구분하여 살펴보기로 한다.

태동기 / (1905~1945).   태동기는 1905년 미국의 내과 의사 조셉 프랫Joseph Hershey Pratt(1872~1956)이 보스턴에서 처음으로 집단치료를 실시한 시점에서 시작된다(Scheidlinger, 1993). 그는 매사추세츠 종합병원에서 심할 정도로 진행된 폐결핵 환자들을 대상으로 심리적 건강과 결핵의 신체적 경과 사이에 상관관계가 있음을 인식하고, 질병과 치료방법에 대해 교육하고 사람을 치료하기 위해 집단치료를 실시했다. 프랫이 고안·사용했던 치료방법에는 가정방문, 환자의 일기 쓰기, 그리고 25명 내외의 폐결핵 환자가 매주 모임을 갖는 것이 포함되어 있었다. 이 방법은 폐결핵 환자에게 흔한 우울과 소외감 극복에 도움이 된 것으로 보고되었다. 그 후, 이 시기는 다양한 임상가의 기여로 집단치료의 기반을 다지게 되었는데, 대표적인 임상가와 이들의 업적은 표 1-1과 같다.

표 1-1. 미국 집단상담과 치료의 형성기 약사

임상가	연도	업적
□ 프랫 Pratt	1905	○ 보스턴 소재 매사추세츠 종합병원에서 폐결핵 환자들을 대상으로 질병과 치료방법을 교육하기 위해 집단치료를 최초로 실시함 ○ 환자들의 일기를 조사하고, 체중을 칠판에 기록하게 했으며, 성공적인 환자들에게 증언을 하게 하여 응집성과 상호지지를 치료적 수단으로 사용함
□ 라젤 Lazell	1921	○ 워싱턴 DC 소재 성 엘리자베스 병원에서 최초로 조현병 환자들을 대상으로 조현병에 대한 교육을 실시함 ○ 정신분석과 교육을 위한 집단토론을 실시함 ○ 입원환자 집단치료의 효시가 됨
□ 마쉬 Marsh	1931	○ 입원환자들을 대상으로 격려와 충고 위주의 집단 접근을 개발함 ○ "사람은 군중에 의해 망가지만, 군중에 의해 치유될 수 있다."는 슬로건을 통해 근대 환경치료의 효시가 됨 ○ 광범위한 임상적 문제해결을 위해 집단을 사용함
□ 버로우 Burrow	1920 년대 중반	○ 정신분석용 안락의자를 버리고 소집단 대상의 토론집단을 시행, '집단분석group analysis'이라는 용어를 창안함 ○ 상호작용 촉진을 위해 고안된 운동, 강의, 숙제 같은 교수적 방법 등 다양한 기법을 사용함
□ 드라이커스 Dreikurs	1920 년대	○ 비엔나에서 아들러와 함께 아동지도클리닉을 운영함 ○ 아동과 성인집단에서 대인관계에서 발생하는 열등감에 대한 주제를 다루면서, 이를 '집합치료collective therapy'라 명명함 ○ 개인클리닉에서 집단치료를 최초로 실시한 인물로 알려짐
□ 웬더 Wender	1929	○ 프로이트의 집단심리학이론을 외래와 입원한 비정신병 환자집단에 적용함 ○ 집단치료에서 정신분석적 접근의 어려움을 서술함
□ 모레노 Moreno	1920 전후	○ 비엔나에서 연극적 방법을 도입하여 집단치료를 시행함 ○ 자발성, 역할연기, 사회측정학 등 집단심리학의 주제를 다룸 ○ 가치극, 사회극, 즉흥극을 거쳐 사이코드라마를 개발함 ○ 처음으로 '집단치료'라는 말을 사용함
□ 슬라브슨 Slavson	1934	○ 최초로 심리장애 아동·청소년들을 대상으로 자기표현과 자기발견에 기초한 활동 중심의 집단치료를 실시함 ○ 모든 계층과 질병군에 적용되는 정신분석적 토론집단의 표준모델을 개발, '집단심리치료의 아버지'로 불림

□ 아이크혼 Eichhorn	1935	○ 비엔나에서 정신분석에 기초하여 청소년 비행 치료를 위한 집단치료를 최초로 시도함
□ 르윈 Lewin	1939	○ 집단연구에 관찰에 의한 과학적 사회심리학 접근법을 도입했고, 소집단기능에 '장이론'을 소개함 ○ 집단역동, 집단압력, 리더십 등의 용어를 창안, '집단역동의 아버지'로 불림
□ 레들 Redle	1942	○ 비행 또는 심각한 정신질환을 앓고 있는 시설 및 보호소에 수용된 아동·청소년들을 대상으로 집단치료를 시행함

표 1-1에 제시된 것처럼, 당시 미국과 유럽의 정신보건 전문가들의 다양한 활동으로 집단치료의 기틀이 다져졌다. 그 후, 제2차 세계대전의 발발로 정신적인 문제를 호소하는 병사들이 넘쳐나게 되면서 당시의 정신과 군의관 수로는 이들을 치료하는 데 심한 어려움이 있었다. 이에 훨씬 더 경제적인 치료방법, 즉 집단적 접근의 심리치료가 적극적으로 권장되었고, 이는 집단치료가 급성장하는 계기가 되었다. 이러한 시대적 요구는 특히 미군과 영국군 병원에서 여러 명의 집단심리치료 선구자·권위자 배출로 이어졌다. 이와 같은 집단심리치료 전문 인력의 축적은 1942년 각각 사무엘 슬라브슨^Samuel R. Slavson과 야코브 모레노^Jacob L. Moreno를 주축으로 한 미국집단심리치료학회^American Group Psychotherapy Association(AGPA)와 미국집단심리치료·사이코드라마협회 American Society of Group Psychotherapy and Psychodrama(ASGPP) 창립의 기틀이 되어, 집단심리치료 발달을 위한 토대가 되었다.

성장기 / (1945~1970).　　성장기는 AGPA와 ASGPP의 창립으로, 집단치료이론과 실제에서 두 학회의 경쟁 구도 속에서 극심한 갈등과 함께 급성장을 이룬 시기다 (Scheidlinger, 1993). 이 시기를 집단상담과 치료의 성장기로 명명할 수 있게 하는 중요한 세 가지 사건은 다음과 같다.

첫째, 1946년 처음 사회심리학자 커트 르윈^Kurt Lewin을 주축으로 T 집단이 시작된 것이다. 여기서 T는 'training in human relations', 즉 '인간관계훈련'을 의미한다. 경험집단의 선조 격인 T 집단은 집단 간의 긴장을 다루는 데 매우 효과적이었다. 이에 르윈은 당시 미국 사회의 갈등을 초래했던 인종에 대한 일반 대중의 태도 변화를 돕기 위해 워크숍을 조직·실시했다. 그리고 이듬해인 1947년 미국의 비영리 행동심리센터인 응용행동과학 국립훈련원^National Training Laboratories Institute for Applied Behavioral Science을 설립함으로써 기업연수 프로그램 개발에 크게 기여했을 뿐 아니라, T 집단의 운영방법 개발에 힘썼다. 특히 그는 '행동 없이 연구 없고, 연구 없이 행동 없다^{No research without} ^{action; no action without research}'는 신조로, 연구관찰자들에게 각 소집단의 행동적 상호작용을 기록·부호화하게 했다. 그 후, T 집단은 '정상인을 위한 집단치료'를 제공한다는 참만남집단으로 진화했다.

둘째, 1960년대에 들어서면서 칼 로저스^{Carl Rogers}를 주축으로 시작된 '참만남집단운동^{encounter group movement}'이다. 이 운동은 처음에는 기본참만남집단^{basic encounter group}이라는 이름으로 시작되어 일반 대중의 큰 관심을 불러일으켰다. 당시 로저스는 이 집단을 '금세기의 가장 중요한 사회학적 발명'이라고 선언함으로써 참만남집단운동에 불을 지폈다. 참만남집단은 비의사에 의해 주도된 것이었지만, 정신과 의사들도 깊은 관심을 가지고 참여했다. 이러한 움직임은 결국 기존의 정신과 의사 중심의 집단심리치료 분야 전문가들에게 당혹감과 위기의식을 동시에 안겨 주었다. 그 결과, AGPA는 참만남집단이 일반인 대상의 감정교육집단일 뿐, 환자를 위한 치료집단과는 다르다고 선을 그었다. 얄롬(Yalom, 2005)은 참만남집단 출현 당시의 상황을 글상자 1-1과 같이 상기했다.

글상자 1-1. 참만남집단 출현 당시의 상황에 대한 얄롬의 회고

참만남집단이 출현할 당시, 많은 집단치료자는 집단의 다른 집단원들과 전혀 다른 행동규칙을 가정했습니다. 그들은 단지 정신분석적 개인치료방식을 집단에 이전하여 고의적으로 미혹했습니다. 투명하지도 않았고, 단지 전문가의 얼굴만을 드러냈을 뿐이었습니다. 그 결과, 집단원들은 치료자의 말과 행동을 내용과는 상관없이 강력하고 현명하다고 여겼습니다. 반면, 참만남집단의 리더들에게는 매우 다른 행동 지침이 있었습니다. 이들은 유연하고, 실험적이며, 개방적이고, 기여 결과에 따라 권위를 얻었습니다. 집단원들은 이 리더들이 특수 영역에서 기술과 지식이 월등할 뿐 아니라, 훨씬 더 현실적으로 자신들과 비슷하다고 인식했습니다.

참만남집단은 다양한 별칭(경험집단, 인간관계집단, 감수성훈련집단, 개인성장집단, 인간잠재력집단, 감각자각집단 등)으로 불리면서 행보를 이어 갔고, 이러한 움직임은 집단상담 태동의 밑거름이 되었다.

셋째, 1963년, 케네디^{John F. Kennedy} 대통령의 「지역사회 정신건강센터건립법」([*]주. 국민

의 정신건강 관리, 치료, 예방을 위한 지역사회 정신건강센터^{community mental health center} 건립을 위한 법률로, 프로이트 이후 정신과학 분야에서 '제3의 정신건강 혁명'으로 일컬어짐) 제정으로, 잘 훈련된 집단심리치료 전문가 양성이 요구되었을 뿐 아니라, 이론에 관한 연구를 활성화하는 계기가 되었다. 이 무렵, 어빈 얄롬^{Irvin Yalom}(1931~현재)은 대인관계모델^{interpersonal model}(집단원들 간의 대인관계에 초점)을 창안함으로써 집단심리치료이론의 지평을 넓혔다.

정착기 / (1970년대 이후).   정착기는 1960~1970년대의 지역사회 정신건강 운동과 참만남집단운동 시기를 거치면서 창안된 다양한 집단상담과 심리치료이론이 임상장면에 확대 적용되어 집단치료가 훨씬 더 실용적인 치료 도구로 정착된 시기다. 정착기의 주요 사건은 1973년 드와이트 아놀드^{Dwight Arnold}를 중심으로 미국인사·생활지도학회^{American Personnel and Guidance Association}(APGA) 제11분과로 집단작업전문가협회^{Association for Specialists in Group Work}(ASGW)가 창립된 것이다. 한편, 1974년 AGPA 연차대회에서는 집단치료자훈련 및 자격 지침이 통과되어 집단심리치료자의 자격 구분, 훈련, 양성에 관한 규정이 마련되었다.

그러나 이 무렵부터 미국의 심리치료는 생물정신의학이 득세하면서 정신의학은 재의학화되어 정신과 의사는 약물 처방을 주로 하고, 상담은 비의사가 담당하는 시스템으로 전환되었다(김해암, 1995). 이러한 추세는 오늘날에는 더욱 심화되었고, 우리나라에서도 이와 같은 현상이 점차 고착화되고 있다. 1980년대 이후에는 집단심리치료의 다양한 이론을 비롯하여 치료기법과 양식 통합을 위한 다양한 시도가 이루어졌다. 이 시기에 다양한 집단치료모델에 대해 경험이 많은 임상가들은 글상자 1-2와 같은 합의점에 이르렀다(Scheidlinger, 1991).

🏢 글상자 1-2. 집단심리치료에 관한 임상가들의 합의점

> 1. 단일 이론과 기법 중심의 치료적 접근은 임상적 한계가 있다.
> 2. 이론적 접근을 달리하는 숙련된 치료자들이 발표한 치료 성과는 유사하다.
> 3. 여러 접근의 심리치료는 공통점이 있다.
> 4. 경험이 많은 임상가 대부분은 자신을 절충주의자^{eclecticist}로 규정한다.

이러한 시류는 1990년대에 들어서면서 더욱 확대되었고, 집단상담과 치료는 바야흐로 정신분석을 비롯하여 게슈탈트치료, 인간중심치료, 인지행동치료, 실존치료, 현실치료, 교류분석, 심리극을 포함하는 다원주의 경향을 띠었다(Scheidlinger, 1991). 이러한 경향은 21세기에 들어서서 더욱 확대되어, 오늘날 임상가들의 대부분은 집단치료에서 특정 이론에 한정하지 않고, 필요에 따라 다양한 이론과 기법을 적용하는 통합적 · 절충적 접근을 사용하고 있다(Corey & Corey, 2017).

한국의 집단상담과 치료 발달사

우리나라에서 집단상담과 치료의 발달은 제2차 세계대전 종전, 곧이어 발발한 한국전쟁과 휴전 등 국가적으로 큰 위기를 치르면서, 이 땅에 교육과 보건 분야에 새바람을 불어넣으려는 시도와 함께 시작되었다. 한국전쟁 이후, 국군 정신병원에서는 치료의 효율성 제고를 위해 집단정신치료가 입원환자 대상으로 정신과 병동에서 실시되었고, 이에 관한 논문도 다수 발표되었다(이후경, 2013). 그 후, 1960년대에 들어서면서 사회적 요구에 의해 참만남집단을 비롯한 집단상담과 치료의 접근방법들이 대거 유입되었다. 한국의 집단상담과 치료 발달에 영향을 준 주요 사건을 중심으로 정리하면 다음과 같다.

교도교사 자격연수.   첫째, 1960년을 전후하여 중등학교 교사들을 대상으로 실시된 교도교사 자격연수다. 이는 1964년 제정된 「공무원법」에 중 · 고등학교 교도교사 자격규정이 포함되어 전국으로 확대 실시된 것으로, 총 240시간의 연수를 받게 되어 있었다. 이 자격연수의 특이점은 로저스의 비지시적 상담방법과 함께, 참만남집단과 T 집단형태의 프로그램이 소개된 것이었다. 특히 로저스의 접근방법은 엄격한 훈육방법에 익숙했던 교사들에게 신선한 충격이었다. 또한 '새교육운동'으로 민주적인 학교 교육을 실현하려는 교육자들에게는 이상적인 교육모형으로 인식되었다(강진령, 2015).

학생생활연구소 설치.   둘째, 1961년 서울대학교를 필두로 전국의 대학에 의무 설치되었던 학생생활연구소다. 초기에 이 기관의 설치는 정치적인 목적이 있었지만, 결과적으로는 대학생들에게 집단상담 프로그램이 소개되는 출구 역할을 담당했다. 즉, 각 대학의 학생생활연구소는 상담전공 교수들을 주축으로 자아성장 프로그램을 비롯하여 학업, 진로, 대인관계 등 다양한 영역의 집단상담 프로그램을 보급함으로써 집단상담 발달에 기여했다. 또한 동료상담자 훈련 프로그램을 운영함으로써 이 과정을 이수한 대학생들이 다른 대학생들을 개인 및 집단상담을 통해 돕도록 했다. 이러한 프로그램은 집단참여 대학생들의 진로선택에도 상당한 영향을 주었다.

청소년대화의광장 설립.   셋째, 1993년 문화체육부 산하에 설치된 국내 최초의 청
소년 전문상담 기관인 '재단법인 청소년대화의광장' 설립이다. 이 기관의 개원과 함께
전국 16개 시도에 청소년 상담실이 설치되어, 전국적으로 청소년 대상의 개인상담은
물론 다양한 집단상담 관련 프로그램 보급을 통해 정신건강 서비스 확장에 일조했다.
청소년대화의광장은 1999년 '한국청소년상담원'으로 명칭이 변경되었고, 2003년 청소년
상담사 국가자격제도를 시행했으며, 2006년 지역사회 청소년 통합지원체계(CYS-Net)
를 구축하는 등 우리나라의 청소년 상담 발전에 크게 이바지했다. 이 기관은 2008년
에 보건복지가족부로 소관부처가 이관되었다가, 2010년에 여성가족부로 재차 이관
되었다. 그 후, 2012년 '한국청소년상담복지개발원'으로 명칭이 변경되어 오늘에 이
르고 있다.

한국집단상담학회 창립.   넷째, 2001년 한국상담학회가 창립되면서 발족된 '한국
집단상담학회'의 창립이다. 이 학회는 그동안 군소적으로 지역별로 진행되던 집단상
담 관련 모임이 전국적인 학회로 통합을 이루게 되었다는 점에서 의의가 있다. 집단
상담학회의 창립은 이 땅 위에 집단상담자의 전문성 확보를 위한 자격증 제도 도입과
집단상담 프로그램 보급 등 집단상담의 정착에 기여해 오고 있다.

전문상담교사제도 시행.   끝으로, 2005년 9월과 2006년 3월에 222명의 전문상담
순회교사 임용을 시작으로 전격 시행된 전문상담교사제도다. 이 제도는 1998년 「전
문상담교사 양성제도에 관한 시행령」이 통과되면서 설치허가를 받은 전국의 교육대
학원에서 1999년 3월부터 1년 과정으로 학교상담 전문인력을 양성하기 위해 시행된
제도다(강진령, 2015). 이 제도의 교육과정에는 집단상담이 필수과목으로 포함되어 있
어서 전문상담교사들이 집단상담을 학생상담의 필수도구로 인식·활용하도록 하는
데 기여했다. 그 후, 전문상담교사들은 일선 학교에 집단상담 관련 프로그램을 보급
하는 데 앞장서 왔다.

 ## 집단상담과 치료의 과제와 전망

오늘날 베일에 가려 있던 심리치료과정의 많은 부분이 일반인에게 공개되면서 심리
치료가 정신의학의 고유 영역이라는 의식도 점차 사라지고 있다. 프로이트(Freud,

1921)는 개인심리학이 더 오래된 집단심리학에 기초한다고 보았다. 그는 『집단심리와 자아분석^{Group Psychology and Analysis of the Ego}』 서문에서 집단의 중요성에 대해 글상자 1-3과 같이 갈파하고 있다.

🏢 **글상자 1-3.** 심리치료에 있어서 집단의 중요성에 대한 프로이트의 주장

> 개인심리학이란 개인에 관해 관심을 가지고 개인이 스스로의 본능적 충동을 만족시키기 위해 어떤 길을 걷고 있는가를 탐구하는 것이 분명하다. 그러나 개인심리학은 특정한 예외적인 경우에 한해, 개인과 다른 사람들과의 관계를 무시하고 있다. 개인의 정서적 삶 속에는 반드시 누군가가 모델로, 대상으로, 협조자로, 반대자로 개입되어 있다. 그러기에 확대되긴 했지만, 전적으로 정당화할 수 있는 낱말의 뜻을 따른다면, 개인심리학 출발의 그 시점은 동시에 집단심리학이라 할 수 있다.

글상자 1-3에 제시된 프로이트의 지적을 고려할 때, 정신의학에서 집단치료가 주요 치료양식으로 발달한 것은 아주 자연스러운 일이다. 집단치료는 공통적인 증상을 보이는 환자집단에 대해 동시적으로 정보를 전달할 수 있는 편의성^{expediency}을 제공한다는 이점이 있다(Barlow, 2008). 집단역동, 전체로서의 집단, 지지적 환경, 체계로서의 집단은 그 자체로 중요한 치료양식이다. 임상가들은 이러한 집단 고유의 치료적 힘을 간과해선 안 될 것이다.

그러나 오늘날 집단치료는 대다수 정신과 의사에게는 낯선 치료 영역이다(이후경, 2013). 1980년대 초, 신경과학의 발달은 생물정신의학과 정신약물학의 발달로 이어져 약물치료를 가장 중시하는 의학적 모델이 급부상한 반면, 역동적 정신의학에 기반을 둔 심리치료와 집단심리치료에 대한 정신건강 전문의들의 관심은 상대적으로 급감했다. 그 결과, 집단심리치료는 개업의들로부터 외면당하고 있고, 대학병원에서조차 정신과 전문의보다는 심리학자, 상담자, 사회사업가 등에 의해 실시되고 있다. 집단치료가 정신과 전문의들에게 외면당하고 있는 이유는 글상자 1-4와 같다(윤성철, 이후경, 1998; 이후경, 2013).

🏢 **글상자 1-4.** 집단치료가 정신건강 전문의들로부터 외면당하는 이유

1. 계획의 복잡성으로 인한 개업의의 부담(예, 출결석, 중도탈락, 집단 밖에서의 교제, 구성원 교체, 집단저항 등)

2. 투자 대비 낮은 경제적 이득(예, 낮은 의료보험 수가와 보조 치료자 고용비, 혼자 실시하더라
   도 누적되는 피로로 인한 경제적 이득 상쇄 등)
3. 치료자의 권위의식을 위협하는 집단원들의 저항(예, 다른 사람들 앞에서의 치료작업 수행
   은 치료자의 권위의식을 손상 · 위협하게 됨)
4. 개인치료에 비해 더 도전적이고, 사적인 관계를 맺어야 하는 것에 대한 부담

    향후 국민소득 증가, 국민의 교양수준 상승, 도시화/산업화로 인한 스트레스 증가, 심리 관련 서적 출판 증가, 삶의 양보다 질을 추구하는 사회문화 등으로 인해 상담과 심리치료의 활성화가 예상된다. 집단정신치료도 정신보건 전문요원들의 전유물이 될 개연성이 높은 실정이어서, 비의사에 의해 상담 또는 집단상담 형식으로 주도될 개연성이 매우 높다(이후경, 2013). 이러한 경향성은 앞으로 시대의 변화에 따라 비의사 집단상담 전문가들이 대거 요구될 것이라는 전망을 가능하게 한다.

 집단의 유형 / 집단의 유형은 어떻게 나뉘는가?

집단은 목적과 목표, 집단원들의 관심사, 주제 등에 따라 다양하게 나뉜다. 집단유형의 결정은 집단목적 설정이 선행되어야 한다. 어떤 유형의 집단을 이끌게 되든 간에, 집단과정과 리더십에 대한 전문적인 교육과 훈련 및 수퍼비전하의 임상 실습이 필수로 요구된다(AGPA, 2007; ASGW, 2000, 2008; Riva, 2010). 비교적 최근에 학자별로 주장한 집단의 유형을 연도별로 살펴보면 표 1-2와 같다(강진령, 2019).

표 1-2. 학자별 집단의 유형

학자명	연도	집단의 유형
☐ 워드^{Ward}	2006	○ 교육집단^{Educational groups} ○ 토론집단^{Discussion groups} ○ 과업집단^{Task groups} ○ 성장·경험집단^{Growth & experiential groups} ○ 상담·치료집단^{Counseling and therapy groups} ○ 지지집단^{Support groups} ○ 자조집단^{Self-help groups}
☐ ASGW	2008	○ 생활교육/심리교육집단^{Guidance/psychoeducational groups} ○ 상담/대인관계 문제해결집단^{Counseling/interpersonal problem-solving groups} ○ 심리치료/성격재건집단^{Psychotherapy/personality reconstruction groups} ○ 과업/작업집단^{Task/work groups}
☐ 트로처^{Trotzer}	2013	○ 생활교육·기술집단^{Guidance & life skill groups} ○ 상담집단^{Counseling groups} ○ 심리치료집단^{Psychotherapy groups} ○ 지지·자조집단^{Support & self-help groups} ○ 자문집단^{Consultation groups} ○ 성장집단^{Growth groups}
☐ 글라딩 Gladding	2016	○ 집단지도^{Group guidance} ○ 집단상담^{Group counseling} ○ 집단심리치료^{Group psychotherapy}
☐ 제이콥스 외 Jacobs et al.	2016	○ 워드(Ward, 2006)의 것과 동일
☐ 토스런드와 리바스 Toseland & Rivas	2017	○ 처치집단^{Treatment groups} ○ 지지집단^{Support groups} ○ 교육집단^{Educational groups} ○ 성장집단^{Growth groups} ○ 치료집단^{Therapy groups} ○ 사회화 집단^{Socialization groups} ○ 과업집단^{Task groups}

표 1-2에 제시된 것처럼, 집단유형은 학자에 따라 다양하게 분류된다. 이 중에서 특기할 점은 ASGW 학회지, 『Journal for Specialists in Group Work』의 편집장을 지낸 워드(Ward, 2006)가 집단상담과 치료의 역사를 면밀히 검토한 후 상담집단과 치료집단을 하나로 묶은 것이다. 이는 이 두 집단이 치료요인을 활용하여 집단원들의 변화를 촉진한다는 점에서 엄밀히 구분하기 어렵다는 특성을 반영한 것이다. 또한 정신장애 환자 치료를 위해 정신과 의사들이 주로 약물치료를 중심으로 한 개인치료에 중점을 두고 있어서, 집단치료는 의사가 아닌 정신건강 전문가들이 다양한 상담·심리치료이론을 토대로 담당하고 있는 현실을 반영한 것으로 보인다.

이 책에서는 상담집단과 치료집단을 구분하고 있지만, 향후 이 두 집단은 통합해야 할 것으로 전망된다. 그리고 토론집단과 과업집단은 굳이 구분해야 할 정도로 특성의 차이가 두드러지지 않는다는 사실을 고려하여, 토론집단은 과업집단의 일종으로 간주한다. 따라서 여기서는 집단유형을 ① 교육, ② 성장, ③ 과업, ④ 상담, ⑤ 치료, ⑥ 자조, ⑦ 지지집단으로 나누어 살펴보기로 한다.

교육집단

교육집단^{educational groups}은 다양한 주제에 관한 정보제공을 통한 학습을 목적으로 제공되는 집단이다. 이 집단은 주로 심리적 주제 또는 정신건강 관련 주제를 다룬다고 해서 심리교육집단^{psychoeducational groups}으로도 불린다. 교육집단을 이끄는 사람은 집단주제와 기관의 성격에 따라 집단상담자, 집단리더, 교육자, 또는 강사로 불린다. ASGW (2000)는 교육집단전문가 훈련기준에서 교육집단은 잠재적 위협(AIDS, HIV 등), 발달적 생애 사건(상급학교 진학, 결혼, 이혼 같은 삶의 변환점 등), 급박한 삶의 위기(가까운 사람의 죽음 등)에 아직 영향을 받지 않은 참여자들을 대상으로 교육 및 심리적 장해^{disturbance}를 예방할 목적으로 집단이라는 매체를 활용한다는 점을 명시하고 있다.

교육집단의 리더는 참여자들의 학습효과를 높이기 위해 교육자와 촉진자^{facilitator} 역할을 동시에 수행한다. 이에 리더는 참여자들에게 필요한 정보를 준비하여 가르치고, 토론을 통해 이들의 상호작용을 촉진한다. 각 역할을 위한 시간, 회기 수, 회기의 길이 등에 대한 정해진 공식은 없다. 게다가 교육집단의 회기 수나 회기 시간의 길이에 대해서도 일정한 공식이 없다. 그러므로 리더는 집단에서 다루어야 할 주제, 참여자들의 주제에 관한 지식수준, 할애된 시간 등에 따라 집단시간과 개입수준을 균형 있게 조정한다. 교육집단의 일반적인 절차는 글상자 1-5와 같다.

글상자 1-5. 교육집단의 일반 절차

> 1. 리더가 강의나 발표 형식으로 구성원들에게 필요한 정보를 제공한다.
> 2. 발표 내용과 정보 및 자료에 대해 질문을 받는다.
> 3. 서로 소감을 나눈다.
> 4. 주제와 관련된 토의를 한다.

교육집단은 특성상 학교수업과 유사한 형식으로 진행된다는 점에서 아동 · 청소년들이 적응하기 쉽다는 이점이 있다(Greenberg, 2003). 학교장면에서는 발달과정에서 학생들이 흔히 겪을 수 있는 문제와 관심사에 관련된 주제들을 학교상담 프로그램의 일부로 구성하여 '대집단생활교육large group guidance' 또는 '교실생활교육집단classroom guidance group'을 실시한다. 이 집단의 리더는 학생들의 발달과정에 적절한 주제를 선정 · 계획하고, 학생들은 학년 혹은 학급 단위로 교육집단에 참여한다(강진령, 2015, 2019; Myrick, 2011; Sink et al., 2012). 학교장면에서 흔히 이루어지는 교육집단의 예로는 상급학교 진학을 앞둔 자녀가 있는 학부모를 위한 교육, 자녀와의 효과적 의사소통을 위한 부모교육, 알코올을 비롯한 물질 오남용의 위험성에 관한 교육, 아동 또는 배우자 학대 혐의로 법원 판결을 받은 사람들을 위한 교육, 음주 운전자들을 위한 안전교육 등을 들 수 있다(Sink et al., 2012). 이외에도 학교장면에서 실시되는 교육집단의 주제는 글상자 1-6과 같다.

글상자 1-6. 교육집단의 주요 주제

○ 성교육	○ 문제해결기술	○ 학교폭력/괴롭힘
○ 교우관계	○ 의사소통기술	○ 진로의식 · 탐색 · 의사결정
○ 이성교제	○ 스트레스관리	○ 다양성 · 다문화 교육
○ 진학지도	○ 대인관계기술	○ 물질사용
○ 학습방법	○ 의사결정기술	

교육집단의 주제는 종전까지는 주로 도덕성을 강조하거나 조언 또는 충고 중심적이던 것에서 탈피하여 학생들의 발달과정에 공통으로 요구되는 과업 중심으로 변모해 왔다(강진령, 2015).

성장집단

성장집단^{growth groups}은 비교적 짧은 기간에 다양한 집단체험을 원하거나, 자신에 대해 좀 더 알기를 원하거나, 잠재력 개발에 관심이 있는 사람들의 성장 · 발달을 촉진하기 위해 구성되는 집단이다. 이 집단을 이끄는 사람은 흔히 '집단리더' 또는 '촉진자'로 불린다. 촉진자는 집단원들에게 필요한 경험을 제공하기 위해 다양한 활동을 고안 · 적용한다. 이때 집단원은 다른 집단원들과의 상호작용을 통해 어떤 변화를 원하는지를 스스로 결정한다. 성장집단의 목적은 집단원들이 잠재력을 개발하여 원하는 삶을 영위하고, 인간적 성장을 실현할 수 있도록 돕는 것이다.

집단목적 달성을 위해 촉진자는 발달상의 문제, 즉 집단원들이 삶에서 겪는 개인적 관심사, 문제, 갈등을 다루는 동시에, 집단원들의 상호작용을 촉진하는 활동을 통해 집중체험^{intensive experience} 기회를 제공한다. 이에 성장집단의 참여자들은 안전한 분위기에서 집단의 치료적 힘을 체험하고, 자신을 정직하게 평가하여 참모습을 깨닫는 한편, 사고 · 감정 · 행동 변화를 통해 자존감 향상과 자기실현을 도모한다. 성장집단은 참여자들이 집단의 방향을 직접 결정하는 집단에서부터 특정 분야에 초점을 맞추는 집단에 이르기까지 그 범위가 매우 넓다. 성장집단의 공통 목표는 글상자 1-7과 같다.

🏢 **글상자 1-7. 성장집단의 공통 목표**

○ 생활방식 변화	○ 가치관 명료화
○ 자신과 타인의 감정 인식	○ 생산적 태도 형성
○ 대인 간 의사소통 증진	○ 대인관계 형성 · 유지 능력 증진

성장집단은 다양한 집단형태(예, T 집단, 참만남집단, 인간관계훈련집단, 감수성훈련집단, 개인성장집단, 인간잠재력개발집단, 감각자각집단, 경험/체험집단 등)를 아우르는 명칭이다. 이들 집단의 명칭은 다르더라도, 근본적인 특성은 크게 다르지 않다. 이처럼 집단의 명칭이 다양한 이유는 1960~1970년대에 걸쳐 세인들의 관심을 불러일으켰던 집단의 명칭을 오늘날에도 그대로 부르고 있기 때문이다. 그렇지만 이들 집단의 중심에는 T 집단과 참만남집단이 자리 잡고 있다.

T 집단. T 집단^{training group}은 비교적 짧은 기간에 이루어지는 강력한 대인 상호작용을 통해 집단역동, 자기인식, 그리고 타인에 대한 민감성을 증진하는 소규모(8~20명)

의 자기분석적 집단이다. T 집단은 1946년 독일 출신 미국 사회심리학자 커트 르윈Kurt Lewin(1890~1947)이 장이론Field theory에 기초하여 로널드 리피트Ronald Lippitt와 함께 창안했다. T 집단은 T 그룹T-group 또는 훈련집단으로도 불리는데, 여기서 T는 'training in human relations', 즉 '인간관계훈련'의 약자다. T 집단은 체험 중심의 집단활동과 과정을 통해 대인관계에서 감수성sensitiveness 또는 민감성sensitivity을 높이는 한편, 효과적인 의사소통, 대인관계 증진과 능력 개발, 인간적 성장에 초점을 맞춘다. 이 집단의 참여자는 자신의 대인관계 유형, 남에게 보이는 자신의 반응과 자신에게 보이는 타인의 반응, 그리고 일반적인 집단행동에 관해 배우게 된다. 이로써 T 집단은 '감수성훈련집단sensitiveness training group' '실험훈련집단experiment training group' 등 다양한 명칭으로도 불린다. 이 집단의 형태는 주로 조직사회에서 성공적으로 기능하는 데 필요한 대인관계기술을 강조한다. T 집단의 주요 목적은 글상자 1-8과 같다.

글상자 1-8. T 집단의 주요 목적

○ 자신과 상대방의 감정 반응 인식과 감수성 증진
○ 자신의 행동이 다른 사람에게 미치는 영향에 대한 인식과 결과 학습
○ 민주적 · 과학적 맥락에서 개인과 사회의 가치 명료화
○ 개인의 가치를 주위 상황의 요구에 맞출 수 있는 통찰력 습득
○ 사회에서 효과적으로 기능할 수 있는 행동기술 학습

T 집단은 세상에 처음 소개되면서 큰 반향을 일으켰고, 이는 1947년 미국 메인주 소재 응용행동과학 국립훈련원National Training Laboratories(NTL) 설립으로 이어졌다. NTL은 소집단과 대집단에서의 인간행동에 관한 교육과 연구기관으로서 수많은 인간관계훈련 리더를 배출했고, 1960~1970년대의 참만남집단운동과 인간잠재력운동의 발전에 크게 이바지했다. 설립 당시 르윈은 연구를 전제로 하는 실천을 강조했는데, 그의 영향으로 스탠퍼드 대학교의 참만남집단에 관한 연구를 비롯하여 수많은 연구가 행해졌고, 연구 결과들은 치료집단, 특히 얄롬Irvin Yalom의 대인관계 집단치료의 이론적 토대가 되었다.

참만남집단.   참만남집단encounter groups은 1960년대 초 칼 로저스Carl Rogers(1902~1987)를 중심으로 T 집단 리더들이 창안한 것으로, 모든 장면에서 성장 기회를 제공하

기 위한 훈련형태에서 발전된 집단이다. 이 집단은 '엔카운터 그룹'으로도 불리는데, 이 명칭은 로저스가 자신의 집중집단을 '기본참만남집단basic encounter group'으로 명명한 것에서 유래되었다. 그는 산업체, 대학, 교육기관, 교회, 행형시설 등지에서 다양한 기본참만남집단을 실시했다. 이 집단은 1회에 6~8시간씩, 주 3~4회에 걸쳐 진행되는 T 집단과 실험집단, 20시간 이상 연이은 감수성 집단, 그리고 주말에 2박 3일간 쉬지 않고 진행하는 마라톤집단의 성격을 띠고 있다. 특히 마라톤집단marathon groups은 며칠 동안 연이어 회기를 가짐으로써 집단원의 방어를 감소시키는 한편, 친밀감을 조성하여 집중적이고 심화된 상호작용의 기회를 제공하기 위해 활용되었다(Weigel, 2002).

참만남집단은 주로 소집단(8~18명) 형식의 비구조화 집단으로 진행되고, 지금 여기의 상호작용과 집단역동을 중시한다는 점에서 체험집단experiential groups으로도 불린다. 이 집단은 솔직하고 의미 있는 만남이 강조되고, 대인관계에서 자기개방, 솔직성, 자각, 책임감, 감정표현에 가치를 둔다는 특징이 있다. 참만남집단의 목표는 집단원들의 사회적 기술 개발이 아니라, 일치성genuineness과 진정성authenticity 증진을 통해 자각 확장과 잠재력을 극대화하여 인간적 성장과 자기실현을 이루는 것이다. 이에 집단원들은 예의를 갖추기 위해 애쓰기보다는 관습적인 사회적 가면을 버리고 형식적ㆍ업무적ㆍ피상적 관계에서 탈피하도록 권장된다. 또한 감수성과 민감성을 기반으로 자신들의 생각과 감정을 솔직하게 표현함으로써 내면을 개방하고, 자신과 타인의 반응에 대한 깊은 알아차림과 통찰을 얻도록 격려된다. 이에 집단리더는 치료자보다는 촉진자facilitator로서 집단원들 간의 상호작용을 촉진하는 역할을 담당한다. 이 집단에서 집단원은 환자나 내담자가 아닌 정상인normals 또는 추구자seekers로 불리는 한편, 집단경험은 치료가 아닌 성장growth으로 간주한다.

참만남집단은 일정 기간 수련원에서 함께 생활하면서 주로 신체 접촉, 감수성 인식, 역할연습 등의 기법을 통해 집단원들의 상호작용을 실체적ㆍ경험적 차원으로 승화시키고자 했다. 이 집단은 결국 감수성 또는 자기인식 증진을 위한 운동(참만남집단운동Encounter Group Movement)으로 확대되었다. 이 운동은 인본주의 심리학에 영향을 끼친 힌두교, 불교, 유교, 도교의 영향을 받았고, 결국 이론적으로 도道와 명상冥想을 다루는 제4심리학('초월심리학') 창시의 기초를 제공했다. 성장집단이 세상에 처음 소개되었을 당시에는 인간관계기술을 강조했다. 그러나 점차 그 범위가 확대되어, 오늘날에는 인간관계와 관련된 새로운 행동의 실험, 새로운 사고의 변화 시도, 자율적 의사결정, 합리적 문제해결을 위한 환경 제공, 또는 직간접적 경험을 통한 교육을 강조하기에 이르렀다. 이런 이유로, 성장집단은 학교, 종교기관, 지역사회 단체에서 준전문가 paraprofessionals에 의해 실시될 정도로 대중적인 집단형태로 자리 잡았다.

과업집단

과업집단task groups은 특정 과업을 수행하기 위한 목적으로 구성되는 집단이다. 과업집단을 이끄는 사람은 보통 리더, 지도자, 팀장, 또는 자문자consultant로 불린다. 이 집단은 본래 기업체와 산업체 내 집단의 역동을 이해하기 위해 체계적인 노력을 기울였던 미국의 응용행동과학 국립훈련원National Training Laboratories(NTL)에 의해 주도되었다. 이 기관을 통해 축적된 방대한 자료는 오늘날 과업집단을 이해하는 데 활용되고 있다. 과업집단은 주로 의식적인 수준의 행동을 강조하고, 집단역동을 활용하여 어떤 성과를 성공적으로 일궈 낼 것인지에 초점을 맞춘다(Gladding, 2016). 이에 이 집단에는 특정 목적을 완수하기 위해 결성된 태스크포스task force 혹은 특별과업팀, 위원회, 직원회의처럼 사전에 계획된 집단, 지역사회기관과 조직, 토론집단, 스터디 모임, 학습집단, 그리고 이와 유사한 구조가 포함된다.

　과업집단 리더의 역할은 집단이 과업을 계속 수행해 나가거나, 조직의 문제 파악 또는 구성원들의 갈등 해결을 위해 이들의 협의와 상호작용을 촉진하는 것이다. 이를 위해 리더는 주로 구성원들의 요구와 그들 사이에서 진행되는 과정에 주의를 기울인다. 과업집단의 리더는 기업과 산업체 조직과 하부 집단의 기능을 잘 이해하고 있어야 한다. 그래야 필요한 경우 조직이 더 생산적인 방향으로 교정될 수 있도록 돕는 역할을 할 수 있기 때문이다. 조직의 구성원들 사이에서 발생하는 문제는 흔히 가치관의 차이 및 사회규범의 불일치와 관련이 있다. 이러한 요인들은 집단역동에 부정적인 영향을 미치게 되어 직원들의 의사소통 능력, 업무만족도, 동기수준, 생산성을 크게 떨어뜨린다. 그뿐 아니라, 구성원들 간에 심리적 갈등, 따돌림, 하위집단화subgrouping, 심지어 성희롱·성폭력 같은 문제가 야기되기도 한다. 이러한 문제를 해결하는 데 적절한 집단유형이 바로 과업집단이다. 과업집단의 예는 글상자 1-9와 같다.

🏢 **글상자 1-9. 과업집단의 예**

○ 클럽 회원들의 임원 후보자 선발
○ 교칙 수정을 위한 교직원 또는 학생들의 협의

> ○ 대학 기숙사 관리위원들의 기숙사 운영규정 및 세칙 제정 혹은 개정
> ○ 학교폭력 예방 및 대책 마련을 위한 학교상담위원들의 협의
> ○ 도로/철도 건설 계획수립을 위한 정부 인사와 전문가들의 협의
> ○ 정부산하기관의 연구 결과 보고서 작성을 위한 연구 참여자들의 협의
> ○ 지적장애 학생의 특수학교 전학 여부 결정을 위한 전문가들의 협의

만일 기업 또는 산업체에서 구성원들 사이에 해결하기 힘든 갈등을 겪는 부서가 발생하는 경우, 외부의 과업집단 전문가, 즉 자문자에게 도움을 청하기도 한다. 이 경우, 자문자는 그 조직체계의 문제점을 분석·진단하고, 그 결과를 토대로 해당 기관과 작업집단들의 역동에 변화를 주기 위해 조직의 구성원들과 작업한다. 이 과정에서 자문자는 구성원들의 요구와 그들 사이에 진행되는 집단과정에 주의를 기울인다.

상담집단

상담집단^{counseling groups}은 보통 개인적·교육적·심리사회적 주제 등에 초점을 맞추고 치료적·교육적 목표 달성을 위해 집단역동과 과정을 활용하는 집단이다. 이 집단을 이끄는 사람은 '집단상담자' '집단지도자' '그룹 카운슬러' '집단리더' 등으로 불린다. 상담집단의 치료적 목적이 집단원의 사고, 감정, 행동 패턴의 변화를 도모하는 것이라면, 교육적 목적은 심리사회적 사건 또는 상황에 대한 대응전략의 학습을 돕는 것이다. 상담집단에서는 주로 문제해결, 의사결정, 사고·행동 변화, 대인관계·발달과업 문제(성, 결혼, 직업/진로, 부모역할), 가치관·태도 변화, 심리사회적 스트레스 등 일상생활과 관련된 다양한 쟁점을 다룬다. 이러한 점에서 상담집단은 문제 예방에도 효과가 있다(Barlow, 2008). 상담집단의 특성은 글상자 1-10과 같다.

글상자 1-10. 상담집단의 특성

1. 보통 4~12명 정도의 정상 범위의 적응수준에 속하는 사람들로 구성된다.
2. 대부분의 집단원은 이전에 만난 적이 없다.
3. 집단원의 적응, 발달 및/또는 문제해결에 초점을 맞춘다.
4. 주로 대화를 통해 상호작용하며, 집단원들에 의해 집단논의의 주제가 결정된다.
5. 시간 제한적이며, 이 기간 내에 해결 가능한 문제와 의식수준의 내용을 다룬다.
6. 실행 지향적, 즉 집단경험학습(행동)의 실생활 적용에 중점을 둔다.

7. 집단 회기는 사전 연습 없이 즉흥적으로 이루어진다.

8. 구성원들 간의 상호작용에서 발생하는 관계의 힘을 치료적으로 활용한다.

9. 사회적 소우주, 즉 집단 내에서의 사고방식과 행동 패턴은 집단 밖의 실생활에서의 것들과 유사하다고 가정한다.

글상자 1-10에 제시된 것처럼, 상담집단은 여러 면에서 치료집단과 유사하다. 상담집단이 치료집단과 구분되는 기준은 정상인, 즉 사회적·직업적 또는 기타 중요한 활동에 있어서 유의한 고통distress 또는 기능이상dysfunction이 없는 사람들을 대상으로 한다는 점이다. 이들은 가정, 학교, 사회에서 정상적이고 건강한 사람들로서, 객관적인 기준에서 상당한 성공을 이루기도 하는 한편, 어느 정도의 긴장, 스트레스, 불안, 가치갈등을 경험하는 사람들이다. 따라서 집단의 목표를 어떻게 설정하는가에 따라 집단상담자에게는 심리사회적 문제에 관한 폭넓은 지식과 경험이 요구된다. 집단상담자는 집단원들의 상호작용을 촉진함으로써 통찰을 유도하고, 사고와 행동 변화를 돕는다. 집단원들은 자신의 관심사와 느낌을 탐색하는 한편, 기존의 태도와 가치관을 보다 생산적인 방향으로 수정함으로써 성장과 발달을 꾀한다. 이 과정에서 발생하는 집단역동은 집단의 치료적 힘이 되는 동시에 집단원들의 변화를 촉진하는 동력이 된다.

ASGW(2000)의 집단작업전문가 훈련기준에 의하면, 상담집단은 집단원들이 서로에 대한 지지를 통해 흔히 어렵게 여겨질 수 있는 일상적인 문제의 해결을 돕기 위해 구성된다. 상담집단의 또 다른 목적은 인간관계에서의 문제해결 능력 개발을 도모하여 장차 유사한 문제를 보다 효과적으로 다룰 수 있도록 돕는 것이다. 이러한 목적 달성을 위해 상담집단에서는 지금 여기 경험이 강조되는데, 이러한 이유로 집단상담자에게는 구성원들의 순간순간 행동과 감정을 감지할 수 있는 민감성이 요구된다. 상담집단에서 구성원들은 흔히 일상적으로 행동하는 그대로의 자신을 경험할 수 있게 된다. 이를 토대로 구성원들은 각자의 목표를 구체화하고 그 목표를 달성하기 위해 집단작업에 참여한다.

이러한 점에서 상담집단은 주로 초·중등학교 상담실, 대학상담센터, 또는 Wee 센터나 시도 청소년 상담실 등의 기관에서 흔히 활용된다. 집단원들은 집단작업을 통해 새로운 행동방식을 연습하고, 다른 구성원들의 공감과 지지를 통해 각 개인의 독특함을 이해할 수 있게 된다. 또한 서로의 차이를 존중하게 되면서, 더 깊은 수준에서 서로의 이질성보다는 동질성을 발견하게 된다. 이는 구성원마다 처해 있는 환경이나 입장은 다르지만 각자 겪는 고통과 갈등은 보편적이기 때문이다(Conyne & Diederich, 2014). 이렇게 독특한 특성을 지닌 상담집단과 유사한 집단으로는 치료집단이 있다.

치료집단

치료집단^{therapy groups}은 심각한 정도의 정서·행동문제 또는 정신장애 치료를 목적으로 구성되는 집단이다. 치료집단을 이끄는 사람은 보통 '집단치료자^{group therapist}' 또는 '집단심리치료자^{group psychotherapist}'(*주. 우리나라 정신의학 분야에서는 '집단정신치료자'로도 불림) 라고 불린다. 여기서 심각한 정도의 정서·행동문제는 심리신체 증상, 신경증, 정신병 같은 정신장애를 말한다. 정신장애^{mental disorder}의 정의는 글상자 1-11과 같다.

🏛 **글상자 1-11. 정신장애의 정의**

> 정신장애는 정신기능의 기초를 이루는 심리적·생물학적 또는 발달과정에서의 기능 이상을 반영하는 개인의 인지, 정서조절, 또는 행동에서 임상적으로 유의한 장해가 특징 인 증후군이다. 정신장애는 보통 사회적·직업적, 또는 기타 중요한 활동에 있어서 유의 한 고통 또는 장애와 연관이 있다. 흔한 스트레스 요인 또는 상실(예, 사랑하는 이의 죽음)에 대한 예측이 가능하거나 문화적으로 용인되는 반응은 정신장애가 아니다. 사회적으로 일탈된(예, 정치적·종교적 또는 성적) 행동과 주로 개인과 사회의 갈등은, 앞서 기술한 바와 같이 일탈 또는 갈등이 개인에게 있어서의 기능 이상으로 인한 것이 아닌 경우에는 정신 장애가 아니다(APA, 2013, p. 20).

집단치료^{group therapy}는 치료적 목적 성취를 위해 집단을 도구로 이용하는 방법이다. 최초의 집단치료가 결핵 환자들을 대상으로 교육형태로 이루어진 것처럼, 집단치료 에는 심리치료와 집단심리치료 외에 대화 없는 단순한 정보전달, 교육, 훈화, 설교, 그리고 치료적 목적으로 활용되는 운동, 활동, 예술, 연극 등의 수단이 포함된다. 따 라서 집단치료에는 집단심리치료와 심리극^{psychodrama}를 비롯하여 대집단치료, 활동 치료(예, 작업치료, 치료 레크리에이션), 예술치료(예, 음악치료, 미술치료, 무용치료, 연극 치료) 등 다양한 치료 양식^{modality}이 포함된다. 반면, 집단심리치료는 주로 의료모형 ^{medical model}을 기반으로 대화를 통한 상호작용 및/또는 분석작업을 통해 진행된다는 특징이 있다. 이 집단에 참여하는 사람들은 흔히 구체적인 증상 또는 정신질환이 있거나 정신장애 진단을 받은 환자다.

상담집단이 변화와 성장 및/또는 심리사회적 문제해결을 위한 모임이라면, 심리치
료집단은 증상 완화/제거와 성격 변화를 목표로 삼는다는 차이가 있다. 정신과 환자
들은 때로 자기와 타인에 대한 심한 경멸에 빠져 있다. 사람들에 대한 경멸감은 치료
집단을 소위 '미친 사람들의 집합체'로 여기게 만들어 자발적 집단참여를 저해하기도
한다. 얄롬(Yalom, 2005)은 집단에 통합되고 가치를 인정받아 본 경험이 부족한 환자
들에게 집단에 소속되어 다른 사람들과 대화를 통해 타협해 보는 경험은 그 자체로
치료효과가 있음을 강조하면서, 심리치료집단을 필요로 하는 종류, 대상, 또는 장애
를 글상자 1-12와 같이 요약 · 정리했다.

글상자 1-12. 치료집단의 종류

○ 급성 · 만성 우울증 집단
○ 우울증 재발 방지 집단
○ 섭식장애 집단
○ 의료 지지 집단(암, HIV/AIDS, 류머티스 관절염, 다발성 경화증, 과민성 장증후군, 비만, 심근경
  색, 하반신 마비, 당뇨로 인한 시력상실, 신부전, 골수이식, 파킨슨병 등)
○ 공황장애 집단
○ 특수 집단(성학대 피해자, 성학대 아동의 부모, 치매노인과 도우미, 강박장애, 초기 · 만성 정신
  분열증, 알코올 중독자 성인자녀[ACOA], 폭력적 남성, 자해자, 이혼 · 별거자, 사별자, 문제 가족)

심리치료집단이 상담집단과 구별되는 점은 집단치료자의 역할과 구성원들의 참여
목적이 다르다는 것이다. 즉, 구성원 대부분이 자신의 문제를 해결하거나 다른 사람
을 도울 수 있는 능력이 상대적으로 부족하다는 특징이 있다. 정신건강 전문가의 도
움이 필요한 사람은 공통으로 의미 있는 대인관계 형성 및 유지와 개인적 가치에 대
한 느낌, 즉 자존감 유지에 어려움을 겪는다(Yalom, 2005). 심리치료집단은 다른 유형
의 집단에 비해 치료 기간이 최소 수개월에서 수년에 이르기까지 장기적으로 진행된
다는 특징이 있다. 예를 들어, 성격구조에 실질적인 변화가 일어나려면 적어도 12~
24개월 정도의 기간이 요구되기 때문이다(Barlow, 2008). 그러나 최근 들어 미국에서
는 사회경제적 영향으로 관리의료제도managed care system 같이 집단 기간과 목표가 대폭
축소된 증상 지향symptom-oriented 집단이 점차 집단상담과 치료를 주도하는 추세다. 치

료집단은 때로 구성원들의 이해를 돕기 위해 정신장애 및 신체질환의 주요 증상과 대처방안에 대한 교육집단의 형태로 진행되기도 한다.

자조집단

자조집단self-help groups은 스스로 돕는 집단, 즉 정신건강 전문가의 도움을 원하지 않거나 전문가들이 돕기에 한계가 있는 문제를 지닌 사람들을 위한 집단이다. 이러한 특성으로 인해 정신건강 전문가보다는 특정 문제를 이미 겪었거나 극복한 사람 또는 집단원들이 돌아가면서 집단의 리더 역할을 한다. 따라서 자조집단의 운영방식은 정신건강 전문가들이 이끄는 집단의 것과는 다소 차이가 있다. 예를 들어, 지지집단의 원조인 알코올 중독자 익명집단Alcoholics Anonymous(AA)은 대부분 전문가 훈련을 받지 않은 리더가 이끌며, 자신의 단주경험을 공유하면서 역할을 분담한다. AA의 강점은 리더들이 과거에 알코올 중독자였다가 회복된 사람들이어서 다른 집단원들에게 살아 있는 중인 역할을 한다는 것이다. 집단원들은 얼마 전까지만 해도 자신들과 같은 처지에 있다가 온전한 삶을 영위하고 있는 사람을 만나 대화를 나누게 되면서 자신도 회복될 수 있다는 희망을 갖게 된다. 이처럼 자조집단의 치료적 요인에는 경험자의 증언이 중요한 기능을 한다.

자조집단은 전형적으로 물질사용 또는 체중조절 같이 집단원들이 공통으로 겪고 있는 특정 문제를 중심으로 구성된다. 집단원들은 자신의 특수한 어려움을 기꺼이 드러내는가 하면, 서로의 경험과 필요한 정보를 공유한다. 또한 지지와 격려를 바탕으로 변화를 체험하게 되면서 미래에 대한 희망을 되찾게 된다. 이러한 특성으로 인해 응집력이 쉽게 높아지는 특징이 있다. 게다가 집단 밖에서 집단원들 간의 교제를 적극 권장한다. 대부분의 자조집단은 12단계 프로그램에 기초하고 있다. 도움help과 치유cure라는 12단계 프로그램의 관점은 집단치료에서의 치료therapy 개념과는 다르다. 또한 12단계 프로그램에서는 집단치료의 치료요인이 적용되지 않는다는 차이가 있다. 12단계 프로그램에서는 집단원이 다른 집단원에게 직접적인 반응cross talk을 하는 것을 금한다. 게다가 영적 요소를 강조하여 단순한 집단원이 아니라, 집단원에게 자신이 알코올 중독자임("I'm an alcoholic.")을 강조한다.

한때 자조집단이 집단치료에 포함될 수 있는지에 대한 열띤 논쟁이 있었다. 이 집단은 치료요인(예, 희망 고취, 카타르시스, 응집력, 보편성, 모델링, 이타심 등)을 사용한다는 점에서 치료집단과 유사하다. 그러나 치료집단에 비해 상호작용 학습이 치료요인으로 훨씬 덜 중요한 역할을 한다는 점에서 차이가 있다. 즉, 자조집단의 리더가 정신건강 전문가가 아니라는 점에서 해석과 직면보다는 주로 긍정적 · 지지적인 언행에 중점을 두는 경향이 있다. 12단계 모델을 적용한 자조집단이 심리적인 스트레스를 경감시켜 주는 지원체계를 통해 집단원들의 삶을 변화시키는 동기를 제공하는 효과가 있음이 인정을 받게 되면서, 점차 다양한 형태의 자조집단이 운영되고 있다. 자조집단의 대표적인 예를 들면 글상자 1-13과 같다(강진령, 2019).

글상자 1-13. 자조집단 프로그램의 대표적인 예

○ 12단계 / Twelve Steps
○ 과식자 익명집단 / Overeaters Anonymous
○ 근친상간 성인생존자 집단 / Adult Survivors of Incest(ASI)
○ 금연자 집단 / Smoke Enders
○ 동정적인 친구들(자녀를 잃은 부모집단) / Compassionate Friends
○ 마약중독자 익명집단 / Narcotics Anonymous
○ 성 중독자 익명집단 / Sex Addicts Anonymous(SAA)
○ 심장수술 환자집단 / Mended Hearts
○ 알코올 중독자 익명집단 / Alcoholics Anonymous(AA)
○ 체중을 줄여야 하는 사람들(체중조절집단) / Weight Watchers
○ 피살아동부모집단 / Parents of Murdered Children(PMC)
○ 회복자 모임(현재 · 과거의 정신질환자 모임) / Recovery, Inc.

글상자 1-13에 제시된 프로그램 외에도, 알코올 중독자 성인 자녀, 물질중독자 어머니, 정신질환자 가족, 범죄자 아버지, 알츠하이머병 환자 가족, 성학대 피해자, 성폭력 가해자, 매 맞는 아내, 동성애자, 이혼자, HIV/AIDS, 암, 자살시도자, 만성 신체질환자(당뇨병, 천식, 심근경색증, 신장투석 등), 죽음을 앞둔 환자, 희귀병 환자 등 자조집단의 종류는 그 수를 헤아리기 어려울 정도로 많다. 미국의 경우, 1983년 당시 약 1,200~1,400만 정도의 사람들이 어떤 형태든 자조집단에 참여하고 있는 것으로 추산되었다(Lieberman, 1986). 그러나 그 후 실시된 연구(Kessler, Mickelson, & Zhao, 1997)에서는 1996년 한 해에만 약 2,000만 명이 자조집단에 참여한 것으로 조사되었는데, 이는 전문적인 심리치료를 받는 사람의 수를 훨씬 초과하는 것이었다.

지지집단

지지집단^{support groups}은 공통적인 관심사가 있는 집단원들로 구성되어 서로의 생각과 감정을 나누는 한편, 특정 문제와 관심사에 대해 점검해 보기 위한 집단이다. 이 집단은 보통 매일, 매주, 매월 1~2회 정도 정기적으로 모임을 갖는다. 지지집단에서 구성원들은 다른 사람들도 흔히 유사한 문제를 겪고 있고, 유사한 감정을 체험하고 있으며, 비슷한 생각을 하고 있다는 사실을 깨닫게 된다. 글상자 1-14는 지지집단의 전형적인 대상자의 예다(강진령, 2019).

🏢 글상자 1-14. 지지집단의 전형적인 대상자 목록

○ AIDS / HIV 감염자
○ 회복 센터에 입원 중인 노인
○ 최근 신체장애를 입게 된 사람들
○ 재혼을 통해 새 자녀를 두게 된 부모
○ 가까운 사람이 임종을 앞둔 사람들
○ 중 · 고등학교, 대학교에 재학 중인 미혼모
○ 자연재해(홍수, 태풍, 지진, 쓰나미), 인재 (화재, 교통사고)의 희생자

지지집단 리더의 역할은 구성원들이 서로의 생각, 감정, 경험을 나누도록 독려하는 일이다. 이상적으로는 집단원들이 서로 직접적으로 상호작용하는 것이다. 리더는 서로 나눔이 집단의 목적이자 목표라는 사실을 염두에 둔다. 왜냐면 리더나 어떤 특정 집단원이 집단을 주도하거나 다른 집단원들을 압도하는 상황에서는 결코 지지집단의 목표를 달성할 수 없기 때문이다. 최근 들어 많은 사람의 관심을 모으고 있는 형태의 지지집단이 있다. 이는 바로 인터넷 지지집단^{internet support group} 혹은 사이버 지지집단^{cyber support group}이다. 인터넷 지지집단은 동시성(예, 채팅)과 비동시성(예, 게시판 메시지 또는 댓글) 형태로 이루어진다. 이러한 형태의 집단은 유동적이어서 시간 제한적일 수도 있고 그렇지 않을 수도 있다. 또한 전문가나 특정 중재자가 이끌거나, 집단원들에 의해 자체적으로 운영되기도 한다.

얼마 전까지만 해도 공상과학소설에나 등장하는 환상 정도로 여겨졌던 인터넷 가상 집단치료는 오늘날 테크놀로지의 눈부신 발달에 힘입어 현실이 되었다. 전 세계적으로 그 수를 헤아리기 힘들 정도로 많은 인터넷 사용자가 있는데, 이들 중 꽤 많은 사람이 온라인에서 건강정보를 서핑하며, 온라인 지지집단에 참여하고 있는 것으로 추정된다. 인터넷 지지집단의 이점으로는 자조집단 참여를 원하지만 지리적 거리, 신

체장애, 질병 등으로 인해 면대면 모임에 참여할 수 없거나, 사회적으로 낙인이 찍힌 질병 또는 사회적 불안으로 인해 익명성 보장을 원하는 사람들에 대한 편의성을 제공한다는 점이다. 반면, 인터넷 지지집단의 한계로는 소통 제약, 신뢰성 결여, 사생활 침해 가능성을 들 수 있다. 즉, 비언어적 단서 결여로 인해 집단원의 정서 상태에 대한 메시지가 소통하는 데 제약을 받을 수 있거나, 집단원들이 부정확한 정보를 올리거나(의도적이든 실수든 간에), 개인적인 내용이 불특정 다수에게 유포되거나, 본인의 동의 없이 강의, 연구, 심지어 소설화될 수도 있다는 점이다(Waldron, Lavitt, & Douglas, 2000). 지금까지 살펴본 집단의 유형 외에 다른 집단의 형태에 관해 살펴보자.

집단의 형태

집단의 다양한 유형 외에 집단의 형태는 몇 가지 기준에 따라 ① 구조화 vs. 비구조화 vs. 반구조화 집단, ② 개방집단 vs. 폐쇄집단, ③ 동질집단 vs. 이질집단으로 구분한다.

구조화 vs. 비구조화 vs. 반구조화 집단

집단의 형태는 집단과정을 촉진하기 위한 정형화된 프로그램의 사용 여부에 따라 ① 구조화 집단, ② 비구조화 집단, ③ 반구조화 집단으로 구분한다.

　구조화 집단.　　구조화 집단structured groups은 사전에 설정된 특정 주제와 목표를 달성하기 위해 일련의 구체적인 활동으로 구성되고, 집단리더가 정해진 계획과 절차에 따라 진행하는 집단의 형태를 말한다. 구조화 집단은 '구조적 집단'으로도 불린다. 구조화 집단의 주제는 다양하지만, 일반적으로 구성원들이 생활상의 문제를 보다 구체적으로 인식하고 효과적으로 대처할 수 있는 기술을 습득하도록 돕는 일련의 활동으로 구성되어 있다. 구조화 집단활동의 유형은 글상자 1-15와 같다(강진령, 2012; Jacobs, Schimmel, Masson, & Harvill, 2016).

글상자 1-15. 구조화 집단활동의 유형

○ 글읽기형	○ 피드백형	○ 의사결정형
○ 글쓰기형	○ 체험형	○ 환상형
○ 신체동작형	○ 신뢰형	○ 소품활용형
○ 신체접촉형	○ 돌림형	○ 미술공작형
○ 2인1조 / 3인1조형	○ 도덕적 딜레마형	

구조화 집단은 초·중·고등학교에서는 물론 대학의 학생상담소 또는 시도 청소년 상담실에서도 널리 활용된다. 이 집단의 회기는 집단원의 연령에 따라 그 길이가 다르다. 중·고등학생 이상을 대상으로 하는 집단의 경우, 대체로 짧게는 4주에서 길게는 15주에 걸쳐 주당 2시간 정도의 회기를 갖는다. 반면, 초등학교 아동이나 주의집중 시간이 짧은 사람들로 구성된 집단은 회기당 30~45분 정도로 조정한다(Jacobs et al., 2016). 구조화 집단이 시작될 때는 구성원들의 관심 영역, 즉 집단목표 성취를 위한 기능수준을 알아보는 질문지에 응답하게 한다. 구조화 집단에서 주로 다루는 주제는 글상자 1-16과 같다.

글상자 1-16. 구조화 집단의 주제

○ 섭식장애	○ 부모역할 훈련	○ 대처기술 학습
○ 사회기술	○ 완벽주의 극복	○ 알코올 중독 부모 대하기
○ 이성교제	○ 자기주장 훈련	○ 부모-자녀관계 회복
○ 진로 의사결정	○ 외모 콤플렉스	○ 아동학대 예방·대처방법
○ 스트레스 관리	○ 약물 오남용 이해·예방	○ 성희롱·성폭행 대처방법
○ 상급학교 적응		

글상자 1-16에 제시된 집단은 사전에 설정된 활동, 연습, 독서, 과제, 계약 등을 사용한다. 집단이 종결될 때는 집단원의 변화된 정도를 평가하기 위해 다른 질문지를 사용하기도 한다.

비구조화 집단.   비구조화 집단^{unstructured groups}은 구조화 집단과 달리 사전에 정해진 활동이 없고, 구성원 개개인의 경험과 관심을 토대로 상호작용함으로써 집단의 치료적 효과를 얻고자 하는 집단의 형태다. 비구조화 집단은 활동 내용이 이미 정해져 있는 구조화 집단에 비해 훨씬 폭넓고 깊은 자기탐색이 이루어질 수 있다는 장점이 있다. 반면, 구성원들의 상호작용과 자기탐색을 원활하게 촉진할 수 있는 능력과 임상경험을 겸비한 리더가 요구된다는 한계가 있다.

반구조화 집단.   반구조화 집단semi-structured groups이란 비구조화 집단의 형태를 토대로 운영하되, 필요할 때마다 구조화 집단에서 활용되는 활동을 이용하는 식으로 구조화 집단과 비구조화 집단을 혼합한 집단의 형태를 말한다. 예를 들어, 구성원들 간의 신뢰관계 형성을 촉진하기 위해 말문열기 활동ice-breaking activities 또는 신뢰감 형성 활동으로 집단 회기를 시작하거나, 집단의 중간단계에서 구성원들의 저항이나 갈등이 심한 경우 갈등 해소를 위한 구조화된 활동을 활용한다.

개방집단 vs. 폐쇄집단

집단은 진행과정에서 새로운 구성원들에게 개방되는지에 따라 ① 개방집단과 ② 폐쇄집단으로 나뉜다.

개방집단.   개방집단이란 집단 회기가 진행되는 동안 기존의 집단원이 집단을 떠나거나 결원이 생기는 등 일정 규모의 인원변동이 생기는 경우 새로운 집단원을 충원하는 집단의 형태를 말한다. 이 집단은 폐쇄집단과 마찬가지로 사전에 기간을 정한 상태에서 모임을 할 수 있다. 단, 집단형태의 선택은 집단원들의 특성과 목적에 따라 다르지만, 개방집단은 대부분 무한정 계속된다. 이 과정에서 집단원들이 완전히 바뀔 뿐 아니라, 심지어 집단리더마저 바뀌기도 한다. 개방집단은 유치원 아동이나 초등학교 저학년 집단 또는 장기적으로 운영되는 치료집단에 적합하다. 예를 들어, 집단의 핵심 목표가 놀이를 통해 또래 아동들이 서로 어울리면서 의사소통이나 협동의식과 같은 사회적 기술을 익히는 것이라면, 개방집단이 더 효과적이다.

폐쇄집단.   폐쇄집단은 미리 정한 집단원 수와 모임 횟수로 집단이 구성되고, 집단이 시작된 후 또는 첫 2~3회기가 지나면 새로운 집단원을 받지 않는 집단형태다. 폐쇄집단은 6개월 또는 그 이하의 기간 동안 모임을 지속하는 일종의 단기집단이 대부분이다. 집단기간을 6개월 이하로 제한하는 이유는 집단원 관리가 어렵기 때문이다. 즉, 집단원 중에는 중도 포기, 이사, 전근 등의 예상치 못한 일로 참여가 어려워지는 사람이 생기기 때문이다. 집단모임을 유지하려면 새로운 집단원을 충원해야 한다. 따라서 폐쇄집단을 장기적으로 운영할 수 있는 경우는 행형시설, 정신병원, 군부대 등에서만 가능하다.

이러한 한계를 극복하기 위해 일정 기간 폐쇄집단으로 운영하다가 집단원 평가를 거쳐, 잔여기간에 집단모임의 지속 여부를 결정하는 집단도 있다. 집단 회기가 이미 시작된 이후에 새로운 구성원이 집단에 참여하게 되면, 리더는 새로운 행동 패턴과 다소 다른 태도를 보여야 하는 상황에 놓이게 된다. 게다가 기존의 구성원들과 신입 구성원 사이에 균형을 맞추기가 그리 쉽지 않다. 이러한 점에서 구체적인 목표가 설정된 폐쇄집단은 일반적으로 학교에서 운영되는 집단상담의 형태로 적합하다.

동질집단 vs. 이질집단

집단은 구성원들의 인구통계학적 배경에 따라 ① 동질집단과 ② 이질집단으로 나뉜다.

동질집단.   동질집단^{homogeneous group}이란 구성원들의 인구통계학적 배경(예, 성별, 연령, 인종, 민족, 종교, 성장배경, 출신지역, 교육수준, 사회경제적 지위, 직업 등)이 유사하거나 특정한 목적(예, 여성 직장인, 취업준비 중인 대학생) 또는 변화 목표(예, 체중 감소)가 있는 사람들로 구성된 집단을 말한다. 이질집단과 비교할 때, 동질집단은 더 넓은 범위에서 삶의 어려움(예, 배우자 또는 자녀 상실), 임상적 상태(예, 우울, PTSD)를 공유하려는 사람들로 구성되기도 한다. 이러한 이유로, 동질집단은 집단응집력이 조기에 높아지고, 비교적 즉각적으로 지지하게 되며, 참석률이 높은 편이고, 갈등이 적으며, 증상 완화가 조기에 이루어지는 특징이 있다. 반면, 집단의 깊이가 다소 피상적이고 표면적인 수준에 머무르는 경향이 있어서 성격 재구성 같은 목표로 구성되는 집단치료에는 그리 효과적이지 않다.

이질집단.   이질집단^{heterogeneous group}은 구성원들의 인구통계학적 배경과 특성이 서로 다른 사람들로 구성된 집단을 말한다. 이질집단은 구성원들의 서로 다른 배경과 특성으로 인해 갈등유발 가능성이 높고, 촉진작업이 더 어려울 수 있다. 이러한 이유로, 집단원들 간의 공통분모를 끌어내고 다양한 배경과 어려움이 있는 집단원들을 연결하기 위한 추가적인 노력이 필요할 수 있다. 그러나 다른 한편으로, 집단원들 간의 갈등은 집단역동을 강하게 불러일으켜서 역동적 상호작용을 촉진하는 효과가 있다. 이러한 점에서 이질집단은 갈등 해소를 통해 개인적 성장과 문제해결력을 증진할 수 있다는 이점이 있다.

집단이 감당할 수만 있다면, 구성원들 간의 차이가 클수록 치료적 잠재력은 그만큼 크다(DeLucia-Waack et al., 2014). 집단원들이 서로의 유사성을 인식하는 것이 중요하다는 점을 고려할 때, 표면적인 차이가 있음에도 더 깊은 연관성을 찾게 하는 이질집단이야말로 집단원들에게는 매우 강력한 경험이 될 수 있다. 이러한 점을 고려할 때, 이질집단은 치료적 목적을 지닌 집단상담 혹은 집단치료에 적합하다. 그러므로 집단원들이 응집할 수 있는 방향으로 참여·탐색할 수 있도록 집단을 구성할 필요가 있다. 그렇다면 집단은 어떻게 구성해야 좋은가?

🔳 **글상자 1-17. 집단의 구성원리**

> 환자들의 갈등 영역과 대처양식은 최대한 이질적으로 구성하는 동시에, 환자들의 취약성 수준과 불안 감내력은 동질적으로 구성한다. 또한 성별, 태도(능동적 vs. 수동적), 사고, 감정, 대인관계의 어려움 수준은 이질적으로 구성하는 반면, 지능, 불안 감내력, 피드백 교환 등과 같이 치료과정에 참여하는 능력은 동질적으로 구성한다. 단, 성별, 연령, 성지향성, 문화, 인종, 민족 등으로 인해 특정 집단원이 고립되지 않도록 한다(Yalom, 2005, pp. 272-273).

이외에도 다문화 배경을 지닌 집단원에 대해서는 그가 속한 문화권의 전형적인 사람으로 간주하기보다는 개인의 구체적인 배경을 고려한다. 그러면 과연 사람들은 어떤 이유와 목적으로 집단상담을 찾게 되는가?

집단상담과 치료의 강점과 한계

집단상담과 치료의 강점

치료적 환경으로서의 집단상담과 치료의 강점으로는 ① 효율성·경제성·실용성, ② 다양한 자원·관점 제공, ③ 성장·변화를 위한 환경 제공, ④ 양육적 대리가족체계 제공, ⑤ 새로운 행동시도를 위한 공간 제공, ⑥ 문제 예방을 꼽을 수 있다.

효율성·경제성·실용성.   첫째, 집단상담과 치료는 1인 또는 그 이상의 상담자/치료자가 여러 내담자/환자에게 동시에 상담/치료 서비스를 제공할 수 있다는 강점이 있다. 즉, 한정된 시간에 여러 내담자를 상담할 수 있어서 효율적^{efficient}이고, 비용이 적게 든다는 점에서 비용 대비 경제적^{economical}이며, 학교, 기업, 또는 임상장면에서 활용 가능하다는 점에서 실용적^{practical}이다(강진령, 2019). 글상자 1-18에 제시된 것처럼, 코리(Corey, 2017)는 집단상담의 효율성·경제성·실용성에 대한 자신의 견해를 밝히고 있다.

글상자 1-18. 코리의 집단상담에 대한 견해

> 지역사회기관에서 여전히 개인상담이 이루어지고 있지만, 서비스 제공을 개인상담에 한정시키는 것은 재정적으로 여유가 없는 이 시대에는 더 이상 실용적이지 않습니다. 집단상담은 상담전문가들이 더 많은 내담자를 상담할 수 있게 할 뿐 아니라, 집단과정 역시 독특한 학습을 위한 장점이 있기 때문입니다.

집단상담은 사람들이 유사한 관심사를 공유할 수 있도록 돕는 효과적·경제적·전문적 서비스다. 이러한 점에서 집단상담은 상담전문가뿐 아니라, 심리학자, 사회복지사, 정신과 의사, 청소년 상담사/지도사, 캠프 리더, 성직자, 상담교사 등 다양한 분야의 리더들이 집단의 치료적 효과를 얻기 위해 활용될 수 있다. 특히 아동·청소년은 어른보다 또래들과 함께 있을 때 더 쉽게 마음을 여는 경향이 있다는 점에서 집단상담은 이들의 성장과 발달을 돕기 위한 탁월한 선택이 될 것이다(Myrick, 2011; Sink et al., 2012). 게다가 의료 환경과 보험정책이 경제성 원칙에 따라 약물치료와 단기증상 중심치료에 치중하게 된다면, 집단상담과 치료의 효율성·경제성·실용성은 더욱 높아질 전망이다.

다양한 자원·관점 제공.   둘째, 집단상담과 치료에서는 서로 다른 배경을 지닌 집단원으로부터 다양한 자원을 얻을 수 있다. 성별, 연령, 사회경제적 지위, 결혼상태, 교육수준, 민족 등 다양성을 바탕으로 집단원은 서로의 차이점들을 공유하며 경험의 지평을 넓혀 가게 된다. 서로 다른 배경은 문화의 일부로 인정되는 한편, 보편적인 가치 발견과 새로운 경험의 촉진을 위해 집단원들은 서로의 느낌을 적극 표현하게 된다. 개인차에 대한 자기개방은 오히려 유사점으로 이어지고, 보편성을 경험하면서 치료적 효과가 나타난다. 다른 집단원들과의 상호작용과 문제해결방안을 함께 모색하고, 서로의 사고, 행동, 생활양식 등을 알게 되면서 집단원들은 다양한 관점을 확보하게 된다. 이러한 일련의 집단상담과정은 집단원들의 변화와 인간적 성장의 기틀이 된다. 실제로, 집단치료를 받은 사람들은 공감적이고, 대인관계기술이 좋으며, 스트레스 상황에서 친화적이고, 의미 있는 관계를 유지할 수 있는 반면, 개인치료 내담자들은 자기충족적 · 자기반성적이면서 내적 과정에 민감하게 된다(Holmes & Kivlighan, 2000).

성장 · 변화를 위한 환경 제공.   셋째, 집단상담과 치료는 성장과 변화를 위한 환경을 제공한다. 자아는 집단 속에서 성장 · 발달한다. 집단상담과 치료는 자아 성장을 위한 환경을 제공한다. 자아 성장은 타인 신뢰에서 시작되며, 타인 신뢰는 자기개방을 통해 이루어진다. 집단원들은 다른 집단원들과의 관계 속에서 자신의 모습을 관찰 · 탐색하고 이해하게 된다. 또한 다른 사람들과의 상호작용을 기반으로 문제해결에 초점을 두게 되면서 의사소통기술과 대인관계 능력이 향상된다(Malekoff, 2014). 효과적인 의사소통기술의 습득은 대인관계 형성 능력의 향상을 가져오게 되어 자연스럽게 자아 성장으로 이어진다. 서로 도움을 주고받으면서 긍정적인 자기개념을 형성하게 되는 것 역시 집단상담과 치료를 통해 얻을 수 있는 큰 이점이다.

양육적 대리가족체계 제공.   넷째, 집단상담과 치료는 다양한 사람이 참여함으로써 지지적 · 수용적 · 양육적인 대리가족체계를 제공한다(Kottler, 2015). 이러한 체계 속에서 집단원들은 상호작용을 통해 독특한 대인관계 양상을 드러내면서 하나의 축소된 사회 또는 공동체로 발달한다. 판단적 · 비판적 언사, 화를 잘 내는 특성, 자기패배적 · 모욕적 태도, 유혹적 성향 등 집단원들의 다양한 성향은 점차 대인관계상의 저항과 갈등을 유발한다. 집단원들의 부적응 행동, 행동의 촉발요인, 행동에 대한 다른 집단원들의 반응은 민감한 관찰 · 분석을 통해 변화촉진을 위한 자원이 된다. 행동상의 부적응성 혹은 비생산성은 대인관계상의 상호작용을 통해 변화의 계기를 마련하게 된다.

다른 한편으로, 집단은 이중적이면서도 상호 모순적인 특성이 있다. 집단은 가장 안전하면서도 가장 위험한 환경이 될 수 있다. 분노, 의심, 불안, 질투, 우울 같은 감정이 되살아나기도 하는 공간이 바로 집단이기 때문이다. 내면 감정의 탐색, 확인, 표출은 오히려 복잡하게 얽혀 있던 감정들을 확인, 정리, 해소하여 통찰, 자기이해, 행동방식의 변화로 이어져 인간적 성장을 앞당긴다. 이러한 점에서 집단상담과 치료는 개인상담과 치료에 비해 훨씬 더 실생활에 가깝다. 따라서 집단은 사회적 소우주social microcosm(Yalom, 2005), 사회의 반영(Gazda, 1989), 소사회microsocieties(Trotzer, 2013)로 불린다. 특히 얄롬은 사회적 소우주 개념에 대해 글상자 1-19와 같이 설명하고 있다.

🏢 **글상자 1-19. 얄롬의 사회적 소우주 개념에 대한 설명**

> 충분한 시간만 주어진다면, 집단원들은 평소 자신의 모습이 될 것이다. 즉, 자신의 사회활동 영역에서 다른 사람들과의 상호작용과 유사하게 집단원들과 상호작용하게 되는 한편, 집단을 마치 그들이 생활하고 있는 방식으로 '사람과 사람 간의 우주'로 만들 것이다. -〈중략〉- 집단에서 습득한 행동은 결국 집단원의 사회적 환경으로 옮겨진다."
> (Yalom, 2005, p. 28, 43)

　　새로운 행동시도를 위한 공간 제공.　　다섯째, 집단상담과 치료는 새로운 행동을 모험적으로 실험해 볼 수 있는 안전한 공간이다(Johnson & Johnson, 2016). 이 공간은 공통 관심사를 함께 나누고, 더 적응적이고 건설적인 행동과 사회적 기술을 시험·연습해 볼 수 있는 안전한 실험실이다. 이 공간에서 시도된 새로운 행동들은 다양한 관점에서 정직한 피드백을 받게 되는 한편, 집단원들은 다른 사람들의 지지, 수용, 격려에 힘입어 생산적이고 적응적인 행동을 연습·습득하게 된다(Straus, 2018). 이러한 점에서 집단상담과 치료는 사람들의 복잡한 감정이 적절히 다루어지지 않은 채 악순환되는 가정, 직장, 사회의 심적 에너지 충전소 역할을 한다. 왜냐면 사람들은 집단참여를 통해 누적된 감정을 해소하고, 자신의 입장과 처지에 대해 공감적 이해와 지지를 받을 수 있기 때문이다. 수용과 지지 체험은 변화시도를 위한 동기와 자신감을 준다(Rogers & Farson, 2015). 이 과정에서 습득한 적응 능력과 기술을 실생활에 성공적으로 전이시킴으로써 집단상담과 치료를 통한 생산적 행동 변화 주기가 완성된다. 글상자 1-20은 집단의 속성에 대한 한 집단원의 고백이다.

🏢 **글상자 1-20. 집단의 속성에 대한 집단원의 고백**

> 오랫동안 저는 집단이 부자연스러운 경험을 하는 자연스러운 장소라고 생각했어요. 그런데 그 후 저는 그 반대라는 사실을 깨달았어요. 집단은 자연스러운 경험을 하는 부자연스러운 장소라는 사실을 말이에요.

집단을 현실적인 공간으로 만들려면, 집단에서 사교, 세력 과시 또는 성적 게임이 용인되어서는 안 된다. 그래야만 집단원들이 생동감 있는 삶을 체험하게 되고 서로에게 솔직하고자 노력하면서 진실을 왜곡하는 겉모습들을 벗겨 낼 수 있기 때문이다.

문제 예방.   끝으로, 집단상담은 잠재적인 문제 발생 또는 악화를 막거나, 사전에 대처할 수 있는 생활관리기술 습득에 도움이 된다는 점에서 문제 예방의 기능이 있다. 집단의 수용적·지지적 환경은 집단원들의 행동 변화를 촉진하여 발생 가능한 문제를 예방하는 기능이 있다(Rogers & Farson, 2015). 그리고 발달상의 문제를 겪고 있는 사람은 그 문제가 자기 혼자만의 것이 아니라는 깨달음('보편성')만으로도 심리적 고통에서 벗어날 수 있다. 또한 집단에 대한 소속감은 외로움, 고립감, 무력감 같은 문제 감소 또는 해소로 이어진다는 점 역시 집단상담과 치료의 중요한 강점이다.

집단상담과 치료의 한계

집단상담과 치료는 그 특유의 혜택과 이점에도 불구하고, 누구에게나 최상의 선택이 아닐 수 있다. 그 이유는 ① 비밀유지의 한계, ② 개인에 대한 관심 미약, ③ 역효과의 가능성, ④ 집단압력의 가능성 같은 한계가 있기 때문이다.

비밀유지의 한계.   첫째, 집단상담과 치료는 집단에서 노출된 집단원의 사적인 내용에 대한 비밀유지 통제가 어렵다. 개인상담과 치료에서 비밀유지confidentiality 원칙을 위반할 수 있는 유일한 사람은 상담자다. 그러나 집단상담과 치료의 경우, 비밀유지 원칙을 파기할 수 있는 대상이 집단원 전체로 확대된다는 점에서, 집단 밖에서 일어나는 일에 대한 통제가 여의치 않다. 그러므로 집단에서 노출된 다른 집단원들의 사적인 정보에 대한 비밀유지의 중요성은 수시로 강조되어야 한다(Lasky & Riva, 2006). 비밀유지 원칙은 다른 집단원의 사적인 정보를 집단 밖으로 유출하는 행위뿐 아니라, 집단 회기 중에 나누었던 대화 내용을 집단 밖에서 언급하는 행위에도 적용된다.

개인에 대한 관심 미약.   둘째, 집단상담과 치료는 구조적으로 집단원 개개인에게 기울이는 주의와 관심, 그리고 개인적인 문제나 관심사를 깊이 있게 다루는 것이 개인상담과 치료에 비해 다소 미흡할 수 있다. 그나마 한정된 시간이 일부 집단원에게 집중되는 경우, 다른 집단원들의 개인적인 문제는 등한시되기 쉽다. 그러므로 지나치게 소극적이거나 소심해서 집단 상황에 적응하기 어려워하는 사람은 오히려 개인상담 또는 치료가 더 효과적일 수 있다. 그러나 다른 한편으로, 집단에서 개인작업 시 여러 사람이 한 집단원에게 집중적인 피드백과 관심을 기울인다는 점에서 이러한 제한점은 상쇄될 수 있다.

역효과의 가능성.   셋째, 집단상담과 치료는 역효과의 가능성이 있다. 특히 비자발적으로 집단에 참여하게 되거나, 집단참여를 원치 않거나, 준비되지 않은 상태로 집단에 참여하는 사람들은 개인적인 감정 또는 문제로 집단 분위기를 해치거나 다른 집단원들의 경험을 방해할 수 있다. 그러므로 집단상담과 치료에 적합하지 않거나 집단 분위기를 해칠 가능성이 있는 사람은 개인상담과 치료 또는 다른 형태의 정신건강 전문가에게 의뢰하는 것이 바람직하다. 특히 뇌손상, 정신병, 자기애성 성격장애 혹은 자살을 시도하는 사람이 집단상담과 치료를 통해 얻을 수 있는 효과는 제한적이기 때문이다(Jacobs et al., 2016).

집단압력의 가능성.   끝으로, 집단의 기대치에 부응해야 할 것 같은 미묘한 압박감은 집단상담과 치료의 한계로 작용할 수 있다. 특히 다른 집단원들과 다른 특성 또는 배경을 가진 집단원은 지배적인 집단원들의 가치관에 동조해야 할 것 같은 강한 압력을 받을 수 있다(Berg, Landreth, & Fall, 2018). 다른 집단원들의 피드백이나 조언을 집단압력에 떠밀려 여과 없이 받아들이는 것은 자기탐색을 심화하기보다는 자신의 욕구와는 무관한 결정을 내리게 되는 결과를 초래할 수 있다.

성찰활동 / 함께 해 볼까요?

1. **별칭 소개** 자기를 소개하면서 각자 자신의 별칭과 그 내력을 소개한다. 별칭은 어려서부터 불리던 별명, 자기 자신을 상징적으로 가장 잘 나타낼 수 있는 명사, 또는 자신이 지향하고 있는 대상이나 사물이 될 수 있다. 다음의 '내 이름과 사연 소개'에서처럼, 별칭과 내력을 소개하고 나서, 이름 대신 별칭을 누적해서 소개하는 형식을 이어 갈 수 있다.

2. **내 이름과 사연 소개** 둥글게 둘러앉은 상태에서 각자의 이름을 소개하면서 이름의 의미와 이름을 짓게 된 배경 등에 관한 이야기를 나눈다. 그런 다음, 옆 사람은 이미 소개한 사람의 이름을 크게 말하고 난 후, 자기를 소개한다. 다음 사람은 "○○ 옆에 △△ 옆에 □□입니다."라고 소개하는 형식을 이어 간다.

3. **귓속말 메시지** 8인 1조 또는 1조에 10명 이내로 나누어 조별로 일렬로 선다. 문장을 전달할 때, 다른 사람들이 들을 수 없도록 사람과 사람 사이에 한 발짝 정도의 거리를 둔다. 담당 교수는 각 조에서 가장 앞에 선 사람(조장)을 불러 모으고는 전달할 메시지를 보여 준다. 전달할 메시지를 암기한 조장은 각자 자기 조로 가서 두 번째 조원에게 전달받은 메시지를 귓속말로 전한다. 두 번째 조원은 세 번째 조원에게, 세 번째 조원은 네 번째 조원에게…… 전한다. 조별로 가장 마지막으로 귓속말 메시지를 전달받은 조원은 전달받은 메시지를 종이에 적어서 담당 교수에게 제출한다. 모든 조가 전달받은 메시지를 제출하면, 담당 교수는 그 내용을 큰 소리로 읽어 준다. 가장 정확하고 완성도가 높은 조원들에 대해서는 간단한 시상을 해도 좋다. 귓속말로 전달할 메시지의 예는 다음과 같다.

> ○ "멍멍이네 꿀꿀이는 멍멍해도 꿀꿀하고, 꿀꿀이네 멍멍이는 꿀꿀해도 멍멍한다."
> ○ "강 건너 강 공장장은 간장 공장 공장장이고, 강 안 건너 공 공장장은 된장 공장 공장이다."
> ○ "강낭콩 옆 빈 콩깍지는 완두콩 깐 빈 콩깍지고, 완두콩 옆 빈 콩깍지는 강낭콩 깐 빈 콩깍지다."
> ○ "내가 그린 구름 그림은 새털구름 그린 그림이고, 네가 그린 구름 그림은 뭉게구름 그린 그림이다."

이 활동은 상대방의 말을 듣고 전하는 과정을 통해 정확하게 귀 기울여 듣는 것의 중요성을 체험해 보게 하기 위한 목적이 있다. 참여자들은 각자 자신의 틀에 맞추어 듣고자 하는 것을 들으려고 하는 자신의 모습을 볼 수 있다. 또한 참여자들은 의사소통에서 사소한 부주의로 상대방의 말을 잘못 들을 수 있고, 이것으로 인해 오해가 생길 수 있다는 점을 몸소 체험해 볼 수 있다.

집단의 치료요인

인간이 할 수 있는 일 중에서
자신을 찾아 나서는 여행보다
더 값진 것은 없다.

중요한 것은
우리가 어디에 있는가가 아니라
어디를 향해 가고 있는가다.

우리의 심장에다 쓰자.
매일 매일이
그 여행의 과정이 되리라고…

– 오쇼의 『장자, 도를 말하다』 중에서 –

☐ 집단과정 … 54

☐ 집단역동 … 57

☐ 집단의 치료요인 … 67

☐ 임상가들이 주장한 집단의 치료요인 … 87

◆ 성찰활동 … 92

집단상담과 치료는 여러 개의 개인상담과 치료 사례를 동시에 진행하는 도구가 아니다. 이는 정신건강 서비스 제공자와 수혜자의 일대일 관계를 중심으로 이루어지는 개인상담과 치료보다 훨씬 복잡한 양상으로 전개된다. 집단에서의 치료적 변화는 구성원들 간의 상호작용을 통해 일어나는 복잡한 과정이다. 그러므로 집단리더에게는 개인작업을 통해 습득한 풍부한 임상경험은 물론, 집단작업에 필수적인 요소, 즉 집단역동group dynamics, 집단과정group process, 집단의 치료요인에 대한 이해·적용 능력이 필요하다(Conyne & Diederich, 2014). 여기서 집단작업group work이란 상호 독립적인 집단원들의 목표 성취를 위해 집단리더의 전문적 역량을 기반으로 집단의 안팎에서 이루어지는 총체적인 활동을 말한다. 이 작업은 크게 과정적 측면과 내용적 측면에서 이루어진다. 집단의 "과정과 내용은 상호작용 관계에 있고, 마치 두 가닥의 실로 엮인 줄과 같이 작동한다"(Hulse-Killacky, Kraus, & Schumacher, 1999, p. 117). 따라서 집단리더는 집단의 과정적·내용적 측면을 계속해서 살펴야 하는 동시에, 집단의 목적과 회기의 목표에 부합되도록 집단에 초점을 맞추어야 한다. 집단작업의 과정적 측면과 내용적 측면을 확인하기 위한 질문의 예는 글상자 2-1과 같다.

글상자 2-1. 집단작업의 과정적 vs. 내용적 측면

☐ **과정적 측면**
- 집단은 현재 어떤 방식으로 소통하고 있는가?
- 누가, 얼마나 자주, 그리고 누구에게 말하고 있는가?
- 현 회기는 집단발달의 어떤 국면·단계에 속하는가?
- 현재 집단에 작용하고 있는 치료적 힘은 무엇인가?
- 집단원들이 사용하고 있는 단어는 이들의 상호관계에서 무엇을 의미하는가?

☐ **내용적 측면**
- 집단원들은 현재 어떤 단어들을 사용하고 있는가?
- 집단에서는 지금 무엇에 관한 토의가 이루어지고 있는가?
- 집단의 실질적 쟁점은 무엇인가?
- 현재의 토의 내용은 집단의 목적·과업과 일치하는가?

글상자 2-1에 제시된 것처럼, 집단작업의 과정적 측면은 특정 집단원이 특정 상황 또는 시점에서 특정 집단원에게 '어떻게' '왜' 그 말을 했는지를 비롯한 관계의 추이에 관한 것이다. 반면, 내용적 측면은 집단원이 나타내는 언어적·비언어적 메시지 또는 이야기의 주제에 관한 부분이다. 즉, 과정은 집단원이 사용한 단어, 어법, 쟁점의 핵심이 집단, 집단리더, 그리고 다른 구성원들과의 대인관계에 있어서 어떤 의미를 지니고 있는가에 관한 것이다. 반면, 내용은 집단원이 사용한 단어, 쟁점, 그리고 주장하고 있는 논점 등으로 구성된다. 결국, 집단원이 '어떻게' '왜' 특정한 말과 행동을 보였는지는 다른 집단원과의 관계 및/또는 현재와 과거의 중요한 인물과의 관계를 밝혀 주는 근거가 된다(Conyne & Diederich, 2014).

집단리더에 따라서 집단의 과정적 측면과 내용적 측면 중 어느 한쪽에 더 비중을 두고 작업하기도 한다. 그렇지만 일반적으로는 이 두 가지 측면의 균형을 유지할 필요가 있다. 더 많은 경험이 필요한 집단리더들은 때로 집단에서 진행되고 있는 것에만 초점을 맞춘 나머지, 모든 집단원의 참여 유도를 망각하거나, 일부 집단원을 대상으로 개인상담처럼 진행하다가 집단 전체의 자기개방을 통한 상호작용과 피드백 교환의 치료적 힘을 제대로 활용할 기회를 놓치기도 한다. 반면, 숙련된 집단리더는 집단 회기가 진행되는 동안 집단원들의 의사소통 내용과 과정을 계속해서 살핀다(Hulse-Killacky, Killacky, & Donigian, 2001). 또한 집단이 가장 필요로 하고 있는 것을 파악하여 그 방향으로 나아가도록 돕는다. 이 책에서는 집단과정에 관한 내용만을 다루고 있다. 왜냐면 집단내용에 관한 훈습과정은 한 권의 책에서 모두 다루는 데 한계가 있을 정도로 사건 또는 상황의 수가 많고 다양하기 때문이다. 그러면 집단작업의 핵심도구인 집단과정이란 무엇일까?

 ## 집단과정 / 집단과정이란 무엇인가?

집단과정$^{group\ process}$이란 집단리더와 집단원 간, 또는 집단원들 간의 상호작용과 에너지 교환을 통한 관계 변화의 추이를 말한다. 집단은 이를 기반으로 발달한다. 집단과정은 상호작용하는 집단원 간, 그리고 집단원과 집단치료자 사이에 형성되는 관계의 본질이다(Yalom, 2005). 집단과정 분석은 집단원의 심리내적^{intrapsychic} 세계, 대인관계적 상호작용, 집단 전체의 힘, 집단의 임상적 환경 등 다양한 요인이 고려되어야 한다(Brown, 2003).

호위츠(Horwitz, 1983)는 집단과정의 역동을 투사적 동일시$^{projective\ identification}$로 설명

했다. 이 개념은 1946년 멜라니 클라인^{Melanie Klein}이 편집–분열 상태를 설명하면서 처음으로 소개되었다. 투사적 동일시란 자아와 타자 사이의 분화가 뚜렷이 형성되기 이전인 만 1~2세 영아의 초기 발달과정에서 발생하는 대상관계^{object relations} 관련 방어기제를 말한다. 이는 외부 대상으로 강력히 파고드는 것을 목표로 하고, 심리내적 요소와 대인관계 요소를 포함하며, 자아와 외부 대상에 영향을 미친다.

집단과정에는 집단발달, 집단역동, 치료적 힘이 포함된다. 따라서 T 집단 또는 참만남집단 같이 주로 집단과정에 집중하는 집단의 구성원들은 종종 강력한 정서체험을 하게 된다. 왜냐면 집단과정은 집단역동의 동력으로 작용하기 때문이다. 집단과정을 이해하려면, 집단원들 사이에 이루어지는 대화 내용을 상위의사소통^{metacommunication}(의사소통에 대한 의사소통)의 측면에서 특정 집단원이 특정 시점에서 특정 집단원에게 특정 메시지를 전달하려는 이유를 규명해야 한다. 글상자 2–2에 제시된 진술을 통해 상위의사소통 내용을 파악해 보자.

글상자 2–2. 상위의사소통의 예

- ○ "어서 밥이나 먹어!"
- ○ "식사하세요. 시장하실 텐데!"
- ○ "배가 너무 고픈데, 이제 식사해도 될까요?"
- ○ "왜 아직 식사를 하지 않고 있으세요?"

글상자 2–2에 제시된 진술은 진술한 시점과 맥락에 따라 각기 단순한 요청 혹은 명령 이상의 의미를 내포하고 있다. 각 진술은 상호작용하는 두 사람의 관계의 질을 나타내고 있다. 그런가 하면, 글상자 2–3에 소개된 예화는 집단의 내용적 측면과 과정적 측면을 보다 분명하게 이해하는 데 도움이 될 것이다.

글상자 2–3. 집단의 내용적 · 과정적 측면 비교를 위한 예화

한수(남, 22세)는 평소 말이 없고 집단참여에 소극적이었다. 그런데 3회기에서 한 40대 여성 집단원이 자신의 결혼생활의 어려움을 토로하자, 한수는 그녀에게 큰 소리로 "그러니까 결혼은 미친 짓이라니까요!"라고 외쳤다. 예기치 않은 한수의 반응에 집단 분위기는 갑자기 싸늘해졌다. 집단원 대부분이 기혼자였고, 그중에는 대학생 자녀를 둔 집단원도 있었다.

글상자 2–3에 제시된 예화에서 집단의 과정적 측면을 간과한다면, 집단원들은 한

수가 내뱉듯이 말한 내용에 초점을 맞추고 결혼의 의미에 대해 격론을 벌이게 될 수 있다. 때로 토론에 감정이 실리기도 하겠지만, 토론은 주로 결혼의 불가피성 혹은 결혼이 선택 가능한 사안이라는 내용으로, 지적인 차원에서 이루어지게 될 것이다. 그 결과, 집단원들 간에 장시간 열띤 토론과 공방전이 치러졌음에도 공허한 논의로 이어지게 되면서 집단은 목표로부터 멀어질 수 있다. 내용에 초점을 맞춘 논의는 흔히 어떤 결론에 도달할 수 없다는 점에서 집단원 모두를 좌절시킬 수 있다. 그러나 과정에 초점을 맞추는 집단리더는 스스로에게 대화상자 2-1에 제시된 것과 같은 성찰질문 reflective questions을 던져 볼 수 있다.

 대화상자 2-1. 집단과정에 초점을 맞춘 집단리더의 성찰질문 예시

○ "한수는 왜 여성 집단원에게 공격적인 언사를 나타냈는가?"

○ "두 사람 사이의 대인관계 과정은 어떠했는가?"

○ "한수가 그 여성을 공격하기로 마음을 먹었다면, 왜 직접 대놓고 하지 않았을까?"

○ "한수는 왜 다른 집단원들의 부정적인 반응이 확실시되는 자극적인 언사를 택하는 모험을 감수했을까?"

집단과정과는 달리, 집단원들의 의사소통 내용은 집단의 목적 또는 과업을 나타낸다. 그러므로 집단리더는 특정 시점에서 집단이 가장 필요로 하는 것을 파악하여 집단원들의 상위의사소통의 의미를 파악하고, 집단이 목표를 성취하는 방향으로 나아가도록 집단과정을 촉진할 필요가 있다. 이를 위해 집단과정과 내용, 그리고 집단목적과 회기별 쟁점에 초점을 맞추고 계속해서 모니터한다. 집단 모니터링을 위한 확인사항은 글상자 2-4와 같다.

🏢 글상자 2-4. 집단 모니터링을 위한 확인사항

1. 집단원들은 서로 어떻게 교류하는가?

2. 집단리더로서 나는 집단원들에게 어떻게 반응하는가?

3. 집단원들은 집단리더인 나에게 무엇을, 어떻게 말하는가?

그러면 집단과정과 밀접한 관련이 있는 집단역동이란 무엇인가?

집단역동 / 집단역동이란 무엇인가?

집단역동group dynamics이란 집단 내, 집단원 간, 그리고 집단리더와 집단원 사이에서 발생하는 지속적인 상호작용과 상호관계에서 발생하는 힘을 말한다. 역동力動이라는 말은 본래 힘, 활력, 원동력, 에너지를 나타내는 물리학 용어다. 이 용어는 르윈(Lewin, 1943)에 의해 집단에서 발생하는 복잡한 사회적 과정이 구성원들에게 미치는 강력한 과정을 기술하고자 심리학 영역에서 처음 사용되었다(Forsyth, 2018). 그는 집단을 일컬어 약하기보다는 강력하고, 수동적이기보다는 능동적이며, 정체적이기보다는 유동적이고, 구상적이기보다는 촉매적인 특징이 있다고 했다. 그는 '행동 없이 연구 없고, 연구 없이 행동 없다.'는 신조로 집단역동에 관한 연구를 거듭했고, 그 업적을 인정받아 오늘날 '집단역동의 아버지'로 불린다.

사람과 사람 사이의 상호작용은 의식적·무의식적인 힘과 에너지의 기능이다. 이는 집단의 구조, 이론적 접근, 집단원의 성별, 연령, 태도, 성격, 문화, 욕구 등과 같은 복잡한 요인의 영향을 받는다. 집단의 성격과 방향을 좌우하는 복합적인 힘은 집단리더의 개입과 중재로 구성원 개개인을 변화시키고 치유하는 원동력이다. 그러나 이러한 힘을 잘못 사용하게 되는 경우, 집단원들에게 부정적인 영향을 미칠 수 있다. 이에 집단리더는 글상자 2-5에 제시된 사항에 대한 관찰을 통해 집단역동의 흐름을 관심 있게 지켜봐야 한다.

글상자 2-5. 집단역동 파악을 위해 관찰이 요구되는 사항

1. 집단의 전반적인 분위기는 어떠한가?
2. 말이 없는 집단원은 누구인가?
3. 집단의 응집력은 높아지고 있는가?
4. 논쟁을 일삼는 집단원은 누구인가?
5. 집단을 지배하려는 집단원은 누구인가?
6. 집단원들의 전반적인 느낌과 행동은 어떠한가?
7. 방어적인 태도로 일관하는 집단원은 누구인가?
8. 적극적으로 발언하는 집단원은 누구인가?

> 9. 눈에 띄게 다른 집단원들에게 영향을 주고 있는 집단원은 누구인가?
> 10. 기꺼이 자기개방을 하는 집단원은 누구인가? 그렇지 않은 집단원은 누구인가?
> 11. 집단참여를 좋아하는 집단원은 누구인가? 그렇지 않은 집단원은 누구인가?

집단역동에 관한 지식을 갖춤으로써 집단리더는 어떤 집단원에게 상호작용을 독려해야 하고, 집단의 초점에서 벗어나고 있는 집단원이 누구이며, 통제수준을 어느 정도로 유지할 것인지에 대한 판단력이 생기게 된다. 집단리더는 집단원의 말에 경청하는 일 외에도 집단 내에서 진행되는 역동을 파악하고 있어야 한다. 이러한 능력은 생래적이지 않을 뿐 아니라, 시간이 지난다고 해서 자연스럽게 길러지지 않는다. 집단역동이 보이지 않는 것은 단지 치료자의 훈련이 덜 되어 미숙한 상태에 있기 때문이다(Bion, 1961). 집단역동을 이해함으로써 집단리더는 집단원에게 의미 있는 통찰을 가져다주기도 하지만, 자칫 그들의 안녕을 해칠 수도 있다. 이러한 점에서, 치료적 집단작업자가 되려면 적어도 일정 기간 임상경험이 풍부한 수퍼바이저의 수퍼비전을 받는 것은 선택이 아니라 의무다(AGPA, 2007; ASGW, 2000; Fernando & Herlihy, 2010; Neufeldt, 2010).

집단역동 관찰 / 집단역동은 무엇을, 어떻게 관찰하는가?

집단리더는 안정된 상태에서 집단원의 행동을 관찰할 수 있는 위치에 있다. 이는 집단에서 다른 집단원들과 감정적으로 얽히지 않은 상태에서 이들의 상호작용 또는 대인관계 패턴을 살필 수 있다는 의미다. 집단은 각기 독특한 방식으로 조직된다. 이에 집단리더의 중요한 역할로는 집단원과 집단발달에 영향을 주는 집단과정, 즉 집단의 전반적인 흐름을 면밀하게 관찰하여 집단역동을 촉진하는 것을 으뜸으로 꼽을 수 있다.

무엇을 관찰해야 하는가?   집단역동을 파악하려면 무엇을 관찰 대상으로 삼아야 하는가? 집단원에게는 고유의 심리내적 세계가 존재한다. 이 세계에는 다양하고 독특한 경험과 독자적인 관점이 들어 있다. 이로 인해 집단원은 다른 집단원들과의 관계, 자기개방, 도움 주고받기 등에서 다양한 반응을 보인다. 또한 집단리더에 대해서도 수용적/거부적, 유능한/무능한, 따스한/차가운 사람으로 여기게 된다. 다양한 관점에서 집단, 집단리더, 그리고 다른 집단원들에 대한 예기치 못한 반응을 보임으로써, 때로 집단리더를 당황스럽게 하거나 좌절하게 만들기도 한다.

　치료적 집단의 목적은 집단원이 자신의 심리내적 세계를 인식 · 이해하고, 이 세계에 변화를 주려는 작업을 도움으로써 궁극적으로 성장과 발달을 도모하는 것이다. 심리내적 세계를 반영하는 개인의 독특한 반응이나 행동은 그에 관한 정보를 담고 있다. 따라서 이러한 반응적 행동들을 관찰 · 분석하는 것은 집단원의 심리내적 세계로 이어지는 중요한 통로다. 집단 회기가 거듭됨에 따라 집단원들은 점차 자의식self-consciousness을 내려놓게 되면서 대인관계상의 다양한 행동을 보이게 된다. 그중에는 긍정적이고 생산적인 행동들이 있는가 하면, 대인관계에서의 갖가지 어려움, 좌절, 분노, 지루함을 표출하는 행동 및/또는 때로 심각한 정도의 병리행동이 섞여 있을 수 있다. 숙련된 관찰자는 집단이라는 드라마틱한 소사회에서 연출되는 집단원들의 생생한 행동에 의한 역동을 관찰할 수 있게 된다.

　집단에서 생성되는 힘과 에너지는 관찰 가능한 것과 그렇지 못한 것이 있다. 그러므로 집단역동을 파악하기 위해서는 집단원들 사이에 주고받는 언어행동(대화 내용, 표현방식 등)과 비언어행동(동작성, 근접성, 준언어, 타이밍 등)에 주의를 기울인다. 집단의 흐름에 영향을 주는 요소로는 집단리더에 대한 집단원들의 신뢰수준, 집단원들 간의 신뢰와 갈등, 집단원의 참여도, 힘겨루기power struggling, 하위집단화subgrouping, 주의 · 시선을 끄는 행동, 소모적인 게임 등이 포함된다. 따라서 집단리더는 집단원 관찰 시 글상자 2-6에 제시된 질문을 스스로에게 던져 봄으로써 집단역동을 파악한다(강진령, 2019).

글상자 2-6. 집단역동 파악을 위한 확인사항

> 집단원들은……
> 1. 서로 어떻게 말하고 반응하는가?
> 2. 집단의 목적을 잘 인식하고 있는가?
> 3. 누가 주로 말하고 누가 주로 듣는가?
> 4. 누가 누구와 주로 붙어 앉고, 누가 누구와 떨어져 앉는가?
> 5. 누가 누구에게, 얼마나 자주 그리고 얼마나 길게 말하는가?
> 6. 집단에 대해 소속감을 가지고 있는가?
> 7. 집단참여에 대해 어떻게 느끼고 있는가?
> 8. 집단리더에게 어떠한 태도를 보이는가?
> 9. 자신들에 대해 어떤 느낌을 갖고 있는가?

10. 다른 집단원들에 대해 어떻게 느끼고 있는가?

집단리더인 나는……

1. 집단원 개개인에게 어떤 반응을 보이는가?

집단이 목적을 달성하려면 집단원들은 자유롭게 상호작용해야 한다. 이를 도식으로 나타내면 그림 2-1과 그림 2-2와 같다(강진령, 2019, p. 64).

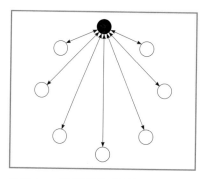

그림 2-1. 바람직하지 않은 집단 상호작용

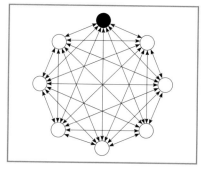

◀━▶ 상호작용
● 집단리더
○ 집단원

그림 2-2. 바람직한 집단 상호작용

그림 2-1은 집단 내 의사소통이 집단리더에게 집중되고 있고, 집단리더를 거쳐서만 소통이 이루어지고 있음을 나타낸다. 이러한 양상은 주로 집단초기에 발생하지만, 집단 내에 응집력이 높아지면서 점차 그림 2-2의 양상으로 옮겨 간다. 그림 2-2는 집단 내 의사소통과 상호작용이 집단리더를 거치지 않고 집단원 간에 자유롭게 이루어지고 있음을 보여 주고 있다.

집단역동은 어떻게 촉진하는가? 집단역동을 촉진하기 위해서는 집단관찰만으로는 충분하지 않다. 관찰 내용에 치료적 의미를 부여하려면 집단원의 반복되는 적응 및 부적응적 감정·사고·행동·대인관계 패턴을 파악해야 한다. 이때 필요한 것이 집단원의 반응에 대한 집단리더의 정서 반응이다. 집단리더의 정서 반응은 집단원이 미친 영향이 무엇인지 알려 주는 중요하고 가치 있는 대인관계 정보일 뿐 아니라, 치료적 단서이자 증거다. 그러므로 집단리더는 집단원에 대한 자신의 정서 반응을 신뢰하고 이에 주의를 기울여야 한다. 이러한 이유로, 집단리더는 집단원들에게 영향을 미치는 '강력한 집단의 흐름'을 면밀히 관찰하는 사람이라는 의미로 '집단역동가group dynamicist'로 불린다. 예컨대, 집단리더는 때로 집단원들에 대해 답답함, 지루함, 분노, 두려움, 위협 등과 같은 느낌이 들 수 있다. 이러한 감정들은 집단원들에 대한 집단리더의 진솔한 감정인 동시에 치료적으로 다루어질 중요한 자료다.

그런데 만일 집단리더가 과거의 미결과제 또는 병리적 증상으로 인해 자신의 정서 반응을 신뢰할 수 없다면, 어떻게 해야 하는가? 이에 대한 대답은 바로 치료적 집단의 장점을 재확인하는 것이 된다. 즉, 집단 내에는 집단리더 외에도 여러 관찰자가 있어서 개인에게 특이하거나 주관적인 정서 반응을 객관적인 반응과 비교적 용이하게 구분할 수 있기 때문이다. 이처럼 정서 반응의 객관성을 확보하기 위해 집단리더는 일정 기간에 걸쳐 반복되는 행동 패턴을 관찰하는 한편, 집단원들 대부분의 반응을 확인함으로써 합의적 타당화 과정을 거친다(Riva, Wachtel, & Lasky, 2004). **합의적 타당화**consensual validation란 특정인에 대해 개인이 관찰한 행동·사고·감정·관계 패턴 또는 이에 대한 반응이 다른 사람들 대부분이 경험하는 공통적인 정서 반응임을 확인하는 과정을 의미한다(강진령, 2019). 집단원에게서 행동의 부적응성, 비생산성, 병리현상 등을 확인하는 과정에서 집단치료자는 확실한 증거가 필요하다. 이를 확인하는 가장 가치 있는 증거는 바로 치료자의 정서 반응이다(Yalom, 2005).

집단의 흐름을 파악하기 위해 관심을 가지고 관찰해야 할 점으로는 집단원들 간의 신뢰수준, 책임감, 힘 과시, 갈등, 동맹 구축, 주의를 끄는 행동 등이 있다. 이러한 힘을 의식하는 것이 집단리더십의 핵심 요소다. 집단에서 나타나는 여러 형태의 힘은 결국 집단원들의 욕구에 기초하고 있기 때문이다. 집단원은 다른 집단원들에게 받아들여지기를 원하고, 자신에 대한 기대를 알고 싶어 하며, 소속감·안전감을 느끼고 싶어 한다. 이러한 힘이 결여될 때, 집단원들은 부정적·적대적·소극적 자세로 집단 작업에 무관심해지는 경향이 있다. 이러한 부정적인 힘은 집단발달을 저해하는 역동을 만들어 낸다는 점에서 집단리더의 주의가 요망된다. 글상자 2-7은 집단역동과 치료적 힘을 파악하기 위한 질문 목록이다.

🏢 **글상자 2-7. 집단역동과 치료적 힘을 파악하기 위한 질문 목록**

집단원들은……
1. 서로 좋아하는 것 같은가?
2. 서로 편안해하는가?
3. 집단참여에 대해 어떻게 느끼고 있는가?

4. 집단참여에 대해 어떻게 대처하고 있는가?

5. 집단에 소속되어 있다는 의식이 있는가?

6. 집단에서 기대되는 것을 알고 있는 것 같은가?

7. 집단리더에 대해 편안하게 느끼고 있는가?

8. 자신이 집단에 참여한 이유를 분명히 알고 있는가?

글상자 2-7에 제시된 질문에 답해 보자. 집단원들이 집단에 대해 어떻게 느끼고 있는지 확인할 수 있다. 집단초기에 집단의 대화는 주로 집단리더에게 집중되거나 일부 집단원 사이에서 전개되는 경향이 있다. 이 경우, 집단리더는 적극 개입하여 모든 집단원이 골고루 참여할 수 있도록 집단역동을 활성화한다. 집단원들 사이에 교류가 활성화되면, 집단리더는 점차 개입의 빈도수를 줄여 간다. 이때 대화를 독점하는 집단원이 발생하지 않도록 대화 참여 기회를 골고루 제공하면서, 유사한 주제에 관심을 보이는 집단원들을 연결하는 등 중재자 역할을 한다. 또한 집단원들로 하여금 자신들의 현재 감정을 탐색·표출하도록 격려함으로써 자기개방의 기회를 제공하고, 이들의 상호작용 방식을 관찰·분석하여 집단역동을 촉진하기 위한 자료로 활용한다. 그러면 집단역동에 영향을 미치는 요소는 무엇일까?

집단역동의 영향 요소

집단역동에 영향을 미치는 요소는 매우 많고 다양하지만, 여기서는 ① 집단원의 배경, ② 집단목적의 명료성, ③ 집단크기, ④ 집단 회기의 길이, ⑤ 집단모임 장소, ⑥ 모임의 빈도수, ⑦ 집단모임 시간, ⑧ 집단참여 동기를 중심으로 살펴보기로 한다.

집단원의 배경.   집단역동에 영향을 주는 첫 번째 요소는 집단원의 배경이다. 집단원의 배경요인으로는 성별, 연령, 출신 지역, 학력, 결혼 상태, 직업, 사회경제적 지위(SES), 종교, 인종, 민족 등이 있다. 집단배경에 따른 집단역동을 파악하기 위한 질문의 예는 글상자 2-8과 같다.

🏢 **글상자 2-8. 집단역동 촉진을 위한 질문 목록**

1. 어떤 사람들로 구성되었는가?

2. 집단경험이 있는/없는/많은 사람이 얼마나 되는가?

3. 집단원들은 어떤 기대와 욕구를 지니고 있는가?

4. 집단 회기를 주도하는 것처럼 보이는 사람은 누구인가?

5. 조기에 집단을 떠나고 싶어 하는 집단원이 있는가?

6. 모든 사람에게 인정받고 싶어 하는 집단원이 있는가?

집단목적의 명료성.   집단역동에 영향을 주는 두 번째 요소는 집단원들이 집단의 목적을 명확하게 이해하고 있는지다. 집단목적의 몰이해는 집단논의가 집단목적과 무관한 주제로 흘러갈 수 있고 집단이 나아갈 방향을 상실하게 되는 원인이 되어, 집단원들의 실망과 좌절을 초래할 수 있다. 왜냐면 집단에서 많은 이야기를 나누었지만, 집단 회기가 종료되면 공허한 느낌이 들 수 있기 때문이다. 그러므로 집단리더는 집단목적을 염두에 두고 집단작업이 집단목적을 성취하는 방향으로 전개되고 있는지를 살펴야 한다(Conyne & Diederich, 2014). 집단작업에서 제공되는 치료적 활동의 예는 글상자 2-9와 같다.

🏛 **글상자 2-9. 집단작업에서 제공되는 치료적 활동의 예**

1. 지지 · 격려와 피드백 교환

2. 효과적인 의사소통기술 연습

3. 대인관계 형성 · 유지를 위한 새로운 행동 실험

4. 솔직하고 직접적인 감정표현

5. 집단 안팎의 대인관계 패턴 관찰을 통해 자신의 행동, 감정, 사고에 대한 통찰

6. 다른 사람들의 사고, 감정, 행동 이해

7. 자기상$^{self-image}$, 자신감, 자존감 증진

8. 집단경험을 통한 개인내외적 변화의 일상생활 적용

집단크기.   집단역동에 영향을 주는 세 번째 요소는 집단의 크기$^{group\ size}$다. 한 집단에 집단원 수가 너무 많으면, 강의나 회의 같은 느낌을 줄 뿐 아니라, 여러 사람이 제한된 시간을 나누어야 한다는 점에서 실질적인 탐색 또는 작업이 어려울 수 있다. 이는 집단원에게 주어지는 시간이 너무 적은 것에 대한 불만의 원인이 될 수 있다. 또한 집단의 상호작용이 원활하지 못하고 산만해져서, 집단원들이 자기개방을 주저하게 되어 응집력 형성을 저해할 수 있다. 반면, 집단크기가 너무 작으면, 집단원들이

참여에 부담을 갖게 되어 소극적인 태도를 보일 수 있다. 그러므로 집단리더는 사전에 집단목적에 적정한 집단규모를 고려해야 한다. 그러면 적절한 규모의 집단은 몇명으로 편성해야 하는가? 이는 집단유형에 따라 차이가 있다. 교육집단의 경우, 참여자 수가 다소 적거나 많아도 비교적 큰 문제가 되지 않는 편이지만, 상담·치료·성장·자조집단은 5~8명 정도로 편성하는 것이 바람직하다. 그러나 상황에 따라 3~12명 정도로 구성해도 무방하다(Corey & Corey, 2017; Jacobs et al., 2016).

집단 회기 길이.   집단역동에 영향을 주는 네 번째 요소는 집단 회기의 길이다. 한 회기의 길이가 지나치게 짧은 경우, 집단원들의 개인별 참여 시간이 부족하게 된다. 따라서 집단 회기의 길이는 집단원 개개인의 개인적인 관심사를 심도 있게 다룰 수 있을 만큼 충분하지는 않더라도, 최소한 언급할 수 있을 정도는 되어야 한다. 이러한 이유로 상담·치료·성장·자조집단의 회기 길이는 대체로 1~3시간이 일반적이다. 특히 상담 또는 성장집단에서는 마지막 회기를 마라톤 회기로 계획하여, 집단리더와 집단원들이 함께 밤을 지새우며 집단작업을 지속하기도 한다. 또한 나이 또는 정신기능수준에 따라 집단 회기의 길이를 달리 편성할 수 있다.

집단모임 장소.   집단역동에 영향을 주는 다섯 번째 요소는 집단모임 장소다. 집단모임 장소 선정 시에는 ① 접근용이성accessibility, ② 방음시설 여부, ③ 편안함 및 안전성, ④ 탁자 사용 여부, ⑤ 좌석 배열을 고려한다.

첫째, 다른 조건이 같다면, 집단참석이 쉬운 장소일수록 참석률이 높다. 집단모임 장소는 집단리더에게 선택의 여지가 없을 수도 있다. 그러나 집단참여자들의 이동 거리가 짧고, 찾기 쉬우며, 접근이 편리한 곳에서 집단모임을 갖는 것은 집단원의 중도 포기율을 줄일 수 있고, 집단역동에도 긍정적인 효과를 준다.

둘째, 집단원들의 말소리가 새어 나가지 않을 만큼 방음시설이 잘된 곳이어야 한다. 학교를 비롯한 공공기관의 경우, 완벽한 방음시설을 갖춘 공간을 확보하기가 그리 쉽지 않을 수 있다. 그렇다고 해서 방음이 제대로 되지 않는 장소에서 집단을 진행하는 것은 비밀유지에 문제가 있음은 물론, 집단원들에게 비밀유지에 대한 확신을 주기 어렵다. 그러므로 방음시설이 완비된 공간에서 집단모임을 갖는 것은 그만큼 집단역동에 긍정적인 영향을 줄 수 있다는 점에서 결코 간과해서는 안 되는 중요한 요소다.

셋째, 집단원들이 편안하고 안전함을 느낄 수 있는 공간이어야 한다. 집단상담실의 실내장식, 채광, 조명, 의자의 편안한 정도와 배열 상태 등은 집단과정과 역동뿐 아니라, 집단의 성과에도 영향을 준다. 특히 집단원들이 앉는 의자는 반드시 등받이가 있어야 한다. 그리고 가능하다면, 집단원의 발달과정에 따라 체형에 적합하게 설계되어 편안하게 앉을 수 있는 의자를 마련한다. 단, 너무 편안하게 설계된 안락의자는 집단작업에 집중하기 어렵게 할 수 있다는 문제가 있다. 또한 의자는 같은 종류의 것으로 준비해서 크기와 종류가 다른 의자로 인해 집단원들 사이에 미묘한 갈등이 일어나지 않도록 한다.

넷째, 구조화 집단의 경우, 집단원들이 글씨를 쓴다거나 그림을 그리는 등의 활동을 위해서는 탁자가 필요하다. 그러나 그 외에는 탁자를 사용하지 않는 것이 좋다. 왜냐면 탁자는 집단원들 사이를 가로막아 심리적 상호작용을 저해할 뿐 아니라, 집단원들의 하반신을 가리게 되어 비언어행동 관찰과 의미 있는 단서 확인에 제약이 되기 때문이다.

끝으로, 집단역동에 영향을 미치는 요소로 좌석 배열이 있다. 좌석 배열의 형태는 집단원들이 몸을 돌리지 않고도 전체가 쉽게 잘 보일 수 있고 대면할 수 있는 원형이 바람직하다. 원형으로 둘러앉는 것은 역사적으로 이미 오래전부터 상하 관계없이 중립적이면서도 만민평등주의에 입각한 배열로 사용되어 왔기 때문이다. 집단 회기가 시작되면서 집단리더는 집단원들이 서로 잘 보이도록 앉았는가를 먼저 확인한다. 그리고 필요한 경우 앉는 위치를 조정한다.

모임의 빈도수.   집단역동에 영향을 주는 여섯 번째 요소는 모임의 빈도수[frequency]다. 집단 회기를 너무 자주 갖는 경우, 이전 회기에 대한 성찰, 과제 및/또는 경험학습의 실생활 적용을 위한 충분한 시간을 확보하지 못할 수 있다. 반면, 회기의 간격이 너무 떨어져 있으면, 회기 간의 연결성이 약화되어 다시 만날 때 생소한 느낌이 들 수 있다. 그러므로 집단모임의 빈도에서는 이러한 점들이 고려되어야 한다. 집단모임의 빈도수는 집단유형, 그리고 집단원의 연령과 정신기능수준에 따라 차이가 있다. 일반적으로 초등학교 아동집단과 중학생집단은 일주일에 1~2회기가 적절하지만, 고등학생 · 대학생 · 성인집단의 경우에는 일주일에 1회기 정도가 적당하다(Corey & Corey, 2017). 그러나 아무리 성인이라도 지적 능력이 낮은 사람들로 구성되는 치료집단은 매일 1회기 또는 주당 2~3회기를 갖는다. 또한 통원치료를 받는 사람들로 구성되는 집단은 일주일에 1~2회기가 일반적이다(DeLucia-Waack et al., 2014).

집단모임 시간.   집단역동에 영향을 주는 일곱 번째 요소는 집단모임을 하루 중 어떤 시간대에 갖는가다. 대학생·성인집단은 보통 일과가 끝나는 늦은 오후나 저녁 시간에 갖는다. 점심시간 직후나 늦은 저녁시간은 집단원들이 쉽게 피로하게 되어 집단작업에 대한 집중력이 떨어질 수 있다. 반면, 초·중·고등학생 집단은 수업시간을 활용하는 것과 방과 후에 갖는 것 사이에 집단역동이 다를 수 있다. 그러므로 집단상담자는 이러한 점들을 충분히 고려하여 가장 효과적이면서도 소속 기관의 상황에 적절한 시간대를 정한다.

집단참여 동기.   집단역동에 영향을 주는 여덟 번째 요소는 집단참여 동기다. 집단참여가 자발적voluntary인가, 아니면 강제조치에 의해 비자발적으로 이루어졌는가에 따라 집단역동이 달라질 수 있다. 비자발적 참여involuntary participation란 학칙 위반 학생, 초범 또는 경범죄를 저지른 미성년자, 교정기관 또는 행형시설에 수용된 사람 등이 교정·교화를 목적으로 강제적 또는 반강제적으로 참여하는 것을 말한다. 가장 이상적인 것은 집단원 스스로 필요해서 자발적으로 집단에 참여하는 것이다. 그 이유는 집단에 대해 느끼는 매력이 집단원의 자존감 증진과 유의한 상관관계가 있는 반면, 집단의 중도 포기율과는 부적 상관이 있기 때문이다(Alle-Corliss & Alle-Corliss, 2009). 그러나 비자발적으로 참여하게 되는 사람들의 집단참여에 대한 동기수준은 자발적 참여자들과는 다를 수 있다. 그러므로 비자발적 참여자들로 구성되는 집단의 리더는 이러한 집단의 독특한 역동을 고려하여 집단계획과 준비에 임해야 할 것이다. 비자발적 집단의 경우, 집단의 첫 회기를 시작하면서 대화상자 2-2에 제시된 진술과 같이 언급함으로써 집단역동 촉진을 위한 기초를 다질 수 있다.

 대화상자 2-2. 비자발적 집단을 위한 구조화의 예

예 1

리 더: 이 집단에 참여하게 된 것이 여러분 스스로 원해서 이루어진 것이 아니어서 마음이 다소 불편한 사람도 있을 거예요. 여기서 그러한 심정도 함께 나눌 수 있기를 바랍니다. 그러면 먼저 이 집단에서는 어떤 활동을 하게 되는지에 대해 간략히 소개하겠습니다.

예 2

리 더: 여러분 중에는 이 집단에 참여하기를 원치 않았고, 시간 낭비라고 생각하는 사람도 있을 줄 압니다. 제가 드리고 싶은 말씀은 이번 기회를 통해 여러분의 삶에 어떤 일이 일어날 것인가 기대해 보라는 겁니다. 저는 여러분이 관심을 가질 만한 활동을 저 나름대로 준비했습니다.

예 3

리 더: 제 경험에 따르면, 처음에는 이 자리에 앉아 있는 것조차도 어려워하던 사람이 끝마칠 무렵에는 생각과 감정을 나눌 수 있게 된 것에 대해 진정으로 고마움을 표시하는 분들이 많았습니다. 여러분 중에는 자신의 의지와는 상관없이 이 집단에 참여하게 된 것에 대해 언짢은 사람도 있을 줄 압니다. 그러나 여러분에게 꼭 드리고 싶은 말씀은 그동안 집단을 통해 여러 사람이 변화되었고, 여러분이 마음먹기에 따라 집단경험이 여러분의 삶에 도움이 될 수 있다는 사실입니다. 여러분이 앞으로 4주 동안 적극적으로 집단에 참여하신다면, 이번 집단이 여러분의 삶에 있어서 진정 의미 있는 경험이 될 수 있도록 저도 최선을 다하겠습니다.

대화상자 2-2에 제시된 예에서처럼 집단리더의 노력에도 불구하고, 비자발적 집단원 중에는 여전히 집단참여에 대해 부정적인 태도를 보이기도 한다. 이러한 상황에 직면하게 될 때, 집단리더는 자신의 무능함을 탓하기보다 현실을 있는 그대로 받아들이며 적절한 대안을 모색해야 할 것이다. 지금까지 살펴본 집단역동에 영향을 주는 요소들은 다음에 소개되는 집단의 치료요인들과도 밀접한 관계가 있다. 그러면 집단의 치료요인이란 무엇이며, 어떠한 것들이 있는가?

집단의 치료요인

생산적인 집단의 상호작용을 주의 깊게 관찰해 보자. 이 집단에서는 구성원들의 변화와 성장을 촉진하는 다양한 요인을 발견할 수 있다. 집단에서 발생하는 힘과 에너지는 복잡한 방식으로 상호작용한다. 이렇게 발생하는 응집력은 집단의 발달에 활력을 불어넣는다. 집단마다 발달 양상과 분위기는 조금씩 차이가 있겠지만, 집단원들을 변화시키는 요인들은 눈에 띄게 유사한 특징이 있다(Barlow, 2008). 사람들은 집단에 참여하면서 어떤 요인에 의해 치료 또는 변화·성장하는가? 특히 대인관계 지향적 집단의 치료요인은 글상자 2-10과 같다.

> **글상자 2-10. 대인관계 지향적 집단의 치료요인**
>
> 1. 시회적 소우주로서 집단에서 자기평가를 통한 학습 결과
> 2. 집단 내에서 주고받는 피드백의 결과
> 3. 집단 내에서 이루어지는 합의적 타당화의 결과
> 4. 집단원들 간의 도움을 주고받는 관계

사람들은 대개 현재보다는 나아질 거라는 희망으로 집단에 참여한다. 이들은 집단에서 있는 그대로 받아들여지는 경험을 통해 그동안 굳게 빗장을 걸어 놓았던 마음의 문을 조금씩 여는 모험을 하게 된다. 집단원은 자기개방을 통해 카타르시스를 체험하거나, 갈등과의 직면을 통해 통찰을 얻게 되거나, 다른 집단원의 피드백을 통해 동지애, 돌봄, 사랑의 감정을 느끼게 되기도 한다. 이러한 경험은 본질적으로 치료의 원천이다. 집단원 중에는 생애 처음으로 이해받는 느낌이 들거나, 더 이상 혼자가 아니라는 사실을 깨닫게 되기도 한다. 응집력을 기반으로 집단원들은 자신들의 행동, 사고, 감정, 경험에 책임을 지게 된다. 책임감은 집단원들로 하여금 결코 가능할 것 같지 않았던 새로운 행동 또는 기술을 용기 내어 실험해 보고, 현실에 적용해 보는 모험을 감행하게 하는 동력을 제공한다. 집단원은 다른 집단원들과의 교류를 통해 일차 가족관계를 재경험하게 되고, 실존적 요인을 인식하게 된다.

이러한 일련의 과정을 통해 집단원들은 서서히 자기를 발견하고 알게 되며, 집단 종결 후에도 이러한 변화는 존속된다. 이처럼 집단원의 변화·성장을 촉진하는 치료요인으로는 ① 희망, ② 수용, ③ 자기개방, ④ 카타르시스, ⑤ 자기이해, ⑥ 피드백, ⑦ 모델링, ⑧ 보편성, ⑨ 응집력, ⑩ 책임감, ⑪ 모험시도, ⑫ 가족재연, ⑬ 실존적 요인을 꼽을 수 있다. 이러한 요인들은 집단유형, 집단의 발달단계, 개인차, 외부 요인 등에 따라 집단원의 변화에 작용하는 영향력의 강도가 달라진다.

희망

집단의 첫 번째 치료요인은 희망이다. 희망^{hope}은 삶의 변화 가능성에 대한 믿음과 기대다. 심리사회적 스트레스로 인해 정신적으로 어려움을 겪고 있는 사람들은 흔히

운명(또는 '팔자')을 거스를 수 없다고 믿거나 자신을 통제할 수 없는 외부 환경의 희생자로 여기기도 한다. 집단은 구성원들에게 희망, 즉 적어도 지금보다는 나아질 거라는 기대감을 제공한다. 집단참여를 통해 집단원은 자신이 과거의 희생물이 아니라 변화를 위해 기꺼이 새로운 결정을 내릴 힘과 능력이 있는 존재임을 깨달을 수 있다. 치료적 집단의 핵심은 다른 사람들과의 관계체험에 있다. 이를 통해 집단은 집단원들에게 독특한 희망의 원천을 제공한다.

삶을 효율적으로 통제하기 위해 노력하고 그 방법을 찾고자 하는 사람들을 집단에서 만나는 것은 집단원들에게 새로운 가능성을 심어 준다. 다양한 사람과 자유롭게 교류하고 이들의 변화를 목격하게 되면서, 집단원은 자신의 삶도 변화될 수 있을 거라는 희망을 품게 된다. 이미 변화를 체험한 사람을 지켜보는 것 자체가 강력한 희망의 메시지로 작용하기 때문이다. 이러한 관찰은 위로, 존중, 유대관계 형성, 또는 몸과 마음의 불편함이 감소할 거라는 희망의 원천이 된다(Steen & Bemak, 2008). 집단과정을 통해 믿음과 희망의 힘은 상상을 초월하여 기적처럼 위약효과placebo effect 이상의 성과를 산출한다. 더욱이, 집단치료자와 구성원 모두가 치료에 대해 비슷한 기대를 할 때, 더욱 긍정적인 결과가 나타난다(Yalom, 2005). 다른 한편으로, 희망은 집단원에게 권한부여empowerment, 즉 변화를 위한 힘power이 자신에게 있다는 사실을 깨닫게 한다. 이처럼 희망은 변화·성장에 있어서 강한 의지와 용기를 주는 치료적 힘의 원천이다.

수용

집단의 두 번째 치료요인은 수용이다. 수용acceptance은 타인과 자기를 있는 그대로 받아들이고 인정하는 것이다. 집단에서의 수용은 타인의 사고·감정표현의 권리를 인정하는 것에서 시작된다. 서로를 있는 그대로 받아들일 때, 집단에는 안전한 분위기가 조성된다. 서로에 대한 수용은 깊은 수준의 공감적 이해를 가능하게 하고, 과거 경험을 통해 견고하게 형성된 방어벽을 허물어뜨리는 힘이 있다(Corey & Corey, 2017). 집단원들 간의 신뢰, 수용, 이해는 오히려 집단리더의 것보다 더 강력한 힘과 의미가 있다. 왜냐면 집단원들을 신뢰하고 수용해 주며 공감적으로 이해하는 것은 집단리더의 임무이지만, 집단원들에게는 이러한 임무가 없고 이를 통해 보수를 받는 것도 아니기 때문이다.

치료적 집단에서 가장 중요한 것은 개인의 내면세계를 다른 집단원들과 정서적으로 공유하고 그들에게 수용되는 것이다(Yalom, 2005). 수용은 집단원들에게 자신들이 미움받을 만하다거나, 받아들여질 수 없다거나, 사랑스럽지 않다고 여겼던 믿음에 대해 반문·탐색할 기회를 제공한다는 점에서 중요한 치료적 의미가 있다. 자신을 있는 그대로 믿어 주고, 받아들여 주며, 공감적으로 이해해 주는 것은 그 자체만으로도 집단원들에게 신선하면서도 의미 있는 치료요인으로 작용한다. 이러한 경험은 과거에 약점으로 여기거나 노출을 꺼리던 사실과 감정을 기꺼이 토로할 수 있게 하는 용기를 준다.

다른 구성원을 있는 그대로 수용하는 것은 중요한 집단규범이다. 집단규정에 특별한 제한사항이 없다면, 집단원은 일탈행동, 실패경험, 범죄기록, 정신장애 병력, 독특한 생활방식 등에 상관없이 한 인격체로 수용되어야 한다. 수용은 집단 내에 신뢰 분위기를 조성한다. 신뢰 분위기는 자기개방을 촉진한다. 수용, 신뢰, 자기개방은 공감적 이해를 가능하게 하여 구성원들은 치료과정을 가속화하게 된다. 이로써 집단 내에 '신뢰 → 자기개방 → 공감 → 수용 → 신뢰'로 연결되는 고리가 형성된다(Roarck & Sharah, 1989).

자기개방

집단의 세 번째 치료요인은 자기개방이다. 자기개방self-disclosure이란 개인적인 문제와 관심, 욕구와 목표, 기대와 두려움, 희망과 좌절, 즐거움과 고통, 강함과 약함, 개인적 경험 등을 말과 행동으로 드러내는 것을 말한다. 자기개방은 '자기노출' '자기공개' 또는 '자기폭로'로도 불린다. 자기개방이 치료적 집단의 필수적인 치료요인이라는 사실에 여러 집단치료자의 의견이 일치한다(Corey & Corey, 2017; DeLucia-Waack et al., 2014; Gladding, 2016; Jacobs et al., 2016; Kottler, 2015; Yalom, 2005). 자기개방을 하지 않으면, 집단의 도움을 받을 수 없기 때문이다. 자기개방은 관심사 공개뿐 아니라 다른 구성원에게 계속해서 반응하는 것이다. 그렇지만 자기개방에는 적절한 속도 조절이 필요하다. 그러면 자기개방은 치료적으로 어떤 의미가 있는가?

자기개방은 대인관계 행위, 즉 다른 구성원들과의 관계 맥락 속에서 자기를 드러내는 것이다. 이는 변화의 시작을 알리는 중요한 신호이며, 강력한 치료적 힘이 있다. 집단경험이 솔직한 감정표현을 토대로 이루어질수록 그 영향력은 강력하다. 반면, 거리감이 있고 지적 측면에 치중할수록 경험학습효과는 감소한다. 자기개방은 개인의 비밀스러운 정보를 털어놓음으로써 마음의 짐을 벗게 하는 효과가 있다. 그뿐 아니라, 이는 다른 구성원들과 더 깊은 관계를 형성하게 한다. 이러한 점에서 자기개방에 상대되는 개념은 자기은폐$^{self-closure}$다. 자기은폐의 중심에는 거부에 대한 두려움으로 인한 방어적 태도가 있다. 이는 흔히 자기기만$^{self-deceit}$으로 이어져 자기이해를 막는다. 자기이해의 지름길은 다른 사람들에게 자기를 있는 그대로 드러내는 것이다.

자기개방은 상대적이다. 주관적 자기개방과 객관적 자기개방은 차이가 있다. 사소하게 보이는 자기개방이라도 사람에 따라서는 생애 최초로 타인에게 공개하는 것일 수 있기 때문이다. 정신적인 어려움을 겪어 온 사람일수록 흉금을 털어놓을 대상이 없는 상태에서 생활해 온 경우가 많다. 따라서 자기개방 수준과 내용은 그 사람의 생애사$^{life\ history}$ 또는 삶의 맥락에서 이해되어야 한다. 자기개방의 내용으로는 집단원의 배경이나 개인사에 관한 소소한 내용에서부터 아동학대, 근친상간, 물질사용, 도벽, 범죄, 자살사고 · 시도, 정신장애 병력 등 심각한 것도 있다. 자기개방으로 이루어지는 상호작용은 집단원의 관심사 또는 문제의 통찰을 촉진한다. 통찰은 자기이해를 앞당겨 원만한 대인관계기술을 증진한다. 집단체험을 통한 사고와 행동의 변화는 궁극적으로 자아의 성장 · 발달로 이어진다. 그러나 집단원들은 때로 자기개방에 대해 오해하곤 한다.

자기개방에 대한 오해.　자기개방에 대해 흔히 잘못 이해하고 있는 점은 다음과 같다. 첫째, 자기개방을 과거사/생애사 진술로 여기는 것이다. 자기개방을 마치 '그때 거기'의 사건들, 즉 과거의 일들을 반복적이고 기계적인 방식으로 늘어놓는 것으로 여기는 것이다. 이러한 오해를 피하려면, 집단원은 공개하려는 정보가 자신의 관심사, 문제, 또는 갈등과 어떤 관련이 있는지 스스로에게 질문해 볼 필요가 있다.

둘째, 자기개방을 다른 사람들의 자기개방을 염두에 두고 솔선수범하는 수단으로 여기는 것이다. 시의적절한 자기개방은 집단역동을 촉진한다. 그렇다고 해서 자기개방이 다른 집단원들에게 지나치게 부담을 주거나 압박하는 수단으로 사용되지는 않아야 한다. 개방적이고 솔직해야 한다는 명분이 압력으로 작용한다면, 다른 집단원들은 자신을 이해시키거나 방어하기 위해 필요 이상으로 말하거나 집단참여를 주저할 수 있다.

셋째, 자기개방을 마치 고해성사^{confession}, 즉 개인의 사적인 정보를 낱낱이 드러내는 것으로 여기는 것이다. 개인의 기억 속에 있는 사건, 사적인 정보, 또는 숨겨진 비밀 따위를 낱낱이 드러내는 것은 자기개방의 본질이 아니다. 사적인 정보를 과도하게 드러내는 것은 다른 집단원들에게 부담이 될 수 있다. 그러면 만일 이러한 집단원이 있을 경우 어떻게 반응해야 하는가? 집단리더는 집단원이 수직적 탐색보다 수평적 탐색을 하도록 도울 필요가 있다. **수직적 탐색**^{vertical exploration}이 비밀스러운 내용에 대한 더 깊은 수준의 내용을 다루는 것이라면, **수평적 탐색**^{horizontal exploration}은 같은 수준을 유지하되 탐색의 범위를 넓히는 것을 말한다. 예를 들어, 한 집단원이 자신이 동성애자라는 사실을 개방했다고 할 때, 자기개방에 대한 수직적 탐색과 수평적 탐색의 예는 글상자 2-11과 같다.

글상자 2-11. 자기개방에 대한 수직적 탐색 vs. 수평적 탐색

☐ 수직적 탐색

   ○ "자신이 동성애 성향이 있다는 사실은 언제 알게 되었나요?"

   ○ "실제로 이성에게는 성적인 관심이 없나요?"

   ○ "동성애자라는 사실을 부모님도 알고 계시나요?"

☐ 수평적 탐색

   ○ "오늘 민감한 사안에 대해 말씀하셨는데, 어떤 계기가 있었는지 궁금하군요."

   ○ "자신의 비밀을 공개한다면, 어떤 일이 일어날 것으로 생각했나요?"

   ○ "누가 어떤 식으로 반응할 것으로 예상했나요?"

   ○ "오늘에야 자신의 성적 지향성을 공개하셨는데, 지금까지 이 사실을 비밀에 부쳐 온 것에 대한 느낌이 궁금합니다."

글상자 2-11에 제시된 진술의 예에서처럼 일정한 시간이 흐른 뒤에 자기개방을 하는 집단원이 있다면, 그를 비난하기보다는 적극적으로 지지하고 수평적 탐색으로 돕는다. 이를 통해 집단리더는 집단원과의 작업동맹^{working alliance}을 강화한다.

넷째, 자기개방을 다른 집단원에게 느끼는 모든 감정을 여과 없이 토로하는 것으로 여기는 것이다. 사람들은 흔히 잘 아는 사람들에게는 쉽게 말을 걸지만, 그렇지 못한 사람에게는 자신의 느낌을 투사^{projection}하는 경향이 있다. 따라서 집단원들은 다른 사람에 대해 느껴지는 감정 중 어떤 반응을 표출하는 것이 건설적인가를 판단·선택해야 한다. 자기개방의 일반 원칙은 계속해서 느껴지는 감정을 인식·표출하는 것이다. 이러한 감정은 대체로 잘 공유되는 경향이 있기 때문이다.

다섯째, 자기개방 그 자체를 목적으로 여기는 것이다. 자기개방은 집단 내에서 개방적인 의사소통을 촉진하는 효과가 있다. 따라서 집단원들은 자기개방을 통해 집단의 힘을 경험하고, 삶의 변화를 모색할 수 있게 된다. 그렇다고 해서 자기개방이 지나치게 안전한 주제에만 한정된다면, 집단작업은 피상적인 수준을 넘어설 수 없다(Conyne & Diederich, 2014). 자신을 개방할수록 더욱 깊고 의미 있는 통찰과 자각이 일어나고, 통합된 자기상self-image을 확립할 수 있다.

그러면 자기개방 촉진방안은 무엇인가? 집단원들의 자기개방은 집단리더의 시의 적절한 시범demonstration을 통해 촉진할 수 있다. 이는 집단원이 예전에 생각할 수 없었던 관점을 나누고 발견하는 법을 학습할 수 있게 한다(Riva et al., 2004). 단, 집단리더의 자기개방이 지나치게 길거나 잦아서는 안 되며, 집단원들은 자기개방의 내용에 대해 처벌받는 일이 생겨서는 안 된다. 자기개방과 관련하여 발생할 수 있는 최악의 상황은 집단원들 사이에 갈등이 생겼을 때 집단원들을 믿고 공개한 사적인 정보를 비난에 사용하는 것이다. 이 경우, 집단리더는 즉시 개입해야 한다. 이는 집단규범을 심각하게 위반하는 행위이기 때문이다. 만일 이러한 일이 발생한다면, 집단상담자는 비난을 받은 집단원과 다른 집단원들의 느낌을 묻고, 다른 집단원이 이와 유사한 경험을 한 적이 있는지를 탐색한다.

카타르시스

집단의 네 번째 치료요인은 카타르시스다. 카타르시스catharsis란 개인의 내면에 누적된 감정을 표출하여 해소하는 것을 말한다. 이 말은 본래 '청소'라는 뜻의 그리스어에서 유래된 것으로, 독소, 담즙, 악령 따위를 몸 밖으로 내보내는 의미로 사용되었다. 그러다가 1895년 브로이어Breuer와 프로이트Freud가 히스테리hysteria 치료에 관한 논문을 발표하면서 환자의 억압된 감정 해소방법을 일컫는 말로 쓰였다. 그 후, 카타르시스는 심리치료과정에서 핵심 기능을 담당해 왔다. 카타르시스는 치료적으로 어떤 의미가 있는가? 내면에 억압된 감정을 체외로 방출하는 것은 중요한 치료의 의미가 있다. 왜냐면 개인이 위협적인 감정을 속박하고 있던 힘과 굴레에서 벗어날 수 있기 때문이다. 또한 감정적으로 자유로움을 경험하게 하는 카타르시스는 사고의 명료함으로 이어진다(Bemak & Young, 1998). 감정표현은 대인관계과정의 일부로, 감정을 강하게 표현하고 솔직하게 다루는 일은 집단원 간에 긴밀한 상호 유대감을 형성하는 효과가 있다(Marmarosh & Van Horn, 2010). 글상자 2-12는 자기개방을 통해 통찰을 얻은 집단원에 관한 예화다.

🏢 **글상자 2-12. 집단원의 자기개방 예화**

> 우울과 외로움으로 어려움을 겪던 한 30대 여성이 집단참여를 신청했다. 집단이 시작될 날을 손꼽아 기다리던 그녀는 여유 있게 집을 나섰다. 상담센터에 일찍 도착한 그녀는 집단상담실에 아무도 없는 것을 확인하는 순간, 집단모임이 취소된 것으로 생각했다. 그녀는 자신에게 이 사실을 미리 알려 주지 않은 집단상담자가 무척 원망스러웠다. 상담전문가랍시고 그렇지 않아도 힘들어하는 자신을 무시한다는 생각에 이르자 분노가 치밀었다. 애써 분노를 참으며 발길을 돌리려는 순간, 한 사람이 반갑게 인사하며 들어왔다. ─〈중략〉─ 집단 회기가 시작되자, 그녀는 어색한 미소를 지으며 조금 전에 있었던 상황에 대해 말을 꺼냈다. 이어서 그동안 자신이 끊임없이 생성해 낸 부정적인 신념과 행동 패턴에 관해 이야기했다. 순간 항상 걱정이 많았던 아버지의 가르침이 떠올랐다. "사람은 결코 믿을 만한 존재가 아니란다. 언제라도 너의 뒤통수를 칠 수 있으니까 절대 방심해서는 안 돼!"

글상자 2-12에 제시된 예화에서처럼 감정표현은 중요한 치료요인으로, 집단원 간의 신뢰와 응집력을 높이는 기능이 있다. 감정 인식과 표현은 치료효과 산출에 필수요건이다. 카타르시스는 치료의 필수조건일 수 있지만 충분조건은 아니다. 단순히 감정을 인식 · 방출했다고 해서 경험학습을 통합하고 새로운 행동을 실천할 수 있는 것은 아니다. 감정 표출을 통해 치료적 효과를 산출하기 위해서는 지금 여기 경험을 조망할 수 있게 하는 인지구조가 요구된다. 이러한 인지구조를 토대로 통찰을 정리하고, 문제해결을 위한 방법과 전략을 계획 · 실천하는 작업이 수행되어야 한다. 카타르시스는 특성상 응집력과 연관이 있어서, 집단원들 사이에 지지적 유대가 형성된 집단에서 한층 유용하다(Joyce, Piper, & Orgrodniczuk, 2007). 집단원들의 자유로운 감정표현은 집단의 응집력을 강하게 한다. 특히 진솔한 정적 감정표현은 긍정적인 반응을 유발한다. 반면, 부적 감정표현은 상대방에 대한 진정한 이해가 뒷받침될 때 치료효과가 있다(Hulse-Killacky, Orr, & Paradise, 2006).

감정표현의 강도는 사람마다 다르다. 따라서 감정표현의 강도에 대한 평가는 집단상담자의 관점보다는 집단원 개개인의 경험적 세계의 관점에서 이루어져야 한다. 예를 들어, 감정표현을 잘 하지 않던 집단원의 첫 감정표현은 감정표현을 잘하는 다른 집단원의 것보다 미미한 정도로 보일 수 있지만, 이 집단원은 상대적으로 상당한 정도의 감정을 표현한 것으로 간주할 필요가 있다. 다른 집단원들에게 내면의 감정을 기꺼이 공개할 수 있다는 것은 개인적 효능감과 연관되어 있다. 이러한 역량은 문제 상황에의 대처능력에도 직접적으로 영향을 미친다. 감정표현은 욕구의 표출로, 이를 통해 집단원은 자신과 타인에게 자신의 욕구를 전달할 수 있다. 욕구를 표출할 수 있다는 것은 그만큼 일상생활에서 부딪히는 다양한 도전에 건설적으로 대처할 수 있는 역량을 갖추고 있다는 의미가 된다. 그렇다면 감정표현과 신체 및 정신건강은 어떤 관계가 있는가?

감정표현은 심리적ㆍ신체적으로 긍정적인 영향을 준다. 일례로, 감정과 상실감을 적극적으로 표현하는 AIDS 환자들은 그렇지 않은 환자들(고통을 최소화하려고 애쓰면서 애도과정grief process을 회피하는 환자들)에 비해 변연계의 기능수준이 높아서 훨씬 더 오래 사는 것으로 나타났다(Bower, Kemeny, Taylor, & Fahey, 1998). 감정을 잘 표현하는 암 환자들 역시 고통을 억제하고 이를 잘 표현하지 않는 환자들에 비해 훨씬 더 삶의 질이 높았다(Spiegel & Classen, 2000). 집단상담에서 감정표현은 중요한 치료요인이다. 그렇지만 감정표현은 집단치료의 한 과정일 뿐이다. 진정한 의미에서의 변화를 위해서는 관계를 비롯하여 다른 복합적인 요인들이 요구된다.

자기이해

집단의 다섯 번째 치료요인은 자기이해다. 자기이해self-understanding란 전에는 알지 못했거나 받아들이지 않았던 자신의 부분을 발견하는 것을 말한다. 자신의 문제 원인 또는 타인과의 관계왜곡을 깨닫는 것은 바로 집단경험을 통해 얻을 수 있는 자기이해의 일부다. 자기이해는 곧 자기지식self-knowledge이다. 자기에 대한 지식은 분열되었던 집단원의 자기self를 통합하는 한편, 모호함을 줄여 불안을 해소하고 자신을 위한 최상의 선택을 하게 한다. 그뿐 아니라, 집단경험학습을 외부 세계에 적용할 수 있게 한다.

치료적 집단은 집단원의 자기이해를 촉진한다. 자기이해는 과거로부터 서서히 분리되어 온 개인의 부분을 인식ㆍ통합ㆍ표현할 수 있게 한다. 자기 일부에 대한 부인denial 또는 억압repression은 대가를 치르게 된다. 자기부인self-denial은 눈에 보이지 않는 구속감을 깊이 느껴, 이를 경계하는 데 심적 에너지가 집중되기 때문에 발생한다. 게다가 순간순간 표출하고자 하는 내적 충동에 따른 고통과 혼란으로 인해 개인의 사고와 행동의 생산성 및 효율성이 떨어지게 된다(Berg et al., 2018). 이렇게 과거에 부인했거나 분열되어 있던 부분들이 치료적 집단을 통해 통합을 이룰 때, 사람들은 비로소 완전함wholeness과 진정한 해방감 및 자유를 누리게 된다.

치료적 집단의 목적은 감정표현을 통한 카타르시스 또는 자기이해가 아니라, 변화와 치료에 있다. 변화와 치료를 위한 핵심 동력은 관계다. 치료적 집단에서 지지적인 관계는 집단원의 대인관계 행동을 크게 변화시킨다(DeLucia-Waack et al., 2014). 집단원들은 다른 집단원들과의 관계 형성·유지와 교류를 통해 자신에게 배려심, 동정심, 대인관계 형성 능력 등의 긍정적인 면이 있음을 깨닫게 된다. 이러한 통찰은 집단원 자신에 대해 좋은 감정을 유발한다. 집단원들은 이러한 인식 범위를 점차 확대하면서 변화의 계기를 마련한다. 즉, 치료에는 감정표현이나 자기이해뿐 아니라 지적 요소가 필요하다. 즉, 지적 측면에서 자기통제가 요구된다. 이 방법은 언어를 사용하는 것이다. 눈에 보이지 않는 부분이나 힘에 대해 명칭을 붙이면, 사람들은 통제한다는 의식을 갖게 된다(Stockton, 2010).

피드백

집단의 여섯 번째 치료요인은 피드백이다. 피드백[feedback]이란 다른 사람의 행동, 사고, 감정 및/또는 경험에 대한 개인의 솔직한 생각 및/또는 감정을 말과 행동으로 되돌려 주는 것을 말한다. 이 개념은 커트 르윈[Kurt Lewin]에 의해 처음 행동과학에 소개된 전기공학 용어다. 피드백은 집단에서 학습이 일어나게 하는 중요한 수단이다. 솔직하고 구체적인 피드백은 집단원의 행동이 다른 집단원들에게 어떤 영향을 주었는지를 알게 하고, 대인관계에서 어떤 변화가 필요한가를 깨닫게 한다. 사람들은 종종 솔직한 생각과 감정을 표현하기보다는 이차사고를 통해 사회적으로 적응된 반응을 보이는 것에 익숙하다.

피드백은 자기개방과 함께 치료적 집단에서 학습이 일어나게 하는 중요한 요인이다. 이는 집단원의 변화 동기 강화, 타인에게 영향을 주는 자신의 행동에 대한 통찰, 자발적인 위험 감수, 집단경험에 대한 긍정적 인식을 돕는다(Morran, Stockton, & Whittingham, 2004). 솔직하고 사려 깊은 피드백은 집단원으로 하여금 자신의 행동이 타인에게 미치는 영향을 인식할 수 있게 하고, 대인관계에서 변화를 시도해 보고 싶은 것을 결정할 수 있게 해 준다. 또한 대인관계방식을 새로운 관점에서 조망해 볼 기회를 제공하고 의미 있는 행동 변화를 시도해 볼 수 있게 한다(Morran et al., 2004). 대인관계에서 피드백 과정은 집단원들로 하여금 집단의 결과와 다른 사람들과 관련된 방식의 변화에 대해 책임지게 하는 효과가 있다.

집단장면에서의 피드백은 개인상담에 비해 훨씬 더 강력한 힘을 발휘한다. 한 사람이 제공하는 피드백에 비해 여러 사람의 공통적인 견해는 그만큼 더 큰 위력을 지니고 있기 때문이다. 이러한 치료적 힘을 조기에 활성화하기 위해 집단리더는 집단 초기에 피드백의 모범을 보임으로써 집단원들이 모방·실천할 수 있도록 한다. 자신을 비현실적으로 인식하는 집단원은 다른 집단원들의 피드백을 통해 자기이해의 폭을 넓히는 동시에 자신을 다른 각도에서 조망해 볼 수 있다. 집단원들은 솔직한 피드백을 통해 자신과 타인을 진정으로 수용하는 방법을 배울 수 있다. 그렇지 않다면, 집단원들 간의 상호작용은 결국 일종의 게임과 같이 무의미한 형태로 변질될 수 있다. 그렇다고 해서 솔직해야 한다는 말이 아무 말이나 거침없이 모두 쏟아 내라는 의미는 아니다. 상대방에 대한 존중과 배려가 없는 피드백은 단순히 불손한 처사일 뿐이다.

모델링

집단의 일곱 번째 치료요인은 모델링modeling이다. 집단리더의 지지, 격려, 자기개방 등의 모방은 집단의 소통방식에 영향을 준다(Roarck & Sharah, 1989). 모델링은 집단 리더뿐 아니라 집단원들의 상호 관찰과 교류를 통해 이루어진다. 변화와 치유는 구성원들과의 상호작용 또는 모방을 통해 일어난다. 예컨대, 다른 집단원들이 유사한 문제를 어떻게 대처·해결하는가를 관찰하는 것만으로도 도움이 된다(Norcross & Lambert, 2011). 모방을 통한 학습은 점차 집단 전체로 확산된다. 조용하고 말 없는 사람도 다른 사람들의 문제해결과정을 지켜봄으로써 대리학습vicarious learning효과를 얻을 수 있다. 특히 자기와 유사한 문제를 겪고 있는 다른 집단원들의 변화를 목격하게 되면서 집단원들의 학습이 일어난다(Wheelan, 2004).

집단원들은 흔히 집단초기에 동일시할 집단리더나 집단참여 경험이 있는 집단원들을 필요로 한다는 점에서 모델링은 집단초기에 더욱 중요하게 작용한다. 집단 내 다른 사람들에 대한 모방을 통해 집단원들은 다른 집단원들이 자신에게 소중하고 의미 있는 존재라는 사실을 깨닫게 된다. 이는 다른 집단원들의 무조건적 수용과 지지 때문만이 아니라, 그들의 문제 또는 관심사가 자신의 것과 흡사하거나 상호 개방을 통해 간접적인 학습이 일어나기 때문이다.

보편성

집단의 여덟 번째 치료요인은 보편성이다. 보편성universality이란 문제를 겪고 있는 사람이 자기 혼자가 아니라는 점과 다른 사람들도 자신과 비슷한 생각과 감정이 있다는 사실('공통성^commonality')을 깨닫게 되는 것을 말한다. 공통성은 다른 집단원들과 교류하게 되면서 얻게 되는 일종의 통찰로, 이들을 하나로 묶어 주는 힘이 있다. 이러한 통찰은 집단원 자신이 겪고 있는 문제의 원인을 깨닫게 되는 것으로, 보통 개인상담과 치료와는 다른 방식으로 얻게 된다. 즉, 사람마다 정도의 차이는 있겠지만 누구나 외로움, 이해받고 싶은 욕구, 거절에 대한 두려움, 가까워지는 것에 대한 부담감, 과거 관계에서 받은 상처 등의 문제를 안고 살아간다는 사실을 깨달으면('보편성'), 외롭다는 감정(예, "나만 유독 이렇게 힘들게 사는 걸까?")이 줄어든다.

집단원 중에는 유독 자기만이 고통을 겪고 있거나 용납하기 어려운 문제, 즉 특이한 생각, 충동, 공상 등을 가지고 있다고 여기는 상태에서 집단을 찾는 사람들이 있다. 특히 대인관계 문제는 친밀한 관계 형성을 저해한다. 이러한 문제가 있는 것은 흔히 성장과정에서 자기개방의 기회가 없어서 현실검증^reality testing 또는 인정받는 경험을 할 수 없었기 때문이다(Riva et al., 2004). 그러나 치료적 집단은 다르다. 집단초기에 집단원들은 투사적 동일시를 통해 서로 다를 것이라는 선입관으로 이질감을 느끼는 경향이 있다. 그러나 집단 회기가 거듭되면서, 이들은 자기개방과 피드백을 통해 서로에 대해 알고 이해하게 된다. 또한 상호 개방을 통해 자연스럽게 삶의 문제의 보편성, 즉 자신만이 유독 고통을 겪고 있는 것이 아니라는 사실을 깨닫게 된다. 이러한 보편성에 대한 인식은 집단원들 사이에 응집력의 토대가 된다. 서로의 차이점보다 공통점에 비중을 크게 두면서 집단원들 사이에는 '우리라는 의식^we-ness'이 싹튼다. 집단의 보편성에 관하여 얄롬은 글상자 2-13과 같이 설명하고 있다.

🏛 **글상자 2-13. 보편성에 대한 얄롬의 설명**

다른 집단원들이 자신의 관심과 유사한 내용을 털어놓은 후, 환자들은 세계와 더 가까워진 느낌을 보고했다. 이들은 또한 이러한 과정을 '인류에 대한 환영' 경험으로 묘사했다. 간략히 말하면, 이러한 현상은 '우리 모두는 같은 배를 탄 운명'이라는 상투적인 표현에서 발견할 수 있다(Yalom, 2005, p. 6).

보편성을 강하게 느낄 수 있는 집단을 든다면, 비밀이 중요한 고립요인으로 작용하는 사람들로 구성된 집단이다. 다른 집단에 비해 상대적으로 강한 치료요인으로서 보편성을 갖게 되는 집단의 예는 글상자 2-14와 같다.

📖 **글상자 2-14. 보편성을 강하게 느낄 수 있는 집단의 예**

☐ 임상장면

   ○ 폭식증 환자들을 위한 단기 구조화 집단

   ○ 성학대 피해자 집단

   ○ HIV/AIDS 감염자 집단

   ○ 자살시도 후유증에 시달리는 사람들을 위한 집단

☐ 학교장면

   ○ 이혼가정의 학생집단

   ○ 임신한 10대 미혼모집단

   ○ 교칙 위반으로 처벌받은 학생집단

   ○ 자살 계획/시도 학생집단

   ○ 상습적인 물질사용 학생집단

부적 감정을 유발하는 사건 또는 주변 환경을 바라보는 시각과 경험은 개인에 따라 다르다. 반면, 결과적으로 생성되는 감정은 보편적인 성질이 있다. 언어와 문화가 다르더라도 기쁨 또는 슬픔은 타인과 결속시켜 주는 공통적인 속성이 있다. 이에 응집력이 높은 집단의 구성원들은 일상생활의 세세한 경험보다 인간의 보편적인 주제에 초점을 맞춘다(Marmarosh & Van Horn, 2010). 따라서 집단리더는 집단원들이 관심 있어 하는 주제에 초점을 맞춤으로써 보편성을 깨닫게 함은 물론 응집력을 높인다.

응집력

집단의 아홉 번째 치료요인은 집단원들 사이에 형성되는 응집력이다. 응집력^{cohesiveness}이란 '우리'라는 의식과 소속감을 기반으로 집단에서 적극적으로 일체화하려는 정도를 말한다. 이는 집단의 기본 속성으로, 집단원들의 단합된 관계 또는 단결성을 뜻하며, '응집성'으로도 불린다. 응집력은 시간이 지남에 따라 수용^{acceptance}과 함께 발전하는 깊은 수준의 친교다. 특히 대인관계에 있어서 유사한 인구통계학적 배경을 지닌 집단원들로 구성된 집단은 응집력이 높은 경향이 있다(Schermer, 2000). 대인관계는 개인 및 집단치료의 중요한 치료요인으로, 대인관계에서 발달하는 응집력은 이론적 접근과 상관없이 성공적인 치료적 집단의 필수요건이자 치료적 힘이다.

응집력은 또한 집단에 대한 애착^{attachment}을 기반으로 형성된다. 집단에 대한 애착은 다음 두 가지 요인에 따라 형성된다. 하나는 개인이 집단에서 자신이 매력적인 사람이라고 느끼는 자신감의 정도인 반면, 다른 하나는 집단에 소속되고자 하는 상대적 열망이다. 전자는 "나는 이 집단에서 호감 가는 사람인가?('인기')"인 데 비해, 후자는 "나는 이 집단에 속하고 싶은가?('집단의 가치')"다. 이처럼 자존감$^{self-esteem}$과 공존감$^{public-esteem}$은 응집력과 밀접한 관계가 있다.

따라서 집단원들에게 인기 있는 사람, 즉 공존감이 높은 집단원은 다른 집단원들에 비해 치료효과가 훨씬 더 높다(Miller, 1983). 응집력은 집단원들이 집단 갈등을 감내하고, 갈등을 대인관계방식의 변화를 위한 작업으로 전환하게 하는 원동력으로 작용한다. 이러한 점에서 응집력은 집단원들의 모험시도, 카타르시스, 개인내적·대인관계 문제의 탐색을 위한 조건 창출 등의 치료적 요인을 활성화하기 위한 필수요인이다(Yalom, 2005). 응집력이 높은 집단과 낮은 집단의 특징을 표로 정리하면 표 2-1과 같다.

표 2-1. 응집력이 높은 집단과 낮은 집단의 특징 비교

요인	응집력이 높은 집단	응집력이 낮은 집단
☐ 상호 신뢰감	○ 높음	○ 낮음
☐ 관계/유대감	○ 관계가 돈독하고, 유대감이 높음	○ 관계가 피상적임
☐ 피드백	○ 솔직한 정적 피드백을 나누며, 때로 교정적 피드백을 교환함	○ 피드백이 대체로 모호하며, 부정적·교정적 피드백에 집중함
☐ 경험 공유	○ 감정 표출이 자유로우며, 문제를 함께 해결해 나감	○ 부적 감정 표출을 억제하며, 문제해결력이 낮음
☐ 상호작용	○ 순간순간의 느낌과 생각을 즉각적으로 표현함	○ 그때 거기에 관한 사실과 생각을 중심으로 피상적으로 표현함
☐ 지지/돌봄	○ 상호 지지/돌봄수준이 높음	○ 상호 지지/돌봄수준이 낮음
☐ 수용	○ 서로 있는 그대로 수용함	○ 서로 비판적 성향을 나타냄
☐ 자기개방	○ 자발적으로 자기개방/자기탐색에 집중함	○ 자기개방을 꺼리고, 산만한 태도를 보임
☐ 집단 작업/실행력	○ 적극적으로 참여하고, 실행력이 높음	○ 경직된 자세로, 참여에 소극적이며 실행력이 낮음

□ 중도포기	○ 없거나 타당한 사유에 의함	○ 많거나 방어적 태도에 의해 이루어짐
□ 모험시도	○ 변화를 위해 더 많은 모험을 시도함	○ 변화를 위한 모험보다 편안함에 안주함
□ 상호의존도	○ 높음	○ 낮음

표 2-1에 제시된 것처럼, 응집력이 높은 집단은 집단원들 간의 수용, 지지, 온정, 돌봄, 매력, 결속력, 상호 의존도, 친밀감, 경험의 공유 등과 밀접한 관계가 있다. 이러한 점에서 응집력은 다수의 치료요인 중 하나라기보다는 효과적인 치료를 위한 필수 선행요건이다. 반면, 응집력이 낮은 집단은 상호 신뢰감의 부족으로 피상적인 상호작용만을 교환하게 되고, 부적 감정표현을 억제하게 되면서 집단의 일체성이 생기기보다는 오히려 분열의 조짐을 보이게 된다. 응집력을 높이는 선행요건은 글상자 2-15와 같다(Joyce et al., 2007; Marmarosh & Van Horn, 2010).

글상자 2-15. 응집력을 높이기 위한 선행요건

1. 일정한 시간이 요구된다.
2. 동질집단으로 구성한다.
3. 집단의 안정된 상황으로 집단원들이 안전감을 느낀다.
4. 개인의 자기표현을 유발할 수 있는 집단 분위기를 조성한다.
5. 민주적 리더십으로 의존적 태도와 파괴적인 동맹 형성을 예방한다.
6. 집단리더에게 도전은 하되, 이 문제를 잘 해결하여 성숙한 집단발달의 방향으로 나가게 하는 건설적인 요소로 활용한다.

글상자 2-15에 제시된 선행요건 외에도 집단의 응집력을 높이기 위해서는 거절의 두려움, 고독과 자포자기의 심정, 열등감과 실패감, 고통스러운 기억, 과거에 대한 죄책감, 후회, 가장 나쁜 적이 자신의 내부에 있다는 사실, 친밀감에 대한 욕구와 두려움, 중요한 타인들과의 미결과제unfinished business 등을 해결해야 한다.

책임감

집단의 열 번째 치료요인은 책임감이다. 책임감responsibility은 선택의 결과를 스스로 떠

맡는 것으로, 개인에게 일어난 대부분의 일에 대한 책임이 자신에게 있음을 인식하는 것이다. 이는 자신을 외부 요인의 희생자로 보기보다는 자신의 행동에 대한 책임을 기꺼이 수용하는 것이다. 따라서 집단의 안전한 분위기 속에서 집단원들에게 자신의 선택에 대해 책임져 보도록 하는 것 자체만으로도 치료적 효과가 있다. 외부 요인, 즉 주위 사람들이나 상황이 변하기를 기다리는 것 같은 실현 불가능한 일을 기대하기보다는 집단원 자신이 먼저 변화되면 외부 요인들도 따라서 변할 수 있다는 원리를 터득하게 하는 것이 바로 치료적 집단의 힘이다.

사람들은 때로 고통과 불행의 원인을 외부에서 찾으며, 원망과 분노를 표출하거나 아프다는 핑계로 책임을 회피하기도 한다. 그러나 이러한 선택은 근본적인 해결책과는 거리가 멀다. 치료적 집단에서는 문제해결의 열쇠는 집단원 자신이 쥐고 있고, 문제해결을 위해서는 합리적이고 올바른 선택을 해야 한다고 가정한다. 또한 자신이 처한 상황과 외부 요인에 대한 원망을 멈추고 자신이 문제해결의 주체라는 인식을 할 때, 집단원은 비로소 자신의 삶에 대한 통제와 변화가 가능해진다고 가정한다. 자신의 선택에 대해 기꺼이 책임지려고 할 때, 집단원은 비로소 변화를 위한 결단을 내릴 수 있다. 변화를 위한 결단은 적극적인 집단참여의 동기를 부여하게 되고, 집단 경험학습을 실생활에 적용하기 위한 활동계획과 실천전략 수립을 위한 동력으로 작용한다. 변화를 위한 계획과 실천은 집단원에게는 일종의 모험이지만, 몸소 책임감을 체험하게 되면서 집단원은 성장·발달하게 된다. 여기서 책임감이란 글상자 2-16에 제시된 사항을 인정하고 받아들이는 것을 의미한다.

🏛 글상자 2-16. 책임감의 의미

1. 변화는 저절로 찾아오지 않는다.
2. 변화는 결코 타인에 의해 이루어지지 않는다.
3. 스스로 변화하려 하지 않는 한, 변화에 대한 희망은 없다.
4. 집단 내에서 과거, 현재, 미래의 제반 사건에 책임을 진다.
5. 변화할 수 없는 것이 아니라, 자신이 변화하려 하지 않기 때문이다.
6. 자신이 창조한 세상에 책임져야 함은 물론, 더 만족스러운 세상을 만들어 가야 할 책임이 있다.

글상자 2-16에 제시된 것처럼 자신의 선택에 대해 기꺼이 책임지려 할 때, 집단원은 변화에 대한 결단을 내릴 수 있다. 자율적으로 내린 결단은 집단참여의 동기를 부여하게 된다.

모험시도

집단의 열한 번째 치료요인은 모험시도다. 모험시도^{risk-taking}란 자신의 약점을 기꺼이 공개·인정하고 변화를 꾀하는 것을 뜻한다. 이는 집단원이 통제하고 되풀이해 온 방식의 포기인 동시에 변화를 위한 적극적 행동이다. 이러한 시도 없이 역기능적 상태에 안주하면서 변화를 위한 모험시도가 없다면, 집단에서 얻을 게 없다. 집단은 새로운 기술과 행동을 연습할 수 있는 안전한 '실험실^{laboratory}'이다. 생각하는 대로 살 것인가, 사는 대로 생각할 것인가? 진정 바꿔 보고 싶다면 용기를 내서 새로운 행동을 실행에 옮겨야 한다. 러시아의 문호 표도르 도스토옙스키^{Fyodor Mikhailovich Dostoevskii}(1821~1881)는 "사람들이 가장 두려워하는 것은 새로운 발걸음을 내딛는 것과 새로운 단어를 입 밖에 내는 것"이라고 했다. 익숙한 생각과 행동 변화에는 적잖은 용기가 요구된다. 누구에게도 말해 본 적 없는 깊고 어두운 비밀을 진솔하게 소리 내어 말하는 것은 삶의 행동방식에 놀랄 만한 변화를 가져오는 요인이 된다(Kottler, 2015).

모험시도는 집단에 대한 신뢰에 좌우된다. 신뢰는 그 자체가 치료적이어서 새로운 행동을 시도할 용기를 준다. 또한 말로만 다짐하고 실천하지 못하던 행동을 실행에 옮길 자신감을 심어 준다. 통찰은 행동 변화의 보증수표가 아니다. 행동 변화의 필요성에 대한 통찰이 일어났다고 하더라도 자동적으로 행동 변화로 이어지는 것은 아니다. 집단원의 모험시도를 도우려면, 이들이 예상하는 위험 요소를 확인·명명하는 작업이 요구된다. 새로운 행동을 시도한다면, 집단원은 어떤 위험이 초래될 것으로 예상하는가? 행동 패턴을 바꾼다면, 어떤 일이 생길 것을 두려워하는가? 이 작업은 해당 집단원이 두려워하는 행동을 집단 내에서 시연해 봄으로써, 현실검증을 거쳐 심화된다. 이 작업을 통해 집단원은 자신이 두려워하는 요소가 얼마나 비현실적이고 실제와 거리가 있는지 깨닫게 된다. 새로운 행동의 실행과 현실검증을 통해 그동안 두려워했던 최악의 재난이 발생하지 않는 것을 깨닫게 되면, 두려움은 점차 사라진다. 체험을 통한 현실검증 없이는 비합리적 신념 또는 두려움이 가실 가능성은 희박하다.

그러나 '수확이 크려면 위험부담도 커야 한다.'는 명제는 잘못된 것이다. 위험부담의 정도와 긍정적 이득은 서로 상관이 없다. 고위험 집단은 희생자가 많고 높은 학습 성과를 올린 참여자도 없는 반면, 생산적 집단은 오히려 안전한 집단이다(Yalom,

2005). 치료적 집단에 참여하는 사람들은 안전하고 수용적이며 지지적인 집단 분위기에서 새로운 행동과 기술을 실천해 볼 수 있다. 사람들은 집단에서 습득한 행동을 실생활에 적용해 보면서 자신감을 얻게 되고 다른 상황에도 일반화하여 삶의 생산성과 효율성을 높일 수 있다. 습관처럼 익숙한 자신을 변화시켜야 하는 불편함과 어색함을 감수해야 함은 물론 현실에 쉽게 안주하고 싶은 유혹과 변화 후의 불확실한 미래에 대한 불안감을 떨쳐 내야만 비로소 변화로 나아갈 수 있다. 집단에서 모험적으로 실험해 볼 수 있는 새로운 행동과 기술의 예는 글상자 2-17과 같다.

> **글상자 2-17. 집단에서 실험 가능한 행동과 기술**
>
> 1. 감정표현 방법   2. 공감적·적극적 경청
> 3. 자기주장을 위한 역할연습   4. 시선 접촉을 유지하며 대화하기
> 5. 상대방을 인정·배려하는 행동   6. 비언어행동(미소, 주의 기울이기)
> 7. 평소 말하지 않는 사적인 부분의 개방 8. 타인의 의견에 반대되는 의견 제시
> 9. 애정표현   10. 배우자/동반자와 성에 관한 대화하기
> 11. 중요한 대상과의 대화방법

이외에도 치료적 집단에서 시도해 볼 수 있는 새로운 기술과 행동은 많다. 그리고 자기표현훈련집단, 자기주장훈련집단, 부모교육집단, 인간관계훈련집단, 의사소통기술증진집단 같은 형태의 집단은 구성원들이 역할연습을 통해 새로운 행동들을 실험해 볼 수 있는 집단의 좋은 예다. 특히 학교에서는 졸업을 앞둔 학생들에게 면접에 임하는 요령과 방법을 직접 연습해 볼 기회를 제공함으로써 진학이나 취업을 도울 수 있다. 그뿐 아니라, 집단원들이 감추어 왔던 자신의 단면을 과장되게 표현해 볼 수도 있다. 예를 들어, 지나치게 조용하고 말이 없는 사람은 말을 더 많이 하게 할 수 있다. 또한 소극적이고 비사교적인 집단원은 적극적이고 사교적인 집단원의 역할을 시연해 보고 난 후, 다른 집단원들의 피드백과 자신의 소감을 나누어 볼 수 있다. 새로운 행동을 실험한 후, 집단원들은 자신의 행동을 얼마만큼 변화시킬 것인가를 결정한다.

가족 재연

집단의 열두 번째 치료요인은 가족 재연family reenactment이다. 치료적 집단에서는 집단원이 원하든 원치 않든 간에 각자 일차가족primary family 또는 원가족family of origin, 즉 자신

을 낳아 준 부모와 형제자매들과 함께 지내며 관계왜곡의 원인을 제공했던 시절이 재연된다. 집단원은 다른 집단원들과의 관계를 무의식적으로 자신의 일차가족관계로 여기게 된다. 생의 초기에 가졌던 일차가족과의 경험은 시도 때도 없이 개인의 삶 속에 재연된다. 남성 리더의 권위적인 태도에 대한 거부감, 여성 리더에 대한 애정 욕구, 집단에서 주도적인 집단원에 대한 적대감, 자신에게 부적 피드백을 제공한 집단원에 대해 침묵하는 집단리더에 대한 원망감 등은 오래된 기억의 창고에 저장되어 있던 감정들을 일깨우게 된다. 이처럼 일차가족과의 관계에서의 경험은 개인에게 관계왜곡의 원인을 제공하여 집단상담자에 대한 태도와 집단에서의 역할 결정에 영향을 미친다(Yalom, 2005).

여기서 **관계왜곡**parataxic distortion이란 현실이 아니라 과거 또는 현재의 중요한 인물과의 대인관계에서 갖게 되는 욕구나 두려움에 의해 왜곡된 이미지에 근거하여 관계를 조망하는 것을 의미한다. 사람들은 흔히 다른 사람들에게서 자기 삶에서의 중요한 타인들의 다양한 측면을 보게 된다. 이때 왜곡된 이미지가 부정적으로 작용하게 되면서 그 인물에 대한 적개심이 피어오르게 된다. 글상자 2-18은 한 집단원이 자신의 왜곡된 적개심을 탐색하여 통찰을 얻게 된 예화다.

글상자 2-18. 집단에서의 왜곡된 적개심 탐색에 관한 예화

시골 농촌의 가난한 집에서 태어나 자수성가한 남성 집단원이 있었다. 그는 집안이 경제적으로 아주 어려운 상황에서도 아르바이트를 하며 명문대를 졸업했고, 공학박사 학위 취득과 함께 현재는 국립연구소의 연구원으로 근무하고 있다. 그는 대체로 집단활동에 소극적으로 참여하는 편이었고, 말씨와 행동에 지나치게 신경을 쓰는 것처럼 보였다. 그러면서 다른 사람들이 자신의 '정체'를 알게 된다면 극도로 실망스러워하며 무시할 것이라는 생각을 끊임없이 했다. 그 집단에는 그의 고향과 가까운 지역에서 태어나 어린 시절 가난하고 열악한 환경에서 자란 집단원이 있었다. 그는 이 집단원이 출신 지방의 사투리로 자신의 어린 시절에 관한 이야기를 털어놓았을 때부터 이해할 수 없는 적개심을 나타냈다. 이 집단원에 대한 적개심 탐색은 그로 하여금 자신에 관한 중요한 통찰을 얻게 하는 계기가 되었다.

집단원은 집단원들 간의 상호작용을 통해 그동안 자신이 깨닫지 못했던 가족 내에서의 자기 고유의 역할을 깨닫게 된다. 또한 자기 역할을 인식하는 데 그치지 않고,

집단작업을 통해 새로운 행동을 실험해 봄으로써 오랜 세월 동안 의식하지 못했던 역기능적·비생산적 역할에서 벗어나게 된다.

실존적 요인

집단의 열세 번째 치료요인은 실존적 요인$^{existential\ factor}$이다. 실존주의자들에 따르면, 인간은 태어나면서 사형선고를 받는다고 한다. 즉, 우리의 삶은 유한하여 누구나 한 번은 죽을 때가 있다는 것이다. 인간에게 과연 운명이라는 것은 존재하는가? 운명은 개척하기에 달렸다고 항변하더라도, 누구나 때가 되면 죽는다는 사실은 운명의 존재에 관한 논쟁을 한순간에 잠재운다. 이처럼 죽을 수밖에 없는 운명은 결코 피할 수 없는 삶의 조건인 동시에 실존적 요인이기 때문이다. 집단치료에 영향을 미칠 수 있는 실존적 요인은 글상자 2-19와 같다(Yalom, 2005, p. 98).

> **글상자 2-19. 집단치료에 영향을 미칠 수 있는 실존적 요인**
>
> 1. 삶이 때로 부당하고 불공평할 수 있다는 사실에 대한 인식
> 2. 삶의 고통, 죽음은 궁극적으로 피할 수 없다는 사실에 대한 인식
> 3. 다른 사람과 가깝게 지내더라도, 홀로 삶에 직면해야 한다는 인식
> 4. 삶과 죽음에 관한 기본 문제에 직면하여 보다 진솔한 삶을 영위하되 사소한 일에 얽매이지 않아야 한다는 인식
> 5. 다른 사람들의 지도와 지지의 정도에 상관없이 삶의 방식에 대해 궁극적으로 책임져야 한다는 인식

삶과 존재^{being}에 대한 자유와 책임, 이러한 존재 속에 홀로 내던져진 것 같은 절대적 고독, 비록 자신의 의지에 의해 이 세상에 오지 않았음에도 삶의 의미를 발견해 가는 것 등, 인간의 조건에 대한 직면을 통해 집단원은 엄정한 실존적 삶의 현실을 깨닫게 된다. 시간, 체력, 건강, 생명 등에 대한 통제에 한계를 느끼게 되면서 집단원은 자연스럽게 삶에 대해 겸손해진다. 이러한 태도는 집단원들을 하나로 묶어 주게 되어 응집력을 높이는 원동력으로 작용한다. 글상자 2-20은 말기 암 환자 대상의 치료집단을 운영하면서 정리한 얄롬의 성찰 내용이다(Yalom, 2005, p. 106).

글상자 2-20. 말기 암 환자 집단원들에 대한 얄롬의 성찰

　　자신들에게 깊이 빠져 있던 집단원들은 운명에 대해 개방적이고 단호하게 직면했다. 병에 걸리기 전보다 풍요로운 실존적 양상으로 변했다는 사실이 분명히 느껴졌다. 이들의 인생관은 급격히 변화되었고, 삶에서 사소하고 의미 없는 것들을 있는 그대로 볼 수 있게 되었다. 신경증적 공포는 사라졌고, 계절의 변화, 초봄, 낙엽, 타인을 사랑하는 것과 같은 삶의 기본 양상들을 더 완전히 음미하게 되었다. 어떤 사람들은 체념, 무력감, 구속보다는 자유와 자율성에 대한 느낌을 강하게 체험했다. 어떤 사람들은 심지어 암이 선물이었다고 말하기까지 했다. 비극으로 여겨진 것은 죽음 자체가 아니라, 심각한 질병의 위협을 받고서야 온전한 삶을 영위하는 방법을 터득하게 되었다는 사실이다. 이들은 사랑하는 사람들에게 이 귀중한 교훈을 좀 더 일찍 가르쳐 줄 수 있는 것인지, 아니면 단지 죽음에 이르러야만 깨닫게 될 수 있는 것인지 알고 싶어 했다. 삶의 종결인 죽음에 대한 생각이 삶에 활력을 불어넣어 주는 것은 아닐까? 이때 죽음은 심리치료를 진전시켜 주는 공동치료자가 된다.

　　글상자 2-20에 제시된 것처럼, 치료요인에 대한 평가는 집단리더, 집단원, 그리고 집단관찰자들 사이에 큰 차이가 있다. 그뿐 아니라, 다양하고 복잡한 요소가 치료요인 평가에 영향을 미친다. 즉, 집단리더는 치료요인 평가가 집단유형, 집단원들의 연령대, 집단참여 목적, 집단리더가 지향하는 이론적 접근, 집단시간의 길이, 집단원의 기능수준 등에 따라 차이가 날 수 있다는 사실을 기억해야 한다.

임상가들이 주장한 집단의 치료요인

지금까지 살펴본 집단의 치료요인 외에도, 집단의 치료요인을 주장한 이론가들은 많다. 여기서는 비교적 최근의 것만을 선별하여, 얄롬, 코틀러, 제이콥스 등의 것을 중심으로 소개하기로 한다.

　　얄롬의 주장.　얄롬$^{\text{Irvin D. Yalom}}$(1931~현재)은 미국의 정신과 전문의로서, 대인관계 중심의 집단치료모델을 창안 · 적용해 온 인물이다. 그가 자신의 임상경험을 바탕으로 정리한 집단의 치료요인$^{\text{therapeutic factors}}$은 표 2-2와 같다. 그는 이러한 치료적 요인들이 임의적으로 구분된 것이고 상호 의존적이어서, 각기 독립적으로 발생하거나 기능하지 않는다는 점을 강조했다(Yalom, 2005).

표 2-2. 얄롬이 주장한 집단의 치료요인

치료요인	설명
☐ 희망고취[instillation of hope]	○ 삶에 대한 희망감
☐ 보편성[universality]	○ "나 혼자가 아니구나." 하는 느낌
☐ 정보공유[imparting information]	○ 건강한 삶에 관한 정보 습득
☐ 이타심[altruism]	○ 다른 사람들을 위해 기꺼이 나눔
☐ 일차가족집단의 교정적 재현 [corrective recapitulation of the primary family group]	○ 초기 아동기와 유사한 집단역동 체험을 통한 학습
☐ 사회화기법 발달[development of socializing techniques]	○ 성숙한 사람들의 특성으로 나타나는 사회화기술 습득
☐ 모방행동[imitative behavior]	○ 다른 사람들의 긍정적 · 생산적 행동 모방
☐ 대인학습[interpersonal learning]	○ 다른 사람들과의 상호작용을 통한 학습
☐ 집단응집력[group cohesiveness]	○ 다른 사람들과 서로 연결되어 있다는 느낌
☐ 카타르시스[catharsis]	○ 과거에 표출해 본 적 없었던 감정 방출 및 해소
☐ 실존적 요인[existential factors]	○ 삶에 대한 필연적 책임수용

얄롬은 마이클 레스츠[Michael Leszcz]와 함께 집단치료에 참여한 환자 20명을 대상으로 집단의 치료요인 효과에 관한 연구를 실시했다. 연구문제에 답하기 위해 연구자들은 60개 문항으로 구성된 Q-분류법[Q-sort]을 활용하여 환자들이 가장 유용하다고 여기는 치료집단의 치료요인을 추출했다. 여기서 추출된 요인 중 가장 중요하다고 응답한 치료요인 열 가지를 중요한 순서대로 정리하면 글상자 2-21과 같다.

글상자 2-21. 집단원들이 꼽은 집단의 치료요인

1. 이전에는 알지 못했거나 받아들일 수 없었던 자신의 부분을 발견 · 수용한다. ➡ '자기이해'
2. 참는 대신 나를 괴롭히는 것이 무엇인지를 말할 수 있다. ➡ '카타르시스'
3. 다른 집단원들이 나에 대해 어떻게 생각하는지 솔직히 말해 준다. ➡ '대인 간 입력'
4. 감정표현방법을 배운다. ➡ '카타르시스'
5. 집단은 나에게, 내가 다른 사람들에게 어떤 인상을 주는지에 대해 가르쳐 준다. ➡ '대인 간 입력'

6. 다른 집단원들에 대한 긍정적 · 부정적 느낌을 표현한다. ➡ '카타르시스'
7. 나 자신이 다른 사람에게 아무리 많은 지도와 후원을 받았다 할지라도 내 인생을 살아
   가는 방식에 대한 궁극적인 책임은 나에게 있다는 사실을 배운다. ➡ '실존적 요인'
8. 내가 다른 사람들에게 어떤 성격으로 보이는지 알게 된다. ➡ '대인 간 입력'
9. 다른 사람들이 위험을 감수하며 난처한 일을 해 봄으로써 이득을 얻는 것을 관찰한 것
   이 내가 동일한 일을 해 보는 데 도움이 되었다. ➡ '동일시'
10. 집단과 다른 사람에 대해 더욱 신뢰감을 갖게 된다. ➡ '대인 간 출력'

연구에 참여한 환자들이 뽑은 중요한 치료요인의 첫 8개 항목 중 7개가 카타르
시스나 통찰의 형태를 띠고 있다. 여기서 통찰insight은 문제의 명료화, 설명, 탈억압
derepression을 포함하여 안을 들여다보는 것으로, 집단원 자신의 행동, 동기체계 혹은
무의식에 대해 중요한 무언가를 발견할 때 생긴다. 이 연구자들은 집단치료과정에서
집단원들이 적어도 글상자 2-22와 같은 네 가지 수준의 통찰을 얻게 된다고 주장했다.

글상자 2-22. 집단과정에서 발생 가능한 통찰의 네 가지 수준

1. 대인관계에서 비쳐지는 자신의 모습에 대한 더 객관적 시각
2. 자신의 복잡한 대인 간 행동 패턴 이해
3. 다른 사람들에게 나타내는 행동의 동기 인식
4. 발생적 통찰, 즉 어떻게 현재의 상태가 되었는지에 대한 이해

글상자 2-22에 제시된 네 가지 수준에서, 세 번째 수준의 통찰에서의 보편적 가정
은 다른 행동을 하면 어떤 재앙이 생길 수 있다는 믿음으로 인해 개인 자신이 현재 방
식으로 행동한다는 것이다. 즉, 자신이 특정 행동을 하지 않으면, 다른 사람들이 자신
을 따돌리거나, 모욕, 박대, 멸시, 또는 분노 표출 등의 재앙 같은 일이 일어날 거라는
믿음이다. 이러한 근거 없이 불합리하고 자기파괴적인 신념과 그 원인에 대한 설명
은 글상자 2-23과 같다.

글상자 2-23. 집단원들의 행동 동기에 대한 불합리한 신념과 그 원인

1. 애착이 없고 냉담한 집단원이 다른 집단원들과 가까워지는 것을 꺼리는 것은 그들에
   게 동화되어 자기를 잃을 수도 있다는 두려움 때문임

> 2. 경쟁적·보복적·통제적인 집단원은 보살핌에 대해 깊이 감추어진, 만족할 줄 모르는 욕구에 대한 두려움 때문임
>
> 3. 소심하고 아부하는 성향이 있는 집단원은 억압된 파괴적 분노가 노출되는 것에 대한 두려움 때문임

연구자들은 또한 집단치료에 참여했던 환자들의 관심의 방향을 개별 항목에서 12개의 일반적인 범주로 전환하여 치료요인들에 대해 글상자 2-24에 제시된 것과 같이 중요한 순서에 따른 결과를 산출했다.

글상자 2-24. 환자들이 선정한 집단의 치료요인

1. 대인 간 입력interpersonal input
2. 카타르시스catharsis
3. 응집력cohesiveness
4. 자기이해self-understanding
5. 대인 간 출력interpersonal output
6. 실존적 요인existential factors
7. 보편성universality
8. 희망 고취instillation of hope
9. 이타주의altruism
10. 가족 재정립family reenactment
11. 지도guidance
12. 동일시identification

글상자 2-24에 제시된 것처럼, 집단참여 환자들이 꼽은 가장 중요한 치료요인은 대인 간 입력이다. 대인 간 입력이란 자기가 어떻게 다른 사람에게 지각되는지에 대해 알게 되는 것을 의미한다.

코틀러의 주장.　한편, 집단상담의 교육자, 임상가로 활동하고 있는 코틀러(Kottler, 2015)는 집단상담이 인간의 삶을 변화시키는 중요한 도구라는 점을 강조했다. 그가 정리한 집단상담의 보편적 치료요인은 표 2-3과 같다.

표 2-3. 코틀러가 주장한 집단의 치료요인

치료요인	설명
☐ 지지support	○ 어려운 상황으로부터 회복을 도울 사람이 있다는 느낌
☐ 소속감sense of belonging	○ 유대감·신뢰감 창출을 통한 안전감 제공
☐ 카타르시스catharsis	○ 강렬한 정서 해소를 통한 변화 산출
☐ 대리학습vicarious learning	○ 관찰을 통한 학습 발생

□ 알아차림^{awareness}	○ 체험을 통한 자신의 행동 인식 ○ 자신의 행동이 타인에게 미치는 영향을 통찰 ○ 성장과 학습동기 증진
□ 가족재연^{family reenactment}	○ 가족을 연상시키는 대인 간 상황 제공을 통해 부모 같은 인물, 형제자매 간의 경쟁, 힘과 통제를 위한 투쟁 등 현재와 과거의 가족 관련 문제에 대한 작업
□ 공적 책무^{public commitment}	○ 현실적이고 실현 가능한 목표와 실행계획 공언
□ 과업촉진^{task facilitation}	○ 문제에 관한 진술과 집단에서 배운 것을 실천하겠다는 다짐으로 집단 회기를 마치고, 실천성과에 대한 보고로 집단 회기를 시작함으로써 집단참여 목표 달성에 접근
□ 모험시도^{risk taking}	○ 집단의 핵심으로 누구에게도 말해 본 적 없는 가장 깊고 어두운 비밀을 진정성 있고 솔직하며 진술한 방식으로 소리 내어 말함으로써, 삶의 행동 패턴에 놀랄 만한 변화를 가져오게 되는 광경을 상상
□ 실연^{rehearsal}	○ 실생활 실험실처럼 안전한 환경에서 역할연습 또는 심리극 같은 전략으로 새로운 대안행동 또는 다른 사람들과의 새로운 관계 형성 방식의 시도와 피드백을 통한 새로운 전략을 정교화
□ 직면^{confrontation} · 피드백 ^{feedback}	○ 온전히 자신이 될 수 있고, 타인들이 자신에 대해 솔직하게 반응하는 것을 들을 수 있는 집단에서 이들의 반응과 생각에 이차적인 추측 없이 현재 진행되고 있는 것에 대한 생각, 감정, 반응 표출
□ 마법^{magic}	○ 말이 필요 없을 정도로 참여자들의 극적인 변화

치료적 집단에서 치료자는 집단에 동력을 제공하는 치료요인의 활성화에 중점을 두어야 한다. 집단의 치료요인은 임상가의 이론적 접근 또는 치료적 관점에 따라 조금씩 다르다.

제이콥스 등의 주장.   제이콥스 등(Jacobs et al, 2016)이 주장한 집단리더가 중점을 두어야 하는 주목해야 할 치료요인은 글상자 2-25와 같다.

🏛 **글상자 2-25. 제이콥스 등이 주장한 집단의 치료요인**

1. 리더와 집단원들의 목적 명료성	2. 집단원들의 목적 연관성

3. 집단크기   4. 각 회기의 길이

5. 모임 횟수   6. 장소의 적절성

7. 리더와 집단원들을 위한 시간대의 적절성   8. 리더의 태도

9. 개방집단 vs. 폐쇄집단   10. 자발적 참여 vs. 비자발적 참여

11. 집단원들의 참여수준   12. 집단원들 간의 신뢰수준

13. 집단원들의 리더에 대한 태도   14. 리더의 경험과 집단리더십 수준

15. 공동리더십의 조화

제이콥스를 비롯한 임상가 및 연구자들은 글상자 2-25에 열거된 요인들이 긍정적(치료적) · 중립적 또는 부정적(반치료적)일 수 있음을 강조했다.

성찰활동 / 함께 해 볼까요?

1. **모험시도** 소집단으로 나누어 집단원 전원의 모습이 보일 수 있도록 둘러앉는다. 친근한 분위기가 조성될 수 있도록 가깝게 앉아 보자. 각자 자신에 대해 다른 사람들이 모르는 이야기를 나누는 모험을 해 보자. 단, 집단 내에서 느껴지는 신뢰수준에 따라 자기개방수준을 정한다. 모험에 앞서, 개방수준을 정해 보자. 즉, '1'은 거의 모험적이지 않은 내용, '5'는 중간 정도의 모험적인 내용, 그리고 '10'은 거의 숨을 쉴 수 없을 정도로 모험적인 내용을 가리킨다. 우선, 다른 집단원에게 모험수준을 말하고, 그 이야기를 하는 것이 상대적으로 얼마나 어려운지를 말한다. 그리고 나서 자신의 경험에 관해 이야기하고, 그 경험과 집단에서의 모험을 감수함으로써 자신에 관해 깨닫게 된 점에 관한 이야기를 나누어 보자.

_____

_____

_____

_____

_____

_____

_____

2. 강점 선물 담당 교수 또는 리더는 먼저 다음에 제시된 활동의 의의에 대한 진술문을 읽어 주거나 설명한다.

> 사람들은 어려서부터 크고 작은 비판의 세계에서 성장하게 됩니다. 비판은 개인의 잘못된 행실을 바로잡는 데 중요한 역할을 합니다. 그러나 비판이 지나치거나 반복되는 경우, 개인의 자존감을 떨어뜨리기도 합니다. 낮은 자존감은 심한 경우 갖가지 정신적인 문제를 초래할 수 있습니다. 개인의 자존감 회복을 위한 방법은 서로의 긍정적인 면, 즉 강점strengths을 드러내어 인정해 주는 것입니다. '강점 선물'은 개인의 장점, 강점, 긍정적 특성에 초점을 맞추고 이를 언어적·비언어적인 선물 형식으로 전달해 줌으로써 자존감을 높여 주기 위한 활동입니다.

구성원들을 원형으로 둘러앉게 한다. 의자 하나는 강점 선물을 받을 사람을 위한 지정 좌석으로 정한다. 이 의자에는 참여자들이 한 사람씩 돌아가면서 앉는다. 다른 구성원들은 지정석에 앉은 참여자의 장점, 강점, 긍정적 특성, 칭찬할 만한 행동 등을 한 사람씩 돌아가면서 말해 준다. 모든 참여자에 대한 장점·강점세례가 끝나면, 활동을 통해 자신의 긍정적 측면을 발견하게 된 소감을 비롯하여 서로 의견과 피드백을 나눈다. 이때 선물은 감사함, 희망의 메시지, 또는 용기를 북돋아 주는 것과 같이 마음을 전하는 것이 될 수 있지만, 진솔한 마음을 담은 구체적인 물건이 될 수도 있다.

_____

_____

_____

_____

_____

_____

_____

_____

_____

_____

3. 신뢰의 원 8명 내외로 한 조를 이루어 둥글게 선다. 이때 한 사람이 원의 한가운데에 두 눈을 감고 팔짱을 낀 채로 두 발을 앞뒤로 모으고 선다. 다른 구성원들은 빈틈없이 원 가운데 서 있는 사람을 에워싼 채, 우측 발을 그의 발에 밀착시켜 움직이지 못하게 한다. 담당 교수의 '시작' 하는 소리와 함께 각 조의 원 안의 사람이 뒤로 넘어지면, 바로 뒤에 서 있는 구성원들은 두 손으로 원 안의 사람을 받쳐 주면서 앞으로 밀어 준다. 그

러면 그 앞에 있는 사람들은 힘을 합해 원 안의 사람을 다시 받쳐 주면서 밀어 주는 행동을 반복한다. 이 활동은 담당 교수 또는 리더가 "그만!"이라고 할 때까지 계속한다. 이때 원 안에 있는 사람은 이완된 상태로 고개를 세우고 허리에 힘을 주어 다른 구성원들이 잘 밀어 줄 수 있도록 하되, 안전사고에 유의한다. 모든 구성원이 한 번씩 원 안에 들어가는 활동을 마치면, 둥글게 둘러앉아 이 활동에 참여한 소감(원 안에 있었을 때와 에워싼 구성원으로서)을 나눈다.

_____

_____

_____

_____

_____

_____

_____

_____

_____

_____

4. **나의 나 됨** 소집단으로 나누어 자신의 성별, 종교, 장애, 습관, 외모, 출신 지역, 말씨 등으로 인해 과소평가, 무시, 또는 따돌림당했던 경험에 관해 이야기해 보자. 모든 구성원이 각자의 경험에 관해 이야기하고 나면, 현재 집단의 구성원이 된 느낌 또는 소감을 나누어 보자.

_____

_____

_____

_____

_____

_____

_____

_____

_____

_____

CHAPTER
03

치료자와 리더십

세상은 한 권의 책이다.
여행하지 않는 자는
그 책의 단 한 페이지만을
읽을 뿐이다.

그러나
자기 자신에게로
여행하지 않는 자는
아무것도
읽지 않는 것과 같다.

– 오쇼의 『장자, 도를 말하다』 중에서 –

☐ 집단리더의 역할 … 97
☐ 집단리더의 자질 … 99
☐ 집단리더의 전문성 … 109
☐ 집단전문가 교육과 훈련 … 116
☐ 집단리더십 … 123
☐ 공동리더십 … 131
◆ 성찰활동 … 137

집단리더는 집단작업에 관한 전문적 교육과 훈련과정을 성공적으로 이수하고, 수퍼바이저의 수퍼비전하에 일련의 임상 실습을 마치고 집단작업을 담당하는 정신건강 전문가다. 집단계획에서부터 준비, 진행, 평가에 이르는 제반 절차를 담당하는 집단리더와 그의 역할은 집단발달의 중심에 있다는 점에서 집단원들과는 다른 지위가 부여된다. 또한 집단에서 다른 집단원들과 거리를 두고 있으면서 그들 위에 있다는 비난을 받지 않는 유일한 사람이다. 집단리더는 집단의 표준standard으로서 집단 문화group culture를 구축하는 역할을 한다. 이 과정에서 독특한 치료적 언어('집단기술')를 사용한다. 단, 집단리더의 언어표현방식을 비롯하여 집단운영방식 또는 역할은 집단의 목적에 따라 약간씩 차이가 있다.

집단리더는 집단의 치유기능과 변화의 힘, 그리고 집단의 이러한 기능이 사람들의 변화를 유발하는 동력임을 신뢰해야 한다. 이러한 믿음은 그 자체로 윤리적이며, 집단의 치료적 기능에 대한 신뢰 없이 집단작업을 맡는 것은 그 자체로서 비윤리적이다(AGPA, 2007; ASGW, 2000). 집단리더의 역량을 평가하기 위한 준거에는 무엇을, 어떻게 할 수 있는지는 물론, 이론을 비롯하여 개인 · 집단작업에 관한 전문지식, 임상경험, 집단기술 · 기법, 집단원의 문제행동에 대한 대처방식 같은 전문적 역량을 갖추는 것이 포함된다. 이 장에서는 ① 집단리더의 역할, ② 집단리더의 자질, ③ 집단리더의 전문성, ④ 집단전문가 교육과 훈련, ⑤ 집단리더십, ⑥ 공동리더십으로 구분하여 집단작업 전문가에 대해 살펴보기로 한다.

 ## 집단리더의 역할 / 집단리더의 역할은 무엇인가?

집단리더는 집단이라는 오케스트라의 지휘자와 같다. 지휘자는 서로 다른 악기들의 소리와 세기를 키우기도 하고 줄이기도 하면서 전체적인 하모니를 만들어 낸다. 그러면 집단리더의 가장 중요한 역할은 무엇일까? 이는 집단원들과 함께하는 것presence, 즉 존재하는 것to be이다. 집단원 돌봄을 목적으로 집단에 존재하는 것만으로도 집단리더는 집단원들을 위해 무언가 의미 있는 일을 하고 있는 것이다. 집단에서 함께하는 것, 존재하는 것 자체는 집단리더의 치료적 역할 수행의 시작이다. 집단원들은 집단리더의 기술, 기법, 전략은 잘 기억하지 못해도 집단리더가 자신들과 심리적 · 물리적으로 함께한 사실은 기억할 수 있다(Berg et al., 2018). 이러한 점에서 집단리더는 집단원들이 자기를 찾아 떠나는 여정의 동반자다. 따라서 집단리더가 집단작업에 진정성 있게 참여하지 않는 것은 심각한 위선인 동시에 비윤리적 행위가 된다(AGPA, 2007; ASGW, 2000).

집단리더의 주요 임무는 치료적 장치를 만들어 가동하고('치료적 분위기 조성'), 효율성을 극대화하여 작동되도록 유지하는 일('집단역동의 촉진')이다. 이를 위해 집단리더는 집단원들에게 정서적 자극, 보살핌, 칭찬, 보호, 수용, 해석, 설명 등을 제공한다(Berg et al., 2018). 이외에도 집단리더는 자기개방을 통해 모델 역할을 하고, 한 개인으로서 한계를 설정하며, 규칙을 강화하고, 시간을 관리하는 역할을 한다. 이처럼 집단리더는 집단과정에서 다양한 역할과 기능을 수행하게 된다. 집단원에 대한 집단리더의 기본 자세는 관심, 수용, 진실성, 공감으로, 그 어떤 기술, 기법, 전략도 이보다 우선시되는 것은 없다(Rogers, 1970). 집단리더의 기본 역할은 글상자 3-1과 같다.

글상자 3-1. 집단리더의 기본 역할

1. 집단의 목표 및 세부계획수립
2. 집단원 선별screening 및 선발selection
3. 집단규범 설정
4. 집단 구조화
5. 집단원들의 모델 역할 수행
6. 집단원 보호, 격려, 수용
7. 적절한 집단작업의 주도적 실행
8. 집단흐름의 적절한 통제
9. 집단원의 언어·비언어행동에 대한 적절한 반응
10. 집단 상호작용의 면밀한 관찰을 바탕으로 한 시의적절하며 의미 있는 반응
11. 관찰 결과를 기반으로 한 집단과정 해석

한때 심리치료자들 사이에 장기간의 임상훈련보다는 심리치료 지침서의 내용을 충실히 이행함으로써 치료 결과의 가변성을 없애거나 최소화할 수 있다는 믿음이 있었다. 그러나 지침서 내용을 적용한 치료는 기대만큼 임상적 성과를 올리지 못했다(Yalom, 2005). 즉, 지침서 내용을 고수하는 것은 효과적인 집단작업의 제공과는 거리가 있는 것이 밝혀졌다. 결국, 치료자와 참여자들에게 도움을 주는 것은 특정 이론 또는 모델보다는 치료자 자신이라는 의미다. 집단리더는 집단에서 요구되는 새로운 실

천적 지식과 지혜를 도출하여 치료효과를 올릴 수 있다. 성숙하고 숙련된 집단리더
는 진화·발달하는 치료자인 동시에 모든 집단, 집단원, 그리고 자신의 전체 경력을
학습경험으로 간주하는 치료자다. 집단에 참여한다고 해서 누구나 긍정적인 경험을
하는 것은 아니다. 집단작업이 사람들을 돕기 위한 방편이지만, 때로 기대와는 다른
결과를 산출할 가능성은 얼마든지 있다. 이러한 가능성의 원인이 될 수 있는 요인에
는 집단리더의 인간적 자질이 포함된다.

집단리더의 자질 / 집단리더에게는 어떤 인간적 자질이 요구되는가?

숙련된 기술과 전문적 능력도 중요하지만, 집단리더에게 우선적으로 요구되는 것은
바로 인간적 자질^{qualification}이다. 인간적 자질보다 집단기술 적용에만 급급한 집단리
더는 단순 기술자^{technician}와 크게 다를 바 없다. 집단리더가 '어떤 사람인가?'는 그의
전문적 역량 이상으로 중요하다. 집단리더는 적극적인 관찰자인 동시에 참여자로, 원
하든 원치 않든 집단원들의 모델이 된다. 이러한 점에서 집단리더의 자질과 품성은
집단원들에게 영향을 줄 뿐 아니라, 집단 성과의 중요한 변인으로 작용한다. 집단작
업 전문가 교육 프로그램에서 수련생들에게 이론과 기술뿐 아니라 인간적 자질을 강
조하는 이유가 바로 여기에 있다. 그러면 집단리더는 어떤 자질을 갖추고 있어야 하
는가? 이에 관한 논의는 한마디로 결론을 내릴 만큼 단순하지 않다. 여기서는 집단리
더에게 요구되는 인간적 자질을 ① 자기수용, ② 개방적 태도, ③ 타인의 복지에 대한
관심, ④ 유머 감각, ⑤ 자발적 모범, ⑥ 공감적 이해 능력, ⑦ 심리적 에너지, ⑧ 새
로운 경험 추구, ⑨ 창의성을 중심으로 살펴보기로 한다.

자기수용

집단리더의 첫 번째 인간적 자질은 자신을 있는 그대로 수용하는 것이다. 자기수용
^{self-acceptance}은 자기 자신을 있는 그대로 받아들이며 인정하는 것이다. 자기수용적인
집단리더는 자신의 강점뿐 아니라 약점까지도 자신의 중요한 일부로 기꺼이 인정하
고 받아들인다. 또한 자기수용을 통해 집단원들과의 상호작용을 정확하게 이해하고,
스스로 완벽하지 않은 존재라는 사실을 인정함으로써 집단과정을 촉진한다. 자기수
용은 내면에 대한 깊이 있는 성찰^{reflection}이 선행된다. 이로써 자기수용적인 집단리더

는 사소한 실수에 낙심하지 않는다. 그뿐 아니라, 때로 필요하다면 집단원들에게 자신의 약한 부분과 한계를 기꺼이 드러내기도 한다. 이러한 태도는 집단원들과 직접적이고 솔직한 관계를 형성하게 하여, 집단원들이 느끼는 두려움이나 기대를 직접 표현할 수 있게 한다.

개방적 태도

집단리더의 두 번째 인간적 자질은 개방적 태도다. 개방적 태도$^{open-mindedness}$는 새로운 경험, 그리고 자신의 것과는 다른 유형의 삶과 그 가치에 대해 기꺼이 수용하는 자세다. 집단리더가 집단을 이끌게 되는 경우, 일직선 위에 양극단 또는 그 사이의 어느 지점에 해당하는 역할을 택하게 된다. 즉, 한쪽 끝은 자신을 철저히 은폐한 채 전문가로서의 역할만 충실히 담당하는 모습이고, 다른 한쪽 끝은 전문가로서의 역할을 포기하고 단순히 집단원 중 한 사람으로 활동하는 모습이다. 여러 사람으로 구성된 집단을 이끌어야 한다는 부담감은 때로 집단리더에게 소극적 태도나 과장된 행동의 원인이 되기도 한다. 이는 집단규범 발달에도 부정적인 영향을 미친다. 즉, 개방적이지 않고 자신을 은폐하는 집단리더는 주의와 경계라는 집단규범을 집단 내에 구축하게 될 것이다. 이와는 반대로, 전문가로서의 역할을 포기하고 집단원의 일원으로 활동하고자 하는 집단리더는 치료효과를 산출할 집단규범을 형성할 수 없어서 집단의 존재 이유를 훼손할 수 있다.

집단리더는 때로 집단에서 자신의 경험을 드러내기도 한다. 그렇다고 해서 개인적인 삶의 모든 부분을 낱낱이 드러내지는 않는다. 집단리더의 자기개방은 온전히 집단을 위한 것이어야 한다. 집단리더가 집단에 대한 관심과 애정을 명료한 언어로 표현하는 것은 대단히 중요하다. 집단의 유용성에 대한 자신의 생각 또는 감정을 표출하거나 집단원의 긍정적인 행동에 대해 적극 강화해 주는 반응이 그 예다. 집단리더의 개방적 태도는 집단원의 감정과 신념을 솔직하게 개방하는 촉매 역할을 하여 집단과정에 활력을 불어넣는다.

집단리더의 개방적 태도는 집단원들이 집단에서 자신의 약한 모습과 두려움을 노출해도 좋다는 일종의 허가를 받는 것과 같다. 또한 집단원의 문제는 책임 있는 실천과 부단한 노력으로 극복될 수 있다는 사실을 직접 보여 주는 것이다. 집단과정에서 집단리더는 때로 집단원들에게서 리더십에 문제가 있다거나, 집단의 방향을 구체적으로 제시해 주지 않는다거나, 자신만을 따돌린다는 등의 부적 피드백을 듣게 되기도 한다. 이 경우, 폐쇄적 태도를 지닌 집단리더는 자칫 방어적 태도로 궁색한 변명을 늘어놓을 수 있다. 그러나 개방적 태도를 지닌 집단리더는 이와는 다른 방식으로 반응한다. 개방적 태도를 지닌 집단리더의 특징은 글상자 3-2와 같다.

글상자 3-2. 개방적 태도를 지닌 집단리더의 특징

1. 쉽게 위협을 느끼지 않는다.
2. 정서적으로 쉽사리 불안정해지지 않는다.
3. 부정적인 피드백에 과민한 반응을 보이지 않는다.
4. 집단원의 정적 피드백은 물론 부적 피드백도 솔직하게 다룬다.

개방적 태도를 지닌 집단리더는 집단원의 도전에 방어적이기보다는 개방적인 태도로 오히려 그 원인과 자신의 감정을 탐색해 보는 기회로 삼는다. 집단원들의 피드백은 긍정적이든 부정적이든 치료적으로 의미가 있다고 믿기 때문이다. 또한 집단발달 과정에서 필연적으로 집단리더의 권위에 도전하거나, 타인에 대한 감정을 집단리더에게 투사하는 일이 발생할 수도 있다는 사실을 잘 알고 있기 때문이다. 집단리더의 개방적 태도는 집단원들의 자기개방에 동기를 부여한다. 즉, 집단리더가 유사한 문제를 극복하여 이렇게 영향력 있고 좋은 인간관계 능력을 갖출 수 있었다면 '왜 나라고 못하겠는가'라는 생각을 하게 한다.

타인의 복지에 대한 관심

집단리더의 세 번째 인간적 자질은 다른 사람들의 복지^{wellness}에 깊은 관심이 있다는 것이다. 타인의 복지에 대한 관심은 집단원을 비롯한 주변 사람들의 안녕과 행복한 삶을 영위할 수 있도록 배려하는 마음을 기꺼이 성심껏 보살피는 행동으로 나타내는 것이다. 이는 집단리더가 자기의 이익을 위해 집단을 이용하지 않는다는 의미이기도 하다. 글상자 3-3은 집단리더와 한 집단원 사이에 일어난 예화다.

글상자 3-3. 타인의 복지에 대한 관심과 관련된 예화

집단의 첫 회기가 시작된 지 얼마 되지 않은 무렵이었다. 한 집단원이 집단리더의 설명이 너무 모호하고 장황해서 도무지 알아들을 수 없다고 불평했다. 전혀 예상치 못한 일이어서 다른 집단원들은 몹시 당혹스러워했다. 이때 집단리더는 그 집단원에게 그의 도전

> 적인 반응이 과거에 권위를 지닌 인물에 대한 감정을 치료자에게 전이하는 것일 수 있다고 말해 주었다. 집단원은 아버지가 늘 자기에게 하던 훈계를 떠올리면서 그럴 수도 있겠다고 수긍하며 그 위기 상황은 자연스럽게 넘어갔다. 그 순간 집단리더는 대학 시절부터 절친한 친구들을 비롯한 주변 사람들로부터 자신의 언어적 표현이 장황하여 이해하기 힘들다는 피드백을 반복적으로 받았던 기억이 떠올랐다.

집단리더의 주된 임무는 집단원들이 원하는 바를 얻도록 돕는 것이다. 글상자 3-3에 제시된 예화에서 집단원의 반응이 정확한 것일 수 있었다. 그렇지만 집단리더는 자신의 지위를 이용하여 집단원의 판단이 왜곡되었음을 받아들이도록 종용한 결과를 초래했다. 집단의 목표가 집단원들이 현실검증을 통해 건설적인 대인관계를 구축하는 것이라고 한다면, 집단리더의 이러한 반응은 목표 성취를 저해하는 행위다. 돌봄^{care}은 집단원을 진심으로 존중하고 신뢰하며 가치 있는 존재로 대하는 것이다. 집단원을 돌보는 방법은 집단원에게 온정, 관심, 지지를 주는 것뿐 아니라 집단참여를 돕는 것이다. 단, 어느 정도까지 깊이 참여할 것인가는 집단원 스스로 결정하게 한다. 집단원의 말과 행동이 불일치하는 경우, 지나친 두려움과 심한 저항을 일으키지 않는 방식으로 조심스럽게 직면시키는 일도 집단원의 복지에 대한 집단리더의 관심 표현이다.

유머 감각

집단리더의 네 번째 인간적 자질은 유머 감각이다. 유머 감각$^{sense of humor}$은 치료적으로 유의한 측면에서 집단원들이 웃음이나 미소를 지을 수 있는 말이나 행동을 할 수 있는 능력이다. 유머 감각은 기술, 기법, 또는 개입방법이라기보다는 개인적 특성이다. 이는 관계 형성과 유지에 중요한 요소다. 집단원들이 각자의 관심사와 문제에 몰입하다 보면 다양한 각도에서 조망해 볼 여유가 없을 수 있다. 집단상담과 치료가 아무리 진지한 심리적 과정이라고 해도, 집단리더의 유머 감각은 웃음을 통해 집단원의 문제를 새로운 각도에서 조망해 볼 수 있게 하는 효과가 있다. 집단작업에서 유머의 효과는 글상자 3-4와 같다.

🏢 **글상자 3-4. 집단작업에서 유머의 효과**

1. 공유된 경험을 구축한다.
2. 창의성을 표현할 수 있게 한다.
3. 큰 저항 없이 금기시되던 주제를 다룰 수 있게 한다.
4. 양념 같은 기능이 있어서 통찰^{insight}을 촉진한다.
5. 긴장을 감소시키고 심리적 중압감에서 잠시 벗어나게 한다.

　유머가 집단역동에 미치는 영향을 고려할 때, 유머 감각을 지닌 집단리더는 매우 유용한 자산을 소유하고 있는 셈이다. 시의적절한 유머는 강력한 치료효과를 수반하기 때문이다. 그러나 때로 유머와 농담은 집단원을 희생양으로 만들거나 조롱의 대상으로 만들기도 한다(Clark, 2002)는 점에서 주의가 요망된다.

자발적 모범

집단리더의 다섯 번째 인간적 자질은 자발적으로 모범을 보이는 것이다. 자발적 모범이란 모델링^{modeling}, 즉 집단원들의 행동 변화를 위해 바람직한 행동의 모델^{model} 역할을 담당하는 것을 말한다. 이는 집단리더가 집단원들과의 대인관계에서 자발성, 개방적 태도, 수용적 자세, 적극적 경청, 자기개방, 솔직성, 존중, 배려, 즉시성, 정적 피드백 등을 몸소 실천함으로써 집단원들에게 대리학습$^{vicarious\ learning}$의 기회를 제공하는 것이다. 이러한 본보기 역할은 집단원의 욕구를 고려한 맥락에서 이루어져야 한다. 모방학습의 기회는 집단과정을 촉진하는 강한 원동력이다(Naugle & Maher, 2003).

　집단규범은 사회의 것과는 많이 다르다. 집단원들은 집단초기부터 자신들에게 익숙한 문화에서 탈피하여 새로운 행동과 모험을 시도해 보도록 압력을 받게 된다. 그러면 이러한 모험적 행동이 집단원들이 우려하는 결과를 초래하지 않을 것임을 어떻게 이해시켜야 하는가? 이는 바로 집단리더의 자발적 모범을 통해서다. 즉, 집단원들이 주저하는 행동을 집단리더가 기꺼이 자유롭게 실행했을 때, 긍정적인 결과가 나타나는 것을 직접 관찰하게 하는 동시에 이에 자극을 받은 집단원이 변화를 시도해 보게 하는 것이다. 집단리더가 개입하여 자발적으로 감정표현의 모범을 보인 예는 글상자 3-5와 같다.

🏛 **글상자 3-5. 자발적 모범을 통한 효과적인 개입의 예**

> 집단작업에 진지하게 참여하기보다는 오히려 농담 섞인 말로 좌중을 웃기는 일에만 집
> 중하면서 다른 집단원들의 작업을 방해하는 한 남성이 있었다. 그는 자신의 배경을 과장
> 되게 소개하면서, 자신은 집단의 도움을 필요로 하지 않는다고 주장하는가 하면, 다른 집
> 단원들을 무시하는 언행을 보이곤 했다. 이러한 태도에 대한 다른 집단원들의 피드백과
> 집단리더의 직면과 해석 역시 별 효과가 없었다. 그러던 어느 날, 여느 때와 같은 태도를
> 보이던 그에게 집단리더가 말했다. "저는 지금 상준 씨와 비슷한 경험을 하고 있습니다.
> 그것은 바로 두려움이죠. 상준 씨도 저처럼 이번 회기에서 어떤 일이 벌어질지 두려워하
> 는 것처럼 보입니다." 이 말은 이 집단원에게 통찰을 가져다주는 계기가 되었다.

글상자 3-5에 제시된 예에서처럼, 문제행동에의 개입은 그 행동이 집단에 미치는 부정적인 영향을 파악하는 일이 선행되어야 한다. 이를 위해 집단리더는 집단원의 방어적 행동의 저변에 깔려 있는 취약점을 공감적으로 표현한다. 자발적 모범을 보인다는 것은 집단리더 자신도 실수할 수 있음을 인정한다는 의미가 있다. 집단리더가 완벽한 전문가로서의 모습을 나타내려고 시도하는 것은 집단원들에게는 오히려 실수를 두려워하여 지나치게 언행에 조심스러워하는 모습으로 비춰질 수 있다. 이러한 태도는 집단원들과의 상호작용에도 부정적인 영향을 주게 되어 대화참여의 자발성을 잃게 하고, 경직되고 생기 없는 집단 분위기를 조성할 수 있다.

집단작업에서 중요한 모델은 집단리더다. 모델 역할 수행에 필요한 것은 자신감이다. 집단리더가 자신감을 가지고 집단원의 강점을 인정하고 장점을 드러내 주는 등의 모범을 보이는 것은 집단원들에게 모방학습의 동기를 부여하여 건강한 상호작용을 촉진한다(Naugle & Maher, 2003). 그렇지 않고 집단원들의 문제행동과 약점을 탐색하고 들추어내는 일에 집중한다면, 이들 역시 이러한 행동을 모방하여 유사한 행동들이 나타날 것이고, 이는 또한 집단규범으로 자리 잡게 될 수 있다.

때로 집단리더는 명확한 지침을 통해 집단작업을 위한 기본적인 방법을 가르쳐야 할 때가 있다. 예를 들어, 적극적 경청기술을 설명하고 본보기를 보임으로써 집단원들이 효과적인 소통기술을 습득하도록 돕는다. 다른 집단원들의 말을 진지하게 경청하는 집단원의 모습이 관찰되는 경우, 즉각적으로 피드백을 제공함으로써 긍정적인 행동을 강화하는 것도 바로 이러한 작업의 일환이다. 다른 집단원들은 자연스럽게 집단리더의 이러한 행동을 모방하여 집단 내에서의 상호작용에 적용할 수 있게 된

다. 단, 유념할 점은 생산적인 질문을 던지거나 관찰 내용을 말할 때는 구체적이고 명확하게 표현해야 한다는 것이다. 이러한 질문이나 관찰의 예는 대화상자 3-1과 같다.

 대화상자 3-1. 생산적 질문 · 관찰의 예

○ "정현 씨는 저의 어떤 행동을 가장 좋아하세요?"

○ "상미 씨를 집단에 참여시키려면 제가 어떻게 하면 될까요?"

○ "저는 지난 회기에 시준 씨가 세아 씨에게 매력을 느끼지만 세아 씨가 오해할 것이 염려된다고 말했을 때처럼 시준 씨 느낌을 솔직하게 표현할 때 훨씬 가까워지는 느낌이 들어요."

집단초기에 집단리더의 행동은 집단에 영향을 준다. 집단리더가 집단원들에게 보여 주지 않은 행동 역시 보여 준 행동 못지않게 중요하게 작용한다. 예를 들어, 지난 회기에 불참했다가 이번 회기에는 지각한 집단원에 대해 집단리더가 아무런 반응을 하지 않았다고 하자. 집단리더의 이러한 반응은 집단규범에 영향을 미칠 수 있다. 즉, 집단 회기에 결석하거나 지각하는 사람을 환영해서는 안 된다는 암묵적 규범이 형성되는 것이다. 그 결과, 이 집단에는 서로 배려하지 않는 분위기가 조성될 수 있다. 이처럼 집단규범은 대체로 집단초기에 형성되고, 일단 형성되면 변경되기 어렵다는 특징이 있다. 이러한 점에서 집단리더는 직접 모범을 보임으로써 규범 형성을 주도해 나가야 한다. 집단리더는 '걸어 다니는 모델walking model'이다. 이는 자발적 모범, 즉 "내가 시키는 대로 하라!"가 아니라 "내가 하는 대로 하라!"는 식의 마음 자세와 행동거지가 요구된다.

공감적 이해 능력

집단리더의 여섯 번째 인간적 자질은 공감적 이해 능력이다. 공감적 이해empathic understanding란 역지사지易地思之, 이심전심以心傳心, 즉 상대방의 감정을 가슴으로 느끼고('공감'), 그가 처한 입장을 머리로 헤아리는 것('이해')을 말한다. 공감적 이해는 따스한 가슴과 냉철한 머리로 이루어지고, 적극적 경청방법으로 전달된다. 공감적 이해가 상담과 심리치료의 필수요소라는 사실에는 거의 모든 이론적 접근의 임상가가 동의한다(Corey & Corey, 2017). 공감적 이해 능력은 정서적 교감의 필수요소인 동시에 집단리더의 중요한 자질이다. 이는 또한 집단원들에 대해 민감하고 정확하게 이해한 것을 그들과 상호 교류할 수 있는 능력이기도 하다.

정서는 흔히 정서 인식, 정서경험, 정서표현으로 구분된다. 이 세 요소는 밀접하게 연결되어 있다. 정서 인식emotional awareness은 감정의 존재와 그것이 경험의 중요한 부분임을 받아들이는 것이다. 정서는 보통 강한 감정이 일어날 때 발생하는 신체 변화를 감지함으로써 인식할 수 있다. 정서경험은 심신의 변화를 인식할 뿐 아니라, 이를 올바르게 해석·이해하는 데 사용된다. 이렇게 경험한 강한 감정을 사회구성원들이 동의하는 의미론적 체계에 따라 명명한 단어를 활용하여 표출하는 행위가 정서표현이다. 즉, 정서표현은 내적 경험의 인식을 바탕으로 내적 경험을 외부로 표출하는 것이다. 집단에서 참여자의 정서는 치료자의 무비판적인 공감적 이해로 조성된 안전한 분위기에서 비로소 표출될 수 있다.

머리에서 가슴까지의 거리는 대략 30cm 정도에 불과하다. 병상에서 "사랑이 머리에서 가슴으로 내려오는 데 70년 걸렸다."는 김수환 추기경의 고백(김재득, 2009)은 공감적 이해가 말처럼 그리 쉬운 일이 아님을 보여 준다. 그렇다면 머리에서 가슴까지의 거리를 어떻게 극복할 수 있을까? 이 질문에 대한 답은 바로 적극적 경청기술의 체득이다. 공감적 이해를 하기 위해서는 직접적인 메시지뿐 아니라, 미묘한 비언어 메시지도 분별할 수 있어야 한다. 그렇지 않으면 지나치게 동일시한 나머지 동조sympathy할 수 있기 때문이다. 공감적으로 이해하는 집단리더는 집단원의 주관적인 세계를 감지할 수 있다. 공감적 이해의 핵심은 집단원의 내면세계에 들어가 그의 입장에서 주관적 감정을 공유하고 상황을 이해하면서도 그와 동일시하지 않고 집단리더 자신의 개별성individuality을 유지하는 데 있다. 동조는 바로 자신의 개별성을 유지하지 못한다는 점에서 한계가 있다. 공감적으로 이해하기 위해서는 집단원에 대한 돌봄과 개방적 태도가 전제된다.

심리적 에너지

집단리더의 일곱 번째 인간적 자질은 높은 수준의 심리적 에너지다. 심리적 에너지psychological energy란 집단원들을 이해하고 이들의 욕구충족을 위해 활용되는 역동적 자원을 말한다. 이러한 자원은 집단효과에 대한 신뢰에 기인하며, 전문가의 카리스마charisma로 이어진다. 심리적 에너지는 스태미너stamina와도 밀접한 관계가 있다. 활력 넘치는 집단리더의 열정과 확신은 집단원들을 매료시킬 뿐 아니라, 상담과정을 촉진하는 원동력으로 작용한다. 심리적 에너지가 충만한 집단리더는 자신을 솔직하게 표현하고, 실천 중심의 행동을 통해 생동감 넘치는 리더십을 발휘한다. 또한 자신의 약점을 기꺼이 인정하는 한편, 약점을 숨기기 위해 에너지를 낭비하지 않는다. 반면, 심리적 에너지가 부족한 치료자는 자신의 취약점이 드러날 것이 두려워 자기방어에 에너지를 소모한 나머지 더 많은 에너지를 필요로 하게 되는 악순환을 되풀이한다(Riva et al., 2004).

집단작업은 흥미로우면서도 심리적 · 신체적 에너지가 요구되는 과정이다. 이러한 점에서 집단리더는 자신의 몸과 마음의 에너지 수준을 수시로 확인해야 한다. 예기치 않게 집단원의 저항에 부딪히거나, 중도에 포기하는 집단원 또는 집단효과에 이의를 제기하는 집단원이 생길 때마다 집단리더가 의식하지 못하는 사이에 심리적 에너지가 급격히 소모될 수 있기 때문이다. 이러한 일이 반복되어 에너지 수준이 낮아진다면, 집단리더는 주저하지 않고 집단 외부의 자원에서 심리적 영양을 공급받아야 한다. 이를 게을리하는 경우, 이상적 집단과 현실적 집단 간의 괴리감으로 인해 열정을 상실하거나, 자책하거나, 집단원들을 탓하게 되기 쉽다. 더욱이 집단의 성공에만 전력을 다하거나, 집단의 성과에 대해 비현실적으로 높은 기대를 하거나, 극적인 변화를 갈망하는 집단리더는 오히려 심리적 영양실조에 걸려 집단에 대한 실망과 비관적인 태도로 이어지기 쉽다(Leva, Ohrt, Swank, & Young, 2009).

집단원들은 막연하게 집단리더를 완벽한 사람으로 여기는 경향이 있다(Riva et al., 2004). 집단리더는 전지전능할 뿐 아니라 그들이 갖추고 싶어 하는 자질들을 모두 가지고 있을 것으로 여기기도 한다. 그러면서 자신의 힘을 과소평가하고, 통찰력이나 변화에 대한 공功을 집단리더에게 돌리기도 한다. 집단리더가 이런 것에 현혹되면 자칫 자기 함정에 빠지는 잘못을 범할 수 있다. 심리적 에너지가 충만한 집단리더는 집단원이 스스로 통찰력을 갖게 되어 변화된 부분을 집단원이 노력한 결과로 돌림으로써 지속적인 변화에의 동기를 부여하는 동시에 일상생활에도 적용해 보도록 적극 격려하는 특징이 있다.

새로운 경험 추구

집단리더의 여덟 번째 인간적 자질은 새로운 경험을 추구하는 것이다. 집단리더의 인격은 다양한 생활경험에 의해 결정된다. 경험의 폭이 넓고 깊을수록, 서로 다른 삶의 경험으로 상이한 가치관을 지닌 집단원들에 대한 이해의 깊이와 넓이는 그만큼 크다. 새로운 경험을 추구하는 집단리더는 자신과 다른 세계에서 온 집단원들의 문화에 대해 기꺼이 관심을 나타내며 배우고자 한다. 집단원들 간의 차이를 존중하고 항시 그들에게서 배우고자 하는 집단리더는 집단원들에게서 신뢰를 얻게 된다. 반면, 특정 지역이나 문화에 대한 편견이나 선입관 혹은 정형화된 사고를 지닌 집단리더들도 있을 수 있다. 이들은 다양한 문화적 배경에 대한 이해가 부족한 나머지, 자신의 세계관을 집단원들에게 강요하거나 주입하려는 잘못을 범하기도 한다.

집단리더는 자신의 삶의 문제를 인식하고 다양한 관점에서 조망해야 한다. 비록 타인이 겪은 것을 모두 경험하지는 못할지라도 집단리더는 자신이 경험한 사건들에 대한 감정을 확인해야 한다. 아무리 집단전문가라고 하더라도 집단원의 문제를 똑같이 경험할 것으로 기대하는 것은 비현실적이다. 그러나 인간의 감정은 보편적인 특징이 있다. 비록 원인은 다를지라도 사람들은 비슷한 사건에 대해 공통적인 느낌을 경험하게 된다. 그러면 어떻게 하면 집단원들의 삶에 공감적으로 접근할 수 있을까? 여러 가지 방법이 있겠지만, 그중 하나는 다양한 삶에서 겪는 경험에 대해 개방적인 자세를 취하는 것이다. 새로운 경험에 개방적이고 이를 추구하는 집단리더는 상담 업무 외에도 다양한 부류의 사람들과 교제하고, 대화를 나누며, 스포츠와 문화생활을 즐긴다. 생활경험의 범위가 넓을수록 다양한 사람을 접하게 되고, 그만큼 사람들을 폭넓게 이해할 수 있기 때문이다(Corey & Corey, 2017). 이러한 경험은 각기 다양한 상황에 놓여 있는 집단원들의 입장을 이해하고 돕는 데 유익하다.

창의성

끝으로, 집단리더의 인간적 자질에는 창의성이 포함된다. 창의성creativity이란 종래의 집단운영방식을 매번 답습하기보다는 새로운 것을 창안하여 집단작업에 적용할 수 있는 능력을 말한다. 창의성은 순간적으로 독창적일 수 있는 능력이다. 창의적인 집단리더는 기법, 활동, 작업방식에 지속적으로 변화를 추구한다. 변화를 추구하는 집단리더가 이끄는 집단은 진부하거나 지루해지지 않고 생동감이 넘친다. 유머가 풍부한 집단리더와 함께 집단을 이끌거나 때로 집단에서 약간의 거리를 유지하는 것은 창의적 관점을 갖는 데 도움이 된다(Riva et al., 2004). 창의성에는 단서를 토대로 집단원의 문제탐색방법을 발견하는 능력도 포함된다. 물론 집단원의 문제탐색은 이론적 접근이 그 토대가 되어야 한다. 에릭 에릭슨Erik Erikson의 심리사회발달이론을 토대로 집단원들이 아동기 때 경험했던 초기기억을 되살리는 데 도움이 되는 기법을 고안 · 활용하는 것이 한 예다.

　지금까지 집단리더의 인간적 자질에 대해 살펴보았다. 이외에도 학자들과 임상가들은 제각기 자신의 경험과 이론적 선호도를 기초로 집단작업에 요구되는 인간적 자질을 피력해 왔다. 이들 중 코틀러(Kottler, 2015)는 유능한 집단리더의 특성을 ① 신뢰성trustworthiness, ② 자기수용self-acceptance, ③ 카리스마charisma, ④ 유머 감각sense of humor, ⑤ 융통성flexibility, ⑥ 정직성honesty, ⑦ 열정passion, ⑧ 현실 감각clear-headedness으로 정리하기도 했다. 집단리더는 전문가이기에 앞서 한 사람이다. 유능한 집단전문가의 인간적 자질은 훌륭한 집단리더가 되려는 동기와 노력 여하에 따라 달라질 수 있다(Kottler, 2015). 이외에도 숙련된 집단리더의 인간적 자질은 호의friendliness, 개방성, 따스한 배려, 객관성, 진실성genuineness, 정직, 힘power, 인내, 자기인지self-cognition 등과 같은 특성으로 구성된다. 또한 사람들을 좋아하고 리더십이 있어서 다른 사람들과 편안하고 원만한 관계를 유지하는 특성이 있다.

 ## 집단리더의 전문성

집단리더는 전문적인 교육과 훈련을 성공적으로 이수한 정신건강 전문가다. 정신건강 전문가에게 있어서 전문성 증진을 위한 노력은 평생 과업이다. 전문성 신장에는 전문지식과 임상경험의 지속적인 업데이트와 입력이 요구된다. 이에 여기서는 집단전문가가 되기 위해 요구되는 조건을 ① 개인상담경험, ② 집단/치료경험, ③ 집단계획 · 조직 능력, ④ 집단작업 이론에 관한 지식, ⑤ 인간에 관한 폭넓은 식견으로 나누어 알아보기로 한다.

개인상담경험

집단작업 전문성을 갖추기 위한 첫 번째 요건은 직접 개인상담을 경험해 보는 것이다. 개인상담경험은 다음 두 가지로 나뉜다. 하나는 자신의 실제 문제를 가지고 내담자로서 상담전문가에게 상담을 받아 보는 것이고, 다른 하나는 상담자로서 실제 내담자를 상담해 보는 것이다. 개인상담경험은 상담자로서보다 내담자로서의 경험이 선행되어야 한다.

　내담자로서의 경험.　개인상담 내담자로서의 경험은 수련생에게 자기탐색을 통한 자기지식self-knowledge을 축적할 기회를 제공한다. 만일 집단리더가 자기지식의 부족으로 자신의 역전이, 개인적 지각, 또는 관계왜곡을 인식하지 못하거나 직감 또는 직관을 집단작업에 적용할 수 없다면, 이는 자신의 감정을 외면하는 성향의 원인이 될 수 있다(Conyne & Diederich, 2014). 이러한 성향은 집단 내 갈등을 외면하거나, 불필요한 직면을 일삼거나, 지나치게 해석에 열중하거나, 집단원들의 감정표현을 억제하거나, 오히려 과도하게 감정표현의 중요성을 강조함으로써 집단원들의 감정을 치료적으로 다루지 못하는 결과를 초래할 수 있다(Riva et al., 2004). 이처럼 집단리더의 자기인식self-awareness은 상담의 제반 측면에서 작용한다. 이에 수련생은 개인상담의 내담자 경험을 통해 집단리더가 되고자 하는 동기를 탐색해 볼 수 있고, 상담의 필요성과 그 효과를 몸소 체험해 볼 수 있다. 이러한 과정을 통해 수련생은 장차 자신의 집단작업 수혜자들에게 영향을 미칠 수 있는 글상자 3-6에 제시된 사항에 대한 통찰을 얻을 수 있다.

> **글상자 3-6. 집단작업 수련생이 내담자 경험을 통해 얻을 수 있는 통찰**
>
> 1. 확인되지 않은 잠재된 욕구
> 2. 집단원 이해에 걸림돌이 되는 선입관
> 3. 왜곡된 인식을 초래하는 미결사안unfinished issues
> 4. 집단원에게 잘못 주입할 수 있는 삶의 철학, 인생관, 가치관
> 5. 집단과정을 촉진 또는 저해할 수 있는 성격적 특성(예, 욕구, 갈등, 용기, 노력, 성실, 정직, 보살핌 등)

상담자로서의 경험.   수련생들에게는 개인상담의 내담자 역할 외에도 상담자로서 실제 내담자에 대해 직접 개인상담을 실시해 보는 경험이 요구된다. 개인상담의 상담자 경험은 무엇보다도 새로운 사람을 만나 치료적 대화를 나누는 일에 자신감을 심어 준다. 이러한 자신감은 집단원들과의 치료적인 의사소통과 인간관계 형성·유지기술로 전이되어 집단작업의 촉매가 된다. 집단리더로서 거듭나기 위해서는 의미 있는 변화가 수반되어야 한다. 오늘날에는 상담 또는 심리치료 전공자들에게 점점 더 많은 시간의 개인상담 또는 심리치료 임상경험이 요구되고 있다(Corey & Corey, 2017). 집단전문가로서의 발달과정에서 수련생들은 연이은 시행착오로 때로 자신의 능력에 대한 실망, 혼란, 좌절감에 압도되기도 한다. 그런가 하면 본래의 자기상selfimage과 상담자로서의 역할 사이의 괴리감으로 번민하기도 한다. 그렇지만 이러한 경험은 집단전문가로서 성장해 나가는 데 반드시 거쳐야 하는 과정이다(Kottler, 2015). 그러므로 집단작업 수련생은 이러한 과정을 집단전문가가 되기 위한 '성장통'쯤으로 여겨도 좋을 것이다.

집단경험

집단리더가 되기 위해서는 개인상담경험 외에 집단에 구성원으로 참여해 보는 경험이 요구된다. 집단역동과 과정 체험을 위해 가장 중요한 방법은 집단에 직접 참여해 보는 것이다. 이 경험은 집단전문가 훈련과 전문적 성장 프로그램의 필수요건으로 인식되어 왔다. 그 이유는 집단참여자에게 감정수준에서의 학습 기회를 제공하는 동시에 집단의 치료력을 체험할 수 있게 하기 때문이다. 집단전문가 훈련과정의 일부로 집단참여를 권장하는 데는 다음의 두 가지 이유가 있다.

첫째, 집단에 참여하는 것은 그 자체만으로도 중요한 경험이 될 수 있기 때문이다. 집단참여경험은 개인상담과는 다른 집단역동과 과정의 힘을 느껴 볼 수 있을 뿐 아니라, 집단원의 입장에서 집단리더와 집단에 대해 조망해 볼 기회가 된다. 또한 집단원의 입장에서 집단리더의 집단운영방법에 대한 관찰을 통해 리더십 증진을 위한 대리학습의 기회로도 삼을 수 있다. 이러한 이유로, 오래전부터 몇몇 학회에서는 입회를 원하는 지원자들에게 숙련된 임상가가 주도하는 외래환자 치료집단에 실제 집단원으로 참여하도록 하는 규정을 제정하기도 했다(예, 영국집단분석연구소British Group Analytic Institute, 온타리오 집단심리치료학회Ontario Group Psychotherapy Association).

둘째, 집단리더 역할수행에 앞서 집단경험을 해 보는 것은 무엇보다도 윤리적으로 합당한 선택이기 때문이다(AGPA, 2007; ASGW, 2008). 집단작업 수련생이 집단원으로 집단에 참여해 보는 것은 선택사항이 아니라 필수과정이다. 집단경험에 유용한 집단으로는 자기탐색집단과 자기성장집단을 꼽을 수 있다. 이러한 유형의 집단들은 수련생의 자기탐색과 자기이해 증진에 도움을 준다. 이에 비해, 교육지도실습집단은 수퍼바이저의 수퍼비전하에서 집단리더 역할을 연습해 볼 수 있다는 점에서 집단전문가 훈련에서 빼놓을 수 없는 과정이다(Fernando & Herlihy, 2010; Riva, 2010). 이러한 일련의 수련과정을 거쳐, 수련생은 비로소 집단실습에 임할 수 있게 된다.

자기탐색집단 · 자기성장집단.   수련생이 집단원들을 돕는 방법을 경험해 볼 수 있는 첫 번째 방법은 자기탐색집단 또는 자기성장집단에 집단원으로 참여해 보는 것이다. 이러한 집단에 참여함으로써 얻을 수 있는 효과는 다음의 두 가지다.

첫째, 다른 집단원들로부터 신뢰, 지지, 격려를 받거나, 자신의 약점을 노출해 보거나, 또는 성취감이나 친밀감을 느껴 볼 수 있다. 이 집단에서 개인적인 문제에 직면해 봄으로써, 수련생은 집단상담과 치료의 기능을 몸소 체험해 볼 수 있다. 이러한 체험은 치료적 가치 외에도 효과적인 교육적 기회가 된다(Luke & Kiweewa, 2010).

둘째, 자기탐색집단 혹은 자기성장집단의 참여를 통해 예전에 미처 깨닫지 못했던 미결과제unfinished business 또는 문제를 탐색하거나 해결방안을 모색해 볼 수 있다. 이를 통해 수련생은 집단원의 입장에서 집단을 조망하면서 집단리더로서 문제가 될 수 있는 사안에 변화를 주기 위한 작업에 참여한다. 이러한 작업과정을 통해 수련생은 자기이해를 높일 수 있는 중요한 학습경험을 할 수 있다(Shumaker, Ortiz, & Brenninkmeyer, 2011). 어느 정도 전문성을 갖춘 집단리더라도 얼마든지 다른 집단에 집단원으로 참여하여 지속적인 인간적 성장을 꾀할 수 있다. 이처럼 자기탐색집단 또는 자기성장집단처럼 구조화된 활동을 중심으로 진행되는 집단에의 참여는 수련생들에게 교육지도 실습집단을 통해 유능한 집단전문가가 되기 위한 한 걸음을 더 내딛게 한다(Luke & Kiweewa, 2010).

교육지도 실습집단. 집단작업 수련생이 집단상담과 치료를 경험해 볼 수 있는 두 번째 방법은 교육지도 실습집단에 참여하는 것이다. 교육지도 실습집단이란 집단전문가 교육과 훈련을 목적으로 운영되는 집단을 말한다. 이 집단은 숙련된 수퍼바이저가 함께 참여하여 수련생의 집단과정에 대한 통찰력과 이해력을 기르는 데 주안점을 둔다(Neufeldt, 2010). 실습생들은 교육지도 실습집단에 집단원으로 참여해 봄으로써 참여자들의 피드백에 대한 자신의 반응, 경쟁심, 인정욕구, 질투심, 불안, 타인에 대한 감정, 힘겨루기 같은 집단운영에 관한 다양한 쟁점을 배울 수 있다(Brown, 2010). 교육지도 실습집단 운영의 기본 취지를 실천하기 위해 집단리더는 집단참여 실습생들에게 집단을 이끄는 데 필요한 기본적이고도 유용한 기술과 전략을 가르친다. 교육지도 실습집단 운영에 있어서 집단리더는 다음의 두 가지 쟁점을 고려해야 한다.

첫째, 교육과 훈련이라는 교육지도 실습집단 본연의 목적에 충실하되, 집단참여자 자신에 대한 개인작업과 균형을 유지해야 한다는 것이다. 이 집단이 아무리 교육지도가 목적이라고 하더라도, 집단에 참여하는 것 자체는 치료적 성격을 띠게 마련이다. 이러한 이유로, 교육지도 실습집단 또는 집단전문가 훈련집단 참여를 통해 특별한 치료적 경험을 하는 실습생들이 생기기도 한다. 그렇지만 실습 또는 훈련집단에서 실습생들의 광범위한 치료작업은 기대되지 않는다. 따라서 교육지도 실습집단은 치료집단이 아니지만, 치료적 작업을 할 수 있다는 점에서 치료적 집단$^{therapeutic\ group}$으로 불린다. 이에 실습생들은 집단참여자로서 집단에서 나누고 싶은 사적인 관심사와 자기개방수준의 한계를 정한 다음, 집단작업에 임한다. 단, 실습생은 자신의 개인적인 반응 또는 문제에 초점을 맞추되, 집단리더로서 집단작업에서 당면한 문제 또는 쟁점에 관한 진술을 통해 집단시간을 마치 수퍼비전처럼 활용해서는 안 된다 (Fernando & Herlihy, 2010).

둘째, 대학 또는 대학원 전공/지도교수 또는 실습 책임자가 집단리더를 겸하는 경우, 집단참여 학생들로서는 향후 커리어에 평가자 역할을 할 수 있는 권위 있는 인물과 함께 있다는 것만으로도 심리적 압박을 받을 수 있다는 점이다. 집단리더가 아무리 비밀유지를 약속하거나 중립적인 태도를 유지할 것임을 재확인시켜 주더라도, 집단참여 학생들의 현실적 염려를 잠재우기에는 충분하지 않다. 교육지도 실습집단 리더의 이중 역할은 리더 자신에게도 결코 자유롭지 못하고 부담될 수 있다. 이 경우, 집단참여 학생들은 매우 다른 방식으로 반응할 수 있다. 예컨대, 학생 중에는 리더의 비위를 맞추려 하거나, 신뢰하지 못하고 침묵으로 일관하면서 자신을 숨기려 하거나, 끈질기게 도전하는 등의 양상을 보일 수 있다. 그런가 하면 온전히 신뢰한 나머지 자신의 모든 것을 드러내려는 학생도 생길 수 있다.

그렇다면 이러한 문제는 어떻게 다루어야 하는가? 집단작업의 실제에서도 이와 유사한 갈등이 발생할 수 있다는 점에서 이러한 갈등을 회피 또는 부정하기보다는 공개적으로 다루는 것이 바람직하다(Scaturo, 2004). 집단리더에 대한 집단참여 학생들의 행동은 권위에 대한 기본 태도를 반영하는 것이어서, 집단작업을 위한 좋은 자료가 된다. 그러므로 이중 역할을 담당하는 리더는 이러한 갈등을 통해 무엇을 배울 수 있는가를 성찰해 봐야 할 것이다. 특히 집단리더는 먼저 자기를 개방함으로써 자기개방의 모범을 보이고, 인간 문제의 보편성과 집단참여 학생들에 대해 판단적 · 평가적인 태도를 지양하겠다는 모습을 보일 필요가 있다. 교육지도 실습집단에서 집단리더의 투명성은 집단참여 학생들의 불안수준과 이들이 지각하는 위험수준을 크게 낮출 수 있다.

집단작업 실습.   집단작업 수련생이 집단경험을 위해 거쳐야 할 세 번째 과정은 집단작업group work 실습에 참여하는 것이다. CACREP(2009)에 따르면, 상담 전공자들은 필수로 최소 10시간의 소집단 경험을 해야 한다. 자기성장집단 또는 자기탐색집단, 그리고 교육지도 실습집단에 이어, 집단작업 실습 역시 집단전문가가 되기 위해 반드시 거쳐야 하는 필수과정이다(Fehr, 2019). 집단작업 실습이란 수퍼바이저의 수퍼비전하에서 수련생이 단독 또는 공동으로 실제 집단원들로 구성된 집단을 이끌어 보는 일련의 과정을 말한다. 집단작업 실습을 통해 수련생은 집단운영에 필요한 다양하고 유용한 실무를 익히는 한편, 집단전문가로서의 기술과 능력을 체득·발전시키게 된다. 집단작업에 관한 전문적 기술 습득과 능력 개발은 결국 전문가로서의 유용성과 자신감을 높이는 동시에 양질의 서비스 제공으로 이어질 수 있다. 초심 리더에게 집단실습은 시행착오를 통해 많은 것을 배울 기회가 된다. 집단작업 실습에 참여하는 수련생들이 사전에 확인할 사항은 글상자 3-7과 같다.

🏢 글상자 3-7. 집단작업 실습을 위한 확인사항

1. 집단운영에 적용되는 이론적 접근은 무엇인가?
2. 공동리더가 있다면 역할분담을 어떻게 할 것인가? 또한 어떤 협의 절차를 가질 것인가?
3. 집단 회기는 어떻게 시작할 것인가?
4. 집단 구조화는 어떻게 할 것인가?
5. 집단리더의 자격에 대해 이의를 제기하는 집단원이 있다면, 어떻게 대처할 것인가?
6. 집단원들이 침묵으로 일관한다면, 어떻게 대처할 것인가?
7. 비자발적으로 참여하는 집단원이 있다면, 어떻게 대처할 것인가?
8. 중언부언하거나 대화를 독점하는 등의 문제행동을 보이는 집단원이 있다면, 어떻게 조치할 것인가?
9. 집단참여를 거부하는 집단원이 있다면, 어떻게 대처할 것인가?
10. 집단 회기는 어떻게 종결할 것인가?
11. 집단 회기를 요약하기 위한 시간은 얼마나 배정할 것인가?
12. 집단원들의 집단참여 성과를 평가하는 준거는 무엇인가?

초심 집단리더는 집단에서 실수경험을 통해 배우되, 지나치게 자기비판적이지 않아야 한다. 이를 위해 가능하다면 이들은 교육, 토론, 지지 및/또는 과업집단을 이끄는 것으로 시작하되, 4~5명 정도의 인원으로 구성된 집단으로 연습을 시작한다. 그

러다가 집단진행이 익숙해지면, 집단원 수를 늘리거나 집단원들에게 친숙한 주제로
성장집단을 시도한다. 또한 단독으로 성장집단을 맡기에 앞서, 경험이 풍부하고 숙련
된 리더가 이끄는 집단에 참여해 보고 나서 상담집단 또는 치료집단을 맡는 것도 좋
은 방법이다(Jacobs et al., 2016). 그러면 집단실습을 위한 집단유형과 규모는 어떻게
결정해야 하는가? 이를 위한 일반 원칙은 글상자 3-8과 같다.

> **🏢 글상자 3-8. 집단실습을 위한 집단유형과 규모 선정 원칙**
>
> 1. 치료집단보다 상담집단이나 교육집단을 택한다.
> 2. 집단원 수는 4~5명 정도로 제한하되, 경험이 축적됨에 따라 최대 8명까지 점차 늘려
>   간다.
> 3. 다양한 집단경험을 원하는 실습생은 스트레스 관리 프로그램 혹은 자기주장 훈련과
>   같은 성장집단을 운영해 본다.

　만일 수련생이 성장집단을 이끌 수 있다는 자신감이 생기면, 다른 상담자와 함께
치료집단을 맡아 보는 것도 집단전문가로 성장·발전하기 위한 발판을 마련하는 중
요한 도전이 될 것이다.

집단계획·조직 능력

집단리더에게 요구되는 세 번째 조건은 집단계획과 조직 능력이다. 집단계획과 조직
능력이란 집단의 목적설정에서부터 평가에 이르기까지 구체적이고 체계적인 계획을
수립하고 전체 일정을 조직할 수 있는 역량을 말한다. 이는 잠재적 집단원들 대상의
요구조사, 집단의 총 회기 수, 집단모임의 시간과 장소, 주제, 준비물, 논의사항, 평가
절차 등 회기별 그리고 전체 회기에 대한 것을 말한다.

집단작업 이론에 관한 지식

집단리더에게 요구되는 네 번째 조건은 집단작업 이론에 관한 지식을 갖추는 것이
다. 개입의 기저에 이론이 없는 집단리더는 자신의 집단이 가장 생산적인 단계에 도
달하지 못하게 된다는 사실을 깨닫게 될 것이다(Corey & Corey, 2017). 이론에 관하여
해박한 지식을 갖는다는 것은 단순히 각 이론을 암기하고 있음을 의미하지 않는다.
이는 이러한 지식을 임상적으로 적용할 수 있는 능력, 즉 실천적 지식practical knowledge을

갖추고 있음을 의미한다. 집단작업 이론은 잠재적 집단원들과 그들의 관심사, 그리고 그들이 겪을 수 있는 갖가지 복잡한 심리적인 문제들을 조망, 이해, 설명, 조력하는 데 필수적이고 실용적인 도구이자 열쇠다(Fehr, 2019). 그러므로 집단작업 이론에 관한 지식과 임상장면에의 적용 능력을 두루 갖추고 있는 것은 집단리더가 전문가로서 인정받을 수 있는 준거가 되는 동시에 사회적 책무에 속한다.

인간에 관한 폭넓은 식견

집단리더에게 요구되는 다섯 번째 조건은 인간에 관한 폭넓은 식견을 갖추는 것이다. 그렇다고 해서 세상의 모든 문제를 직접 경험해 봐야 한다는 뜻은 아니다. 여기서 인간에 관한 폭넓은 식견이란 집단원의 발달과정에 따른 과업을 신체적·인지적·심리사회적·성격적·문화적·도덕적인 측면에서 조망할 수 있는 지식과 경험을 말한다. 이러한 지식과 경험을 토대로 집단리더는 집단원의 행동과 사고의 변화, 자율적인 의사결정 촉진, 문제해결 능력 신장을 위하여 사회의 다양한 쟁점과 문제점에 대해서도 깊은 관심과 안목을 갖게 된다. 예를 들어, 이혼가정 자녀들로 구성된 집단을 이끄는 집단리더는 관련 법규에 대해 잘 알고 있을 뿐 아니라, 집단참여 아동들의 처지를 이해하고, 그들을 돕는 데 필요한 역량과 경험을 갖추어야 할 것이다.

집단경험이 쌓이고 전문적인 능력을 갖추게 될수록, 수련생은 일상생활에서도 자신감을 가질 수 있다. 그뿐 아니라, 주위 사람들의 행동과 사고의 의미와 그 영향에 대해서도 더 잘 이해할 수 있는 민감성을 체득하게 된다(Kottler, 2015). 수련생의 이러한 능력은 다시 집단원들의 자기탐색과 자기이해를 도모할 수 있는 의지를 심어 주며, 나아가 생산적인 변화를 유발하는 촉매로 활용된다는 점에서 그 의미가 더해진다. 집단리더의 인간적 자질과 전문성은 집단리더십과 함께 새로운 집단전문가를 탄생시킨다. 수련생의 전문성은 내실 있는 교육과 훈련으로 축적될 수 있다.

 ## 집단전문가 교육과 훈련

성인여아동류聖人與我同類! '나도 노력하면 성인이 될 수 있다.'라는 뜻의 맹자孟子의 말이다. 집단작업은 개인상담과 치료에 뿌리를 두고 있다. 그러나 개인상담 또는 심리치료에 숙달된 임상가라고 하더라도 별도의 교육과 훈련이 요구된다. 즉, 집단리더에게는 본질적으로 깊이 연관된 개념체계인 심리역동과 집단역동에 대한 이해와 통합이 필수로 요구된다. 숙련된 집단전문가가 되기 위해서는 일련의 교육과 훈련이 필수적으로 요구된다. 전문적 교육과 수련에 필요한 요소로는 ① 교수학습, ② 경험학습, ③ 관찰학습, ④ 수퍼비전을 들 수 있다.

교수학습

첫째, 교수학습instructional learning은 집단작업에 관한 이론적인 지식에 대한 강의와 집단연습을 중심으로 이루어지는 과정을 말한다. 이 과정을 통해 수련생들은 집단과 집단작업에 관한 기본 지식을 습득하고, 구조화된 활동을 통해 자기이해를 꾀하며, 집단운영에 관한 기본적인 감각을 익힌다. 집단전문가 교육은 주로 강의실이나 집단작업 실습실에서 이루어진다. 집단전문가 교육을 위한 요소는 글상자 3-9와 같다(Wastell, 1997).

> **글상자 3-9.** 집단전문가 교육을 위한 네 가지 요소
>
> 1. 집단운영방식을 이론적으로 다룬다.
> 2. 다양한 상황과 개입에 대한 자신의 반응에의 통찰을 촉진한다.
> 3. 이론과 과학적 연구 결과를 토대로 자신이 경험한 바를 분석하여 이해를 도모한다.
> 4. 후속학습에 필요한 자원을 확대·증가시켜 나간다.

경험학습

둘째, 집단작업은 직접적인 경험이 강조된다. 집단전문가 교육과 훈련 역시 경험학습experiential learning이 중시된다(Leva et al., 2009). 따라서 수련생에게는 집단참여를 통해 집단의 힘과 효용성에 대한 직접적인 경험학습이 요구된다. 집단리더십은 지식만으로는 습득되지 않는다. 집단작업에 관한 지식이 차고 넘친다고 하더라도 집단작업에 참여한 적이 없어서 집단의 실제에 적용할 수 없다면, 지식은 무용지물이 될 것이다.

　집단작업을 가르치고 지도하는 사람으로서 누구나 한 번쯤 갈등하는 문제가 있다. 즉, 어떻게 하면 학생들에게 실질적인 집단경험을 제공할 것인가? 그러면서도 학생들의 안전과 권리를 보장하는 선 사이의 균형을 어떻게 유지할 것인가에 관한 문제다. 상담 또는 심리치료를 전공하는 학생들에 대한 도전에는 집단리더 훈련과정의

일부로 교육집단에서 자기를 드러내는 것이 포함된다. 이는 물론 실제 상황이 아니므로 비교적 경미한 정도에 그치게 되지만, 때로 깊은 수준의 자기개방을 하기도 한다. 예컨대, 집단작업 관련 강좌에서 집단작업 연습을 하는 경우, 학생들은 자기개방을 전혀 하지 않을 수는 없다. 다른 사람의 입장에서 말을 한다고 하더라도 완전히 자기 자신을 떠난다는 것은 불가능하기 때문이다.

이러한 상황을 고려할 때, 집단작업 교육자는 학생들에게 집단작업 연습에 앞서 각자 자기개방 수준을 정하도록 안내할 필요가 있다(Luke & Kiweewa, 2010; Shumaker et al., 2011). 이러한 취지에서 집단작업 교육자는 학생들에게 집단참여에는 모험이 따를 수 있다는 사실과 잠재적 피해로부터 보호하기 위한 지침을 설명해 주어야 한다(AGPA, 2007; ASGW, 2008). 이로써 학생들은 집단연습에 임하기 전에 집단연습에서 자기개방수준과 심리적 안전지대에서 벗어나 보는 모험을 얼마나 해 볼 것인지를 결정해야 할 것이다.

그렇다면 학생들의 집단작업경험을 위한 집단은 어떤 유형의 집단으로 간주해야 하는가? 이 집단의 리더는 집단 시작에 앞서, 이 집단이 교육과 훈련을 위한 치료적 집단의 성격이 혼재되어 있음을 설명할 필요가 있다. 또한 이러한 취지에서 집단리더는 학생들에게 훈련집단 참여를 위한 지침, 즉 집단에 정서적으로 투자할 용의가 있어야 하고, 집단참여에는 모험이 따를 수 있으며, 자신과 다른 집단원들에 대한 감정·생각을 기꺼이 개방하고, 개인적으로 변화를 꾀하고 싶은 부분을 탐색·실천하며, 잠재적인 피해에서 보호하기 위한 규칙에 관해 설명해 주어야 한다. 실습집단에 참여하는 학생들은 집단에서 자기를 얼마나 드러낼 것인가, 그리고 그동안 안주해 왔던 심리적 안전지대를 벗어나기 위해 얼마나 모험을 해 볼 것인가를 결정해야 할 것이다.

관찰학습

셋째, 집단작업 관련 지식을 습득하고 실제 집단에 참여한 경험과 함께, 관찰학습은 집단을 실제로 운영하기에 앞서 필요한 교육 절차다. 관찰학습은 ① 숙련된 집단리더가 진행하는 집단을 관찰하는 방법과 ② 실습조가 연습장면을 관찰하는 방법이 있다. 전자의 경우, 관찰형태와 상관없이 집단리더는 집단원들에게 관찰자가 참석할 거라는 것과 관찰목적에 대해 상세히 설명한 후 이들의 동의를 구한다. 이때 집단리더는 실습생들의 관찰이 훈련과정에 필수적인 절차임을 집단원들에게 상기시킨다. 또한 실습생들의 관찰을 기꺼이 허용하는 것은 궁극적으로 이들이 장차 담당하게 될 집단의 참여자들에게 도움을 주게 될 것이라는 점을 강조한다.

관찰학습 방법.   숙련된 집단리더의 집단작업장면에 대한 관찰은 관찰형태에 따라 ① 참여 관찰, ② 일방경을 통한 관찰, ③ 동영상을 통한 관찰, ④ 실습조 관찰로 나뉜다.

첫째, 참여 관찰은 숙련된 집단리더가 진행하는 집단에 직접 참석하여 관찰하는 방법이다. 이 경우, 집단원들의 주의집중을 방해하지 않아야 하므로 소수(2~3명 정도)만이 참석 가능하다. 이때 관찰자들은 집단의 원 밖에 조용히 있어야 하고, 집단원의 질문에 반응하지 않아야 한다.

둘째, 일방경one-way mirror을 통한 관찰방법은 실제로 진행되고 있는 집단장면을 직접 관찰할 수 있어서 생동감이 있을 뿐 아니라, 집단리더와 집단원들의 주의를 흩뜨리는 것을 최소화할 수 있다는 이점이 있다. 가능하다면 참여 관찰과 일방경을 통한 관찰은 적어도 6~10회 동안 계속해서 하는 것이 좋다. 왜냐면 일반적으로 집단발달, 집단리더·집단원들의 상호작용 양상, 집단원의 개인 내적 변화·성장을 지각하려면 최소한 그 정도의 기간이 필요하기 때문이다(Yalom, 2005). 집단 회기 종료 직후, 30~45분간 토론시간을 마련하여 학생들의 관찰 내용에 관한 이야기를 나누고, 개입방법의 이유에 관한 질문에 답하며, 집단작업의 기본 원리에 관한 논의를 위해 임상자료를 공유한다. 이 과정에서 관찰자들은 집단리더와 동일시하거나 집단원의 특정 부분과 동일시할 수도 있다. 토론 시간에 이러한 내용이 다루어진다면, 장차 집단전문가가 되려는 관찰자들의 역전이, 투사적 동일시 등에 관한 탐색 기회가 마련될 수도 있다. 이 경우에도 예외 없이 관찰자들은 집단상담자 윤리기준을 준수해야 한다(ASGW, 2000).

셋째, 숙련된 집단전문가가 집단을 이끄는 장면을 담은 동영상을 활용하는 방법은 집단리더와 집단원들의 주의를 전혀 흩뜨리지 않는 상태에서 집단전문가의 효과적인 전략과 세련된 기술을 보고 배울 수 있다는 장점이 있다. 단, 집단장면에 대한 녹화가 반복되는 경우, 집단리더와 집단원들의 불편감이 점차 증가할 수 있다는 약점이 있다. 반면, 시청각 자료로 제작된 동영상을 통한 관찰학습은 일방경을 통해 이루어지는 관찰학습에 비해 집단장면을 직접 관찰할 수 없다는 약점은 있으나, 필요할 때마다 반복해서 관찰할 수 있다는 장점이 있다.

　　끝으로, 집단 관찰학습의 또 한 가지 방법으로는 실습조와 관찰조로 나누어 한 조의 집단연습 장면을 다른 한 조가 관찰하는 것을 들 수 있다. 이 방법은 집단상담과 치료 강의 시간에 손쉽게 활용할 수 있다는 장점이 있다. 또한 집단연습이 끝나자마자 토론 시간에 곧바로 관찰 결과에 대한 피드백과 의견을 교환할 수 있고, 이를 토대로 재차 집단연습에 임할 수 있다는 이점이 있다.

　　관찰학습 지침.　　실습생은 치료적 집단에서 기록자나 관찰자로 참여함으로써 집단리더로서 갖추어야 할 기본 관찰 능력은 물론, 집단운영 능력을 향상시킬 수 있다. 집단관찰을 위한 지침은 글상자 3-10과 같다.

🏢 **글상자 3-10. 집단관찰 지침**

1. 집단원들의 모습이 잘 보이는 곳에 앉는다.
2. 다른 관찰 조원들과 거리를 두고 앉는다.
3. 가급적 많은 과정적 요인을 관찰한다.
4. 기억을 되살리는 데 도움이 되는 내용이나 시간을 메모한다.
5. 전반적인 내용보다는 구체적인 관찰 내용을 기록한다.
6. 사적인 내용에 관여하거나 토론하는 것을 피한다.
7. 요구가 있을 때만 관찰한 것을 보고한다.
8. '어떻게 했어야 했는데'라는 식의 추론보다는 관찰한 내용을 있는 그대로 기술한다.
9. 추론, 즉 관찰 내용의 해석이 요구되는 경우에는 이를 뒷받침할 구체적인 자료를 제시한다.
10. 집단원들이 관찰한 내용에 동의하지 않으면 개인에 따라 다르게 지각할 수 있다는 점을 인정한다.
11. 진단적 토론은 하지 않는다.

　　그러면 집단에서 무엇을 관찰해야 하는가? 집단관찰을 위한 대상은 셀 수 없이 많다. 집단과정에서 일반적으로 관심 있게 관찰할 필요가 있는 대상은 글상자 3-11과 같다.

🏢 **글상자 3-11. 집단관찰 대상**

1. 집단참여에 대한 무관심이나 철수 신호

2. 비언어적 신호(표정, 시선, 자세 등)의 의미 있는 변화

3. 하나의 주제 또는 업무에서 다른 주제나 업무로 넘어가는 방식

4. 정서적 분위기

5. 집단원 참여의 균형성

6. 능동적 · 수동적 경청행동

7. 집단원 상호 간의 지지와 격려

8. 침묵의 처리방식

9. 집단의 결정에 대한 타당성

10. 특정 집단원에게만 말하거나 귀 기울이는 경향성(의사소통 네트워크 유형)

11. 집단리더가 자신의 역할을 다하기 위하여 분투하는 모습

12. 모험 또는 신뢰를 나타내는 신호

집단관찰 결과에 대한 논의 시, 관찰자는 집단원의 어떤 어려움이나 문제의 원인, 그리고 집단리더에 대해서는 언급하지 않아야 한다. 또한 '~게 했어야 했는데' 같은 방식의 규정짓는 말은 삼간다. 집단과정 관찰은 플로차트$^{flow\ chart}$를 이용하여 시각적으로 표시할 수 있다. 플로차트를 이용한 집단과정 관찰 시의 고려사항은 글상자 3-12와 같다.

🖿 글상자 3-12. 집단과정 관찰 시 고려사항

1. 누가 누구에게 주로 말하는 경향이 있는가?

2. 누가 누구에게 말하지 않는 경향이 있는가?

3. 집단원들은 집단작업에 골고루 참여하고 있는가?

4. 누가 전체 집단에게 말하는 경향이 있는가?

5. 하위집단이 전체 집단에 기여한 횟수는?

6. 집단원들 사이에서 일어난 상호작용의 유형은?

수퍼비전

끝으로, 집단전문가 교육과 수련과정의 마지막 단계는 집단작업을 직접 수행하면서 수퍼비전^{supervision}을 받는 것이다. 수퍼비전하의 임상경험은 집단전문가 교육과 훈련의 필수과정이다(AGPA, 2007; ASGW, 2000; Fernando & Herlihy, 2010; Riva, 2010). 초심

자들에게 첫 집단은 상당히 위협적인 경험이다. 심지어 구조화된 심리교육집단조차 초심자들에게는 매우 도전적인 경험이다. 이에 수퍼비전은 주로 집단작업에 관한 전문지식과 임상경험이 풍부한 집단전문가에게 받는다. 수퍼비전을 받는 집단리더는 집단 회기를 녹음/녹화하여 수퍼바이저supervisor에게 집단운영을 위한 기술, 기법, 전략 등에 관한 지도를 받는다. 수퍼바이저의 지속적인 피드백을 통해, 수련생은 임상가로서 자신의 모습과 특성을 파악할 수 있는 한편, 집단을 이끌어 가는 기술, 기법, 전략을 계속해서 다듬고 발전시킬 수 있게 된다(Neufeldt, 2010). 지속적인 수퍼비전과 평가가 없다면, 초심자의 실수 또는 오류는 단순 반복으로 강화될 수 있다. 수퍼비전은 집단치료 회기당 1시간(60분)이 최적의 비율이고, 집단 회기 종료 직후 또는 다음 날 하는 것이 가장 좋다(Riva, 2010).

만일 초심자가 경험이 풍부한 집단전문가와 공동으로 집단을 이끈다면, 안정감을 가지고 집단리더의 역할을 실습해 볼 수 있고 피드백을 받을 수 있다는 이점이 있다. 그러나 공동리더들 간에 알력이 생긴다면, 두 리더의 관계는 치료적 집단에 부정적인 영향을 미칠 수 있다. 이러한 점에서 수퍼비전은 축소된 사회다. 수퍼비전에서 이들은 집단에서 집단의 주도권을 장악하려고 하거나, 집단원들을 자기편으로 만들기 위해 경쟁하거나, 상대방이 제시한 주제를 따라가기를 거부하거나, 집단작업을 보완하려고 하지 않는다는 사실이 드러나기도 한다. 이 경우, 수퍼바이저는 이 두 사람의 관계에 관심을 가짐으로써 수퍼비전의 효과를 높일 수 있다. 만일 이 두 사람이 자신들의 관계에 대해 작업하기를 거부한다면, 어떻게 집단원들에게 똑같은 일을 해 보도록 설득할 수 있겠는가? 공동리더들이 자신들의 관계에 대한 작업을 성공적으로 마무리 지을 수 있다면, 이는 치료와 훈련효과를 얻는 일석이조一石二鳥의 효과를 얻을 수 있다. 그렇다고 해서 수퍼비전 집단이 개인적 성장 또는 치료적 집단으로 변질되어서는 안 된다(Fernando & Herlihy, 2010).

수퍼바이저의 교육지도 외에도 집단작업과 관련된 다양한 워크숍 참가는 수련생의 집단운영 역량 발전에 큰 도움이 된다. 더욱이 강의실과 상담실 안팎의 다양한 집단 실습 기회를 적극 활용하거나, 집단작업에 관한 전문서적, 사례연구집, 학술지, 학위논문 탐독은 새로운 집단작업기술, 기법, 전략을 스스로 터득할 수 있는 중요한 통로이기도 하다. 또한 집단작업에 관한 다양한 교육이나 학술 세미나에 참가해 보는 것 역시 유능한 집단전문가로 거듭나기 위한 탁월한 선택이다.

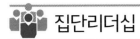 집단리더십

리더십^{leadership}이란 지도자로서 무리를 다스리거나 이끌어 가는 능력으로, '지도력' 또는 '영도력'으로도 불린다. 집단리더십은 집단의 공동목표를 달성하기 위해 집단원의 행동을 조정하는 데 필수요소다. 리더십은 몇 안 되는 인간의 보편적인 행동 중 하나로, 학자들이 내린 정의에 공통으로 포함한 요소들을 정리하면 글상자 3-13과 같다 (Forsyth, 2018).

글상자 3-13. 리더십의 정의

> 리더십은 사회적 상호작용의 특수한 형태다. 즉, 집단과 개인의 목표 달성을 촉진하기 위해 다른 사람들에게 영향을 주고 동기화시키도록 개인들 간의 협력이 허용되는 상호 호혜, 의사 교류, 그리고 때로 변형과정이다.

글상자 3-13에 제시된 리더십의 정의에서 알 수 있듯이, 포사이스^{Forsyth}는 리더십을 5개 과정(① 상호 호혜^{reciprocal}과정, ② 의사교류, 사회적 교환$^{transactional, social exchange}$과정, ③ 변형^{transformational}과정, ④ 협력^{cooperative}과정, ⑤ 적응, 목표추구$^{adaptive, goal-seeking}$과정)으로 보았다. 집단작업의 성공 여부는 집단리더, 집단원, 환경, 상황 등 다양한 변인에 의해 결정되는데, 이 중에서도 리더십은 가장 중요한 요소다(Berg et al., 2018). 그러나 아무리 최적의 환경을 갖추고 있고, 집단참여에 대한 동기수준이 높은 사람들로 구성된 집단이라고 하더라도, 치료자의 리더십이 수준 이하라면 집단의 성과를 기대하기 어렵다. 이처럼 리더십은 집단전문가가 되기 위한 중요한 요건에 속한다. 그렇지만 치료적 집단에서는 집단리더가 집단을 주도하기보다는 촉진자 또는 참여자로서의 역할을 담당한다. 왜냐면 집단작업은 협력적이고 공동으로 이루어질 때 가장 생산적이기 때문이다. 다른 집단원들의 논평은 집단리더의 논평만큼, 또는 그보다 더 중요한 역할을 한다. 그러면 집단리더십은 어떻게 점검하는가?

집단리더십 점검

초심 집단리더는 흔히 리더십과 관련하여 직면하게 될 문제들 때문에 부담을 느끼게 된다. 그러면서 스스로에게 대화상자 3-2와 같은 질문을 던지곤 한다.

대화상자 3-2. 초심 집단리더들의 불안감 표현 메시지 예시

○ "집단을 어떻게 시작해야 하지?"

○ "집단원들이 모두 침묵을 지키면 어떡하지?"

○ "언제, 어떤 기술, 기법 혹은 전략을 사용해야 하나?"

○ "집단 내에서 문제가 발생하면 어떻게 대처해야 하지?"

○ "집단작업 이론을 실제에 제대로 적용할 수 있을까?"

○ "집단리더로서의 불안감을 집단원들과 나누어도 되는 걸까?"

○ "집단원들이 자발적으로 집단작업에 적극 참여하게 하려면 얼마나 기다려 주어야 할까?"

○ "실수로 집단원들에게 심각한 정신적 손상을 입히게 되는 것은 아닐까?"

○ "집단원들이 집단경험을 통해 성과를 얻게 된 것을 어떻게 알 수 있지?"

집단작업을 성공적으로 수행하기 위해서는 불확실한 상황에서도 잘 기능할 용기가 필요하다. 누구든지 집단작업을 수행하는 가운데 실수를 범할 수 있다. 그러나 실수를 합리화하거나 부인하지 않고 인정한다면, 오히려 실수를 통해 더 많은 것을 배울 수 있다(Kottler, 2015). 반면, 지나치게 완벽을 추구하면서 자신의 실수에 대해 너무 비판적인 태도를 보인다면, 자신감을 잃게 되어 이후 집단 상황에서도 자신을 위축시킬 수 있다(Berg et al., 2018). 실수에 대한 두려움이 그만큼 창의성과 능력을 억누르기 때문이다. 그러면 집단리더십 유형은 어떻게 나뉘는가?

집단리더십 유형

집단리더십은 상담뿐 아니라 교육학, 심리학, 정신의학, 경영학, 행정학, 사회학, 사회복지, 군사학 분야에서도 관심의 초점이 되어 왔다. 리더십 유형에 관한 연구 또한 수많은 연구자에 의해 진행되어 왔다(Johnson & Johnson, 2016). 어떤 리더십 유형을 택할 것인가는 집단목적과 밀접한 관계가 있다. 집단리더에 따라서는 한 가지 유형만을 배우거나 선택하여 집단목적과 관계없이 일괄 적용하기도 한다. 때로는 대학원 과정에서 배웠던 집단리더십 유형을 그대로 답습하기도 한다. 그러나 숙련된 집단리더들 대부분은 다양한 능력을 보여 준다(Gladding, 2016).

집단은 어떤 장면에서 실시되느냐에 따라 대학원에서 연습했거나 실습한 집단과는 성격이 다를 수 있으므로, 무작정 답습하는 것은 그리 바람직하지 않다. 집단리더십의 초점은 대체로 집단리더가 집단개입에 얼마나 적극적이고, 지시적이며, 구조적인 입장을 취하는가에 모아진다. 이는 전적으로 집단리더의 선택에 달려 있다. 그렇지만 단기집단이나 초·중등학교에서 운영되는 집단의 경우, 상대적으로 적극적이고 지시적이며 구조적인 리더십의 유형이 권장된다. 특히 집단원들이 어리거나 지적 능력이 낮은 경우에는 더욱 그러하다. 집단리더십은 흔히 ① 민주형, ② 독단형, ③ 방임형으로 나뉜다.

민주형 리더십.   민주형 리더십democratic leadership이란 인본주의 또는 형이상학적 접근을 기반으로 집단을 이끌어 가는 방식을 말한다. 이 유형의 리더십은 기본적으로 '자, 갑시다Let's go!'형, 즉 집단 중심group-directed 또는 비지시적nondirective 리더십이다. 민주형 리더십의 특징은 집단운영에 관해 구성원들의 의사를 존중하면서도 집단리더 특유의 전문성을 발휘하는 것이다. 민주형 리더십을 발휘하는 집단리더는 집단의 방향을 독단적으로 설정하거나, 집단원의 관심과 문제에 대해 최종적인 결정을 내리지 않는다. 민주형 리더십의 특징은 글상자 3-14와 같다.

🏛 글상자 3-14. 민주형 리더십의 특징

1. 집단에 대한 책임을 집단원들과 공유한다.
2. 집단 중심 또는 비지시적 리더십으로도 불린다.
3. 리더의 지식과 경험뿐 아니라 구성원의 자율성, 자기이해, 문제해결 능력을 인정한다.
4. 주로 명료화, 재진술, 반영, 피드백, 과정평가 같은 집단기술을 사용한다.
5. 리더는 모든 문제의 해답을 알고 있는 전문가처럼 행동하기보다 집단발달 촉진자 역할을 한다.
6. 집단 내에 합리적·촉진적 분위기를 조성하면, 집단원들이 스스로 잠재력을 개발할 것이라고 가정한다.

글상자 3-14에 제시된 것처럼, 민주형 집단리더가 적극적 경청기술을 주로 활용하는 이유는 집단원 개개인이 집단 내에서 다른 집단원들의 변화에 기여할 수 있도록 적극적인 참여를 촉진하기 위해서다. 그렇다고 해서 집단이 원하면 어떤 방향으로든 나아가도록 방임한다는 의미는 아니다. 민주형 리더는 효과적인 의사소통기술을 활용하여 집단원들과 협력하여 집단의 목표, 방향, 절차를 설정한다(Berg et al., 2018).

독단형 리더십.   독단형 리더십autocratic leadership이란 리더 중심leader-directed으로 집단

을 이끌어 가는 방식을 말한다. 이 유형의 리더는 기본적으로 구성원들이 변화에 필요한 통찰이나 집단행동을 독자적으로 발전시킬 수 없다고 믿는다. 독단형 리더십의 기본 가정은 구성원들이 자기주도적이지 못하여 심리적으로 고통스러운 상황에 처하게 된 것이므로 전문가의 도움이 필요하다는 것이다. 독단형 리더는 상대적으로 독재적이고 폐쇄적이며 권위주의적인 특성이 있다(Berg et al., 2018). 이러한 점에서 독단형 집단리더는 '독재형' 리더 혹은 '권위주의적authoritarian' 리더로도 불린다. 독단형 리더십의 대표적인 특징은 글상자 3-15와 같다.

🏛 글상자 3-15. 독단형 리더십의 특징

1. 집단에서 제시되는 자료의 의미를 이해할 유일한 사람이라는 입장을 취한다.
2. 인간행동과 집단역동에 관한 지식과 경험을 토대로 집단 방향을 독자적으로 설정하고, 집단과정을 주도한다.
3. 집단역동과 집단원 개개인의 행동을 분석·해석하여 행동에 대한 이해의 폭을 확대하는 것이 리더의 역할이라고 믿는다.
4. 집단원들의 비판적·분석적 사고를 저지한다.

글상자 3-15에 제시된 것처럼, 독단형 집단리더는 대체로 정신분석 또는 정신역동 모형과 밀접한 관련이 있다. 그렇다고 해서 독단형 리더십이 이 이론적 모형에만 국한되지는 않는다. 다른 이론적 접근을 따르는 리더라고 하더라도 얼마든지 독단형 리더십을 적용할 수 있다. 경우에 따라서는 이론적 접근에 의해 독단형 리더십을 적용하는 집단리더들이 있는가 하면, 개인의 성격 특성상 집단에서 자기개방을 꺼려서 이 유형을 선택하는 리더들도 있다.

방임형 리더십.   방임형laissez-faire 리더십은 집단의 방향이 전적으로 구성원들에게 있고, 집단과정과 결과에 대한 책임 역시 그들에게 달려 있다는 가정하에 집단을 이끌어 가는 방식이다. 독단형 리더십이 일직선 위에서 한쪽 끝을 차지한다면, 방임형 리더십은 다른 한쪽 끝을 차지한다. 이 유형의 집단리더는 '수동적' 혹은 '소극적passive 리더'로도 불린다. 이러한 이유로 방임형 리더는 집단전문가로 보기 어렵다. 왜냐면 집단의 계획이나 절차 대부분이 구성원들에 의해 설정되고 진행될 뿐 아니라, 집단리더의 개입수준이 매우 미미하기 때문이다. 초심 집단리더들이 집단에서 비지시적인 리더십을 발휘하다가 때로 방임형 리더십으로 변질되는 경우가 종종 있다. 또한 개인적인 애정욕구를 충족시키고자 하는 집단상담자들이 때로 방임형 리더십을 보이기도 한다(Berg et al., 2018).

　방임형 리더십의 가장 큰 문제는 집단원들이 집단경험을 통해 얻는 것이 별로 없다는 점이다(Riva et al., 2004). 얄롬(Yalom, 2005)은 자신을 포함해서 미국의 여러 집단치료자가 참만남집단운동^{encounter group movement}의 영향을 받아 자신들의 역할을 스스로 제한한 적이 있다고 고백했다. 그는 또한 많은 심리치료자가 법적 분쟁 소지에 위협을 느껴, 집단치료과정에 자신을 사용하여 적극적으로 개입하기보다는 지나치게 신중한 태도를 보이는 데에 익숙해져 왔다고 지적했다. 그러면 집단리더십 증진방안은 어떤 것들이 있는가?

집단리더십 증진방안

집단리더십 증진방안으로는 ① 모델 기용, ② 집단과정의 중요성 인식, ③ 적절한 집단규모와 목표설정, ④ 집단원의 자발적 참여 유도, ⑤ 집단평가서 작성, ⑥ 집단 회기의 녹음/녹화가 있다.

　모델 기용.　　첫째, 모델 기용은 모델링^{modeling}, 즉 모방학습을 적극 활용하는 방법이다. 모방학습은 집단 상황에서 신속한 긍정적 변화를 유발하는 강력한 학습도구다(Naugle & Maher, 2003). 모방학습을 촉진하려면, 모델이 될 만한 사람을 집단에 참여시키고, 이질적인 집단원들로 나머지를 구성한다. 집단은 보통 이질적인 집단원들로 구성될 때 더 효과적이기 때문이다(Berg et al., 2018). 초 · 중등학교에서 집단을 운영하는 경우, 집단에 모범이 될 만한 학생 1~3명을 함께 참여시킨다. 단, 이혼 또는 상실 같은 문제를 다루기 위한 집단의 경우는 예외다. 집단은 교정이 필요한 문제행동을 보이는 학생, 일반 학생, 역할 모델이 적절히 혼합된 형태로 구성되는 것이 바람직하다(Steen & Bemak, 2008). 예를 들어, 학칙 위반으로 인해 비자발적으로 집단에 참여해야 하는 학생들로만 집단이 구성된다면, 이들은 마땅한 역할 모델을 찾을 수 없게 될 뿐 아니라, 자신들을 소위 '문제아'로 낙인찍힌 것으로 여겨 역효과가 생길 수 있다.

　집단과정의 중요성 인식.　　둘째, 집단과정이 집단 내용보다 더 중요하다는 사실을 인식하는 것이다. 즉, 집단원들 간의 상호작용방식과 대인관계 패턴 탐색이 대화의 내용보다 더 중요하다는 사실을 알고 있어야 한다는 것이다. 왜냐면 이 두 가지는 집

단의 강력한 치료요인이기 때문이다(Berg et al., 2018). 집단원들 간의 상호작용을 촉
진하고 대인관계 패턴을 탐색하기 위해서는 집단의 한 회기를 60분 기준으로 글상자
3-16과 같이 구성할 수 있다.

글상자 3-16. 상호작용 촉진을 위한 집단 회기 구성의 예

○ 분위기 전환용 워밍업 활동 ·· 5~10분
○ 지난 회기 돌아보기 ·· 5분
○ 상담목표 및 과제의 진전 상황 보고 ······························· 5~10분
○ 사회적 기술 · 자각을 높이는 활동 및 토의 ····················· 20~25분
○ 요약 및 마무리 ··· 5~10분

집단 회기의 요약 및 마무리 작업을 구조화한다면, 글상자 3-17에 제시된 미완성
문장 중 하나를 완성하면서 마칠 수 있다.

글상자 3-17. 집단 회기 마무리를 위한 미완성문장의 예

○ 오늘 만남에서 나는 _____ 을(를) 배웠습니다.
○ 나는 _____ 을(를) 다시 배웠습니다.
○ 나는 _____ 에 놀랐습니다.
○ 나는 _____ 에 기뻤습니다.

집단참여를 통해 얻을 수 있는 것은 집단원 간의 상호작용을 통해 서로에게서 많은
것을 느끼고, 생각하며, 깨달아 다양한 경험학습을 할 수 있다는 것이다. 이러한 점에
서 집단리더는 집단원의 행동 패턴과 집단에서 담당하는 역할을 인식하도록 도와야
한다. 집단에서의 행동과 역할은 가정, 학교, 사회와 연관된 것일 수 있기 때문이다.
이러한 연결과정을 통해 집단원의 자기이해를 돕는 것은 곧 집단과정의 중요한 부분
이면서 집단리더의 역할이기도 하다.

적절한 집단규모와 목표설정.   셋째, 집단 시작에 앞서 적절한 크기의 집단과 달
성 가능한 목표를 설정 · 계획하는 것이다. 즉, 자신의 교육, 훈련, 임상경험에 적합한
집단유형과 규모를 정하는 한편, 이에 합당한 집단목표와 실행계획을 수립하는 것이
다. 초심 리더는 집단원 수가 적은 집단을 맡는 것이 좋다. 집단규모가 클수록 산만

해질 수 있고 리더의 노련함이 요구되는 반면, 작을수록 감당하기에 그만큼 용이하기 때문이다. 집단전문가가 되기 위해서는 일반적으로 전문지식을 습득하고, 집단기술, 기법, 전략을 익히며, 임상실습 등 일련의 과정을 거쳐야 한다. 초심리더에게는 규모가 작은 집단의 운영을 통해 성공경험을 하는 것이 중요하다. 성공경험은 집단작업에 대한 자신감을 심어 주기 때문이다. 여기서 습득한 자신감은 규모가 큰 집단 및/또는 어려운 집단원 대상의 집단에 도전할 용기를 갖게 하고, 장차 전문가로서 발돋움할 수 있는 강력한 원동력이 된다.

또한 초심 리더에게는 특정 문제를 주제로 다루는 집단보다는 발달상의 과업을 다루는 집단을 먼저 운영해 보는 것이 권장된다. 좀 더 익숙한 주제를 다루는 집단에서의 성공경험은 정서적 깊이를 가진 문제들을 기꺼이 다루고자 하는 의욕을 불러일으킬 수 있기 때문이다. 집단경험은 집단리더가 전문가로 성장하는 데 중요한 초석이 된다. 반면, 집단원들에게는 각자의 발달과정에 있어서 중요하고 의미 있는 정서적 훈련이라는 점에서 의의가 있다. 특히 초·중등학교에서 실시되는 집단은 치료보다는 발달적·교육적 측면이 강조된다. 이러한 점에서 초심 리더는 비교적 안전한 주제인 학생들의 발달상의 관심사를 나누기 위한 집단을 운영해 보는 것도 합리적인 대안이다.

집단원의 자발적 참여 유도.   넷째, 집단원들이 집단작업에 자발적으로 참여하도록 분위기를 조성하는 것이다. 집단초기부터 집단원들에게 집단의 주인의식을 갖도록 하는 한편, 자신의 행동에 책임을 지도록 한다. 이러한 분위기가 조성되지 않으면, 여러 회기가 지나더라도 집단발달이 지체되고 집단원들은 집단리더에게 의존하는 수동적 자세에서 벗어나지 못할 수 있기 때문이다. 집단원들의 자발적 참여를 유도하고 집단에 대한 책임의식을 고취하기 위해 집단리더는 글상자 3-18과 같이 언급할 수 있다.

🏢 **글상자 3-18. 집단원들의 자발적 참여 유도를 위한 회기 국면별 진술**

☐ 회기를 시작하면서
  ○ "지난주와 비교할 때 이번 주에는 어떤 느낌이 드나요?"
  ○ "이번 회기에 참여하는 것에 대해 어떤 느낌이 드는지 궁금합니다."

> ☐ 회기 중간
>
>   ○ "오늘 집단작업에 만족하나요?"
>
>   ○ "벌써 30분이 지났는데, 여러분은 오늘 집단작업에 만족하나요?"
>
>   ○ "이번 회기에는 특별히 어떤 부분에 집중하고 있나요? 혹시 집중하기 힘든 부분이 있나요?"
>
> ☐ 회기 종결 무렵
>
>   ○ "이제 마칠 시간이 되었습니다. 참으로 유익했던 집단을 마치려니 참으로 아쉽습니다."
>
>   ○ "오늘 집단에서는 나름 중요한 성과가 있었습니다."

만일 여러 회기가 지난 후에도 집단원들의 자발적 참여를 위해 애써야 하는 상황에 있다면, 그 집단은 집단초기에 문제가 있는 집단이다(Riva et al., 2004). 예를 들어, 집단에 대해 책임지지 않으려는 집단원은 마치 연극의 관람객 같은 태도를 보일 수 있다. 즉, 집단의 주인공이 아니라 매주 공연되는 연극 관람을 위해 잠시 짬을 낸 관객 같은 입장을 취하는 것이다. 이 경우, 집단리더는 이들이 연극의 주인공이라는 사실을 깨닫도록 도와야 할 것이다. 따라서 리더는 집단초기부터 집단원들에게 집단에 대해 책임감을 갖는 일의 중요성을 강조할 필요가 있다. 적어도 집단초기에 집단의 치료효과를 높이는 방법을 가장 잘 알고 있는 사람은 집단리더다. 대화상자 3-3은 집단원들의 자발적 참여를 유도하고, 집단에 대한 책임감을 갖도록 노력하는 집단리더와 집단원 사이에 이루어진 대화의 예다.

🏠 대화상자 3-3. 집단원들의 자발적 참여 유도를 위한 집단리더의 진술

기   현: 솔직히 말해서, 오늘 집단에서 의미 있는 대화를 나눈 시간은 기껏해야 10분도 채 안 될 거예요. 나머지 시간은 별 의미 없는 잡담으로만 이어진 것 같아서 너무 속상해요.

리더 1: 집단시간을 허비해서 실망스러운 것 같은데, 그렇게 내버려 두게 된 이유가 있었나요?

리더 2: 여러분도 잘 알고 있을 텐데, 좀 더 의미 있는 대화를 나누도록 하려면 어떻게 해야 할까요?

리더 3: (집단원들을 둘러보며) 의미 없는 대화를 중지하고 더 의미 있는 대화를 하려면 어떻게 해야 할까요?

> **리더 4**: 여러분이 충분히 할 수 있는데, 보다 생산적이고 의미 있는 대화를 나누도록 하는 일을 왜 항상 제가 해야 하죠?

대화상자 3-3에는 집단원들의 자발적 참여 유도를 위한 일련의 진술이 제시되어 있다. 이러한 질문을 통해 집단원들은 생산적인 활동과 그렇지 못한 활동에 대한 의견을 조정하게 될 것이다.

집단평가서 작성.　다섯째, 집단이 끝날 무렵에 집단원들이 무기명으로 집단평가서를 작성하도록 하는 것이다. 집단에 대한 평가는 집단리더가 남은 회기를 계획하는 데 유용한 정보를 제공한다. 초 · 중등학교의 경우, 집단리더는 평가에 근거하여 집단과정에 대한 전반적인 피드백을 학교장, 교사 및/또는 학부모에게 제공한다. 집단에 대한 평가 결과를 공개하는 것은 중요한 후견인들의 집단 프로그램에 대한 이해와 지원에 도움을 준다.

집단 회기의 녹음/녹화.　끝으로, 집단 회기를 녹음/녹화하여 회기가 끝난 후 되돌려 보는 것이다. 이를 통해 집단리더는 자신이 집단에서 어떤 행동과 역할을 하고 있고, 집단원 간의 상호작용 촉진을 위해 어떻게 개입하고 있는지 관찰할 수 있다. 특히 집단 회기를 녹화하는 것은 집단리더뿐 아니라 집단원들의 행동까지 폭넓고 세세하게 관찰할 수 있다는 점에서 음성만을 재생할 수 있는 녹음보다 훨씬 더 효과적이다. 집단리더가 집단과정에서 어떤 말과 행동으로 집단에 개입하는가를 점검 · 평가하는 일은 매우 중요하다. 단, 집단 회기를 녹음/녹화하는 경우, 이에 관한 윤리 지침을 준수해야 한다(제5장 참조).

 ## 공동리더십

공동리더십co-leadership이란 2인 또는 그 이상의 리더가 협력하여 1개 집단을 이끄는 것을 말한다. 1개 집단을 함께 이끄는 사람을 '코리더co-leader' '공동리더' 또는 '공동지도자'라고 한다. 공동리더십은 국내외에서 집단전문가 교육과 훈련의 일환으로 널리 활용되고 있다. 이는 주로 초심 리더가 임상경험이 풍부한 리더와 함께 동일한 집단을 이끄는 형태로 이루어진다. 국내에서는 경험의 정도에 따라 임의로 명칭을 구분하여, 경험이 적은 상담자를 '부_副 리더' 또는 '보조 리더'라고 부르기도 한다.

공동리더십은 초심 리더의 실습에 활용할 수 있다는 점 외에 집단원에게도 여러 가지 독특한 장점을 제공한다(Okech, 2008). 실제로 집단치료자 10명 중 9명은 기회가 된다면, 다른 치료자와의 공동작업을 선호한다(Yalom, 2005). 이러한 연구 결과는 집단을 직접 운영해 본 사람에게는 그리 놀라운 것이 아닐 것이다. 그러나 현실적으로 2인 이상의 치료자가 한 집단을 운영하는 것은 일종의 사치로 여겨질 수 있다. 정신건강 관련 기관에서는 2인 이상의 상담자가 한 집단을 담당할 가능성이 높지 않다. 왜냐면 경제성을 고려할 때, 한 집단에 2인 또는 그 이상의 치료자를 배정하려는 기관이 많지 않을 것이기 때문이다. 그렇지만 공동리더십은 다음과 같은 이점이 있다.

공동리더십의 이점

공동리더십의 가장 두드러지는 이점은 단독으로 집단을 운영하는 것에 비해 수월하다는 점이다. 이외에도 ① 소진 가능성 감소, ② 역할분담 가능, ③ 상호 보완, ④ 리더들 간의 피드백 교환, ⑤ 리더들 간의 정보교환, ⑥ 집단운영전략 공유 같은 장점이 있다.

소진 가능성 감소.   첫째, 공동리더십은 집단리더의 소진^{burnout} 발생 가능성을 줄일 수 있다는 장점이 있다. 치료적 집단은 집단리더와 구성원들이 서로 영향을 주고받는 과정이다. 이 과정에는 집단원들의 다양한 행동으로 인해 리더의 소진 가능성이 항시 잠재해 있다. 그러나 공동리더십의 경우, 한 리더가 집단을 이끌어 가는 동안 다른 리더는 문제의 소지가 있는 집단원에게 주의를 기울임으로써 서로 소진 가능성을 줄일 수 있다. 물론 두 사람의 치료자가 한 집단을 맡는다고 해서 치료 성과의 질혹은 효율성이 높아졌다는 증거는 없지만, 대부분의 임상가는 공동리더십의 장점을 인정하고 있다(Okech, 2008). 따라서 향후 이를 경험적으로 검증하기 위한 더 많은 연구가 수행되어야 할 것이다.

역할분담 가능.   둘째, 공동리더십은 집단리더들 사이에 역할분담이 가능하다는 이점이 있다. 리더들은 협의·협력하여 집단을 이끄는 동시에, 집단원들은 두 리더의 관점을 통해 자신에 관한 유용한 정보를 얻을 수 있다. 예를 들어, 한 리더가 집단 내용에 초점을 맞춘다면, 다른 리더는 집단과정에 중점을 둔다. 또한 한 리더가 강렬한 감정을 표현하는 집단원의 말과 행동에 주의를 기울인다면, 다른 리더는 다른 집단원들의 반응을 관찰·확인할 수 있다. 이처럼 리더들이 서로 민감하게 협력한다면, 집단원들의 말과 행동을 더 효율적으로 연결하고, 집단원들 간의 상호작용과 자기개방을 촉진하며, 집단의 흐름을 조율할 수 있다는 이점이 있다.

상호 보완. 셋째, 공동리더십은 리더들 간에 상호 보완할 수 있다는 이점이 있다. 예를 들어, 리더 중 한 사람이 질병이나 기타 사유로 집단에 참석할 수 없다면, 다른 리더가 그를 대신하여 단독으로 집단 회기를 진행할 수 있다. 또한 한 리더가 심리적으로 소진되거나 일시적으로 정서적 어려움을 겪는 경우, 다른 리더가 주도적으로 집단을 이끌 수 있다. 이를 통해 문제를 겪고 있는 리더는 집단작업에 대한 부담을 덜 수 있다. 집중집단intensive groups을 운영하거나 어려운 집단원들과의 작업계획 수립에 있어서 리더들은 서로 의견교환을 통해 효과적인 방안을 모색할 수 있다. 또한 집단에 대해 서로 다른 관점과 견해, 그리고 특정 사안에 대한 대안과 정보를 제공할 수 있다. 게다가 집단리더의 독특한 대인관계 패턴은 집단의 흐름이나 분위기에도 영향을 미치게 되어 흥미로움과 다양성을 더할 수 있다(Jacobs et al., 2016).

리더들 간의 피드백 교환. 넷째, 공동리더십은 리더들 간에 피드백 교환이 가능하다는 이점이 있다. 한 리더는 다른 리더의 공명판 역할을 할 수 있다. 또한 서로의 감정이 지나치게 주관적으로 치우치지 않도록 조절할 수 있을 뿐 아니라, 유용한 피드백을 교환할 수 있다. 예를 들어, 리더 중 한 사람이 심리적으로 충격이나 영향을 받았다면, 집단 회기를 마치고 나서 해소되지 않은 감정을 다른 리더와 탐색·성찰해 볼 수 있다. 이 경우는 두 사람 모두 그 회기에 참석했기 때문에 비밀유지 원칙에 저촉되지 않는다.

특히 집단작업 실습에서 상담자/치료자들이 서로 간의 솔직한 피드백 교환을 통해 회기 결과에 대해 평가·토의할 기회를 갖는 것은 서로에게 유익한 학습의 기회가 될 수 있다. 리더들 간의 상호평가와 피드백은 지지적·도전적이다. 이들은 서로의 유형에 대해 건설적인 제안을 할 수 있고, 지각을 교환하는 과정에서 집단운영 능력을 증진할 수 있다. 그러나 만일 역전이가 생길 정도로 한 치료자가 집단원의 영향을 받게 된다면, 이는 집단운영에 지장을 초래할 정도로 치료자의 객관성을 왜곡시킬 수 있다. 이때 다른 치료자는 이에 개입하여 조정하는 역할을 할 수 있다.

리더들 간의 정보교환.   다섯째, 공동리더십은 리더들 간에 정보교환이 가능하다는 이점이 있다. 이들은 서로를 통해 집단을 이끄는 방식과 전략에서 다양한 방법을 배울 수 있다. 더욱이 치료자 고유의 전문분야가 있는 경우에는 협의를 통해 각자의 전문성을 살려서 집단을 이끌어 보게 한다. 이러한 시도는 집단에 활력을 불어넣게 되어 집단역동을 활성화하는 효과가 있다. 이외에도 한 치료자가 특정 집단원(들)이 필요로 하는 전문지식을 갖추고 있다면 이러한 전문성을 적극 활용한다. 예를 들어, 10대 미혼모들을 위한 교육집단에서 한 리더가 임신과 출산에 관한 지식과 경험이 깊다면, 이는 그 집단에 큰 자산이면서 다른 리더에게도 자신감을 안겨 주게 될 것이다.

집단운영전략 공유.   여섯째, 공동리더십은 리더십에 관한 기술과 전략을 서로 나누고 모방을 통한 학습이 일어날 수 있다는 이점이 있다. 리더들은 서로의 집단작업방식을 지켜봄으로써 배울 수 있다. 더욱이 협의를 통해 각자의 전문성을 살려서 집단을 이끌게 된다면 집단에 활력을 불어넣을 수 있는 동시에 집단역동을 활성화할 수 있다(Okech, 2008). 이러한 효과를 극대화하기 위해 리더는 다른 리더와 반대편에 서로 마주보고 앉는다. 이렇게 함으로써 집단리더들은 서로 시선의 접촉을 유지할 수 있는 한편, 서로 다른 각도에서 집단원들을 관찰할 수도 있다. 특히 임상경험이 풍부한 리더와 초심자가 함께 집단을 운영하게 되는 경우, 초심 리더는 다른 리더의 집단운영방식을 보고 배우고 익힐 수 있다(Okech, 2008).

그러나 지금까지의 연구에서는 모델링을 공동리더십의 장점으로 보지 않았다(Jacobs et al., 2016). 특히 집단치료의 경우, 심리치료의 맥락에서 실제로 집단치료자 두 사람 사이에 상호작용이 일어나지 않을 수도 있기 때문이다. 남녀 각각 한 명씩의 리더로 구성된 집단의 경우, 서로 역할 모델의 기능을 담당할 수 있다. 특히 결혼 관련 문제에 관한 부부집단은 혼성 치료자들로 구성된 집단의 형태가 매우 효과적일 수 있다. 혼성 리더들이 이끄는 집단은 또한 집단원들이 가족 관련 미결사안^{unfinished issues}의 해결을 돕는 데 있어서 부모의 모습으로 집단작업을 수행할 수 있다는 장점이 있다. 그렇다고 해서 결혼 관련 주제를 다루는 집단의 리더를 혼성으로 구성해야 하는 것은 아니다. 많은 집단이 동성 리더들에 의해 성공적으로 운영되었고, 집단원들 역시 남녀 리더들 사이의 성차를 인식하지 못하기 때문이다(Luke & Hackney, 2007).

공동리더십의 한계

많은 장점이 있음에도 불구하고, 공동리더십은 ① 인력 활용의 비효율성, ② 집단리
더들 간의 의견 불일치, ③ 리더들 간의 경쟁심 유발, ④ 집단원 편애 가능성이 있다.

　　인력 활용의 비효율성.　　첫째, 공동리더십은 학교, 상담센터, 또는 정신건강 관련
기관의 입장에서 볼 때, 전문인력을 비효율적으로 활용하는 것으로 보일 수 있다는
한계가 있다. 인력관리의 효율성과 경제성을 감안할 때, 공동리더십은 전문가 인력의
활용도를 크게 떨어뜨리는 것처럼 여겨질 수 있다. 다른 한편으로, 만일 정신건강 관
련 기관에서 이전과 동일한 수의 집단을 공동리더십 체제로 운영하기로 한다면, 정신
건강 전문가들의 업무시간이 크게 늘게 된다. 이처럼 전문인력에게 과도한 업무부담
을 안겨 줄 수 있다는 점은 공동리더십의 한계에 속한다.

　　집단리더들 간의 의견 불일치.　　둘째, 공동리더십은 집단 회기 중 리더들 간에 의
견이 일치되지 않을 수 있다는 한계가 있다. 이는 자칫 집단역동, 분위기, 그리고 성과
에 부정적인 결과를 초래할 수 있다. 물론 두 리더 사이에 의견이 일치되지 않는 것은
어떤 측면에서는 건강한 신호일 수 있다. 리더들 간의 태도, 사고방식, 대인관계 패턴,
목표 등에서의 차이점은 집단의 창조적인 분위기 조성에 유익할 수 있기 때문이다.
　　그러면 두 리더 사이에 발생할 수 있는 의견의 차이 혹은 불일치는 어떻게 극복해
야 하는가? 대답은 간단하다. 서로의 의견을 조정하는 시간을 갖는 것이다. 즉, 두 사
람이 정기적으로 만나서 집단운영에 관한 의견조정을 하는 시간을 자주 갖는 것이
다. 만일 그렇게 하지 않는다면 공동리더십의 한계를 드러낼 가능성이 커질 수 있다.
집단 회기 내에서 치료자들의 관계를 효과적으로 유지해 나갈 수 없다면, 공동리더십
이 집단과정을 매우 복잡한 형태로 전개하게 만들 가능성은 항상 존재하기 때문이다.
　　집단리더 두 사람은 협의를 통해 적절한 타협점을 찾아야 한다. 만일 그렇지 못할
경우, 집단은 결국 양립할 수 없는 리더십의 차이로 인해 분열될 수 있다. 따라서 한
집단을 공동으로 이끌게 될 "집단리더의 선택은 대단히 중요하다. 만일 두 리더가 서
로 호흡을 맞출 수 없다면, 그 집단은 부정적인 영향을 받게 될 운명에 놓이게 될 것
이기 때문이다."(Corey & Corey, 2017, p. 28) 보조를 맞출 수 없는 리더들은 각자 원하
는 방향으로 집단을 이끌어 가고 싶어 하게 되면서 집단원들을 혼란에 빠뜨릴 수 있다.
　　리더들 간의 경쟁심 유발.　　셋째, 공동리더십은 리더들 간에 경쟁심이 유발될 수

있다는 한계가 있다. 만일 리더 중 한 사람 또는 두 리더 모두 서로 경쟁할 필요성이나 상대를 압도하고 싶은 욕구를 느끼고 있다면, 공동리더십은 사실상 어려워진다. 그리고 이에 따른 혼란은 집단원들의 몫이 될 것이다. 예를 들어, 한 리더가 집단의 시작부터 주도권을 잡고 집단의 통제와 결정을 도맡게 된다면, 다른 리더는 이에 대해 강한 불만을 가질 수 있다. 리더의 이러한 불만은 두 사람의 관계에 영향을 주게 되고, 결국 집단에도 부정적인 영향을 미치게 된다. 이러한 문제를 예방 혹은 해결하기 위하여 리더들은 한 배를 타고 있다는 의식을 가지고 팀워크를 발휘하여 집단작업에 임해야 한다.

집단원 편애 가능성.   넷째, 공동리더십은 한 리더가 특정 집단원을 편드는 상황이 발생할 수 있다는 한계가 있다. 예를 들어, 한 여성 집단원이 남편에 대한 불만을 터뜨리던 중 아버지를 포함해서 남자들 모두가 문제가 있음을 털어놓았다고 하자. 이때 여성 리더가 공감적 이해와 같은 형식으로 그 집단원의 반응에 합세하게 되면, 집단은 자칫 남녀로 나뉘어져 수습하기 힘든 상황에 빠지게 될 수 있다. 이런 와중에 한 리더가 집단에서 다른 리더에 대한 부정적인 반응을 표출하거나 부적 감정을 해소할 기회로 삼으려 한다면, 이는 집단의 큰 문제로 확산될 수 있다. 이러한 경우 외에도, 마치 부모와 특정 자녀 사이의 애착으로 인해 부모 사이에 균열이 생길 수 있듯이, 집단원들이 의도적 혹은 비의도적으로 두 리더 사이를 갈라놓게 되는 일이 발생하기도 한다. 실제로, 두 리더가 이끄는 집단은 가족체계와 흡사한 점이 많다(Luke & Hackney, 2007). 그러면 공동리더십의 제한점을 극복하려면 어떻게 해야 하는가?

공동리더십의 제한점 극복방안.   공동리더십의 제한점을 최소화하여 집단작업의 효율성을 극대화하기 위한 방안은 글상자 3-19와 같다.

글상자 3-19. 공동리더십의 제한점 극복방안

1. 의사소통 통로를 개방한다.
2. 신뢰와 존경을 바탕으로 서로의 전문성을 인정한다.
3. 서로의 강점과 약점을 함께 확인한다.
4. 서로에 대해 더 잘 알기 위한 시간을 마련한다.
5. 집단계획, 목표, 세부목표, 규범 등에 관해 협의·결정한다.
6. 집단의 예비모임에 함께 참석한다.

7. 집단 회기 전후에 반드시 협의시간을 갖는다.

8. 회기 전 모임에서는 집단에서 먼저 다뤄야 할 사항과 기대되는 점을 상의한다.

9. 회기 후 모임에서는 회기 결과 평가, 피드백 교환, 집단반응에 대한 의견교환, 다음 회기의 목표와 활동 등에 대해 협의한다.

10. 의사소통기술을 지속적으로 다듬고, 집단 관련 사항에 대해 반드시 협의하여 신뢰관계를 유지한다.

공동리더십은 집단경험의 보강수단이 되어야 한다. 공동리더들은 서로 존중함으로써 집단에서 안정감을 가지고 생산적인 작업관계를 형성·유지해야 한다. 만일 두 리더의 집단작업방식이 명백하게 다르거나 이에 관한 견해차가 너무 크다면, 공동리더십은 권장할 만한 대안은 아니다. 서로 다르다는 것은 가치가 있지만, 때로 분열과 좌절의 원인이 될 수 있기 때문이다.

 성찰활동 / 함께 해 볼까요?

1. 의사소통 능력 측정 집단리더로서 나는 과연 어느 정도의 의사소통 능력을 지니고 있는가? 의사소통 능력 평가지를 통해 각자의 의사소통 역량을 가늠해 보자. 다음에 제시된 '의사소통 능력 평가지'의 각 문항은 효과적인 의사소통의 핵심 요소별로 구안된 것이다.

의사소통 능력 평가지					
문항	전혀 아님	약간	보통	높음	매우 높음
나는……	1	2	3	4	5
1. 무언가 중요한 할 말이 있는 것처럼 대하는 사람과의 대화를 자연스럽게 이끈다.					
2. 간결한 반응을 통해 관심을 보여 줌으로써 상대방이 말을 계속할 수 있게 한다.					
3. 단순히 듣고만 있기보다는 핵심적이고 의미 있는 내용을 자신의 말로 되돌려준다.					
4. 특정 사건이나 상황 등에 대해 말하는 사람의 느낌을 공감적으로 이해해 준다.					
5. 말하는 사람을 정면으로 대하며, 몸을 앞으로 약간 기울여 주의를 집중한다.					

문항 나는……	전혀 아님	약간	보통	높음	매우 높음
	1	2	3	4	5
6. 상대방의 눈을 응시함으로써 상대방과 그의 말을 이해하고 있음을 나타낸다.					
7. 다른 곳을 쳐다보지 않고 온전히 말하는 사람에게 주의를 기울인다.					
8. 상대방의 말을 평가하지 않는 방식으로, 상대방이 사용한 어휘로 이야기의 핵심 내용을 내 말로 되돌려 준다.					
9. 필요한 경우 상대방에게 집중하되, 침묵을 통해 말하는 사람이 폭넓고 깊은 생각을 할 수 있도록 한다.					
10. 상대방의 문제해결력을 존중하며, 인내심을 가지고 상대방의 말을 경청한다.					
11. 상대방의 말에 동의하지 않는 때에도 표면적인 진술에 내포된 요지를 이해하고 이에 반응한다.					
12. 대화를 주도하기보다는 상대방이 계속 이야기할 수 있는 분위기 조성에 집중한다.					
13. 필요한 경우 상대방에게 초점을 맞춘 개방질문을 한다.					
총점					점

이 평가지에 합산된 점수가 높을수록 의사소통을 효과적으로 하고 있음을 의미한다. 반면, 총점수가 낮을수록 의사소통을 비효과적으로 하고 있음을 나타낸다. 높은 점수를 얻은 문항과 그렇지 못한 문항들을 살펴보는 것은 의사소통의 효율성을 더욱 진작시키기 위한 자료로 활용될 수 있다. 5인 1조로 나누어, 각자 작성한 '의사소통 능력 평가지'의 결과에 관한 이야기를 나눈다. 이때 참여자들은 검사지의 총점뿐 아니라, 점수가 높은 문항과 낮은 문항들에 관하여 각자의 생각과 느낌을 나눈다. 그리고 각자의 의사소통방식의 특성과 보완점에 관하여 의견을 나누고, 다른 사람의 의사소통방식에 대한 피드백을 교환한다. 활동을 모두 마치면, 서로 소감을 나눈다.

2. <u>비슷한 사람 vs. 상이한 사람</u> 모두 둥글게 둘러앉은 상태에서 옆에 앉은 사람과 인사를 나누고 1분 정도 자기소개를 한다. 그런 다음, 담당 교수가 제시하는 특성에 따라 다른 사람과 짝을 지어 서로 소개한다. 예를 들어, 담당 교수가 "자신과 외모가 가장 비슷하다고 생각하는 사람을 만나 보세요."라고 말하면, 학생들은 자신의 외모와 가장 닮았다고 생각하는 사람을 만나 이야기를 나눈다. 담당 교수는 외모 외에도, 성격, 헤어스타일, 의상, 취미, 표정 등이 비슷한 사람 또는 전혀 다를 것 같은 사람과 만나 이야기를 나누어 보게 한다. 그러고 나서 활동에 대한 소감을 나눈다.

_____
_____
_____
_____
_____
_____

3. <u>창의성 테스트</u> 유능한 집단전문가의 자질에는 창의성이 포함된다. 나의 창의성은 어느 정도일까? 바퀴를 활용하여 새로운 물건을 제작한 두 사람이 있다. 한 사람은 바퀴 달린 장갑을, 다른 한 사람은 바퀴 달린 운동화를 만들었다. 이 중 상품화되어 수많은 사람에게 즐거움과 삶의 의미를 갖게 한 것은 바로 바퀴 달린 운동화였다. 둘 다 남들이 미처 생각하지 못한 것을 만들어 냈으니 똑같이 창의적이라고 할 수 있을까? 그렇지 않다. 독창적인 아이디어로 남들이 미처 생각하지 못한 물건 또는 이론을 발표한 것만으로는 창의적이라고 할 수 없다. 새로 만들어 낸 것이 이전 것보다 효용성이 있어야 한다. 이처럼 창의성은 기존의 것을 새롭게 재구성하는 사고 성향이다. 다음 상황에 대한 해결방안을 강구해 봄으로써 나의 창의성을 점검해 보자.

1) 사람들의 얼굴이 모두 똑같아진다면, 어떤 일이 일어날까?

_____
_____
_____
_____
_____
_____
_____

2) 종이컵으로 할 수 있는 것을 생각나는 대로 써 보라.

_____

_____

_____

_____

_____

_____

_____

_____

3) 우리 사회가 갑자기 삼국시대로 돌아간다면, 어떤 일이 벌어질까?

_____

_____

_____

_____

_____

_____

_____

_____

4) 스님에게 빗을 팔기 위해서는 어떤 방법이 필요할까?

_____

_____

_____

_____

_____

_____

_____

4. 리더십의 의미 다음 글을 읽고, 이 문구가 암시하는 리더십의 의미를 생각해 보자. 또한 오늘날 여전히 해병대에 지원하는 청년들이 많은 이유에 대해 토의해 보자.

> "낙엽은 떨어져도 소리가 없고, 새는 울어도 눈물이 없고, 해병은 죽어도 말이 없다. 누군가 해야 할 일이라면 내가 하고, 언젠가 해야 할 일이라면 지금 하고, 피할 수 없는 일이라면 차라리 즐겨라! 해병은 전쟁터에서 결코 외롭지 않다. 왜냐면 해병은 절대 전우를 버리지 않기 때문이다.

_____
_____
_____
_____
_____
_____
_____
_____
_____
_____

5. 리더십에 관한 저널 리더십에 관하여 좀 더 알고 싶은 사람은 다음과 같은 저널에 게재된 최신 논문을 읽어 보자.

- Group
- Group Analysis
- Group Dynamics: Theory, Research, and Practice
- Group and Organization Management
- International Journal of Group Psychotherapy
- Journal of Child and Adolescent Group Therapy
- Journal of Group Psychotherapy, Psychodrama, and Sociometry
- Journal of Social and Personal Relationships
- Journal for Specialists in Group Work
- Leadership Quarterly
- Small Group Behavior
- Small Group Research
- Social Work in Groups

CHAPTER

04

참여자와 치료적 쟁점

고타마 붓다는 6년 동안 고행을 했다.
6년의 노력 후, 그는 완전히 좌절했다.

눈을 떴다.
새벽하늘에 마지막 별이 명멸하고 있었다.
모든 것이 그곳에 있었다.
그것들은 언제나 그곳에 있었다.
다만 그가 너무도 그것을 원했기 때문에
볼 수 없었던 것이다.

그것은 언제나 그곳에 있었다.
하지만 그의 욕망이
너무나 미래로 달려갔기 때문에
그는 '지금 여기'를 볼 수 없었다.

– 오쇼의 『장자, 도를 말하다』 중에서 –

☐ 집단원의 과업 … 146

☐ 집단원의 기능적 역할 … 147

☐ 집단원의 감정에 대한 개입 … 152

☐ 집단원의 문제행동과 개입 … 154

◆ 성찰활동 … 190

집단작업에서 집단원^{group member}은 집단리더를 제외하고 집단에 참여하는 사람을 가리키는 말이다. 이는 '집단참여자^{group participant}' '그룹 멤버^{group member}' '집단구성원' 혹은 단순히 '구성원'으로도 불린다. 사람들은 심리적 문제해결, 대인관계의 어려움 극복, 교사 · 상담자 또는 전문의의 추천, 성격상의 결점 보완, 집단리더가 되기 위한 집단경험, 친밀한 인간관계 형성, 단지 대화를 나눌 수 있는 사람이 필요해서 등의 다양한 이유로 치료적 집단에 참여한다. 그런가 하면, 범법행위로 인한 법원 판결 또는 학칙에 따라 비자발적으로 참여하게 되는 사람들도 있다. 이처럼 집단에 참여하게 되는 동기가 다르듯이, 사람들의 성장 배경, 성격, 능력, 소질, 적성, 흥미, 관심, 신념, 가치관, 태도는 집단참여 동기와 집단역동에 영향을 미친다.

집단원 중에는 인종, 민족, 성 지향성 등 다른 문화적 배경을 지닌 사람들에 대한 신념 때문에 신뢰관계 또는 유대감 형성을 어려워하는 사람들도 있다. 예컨대, 동성애자 집단원은 이성애자들로부터 판단과 거부를 겪어 오면서 이성애자 집단원들이 자신을 있는 그대로 받아들이지 않을 거라는 성급한 결론을 내리기도 한다(Sue, Gallardo, & Neville, 2014). 치료적 집단의 이점은 이러한 집단원들로 하여금 과거의 경험이 현재의 대인관계에 미치는 영향을 탐색할 수 있다는 것이다.

사람들은 때로 공적 자기상^{public self-image} 보호를 위해 외적 가면을 쓰거나 자신들의 적절성 여부를 확인하기보다는 불확실성으로 인한 두려움 또는 불편감이 들지 않게 하기 위한 긴장감으로 에너지를 소모하곤 한다. 이러한 선택은 종종 다른 사람들과의 진정성 있는 교류뿐 아니라 자신과의 대화 차단으로 이어진다. 사회적 시각에서 성공적인 삶을 영위하는 사람들조차 자기비난을 회피하기 위해 가면 쓴 현실을 실존으로 믿는가 하면, 자기상에 대한 내외적 공격으로부터 방어하기 위해 안간힘을 쓰기도 한다. 이러한 무모한 시도는 결국 대가를 치른다(Yalom, 2005). 자기실현을 위해 사용되었을 수 있는 상당한 정도의 심적 에너지가 내적 분리와 대인관계 분리 유지에 투입되기 때문이다.

한편, 사람들은 일상생활에서 각자의 역할이 있다. 집단에 참여하는 사람들 역시 은연중에 집단에서 각자 나름의 역할을 맡게 된다. 집단에서 어떤 역할을 맡게 되는가는 흔히 과거부터 해 오던 일, 집단의 구성, 그리고 상황의 독특한 역동성에 기초한다. 이러한 역할은 집단과정의 촉진제 역할을 하거나, 목표 달성에 장애물로 작용하기도 한다(Barlow, 2008). 집단원의 역할을 또 다른 관점에서 보면, '희생양^{scapegoat}'과 '영웅^{hero}'이 있다. 속죄양으로도 불리는 희생양은 집단원이 수용하기 어려워하는 부분을 마치 다른 집단원의 것처럼 여기거나 자신의 욕구나 문제를 다른 집단원에게 투사함으로써 나타난다. 집단원들은 희생양이 된 집단원을 자신들의 죄의식, 분노, 수치감 같은 강한 감정의 표출 대상으로 여기게 된다. 그리고 결국 이 집단원은 다른 집단원들의 불편한 감정을 대신 해소해 주는 일종의 피뢰침 역할을 담당하게 된다 (Clark, 2002).

이러한 현상은 집단 내에 긴장이 고조된 상황에서 자신의 경험을 기꺼이 공개하는 모험을 감행하는 집단원에 대해 흔히 일어난다. 이 경우, 해당 집단원은 결국 희생양으로 전락하여 어려움을 겪기도 한다. 이처럼 한 집단원이 희생양이 되어 집단원들의 불편한 감정들을 해소할 목적으로 공격을 받기도 한다. 반면, 마치 '성스러운 소 holy cow'(Schoenwolf, 1998)처럼 만인의 영웅으로 떠받들어지는 집단원도 생긴다. 이 집단원은 다른 집단원들이 일종의 성스러운 대상으로 이상화함으로써 나타난다. 이러한 역할은 집단원들 사이에 종종 관찰되는 역동의 일부다. 그렇다면 집단상담에 참여하는 사람들이 일반적으로 수행하게 될 과업은 무엇일까?

집단원의 과업

치료적 집단에 참여하는 사람들은 각자의 목적이 있고, 이를 성취하기 위해 집단활동에 참여한다. 집단이 시작되면서, 집단리더는 집단원 개개인이 자신의 목표를 구체적이고 실행·성취 가능한 형태의 목표로 재설정하도록 돕는다. 집단이 진행되는 과정에서 집단원들이 한 집단의 일원으로서 수행하게 될 주요 과업은 글상자 4-1과 같다.

> **글상자 4-1. 집단원의 주요 과업**
>
> 1. 다른 집단원들과 의미 있는 의사소통을 통해 상호 교류한다.
> 2. 지금 여기 경험에 초점을 맞추어 자기를 드러낸다.
> 3. 다른 집단원들에게 타당하고 진정성 있는 피드백을 제공한다.
> 4. 자신의 생각, 감정, 행동, 동기에 감춰진 무의식적 욕구를 탐색한다.

집단에 참여하는 사람들은 단순히 수동적으로 집단 서비스를 받는 수혜자가 아니다. 집단원 개개인은 다양한 방식으로 서로에게 중요한 의미가 되면서 집단의 발달에 기여하기도 한다. 이들은 때로 생일, 약혼, 결혼, 임신, 출산 등으로 기쁨을 함께 나누기도 하지만, 사고, 입원, 별거, 이혼, 상실, 그리고 치명적인 질병, 자살, 죽음 등으로 슬픔을 함께 나누기도 한다. 이처럼 삶의 극적인 변화나 위기를 공유하면서 집단원들 간의 관계는 공고히 다져지게 된다. 이러한 점에서 집단은 언뜻 인위적 모임처럼 보이지만, 가만히 들여다보면 실존적 요인과 관련된 중요한 가치와 자산이 살아움직인다. 삶에 있어서 얼마나 많은 관계가 이렇게 다양하고 풍성할까? 치료적 집단에 참여하는 사람들은 집단에서 각자의 과업을 수행하게 된다. 집단에서 주어진 과업을 수행하고 변화를 꾀하기 위해 집단원들에게 요구되는 요소는 글상자 4-2와 같다.

글상자 4-2. 집단과업 수행을 위해 집단원에게 요구되는 요소

○ 심리적 마음 자세psychological mindedness　　　○ 변화의 필요성 인식
○ 자기성찰적introspective 태도　　　　　　　　○ 자기탐색을 위한 욕구

글상자 4-2에 제시된 요소 중 심리적 마음 자세는 집단원이 집단작업에 참여하도록 하여 긍정적인 성과를 거두기 위한 필수요소다(McCallum, Piper, Ogrodniczuk, & Joyce, 2002). 집단참여 목적을 이루기 위해 노력하는 과정에서 집단원들은 일상생활에서 습관화된 역할을 자연스럽게 드러낸다. 가족 내에서 부모가 애지중지하는 아이가 있는 것처럼, 집단 내에서도 이와 유사한 대우를 받는 집단원이 나타나기도 한다. 이러한 역할은 집단원들 사이에서 흔히 관찰된다. 이러한 역할행동 중에는 자신보다는 타인의 욕구충족을 우선시하거나 과도한 배려가 감정 억압 또는 문제행동으로 이어지는가 하면, 집단과정과 목표 달성을 촉진하는 건설적인 역할들도 있다(Gladding, 2016). 이 장에서는 집단원 이해를 위한 방편으로 집단원의 기능적 측면의 역할과 문제행동을 살펴보고자 한다. 그러면 집단원들이 집단에서 담당하게 되는 기능적 역할부터 살펴보기로 한다.

 ## 집단원의 기능적 역할

집단과정을 정확하게 이해하기 위해서는 집단원 개개인의 기능적 측면의 역할을 파악해 볼 필요가 있다. 집단에서 담당하게 되는 집단원의 역할은 이들의 일상생활에

서의 역할과도 밀접한 관련이 있다는 점에서 집단원의 행동과 대인관계 패턴을 이해하는 데 단서를 제공한다. 그러므로 집단원의 기능적 역할을 파악하는 일은 이들에 대한 이해를 돕고, 이들이 제시하는 문제의 해결과 인간적 성장을 도울 수 있는 자료로 활용될 수 있다. 집단원의 기능적 역할은 크게 ① 집단과업 역할, ② 집단 구축 및 유지 역할, ③ 개별 역할로 나눌 수 있다.

집단과업 역할

집단과업 역할의 분석은 집단과업이 구성원들의 공통 관심사나 문제, 또는 주제를 정하고 구체화하여 작업/해결하는 것이라는 가정하에 이루어진다. 집단과업 역할^{group} $^{task\ roles}$이란 집단원들의 문제해결활동을 촉진·조정하는 기능과 관련이 있다. 집단리더와 집단원 개개인은 집단과업과 관련된 다양한 역할을 담당하게 된다. 집단과업과 관련된 집단원의 주요 역할은 표 4-1과 같다(강진령, 2019).

표 4-1. 집단과업과 관련된 집단원의 주요 역할

역할	설명
☐ 창안·공헌자	○ 집단의 문제나 목표에 관한 새로운 아이디어나 변화된 방법을 제안하거나 건의함
☐ 정보 모색자	○ 필요한 정보를 구하면서 집단에서 논의되고 있는 문제에 관한 정보와 사실의 옳고 그름에 관심이 있고, 옳고 그름의 여부를 묻기도 함
☐ 의견 모색자	○ 집단이 지향하고 있는 가치관 또는 제시된 제안이나 대안과 관련된 가치관에 대해 명확하게 짚고 넘어가기 위한 질문을 던지곤 함
☐ 정보제공자	○ 집단의 문제해결에 도움이 될 것이라는 판단하에 자신의 경험담을 일반화하여 집단에 제시함
☐ 의견 제시자	○ 제시된 제안 또는 대안과 관련된 자신의 신념이나 의견을 말함
☐ 부연 설명자	○ 예를 들어 설명하거나 근거를 제시하여, 아이디어나 제안이 집단에 의해 수용된다면 어떻게 작용할 것인지를 연역적으로 추론함
☐ 조정자	○ 다른 집단원들의 다양한 아이디어와 제안 사이의 관계를 설명하거나 명확하게 정리해 줌
☐ 방향 제시자	○ 집단에서 이야기가 오고 갔던 내용을 요약함으로써 집단의 목표 달성과 관련하여 현재 그 집단이 어느 위치에 와 있는지 알려 줌

☐ 평가자/비평자	○ 집단과업에서 집단기능의 기준에 비추어 집단의 성취도를 고려하고, 제안이나 집단 토론의 실용성과 논리성, 사실 또는 절차에 대해 평가하거나 의문을 제기하기도 함
☐ 활력 제공자	○ 집단 분위기를 활성화하여 구체적인 결정에 도달할 수 있도록 활력을 불어넣음
☐ 진행 기술자	○ 집단을 위한 일상적인 업무를 수행하거나 유인물을 나누어 주기도 하며, 필요한 경우 시청각 기자재 등을 작동함으로써 집단과정을 촉진함
☐ 기록자	○ 집단에서 제안되거나 토론한 내용을 받아 적거나 집단이 결정한 내용을 기록으로 남기는 역할을 함('집단의 기억장치')

집단 구축 및 유지 역할

집단 구축 및 유지^{group building and maintenance} 범주에 속하는 역할이란 집단의 기능과 관련된 특성을 말한다. 즉, 집단을 강화하고 조절하며 지속하기 위해 집단작업의 방법을 변경하거나 유지하는 역할에 해당한다. 집단 구축 및 유지 역할에 관한 설명은 표 4-2와 같다(강진령, 2019).

표 4-2. 집단 구축 및 유지 역할에 관한 설명

역할	설명
☐ 격려자	○ 다른 집단원들의 집단에의 기여에 대해 지지 · 격려 · 수용함 ○ 따스함과 확고한 태도로 다른 집단원들에게 피드백을 제공하고 존중하고 보살피며, 다른 집단원의 관점, 새로운 아이디어, 제안을 이해 · 수용하는 자세를 보임
☐ 화합자	○ 집단원 간의 감정 대립을 중재하고, 의견의 불일치에 대해 화합을 시도하며, 갈등 발생 시 긴장을 해소하는 역할을 함
☐ 타협자	○ 자신의 아이디어나 위치가 관련된 갈등 상황에서 나타남 ○ 자신의 위치에서 양보나 잘못 시인 등, 집단의 조화 유지에 대한 주도적인 역할로, 의견 대립이 발생한 집단과 동등한 정도의 양보를 유도하여 타협을 끌어냄
☐ 문지기/촉진자	○ 다른 집단원들의 참여를 격려 · 촉진(예, "우리 아직 ○○ 씨의 생각을 들어 보지 않았는데…….") 또는 대화가 잘 진행되도록 규칙을 제안(예, "우리 이야기하는 시간을 제한해서 모든 사람이 이야기할 수 있도록 하는 것이 어떨까요?")하는 것을 통해 대화를 이어 가도록 함

☐ 기준 설정자	○ 집단이 제 기능을 할 수 있게 기준 설정 또는 집단과정 수준 평가에 기준을 적용하는 역할을 함
☐ 관찰자/해설자	○ 집단과정의 다양한 면을 기록하여 리더와 집단원들의 집단과정 평가 시, 해석과 함께 자료를 제공함
☐ 추종자	○ 집단이 움직이는 대로 따라가고 다른 집단원의 아이디어나 제안을 수동적으로 받아들이며, 집단 토의 또는 의사결정에 거의 참여하지 않거나, 청중이나 구경꾼처럼 방관하는 태도를 보임

개별 역할

여기서 개별 역할을 어떤 범주로 나누는 것은 집단의 업무나 기능과 상관없이 단순히 집단원 개개인의 역할을 분류하기 위한 것 이상이다. 집단원의 개별 역할individual roles에 관한 설명은 표 4-3과 같다(강진령, 2019).

표 4-3. 집단원의 개별 역할에 관한 설명

역할	설명
☐ 공격자	○ 다른 집단원이나 리더를 비난함으로써 그 지위를 깎아내리고, 다른 집단원의 가치관, 행동, 느낌에 대해 반박 또는 비난함 ○ 집단 또는 작업 중인 문제에 대해 공격적·비판적 언사를 일삼거나, 상처가 될 수 있는 농담으로 다른 집단원을 난처하게 하거나, 다른 집단원이 집단에 기여하는 것을 묵과하지 못하고 질시하는 태도를 보임
☐ 차단자	○ 매사에 부정적이고 저항적인 태도를 보이며, 중요하지 않은 내용의 말로 다른 집단원의 말을 끊고 대화에 끼어들거나, 정당한 이유 없이 다른 집단원이나 리더의 진술에 반박함 ○ 다른 집단원이나 리더의 의견이나 제의에 반대를 일삼으며, 때로 집단에서 이미 통과된 안건의 재론을 요구하기도 함
☐ 자기고백자	○ 리더와 집단원들을 마치 자신을 위한 청중으로 여기며, 이기적이면서도 집단의 발전과 무관한 느낌, 통찰, 생각 등에 대해 거론함
☐ 바람둥이	○ 집단과정과 활동에 적극적이지 않고, 매사에 냉소적이고 수수방관하는 태도를 보임 ○ 방관자로서 철수하는 태도를 보이거나, 의도적으로 무관심한 자세를 보임으로써 집단 분위기를 흐트러뜨리고 응집력을 저해함 ○ 집단과정에 열심히 참여하는 것처럼 보이다가도 치고 빠지는hit-and-run 식의 게임('수동공격적 성향')을 함

□ 압제자	○ 자신의 나이, 권위, 또는 우월감을 내세워 집단 또는 특정 집단원(들)을 통제·조종하려고 함
	○ 자신의 우월한 지위에 걸맞게 집단원들의 시선이 자신에게 집중되어야 한다는 듯한 태도를 보이며, 권위적인 태도로 집단이 나아갈 방향을 제시하거나, 다른 집단원의 말을 가로막는 등의 행동을 나타냄
□ 도움 모색자	○ 자신의 불안정한 심리 상태나 개인적으로 혼란스러운 감정을 필요 이상으로 과장하여 호소하거나 이유 없이 자신을 비하함으로써, 다른 집단원들에게 동정심을 기대하거나 동정적인 반응을 얻어내고자 함
□ 특수 관심 탄원자	○ 특수 주제(예, 벤처기업, 건강/질병, 로또, 정치, IT산업, 전업주부, 컴퓨터 등)에 대해 언급하면서 자신의 개인적인 욕구에 가장 잘 부합되는 상투적인 내용 속에 자신의 약점이나 편견을 감추고자 함

지금까지 살펴본 집단원의 역할은 집단과정을 촉진하기도 하고, 집단의 목적 달성을 저해하기도 한다. 그렇다면 집단의 기능수준에 따른 차이 또는 특징은 무엇인가?

고기능집단 vs. 저기능집단. 집단원의 다양한 역할을 종합해 보면, 집단의 기능수준에 따른 차이를 짐작할 수 있다. 고기능집단high-functioning group과 저기능집단low-functioning group은 여러 측면에서 차이가 있다. 고기능집단, 즉 기능수준이 최적의 상태인 집단의 특징은 글상자 4-3과 같다(Johnson & Johnson, 2016).

글상자 4-3. 고기능집단의 특징

1. 집단원들 사이에 정보와 경험이 기꺼이 공유된다.
2. 높은 수준의 신뢰, 안전, 응집력이 형성되어 있다.
3. 높은 수준의 솔직성·개방성으로 건설적인 피드백을 교환한다.
4. 건강한 규범이 설정되어 구조화와 자발성 사이에 균형을 유지한다.
5. 의사소통이 다방면으로 진행되고, 집단 내의 힘, 통제, 기여가 고르게 분포한다.
6. 치료자의 리더십 스타일이 권위주의적이거나 방임적이기보다는 민주적이면서 책임을 분담한다.
7. 집단, 집단원, 그리고 이들의 삶에 지속적이고 관찰 가능한 변화와 성장이 이루어진다.
8. 갈등과 의견의 불일치는 건설적인 것으로 간주되어 무시하기보다는 직면작업을 통해 해결한다.

> 9. 집단원들은 그들에게 기대되는 것이 무엇인지를 잘 알고 있어서 개개인의 목표가 집단 목표와 일치한다.
> 10. 역기능적 집단 역할은 저지되고, 집단의 힘은 협력과 과업완수를 위해 작업하는 집단원들에게 집중된다.

집단이 글상자 4-3에 제시된 속성을 갖춘 고기능집단으로 발돋움하기 위해서는 집단리더가 집단원들이 집단참여를 통해 겪게 되는 감정적인 어려움을 도울 수 있어야 한다. 그렇다면 집단원들이 집단에서 흔히 겪을 수 있는 문제 상황과 이에 대한 개입방안은 어떤 것이 있을까?

집단원의 감정에 대한 개입

집단을 이끌다 보면 크고 작은 문제 상황이 발생하곤 한다. 여기서는 집단원의 ① 좌절, ② 두려움, ③ 불공정성을 호소하는 경우에 대한 개입방법을 살펴보기로 한다.

좌절.   집단에서 얻고자 한 것을 얻지 못하고 있다고 느끼는 집단원이 이에 대해 불평을 늘어놓았다고 하자. 이 경우, 집단리더는 대화상자 4-1에 제시된 것과 같은 진술을 통해 치료적으로 개입할 수 있다.

🏠 **대화상자 4-1. 집단원의 좌절감에 대한 개입 반응의 예**

○ "소영 씨는 집단에서 무엇을 얻고자 하나요?"
○ "얻고자 하는 것을 얻게 되면, 삶이 어떻게 변화할 것 같나요?"
○ "집단원에게 바라는 것이 있다면 한 가지씩만 말씀해 주세요."
○ "집단운영방식에 대해 의견이 있으면 말씀해 주세요."

대화상자 4-1에 제시된 집단리더의 반응은 집단원이 불평을 멈추고 불만의 원인을 탐색하며 자신이 기대하는 것을 표현하도록 도울 수 있다.

두려움.   집단원이 부적 감정을 표출하는 것은 집단작업을 위한 좋은 기회다. 만일 집단원이 다른 집단원들이 자신을 판단하는 것 같은 반응에 대한 두려움을 표출했

다고 하자. 집단리더는 대화상자 4-2에 제시된 진술로 개입함으로써 집단원의 작업
을 더욱 심화시킬 수 있다.

 대화상자 4-2. 집단원의 두려움에 대한 개입 반응의 예

- ○ "눈을 감고, 여기에 있는 사람들이 당신의 어떤 점에 대해 비판할 것 같은지 상상해 보세요."
- ○ "세화 씨를 가장 엄격하게 판단할 것으로 생각되는 사람을 말씀해 보시겠어요? (만일 경준이라는 집단원을 지목한다면), 경준 씨가 세화 씨의 어떤 점에 대해 판단할 거라는 생각이 드나요?"
- ○ "돌아가면서 미완성문장을 완성해 보겠어요. '여러분이 나를 알게 되면, ＿＿＿＿에 대해 나를 판단할까 봐 두렵습니다.'"

대화상자 4-2에 제시된 진술들은 집단원이 다른 집단원들의 판단에 대한 두려움
때문에 자신을 어떻게 억압하는가를 깨닫게 도움으로써 이에 대해 깊이 탐색할 기회
를 제공한다.

불공정성.   자신이 집단에서 주목받지 못하고 따돌림을 받아 왔고, 집단리더마저
다른 집단원들에게만 관심을 보인다고 불평을 늘어놓는 집단원이 있다고 하자. 이에
대해 숙련된 집단리더는 그 집단원도 자신에게 중요한 사람이라고 설득하는 데 시간을
낭비하지 않는다. 대신 그 집단원의 지각과 느낌을 주의 깊게 경청한 후, 대화상자
4-3과 같이 반응함으로써 집단원을 돕는다.

 대화상자 4-3. 집단원의 불공정성 주장에 대한 개입 반응의 예

- ○ "혹시 가정이나 학교에서 다른 사람들이 희주 씨에게 주의를 기울이지 않는 것 같다는 느낌이 든 적이 있나요?"
- ○ "제 관심을 더 많이 받는 것으로 생각되는 집단원에게 희주 씨의 느낌을 직접 표현해 보시겠어요?"
- ○ "이 집단에서의 느낌이 희주 씨가 가족들과 함께 있을 때의 느낌과 어떻게 다른지 궁금합니다."

대화상자 4-3에 제시된 예에서, 집단리더의 치료적 반응은 집단원이 지금 여기에
서의 경험을 표현하도록 돕고 있다. 이러한 반응은 집단원의 과거와 현재에서 주변

인처럼 느껴지는 삶에 관해 내적 성찰과 작업에 동기를 부여하는 효과가 있다. 이외에도 집단원들은 집단리더가 다루기 어려운 다양한 행동을 보일 수 있다.

집단원의 문제행동과 개입

집단작업의 성패는 집단원 개개인이 지금 여기 경험에 초점을 맞추고 다른 집단원들과의 상호작용을 통해 삶의 문제를 어떻게 직면, 통찰, 변화, 숙달해 나가는가에 달려 있다. 그런데 때로 어떤 집단원들은 집단리더가 다루기 어려운 행동을 나타내기도 한다. 집단원의 문제행동은 직간접적으로 집단과정과 역동에 부정적인 영향을 미친다. 그렇다고 해서 '독점자'나 '보조 상담자' 등과 같이 진단적인 용어로 범주화하거나 꼬리표를 붙여서는 안 된다. 숙련된 집단리더는 집단원의 문제행동을 비난·비판하기보다는 오히려 솔직하고 건설적인 방식의 상호작용을 통해 치료작업의 기회로 활용한다. 집단리더는 응집력 있고 생산적인 집단 형성을 저해하는 집단원의 다루기 힘든 행동이 무엇이고, 집단에 어떤 영향을 미치며, 어떻게 대처해야 할 것인지에 대해 잘 알고 있어야 한다.

그러나 이는 말처럼 그리 단순하지 않다. 왜냐면 집단원의 행동은 집단원, 집단역동, 집단리더, 다른 집단원들과의 상호작용 등과 같은 다양한 요인에 의해 나타나기 때문이다. 그렇지만 집단리더들은 집단원의 문제행동 원인을 이해하는 데 있어서 집단원의 대인관계와 사회적 맥락보다는 성격적인 면에 집중하는 경향이 있다(Berg et al., 2018). 여기서는 집단리더가 다루기 힘든 집단원의 문제행동으로, ① 잦은 지각·결석, ② 중도포기, ③ 대화독점, ④ 소극적 참여, ⑤ 습관적 불평, ⑥ 일시적 구원, ⑦ 사실적 이야기 늘어놓기, ⑧ 질문공세, ⑨ 충고 일삼기, ⑩ 적대적 행동, ⑪ 의존적 행동, ⑫ 우월한 태도, ⑬ 하위집단 형성, ⑭ 지성화, ⑮ 감정화를 중심으로 살펴보기로 한다.

잦은 지각·결석

집단에 어려움을 주는 집단원의 첫 번째 행동은 잦은 지각과 결석이다. 집단은 응집력이 높고, 신뢰할 수 있으며, 예측할 수 있을 때 가장 효과적으로 작업한다. 이를 위해 중요한 요건이 규칙적인 출석과 정시 참석이다. 집단작업은 집단원들의 빠짐없는 출석과 자발적이고 적극적인 참여를 기반으로 이루어진다. 따라서 집단리더는 집단원들에게 집단참석에 우선순위를 두도록 격려해야 한다. 매회기마다 빠짐없이 제시간에 출석하는 것이 무엇보다도 중요하기 때문이다. 지각이나 결석은 집단 분위기를 해친다. 그러므로 집단리더는 이러한 행동에 대해 즉각적이고 단호히 개입해야 한다. 집단원의 잦은 지각이나 결석은 집단에 어떤 영향을 미치는가?

문제점.   집단원의 잦은 지각과 결석은 집단에 다음과 같은 영향을 준다.

첫째, 집단리더와 다른 집단원들의 주의를 흩뜨린다. 행동의 원인이 무엇이든 간에 지각이나 결석은 바로잡아야 한다. 왜냐면 출석 관련 문제는 전염성이 있어서 집단의 사기를 떨어뜨리며, 다른 집단원들의 참여 의욕을 떨어뜨리고 불참을 부추길 수 있기 때문이다.

둘째, 집단규범 이행에 혼란을 초래할 수 있다. 만성적으로 지각하는 집단원이 집단상담실에 들어올 때 그를 따스하게 맞이해야 할 것인가? 아니면 무시하고 집단작업에 몰입할 것인가? 지각이 반복되는 경우, 이에 대한 판단은 집단규범과 관련이 있어서 결정이 쉽지 않다. 어떤 결정을 내리든 집단원들과 집단 분위기에 부정적인 영향을 주기 때문이다.

셋째, 잦은 지각 또는 결석을 하는 집단원에 대한 감정은 집단작업에 부정적인 영향을 미친다. 집단원들의 빠짐없는 출석은 응집력을 높이고 집단성과에도 긍정적인 영향을 미친다. 따라서 이러한 문제행동을 보이는 집단원에 대해 부적 감정표현이 반복되는 경우, 집단원들의 감정과 에너지가 소모될 수 있다. 집단원에 따라서는 불편한 감정으로 인해 집단에 머무르기 싫어질 수도 있다. 언뜻 집단원의 지각과 결석은 사소하게 보일 수 있다. 그러나 집단원들의 잦은 지각과 결석은 이별, 상실, 고독, 편견, 무시 등 다른 집단원들이 삶에서 겪은 어려운 감정을 자극할 수 있다. 치료적 관점에서 보면, 이러한 자극은 집단작업으로 연결할 중요한 기회이기도 하다. 왜냐면 집단원들의 삶에 있어서 중요한 쟁점들이 표면에 드러나기 때문이다.

넷째, 만일 여러 집단원이 자주 지각하거나 결석하는 경우, 집단응집력의 이상 징후로 볼 수 있다. 따라서 집단리더는 집단적인 저항의 원인을 탐색해 보아야 한다. 여러 명의 집단원이 일시에 불참하게 되면, 집단 회기를 취소하자고 제의하는 집단원이 생길 수 있다. 만일 집단모임을 취소 또는 연기한다면, 리더에게는 예기치 않게 자유시간이 생길 수 있다. 그렇지만 집단모임에 참석한 집단원들에게는 예기치 않게 어려운 순간이 될 수 있다. 따라서 아무리 여러 명의 집단원이 동시에 불참한다고 하더라도, 집단 회기는 취소되어서는 안 된다. 집단이 항상 제 위치에서 제시간에 열린다는 믿음을 갖는 것만으로도 집단원들에게 안정감과 신뢰감을 주기 때문이다. 게다가 집단원들의 규칙적인 참석을 독려하는 효과도 얻을 수 있다. 그러면 잦은 지각 및/또는 결석을 하는 집단원이 있는 경우, 어떻게 대처해야 하는가?

개입방안.   집단원의 잦은 지각과 결석에는 다음과 같이 개입한다.

첫째, 무엇보다도 집단리더부터 빠짐없는 출석과 시간 엄수의 모범을 보임으로써 집단원들에게 규칙적인 출석의 중요성을 인식시킨다. 출석의 중요성에 대한 집단리더의 확고한 신념은 예비면담에서부터 집단원들에게 자연스럽게 전달되어야 한다. 이를 위해 집단리더에게 요구되는 행동요건은 글상자 4-4와 같다.

🏢 **글상자 4-4. 출석의 중요성을 강조하기 위한 집단리더의 행동요건**

> 1. 집단모임 시간보다 여유 있게 도착하여 집단원들을 맞이한다.
> 2. 집단리더의 일정에서 집단모임에 우선권을 부여한다.
> 3. 집단 회기에 불참해야 하는 상황이 발생하면, 몇 주 전에 집단원들에게 알려 양해를 구한다.

둘째, 지각 또는 결석이 예견되는 경우, 집단리더에게 이 사실을 신속하게 알리게 한다. 만일 사전에 집단원이 지각 또는 결석해야 한다는 사실을 알게 되는 경우, 집단리더는 이 사실을 다른 집단원들에게 알린다. 마찬가지로, 만일 집단리더가 휴가 또는 다른 사정으로 일정 기간 집단에 참여할 수 없다면, 이 사실에 대해서도 사전에 알려야 한다. 이러한 조치는 집단원의 지각이나 결석이 집단에 미치는 영향을 최소화할 수 있다. 게다가 집단은 해당 집단원의 지각이나 불참에 대한 이유를 추측하거나 염려하느라 시간과 에너지를 낭비하지 않아도 된다.

셋째, 만일 여러 명의 집단원이 만성적으로 지각 또는 결석하는 경우에는 집단원들 간의 상호작용보다는 내적 상태와 과정에 초점을 맞춘다. 대인관계상의 상호작용에 초점을 맞추는 집단 회기와 함께 때로 내적 심리과정에 초점을 맞추는 회기를 갖는 것은 집단원들에게 오히려 유익한 치료과정이 될 수 있다.

끝으로, 잦은 지각이나 결석으로 집단 분위기를 해치는 집단원에게는 집단을 떠날 것을 요청한다. 그러나 불편한 감정으로 인해 집단참여를 주저하는 집단원이 있다면,

이는 집단작업을 위한 중요한 기회로 활용될 수 있다. 이러한 집단원에 대한 집단리더의 단호한 개입의 예화는 글상자 4-5와 같다.

🏢 **글상자 4-5. 잦은 결석 · 지각을 하는 집단원에 대한 개입의 예**

> 집단시간에 자주 늦거나 불참하는 집단원이 있었다. 그는 자신의 이런 행동에 대해 직장일 또는 가정사 등 언제나 그럴듯한 이유를 둘러댔다. 여러 회기가 지났음에도 그의 행동에는 변화가 없었다. 결국, 집단리더는 그에게 집단참석을 위해 일정을 조정할 수 없다면, 집단상담보다는 개인상담이 도움이 될 거라는 설명과 함께 집단을 떠나 달라고 요청했다. 이러한 조치는 벌이 아니라 그가 처한 상황에서 최선이라는 설명을 하던 중, 그는 화를 내며 상담실 문을 박차고 나갔다. 그러자 몇몇 집단원이 집단리더의 조치가 너무 가혹하다며 반발했다. 그 후, 집단리더는 그 집단원과 몇 차례 만났고, 숙련된 상담자를 소개해 주었다. 이러한 일련의 과정을 통해 그는 집단리더의 의도를 이해하게 되었다. 다른 집단원들 역시 자신들도 비슷한 처지가 될지 모른다는 위기감에서 점차 벗어나 집단리더의 판단을 지지했다. 또한 집단을 떠난 집단원의 잦은 지각과 결석에 대한 솔직한 감정을 토로했다.

글상자 4-5에 제시된 일화에서, 집단리더는 집단 회기에 자주 늦거나 불참하는 집단원에게 개인상담 의뢰를 전제로 중도에 집단을 떠나도록 조치했다. 그런 다음, 집단을 떠난 집단원에 대해 다른 집단원들의 반응을 표출할 기회를 제공했다. 이 경우, 집단리더는 불참한 집단원이 없을 때 그 집단원에 관한 이야기를 나누는 것은 '뒷담화', 즉 당사자가 없는 상황에서 몰래 말하는 것이 아니라, 집단작업의 중요한 과정이라는 것을 집단원들에게 이해시켜야 한다. 만일 이러한 작업이 중도에 집단을 떠난 집단원이 아니라 잦은 지각 또는 결석을 하는 집단원에 대해 이루어졌다면, 이러한 작업의 마무리는 불참했던 집단원이 다시 참석할 때 집단에서 소외되지 않게 하기 위해 집단작업에 적극 참여시키도록 돕는 것이다. 물론 지각과 결석을 자주 한다고 해서 중도에 집단원을 탈락시키는 것은 그리 흔한 일은 아니다.

집단리더는 집단 회기에의 빠짐없는 출석과 시간 엄수의 중요성을 강조하는 것이 잘 참석하고 있는 집단원들에게 벌을 주는 결과를 초래하지 않도록 유의해야 한다. 집단리더는 집단원들의 저조한 참석률에 대한 자신의 반응과 다른 집단원들의 것이 일치하지 않을 수 있다는 점을 고려해야 한다. 집단원에 따라서는 집단리더의 집중적인 관심과 배려를 받을 수 있다는 점에서 오히려 소규모 집단을 선호할 수 있기 때문이다. 그러면 집단의 출석률을 높이기 위해 집단리더는 어떻게 해야 하는가? 집단원들의 출석률을 높이기 위한 방안은 글상자 4-6과 같다.

글상자 4-6. 집단원의 출석률 증진방안

1. 리더 자신부터 집단원의 빠짐없는 출석과 시간 엄수의 중요성을 확신한다.
2. 예비면담에서 출석과 시간 엄수의 중요성을 강조한다.
3. 집단 회기에 자주 불참하는 집단원에 대해서는 즉각적으로 단호하게 개입한다.
4. 만일 불가피하게 장기간 불참(예, 휴가, 출장 등)이 예상되는 집단원들은 집단 시작 전에 개인상담 또는 다른 대안을 권한다.
5. 예고 없이 불참한 집단 회기에 대해 상담료를 부과한다.

때로 집단리더가 부득이 집단모임에 지각하거나, 불참하거나, 집단모임이 연기되거나 아니면 아예 취소되는 경우가 생길 수 있다. 이러한 상황은 집단원들에게 매우 민감한 영향을 미칠 수 있다. 그러므로 이러한 상황이 발생한 후에 집단 회기에 불참하는 집단원들이 생기는 것은 그리 이상한 일이 아니다. 대인관계 측면에서 볼 때, 집단리더의 지각, 불참, 또는 집단모임의 연기나 취소는 집단원들이 그들의 삶에서 중요한 타인들과의 관계 속에서 겪었던 소외감이나 거부감 같은 감정을 자극할 수 있다. 그러나 집단원들의 집단참여수준이 높아질수록 집단응집력이 높아지고, 출석 관련 문제는 점차 사라지게 된다(Riva et al., 2004). 집단원의 지각과 결석은 중도포기와 밀접한 관계가 있다.

중도포기

집단에 어려움을 주는 집단원의 두 번째 행동은 중도에 집단을 떠나는 행위다. 중도포기는 집단경험이 많지 않은 집단리더에게는 위협적인 문제다. 조기에 집단을 떠나는 집단원이 생기는 이유는 무엇인가? 집단원의 중도포기는 일반적으로 세 가지 요인, 즉 집단, 집단원, 그리고 집단의 상호작용으로 발생한다. 그러면 집단원의 중도포기는 집단에 어떤 영향 또는 문제를 야기하는가?

문제점. 중도에 집단을 떠나는 집단원이 생기게 되면, 다음과 같은 문제가 야기될 수 있다. 우선, 집단원의 중도포기는 집단리더에게 위협이 된다. 특히 초심 리더는 집단원들이 하나둘씩 집단을 떠나 결국 혼자 남게 될지도 모른다는 최악의 시나리오를 연상하게 될 수 있다. 집단리더가 이런 위기의식을 가질수록 집단은 치료적 힘과 기능을 상실하게 된다. 그렇다고 해서 집단참여를 독려하기 위해 사정하는 듯한 태도를 취하는 것은 집단의 치료적 기능을 마비시킬 수 있다. 그러므로 집단리더는 집단에서 작업하지 않는 집단원은 언제든지 내보낼 수 있다는 마음가짐으로 집단작업에 집중해야 한다(Riva et al., 2004). 집단리더가 집단작업에 집중하는 자세는 집단원들에게 직간접적으로 전달되어 오히려 집단에 대한 기대감을 한층 높일 수 있다. 그렇다면 집단원의 중도포기에는 어떻게 대처해야 하는가?

개입방안.   중도에 포기하려는 집단원의 행동에는 다음과 같이 개입한다.

첫째, 중도포기 가능성이 있는 집단원과 개별면담을 통해 개인적인 감정을 토로할 수 있도록 돕는다. 그렇지 않고 다음 회기에 이 문제를 다루어 보자고 권유하거나, 다음 회기에 출석하여 마무리짓게 하는 방법은 그리 효과적이지 않다. 중도에 집단을 그만두려는 집단원이 폐쇄적인 태도로 임하는 경우, 서로에게 실망과 좌절감만 안겨 줄 수 있기 때문이다.

둘째, 다른 집단원들과의 대인관계가 무르익기 전에 지나치게 빨리 깊은 속내를 드러내는 집단원이 있다면 그 개방속도를 조절하도록 돕는다. 집단초기에 지나치게 활발하거나, 반대로 너무 말이 없는 집단원은 조기에 그만둘 가능성이 높기 때문이다. 예컨대, 지나치게 말이 없는 집단원은 자기개방에 부담을 느끼거나, 심지어 두려워하는 것일 수 있다. 그러므로 집단리더는 시범을 통해 집단원이 모방할 수 있게 하는 동시에, 집단원의 미미한 정도의 감정표현에도 지지와 격려로 강화해 줄 필요가 있다. 반면, 지나치게 말이 많은 집단원이 있는 경우 역시 집단 분위기에 부정적인 영향을 줄 수 있다.

대화독점

집단에 어려움을 주는 집단원의 세 번째 행동은 집단에서의 대화를 독점하는 것이다. 대화독점monopolizing이란 집단원 개개인에게 할당되는 일정한 시간보다 훨씬 더 많은 시간을 자신의 이야기를 위한 시간으로 사용하는 행동을 말한다. 집단에서 습관적으로 끊임없이 말한다고 해서 이러한 집단원은 독점자monopolist(Yalom, 2005)로도 불린다. 그러나 이러한 용어는 꼬리표 붙이기labeling 같은 인상을 줄 수 있으므로 유의해야 한다. 대화를 독점하는 집단원의 행동상의 특징은 글상자 4-7과 같다.

┌───┐
🏢 **글상자 4-7. 대화독점 집단원의 특징**

1. 습관적으로 거의 쉴 새 없이 말한다.
2. 말하지 않거나 집단이 조용해지면 불안해한다.
3. 다른 집단원과의 대화에서 집요할 정도로 상세히 묘사한다.
4. 다른 집단원의 이야기에 "나도 그래요." 하며 수시로 끼어든다.
5. 질문공세 혹은 잦은 피드백으로 집단의 상호작용을 둔화 · 마비시킨다.
6. 거의 매 회기마다 주의를 끌 만한 문제를 제시하여 다른 집단원들의 자기개방을 차단한다.
7. 집단에서 다루는 문제와 조금이라도 관련 있다고 여기는 신문기사 또는 라디오 · TV 등에서 들은 내용을 자세하게 설명한다.
└───┘

대화독점은 고도의 이기심을 표현하는 것이다. 대화를 독점하는 집단원은 끊임없이 다른 집단원과 동일시하는 경향이 있다. 이러한 집단원은 심지어 집단리더가 말을 끊으려는 경우에도 다른 집단원과 관련된 상황과 연결하여 자신의 일상생활에 관한 이야기를 장황하게 늘어놓는다. 그러나 적어도 집단초기에는 대화를 독점하는 집단원의 행동이 환영받기도 한다. 왜냐면 집단리더가 집단시간의 공백을 채워야 하는 부담감이 작용하기 때문이다. 집단리더 역시 집단초기에는 누군가가 자발적으로 말을 꺼내 주는 것에 안도할 수 있는데, 적어도 집단이 굴러가고 있는 것처럼 여겨질 수 있기 때문이다. 그러면 집단원의 대화독점이 어떻게 문제가 되는지에 대해 구체적으로 살펴보기로 하자.

문제점.   집단에 대화를 독점하는 집단원이 있는 경우, 초래할 수 있는 문제점은 다음 네 가지로 정리할 수 있다.

첫째, 무엇보다도 다른 집단원들에게 집단시간을 고르게 배분하기가 어려워진다. 이러한 어려움은 결국 문제 집단원과 집단리더에 대한 다른 집단원들의 불평불만의 원인이 된다. 즉, 시간이 갈수록 변함없이 집단의 대화를 독점하는 집단원으로 인해 다른 집단원들 사이에 좌절과 분노가 싹트게 된다. 그럼에도 불구하고 집단원들은 감히 대화를 독점하는 집단원의 입을 막으려 하지 않는다. 왜냐면 "좋아, 그럼 입 다물고 있을 테니까 네가 말해 봐!"라는 당혹스러운 반응이 예견되기 때문이다. 집단원들은 다른 집단원의 문제행동을 직접적으로 다루기보다는 지각, 결석, 중도포기, 초점에서 벗어난 언쟁, 하위집단 형성 등과 같은 간접적인 방식으로 응수하는 경향이 있다(Marmarosh & Van Horn, 2010). 이처럼 간접적인 방식으로 공격을 가하는 것은 집단 내에 긴장감을 고조시킨다. 이처럼 해소되지 않은 욕구에서 발생하는 긴장감은 집단응집력을 약화시킨다.

둘째, 자칫 집단에서 말을 많이 하는 것이 마치 바람직한 행동이라는 인식을 심어 주게 될 수 있다. 바로 이 점이 집단리더가 집단원의 대화독점행동에 적극적으로 개입하지 않으면 안 되는 중요한 이유다. 이러한 인식은 독점적인 대화방식이 집단규범으로 자리 잡게 하는 이차적인 문제를 야기할 수 있다.

셋째, 끊임없이 말하려는 집단원의 행동은 시간이 지나면서 이야기를 들어 줘야 하는 다른 집단원들을 지루하고 피곤하게 할 수 있다. 집단원의 대화독점은 결국 집단의 힘과 에너지를 고갈시켜 집단의 성과를 저하시킨다. 만일 집단리더가 이 상황을 방치한다면, 이로 인해 좌절을 겪게 되는 다른 집단원들은 그 집단원에 대해서는 물론 집단리더에게까지 분노를 느끼게 된다는 문제가 있다.

넷째, 강박적인 발언은 다른 집단원들과의 대인관계에 부정적인 영향을 미치게 되어 의미 있는 관계 형성을 저해한다. 따라서 대화독점행동을 바로잡기 위해서는 문제행동을 나타내는 집단원을 거부하기보다 집단에 온전하게 참여할 수 있도록 적극적으로 이끌어 줘야 한다. 만일 대화독점 집단원의 입을 막는 일에만 집중한다면, 이는 그 집단원에게 자신의 문제해결을 위한 작업 기회를 박탈하는 것인 동시에 그를 집단에서 내몰기 위한 시도를 하는 것과 다를 바 없기 때문이다. 그러면 어떻게 해야 대화를 독점하는 집단원을 도울 수 있을까?

개입방안.   집단리더는 집단에서 두서없이 이야기를 늘어놓거나 집단시간을 독점하는 집단원의 행동에 대해 시의적절하게 제재하여 집단시간을 적절하게 활용할 수 있도록 한다(AGPA, 2007; ASGW, 2000). 집단원이 대화를 독점하려는 행동은 다음과 같이 개입한다.

첫째, 집단에서 두서없이 이야기를 늘어놓거나 대화를 독점하려는 집단원을 돕기 위해서는 그 집단원의 입을 다물도록 해서는 안 된다. 대화독점은 일종의 강박적인 불안감의 표현으로, 자신을 은폐하기 위한 시도로 볼 수 있다. 집단 내에 긴장감이 고조되고 있다는 상황을 인식하게 되면, 집단원의 불안감도 높아진다. 이때 다른 집단원들의 공격을 차단하기 위한 목적으로 대화를 독점하는 행동은 더욱 강화된다.

둘째, 대화독점행동은 해당 집단원만의 문제가 아니라 이를 방임 또는 조장한 다른 집단원들의 책임으로 인식한다. 집단원들은 일반적으로 특정 행동을 허용하거나 종용하는 집단과 역동적인 평형을 유지한다(Scheidlinger, 1982). 그러므로 집단리더는 대화독점 집단원과 대화독점행동을 허용한 다른 집단원들이 집단에서 이러한 문제를 직접 다루도록 개입한다. 이를 위해 집단리더는 집단원들에게 집단원 한 사람이 집단 전체의 짐을 지도록 내버려 두게 된 이유를 묻는다. 이 질문은 대화독점의 피해자로만 여겨 왔던 집단원들에게 충격이 될 수 있다. 집단리더는 이들의 반응을 다루어 주는 한편, 집단원들이 대화독점 집단원을 이기적인 목적으로 이용한 상황을 검토한다. 즉, 집단참여를 하지 않아도 되는 데서 오는 편안함, 집단목적 성취에 대한 책임회피, 대화독점행동의 방임, 공모, 직면 회피 등에 대해 다룬다. 이러한 쟁점에 대한 논의는 집단과정에 대한 집단원들의 책임의식을 높이는 계기가 될 수 있다.

셋째, 대화독점 문제를 해결하기 위해 집단리더는 직접 개입하여 다른 집단원들에게 집단에서의 대화에 적극적으로 참여하도록 격려한다. 이는 집단원들이 다룰 수 없는 문제에 속하기 때문이다. 동시에 집단리더는 다른 집단원들의 폭발적이고 공격적인 직면으로 인해 대화독점 집단원이 심리적으로 위축되어 중도에 포기하는 일이 없도록 적극 개입한다.

넷째, 집단원이 대화독점행동을 통해 얻고자 하는 점과 관련된 역동을 탐색하고, 이러한 행동의 결과를 깨달을 수 있도록 돕는다(ASGW, 2000). 이에 집단원의 문제행동이나 집단원들 사이의 갈등을 시의적절하게 조절하는 개입기술을 갖추는 것은 집단리더의 전문성의 일부인 동시에 윤리적으로도 합당하다. 또한 ASGW(2000)는 집단리더가 말이 없는 집단원도 함께 활동하도록 돕는 한편, 집단 내에서의 의사소통에서 비언어 단서$^{nonverbal\ cues}$를 인식하도록 도와야 한다는 지침을 제시하고 있다. 따라서 집단리더는 집단원들이 대화를 독점하는 집단원에 대해 노골적으로 좌절감을 표현하기 전에 즉시 개입해야 한다. 집단원의 대화독점에 대한 집단리더의 개입 반응의 예는 대화상자 4-4와 같다.

🏠 **대화상자 4-4.** 대화독점에 대한 개입 반응의 예

○ "내가 제시하는 미완성문장을 완성해 보시겠어요? 만일 내가 말을 하지 않는다면, _____
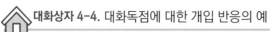
_____."

○ "슬아 씨가 우리 집단에서 하고 싶은 말이 많은 것 같아요. 그렇지만 다른 분들에게도 이야기할 기회를 드려야 할 것 같네요."

○ "오늘 기정 씨가 직장생활에서의 어려움에 관해서 여러 가지 이야기를 했는데, 우리에게 전달하고 싶은 메시지가 무엇인지 잘 이해가 되지 않아서 좀 당황스러워요. 지금 전달하고자 하는 내용을 한 단어 또는 한 문장으로 말해 보시겠어요?"

집단시간을 독점하려는 집단원에게 자신의 행동을 탐색해 보게 하는 방법으로는 문장완성법^{sentence completion techniques}(SCT)이 있다. 이때 사용할 수 있는 미완성문장의 예는 글상자 4-8과 같다.

글상자 4-8. 대화독점에의 개입을 위한 미완성문장의 예

○ 내가 다른 사람이 말하도록 했다면, _____.
○ 내가 말을 많이 하는 이유는 _____.
○ 사람들이 내게 귀를 기울이지 않으면, 나는 _____ (을)를 느낀다.
○ 나는 _____ 때문에 내 말에 귀를 기울여 주었으면 한다.

문장완성법을 활용하는 경우, 집단리더는 대화를 독점하려는 집단원의 마음속에 가장 먼저 떠오르는 것을 적거나 말하도록 한다. 그런 다음, 이 집단원이 완성한 문장을 발표할 때 다른 집단원들 간에 피드백을 나누게 한다. 이 활동을 통해 집단리더는 대화를 독점하려는 집단원이 자신의 문제행동에 대한 통찰을 얻도록 돕는다. 이처럼 문제행동에 대한 통찰은 대인관계에서 생산적인 행동을 습득할 수 있는 원동력이 된다. 집단에는 두서없이 이야기를 늘어놓거나 대화를 독점하려는 집단원이 있는가 하면, 소극적으로 참여하는 집단원도 있다.

소극적 참여

집단에 어려움을 주는 집단원의 네 번째 행동은 집단활동에 소극적으로 참여하는 것이다. 소극적 참여^{passive participation}란 집단에서 침묵으로 일관하거나, 철수^{withdrawal}행동을 보이는 등 집단활동에 미온적인 태도를 보이는 것을 말한다. 이러한 성향을 나타내는 집단원은 '침묵하는 집단원^{silent member}'으로도 불린다(Yalom, 2005). 집단참여에 소극적인 집단원은 흔히 자신의 행동에 대해 대화상자 4-5와 같이 변명하곤 한다.

대화상자 4-5. 소극적 참여 집단원의 변명의 예

○ "제가 원래 다른 사람들 앞에서 말을 잘 못하거든요. 사실 이 문제를 해결해 보려고 집
  단상담을 신청했고요."
○ "저에 대해 너무 신경 쓰지 않으면 좋겠어요. 저도 나름대로 생각이 있거든요. 저도 때
  가 되면 뛰어들 거예요."
○ "좀 더 적극적으로 참여해 보라는 선생님 말씀, 정말 고마운데요. 전 사실 다른 분들의
  말씀을 들으면서 많은 걸 배우고 있거든요."

대화상자 4-5에 제시된 예에서처럼, 소극적으로 참여하는 집단원 중에는 자신의
행동에 대한 변명으로 언어표현 능력 부족을 내세우는 경우도 있다. 이들 중에는 다
른 집단원들의 이야기를 통해 많은 것을 배우고 있다고 주장하는 이들도 있다. 또 지
금은 비록 말을 하지 않아도, 때가 되면 집단에 참여할 것이라고 항변하기도 한다. 집
단상담의 성패는 집단원들의 자발적이고 적극적인 참여에 달려 있다. 집단에서 말이
없고 집단작업에 소극적으로 참여하는 집단원들이 집단에서 도움을 받지 못한다는
사실은 임상가들 사이에서 일치된 견해다. 반면, 언어적 참여가 잦을수록 참여의식이
높고, 다른 사람들, 궁극적으로 자신에게서 더욱 가치 있는 구성원으로 인정받게 된
다(DeLucia-Waack et al., 2014).

이처럼 자기개방, 즉 자기의 내면세계를 말로 표현하는 일은 집단과정과 역동에 생
기를 불어넣게 되어 집단성과에도 긍정적인 영향을 미친다. 집단작업은 행동의 의
미를 탐색하고 더 적응적 · 생산적인 행동을 학습하기 위한 절차다. 이러한 관점에서
볼 때, 소극적 참여 또는 침묵 역시 행동으로서 지금 여기에서의 의미 있는 경험인 동
시에 대인관계 형성방식으로 간주할 수 있다. 따라서 집단리더는 피드백을 통해 집
단참여에 소극적인 집단원을 집단작업에 적극적으로 끌어들여야 한다. 그렇지 않고
집단원의 문제행동을 방치한다면, 다음과 같은 문제를 초래할 수 있다.

문제점.   집단원의 소극적 참여에 따른 문제점은 무엇보다도 다른 집단원들이
소극적으로 참여하는 집단원을 의식하게 되는 것이다. 이는 집단 분위기에도 부정적
인 영향을 미친다. 예를 들어, 집단에서 어렵게 자기 자신을 드러내고 위험을 감수한
집단원은 소극적인 집단원이 아무런 반응 없이 자신을 지켜보고만 있는 것에 대해 불
안, 염려, 의구심, 분노 등과 같은 복합적인 감정을 갖게 될 수 있다. 집단원들이 소극

적인 집단원을 의식하게 되면 자기개방을 꺼리게 되고, 결과적으로 집단의 응집력을 약화시켜 집단의 성과에도 부정적인 영향을 미친다. 소극적인 집단원이 집단과정에 미치는 영향을 정리하면 글상자 4-9와 같다.

📋 **글상자 4-9. 집단원의 소극적 참여가 집단에 미치는 영향**

1. 집단역동을 둔화시켜 응집력을 떨어뜨린다.
2. 소극적인 집단원을 의식하게 되어 집단원들의 참여가 전반적으로 저조해진다.
3. 다른 집단원들이 소극적으로 참여하는 집단원에 대해 아는 바가 별로 없다고 느낀다.
4. 일방적으로 관찰당하는 느낌이 들어 다른 집단원들의 불안 또는 분노를 유발할 수 있다.
5. 다른 집단원들에게 불필요한 의구심을 자아내어, 심한 경우 죄책감을 느끼는 집단원이 생길 수 있다.

그러면 왜 집단참여에 미온적인 태도를 보이는 집단원이 생길까? 집단원이 집단참여에 소극적인 태도를 보이는 이유는 글상자 4-10과 같다.

📋 **글상자 4-10. 소극적 참여의 원인**

1. 집단원의 성격적 특성
2. 집단원 역할의 몰이해
3. 말할 가치가 없다는 느낌
4. 집단리더의 모호한 지시
5. 의사소통 혹은 침묵과 관련된 정신적 외상
6. 집단의 진행 방향에 대한 불만 혹은 불확실성
7. 거절되거나 수용되지 못할 것에 대한 두려움
8. 집단리더를 시험하기 위한 교묘한 힘겨루기 게임
9. 집단에 대한 믿음 부족, 안전감 혹은 신뢰성 상실
10. 다른 집단원·집단리더에 대한 열등감 혹은 저항감
11. 언어표현 능력 부족으로 어리석게 보일 것 같은 두려움
12. 자신, 가족, 또는 집안에 관해 노출해서는 안된다는 신념

소극적이거나 말이 없는 집단원이 생기는 경우, 집단리더는 그 행동의 의미를 파악한 후에 개입방법을 택한다. 이 집단원은 성격적으로 수줍어하는가? 아니면 상황에

따라 말이 없는가? 소극적 행동의 의미를 어떻게 해석하는가에 따라 집단리더는 이 문제를 여러 가지 방법으로 언급할 수 있다. 집단리더는 이 집단원의 행동에 대해 공개적으로 혹은 사적으로 다음과 같은 개입방안을 시의적절하게 적용해야 한다.

　　개입방안.　　집단원의 소극적 참여에는 다음과 같이 개입한다.

　　첫째, 집단참여에 소극적인 집단원에게 집단에 먼저 참여할 기회를 제공한다. 단, 다른 집단원들이 소극적인 집단원에 대해 비난하거나 공격적인 태도를 보이지 않도록 한다. 해당 집단원에 대한 다른 집단원들의 비난이나 공격은 치료적이기보다는 오히려 집단 분위기를 해칠 수 있기 때문이다. 동시에 집단리더는 다른 집단원들에게도 참여 기회를 고르게 배분하여 집단원들 모두가 집단에 적극적으로 참여하여 학습효과를 극대화할 수 있도록 한다.

　　둘째, 소극적이고 자기개방을 하지 않는 집단원에게는 자신이 원하는 것을 적극적으로 표현하는 법을 학습할 기회를 제공한다. 또한 자신을 위한 행동을 연습할 수 있도록 격려한다. 그리고 필요한 경우 기본적인 사회적 기술을 가르친다. 그러나 이 집단원과 집단 밖에서 개별면담을 자주 갖는 것은 삼간다. 왜냐면 그 집단원은 집단리더와의 면담을 통해 집단 내에서 다른 집단원들과 직접적인 방식으로 상호작용해야 한다는 책임감에서 벗어날 수 있다고 여길 수 있기 때문이다.

　　셋째, 연결기술을 통해 집단참여를 유도하는 동시에 자발적으로 참여할 때까지 한동안 기다려 준다. 아무리 집단작업에 소극적으로 참여한다고 하더라도, 이러한 집단원들도 집단으로부터 말없이 도움을 받고 있을 수 있다. 집단에서는 소극적인 태도를 보이면서 변화가 없는 것처럼 보이는 집단원 중에는 집단 밖에서 다른 사람들과의 관계에서 모험시도를 함으로써 점진적으로 행동 변화를 성취하는 집단원도 있기 때문이다.

　　넷째, 집단원의 문제행동의 의미를 면밀히 검토하여 그 행동의 원인에 따라 적절하게 대처한다. 소극적 집단원의 침묵에는 생산적 침묵과 비생산적 침묵이 있다. 생산적 침묵productive silence이란 집단에서 일어난 일들을 통합하거나 깊이 숙고하느라 일시적으로 말이 없는 것을 말한다. 이 경우에는 2~3분 정도 말없이 기다려 주면서 집단원이 생각과 감정을 정리한 다음에 이야기하도록 여유를 준다. 반면, 비생산적 침묵unproductive silence은 두려움, 분노, 지루함 같은 감정 상태에 있거나 어떻게 행동해야 할지 몰라서 머뭇거리는 상태를 말한다. 이러한 침묵에는 즉각 개입하는 것이 효과적이다. 이때 소극적 행동의 의미 탐색을 위해 사용할 수 있는 질문의 예는 대화상자 4-6과 같다.

대화상자 4-6. 소극적 참여의 의미 탐색을 위한 질문의 예

○ "당신의 침묵은 어떤 의미가 있나요?"
○ "주로 어떤 경우에 말이 없어지나요?"
○ "이 집단에서 말을 꺼내기 힘들게 하는 것은 무엇인가요?"
○ "이 집단에 속해 있는 것에 대해 어떤 느낌이 드나요?"
○ "집단 밖에서도 말이 없는 편인가요?"

집단리더는 대화상자 4-7과 같은 반응 혹은 질문을 통해 집단참여에 소극적으로 임하는 집단원의 참여를 끌어낼 수 있다.

대화상자 4-7. 소극적 집단원의 참여 촉진을 위한 집단리더의 반응 진술 예시

○ "이번 회기에서는 어떤 점에 대해 작업하고 싶으세요?"
○ "마음이 불편해질 때, 우리에게 알려 주세요."
○ "상현 씨는 이번 회기에서 원하는 것을 얻으셨는지 궁금합니다."
○ "동인이 이야기를 들으면서 성주도 어떤 느낌이 들었을 것 같은데."
○ "수연 씨를 이 집단에 더 깊이 참여시키려면 어떤 질문을 드리는 것이 좋을까요?"
○ "조금 전 현빈 씨가 태희 씨를 우리 대화의 주인공으로 만들었는데, 그때 어떤 느낌이 들었나요?"
○ "오늘은 의정 씨가 집단과정에 미처 참여하기도 전에 회기를 마치게 되었네요. 다음 주에는 의정 씨의 관심사부터 들어 보기로 할까요?"

대화상자 4-7에 제시된 진술의 예에서처럼, 집단리더는 소극적 태도를 보이는 집단원에게 집단참여를 위해서는 모험시도가 필요하다는 점을 강조한다. 또한 어느 정도의 위험부담이 있는 상태에서 자기를 개방함으로써 얻게 되는 느낌과 성취감에 관해 설명한다. 집단에서 말이 없고 소극적 태도를 보이는 집단원은 자신의 입장을 말로 표현하지 않으면 다른 집단원들이 알지 못할 것이라고 여길 수 있다. 대화상자 4-7에 제시된 반응 진술 외에도, 집단리더는 연결기술을 적극적으로 활용하여 소극적인 집단원의 집단참여를 유도할 수 있다. 이처럼 집단에는 소극적으로 참여하는 집단원이 있는가 하면, 습관적 · 만성적으로 불평하는 집단원도 있다.

습관적 불평

집단에 어려움을 주는 집단원의 다섯 번째 행동은 습관적으로 불평을 늘어놓는 것이다. 습관적 불평^{habitual complaint}이란 거의 매 회기마다 집단, 집단리더 및/또는 다른 집단원(들)에 대해 불평불만을 늘어놓는 행위를 말한다. 습관적으로 불평하는 성향은 대화독점행동의 변형으로, '도움거부 불평자^{help-rejecting complainer, HRC}'(Yalom, 2005)로도 불린다. 습관적 불평을 일삼는 집단원은 흔히 집단초기에 나타난다. 특히 비자발적 집단원들로 구성된 집단의 경우, 더욱 빈번히 나타난다. 집단원의 습관적 불평은 다음과 같은 문제를 야기할 수 있다.

문제점. 집단원의 습관적 불평에 따른 문제점은 다음과 같다. 첫째, 습관적으로 불평을 늘어놓는 행동은 무엇보다도 집단 분위기를 해친다. 끊임없이 불평을 토로하면서 다른 어떤 집단원보다도 자신이 도움을 더 필요로 한다는 식의 태도는 다른 집단원들에게서 좌절, 짜증, 분노를 일으킬 수 있기 때문이다. 둘째, 습관적으로 불평을 일삼는 집단원은 끊임없이 문제를 제기하고 이를 극복할 수 없는 것처럼 보이게 한다. 이들은 다른 집단원들에게 충고나 조언을 하게 하면서도 결코 이를 받아들이지 않음으로써 집단원들의 에너지를 고갈시킨다는 점에서 의존적 행동을 보이는 집단원과 유사하다. 더욱이, 습관적 불평은 종종 다른 집단원들과의 논쟁으로 이어진다. 이러한 점에서 집단원의 습관적 불평을 조기에 개입하지 않는다면, 이는 집단역동, 과정, 성과에 심각한 영향을 줄 수 있다. 그러면 습관적으로 불평을 일삼는 집단원의 행동에 대해 어떻게 개입해야 하는가?

개입방안. 집단원의 습관적 불평에는 다음과 같이 개입한다. 집단리더가 집단원의 불평이 습관적 · 만성적이라는 판단이 든다면, 일단 초점을 다른 사람이나 주제로 돌린다. 그런 다음, 집단 회기를 마치고 나서 불평하는 집단원과의 개별면담을 통해 불평의 원인에 대해 구체적으로 탐색한다. 습관적 불평행동을 다룰 때, 집단리더들이 흔히 저지르는 실수는 다른 집단원들이 있는 상황에서 불평행동에 대해 공공연하게 지적하는 것 같은 반응을 보이는 것이다. 그러나 이러한 접근은 집단리더와 해당 집단원 간의 논쟁으로 이어질 수 있다는 점에서 지양한다. 습관적 불평을 일삼는 집단원에 대한 개입방안을 요약 · 정리하면 글상자 4-11과 같다.

글상자 4-11. 집단원의 습관적 불평에 대한 개입방안

1. 개별면담을 통해 불평의 이유를 알아본다.
2. 생산적인 집단을 위해 정중하게 협조와 도움을 요청한다.
3. 불평을 일삼는 집단원과 시선 접촉을 피함으로써 나서지 않게 한다.
4. 단순히 집단리더의 관심과 집단에서의 역할을 원하는 경우라면, 이를 제공한다.
5. 동맹자, 즉 집단활동에 적극적으로 참여하는 집단원에게 질문이나 피드백을 제공하게 하여 집단 분위기에 활력을 불어넣는다.

집단원의 습관적 불평은 대부분 집단의 긍정적 가치를 깨닫게 되면서 감소하거나 사라진다(Marmarosh & Van Horn, 2010). 그러므로 집단리더는 집단원의 습관적인 불평행동을 다루느라 너무 많은 시간을 소모함으로써 다른 집단원들의 집단참여 기회를 박탈하는 잘못을 범하지 않도록 한다. 또한 일시적 구원으로 인해 집단의 치료 분위기를 저해하지 않도록 해야 한다.

일시적 구원

집단에 어려움을 주고 집단리더가 종종 다루기 힘든 집단원의 여섯 번째 행동은 일시적 구원이다. 일시적 구원이란 타인의 고통을 지켜보는 것이 어려워 이를 사전에 봉쇄하기 위한 일종의 가식적 지지행위를 말한다. 이러한 행위는 다른 집단원의 상처를 달래고 고통을 줄여 사람들을 안심시키는 한편, 자신도 마음의 안정을 취하려는 욕구의 표현으로 해석된다. 일시적 구원은 언뜻 다른 집단원을 배려하고 돌보는 행동처럼 보일 수 있다. 그러나 실제로는 자신의 고통을 피하기 위한 욕구가 가식적인 도움의 형태로 나타나는 것이다.

일시적 구원은 '반창고 붙이기band-aiding' 또는 '상처 싸매기'(Yalom, 2005)로도 불린다. 만일 우리 몸에 상처로 인해 심하게 곪은 환부가 있다면, 적절한 시기에 고름을 완전히 제거하여 치료를 완료한다. 그러나 일시적 구원은 일시적 고통을 회피하기 위해 환부의 고름을 제거하기보다 단순히 일회용 반창고를 붙여 둠으로써 치료를 완료하지 않는 것과 같다. 일시적 구원과 진술한 돌봄, 관심, 배려, 공감을 표현하는 행동 사이에는 차이가 있다. 진정한 돌봄은 고통 표출이 상처 치료의 첫 단계임을 인정하는 한편, 집단원에게 그동안 억압되었던 고통스러운 감정을 탐색, 인식, 토로할 기회를 제공하는 것임을 기억할 필요가 있다. 따라서 필요한 경우 집단리더는 이러한 점에 대해 집단원들에게 설명해 주어야 할 것이다.

　　문제점.　　집단원의 일시적 구원에 따른 문제점은 다음과 같다. 일시적 구원은 언뜻 다른 집단원에 대한 보호, 배려 또는 관심처럼 보인다. 그러나 진정한 의미에서 도움을 제공하는 행동과는 다소 거리가 있다. 그러므로 오히려 고통을 겪는 사람에게 관심을 기울여서 고통스러운 감정을 토로하게 하고, 그러한 경험을 충분히 경험하도록 허용하는 것이 성장의 촉진 요소가 될 수 있다. 안전한 분위기 속에서 신뢰할 수 있는 사람들에게 고통스러운 경험을 토로하는 것은 문제해결과 변화의 첫 단계이기 때문이다.

　　고통스러운 경험을 토로하는 집단원이 있을 때, 다른 집단원(들)이 위로의 차원에서 신체 접촉(예, 끌어안기, 어깨 또는 등 두드려 주기, 손잡기 등)을 시도할 수 있다. 이 경우, 집단리더는 신체 접촉에 대해 해당 집단원의 의향을 확인함으로써 불필요한 오해가 생기는 일이 없도록 해야 한다(ACA, 2014). 이때 중요한 것은 신체 접촉 이면의 동기다. 즉, 다른 사람이 고통스러워하는 모습을 지켜보기가 어렵기 때문인지, 아니면 돌봄, 공감적 이해의 마음을 전하고 싶은 것인가? 예컨대, 과거에 성 학대 또는 성폭행 피해경험이 있는 사람은 다른 사람이 허락 없이 하는 신체 접촉을 위협으로 받아들일 수 있다. 집단에서의 신체 접촉은 미묘한 주제이기는 하지만, 굳이 금할 필요는 없다(Corey & Corey, 2017). 집단리더와 집단원, 그리고 집단원들 간의 신체 접촉은 강력한 치료효과가 있기 때문이다. 그렇다면 집단에서 일시적 구원을 일삼는 집단원의 행동에는 어떻게 개입해야 하는가?

　　개입방안.　　일시적 구원을 시도하는 집단원에 대해서는 다음과 같이 개입한다. 우선, 다른 집단원이 고통스러운 경험을 노출할 때 그의 느낌과 생각을 탐색해 볼 기회를 제공한다. 특히 미결감정을 애써 회피하거나 억압했던 집단원이라면, 안전한 집단 분위기에서 교정적 정서체험과 함께 집단의 지지와 격려를 받는 것이 훨씬 강력한 치료적 접근이 될 수 있다. **교정적 정서체험**^{corrective emotional experience}이란 과거에는 다룰 수 없었던, 정서 상황에서 겪은 외상적 상황 혹은 정서체험을 수정하기 위해 내담자를 더 안전하고 지지적인 환경에 노출시키는 것을 말한다(Alexander & French, 1946; Frank & Asher, 1951).

　　교정적 정서체험은 1946년 프란츠 알렉산더^{Franz Alexander}가 정신분석의 치료과정을 기술하면서 소개한 개념이다. 과거의 외상적 경험은 주로 초년기의 중요한 타인 또는 일차가족과의 갈등에 기인한다. 따라서 삶의 초기에 생성된 미결감정은 안전하고 신뢰할 수 있는 집단에서 교정적 정서체험을 통해 자연스럽게 해소될 수 있다. 교정적 정서체험이 자연스럽게 일어나도록 하기 위한 장면은 개인상담보다는 집단장면이 더 적합하다. 그 이유는 집단에는 성장 지위 점유를 위한 갈등, 성적 긴장, 관계왜곡, 집단원들 간의 사회계급, 교육과 가치의 차이 등과 같은 긴장이 있어서 일차가족 집단의 교정적 재현^{corrective recapitulation of the primary family group}이 상대적으로 용이하기 때문이다(Yalom, 2005). 교정적 정서체험을 위한 준비 차원에서 스스로에게 던져볼 필요가 있는 질문의 예는 글상자 4-12와 같다.

> 🏢 **글상자 4-12. 교정적 정서체험 확인을 위한 확인사항**
>
> 1. 집단원의 감정은 무엇에 대한 것인가?
> 2. 집단원은 내가 현재 인식하지 못하는 것을 보고, 느끼고, 경험하고 있는가?
> 3. 집단원의 독특한 경험을 설명할 수 있는 성, 민족, 문화 관련 배경은 무엇인가?
> 4. 이러한 점은 내가 집단원에 관하여 알고 있는 사실과 어떻게 부합되는가?
> 5. 집단원이 현재 진행되는 상황을 왜곡 또는 과장하고 있지 않은가?
> 6. 다른 집단원들은 현재 이 집단원과 관련되어 일어나고 있는 상황에 대해 어떻게 반응하는가?
> 7. 나의 직관은 지금 어떤 상황이 전개되고 있다고 말하고 있는가?
> 8. 집단원이 자신의 행동에 대한 인식과 과거를 연결할 수 있으려면, 나는 무엇을, 어떻게 도와야 하는가?
> 9. 종결에 앞서 집단원의 문제해결을 위해 나는 무엇을 해야 하는가?
> 10. 이번 일을 통해 얻은 교훈은 무엇이고, 어떻게 하면 그것을 다른 집단원들의 경험으로 일반화할 수 있는가?

미결감정은 단순히 지적인 통찰만으로 해소되지 않는다. 대신, 예기치 않은 상황에서 집단원이 집단 내 다른 사람 혹은 사물에 대해 강한 정서를 체험하고 있음이 인식될 때 일어난다. 외상적 경험에 의한 역기능적 행동 패턴은 집단원들의 지지와 피드백 같은 정서적 요소와 체계적인 현실검증^{reality testing}, 그리고 굳어진 패턴을 인식·인정하는 과정을 통해 새로운 것으로 대체될 수 있다. 따라서 집단에서 개인의 문제를 깊이 있게 다루는 것은 과거의 미결과제를 해소하기 위한 의미 있는 집단작업이다. 특정 행동의 근원적 의미, 그리고 그 행동이 다른 사람들에게 미치는 영향을 깨닫는 한편, 새롭게 학습한 생산적 행동을 일상생활에 적용하도록 돕는 것이 바로 치료적 집단의 존재 이유다.

사실적 이야기 늘어놓기

집단에 어려움을 주는 집단원의 일곱 번째 행동은 사실적 이야기를 늘어놓는 것이다. 사실적 이야기 늘어놓기[factual story-telling]란 느낌이나 생각을 말하기보다 소위 말해서 '옛날이야기', 즉 과거 사건에 관해 사실 중심의 이야기를 두서없이 늘어놓는 행위를 말한다. 이는 구체적인 목적지 없이 방황하는 것처럼, 다른 집단원들을 청중 삼아 장황하게 이야기를 늘어놓는 것과 같다. 이러한 현상은 때로 치료적 집단경험이 없는 집단원의 집단에 대한 오해에서 비롯되기도 한다. 즉, 자신의 과거 사실을 소상하게 털어놓으면, 집단리더가 이를 해결해 준다고 믿는 데서 기인할 수 있다.

따라서 집단초기에 자신의 과거나 현재 생활에서의 경험을 사건 중심으로 장황하게 늘어놓는 집단원이 나타나는 것은 그리 놀라운 일이 아니다. 더욱이 집단초기에 집단리더들은 종종 집단원이 사실적 이야기를 늘어놓는 것에 대해 비교적 관대한 입장을 취하는 경향이 있다(DeLucia-Waack et al., 2014). 그러나 만일 집단에 대한 몰이해[misunderstanding] 때문이 아닌 상태에서 사실적 이야기를 늘어놓는 집단원이 있다면, 이는 전자의 경우와 다르다. 왜냐면 사실적인 내용만으로 엮어진 이야기나 다른 사람 또는 자신의 생활환경에 관해 두서없이 늘어놓는 행동은 자기개방을 꺼리는 방어수단으로 볼 수 있기 때문이다.

문제점.   사실적 이야기를 늘어놓는 집단원이 생기는 경우, 집단에 미칠 수 있는 영향은 글상자 4-13과 같다.

글상자 4-13. 집단원의 사실적 이야기를 늘어놓는 행위가 집단에 미치는 영향

1. 심리적으로 의미 없는 이야기를 듣게 되어 집단원들이 쉽게 지루해지고 피곤해할 수 있어서 집단의 활력을 떨어뜨린다.
2. 사건에 대한 주관적 감정을 잘 알지 못하는 집단원들은 적절한 반응 또는 달리 도울 수 있는 방도를 찾지 못하게 되어 무능감이나 무력감을 느낄 수 있다.
3. 한정된 집단시간이 장황한 이야기를 늘어놓는 집단원에게 집중되어 공평하지 못한 시간 배분에 대한 집단원들의 불만이 초래될 수 있다.

4. 사실적인 이야기를 늘어놓는 집단원 자신도 의미 있는 경험학습을 하고 있다는 느낌 보다는 공허한 느낌이 들 수 있다.

　사실적 이야기를 늘어놓는 집단원의 행위는 다른 집단원뿐 아니라, 그 자신 역시 집단의 효과에 대해 의구심을 갖게 될 수 있다. 또한 자신이 집단의 분위기에 부정적 영향을 주고 있음을 인식하게 되는 경우 죄책감을 느낄 수 있다는 점에서도 집단리더의 시의적절한 개입이 필요하다. 그러면 사실적 이야기 늘어놓기 행동에는 어떻게 개입해야 하는가?

　개입방안.　사실적 이야기를 늘어놓는 집단원에게는 다음과 같이 개입한다. 첫째, 사실적 이야기를 늘어놓는 집단원이 지금 여기에 초점을 맞추고, 과거의 사건이 현재 어떤 영향을 미치는가를 느낌 중심으로 표출하도록 돕는다. 둘째, 과거의 사건이나 상황보다는 그 사건이나 상황에 대한 현재의 느낌을 토로할 수 있도록 한다. 집단원의 생애사$^{life\ history}$, 즉 과거의 삶에 어떤 일이 있었는지에 대한 이야기는 집단과정에서 완전히 피할 수 없는 주제다. 게다가 과거사는 집단원 이해에도 필요한 자료가 될 수 있으므로, 이에 대해 언급할 기회를 제공해야 한다. 단, 과거사에 대해 사건 중심의 이야기가 장황하게 이어지는 경우, 일시적으로 대화를 독점하게 된다. 만일 이러한 일이 발생한다면, 집단리더는 차단기술을 사용하여 그 집단원이 과거의 사건이나 상황을 현재로 가져오도록 하는 한편, 감정을 탐색하도록 돕는다.

질문공세

집단에 어려움을 주는 집단원의 여덟 번째 행동은 질문공세다. 질문공세$^{questions\ bombardment}$란 자신의 느낌 또는 생각보다는 주로 질문으로 반응하는 것을 말한다. 질문공세를 하는 집단원은 종종 적절치 않은 시기에 끼어들어 질문을 던지기도 한다. 이는 마치 체인으로 이어 놓은 질문 다발을 하나씩 풀어놓는 것과 같다. 그러면 질문공세는 어떤 문제점이 있을까?

　문제점.　집단원의 질문공세에 따른 문제점은 다음과 같다. 질문은 생각이나 감정 탐색, 상대방에 대한 관심 표현, 그리고 정보나 자료 수집을 위한 중요한 수단으로 사용된다. 그러나 집단원의 습관적 질문은 치료적 효과가 없이 단순히 다른 집단원에 대한 호기심 충족을 위한 수단으로 오용될 수 있다. 또한 질문은 상대방의 사고 흐름을 가로막을 뿐 아니라 답변해야 하는 부담을 줄 수 있다. 그리고 심지어 집단원의 감정보다는 생각에 의존하게 한다는 문제가 있다. 집단원의 질문공세에 대해서는 어떻게 개입해야 할까?

개입방안.　집단원의 질문공세에는 다음과 같이 개입한다.

첫째, 질문공세를 하는 집단원에게 질문 속에 포함된 핵심 내용을 자기를 주어로 해서 직접 표현해 보도록 한다. 다른 집단원들에게 질문을 일삼거나 질문에 대한 답변을 경청하지 않고 연속적으로 질문을 던지는 행동은 흔히 자신에 관하여 노출하지 않아도 될 것이라는 무의식적 욕구의 표현이면서 자신을 은폐하려는 수단으로 해석된다(Billow, 2010).

둘째, 집단원에게 질문을 하기 전에 마음속에 무엇이 진행되고 있는지를 말해 보도록 제안한다. 이런 개입을 통해 질문공세를 하는 집단원은 다른 집단원들에게 연속적인 질문을 던지게 된 행동의 원인과 자신의 감추어진 욕구를 탐색해 볼 수 있다. 질문은 상대방에 대해 좀 더 알기를 원한다거나 관심의 표현으로 해석될 수 있다. 그러나 질문을 받는 사람으로서는 대답해야 하는 부담감으로 인해 방어가 유발될 수도 있다. 이에 비해 '나'를 주어로 하여 자신의 느낌을 개인적으로 표현하는 진술은 그럴 가능성이 낮으므로, 집단에서 유용하게 활용될 수 있는 기술이다.

충고 일삼기

집단에 어려움을 주는 집단원의 아홉 번째 행동은 충고를 일삼는 행위다. 충고 일삼기란 다른 집단원에게 인지적 요구, 즉 해야 할 것$^{Do's}$과 하지 말아야 할 것$^{Don'ts}$을 습관적·반복적으로 일러 주는 행위를 말한다. 충고는 대체로 글상자 4-14에 제시된 것과 같은 형태를 취한다.

⊞ 글상자 4-14. 충고 일삼기의 진술 패턴

○ "~을 해 보시지 그러세요?"	○ "○○ 씨가 꼭 해야 할 일은 ~입니다."
○ "당연히 ~게 해야 합니다."	○ "△△ 씨는 반드시 ~해야 한다고 생각합니다."

집단원들의 충고는 적어도 집단초기에 거의 모든 집단에서 예외 없이 나타난다 (Alle-Corliss & Alle-Corliss, 2009). 그러므로 충고를 일삼는 행동은 집단이 시작한 지 얼

마나 오래되었는지 추정하거나 집단의 성숙도를 가늠하는 지표로 활용되기도 한다. 충고는 흔히 다른 집단원에게 도움이 되고자 하는 동기와 의도로 이루어진다. 그러나 충고는 이를 제공하는 사람이 승자^{winner}인 반면, 받는 사람은 패자^{loser}라는 미묘한 느낌을 줄 수 있다(또는 어른 vs. 아이, 상사 vs. 부하, 상전^{topdog} vs. 하인^{underdog}, 성공자 vs. 실패자). 따라서 충고는 이를 제공하는 집단원의 의도와 달리 집단과정과 역동에 부정적인 영향을 주게 된다.

문제점.   집단원의 충고 일삼기에 따른 문제점은 다음과 같다.

첫째, 충고는 일종의 자기방어나 저항의 형태로 해석된다. 이러한 행위는 다른 집단원의 감정표출이나 미결감정의 재경험을 조기에 차단할 수 있다. 이는 결국 집단과정과 역동의 활성화를 저해하게 된다.

둘째, 충고는 상대의 저항을 불러일으켜서 깊고 신뢰성 있는 유대감 또는 응집력 형성에 장애가 된다. 이 경우, 집단원들에게서 상호 유대관계를 맺기보다는 다른 사람을 조종하려는 성향이 나타날 수 있다. 따라서 아무리 충고의 의도가 다른 집단원의 문제해결에 도움을 주기 위함이라 하더라도 의도와는 달리 상대에게 별로 도움이 되지 않을 뿐 아니라, 집단발달을 가로막게 될 뿐이다.

셋째, 사람들은 충고를 구하거나 필요로 하는 것처럼 보이지만, 실제로는 다른 사람들의 충고를 귀담아듣지 않는 경향이 있다. 설령 귀담아듣는다고 하더라도, 듣는 것과 실천하는 것은 별개의 것이라는 한계가 있다. 집단초기에 집단원이 자신의 문제를 내어 놓는 것에 대해 집단원들은 흔히 마치 충고를 요청하는 것으로 오해할 수 있다. 그 결과, 집단원들은 유용하다고 생각하는 충고를 하게 된다. 이러한 노력은 도움이 필요한 집단원에 대한 관심과 배려의 표현으로 보일 수 있다. 그러나 충고는 이를 제공한 집단원이나 받아들여야 하는 입장에 있는 집단원 모두에게 좌절을 안겨 줄 수 있다.

넷째, 충고를 받아들인 집단원이 충고를 실행에 옮겼다가 원하는 결과가 나타나지 않을 경우에도 문제가 될 수 있다. 이 경우, 충고를 받아들인 집단원이 결과에 대한 책임을 스스로 지기보다는 충고한 집단원에게 전가할 수 있기 때문이다. 이는 결국 그 집단원에게서 실패를 통해 얻을 수 있는 경험학습 기회를 박탈하는 셈이 된다. 이와는 반대로, 충고대로 실행에 옮겨서 성공적인 결과를 얻게 될 수 있다. 그러나 이 역시 문제가 될 수 있다. 장차 비슷한 어려움이 닥치게 될 때, 자율적으로 문제를 해결하려 하기보다 다른 사람의 충고나 조언을 필요로 하거나 그에 의존하고자 할 수 있기 때문이다. 충고는 집단리더에게 그 내용보다는 과정에 관한 유익한 정보를 제공한다. 충고를 통해 전달하려는 의미는 바로 상호 관심이나 배려이기 때문이다. 충고와 관련해서 집단원들이 보일 수 있는 태도 또는 행동은 글상자 4-15와 같다.

글상자 4-15. 충고와 관련해서 집단원들이 보일 수 있는 태도 또는 행동

1. 충고에 대해 과도한 감정을 나타내며 고마워함
2. 그 자리에서는 충고를 인정하지 않고 집에 가서 곰곰이 생각해 봄
3. 집단에서 우월하거나 초연한 모습을 보이고자 절대로 도움을 청하지 않음
4. 다른 사람들을 기쁘게 하고자 자신을 위해서는 아무런 요구를 하지 않음
5. 해결할 수 없는 문제 또는 이미 해결된 문제에 대해 충고를 요청함으로써 관심을 끌거나 보살핌을 받고자 함
6. 다른 집단원의 충고를 스펀지처럼 받아들이면서도 다른 집단원에게는 자신이 받은 것 같은 충고를 해 주지 않음

다른 사람의 충고를 받아들인다는 것은 자주적으로 문제를 해결해 나갈 능력이 없어서 다른 사람에게 결정을 내맡기는 것을 의미한다. 그러므로 충고는 집단에서 그리 바람직한 행위로 보기 어렵다. 설령 충고가 도움이 된다고 할지라도, 이는 결국 앞으로 유사한 상황에 처하게 될 때 스스로 해결책을 찾는 데 어려움을 주게 되기 때문이다. 그러면 충고를 일삼는 행동에는 어떻게 개입해야 할까?

개입방안.   집단원의 충고를 일삼는 행동에는 다음과 같이 개입한다.

첫째, 집단원이 시간적 여유를 가지고 자신의 문제와 갈등을 탐색하도록 돕는다. 만일 충고하려는 집단원이 나타나는 경우, 집단리더는 도움을 필요로 하는 집단원에게 충고하기보다는 그의 문제에 대해 깊이 탐색할 수 있도록 돕는 것의 가치를 강조한다.

둘째, 교육 회기를 통해 집단원들에게 섣부른 충고는 집단원들의 생각만큼 그리 효과적인 조력방법이 아니라는 점을 일깨워 준다. 즉, 자신보다 타인에게 관심을 갖고 요청하지 않은 도움을 충고로 제공하려는 행위는 결국 집단역동과 과정을 저해할 수 있다는 점을 집단원들에게 인식시킨다.

셋째, 충고를 일삼는 집단원에게는 다른 집단원에게 충고해 주려는 행동의 동기를

탐색해 볼 기회를 제공한다. 충고는 어떤 의미에서 다른 사람에 대한 관심과 배려의 표현이라고 볼 수 있다. 그러나 동시에 이러한 행동은 다른 사람들의 주의를 자신에게 집중시킬 수 있는 효과를 줄 수도 있다. 집단리더는 집단원의 선의를 인정해 주는 한편, 섣부른 충고보다는 문제 탐색의 기회를 갖는 것이 더 중요하다는 사실을 시범을 통해 보여 준다. 만일 집단리더가 집단원의 충고를 일삼는 행동에 개입하지 않고 방치한다면, 집단은 더 깊은 수준의 자기탐색으로 들어가기보다는 단지 공허한 충고로 이어지는 무의미한 잿빛 공간으로 변할 수 있다. 충고 일삼기 같은 행위는 자칫 적대적 행동의 원인이 될 수도 있다.

적대적 행동

집단에 어려움을 주는 집단원의 열 번째 행동은 적대적 행동이다. 적대적 행동[hostile behavior]이란 내면에 누적된 부정적인 감정을 직간접적인 방식으로 집단리더 또는 다른 집단원에게 표출하는 행위를 말한다. 집단에서 흔히 관찰되는 것으로, 집단리더의 개입이 요구되는 집단원의 적대적 행동의 예는 글상자 4-16과 같다.

> **글상자 4-16. 적대적 행동의 예**
>
> 1. 언어적 · 신체적 공격
> 2. 성차별 · 인종차별적 언사
> 3. 지각, 조퇴, 결석 혹은 중도포기
> 4. 다른 집단원에 대한 무관심 혹은 무감각
> 5. 소극적 집단참여 혹은 수동공격적[passive-aggressive] 행동
> 6. 자신의 행동이 다른 집단원에게 미치는 영향에의 무관심
> 7. 냉소적 농담, 빈정거림, 치고 빠지는[hit-and-run] 식의 행동
> 8. 다른 집단원의 의견이나 행동에 위축되거나 철수하는 행동
> 9. 지나치게 예의나 격식을 차리면서도 은연중에 보이는 비판적 표현

이외에도, 지나치게 방어적인 태도로 자신의 적대적 행동을 위장하는 집단원도 있다. 그러나 대부분의 경우 집단원들은 자기 자신이 적대적 행동을 나타내고 있다는 사실을 인식하지 못하는 경향이 있다(Riva et al., 2004). 그러면 적대적 행동을 나타내는 집단원은 집단에 어떤 문제를 초래할 수 있는가?

문제점.   집단원의 적대적 행동에 따른 문제점은 다음과 같다.

첫째, 적대적 행동은 다른 집단원의 적대적 감정과 행동을 불러일으킬 수 있다. 적대감을 표출하는 형태는 공격적인 행동을 보이는 것이지만, 직면 상황에서는 당혹스러워하면서 재빨리 후퇴하는 특징이 있다(Billow, 2010). 그런가 하면, 자신의 행동이 직면될 때면 분개하면서 온갖 변명을 늘어놓거나, 다른 집단원의 피드백에 귀 기울이지 않고 방어적인 태도를 보이는 경향이 있다. 이러한 행동은 다른 집단원들의 분노를 야기하게 되어 집단 분위기를 해치고 응집력을 떨어뜨리게 된다.

둘째, 적대감은 종종 집단원들에게 심리적 위협이 된다. 이는 집단원들 간의 신뢰관계를 손상시켜 마음의 문을 닫게 하는 원인이 된다. 집단 분위기가 폐쇄적으로 흐르면, 응집력 형성에도 부정적인 영향을 미치게 된다. 그러므로 집단원의 적대적 행동은 집단상담자가 시의적절하고 단호히 개입해야 할 문제행동이다. 따라서 집단리더는 이 문제를 다음과 같이 직접적으로 다룰 필요가 있다.

개입방안.   집단원의 적대적 행동은 다음과 같이 개입한다.

첫째, 다른 집단원들이 적대적 행동을 하는 집단원에게서 받는 영향과 느낌에 관한 이야기를 나누게 한다. 이때 집단리더는 집단원들이 적대적 행동을 하는 집단원을 '자기비판' 혹은 '공개처형'하는 식으로 흘러가도록 내버려 두어서는 안 된다. 대신, 집단원들 간에 피드백을 교환하는 방식으로 진행하되, 적대적 행동을 보이는 집단원이 다른 집단원들이 그에게 원하는 행동에 대해 경청하도록 한다.

둘째, 적대적 행동을 나타내는 집단원이 집단에서 원하는 것이 무엇인지 탐색하여 다른 집단원들에게 직접 표현하도록 돕는다. 적대적 행동은 다른 사람들에게 위협을 느끼는 것에서 오는 두려움의 표시나 열등감 또는 상대적인 무능력감에 대한 방어의 수단으로 나타날 수 있다. 그러므로 적대감 이면에 있는 두려움을 표출하고, 이러한 상황에 적절하게 대처할 수 있도록 돕는 것은 집단에 대한 적대적 행동의 변화에 촉매 역할을 할 것이다.

의존적 행동

집단에 어려움을 주는 집단원의 열한 번째 행동은 의존적 행동이다. 집단원의 의존적인 성향은 다른 문제행동 못지않게 집단의 역동에 부정적인 영향을 주는 집단원의 문제행동이다. 의존적 행동이란 집단리더나 다른 집단원들이 자신을 보살피고 자신에 관한 사안을 대신 결정해 줄 것으로 기대하는 것 같은 행위를 말한다. 이런 성향을 지닌 집단원들은 직간접적으로 다른 사람들에게 도움을 구하지만, 어떤 도움도 받아들이지 않고 실행하지 않는 특징이 있다. 설령 충고나 조언을 받아들인다 하더라도 이를 올바르게 실천하지 못하는 것 역시 의존적 행동을 보이는 집단원의 특징에 속한다. 왜냐면 다른 사람들의 제안이 무엇이든 간에 스스로 실천에 옮기는 일을 불가능하다고 여기거나 실패할 것으로 생각하기 때문이다. 에릭 번$^{Eric Berne}$은 이러한 행동양식을 사회집단과 치료집단에서 흔히 볼 수 있는 게임의 일종으로, '이렇게 해 보시죠? 네, 그렇지만$^{Why don't you, yes but}$' 게임으로 명명한 바 있다. 의존적 행동의 특징은 글상자 4-17과 같다.

글상자 4-17. 의존적 행동의 특징

1. 자기중심적이다.
2. 자기 자신 또는 자신의 관심사에 관해서만 언급한다.
3. 자신이 의존하는 권위를 지닌 사람을 탓하는 성향이 있다.
4. 은밀하게 도움을 구하지만, 어떤 도움도 받아들이지 않는다.
5. 충고를 듣기 위해 집단리더에게 전적으로 매달리기도 한다.
6. 충고는 공공연하게 또는 간접적으로 거절한다.
7. 다른 집단원의 호소는 자신의 것과 비교하여 평가 절하한다.
8. 끊임없이 문제를 제기하면서 이 문제를 극복할 수 없는 것처럼 보이게 한다.
9. 다른 어떤 집단원보다 도움이 필요하다는 입장에서 대인관계를 형성·유지한다.
10. 집단리더 또는 다른 집단원이 반응을 보이면, 제공된 도움을 교묘하게 거절하는 상황을 연출한다.
11. 다른 집단원이 문제를 제기함으로써 집단리더나 다른 집단원들의 관심을 끌려고 할 때 경쟁심을 나타낸다.

글상자 4-17에 제시된 것처럼, 의존적 행동은 집단에서 다양한 형태로 나타난다. 집단원에 따라서는 아내나 남편, 또는 자녀나 이성 친구 없이는 살 수 없다고 하거나, 자신의 무력감을 호소하기도 한다. 그런가 하면 집단리더와 다른 집단원들에게 필사적으로 해결책을 구하거나, 일종의 지시 또는 해결책을 고대하는 것 같은 양상을 보이기도 한다. 단, 다른 문화적 배경을 지닌 집단원이 침묵하거나, 집단리더, 나이 든 집단원, 또는 권위 있어 보이는 집단원에게 조언을 구하거나, 이들의 의견에 따르거나, 다른 집단원들에게 조언을 하려고 하는 경우, 집단리더는 이 집단원이 문화적 규범 때문에 이러한 행동을 보일 수도 있다는 점을 고려해야 한다(Hays & Erford, 2017; Pedersen, Lonner, Draguns, Trimble, & Scharron-del Rio, 2016). 이 경우, 집단리더는 우선 집단원의 감정을 인정해 주고, 집단원의 과거와 현재 경험을 언어적으로 표현하도록 도와야 할 것이다. 자신의 이야기를 경청하고 인정해 준다는 느낌이 들 때, 사람들은 변화에 더 개방적일 수 있기 때문이다. 그러면 집단원의 의존적 행동은 집단역동에 어떤 영향을 미치는가?

문제점.   집단원의 의존적 행동에 따른 문제점은 다음과 같다.

첫째, 의존적 행동을 보이는 집단원은 집단원들 간의 상호작용에서 긍정적인 대답, 즉 '네'라는 대답을 반복하는 경향이 있다. 이러한 긍정적인 반응에 대해 다른 집단원들은 그 집단원이 미처 생각지 못했을 거라고 여겨, 그를 돕기 위해 열심히 정보, 조언, 또는 피드백을 제공하는 패턴이 생기게 된다. 그런가 하면 집단원들이 자신을 원하고 필요로 하기를 바라며 자신에게 의존하려고 할 때, 자신이 중요한 존재라는 느낌을 받는 집단리더의 경우, 이러한 성향으로 인해 집단원의 의존적인 자세를 부추기는 오류를 범할 수 있다.

둘째, 의존적 행동을 보이는 집단원 중에는 다른 집단원들의 피드백을 고려해 보기보다는 '~을 해 보시지 그러세요? 네, 그렇지만 ~ ^{Why don't you ~, Yes but ~}' 식의 반응을 보이기도 한다. 이러한 반응을 보이는 집단원은 마치 게임을 하듯, 교묘하게 집단원들의 제안을 회피 또는 무시하는 반응("감히 날 도우려고 해?")을 반복해서 나타낸다. 그 결과, 의존적 행동을 보이는 집단원을 도우려고 여러모로 애쓴 집단원들은 허탈하게 되거나 불필요한 죄의식을 갖게 된다. 이러한 감정은 종종 집단과정에 대한 회의감으로 이어진다. 이러한 감정이 누적될수록, 집단은 점차 결석, 지각, 저항이 나타나거나 하위집단이 형성되기도 한다. 그 결과, 의존적 행동을 보이는 집단원을 제거하려는 노력이 가시화되면서 집단응집력은 크게 약화될 수 있다. 그러면 의존적인 자세를 보이는 집단원에 대해 어떻게 개입해야 하는가?

개입방안.   집단원의 의존적 행동에는 다음과 같이 개입할 수 있다.

첫째, 의존적 행동을 보이는 집단원의 도움을 요청하는 것 같은 행동을 도움이 필요한 것으로 혼동하지 않는다. 이러한 행동은 충고, 조언, 도움 제공 등을 가치 있는 것으로 받아들이거나 실행하기보다는 이를 거부하거나 교묘하게 피하기 위한 것일

수 있기 때문이다. 만일 집단리더나 다른 집단원들의 조언이나 제안대로 실행한다
고 하더라도 이는 전혀 효과가 없다는 것을 증명하기 위한 시도가 될 것이다. 또한 효
과가 있다고 하더라도 집단리더에게는 결코 알리지 않을 것이다. 문제의 집단원에게
집단리더나 다른 집단원들이 분노와 좌절감을 표현하는 것은 오히려 의존적 행동의
악순환을 완성시키는 반응이 될 뿐이다. 집단리더와 다른 집단원들의 적대적인 반응
은 의존적 행동으로 불평을 일삼는 집단원이 예상한 대로 부실한 치료와 방종이 다시
금 현실화되는 한편, 어느 누구도 자신을 이해할 수 없다는 사실을 재확인할 수 있는
근거가 된다.

둘째, 의존적 행동을 보이는 집단원이 자신의 문제를 올바르게 인식하도록 돕는 것
이다. 의존적인 집단원을 돕기 위한 활동의 출발점은 타인에게 의존함으로써 얻을
수 있었던 욕구충족의 고리를 끊는 것이다. 이는 집단원이 의존적인 자세를 보임으
로써 다른 집단원들의 주의를 집중시키거나, 자신에 대한 책임을 회피할 수 있었던
강화요인들을 원천적으로 봉쇄하는 것을 의미한다. 의존적 행동을 통해 욕구를 충족
해 왔던 악순환의 고리를 끊음으로써, 집단리더는 의존적인 자세를 보이는 집단원에
게 무기력한 자세를 강화시키는 요인의 유입을 막을 수 있게 된다. 동시에, 집단상담
자는 그 집단원이 타인에게 의존하려는 경향성이 있다는 점을 인식시킴으로써 자주
적이고 독립적인 새로운 삶에 대해 재고해 볼 기회를 제공한다.

우월한 태도

집단에 어려움을 주는 집단원의 열두 번째 행동은 우월한 태도다. 집단원에 따라서
는 자신이 다른 집단원들보다 우월하다는 태도를 보이며, 그들 위에 군림하려는 행동
을 나타내기도 한다. 이러한 집단원은 자신의 능력이 탁월하거나 도덕적인 사람처럼
행동하면서, 다른 집단원들의 행동에 대해 판단하거나 비평하며 비판적인 태도로 일
관하는 특징이 있다. 우월한 태도를 보이는 집단원은 마치 교류분석의 생활태도에서
'자기수용 타인거부I'm OK, but you're not OK' 같은 태도를 보인다. 다른 집단원들에 대해 우
월하다는 인상을 심어 주려는 듯한 태도를 보이는 집단원은 다음과 같은 문제점이
있다.

문제점.   집단원의 우월한 태도에 따른 문제점은 다음과 같다. 집단원의 우월한
태도는 다른 집단원들에게 반감 또는 또 다른 적대감을 불러일으킬 수 있다. 이러한

태도는 집단에서뿐 아니라 일상생활에서도 대인관계상의 갈등의 원인이 될 수 있다. 집단원의 우월한 태도는 다른 집단원들로 하여금 이 집단원의 표적이 되지 않기 위해 자기개방을 삼가게 하여 상호 폐쇄적이고 경직된 분위기가 조성될 수 있다. 그러면 우월한 태도를 일삼는 집단원들을 어떻게 도와야 하는가?

개입방안.   집단원의 우월한 태도에는 다음과 같이 개입한다. 먼저, 우월한 태도를 보이는 집단원이 자신의 느낌이나 집단을 통해 얻고자 하는 점을 탐색해 보도록 한다. 자기탐색의 기회는 해당 집단원에게 자신은 문제가 없다는 입장을 비방어적으로 스스로 점검해 볼 기회를 제공한다. 반면, 이 집단원의 태도와 행동에 대해 다른 집단원이 비난 또는 조롱하는 것 같은 반응을 하지 않도록 한다. 다른 문제행동을 보이는 집단원들에 대해 집단리더의 시의적절한 개입이 요구되듯이, 우월한 태도를 보이는 집단원에 대해서도 동일한 방식의 개입이 필요하다. 만일 집단리더가 이러한 집단원에 대해 적극적으로 개입하지 않는다면, 문제행동을 보이는 집단원을 향한 다른 집단원들의 분노는 온전히 집단의 성과에서 나타날 수 있기 때문이다.

하위집단 형성

집단에 어려움을 주는 집단원의 열세 번째 행동은 하위집단 형성이다. 하위집단 형성subgrouping이란 비생산적인 사회화의 일종으로, 집단 내에 일종의 파벌을 형성하는 것을 뜻한다. 즉, 일부 집단원이 집단 내에 작은 세력집단을 형성하여 다른 집단원 또는 집단리더에게 영향력을 행사하는 것을 말한다. 집단 내 하위집단은 집단 밖의 사회화를 통해서도 형성된다. 하위집단 형성은 흔히 성별, 연령, 출신학교, 출신지역, 주거지역, 종교, 학력, 직업, 결혼 상태, 사회경제적 지위, 민족, 인종 등과 같은 배경 변인 혹은 인구통계학적 변인demographic variables에 의해 형성된다.

그러면 집단 내에 하위집단이 형성되는 이유는 무엇인가? 하위집단은 집단에서의 지위에 대해 집단원들이 갖는 관심으로 인해 발생한다. 집단 내에 하위집단이 형성되는 것을 집단리더에 대한 적개심이 표출된 것으로 보는 시각도 있다. 즉, 집단원들이 분노와 좌절을 표출할 수 없기 때문에 서로 연대하여 다른 집단원을 공격하여 희생양을 만듦으로써 이러한 감정을 왜곡되게 표출한다는 것이다(Moreno, 2007). 하위집단 형성의 첫 단계는 집단 밖에서 만남을 갖는 것이다. 처음에는 전화통화로 시작되다가, 차 한 잔하게 된 것이 저녁 식사나 술 한 잔으로 이어지고, 각자의 집을 방문하거나 사업상 동업자가 되기도 하며, 성관계를 맺기도 한다(Yalom, 2005).

　그러면 하위집단 형성은 어떤 경우라도 집단작업에 해가 되는가? 반드시 그런 것은 아니다. 만일 하위집단의 목표가 집단목표와 일치한다면, 하위집단 형성은 집단응집력을 강화하기도 한다. 예를 들어, 장소를 옮겨 가면서 집단원 간에 자기탐색이 지속된다면, 전체 집단의 사기는 물론 집단응집력을 강화할 수 있다. 만일 집단 밖에서 일어난 일을 집단에 가져와서 충분한 작업이 이루어진다면, 하위집단 형성은 오히려 치료적 효과를 높이는 데 도움이 될 수 있다. 그런가 하면 나이 든 성인('노인')집단의 경우, 집단 밖에서의 만남은 집단원들의 지지기반으로 작용하기도 한다. 하위집단 형성은 집단에서 다음과 같은 문제점의 원인이 된다.

　문제점.　　집단원들의 하위집단 형성에 따른 문제점은 다음과 같다.

　첫째, 일부 집단원들이 집단 밖에서의 모임을 계속한다면, 다른 집단원들과의 친밀감에서 차이가 나게 된다. 또한 공유된 정보의 차이로 괴리감을 조장하여 결국 집단의 응집력을 약화시킨다. 하위집단의 구성원들은 기회가 있을 때마다 서로 지원을 아끼지 않는 반면, 그들 사이의 직면을 회피하는 경향이 있다. 이들은 자신들의 집단에 속하지 않는 집단원이 이야기를 할 때면 서로 눈길을 주고받기도 하고, 집단 회기에 함께 오거나 함께 나가는 등 동료애를 향한 욕구가 그들의 행동 검토에 대한 책임보다 앞선다(Hodson & Sorrentino, 1997). 집단의 가장 중요한 존재 이유는 집단원 개개인의 대인관계 탐색을 돕는 것이다. 그런데 하위집단 형성은 바로 이러한 작업을 방해한다.

　둘째, 집단 내에 하위집단이 형성됨으로써 그 집단원들이 자신의 중요한 문제를 전체 집단 내에서 논의하기보다는 집단 밖에서 다루는 것을 선호할 수 있다. 이러한 점에서 집단 밖에서 집단원들 간의 접촉은 집단작업에 도움이 되기보다는 해가 된다. 하위집단에 속하는 집단원들은 집단에서의 생활이 훨씬 복잡해지고 얻는 것이 적다고 느낀다. 여기서 주요 쟁점이 되는 것은 바로 하위집단에 대한 충성심이다. 집단 밖에서의 만남을 통해 알게 된 내용을 집단 전체 구성원에게 공개하는 것은 결코 쉽지 않은 일이다.

　셋째, 집단과정에서 같은 하위집단에 속하는 집단원들은 옹호하는 반면, 속하지 않는 집단원들은 의도적으로 따돌리는 문제가 발생할 수 있다. 즉, 갈등이 생길 경우 집단 대 개인 혹은 집단 대 집단의 대결 양상으로 발전될 수 있다. 하위집단에서 배제되었다는 현실은 과거의 소외경험과 관련된 불안이나 분노를 발생시킬 수 있기 때문이다. 이러한 상황에 있는 집단원이 집단에서 자신의 진솔한 느낌을 표출하는 것은 쉽지 않은 일이다. 게다가 하위집단에 대한 느낌을 표출하는 것에 대해 관련 집단원들이 복수할 가능성이 있기에 위기감을 가질 수 있다. 집단작업에서 집단원의 자기개방을 기반으로 형성되는 대인관계보다 더 중요한 것은 없다. 집단원들 간의 관계는 상호작용을 통해 형성·유지된다. 그러면 집단원들의 하위집단 형성에 대해 어떻게 개입해야 하는가?

개입방안.   집단 내의 하위집단 형성에 대해서는 다음과 같이 개입한다.

첫째, 집단 밖에서의 만남이 아무리 우연히 또는 의도적으로 이루어졌다고 하더라도 집단에 와서 모든 사람에게 알리도록 한다. 이는 집단원의 의무이자 책임으로서 다른 집단원들과 그 의미를 탐색해 보는 일의 중요성을 강조한다. 집단리더는 집단 밖에서의 집단원들의 만남을 개방적으로 다룸으로써 다른 집단원들이 소외되고 배신감을 느끼지 않도록 관심을 가지고 지속적으로 모니터해야 한다. 만일 집단원들 간에 주고받는 비언어행동과 집단 밖에서의 교제 사이에 의미 있는 관계가 있다는 느낌이 지속적으로 든다면, 집단리더는 그 느낌에 대해 다루어야 한다. 집단원들 간의 애정관계는 적대관계와 마찬가지로 치료적으로 의미 있는 단서가 되기 때문이다.

둘째, 집단은 대인관계를 제공하는 곳이 아니라 대인관계를 형성·유지하는 기술을 학습하는 실험실이자 진정한 삶의 연습무대라는 사실을 이해할 수 있도록 돕는다. 집단에서 터득한 대인관계 능력을 일상생활에 전이하려고 노력하지 않으면, 집단원들은 삶에서 얻고자 하는 만족을 집단에서만 구하려고 하게 된다. 이는 결국 소위 말해서 '집단중독' 현상, 즉 이 집단 저 집단으로 옮겨 다니는 기이한 현상을 초래하게 된다.

셋째, 집단원 선발에 있어서 이미 장기적으로 특별한 관계를 맺고 있는 사람들, 즉 친구, 부부, 연인, 룸메이트, 학교/직장 선후배, 공동 투자자, 사업의 동업자, 채권·채무자 등은 한 집단에 편성하지 않는 것이 좋다. 그러나 때로 이런 관계에 있던 사람들이 예기치 않게 집단의 첫 회기에 만나는 경우가 있다. 이 경우, 집단리더는 두 사람의 관계가 지속되고 있는지, 집단에서 완전히 개방할 수 있는지, 비밀유지에 문제가 있는지, 더 나은 대안은 없는지 등에 대해 고려해 본다. 그런 다음, 그대로 계속 진행할 것인지, 아니면 다른 대안을 택할 것인지 신속하게 결정한다.

넷째, 하위집단 형성에 따른 문제점을 집단 내에서 직접적이고 개방적으로 다룬다.

하위집단이 형성되었다고 판단되는 경우, 집단리더는 집단원들에게 집단이 진정 효과적으로 기능하기를 바라고 또 발전하는 데 관심이 있는지를 확인한다. 이 과정을 통해 집단리더는 하위집단 형성이 비생산적이고 집단응집력에도 저해가 된다는 사실을 올바르게 인식할 수 있도록 집단원들을 돕는다.

다섯째, 하위집단과 관련된 개별면담에서 집단원의 비밀유지 요청에 대해 함부로 약속하지 않는다. 때로 집단 밖에서 지속적으로 만나고 있는 집단원들이 집단리더와의 개별면담에서 그들의 관계에서 발생한 사건에 대해 비밀을 지켜 달라고 요청하는 경우가 있다. 이때 집단리더는 비밀을 유지해 주겠다는 약속을 함부로 해서는 안 된다. 왜냐면 개별면담에서 비밀유지를 약속하는 행위는 반치료적 행위로, 스스로 함정에 빠지는 결과를 초래할 수 있기 때문이다. 집단리더는 비밀유지 약속 대신, 전문가로서 행동할 것임을 집단원들에게 확신시켜 준다.

지성화

집단에 어려움을 주는 집단원의 열네 번째 행동은 지성화다. 지성화intellectualization란 집단원 개인의 불안, 자아에 대한 위협, 불편한 감정과 충동 따위를 억누르기 위해서 이와 관련된 감정을 직접 경험하는 대신에 궤변 또는 분석적 사고 같은 인지과정을 통해 해소하려고 노력하는 적응기제를 말한다. 집단원 중에는 집단과정에서 감정적으로 부담이 되는 내용을 다루게 되는 경우 감정 노출을 꺼린 채 지적인 부분만을 언급하기도 한다. 지성화는 감정에 저항하는 일종의 자아방어ego defense의 형태로, 일상생활에서뿐 아니라 집단 내에서도 흔히 나타나는 현상이다. 지성화를 일삼는 집단원은 집단에 다음과 같은 영향을 줄 수 있다.

문제점.   집단원의 지성화에 따른 문제점은 다음과 같다.

첫째, 집단의 신뢰감 형성을 가로막는다. 지성화를 일삼는 집단원은 이른바 '목석 같은 사람' '피도 눈물도 없는 사람' '기계 같은 사람' '컴퓨터 인간'으로 불릴 만큼 감정 표현을 억제하고 매사에 이성적으로 대하는 특성이 있다. 감정 노출은 억제한 채 지적인 측면에만 초점을 맞추고 이야기를 하는 집단원의 행동은 다른 집단원들에게도 영향을 주어 집단원들 간의 감정 표출을 저해한다. 감정을 자유롭게 표현할 수 없는 집단 분위기는 집단원들 간의 라포 또는 신뢰감 형성을 어렵게 할 수 있다는 문제의 원인이 되기도 한다.

둘째, 다른 집단원들이 지성화를 일삼는 집단원을 의식하게 된다. 지성화를 일삼는 집단원은 근본적으로 자신이 용납하기 어려운 충동이 표출될 것을 두려워한 나머지, 여러 가지로 생각을 많이 하는 경향이 있다. 그러나 그 생각에 딸린 감정은 표현하지 않음으로써 다른 집단원들에게 무언가 숨기고 있는 듯한 인상을 주게 된다. 이러한 특성은 결국 다른 집단원들에게 관찰 또는 감시당하고 있다는 인상을 주게 되어 집단의 분위기를 경직시킨다.

셋째, 집단원들의 자기개방을 가로막는 역할을 한다. 앞서 언급한 것처럼, 지성화를 일삼는 집단원은 알 수 없는 베일에 감추어진 사람으로 인식된다. 한 공간에 무언가 숨겨진 과업hidden agenda 또는 감정이 있는 것처럼 보이는 집단원이 있는 경우, 다른 집단원들은 그만큼 자신의 감정표현에 부담을 느끼게 될 것이다. 이러한 부담감은 또 다른 문제, 즉 다른 집단원들의 자기개방을 저해하여 집단 분위기를 메마른 사막으로 만들게 된다. 그러면 지성화를 일삼는 집단원에 대해 어떻게 개입해야 하는가?

개입방안.   집단원의 지성화에 대해서는 다음과 같이 개입한다.

첫째, 지성화를 일삼는 집단원에게 자신이 말하는 내용과 관련된 감정을 인식하고 직접 경험·정리하여 표현할 기회를 제공한다. 이를 위해 집단리더는 이 집단원에게 감정표현을 잘하는 집단원의 역할을 연습해 볼 수 있게 하거나 직접 시범을 보인다. 이 과정을 통해 집단리더는 해당 집단원이 내면의 신호와 감정에 관심을 갖게 하는 한편, 이를 인식하여 그 감정을 직접 표현해 볼 수 있도록 돕는다.

둘째, 심한 정신적 외상trauma으로 감정을 쉽게 표출할 수 없고 감정에 고립된 상태에 놓여 있는 집단원에 대해서는 집단리더의 조심스러운 접근이 요구된다. 집단리더는 자신이 이러한 집단원의 감정표현을 도울 수 있는 전문적인 능력과 경험이 있는지에 대한 면밀한 검토를 선행해야 한다. 만일 그렇지 못한 경우, 문제의 집단원에게 섣불리 감정표현을 독려하거나 강요하기보다는 이 분야의 전문가에게 개인상담을 의뢰하는 것이 그 집단원에게 유익한 선택이 될 것이다.

감정화

집단에 어려움을 주는 집단원의 열다섯 번째 행동은 감정화다. 감정화emotionalization는 지성화와 상대되는 개념이다. 감정화를 일삼는 집단원은 오히려 인지적·이성적인 면은 외면한 채 마치 '감정 지상주의자'처럼 전적으로 감정에 초점을 맞추는 한편, 매사에 감정적으로 처리하여 집단의 흐름을 저해하는 특징이 있다. 치료적 집단은 감수성훈련집단이 아니다. 집단작업에서 감정 탐색과 표현의 중요성을 강조한다는 점에서는 감수성훈련집단과 공통 부분이 있지만, 인지적 작업을 통해 문제해결을 꾀한다는 점에서는 차이가 있다. 따라서 치료적 집단에서 감정표현의 중요성을 강조한다고 해서 이성적인 판단이나 인지적 측면의 탐색과 재구성을 도외시해야 한다는 것은 아니다.

집단원들은 안전하고 신뢰할 수 있는 집단 분위기 속에서 자연스럽게 자신의 감정을 인식하고 그 감정을 자유롭게 분출시키곤 한다. 그러면서 감정을 자극하는 주제, 즉 가정불화, 이혼, 실직, 질병, 상실, 이별, 예기치 않은 부상 등에 관해 이야기하다가 감정이 격해져서 울음을 터뜨리기도 한다. 그러나 문제는 인지적 측면을 도외시한 채 감정표현에만 집중하는 태도다. 그러면 감정화가 지나친 경우에 발생하는 문제점은 무엇일까?

문제점.   집단원의 감정화에 따른 문제점은 다음과 같다.

첫째, 감정화를 일삼는 집단원은 어떤 의미에서 가슴만 있고 머리는 없는 양상을 보이고 있다고 할 수 있다. 예를 들어, 집단의 수용적이고 지지적인 분위기에 취해서 눈물이 앞서는 행동을 보이면서도 인지적 측면에서의 변화를 위한 작업은 도외시하는 것이다. 다른 집단원들은 감정화를 일삼는 집단원에 대해 처음에는 정서적 지지를 아끼지 않는다. 그러나 이러한 행동이 반복되면서 집단원들은 이 집단원의 행동에 대해 정서적 지지를 계속해야 하는가, 아니면 무시하면서 죄의식을 감내할 것인가 사이에서 갈등하게 될 수 있다.

둘째, 지나치게 자주 눈물을 보이면서 진정한 집단작업을 하고 있다고 여기며 위안을 삼는 집단원이 있다면, 이는 전형적인 문제행동으로 간주할 수 있다. 이러한 행동은 언뜻 집단원 자신의 감정을 적극적으로 표현하는 것처럼 보이지만, 한편으로는 방어적 태도의 소산으로 해석될 수 있다. 그 이유는 경험이 부족한 집단리더와 다른 집단원들이 감정적으로 어려워하는 집단원에게 직면하는 것을 주저하는 대신, 주의 깊은 관심을 보일 수 있기 때문이다. 감정화를 일삼는 집단원의 욕구 중에는 감정표현 자체도 있지만, 집단리더 및/또는 다른 집단원들의 관심을 얻는 것이 포함되어 있다 (Riva et al., 2004).

셋째, 감정화를 일삼는 집단원으로 인해 발생할 수 있는 또 다른 문제점은 이 집단원에게 초점을 맞추고 관심을 집중시키느라 집단시간을 허비할 수 있다는 점이다. 집단 회기 초반에 눈물을 동반한 강한 감정을 표출하는 집단원이 있다면, 집단리더는 그 집단원에게 반응을 보이고 배려하게 되는 한편, 다른 집단원들은 그 집단원에 대해 동정심이 들 수 있다. 그러나 특정 집단원에게 빈번히 집단의 초점이 맞추어지게 된다면, 집단시간이 모든 집단원에게 고르게 배분되지 못하여 다른 집단원들은 실망과 좌절로 인한 분노감이 고조될 수 있다. 특히 집단 회기 종료를 앞두고 이런 상황이 발생한다면 또 다른 문제를 야기할 수 있다. 즉, 집단리더가 그 집단원에게 관심을 보이느라 회기 종료가 지연될 수 있다. 이는 다른 집단원들의 좌절과 불만을 초래하여 집단의 생산성을 크게 떨어뜨릴 수 있다. 그러면 감정화를 일삼는 집단원에 대해 어떻게 개입해야 하는가?

개입방안.   집단원의 감정화에 대해서는 다음과 같이 개입한다.

첫째, 집단리더는 집단 회기 시간을 염두에 두고 감정화를 일삼는 집단원에게 어떻게 반응을 보일 것인가를 결정한다. 만일 집단원이 빈번하게 눈물을 동반한 감정을 표출한다면, 집단리더는 이러한 행동이 고통스러운 사건의 결과인지, 아니면 단지 주위 사람들의 동정을 얻기 위한 것인지를 분명히 파악한다.

둘째, 집단원들에게 둘씩 짝을 짓게 하여 서로의 생각과 감정을 나누게 한다. 이때 집단리더는 직접 감정화를 일삼는 집단원과 짝을 지어 그 집단원이 겪고 있는 고통과 이를 극복하기 위해 어떤 시도를 하고 싶은지에 대해 탐색한다.

셋째, 감정화를 일삼는 집단원의 고통을 일단 인정해 주고 나서 집단 회기를 마친 후에 좀 더 이야기를 나누도록 제의한다. 단, 감정화를 일삼는 집단원을 돕는다는 구실로 다른 집단원들이 불필요한 질문공세를 하도록 방치해서는 안 된다. 누군가가 눈물을 동반한 강한 감정을 표출하게 되면, 그 사람에 대해 동정심을 느끼는 것은 자연스러운 일이다. 그러나 집단원들은 고통스러운 경험으로 인해 분투하는 집단원과 단지 동정심이나 구원을 얻고자 하는 집단원의 차이를 잘 구분하지 못할 수 있다. 따라서 집단리더는 자신의 문제해결을 위해 노력하지 않으면서 단지 반복적인 감정화를 통해 다른 집단원들의 동정심을 유발하려는 집단원에 대해 다른 집단원들이 위로, 동정, 또는 포옹 등의 신체적 표현을 하는 것을 저지할 필요가 있다. 이러한 행동은 치료적이지 않기 때문이다. 이처럼 심각할 정도로 감정통제에 어려움을 보이는 집단원에게는 카타르시스보다는 오히려 지적인 구조화와 감정표현을 제어하도록 도울 필요가 있다.

집단원의 잠재적 문제행동

이상에서 열거한 것 외에도, 집단과정에 부정적인 영향을 미칠 수 있는 집단원의 문제행동은 글상자 4-18과 같다(강진령, 2019).

글상자 4-18. 집단원의 잠재적 문제행동

○ 잡담	○ 집단원 간의 적대감
○ 소문 전파	○ 반강제적인 집단참여 요구
○ 집단참여 거부	○ 종교적 계율 설파
○ 간헐적 참여	○ 이 주제에서 저 주제로 뛰어넘기
○ 지나친 설득 및 강요	○ 대화를 지배하려는 행위
○ 비자발적 참여로 인한 저항	○ 다른 집단원에 대한 혐오감
○ 지나친 수줍음	○ 상습적인 도덕률 강조
○ 집단리더에 대한 반감 및 적대행위	○ 집단치료자 역할

집단리더는 때로 자신의 문제행동으로 인해 집단원의 문제행동이 생기게 되는 경우도 있다는 사실을 알아야 한다. 따라서 문제행동을 보이는 다루기 어려운 집단원과 함께 작업할 때, 집단리더 역시 자신에게 문제행동이 없는지를 재확인해 보고 그 문제에 정직하게 직면해 보는 것이 필요하다. 집단리더가 자신의 행동을 되돌아보면서 스스로에게 던져 볼 수 있는 질문의 예는 글상자 4-19와 같다(강진령, 2019).

글상자 4-19. 집단리더의 잠재적 문제행동 탐색질문의 예

1. 나는 집단원 개개인에 대해 어떤 느낌이 드는가?
2. 나는 집단 혹은 집단원 개개인에 대해 어떤 기대를 가지고 있는가?
3. 내가 집단원의 문제행동에 대해 원인 제공을 하거나 악화시키고 있는 행동과 태도는 없는가?

문제행동을 보이는 집단원의 행동유형은 전체 맥락 속에서 이해해야 한다. 즉, 문제행동이 해당 집단원의 어떤 욕구를 충족시키기 위한 것이며, 그에게 주는 의미가 무엇인가를 이해하려는 맥락에서 다루어져야 한다. 사람들은 집단에서 자신의 행동이 일상생활의 문제를 해결하는 데 도움이 되지 않는다는 것을 깨닫게 되는 순간에도 무의식적으로 기존의 방법에 의존하려는 경향이 있다. 그럼에도 집단리더는 집단에 참여하는 사람들이 다른 한편으로는 자신을 더 잘 표현하고, 다른 사람들과 좋은 관계를 형성할 수 있는 효과적인 방법을 찾고자 하는 열망이 있다는 사실을 기억해야 한다.

 성찰활동 / 함께 해 볼까요?

1. **대상과 나** 각자 자신을 동물, 식물 혹은 광물에 비유해 보자. 그리고 그 이유를 말해 보자. 예를 들어, "저는 저 자신을 장미꽃에 비유하고 싶습니다. 그 이유는 사람들 사이에서 두각을 나타내서 주인공 역할을 하며 살고 싶기 때문입니다." 사물에의 비유를 통한 자기소개가 모두 끝나면, 이번에는 한 사람씩 지정된 자리로 옮겨 앉는다. 다른 사람들은 차례로 지정석에 앉은 사람을 적절하게 상징할 수 있는 사물을 들면서 그 이유를 소개하고 느낌을 나눈다. 그런 다음, 지정석에 앉은 사람은 자신에 대한 피드백을 들으면서 떠오른 생각이나 느낌을 나눈다. 즉, 가장 마음에 들었던 사물, 자신을 가장 잘 나타내는 사물, 마음에 들지 않았던 사물, 의외의 사물 등에 대한 생각이나 느낌을 표현한다. 활동을 모두 마치면, 서로 소감을 나눈다.

_____

_____

_____

_____

_____

_____

_____

_____

_____

_____

_____

_____

_____
_____
_____
_____
_____
_____
_____
_____
_____
_____
_____
_____
_____
_____
_____
_____
_____

2. 고난과 성장 5인 1조로 조를 편성한 다음, 각각 잠시 삶의 과정에서 어려움을 겪었던 시기를 떠올려 본다. 이 시기에 가졌던 관심사 또는 문제와 이에 대해 도움을 얻기 위해 상담자를 비롯한 정신건강 전문가를 찾아서 도움을 받았던 경험, 또는 이들을 찾지 않았던 이유와 극복할 수 있었던 비결 등을 종이에 메모한 후, 다른 조원 또는 집단원들과 이야기를 나누어 보자. 여기서 다룰 수 있는 어려움의 예로는 아동기의 정신적 상처, 가족관계의 어려움, 따돌림, 고독감, 학업 또는 진로 문제, 완벽주의 성향, 슬픔 또는 상실감, 우울 또는 불안, 반복적인 갈등 상황, 낮은 자존감, 친밀감 또는 실패에 대한 두려움 등이 있다.

_____
_____
_____
_____
_____
_____

_____

_____

_____

_____

_____

_____

_____

_____

_____

_____

_____

_____

_____

_____

_____

_____

_____

_____

_____

3. **안전 vs. 모험시도** 두 사람씩 짝을 지어, 집단상담 강의시간에 겪게 되는 안전 대 모험시도에 관한 양가적인 태도와 갈등을 경험해 보자. 우선, 빈 의자를 가져다 놓고, 하나에는 안전한 태도를 취하려는 자신의 일부가 앉아 있고, 다른 하나에는 강의시간에 모험을 시도하려는 자신의 일부가 앉아 있다고 상상한다. 그러고는 서로 다른 의자에 앉을 때마다 의자에 걸맞은 행동을 보인다. 이때 파트너는 연습을 관찰한다. 이에 대한 예시는 다음과 같다.

> ○ 모험적 자기: "강의시간에 나를 좀 더 나타내고 알리고 싶은데……."
> ○ 안전적 자기: "네 말이 맞아! 그렇지만 핵심이 뭐지? 다른 사람들의 비판이 만만치 않을 텐데. 이거 정말 썩 멋있지는 않아!"
> ○ 모험적 자기: "물론 가능한 이야기야! 그런 사람들도 있겠지만, 그렇지 않은 사람들도 있겠지……."
> ○ 안전적 자기: "그렇지만 담당 교수님은 어떻게 하고……."

한 사람이 연습을 마치면, 파트너가 연습에 참여한다. 두 사람 모두 연습을 마치고 나면, 이 연습에서 나타난 주제가 무엇이고, 이러한 인식을 토대로 해결하고 싶은 것이 무엇인지에 대해 서로 이야기를 나눈다.

CHAPTER

05

집단상담과 치료의 윤리적 쟁점

마음은 하나의 사회적 기능이다.
늑대는 늑대 사회에 맞는 마음이 필요하고,
인간은 인간 사회에 필요한 마음이 필요하다.

여기 수많은 형태의 인간의 마음이 존재한다.
지구상에는 수많은 인간 사회가 존재하기 때문이다.

– 오쇼의 『장자, 도를 말하다』 중에서 –

☐ 윤리적 리더십 … 195
☐ 집단전문가 윤리강령 … 200
☐ 집단상담과 치료의 윤리적 쟁점 … 202
◆ 성찰활동 … 228

윤 리적 리더십, 도덕적 리더십, 법적으로 합당한 리더십, 윤리적 · 도덕적 · 법 적으로 합당한 행동의 중요성은 동서고금을 막론하고 인류 역사와 함께 연연 히 강조되어 왔다. 노블레스 오블리주^{Noblesse Oblige}! '명예^{Noblesse}만큼 의무^{Oblige}를 다해 야 한다.'는 뜻으로, 사회지도층의 도덕적 의무와 책임을 강조하는 말이다. 윤리적 리 더십은 집단전문가에게도 필수로 요구되는 자질이다. 시대가 변하고 사회가 복잡해 지고 정신건강 서비스에 대한 요구가 증가하면서 전문가의 윤리적 상담과 치료에 대 한 관심 또한 높아져 왔다. 집단전문가에게 윤리적 행동이 요구되는 이유는 무엇인 가? 집단전문가에게 요구되는 윤리적 행동의 기준은 무엇인가? 집단전문가에게 윤리 강령이 필요한 이유는 무엇인가? 전문가 학회에서 윤리강령을 제정한 의미는 무엇인 가? 집단전문가 윤리강령은 어떤 내용으로 구성되어 있는가? 그 윤리강령은 어떤 과 정을 거쳐서 만들어졌는가? 집단전문가가 윤리적으로 갈등을 겪게 되는 상황은 무엇 인가? 이러한 윤리적 딜레마를 극복하기 위해서는 어떤 선택이 필요한가? 이 장에서 는 바로 이러한 질문에 대한 논의를 시작해 보기로 한다.

 윤리적 리더십 / 윤리적 리더십이란 무엇인가?

윤리적 리더십, 즉 법과 윤리에 합당하게 상담 서비스를 제공하는 것은 집단전문가 가 자신이 속한 사회의 구성원들과 맺은 중요한 약속이다. 이 약속은 치료적 집단의 전문가뿐 아니라 준전문가와 수련생이라고 해서 예외일 수 없다. 윤리적으로 합당한 집단은 집단원은 물론, 집단전문가를 보호한다. 이에 학회 또는 협회에서는 전문가 윤리강령^{code of ethics}을 제정한다. 전문가 윤리강령을 제정하는 목적은 정신건강 서비 스 수혜자들의 안녕과 복지를 위해 서비스 제공자들이 책임 있는 의사결정을 하고 윤 리적으로 합당한 서비스를 제공하기 위한 지침을 제시해 주기 위함이다. 집단전문가 가 자신의 집단운영이 윤리적으로 합당한지를 판단할 수 있는 성찰질문의 예는 글상 자 5-1과 같다.

글상자 5-1. 윤리적 리더십 확인을 위한 성찰질문의 예

○ 나는 효율적 개입을 위해 충분한 지식, 기술, 판단력을 갖추었는가?

○ 나는 인간의 존엄성과 집단참여자의 자유를 존중하고 있는가?
○ 나는 집단전문가의 역할에서 나오는 힘과 권위를 책임 있게 사용하고 있는가?
○ 나는 전문직에서의 공적 역량 증진을 위해 노력하고 있는가?

여기서 책임 있는 전문가^{responsible professional}란 소정의 자격을 갖추고 도움을 필요로 하는 사람의 심리적 고통을 완화시켜 주는 전문적 기술과 능력을 발휘하여 긍정적인 성과를 산출해 낼 수 있는 자를 말한다. 또한 전문가로서 반드시 준수해야 할 일과 해서는 안 되는 일을 구분하여 자신의 직무를 완수하는 사람을 가리킨다. 그러면 서로 다른 의미를 지닌 용어들, 즉 윤리란 무엇이고, 도덕이나 법과는 어떻게 다른가에 대해 살펴보자.

윤리 · 도덕 · 법

윤리와 도덕은 서로 중첩되는 의미가 있어서 자주 혼용되는 용어다. 이 두 개념은 공통으로 선과 악, 옳고 그름에 관한 판단의 의미를 담고 있다. 또한 인간의 품행과 관계, 그리고 가치관과 연관성이 있다. 그러나 윤리와 도덕은 엄연히 구분되는 개념이다. 왜냐하면 **윤리**^{ethics}는 인간의 품행과 도덕적 의사결정에 관한 철학에 속해 있는 규율이기 때문이다. 또한 다른 사람들과의 관계에서 보여야 할 품행이나 행위의 기준, 또는 전문적 실천기준이나 합의된 규정에 따라 수용 가능하거나 선한 행위를 실천하는 것이다. 즉, 전문가 집단의 일원으로서 옳고 그름으로 판단되는 일련의 품행인 셈이다. 윤리는 상담 전문직 구성원들이 제정 · 공포하고, 학회와 관련 기관의 윤리위원회와 자격관리위원회가 해석 · 적용 · 집행한다. 단, 미국의 경우 각 주정부의 면허국^{licensing board}에서도 유사한 업무를 관장한다. 대개 상담자 윤리는 법의 테두리 내에서 제정되므로, 윤리와 법 간의 갈등이 자주 나타나지 않는다는 특징이 있다(Rapin, 2010).

이에 비해, **도덕**^{morality}은 문화나 사회의 거시적 맥락 속에서 결정된다. 자신의 행동이 도덕적이라고 판단하는 것은 그의 가치관에 토대를 두고 있지만, 가치관은 그가 속한 문화와 종교적 신념으로부터 영향을 받아 온 산물이기 때문이다. 그러나 윤리와 도덕을 비교할 때, 법은 다소 다른 의미를 지니고 있다. **법**^{law}은 도덕처럼 사회를 통해 창출되지만 도덕과 다르고, 윤리처럼 조문화^{codified}되지만 윤리와는 다르다. 법은 사회구성원들이 더불어 살아가기 위한 기본 원칙으로 발의되어 사회가 합의한 규정으로, 일반적이면서 매우 구체적인 특징이 있다. 특히 **형법**^{criminal law}은 공존의 원칙을 파기하는 사람들을 구속하며 정부가 집행한다. 반면, **민법**^{civil law}은 사회구성원들로 하여금 더불어 살아가는 원칙을 강화하는 역할을 한다. 집단작업에서 법과 윤리 사이에 갈등의 소지는 거의 없지만, 중요한 차이가 있다. 법은 사회가 감당할 수 있는 최소한의 행동기준을 명하고 있는 반면, 윤리는 전문직에서 기대하는 이상적인 기준을 반영한다. 법은 선출된 공무원들이 제정 · 공포하고, 경찰이 집행하며, 판사가 해석 · 적용한다. 대화상자 5-1은 집단전문가로서 한 집단을 이끄는 과정에서 비윤리적인 자기대화를 정리한 것이다.

 대화상자 5-1. 비윤리적 집단과 관련된 자기대화

> ○ "윤리적 문제로 보지 않는다면, 비윤리적이라고 할 수 없지 않을까?"
> ○ "남들도 다 하는데 나만 비윤리적인 리더로 보면 안되지!"
> ○ "어떤 행위든지 아는 사람이 없는 한 비윤리적이라고 볼 수 없지!"
> ○ "집단원이 불만을 제기하지 않는 한 윤리적 문제로 성립될 수 없지 않을까?"
> ○ "윤리기준에 위반되는 사실을 모르고 한 행위는 비윤리적이라고 볼 수 없지!"

우리나라 현행 법률에서 집단전문가들에게 의무로 규정하고 있는 것은 비밀유지의무와 신고의무가 있다. 이는 집단전문가의 직무상 과실^{malpractice}로 인한 갈등 가능성이 비교적 낮음을 의미한다. 반면, 미국의 경우는 상담 서비스 제공과 관련된 법과 판례가 많아 그만큼 여러 측면에서 법과 윤리 간의 갈등 소지가 많다. 그럼에도 집단전문가는 윤리적으로 합당한 집단운영을 위해 때로 윤리적 의사결정이 필요한 경우가 있다.

윤리적 의사결정

윤리적으로 합당한 판단을 하려면, 집단전문가는 전문가 기준, 윤리적 지식, 윤리 원칙을 면밀히 확인한 후에 결정을 내려야 한다. 이러한 분석은 전문직의 가치와 도덕적 비전에 기초해야 한다. 윤리적 의사결정은 ① 자율성 존중, ② 비유해성, ③ 선의, ④ 공정성, ⑤ 충실성을 토대로 내릴 수 있다(Kitchner, 1986). 윤리적 의사결정을 위한 다섯 가지 원칙에 관한 설명은 표 5-1과 같다.

표 5-1. 윤리적 의사결정을 위한 다섯 가지 원칙

원칙	설명
☐ 자율성 존중 respect for autonomy	○ 집단원 개개인의 자유와 존엄성을 존중해야 함 ○ 인간은 타고난 존엄성을 가지고 있으므로, 선택을 강요해서는 안 되고, 스스로 선택에 대해 책임지도록 도와야 함
☐ 비유해성 nonmaleficence	○ 집단원에게 해를 끼치지 않을 것이라고 확신하는 개입방법만을 사용해야 할 의무가 있음 ○ 숙련되지 않은 상태에서 집단원에게 해가 될 수 있는 행동을 하지 않아야 함
☐ 선의beneficence	○ 선한 일을 해야 할 책임, 즉 상담 서비스에 적극적으로 참여하는 사람들에게 진정한 도움이 되도록 하는 의무를 이행해야 함
☐ 공정성justice	○ 사회적 정의, 즉 집단전문가가 한쪽으로 치우치지 않고 모든 사람의 존엄성을 인정해야 함 ○ 도움이 필요한 사람에게 추가 서비스를 제공하여 차별당하지 않도록 도와주는 동시에 누구나 상담 서비스를 받을 수 있게 해야 함
☐ 충실성fidelity	○ 집단원에게 충심을 다하며, 약속을 충실히 이행해야 함 ○ 자신의 이익보다 집단원의 이익을 우선시해야 함 ○ 심리적으로 불편하고 거북할 때조차도 집단원에게 주어진 사명을 충실히 다해야 함

　지금까지 살펴본 윤리적 의사결정의 다섯 가지 원칙에 의거한 윤리적 의사결정 모형은 글상자 5-2와 같다.

윤리적 의사결정 모형

집단리더는 윤리적 의사결정 모형의 단계를 거쳐 윤리적으로 합당한 결정을 내릴 수 있다(Kitchner, 1986).

▦ **글상자 5-2. 윤리적 의사결정 모형**

○ 1단계: 집단작업의 윤리적 측면에 대한 민감한 반응
○ 2단계: 사례와 관련된 사실과 이해당사자 구체화
○ 3단계: 윤리적 갈등 상황에서 핵심 문제와 가능한 대안 정의
○ 4단계: 전문가 윤리기준과 관련 법률 및 규정 참조

○ 5단계: 윤리적 갈등에 관한 윤리 문헌 참조

○ 6단계: 기본 윤리원칙과 이론 적용

○ 7단계: 수퍼바이저 · 동료상담자 자문

○ 8단계: 심사숙고 후 결정

○ 9단계: 관련자들에게 통보 후, 결정 내용 실행

○ 10단계: 실행 내용 성찰

집단상담자에게 윤리적 의사결정이 필요한 경우의 예는 글상자 5-3과 같다.

글상자 5-3. 윤리적 의사결정이 필요한 경우의 예

○ 집단원이 상담료를 지불할 능력이 없다면 집단상담 서비스를 거부해야 하는가?

○ 집단전문가의 도움으로 인생의 전환점을 맞게 된 집단원 또는 부모가 감사의 뜻으로 가져온 선물을 받아도 되는가?

○ 오랫동안 집단에 참여해 온 집단원이 앞으로도 별 진전이 없을 것이라는 사실을 알고 있으면서도 집단에 계속 참여시켜야 하는가?

○ 집단원의 문제해결에 더 이상 도움이 되지 않는다고 판단한 집단전문가가 그 집단원을 다른 상담자에게 의뢰하려고 하지만, 집단원이 계속해서 내가 이끄는 집단에 참여하기를 원한다면 계속 참여시켜야 하는가?

윤리적 집단작업의 실천방안

집단을 윤리적으로 이끌기 위해 집단전문가가 실천해야 할 방안은 글상자 5-4에 제시되어 있다.

글상자 5-4. 윤리적 집단작업의 실천방안

○ 소속 학회의 윤리규정 숙지

○ 자신의 개인적 · 전문적 한계 인식

○ 집단원이 서면을 통해 선택할 수 있는 절차 개발 · 적용

○ 집단원과의 전문적 관계는 서로의 이익을 위해 존재한다는 사실을 명심

○ 어떤 경우라도 집단원과의 신체적 접촉 회피

○ 예외 상황을 제외하고 집단에서 집단원이 노출한 사적인 내용에 대해 비밀유지

윤리적 의사결정은 전문가의 윤리강령에 따라 결정된다. 윤리강령은 전문가의 품행과 책임에 대해 기본 틀을 제공하는 지침이다. 그러면 집단전문가를 위한 윤리강령은 무엇을 기초로 제정되었는가?

집단전문가 윤리강령

집단전문가 윤리강령은 집단원을 보호하고, 집단전문가에게 지침을 제공하며, 전문가의 지위를 분명하게 밝히기 위한 목적으로 전문가집단에 의해 제정된 것이다. 그러므로 집단전문가는 최소한 자신이 가입하고 있는 학회 또는 협회의 집단전문가 윤리강령을 숙지해야 한다. 그러나 실제 치료적 집단장면에서 이 기준을 적용한다는 것은 일종의 도전이다. 왜냐면 윤리강령은 일반적인 지침은 제공하지만, 구체적인 상황에서 집단전문가가 취해야 할 행동에 대해서는 분명하고 구체적인 지침을 제공하고 있지 않기 때문이다. 따라서 집단전문가는 윤리기준을 특정 상황에 따라 독자적으로 해석·적용해야 한다(Rapin, 2010). 게다가 상황의 맥락과 집단원에 대한 이해를 토대로 윤리적 딜레마를 어떻게 다룰 것인가를 결정해야 한다. 이러한 점에서 윤리강령은 책임 있는 전문가의 행동을 상세하게 기술해 놓은 매뉴얼이나 요리책$^{cook\ book}$이 아니라, 제한된 사안에 대한 지침만을 제공하고 있다. 그러면 집단전문가 윤리강령을 제정한 목적은 무엇인가?

집단전문가 윤리강령의 제정 목적.   집단전문가 윤리강령을 제정하게 된 주요 목적은 무엇보다도 집단전문가에게 자기조절의 기초를 제공하여 정부의 법규와 간섭에서 벗어나 자율성을 확보하게 하기 위함이다. 윤리강령의 목적은 ① 건전한 윤리적 품행에 관한 전문가 교육, ② 전문가의 책무성에 관한 틀^{structure} 제공, ③ 상담업무 개선으로 요약된다. 집단전문가는 윤리강령 제정의 근본 목적이 집단원의 이익을 극대화하는 집단 서비스를 제공함으로써 집단원의 안녕과 복지를 공고히 하기 위함이라는 사실을 기억해야 한다. 또한 일반 대중 및/또는 잠재적 집단원을 보호하고 전문가들에게 업무 수행을 안내함으로써 최선의 서비스를 제공할 수 있도록 돕기 위한 것이다(Rapin, 2010). 집단전문가 윤리강령은 다음과 같은 특징이 있다.

집단전문가 윤리강령의 특징.   집단전문가 윤리강령은 대체로 명확하거나 구체적이지 않고, 최선의 진리를 포함하고 있지 않으며, 윤리적 딜레마에 대해 사전에 준비된 명확한 답변을 제공할 수 없다는 특징이 있다. 왜냐면 집단장면에서는 미묘하고 다양한 상황이 전개되므로, 이러한 사안마다 구체적으로 적용하기 어렵기 때문이다. 집단전문가는 윤리강령을 명확하게 이해하고 있어야 함은 물론, 단순명료하지 않은 문제나 상황에 대해서도 현명한 판단을 내릴 수 있어야 한다. 집단과정에서 집단전문가는 소속 학회에서 제정된 윤리강령에 따라 윤리적 의사결정을 내리거나 문제해결을 꾀하게 될 것이다. 윤리강령의 한계를 정리하면 글상자 5-5와 같다.

글상자 5-5. 윤리강령의 한계

1. 집단전문가가 준수해야 할 기본 원칙만 제시한다.
2. 집단장면에서 부딪히는 사안에 따라서는 윤리강령으로만 해결할 수 없고, 조항에 따라 명확성과 정확성이 결여되어 그 정도를 헤아리기 어려운 경우가 있다.
3. 능동적이기보다는 반응적인 경향이 있어서 단순히 윤리강령과 사례집을 공부했다고 해서 윤리적 집단작업이 보장되지 않는다.
4. 학회마다 윤리강령이 달라서 여러 학회에 소속되어 있으면서 각 학회에서 자격증을 받은 집단전문가는 혼란을 초래할 가능성이 항시 잠재되어 있다.
5. 갈등은 여러 기관의 윤리강령들 사이에서뿐 아니라 한 윤리강령 내에서도 나타날 수 있다.
6. 윤리강령은 집단전문가의 소속기관의 규정과 문화적 차이로 인해 갈등을 일으킬 수 있다.

만일 윤리강령에 없는 상황이 발생하면 어떻게 해야 하는가? 집단전문가 윤리강령의 조항 중 가장 기초적인 규정을 도출한다는 원칙에 따라 판단해야 한다. 집단리더에게는 건전한 사고와 양심을 토대로 책임 있고 윤리적으로 합당한 판단을 내리는 연습이 요구된다. 그러나 연습만으로는 충분하지 않다. 집단리더는 동료자문, 수퍼비전, 연수, 워크숍 등을 통해 리더십 개발은 물론, 윤리적 집단작업 실천과 양질의 집단 서비스를 제공할 수 있어야 한다. 그러면 집단전문가 윤리강령은 어떤 영역들로 구성되는가?

집단상담과 치료의 윤리적 쟁점

앞서 언급한 것처럼, 국내외 집단상담과 치료 관련 학회들은 소속회원들이 준수해야 할 윤리강령을 제정·공포해 왔다. 이러한 윤리강령들을 토대로 한 집단작업에서의 주요 윤리적 쟁점은 ① 정보제공, ② 비밀유지, ③ 집단리더의 가치관 주입, ④ 다중관계, ⑤ 사전동의, ⑥ 집단참여·중도포기, ⑦ 전문적 역량으로 정리할 수 있다. 그러면 먼저 집단리더의 정보제공에 관한 집단전문가 윤리에 대해 살펴보자.

정보제공

집단전문가 윤리적 쟁점의 첫 번째 쟁점은 정보제공에 관한 것이다. 여기서 정보제공information giving이란 일종의 안내 서비스로, 집단목적, 집단경험을 통해 얻을 수 있는 점, 집단참여로 겪게 될 잠재적 문제 등에 관한 자료를 구두 또는 서면으로 전달하는 것을 말한다. 집단 안내를 위한 정보와 자료를 서면으로 제작하는 경우에 포함되어야 할 내용은 글상자 5-6과 같다.

> **글상자 5-6. 서면을 통해 집단원에게 제공되어야 할 정보**
>
> 1. 집단의 일반 목표
> 2. 집단원의 책임
> 3. 관계를 규정할 법적·윤리적 기준
> 4. 상담료
> 5. 집단과정의 대략적 기간
> 6. 집단원의 사례가 집단리더의 동료나 수퍼바이저와 토의될 가능성
> 7. 집단원에 대한 집단리더의 책임과 능력
> 8. 비밀유지의 한계와 기대
> 9. 집단리더의 자격과 배경
> 10. 집단원이 기대할 수 있는 서비스
> 11. 집단작업과 관련된 위험 요소
> 12. 집단참여를 통한 혜택

제공될 정보에는 ① 집단리더의 자격, ② 집단목적과 절차, ③ 심리적 위험 가능성, ④ 심리적 안전확보방안, ⑤ 물질사용 제재 방침, ⑥ 개인상담 병행에 관한 방침, ⑦ 상담료에 관한 내용이 포함된다.

첫째, **집단리더의 자격에 관한 내용**이다. 집단리더는 전문적인 교육과 훈련 및 임상실습을 통해 습득한 전문지식, 기술, 기법, 전략 등을 활용하여 도움이 필요한 사람에게 집단서비스를 제공할 수 있어야 한다. 이에 집단리더는 자신에게 집단작업 수

행 능력이 있음을 정확히 명시해야 한다. 집단 시작에 앞서, 이러한 능력이 있음을 명시하는 일은 집단리더 자신이 특정 집단의 성격과 목적 성취에 합당한 서비스를 제공할 자격과 역량을 갖춘 전문가임을 입증할 자료를 제시하는 것이다. 그뿐 아니라, 집단원들이 언제라도 확인할 수 있도록 비치해야 한다. 자격증 게시 외에도, 집단리더는 집단원들과 자신의 역할 기대, 권리, 책임에 대해서 적극적으로 소통해야 한다.

둘째, **집단목적과 절차에 관한 내용**이다. 집단리더는 집단목적과 활동을 명확히 이해하고, 집단원에게 이 내용을 구두로 안내해 주어야 한다. 또한 집단작업과 활동의 이론적 배경 혹은 근거가 무엇이고, 그것이 집단과정에 어떻게 작용하는지 상세히 설명해 주어야 한다. 그리고 집단원들에게 집단을 이끌어 가는 방식과 집단목적 간의 관계에 관해 설명해 주어야 한다.

셋째, **집단참여를 통해 겪을 수 있는 심리적 위험 가능성에 관한 내용**이다. 치료적 집단에 작용하는 강력한 힘은 긍정적 변화를 가져오지만, 집단원에 따라서는 위험요소로 작용할 수 있다. 그러므로 집단리더는 집단원들이 집단참여를 통해 겪을 수 있는 잠재적 위험요소에 관해 설명해 줄 책임이 있다. 예를 들면, 집단압력, 불확실성, 부적절하게 확신을 심어 주는 행위, 적대적 직면, 현실에 대한 통찰 등은 집단원의 삶에 위기를 초래할 수 있기 때문이다. 집단리더는 집단경험으로 인해 발생할 수 있는 잠재적인 삶의 변화 가능성에 관해 집단원들과 이야기를 나누고, 이들이 준비되어 있는지를 확인해야 한다. 또한 특이하거나 실험적인 절차를 사용하는 경우, 이 사실을 집단원들에게 알려야 한다.

넷째, **집단원의 심리적 안전확보에 관한 내용**이다. 집단원에 따라서는 집중집단경험을 통해 자신과 가족의 삶에 영향을 주는 결정을 성급하게 내릴 수 있다. 집단원이 새롭게 발견한 자발성 또는 의사결정 능력은 단순히 집단에서 파생된 에너지로 인한 것일 수 있다. 그러므로 집단리더는 집단원이 성급한 결정을 내리기보다는 집단작업을 통해 자신의 변화를 꾀하는 데 초점을 맞추도록 도와야 한다. 예를 들면, 중요한 타인에 대한 부적 감정표현, 진로 또는 대인관계에 관한 결정, 미결문제 해결을 위한 방법 등이다.

다섯째, **집단원의 물질사용을 제재하는 내용**이다. 집단리더는 잠재적 집단원(*주. 집단참여를 원하는 사람)이 집단 내에서의 기능에 영향을 미칠 수 있는 물질을 사용하고 있는지 알고 있어야 한다. 또한 집단 회기 동안에는 집단원 자신뿐 아니라 집단에 영향을 줄 수 있는 불법 물질의 사용을 일절 금해야 한다.

여섯째, **집단원이 개인상담을 병행하는 상황에 관한 안내**다. 집단리더는 잠재적 집단원이 상담 또는 심리치료를 받고 있는지 알고 있어야 한다. 만일 이미 다른 전문가에게 상담/심리치료를 받고 있는 잠재적 집단원이 있다면, 해당 임상가에게 집단참여 사실을 직접 알리도록 조언해야 한다. 또한 집단 회기 사이에 자문을 제공할 수 있다는 규정에 관해 명확하게 알려 준다.

일곱째, **상담료에 관한 내용**이다. 집단작업에 대한 요금은 잠재적 집단원의 재정상태와 지위를 고려하여 결정되어야 한다. 집단원이 미처 상담료에 관한 규정에 대해 알지 못한 상황에서나 불참한 집단 회기에 대해서는 상담료를 징수하지 않아야 한다. 또한 집단참여에 대한 상담료 납부와 관련된 계약은 집단리더와 집단원 사이에, 그리고 지정된 기간 내에 체결되어야 한다. 집단리더는 계약서에 명시된 기간이 만료되기 전까지는 집단작업에 대한 상담료를 인상해서는 안된다. 단, 이미 설정된 상담료 산정기준이 잠재적 집단원에게 적합하지 않은 경우, 집단리더는 그가 기대하는 상담료 수준에 적절한 서비스를 찾도록 도와야 한다.

비밀유지

집단전문가 윤리적 쟁점의 두 번째 영역은 비밀유지confidentiality에 관한 것이다. 비밀유지란 집단원이 집단에서 드러낸 개인적인 내용이 당사자의 허락 없이 집단 밖에서 발설되지 않도록 보호해 주어야 할 윤리적·법적 책임으로, '비밀보장'으로도 불린다. 이 원칙은 치료적 관계에서 얻어진 정보는 상담목적을 위해서만 다른 사람과 의논할 수 있고, 명백히 그 사례와 긴밀하게 관련 있는 사람과만 논의할 수 있다는 내용을 포함하고 있다. 비밀유지는 집단작업을 위한 안전한 환경조성을 위해 필수적인 조건이다. 집단리더는 집단원들에게 비밀유지의 의미, 비밀유지가 중요한 이유, 비밀유지의 한계에 관해 설명해 주는 한편, 모든 집단원의 사적인 정보유출 방지를 위한 규범을 세워야 한다. 이로써 집단참여자들은 집단상담 또는 치료를 사적인 것으로 간주하여, 다른 사람들과 집단작업에 대해 말하는 것을 삼가야 한다. 혹여 이들이 가족 또는 친구와 집단경험에 관해 언급하게 되는 경우, 다른 집단원에 관한 것보다는 자신의 경험만을 말해야 한다.

그러나 만일 집단원, 집단 밖의 다른 사람, 또는 물리적 재산에 대해 확실한 정도의 위험이 임박한 상황이 발생한다면, 적법하게 조치하거나 책임 있는 기관에 이 사실을 즉시 알려야 한다는 규정을 집단원들에게 알림으로써 잠재적 피해자를 보호해야 한다('경고의무^{duty to warn} 참조). 집단원들이 집단에서 자유롭게 자신의 내면을 드러낼 수 있으려면, 자신들이 말한 내용에 대해 비밀이 지켜진다는 믿음이 선행되어야 한다. 따라서 집단리더는 비밀유지에 대해 집단원의 신뢰가 손상되는 일이 발생하지 않도록 최선의 노력을 다해야 한다. 집단원에 대한 사생활 보호 원칙이 적용되는 범위는 글상자 5-7과 같다.

> **글상자 5-7. 집단원의 사생활 보호 적용 범위**
>
> ○ 집단참여 사실
> ○ 대기실에서 누구인지 알려지지 않게 하는 것
> ○ 제3자에게 집단 회기 녹음을 포함하여 상담기록을 노출하지 않는 것
> ○ 심리검사 결과 또는 상담료 관련 서류/파일을 집단원의 동의 없이 알리지 않는 것

비밀유지와 관련하여 고려해야 할 윤리적 쟁점은 ① 비밀유지의 한계, ② 녹음/녹화, ③ 미성년자 참여·강제 참여 영역으로 구분하여 알아보기로 하자.

비밀유지의 한계.   비밀유지와 관련하여 고려해야 할 첫 번째 윤리적 쟁점은 집단작업의 특성상 집단원이 말한 사적인 내용을 완전히 보장하기에는 한계가 있다는 점이다. 이러한 점에서 집단리더는 비밀유지 원칙이 완벽하게 보장될 수 없음을 집단원들에게 분명하게 알려야 한다. 즉, 비밀유지 원칙 준수의 중요성은 강조하는 동시에, 집단원들이 이 원칙을 준수하는 것까지는 통제할 수 없음을 분명히 밝혀야 한다. 이에 집단원들에게 편안함을 느낄 수 있는 범위 내에서만 사적인 정보를 공개할 것을 주지시킨다. 단, 비밀유지 원칙에는 예외 상황이 있다. 법적으로 집단리더가 비밀유지 원칙을 파기할 수 있는 상황은 글상자 5-8과 같다.

> **글상자 5-8. 비밀유지 원칙의 예외 상황**
>
> 1. 집단원이 자신을 해하려는 상황(자살, 자해 포함)이 임박했다고 판단될 때
> 2. 집단원이 다른 사람을 해하려는 상황(상해, 살인 포함)이 임박했다고 판단될 때
> 3. 미성년자 집단원이 아동학대, 아동방치, 성폭력, 근친상간 혹은 여타 범죄의 희생자라는 판단이 들 때
> 4. 집단원이 전염성이 있는 치명적인 질병을 앓고 있음을 알았을 때

> 5. 법원의 명령이 있을 때
> 6. 집단리더의 연구, 교육, 출판에 필요할 때

비밀유지 원칙을 파기할 수 있는 상황에 대해 좀 더 상세히 설명하면 다음과 같다.

☐ **자해 · 자살 위협.** 비밀유지 원칙을 파기할 수 있는 첫 번째 상황은 집단원이 자신을 해칠 의도나 계획을 말하는 경우다. 아무리 집단원에게 자신의 생명과 관련하여 선택의 자유가 있다고 하더라도, 집단리더에게는 집단원 보호를 위해 비밀유지 원칙을 파기할 윤리적 · 법적 의무가 있다. 그러나 이에 관한 판단에는 두 가지 어려움이 있다. 하나는 자해나 자살 가능성에 대한 평가 또는 판단이 쉽지 않다는 점이다. 다른 하나는 자해나 자살 가능성이 분명히 있다고 판단하는 경우에 예상되는 피해 예방을 위해 전문가로서 적절한 의무를 수행해야 한다는 점이다. 만일 집단원의 자살 의도를 알면서도 적절하게 조치하지 않는다면, 집단리더는 직무상 과실^malpractice로 법적 책임까지 지게 될 수 있다. 그러므로 이 경우 집단리더는 경험이 많은 동료상담자 또는 수퍼바이저에게 자문을 구하는 한편, 자살 가능성에 관한 평가와 자문 내용에 관해 반드시 문서로 기록을 남겨야 한다.

☐ **사회의 안전 위협.** 비밀유지 원칙을 파기할 수 있는 두 번째 상황은 집단원이 자신을 둘러싼 사람들을 위협할 계획을 말하는 경우다. 이 경우, 집단리더에게는 비밀유지 원칙을 파기하고, 그 위협을 받을 당사자를 보호하기 위한 경고의무^duty to warn가 주어진다. 경고의무에 관한 규정은 1976년 미국의 캘리포니아주 법정에 내려졌던 타라소프 판례에 근거한 것으로, 우리나라의 정신건강 전문가들도 참고할 필요가 있다. 이 판례에 관한 내용은 글상자 5-9와 같다.

🏢 글상자 5-9. 타라소프 판례

　　1969년 8월 어느 날, 캘리포니아 대학교 버클리 캠퍼스에 위치한 코웰 메모리얼^Cowell Memorial 병원의 심리상담자 무어^Lawrence Moore 박사는 포다^Prosenjit Poddar라는 남학생을 상담하게 되었다. 상담 중 그는 내담자로부터 헤어진 여자친구 타티아나 타라소프^Tatiana Tarasoff를 살해하겠다는 말을 들었다. 무어 박사는 자신의 수퍼바이저 파월슨^Powelson 박사와 상의한 후, 즉각 경찰에 연락해서 포다를 구금 · 조사하도록 조치했다. 경찰은 포다를 위험인물로 간주하여 즉시 구금했고, 전문가에게 정신감정을 의뢰했다. 그러나 포다는 정신건강

검사 결과, 정상 판정을 받아 석방되었다. 이에 대해 파월슨 박사는 포다를 감금해야 한다는 추가 권고를 하지 않았고, 타티아나가 직면하게 될 위험에 대해 경고한 사람 역시 아무도 없었다.

　1969년 10월 27일, 포다는 타라소프의 집으로 가서 총으로 그녀를 살해했다. 타라소프 가족은 임박한 위험에 노출된 사실을 경고하지 않은 사실에 대해 상담자와 대학당국에게 책임을 물었다. 1976년, 캘리포니아주 대법원에서는 결국 이 사건에 대해 타티아나가 내담자가 아니라는 이유로 위험이 예견되는 상황에서 경고와 같은 타티아나에 대한 보호조치가 취해지지 않은 점에 대해 법적 책임을 면할 수 없다고 최종 판결했다.

　글상자 5-9에 제시된 사건에서 법원은 내담자가 의도한 살해 희생자에게 경고하지 못한 것에 대한 법적 책임이 상담자에게 있다는 결론을 내렸다. 이 사건에서 알 수 있듯이, 상담과정 중에 내담자로부터 다른 사람을 해칠 위협에 대한 계획을 알게 되는 경우, 상담자에게는 위험에 처한 사람을 보호하기 위해서 당사자에게 그 위협에 대한 정보를 알려 주어야 할 '경고의무'가 주어진다. 타라소프 판례 같은 상황이 실제로 집단장면에서 발생했다면, 집단리더는 정신건강 전문가로서 최선의 조치를 취했다는 사실을 입증해야 직무태만 또는 경고의무 위반에 따른 법적 책임을 면할 수 있을 것이다.

　☐ 전염성이 있는 치명적 질병.　비밀유지 원칙을 파기할 수 있는 세 번째 상황은 집단원이 전염성이 있는 치명적인 질병을 앓고 있다는 이야기를 집단리더에게 말하는 경우다. 이 경우, 집단리더는 관계기관에 이 사실을 신고해야 하나, 그 병에 전염될 위험이 큰 제3자에게 알려 주어야 할 의무는 없다.

　☐ 아동학대 · 아동방치.　비밀유지 원칙을 파기할 수 있는 네 번째 상황은 아동학대child abuse나 방치negligence 사실을 알게 되는 경우다. 아동을 보호하기 위한 법률(예, 「아동복지법」 제2조, 「초 · 중등교육법」 제19조)에 의하면, 아동의 복지에 대한 책임이 있는 자는 만 18세 미만의 아동이 학대나 방치되고 있다는 것을 발견하는 경우, 아동보호전문기관이나 수사기관에 신고하도록 되어 있다. 집단리더는 집단참여 아동으로부터 학대나 방치 사실을 알게 되는 경우, 그 사실을 알려 학대나 방치되는 아동을 보호할 법적 · 윤리적 의무가 있다. 따라서 집단리더는 아동학대나 방치 가능성을 정확하게 판단할 수 있어야 한다. 그러나 현실적으로 신고가 상담에 미치는 부정적인 영향

가능성 때문에 신고의무를 이행하는 것은 말처럼 그리 쉽지 않다. 집단리더의 현명한 판단이 요구되는 아동학대 관련 사례는 글상자 5-10과 같다.

글상자 5-10. 아동학대 관련 사례 예시

> 방과 후 소집단 프로그램을 운영하는 김 교사는 이 집단에 참여하고 있는 민우(남, 초 4)가 무더운 날씨에도 긴소매, 긴바지를 입고 오는 것이 궁금하던 차에, 그의 얼굴이 부어 있고 우연히 드러난 팔뚝에 멍 자국이 여러 개 있는 것을 발견했다. 이에 김 교사는 민우에게 무슨 일이 있었는지를 물었다. 민우는 처음에는 넘어져서 그렇게 되었다고 하더니, 친구들과 다퉜다는 등 횡설수설했다. 그 후, 몇 회기가 지난 어느 날, 민우는 아버지가 술을 드시고 오실 때면 어머니와 자신과 동생을 심하게 때린다는 사실을 털어놓았다. 그러면서 이 사실을 아무에게도 말해선 안 된다고 걱정스러운 표정으로 집단리더의 다짐을 받으려 했다. 아버지가 어렵게 일하고 있고 어머니는 지병으로 거의 누워 지내는 형편이어서, 이 사실이 알려지면 아버지가 일자리를 잃을지도 모른다는 것이었다. 그리고 아버지가 술을 드시고 오시면 잘 피해 있으면 되니까 염려 말라고 했다.
>
> 김 교사는 집단 시작 전에 이런 경우 비밀유지 원칙을 파기하고, 신고해서 도움을 청해야 한다고 말했던 것을 상기시켰다. 민우는 자신이 그 사실을 깜빡해서 말한 것이니 없었던 일로 해 달라고 간청했다. 그는 지금 상황에서는 상담을 받는 것보다 자신의 가족을 지키는 것이 우선이라고 생각하는 것 같았다. 이미 이웃들이 몇 차례 신고한 적이 있었지만, 그때마다 어머니와 민우가 나서서 무마시켰다고 했다. 김 교사는 이 문제로 민우의 어머니를 면담했으나, 그냥 민우의 아픈 마음만 달래 주면 좋겠다는 말을 들었다. 만일 당신이 이 집단의 리더라면 어떤 선택을 하겠는가?

□ **법원의 명령.** 비밀유지 원칙을 파기할 수 있는 다섯 번째 상황은 집단원이 관련된 사건을 판사가 판결하는 데 집단리더가 집단작업을 통해 알고 있는 집단원에 관한 정보와 집단리더의 전문적 관점이 요구되는 경우다. 이 경우, 법원은 집단리더에게 집단원의 허락 없이 집단원에 대한 정보방출을 명령할 수 있다. 이때 집단리더는 정보방출에 앞서, 이러한 행위가 상담관계에 해가 될 수 있으므로 판사에게 공개 명령 철회를 요청할 수 있다. 그러나 판사가 판결을 위해 상담정보 공개가 꼭 필요하다고 하면, 집단리더는 정보방출에 앞서 집단원에게 이 사실을 알리고, 꼭 필요한 최소한의 정보만 공개하는 한편, 요구하는 질문과 관련하여 확실히 알고 있는 내용에 대해서만 말해야 한다.

그러나 집단리더에게 증언거부권privileged communication(또는 '특권적 의사소통')이 법적으로 보장된다면, 법원의 요구가 있더라도 집단리더는 집단원의 비밀공개를 거부할 수 있다. 미국의 경우는 일부 주에서 상담자 또는 치료자에게 증언거부권을 보장하고 있으나, 아직 우리나라에서는 상담자 또는 치료자의 증언거부권을 법으로 보장하고 있지 않다. 따라서 법원으로부터 비밀공개 요구를 받는 경우, 집단리더는 자신이 속한 학회의 윤리강령에 따라 법원의 요구에 응하되, 이 사실을 집단원에게 알리고 판결에 필요한 최소한의 정보만 공개함으로써 집단리더로서의 법적 · 윤리적 의무를 다해야 할 것이다. 비밀유지와 증언거부권에 관한 설명은 글상자 5-11과 같다.

🏢 **글상자 5-11.** 비밀유지와 증언거부권에 관한 세부설명

비밀유지에 관한 윤리기준 외에 증언거부권이라는 법적 조치가 있다. 비밀유지와 증언거부권의 근거는 개인이 기본적으로 사생활을 보호받을 권리(「헌법」 제17조)가 있다는 것에서 찾을 수 있다. 이는 상담자와 내담자 간의 전문적인 관계에 특별히 적용된다. 비밀유지는 주로 윤리적 의미가 있는 개념으로, 상담자가 내담자의 사생활을 존중해 주어야 할 의무를 뜻한다. 또한 상담관계를 통해 알게 된 내담자에 관한 정보를 내담자의 동의 없이 제3자에게 누설하지 않고 보호해 줄 것이라는 약속을 의미한다. 반면, 증언거부권은 소송 절차에서 비밀정보의 공개를 거부할 수 있는 법률 개념이다. 이는 사생활 보호와 비밀유지보다는 협의의 개념이다. 증언거부권이 법률로 보장되는 경우, 상담자는 법정의 요구가 있더라도 내담자의 동의 없이는 내담자가 상담관계 속에서 말한 개인적인 내용을 공개하지 않음으로써 내담자를 보호해 줄 수 있다.

☐ 상담자의 연구, 교육, 출판.   비밀유지 원칙을 파기할 수 있는 여섯 번째 상황은 집단리더가 연구, 교육 혹은 출판할 때다. 단, 집단리더는 집단원의 신상이 드러나지 않도록 조치하고, 정보공개에 앞서 집단원의 동의를 구해야 한다.

🏢 **글상자 5-12.** 미성년자 대상 또는 초 · 중등학교에서의 집단상담 관련 FAQs

1. 부모나 보호자가 미성년자 집단원의 상담 내용을 요구한다면, 집단리더는 어떻게 해야 하나요? ☛ 「아동복지법」 제4조에 의하면, "부모 등 보호자는 그 보호하는 자녀 또는 아동이 바른 인성을 가지고 건강하게 성장하도록 교육할 권리와 책임을 가진다."라고 명시하고 있습니다. 미성년자인 집단원의 부모나 보호자가 내담자를 교육 · 지도하는 데 필요하다고 하면서 집단작업 내용을 알기를 원할 경우, 집단원의 비밀을 보장해

주어야 하는 것이 집단리더의 의무이지만, 부모나 보호자의 요구를 완전히 거절할 수 없습니다. 따라서 집단리더는 부모나 보호자에게 상담 내용이 비밀유지를 전제로 한 것임을 알리고 집단원에게 직접 물어보도록 제안합니다. 그래도 리더에게 요청하는 경우, 집단원에게 허락을 받은 후 최소한의 정보만을 제공합니다.
2. 학교장이 미성년자 재학생의 집단작업 내용을 요구한다면, 집단리더는 어떻게 해야 하나요? ☞ 집단작업이 초 · 중등학교에서 진행되는 경우, 집단리더는 미성년자인 집단원의 부모, 보호자, 다른 교직원(담임교사, 교과담당교사, 학교행정가 등)의 권리도 존중해 주어야 합니다. 다른 교직원들이 교육과 지도를 위해 집단참여 학생에 대한 집단작업 내용을 알기 원할 경우, 부모나 보호자의 요구를 받을 때와 같은 방법으로 대처해야 합니다.

녹음/녹화.   비밀유지와 관련되어 고려해야 할 두 번째 윤리적 쟁점은 집단 회기의 녹음 또는 녹화에 관한 것이다. 집단리더는 집단원들에게 녹음/녹화 자료의 용도(예, 수퍼비전)를 상세히 설명해 주고, 사전동의서$^{informed\ consent\ form}$를 받는다. 집단리더에게는 매 회기마다 녹음/녹화하는 것이 권장된다. 이 자료는 축어록^{verbatim}, 즉 집단에서의 대화 내용을 글로 옮김으로써 집단 회기에 대해 반성해 볼 수 있는 자료로 활용될 수 있을 뿐 아니라, 집단리더 보호를 위한 자료로 활용될 수 있기 때문이다. 그러나 만일 한 명의 집단원이라도 녹음/녹화에 따른 불편 또는 이의를 제기한다면 즉시 녹음/녹화를 멈추어야 한다. 그런 다음, 집단원들과 이 문제에 대해 논의하고 동의를 얻은 후, 다시 녹음/녹화를 계속한다. 일반적으로 녹음 또는 녹화에 대해 집단리더가 편안하게 느끼는 정도에 따라 집단원들이 영향을 받는 경향이 있다. 그러므로 녹음/녹화가 필요한 경우, 집단리더부터 이에 대해 편안하고 여유 있는 마음을 가진다. 그리고 녹음/녹화 자료를 포함한 집단원에 관한 기록은 비밀유지가 가능한 방법으로 보관 또는 폐기한다.

미성년자 참여 · 강제 참여.   비밀유지와 관련하여 고려해야 할 세 번째 윤리적 쟁점은 미성년자 참여와 강제 참여에 관한 것이다. 미성년자를 대상으로 하는 집단의 경우, 집단리더는 비밀유지의 한계를 구체적으로 명시한다. 그리고 집단을 시작하기 전에 반드시 미성년자의 부모나 법적 보호자에게서 허락을 받는다. 또한 강제조항에 따라 집단에 참여하게 되는 집단원들에게는 집단리더가 관련 기관에 의무적으로 보고해야 하는 절차가 있다는 사실을 알려 준다.

집단리더의 가치관 주입

집단전문가 윤리적 쟁점의 세 번째 영역은 집단리더의 가치관 주입에 관한 것이다. 가치관values은 개인의 세계관, 문화관, 세계에 대한 이해를 반영하는 것으로, 무엇이 좋고 나쁘며, 옳고 그르며, 즐겁고 괴로운지에 대한 자신만의 고유한 해석이며, 사람마다 다양한 양상을 보인다. 이에 집단리더는 자신이 어떤 가치관을 가지고 있고, 그것이 집단원에게 어떤 영향을 줄 수 있는지를 잘 알아야 하고, 집단원에게 가치관을 강요하지 않으면서value-free or value-neutral 집단원과의 가치관 차이에 따른 갈등이 효율적인 집단작업을 저해하지 않도록 해야 한다. 이에 집단리더는 평소에 자신의 가치관과 욕구, 그리고 이러한 요소들이 집단작업에 미칠 잠재적인 영향을 인식하고 있어야 한다.

　집단리더의 가치관 공개.　아무리 가치관 주입행위를 피한다고 하더라도 때로 집단원들에게 이와 관련된 문제가 발생할 수 있다. 이 경우, 집단리더는 자신의 신념, 결정, 욕구, 가치관 등을 집단원들에게 알려야 한다. 예를 들어, 독실한 불교 신자인 집단리더가 은연중에 무소유 삶의 가치관을 비롯한 불교적 삶을 강조함으로써 이와 상반된 욕구와 생활방식을 지니고 있거나 다른 종교를 가지고 있는 집단원들과 갈등을 빚게 될 수 있다. 이 경우, 집단리더는 자신의 종교적 가치관을 알려 줌으로써 이해를 구해야 한다. 그러면 정신건강 전문가들이 생각하는 정신적으로 건강한 삶은 어떤 모습인가? 정신건강에 관하여 전문가들 사이에 공유되는 가치관은 무엇인가? 상담자와 치료자들이 정신건강 관련 서비스를 진행하고 그 과정을 평가할 때 중요하다고 여기는 점은 무엇인가? 글상자 5-13은 정신건강과 관련하여 전문가들 간에 높은 일치도를 보인 가치관 요소들이다(Jensen & Bergin, 1988).

글상자 5-13. 정신건강 전문가들이 생각하는 정신적으로 건강한 삶의 요소

1. 자율성
2. 존재감 · 자존감
3. 대인 의사소통 민감성
4. 숙련된 돌봄
5. 진솔성 · 솔직성
6. 자기통제 · 책임
7. 결혼, 가족, 기타 관계에 대한 헌신
8. 가치 있고 의미 있는 목적 소유
9. 깊은 자각과 성장 동기
10. 스트레스 · 위기관리를 위한 적응적 처리전략
11. 일에서의 만족감
12. 신체 건강을 위한 좋은 습관 실천

특정 주제에 대한 집단리더의 개인적인 가치관은 집단에 영향을 미칠 수 있다. 글상자 5-14는 집단리더의 개인적 가치관이 집단원들에게 영향을 줄 수 있는 주제들이다.

🏢 **글상자 5-14. 집단리더의 가치관이 집단에 영향을 미칠 수 있는 주제**

○ 동성애	○ 종교적 신념	○ 자살
○ 낙태 · 산아제한	○ 양육권 소유	○ 안락사/존엄사
○ 불임 · 무자녀	○ 입양	○ 일상적이지 않은 성행위
○ 혼전 성관계/임신	○ 자녀훈육	○ 외국인과의 결혼
○ 혼외 성관계	○ 물질사용	○ 거짓말(선의의 거짓말 포함)

가치관 주입 방지를 위한 집단리더 자기탐색질문의 예는 글상자 5-15와 같다.

🏢 **글상자 5-15. 가치관 주입 방지를 위한 집단리더의 자기탐색질문 예시**

1. 이 주제에 대한 나의 입장은?
2. 나의 관점은 어떻게 형성되었나?
3. 나의 가치관은 쉽게 수정될 수 있는가?
4. 나는 다른 사람으로부터 나의 가치관에 대해 도전받는 것에 대해 개방적인가?
5. 나는 나와 가치관이 다른 집단원에게 배타적이지는 않은가?
6. 특정 가치관의 중요성을 고려할 때, 집단원들도 이를 받아들이기를 원하고 있지 않은가?
7. 집단원들에게 나의 가치관을 공개할 것인가? 그렇다면 언제할 것인가? 그 이유는 무엇인가?
8. 나의 가치관을 강요하지 않고 집단원과 어떻게 가치관에 관한 대화를 할 것인가?
9. 나는 집단원의 자기결정권을 존중한다는 것을 행동으로 보여 주고 있는가?
10. 집단원들이 목표를 설정하는 것을 돕는 방식에서 나 자신의 가치관과 신념이 어떻게 반영되어 있는가?

암묵적 가치관.   집단리더를 포함해서, 어느 집단이건 암묵적 가치관implicit values이 존재한다. 집단의 암묵적 가치관의 예는 글상자 5-16과 같다.

🏢 **글상자 5-16. 집단의 암묵적 가치관의 예**

1. 감정표현	2. 직접적이고 솔직한 표현
3. 사적인 정보 공유	4. 신뢰방법의 학습
5. 효율적 의사소통 습득	6. 자율적 의사결정

글상자 5-16에 제시된 집단의 암묵적 가치관에 대해 집단리더는 집단참여를 희망하는 사람들에게 집단에 참여하기 전에 명백하게 밝힐 필요가 있다. 집단원과의 가치관 갈등 상황에서 기본적인 집단전문가 윤리적 원칙은 집단원이 자신만의 가치관을 가질 권리가 있다는 것이다. 따라서 집단리더는 집단원들에게 특정 가치관을 가르치려 해서는 안 된다. 대신, 필요한 경우 스스로 결정할 수 있도록 돕는다. 그러면 집단리더가 때로 집단원들의 자율성을 침해하게 되는 이유는 무엇인가? 그 이유는 자신이 집단원들에게 가장 필요한 것이 무엇인지를 그들보다 더 잘 알고 있다고 믿기 때문이다. 즉, 집단리더가 집단원들에게 처방해 주었던 것이 효과가 있었던 이전 경험들을 통해 강화되었기 때문이다.

가치중립적 · 가치배타적 상담.   가치중립적^{value-netral} · 가치배타적^{value-free} 상담을 하려면 어떻게 해야 하는가? 무엇보다도 개방적인 태도로 집단원에게 중립적인 태도를 보이지 못할 수 있는 영역을 사전에 알려 준다. 그리고 문화적 다양성을 인정하는 한편, 다른 문화적 배경을 지닌 집단원에게 문화적 감수성과 문화적 공감을 통해 집단작업에 임한다.

집단의 오용.   집단리더는 집단원들을 통해 개인적 · 전문적 욕구를 충족시키려는 어떤 시도도 해서는 안 된다. 예를 들어, 집단리더가 자신의 치료와 변화를 위해 집단을 이용하는 것은 비윤리적인 행위에 속한다. 이러한 행위를 방지하기 위해 집단리더는 자신의 가치관, 기본 가정, 그리고 이러한 것들이 다문화적 맥락에 어떻게 적용되는지 잘 알고 있어야 한다(Pedersen et al., 2016). 집단리더는 집단원들에 대한 자신의 개인적 반응이 집단과정을 어떻게 저해할 수 있는지 인식하고 있어서 불필요한 역전이가 발생하지 않도록 해야 한다(Hays, Gelso, & Hummel, 2011).

문화적 변인.   집단리더는 성별, 연령, 인종, 민족, 장애, 종교, 성 지향성^{sexual orientation} 등에 대한 편견을 토대로 이루어진 고정관념과 차별의 영향을 깨달음으로써 집단원 모두의 권리와 존엄성을 지켜야 한다(Hays & Erford, 2017). 즉, 유교적인 영향으로 나이가 어린 사람이 나이가 많은 어른에게 무조건 순종해야 한다거나, 여성과 남성의 역할을 정해 차별하거나, 동성애자를 비롯한 특정 인종 또는 민족에 대해 편견을 가져서는 안 된다. 대신, 다양한 문화적 변인에 대한 자신의 고정관념이나 편견이 집단에 미칠 수 있는 영향을 고려하여 가치중립적 태도를 유지해야 한다.

강압·압력. 집단리더는 신체적 위협, 협박, 강요, 또래의 압력 등에서 합리적인 방법으로 집단원의 권리를 보호해야 한다. 단, 치료적 압력과 이와 무관하게 가해지는 압력은 구별한다. 집단리더가 집단원에 대한 강압 또는 압력을 행사하는 것을 막기 위해 즉각 개입해야 할 책임이 있는 상황은 글상자 5-17과 같다.

글상자 5-17. 집단리더가 즉각 개입해야 할 책임이 있는 상황

1. 다른 집단원에게 언어폭력을 일삼는 경우
2. 다른 집단원에게 부적절한 방법으로 도전하는 경우
3. 집단원의 의지와는 다른 방향으로 변화하도록 압력을 가하는 경우
4. 다른 집단원이나 자신에게 신체적으로 공격적인 행동을 하는 경우

집단의 목적은 집단원이 자신의 해답을 찾도록 돕는 것이지, 다른 집단원들이 적절하다고 생각하는 것을 실천하도록 압력을 가하는 것이 아니다(AGPA, 2007; ASGW, 2000). 집단리더는 집단원들에게 배려와 관심을 기울임으로써, 집단원들이 택하지 않겠다고 명백하게 밝힌 방향으로 변화하도록 요구하는 강압적인 태도를 보여서는 안 된다.

다중관계

집단전문가 윤리적 쟁점의 네 번째 영역은 다중관계에 관한 것이다. 다중관계multiple relationships란 집단리더와 집단원 관계 외에 집단참여 목적과는 다른 형태로 형성되는 관계를 말한다. 다중관계는 집단리더의 중립적인 태도 유지를 어렵게 하고, 전문적 판단력에 손상을 줄 수 있으며, 집단원의 전적인 집단참여를 저해하여 집단원에게 해를 입힐 수 있다(한국상담심리학회, 2018; 한국상담학회, 2008; APA, 2017; ASCA, 2016). 이는 한때 '이중관계dual relationships'라 불렸으나, 이차관계의 복잡성을 충분히 설명할 수 없다는 이유로 다중관계 또는 '비전문적 관계nonprofessional relationship'로 대체되었다. 다중

관계의 전형적인 예로는 가족(부모·자녀), 혈연(친척), 사회적 관계(친구, 동창생), 사업적 관계(고용자/피고용자) 등이 있다. 윤리적 측면에서 집단리더와 집단원 관계에서 지양해야 할 행위의 예는 글상자 5-18과 같다.

글상자 5-18. 집단리더와 집단원 관계에서의 금지사항

1. 사적인 목적을 위한 만남
2. 사적인 이익의 확대
3. 물물교환
4. 사회적 접촉, 즉 교제
5. 성적 친밀감 형성

그러나 다른 관점에서는 집단리더가 모든 다중관계를 피해야 하는 것은 그와 관계 맺고 있는 사람들에게 커다란 부담이 될 수 있고, 시민으로서 자유롭게 관계 맺을 권리를 침해할 수 있다. 또한 소도시나 소규모 지역사회의 경우에는 다중관계가 발생할 가능성이 더욱 커질 수밖에 없다. 이에 ACA 윤리강령은 상담자의 판단이나 객관성을 저해할 위험성에 대한 언급이 삭제되었고, 상호작용이 잠재적으로 유익할 때는 예외적으로 그러한 관계를 허용하는 것으로 개정되었다(ACA, 2014). 단, 그러한 관계가 유익하다는 것을 증명할 수 없다면 비전문적 관계를 피해야 하고, 비전문적인 관계를 시작하기 전에 그 관계의 정당성, 유익성, 예상되는 결과 등을 상담기록부에 정리해 두어야 한다고 규정하고 있다. 따라서 다중관계가 형성되는 상황이 된다면, 집단상담자는 집단원이 그 만남을 통해 어떤 이익을 얻게 되는지 판단해 봐야 한다(ACA 윤리강령 2014 참조).

상담자/치료자와 내담자로서의 관계 외에 형성되는 관계, 그리고 대학/대학원의 집단상담 관련 강좌에서 필수로 집단에 참여하는 학생들에게 집단원으로 참여하는 정도에 따라 학점을 부과하지 않는 것이 윤리적으로 합당하다(ACA, 2014). 따라서 집단상담 또는 치료 강좌 담당 교수는 집단참여를 학점 산정과 무관하게 하고, 학생들에게 탐색을 원하는 사항과 그만두기를 원하는 때를 결정하게 하여, 이들에게 미칠 부정적인 영향을 최소화해야 한다. 또한 학생들로 하여금 자신에게 개인상담을 받게 하거나 집단상담에 참여하도록 종용하는 것은 윤리적으로 부적절하다. 다중관계는 집단장면에서 완전히 피할 수 없을지도 모른다. 그러므로 집단리더는 집단원의 선별 과정부터 다중관계와 이 관계에서 파생되는 문제점을 신중하게 고려해야 한다.

사전동의

집단전문가 윤리적 쟁점의 다섯 번째 영역은 사전동의에 관한 것이다. 사전동의^{informed} ^{consent}란 집단참여에 앞서 집단의 절차, 목적, 전략, 집단원의 책임과 권리 등 협력 의사에 영향을 미칠 제반 측면에 대해 충분하고 적절한 설명에 근거하여 잠재적 집단원이 상담에 참여하기로 동의하는 것을 말한다. 이는 집단리더가 집단원에게 책임뿐 아니라 권리를 알도록 하는 일로서, '설명동의'로도 불린다. 따라서 집단원이 의무적으로 참여해야 하는 집단의 경우, 집단리더는 자기개방, 개인적 참여의 중요성, 그리고 집단원의 권리에 관한 사항을 특별히 조심스럽게 다뤄야 한다.

집단참여의 자발성 여부와 상관없이, 집단리더는 사전동의 절차를 밟아야 한다. 특히 미성년자를 대상으로 하는 경우는 개인상담 또는 치료와 마찬가지로 소속 기관의 규정에 따른다(ASCA, 2016). 비자발적 집단의 경우라도, 집단리더는 집단원의 협조를 구하는 한편, 자발적으로 집단에 참여하도록 최선의 노력을 다해야 한다. 그런가 하면 집단리더는 집단의 기대에 미치지 못하는 집단원이 집단 회기에 출석했다는 이유만으로 집단상담을 받은 것으로 인정하지 않을 권리가 있다. 단, 집단리더는 집단원의 집단참여가 인정되지 않는 경우에 발생할 수 있는 결과에 대해 해당 집단원들에게 통보해야 한다. 사전동의에 포함되어야 할 내용은 글상자 5−19와 같다(ACA, 2014; AGPA, 2007; ASGW, 2000).

> **글상자 5-19. 사전동의에 포함되어야 할 내용**
>
> 1. 집단의 성격: 목표, 이론적 관점, 과정, 방식, 기법, 회기 수, 모임 빈도수 등
> 2. 집단리더의 경력: 자격증, 학위, 훈련, 전문 영역·기술, 이론적 지향, 효과적으로 도움을 제공할 수 있는/없는 문제 또는 집단원 유형, 교육 훈련 중인 인턴이나 보조원 여부, 수퍼비전, 집단 회기 녹음/녹화 여부
> 3. 비밀유지·비밀유지 예외 상황
> 4. 상담 거부·종결에 관한 권리
> 5. 집단작업에 따른 잠재적 이익과 위험
> 6. 집단상담의 대안: 아무것도 하지 않는 것, 약물치료의 필요성 평가, 다른 이론적 접근을 적용하는 집단전문가에게 의뢰, 신뢰할 만한 가족이나 친구와의 대화, 자조집단, 식이요법, 운동요법 등
> 7. 필요시 연락방법

8. 검사 결과, 진단 및 상담/치료기록에 대해 알 권리

9. 상담료와 납부방법

집단원은 집단리더로부터 집단에 관한 설명을 들음으로써 집단에서 무엇을 얼마만큼 말할 것인지에 대해 스스로 결정해야 한다. 사전동의에 관한 윤리규정 역시 「의료 판례법」에 바탕을 두고 있다. 즉, 환자가 의사로부터 자신이 받게 될 치료가 무엇인지, 어떤 위험이 발생할 수 있는지에 관한 의사의 설명이 없어서 피해를 입는 경우, 환자가 담당 의사를 상대로 의료과실 소송을 하여 승소한 판례들이 있었기 때문이다. 이러한 판례들은 정신건강 전문가가 내담자 또는 환자의 자기결정권 존중에 대해 인식하게 되는 계기가 되었다. 사전동의가 법적 의미가 있으려면, 집단원이 글상자 5-20에 제시된 것 같은 능력을 갖추고 있어야 한다.

🏢 글상자 5-20. 사전동의가 법적 의미를 갖기 위한 집단원의 요건

1. 심사숙고하여 합리적 결정을 내릴 수 있는 능력
2. 집단리더가 설명하는 내용을 충분히 이해할 수 있는 능력
3. 자유로운 의사결정 능력

글상자 5-20에 제시된 지침은 비자발적 집단원뿐 아니라 자발적 집단원들로 구성된 집단에도 동일하게 적용된다. 집단원이 요청할 수 있는 권리는 글상자 5-21과 같다.

🏢 글상자 5-21. 집단원이 요청할 수 있는 권리

1. 사생활 보장
2. 언어적 · 신체적 모욕으로부터의 보호
3. 집단참여 절차와 집단경험을 위한 시간 제한
4. 집단원의 역할, 권리, 책임에 대한 논의
5. 집단리더의 교육, 훈련, 임상수련 정도에 관한 간단한 정보
6. 상담료 지불 방법에 관한 규정의 명확한 진술
7. 집단에서 금지/허용되는 활동에 관한 설명
8. 집단목적, 절차, 방침, 규칙에 관한 명확한 진술

9. 집단원의 의견을 듣고자 하는 집단리더의 계획에 관한 정보

10. 집단의 내재적 위험 요소에 대한 합리적 안전장치

11. 연구를 위한 일방적 관찰 또는 집단장면의 녹음/녹화 자료 확인

12. 집단 회기 동안 수집된 정보가 집단 밖에서 어떻게 사용되는지에 대한 집단리더의 진술과 비밀유지의 한계에 관한 충분한 논의

13. 집단압력으로부터의 자유(다른 집단원이나 집단리더가 활동참여 및/또는 상의하고 싶지 않은 문제를 내놓도록 하는 요구로부터의 자유)

구두방식 vs. 서면방식. 사전동의는 구두방식과 서면방식으로 할 수 있다. 구두방식은 잠재적 집단원과의 대화를 통해 그의 욕구에 맞는 정보를 제공할 수 있다는 이점이 있다. 반면, 한꺼번에 너무 많은 정보가 제공되는 경우 상당 부분 잊어버릴 수 있고, 문서로 남길 수 없다는 약점이 있다. 이에 비해, 서면방식은 문서로 보관할 수 있고, 실시가 용이하며, 시간을 대폭 줄일 수 있다는 이점이 있다. 사전동의를 위한 양식으로는 소책자, 질문목록표, 계약서, 동의서, 집단참여자 권리선언서 등이 주로 사용된다. 사전동의에 관한 FAQs는 글상자 5-22와 같다.

글상자 5-22. 사전동의에 관한 FAQs

1. 미성년자에게도 사전동의를 받아야 하나요? ☞ 법적으로 미성년자는 사전동의서에 서명할 수 없습니다. 그러므로 집단리더는 적어도 어느 한 부모나 보호자로부터 대리동의를 받아야 할 법적 책임이 있습니다. 부모가 이혼하여 아동에 대해 공동양육권을 쥐고 있다면, 양쪽 부모의 동의를 받는 것이 좋습니다. 단, 미성년자라 하더라도 긴급 상황의 경우에는 부모의 동의 없이도 상담을 받을 수 있습니다.

2. 부모가 자녀의 상담에 동의했는데 자녀가 선뜻 동의하지 않는다면, 집단리더는 어떻게 해야 하나요? ☞ 집단리더가 집단작업을 강행했다고 해서 반드시 비윤리적으로 행동했다고는 할 수 없습니다. 리더는 부모에게 아동이 자발적으로 기꺼이 집단에 참여하는 것의 중요성을 인식시키도록 하는 한편, 아동이 신뢰하도록 노력을 기울이면서 아동의 동의를 구하는 것이 좋습니다. 집단이 아동에게 도움이 안 된다는 판단이 서면, 집단리더는 그 아동을 집단에 참여시키지 않아야 합니다.

3. 지적 능력이 떨어지는 집단원에게 사전동의를 받아야 하나요? ☞ 일반적으로 지적 능력이 떨어진다는 증거가 없는 한, 성인은 동의할 수 있는 능력이 있는 것으로 간주합니

다. 단, 지적 능력이 현저하게 낮아 사전동의를 할 수 있는 능력이 분명히 없는 것으로 판단되는 사람들(예, 심한 지적장애, 치매 환자 등)의 경우, 가족이나 법적 보호자가 대신 사전동의를 해 주어야 합니다.

4. 일시적으로 동의할 수 있는 능력이 손상된 집단원(예, 술 취한 자 등)에게 사전동의를 받아야 하나요? ☞ 집단원의 정신기능이 정상으로 돌아올 때까지 사전동의 절차를 연기해야 합니다.

5. 비자발적 집단원에게도 사전동의를 받아야 하나요? ☞ 그렇습니다.

　글상자 5-22에서 비자발적 집단원이란 심리적 문제나 정신질환 등이 있는데도 불구하고 스스로 집단참여의 필요성에 대해 인식·판단·동의할 능력이 없거나, 자신에 대한 무관심 또는 물질사용으로 법정 또는 학교장의 요구에 따라 강제적으로 집단에 참여하는 사람을 말한다. 예컨대, 법정으로부터 집단참여 명령을 받은 사람들이 행형시설(예, 교도소, 구치소, 소년원)에 가지 않으려면 집단에 참여해야 한다. 또한 학교장으로부터 학생이 퇴학 등의 징계 조치를 받지 않으려면, 학교장의 집단참여 명령을 받아들여야 한다. 이 경우, 사전동의를 얻는 과정에서 집단리더는 이들이 사생활을 보호받을 권리가 없다는 사실에 관해 설명해 줘야 한다. 즉, 상담 서비스를 거부하면 행형시설에 가거나 징계를 받게 될 것이라는 사실을 상기시켜 준다. 또한 집단리더는 상담 결과에 대한 보고서를 상담을 요구한 측에 제출해야 할 책임이 있음을 알려 준다.

　법원의 명령에 따라 비자발적으로 집단작업에 참여한 사람들이 참여하지 않은 사람들보다 생활적인 면에서 훨씬 더 호전되었다는 연구 결과가 있다(DeLucia-Waack et al., 2014). 그러므로 집단리더는 법정의 요구로 집단에 참여한 사람이 당연히 상담에 적대적이고 참여를 꺼릴 거라고 지레 판단해서는 안 된다. 집단리더가 법적 문제를 겪을 수 있는 유감스러운 상황은 집단이 시작되기 전에 집단리더와 집단원의 집단작업에 대한 이해가 서로 다르면 안 된다는 것을 잘 보여 준다. 또한 이 같은 문제 상황들은 모두 집단리더가 집단원에게 사전에 상담에 관해 충분히 설명을 해 줬다면 피할 수도 있는 것들이었음을 알 수 있다.

집단참여·중도포기

집단전문가 윤리적 쟁점의 여섯 번째 영역은 집단참여와 중도포기에 관한 것이다.

이에 관한 윤리적 쟁점은 ① 집단원 심사, ② 자발적 참여, ③ 비자발적 참여, ④ 중도 포기로 구분하여 살펴보기로 한다.

집단원 심사.   집단참여와 중도포기에 관한 첫 번째 윤리적 쟁점은 집단원 심사에 관한 것이다. 집단원 심사는 주로 개별면담, 집단면담 및/또는 질문지를 통해 이루어진다. 이 중에서 개별면담은 시간이 많이 걸린다는 약점이 있지만 가장 효과적인 심사방법이다(DeLucia-Waack et al., 2014). 집단원 심사는 주로 ① 집단참여목적이 집단목적과 일치하는 자, ② 집단과정을 저해하지 않을 자, ③ 집단경험에 의해 안녕에 위협받지 않을 자를 선발하는 데 중점을 둔다. 심사과정에서 집단리더가 집단참여를 희망하는 사람들에게 공지할 사항은 글상자 5-23과 같다.

글상자 5-23. 집단원 심사과정에서 공지할 사항

1. 집단의 성격	2. 잠재적으로 발생 가능한 문제
3. 집단리더의 경력	4. 집단의 일반 규정
5. 비밀유지에 관한 사항	

집단참여가 결정된 집단원은 집단리더와 계약서에 공동 서명한다. 이때 집단리더와 친분이 있는 사람은 집단에 지원하지 않도록 사전에 통보한다.

자발적 참여.   집단참여와 중도포기에 관한 두 번째 윤리적 쟁점은 자발적 참여에 관한 것이다. 집단원의 자발적·적극적인 집단참여는 목적 성취와 의미 있는 결실을 맺게 하는 원동력이다. 집단참여는 집단원의 권리에 속하는 것이므로, 집단리더는 집단참여가 반드시 자발적으로 이루어져야 한다는 점을 명심해야 한다. 그러나 모든 집단원이 자발적으로 집단에 참여하는 것은 아니라는 점에서 집단리더는 집단원들에게 적극적·자발적인 집단참여의 중요성을 설명할 필요가 있다.

비자발적 참여.   집단참여와 중도포기에 관한 세 번째 윤리적 쟁점은 비자발적 참여에 관한 것이다. 비자발적 참여involuntary participation란 자신의 의지와는 상관없이 일정 기간 또는 일정 횟수를 지정받아 강제조치에 의해 집단에 출석하는 것을 말한다. 예를 들어, 법원이 미성년자 초범자 또는 불법행위(예, 음주운전)로 처벌을 받게 된 사람들에 대해 집단참여를 명령하는 것이다. 이때 집단참여는 법원이 이들 대상의 필수교육을 대체하는 성격을 띤다. 이처럼 타의에 의해 비자발적으로 집단에 참여해야 하는 경우라도, 집단리더는 집단원들이 진술한 생각과 감정을 적절한 방식으로 표현할 기회를 제공한다(Baker, 2007).

집단참여의 기본 원칙은 자발적 참여^{voluntary participation}다. 자발적 집단이든 비자발적 집단이든 간에 집단작업 또는 활동에 참여/불참하는 것은 집단원의 권리다. 그러므로 집단리더는 집단원이 원치 않는 활동에 참여할 것을 강요해서는 안 된다. 그렇지만 집단활동에 참여하지 않는 권리 행사가 집단원의 안녕과 복지에 항상 유익하게 작용하는 것은 아니다. 사람들은 때로 집단작업에 대한 잘못된 정보, 불신, 오해, 또는 고정관념에 의해 집단참여에 소극적이거나 이를 거부하기도 한다. 따라서 집단리더는 잠재적 집단원들에게 이에 관한 정보를 제공할 필요가 있다. 특히 의무적으로 집단에 참여해야 하는 잠재적 집단원에게는 집단의 성격, 목적, 절차, 집단활동 참여를 거절할 수 있는 집단원의 권리, 비밀유지의 한계, 능동적 참여가 집단원에게 미치는 영향 등에 대해 명확하고 구체적인 정보를 제공해야 한다.

중도포기.   집단참여·중도포기에 관한 네 번째 윤리적 쟁점은 중도포기에 관한 것이다. 집단원에게는 자신이 원하면 언제든지 집단참여를 중도에 포기하고 집단을 떠날 권리가 있다. 그러므로 집단리더는 조기에 집단을 떠나는 집단원이 취해야 할 절차에 관한 규정을 마련해야 한다(AGPA, 2007; ASGW, 2000). 이 규정은 집단이 시작되기 전이나 집단원 심사를 위한 면담 시간, 또는 집단의 첫 회기에 모든 집단원에게 공지되어야 한다. 만일 집단을 떠나려는 집단원이 있다면, 집단리더는 그에게 집단에 출석하여 다른 집단원들에게 작별인사를 나누도록 한다. 만일 이러한 집단원이 다른 집단원들로부터 집단에 남도록 부당한 압력을 받는다면, 집단리더는 즉시 개입하여 이를 저지해야 한다. 또한 법원의 판결에 따라 비자발적으로 집단에 참여하는 집단원에게는 중도포기에 따른 결과에 관해 설명해 주어야 한다(ASGW, 2000). 예를 들어, 미성년자 초범자들에 대해 법원이 형량 대신 집단상담 10회기 참여를 선고했는데, 집단에 성실하게 참여하지 않은 것으로 법원에 보고되면, 이를 재차 심의하여 형량대로 복역하도록 법적 조치를 받을 수 있음을 설명해 줘야 한다.

전문적 역량

집단전문가 윤리적 쟁점의 일곱 번째 영역은 집단리더의 전문적 역량에 관한 것으로, 이에 관한 윤리적 쟁점은 ① 전문지식, ② 전문기법, ③ 집단상담 실습, ④ 자격증·학위, ⑤ 합당한 치료, ⑥ 목표설정, ⑦ 수퍼비전 · 자문, ⑧ 집단종결, ⑨ 평가 · 후속집단 회기, ⑩ 의뢰, ⑪ 전문성 개발로 구분하여 살펴보기로 한다.

전문지식.   집단리더의 전문적 역량과 관련된 첫 번째 쟁점은 전문지식에 관한 것이다. 집단리더는 자신이 적용하는 이론적 접근에 대해 명확하게 설명할 수 있어야 하고, 개입의 근거를 제시할 수 있어야 한다. 또한 집단원들이 집단 내에서 이루어진 학습을 일상생활에 적용하도록 도울 수 있어야 한다. 집단리더가 전문가로서 양질의 집단작업을 제공하기 위해 갖춰야 할 전문지식은 글상자 5-24와 같다.

🏢 **글상자 5-24. 집단리더가 갖추어야 할 전문지식**

1. 집단의 유형	2. 집단작업의 장단점
3. 집단역동의 기본 원리	4. 집단리더의 문제행동
5. 집단의 치료요인	6. 집단원 모집 · 선별 전략
7. 집단의 발달단계별 특성 및 역할	8. 집단과정 촉진/저해 요소와 대처방안
9. 집단원들에게 영향을 주는 성격적 특성	10. 집단활동에 관한 윤리문제 기술
11. 집단작업에 관한 연구물 이해 및 적용	12. 집단 평가 및 집단원 평가

전문기법.   집단리더의 전문적 역량과 관련된 두 번째 쟁점은 전문기법에 관한 것이다. 집단리더는 집단과정을 개념화할 수 있고, 집단에서 진행되는 과정을 구두로 설명할 수 있으며, 이를 특정 이론적 접근과 연관 지을 수 있어야 한다. 또한 문화적 배경이 다양한 집단원들의 독특한 욕구를 충족시킬 수 있도록 집단기법을 적절히 수정할 필요성을 인식하고 있어야 한다. 그리고 집단에 적용하는 이론적 모형에 걸맞은 유용한 기법을 끊임없이 연구 · 개발해야 한다. 반면, 직접 훈련받지 않은 기법은 사용하지 않아야 한다. 단, 그 기법에 익숙한 전문가의 수퍼비전을 받는 상황에서는 해당 기법을 적용할 수 있다. 집단리더가 집단작업을 효과적으로 수행하기 위해 갖추어야 할 역량은 글상자 5-25와 같다.

🏢 **글상자 5-25. 집단리더가 갖추어야 할 전문적 역량**

1. 집단원의 참여 촉진	2. 집단과정의 관찰과 지각
3. 집단원의 행동 관찰	4. 기본적인 상담기법 적용
5. 집단 회기의 시작과 종결	6. 시의적절한 정보제공

7. 생산적 행동을 통한 모델링	8. 적절한 자기개방 격려
9. 피드백 교환	10. 비형식적 질문
11. 공감적 이해와 신뢰관계 형성	12. 집단원의 비생산적 행동에 대한 직면
13. 집단원의 의미 있는 경험 촉진	14. 소속 학회의 윤리기준 준수
15. 집단목적 달성을 위한 방향 유지	16. 집단원의 학습통합과 실생활에의 적용 촉진

집단작업 실습. 집단리더의 전문적 역량과 관련된 세 번째 쟁점은 집단작업 실습에 관한 것이다. 대학 또는 대학원 상담 관련 전공의 교육과정 또는 집단리더 훈련 프로그램에는 적어도 한 과목 이상의 집단작업 연습과 실습이 포함되어야 한다. 이 과목은 앞서 기술한 지식과 기법을 실습생들이 실제로 적용해 봄으로써 습득해 나가도록 고안되어야 한다. 이때 반드시 경험이 많고 자격을 갖춘 전문가의 교육지도가 필수적으로 수반되어 집단활동에 필요한 기술의 습득을 도모해야 한다. 집단작업 실습에는 집단원의 일원으로 집단에 참여하는 것은 물론, 다른 집단에 대한 관찰과 집단리더로서 집단을 직접 운영해 본 경험이 반드시 포함되어야 한다. 나아가, 더 높은 수준의 집단작업을 제공하기 위해서는 특정 집단형태에 관한 집중훈련이 반드시 요구된다.

자격증·학위. 집단리더의 전문적 역량과 관련된 네 번째 쟁점은 집단리더의 자격증certificate과 학위diploma에 관한 것이다. 물론 자격증이나 학위는 전문가와 비전문가를 구분하는 데 있어서 중요한 요소다. 그러나 자격증이나 학위를 소지하고 있다는 사실만으로 자격 있는 집단전문가로 단정지을 수 없다. 아무리 상담 관련 전공으로 박사학위를 받고 상담 또는 심리치료 관련 자격증을 소지한 사람일지라도, 집단 운영을 위한 자질 또는 전문적인 훈련이 미흡한 상태일 수 있기 때문이다. 이러한 관점에서 집단리더는 자신의 능력의 범위와 한계를 깊이 인식하고 있어야 한다. 이를 위해 집단리더가 자신에게 던져 볼 수 있는 질문은 글상자 5-26과 같다.

글상자 5-26. 집단리더의 한계 확인을 위한 성찰질문 목록

1. 내가 담당할 수 있는 집단의 유형은 무엇인가?
2. 나는 내가 받은 교육과 훈련에 적합한 집단을 이끌고 있는가?

> 3. 나의 전문 영역은 무엇인가?
> 4. 내가 능숙하게 활용할 수 있는 집단기술과 전략은 무엇인가?
> 5. 나는 몇 회기 정도를 안정되게 이끌어 나갈 수 있는가?
> 6. 다른 전문가의 의견은 언제 구해야 하는가?
> 7. 의뢰는 어떤 경우에 해야 하는가?

합당한 치료. 집단리더의 전문적 역량과 관련된 다섯 번째 쟁점은 합당한 치료에 관한 것이다. 집단리더는 타당한 방법으로 집단원의 문제와 욕구에 합당한 치료적 서비스를 제공할 수 있어야 한다. 이를 위해 집단원의 문화, 인종, 종교, 생활방식, 나이, 장애, 성별 등의 차이를 인정·존중해야 한다. 집단리더는 집단원 개개인에 대한 자신의 행동을 잘 인식하는 한편, 특정 집단원을 편애하거나 편들기 같은 행위를 경계해야 한다. 집단리더는 특정 집단원(들)을 선호할 수 있지만, 모든 집단원이 동등하게 대우받을 권리가 있다는 사실을 잘 인식하고 이를 실천해야 한다. 이를 위해 소극적인 집단원을 집단과정에 참여시키고, 비언어행동의 의미를 파악하며, 중언부언하거나 대화를 독점하는 행동을 차단하여 모든 집단원이 집단시간을 균등하게 사용할 수 있도록 해야 한다. 만일 집단원의 수가 많은 집단을 계획하는 경우, 합당한 자격을 갖춘 상담자 또는 치료자와 공동으로 집단을 이끌도록 한다.

목표설정. 집단리더의 전문적 역량과 관련된 여섯 번째 쟁점은 목표설정에 관한 것이다. 집단리더는 집단원의 개인적인 목표설정을 도와야 한다. 이는 집단원이 집단경험을 통해 성취하고자 하는 목표를 구체화할 수 있도록 돕는 것을 의미한다. 집단의 진행과정에서 집단리더는 집단원이 자신이 설정한 목표를 얼마만큼 달성했는지 평가하고, 필요하다면 목표수정을 돕는다. 또한 특정 집단의 맥락 속에서 집단원이 자신의 목표를 얼마만큼 달성할 수 있는지 명료하게 이해할 수 있도록 돕는 일 역시 윤리적 측면에서 집단리더가 담당해야 할 임무다.

수퍼비전·자문. 집단리더의 전문적 역량과 관련된 일곱 번째 쟁점은 수퍼비전supervision과 자문consultation에 관한 것이다. 집단전문가의 발달과정에서 수퍼비전을 받는 것은 윤리적으로 적절한 선택이다(Fernando & Herlihy, 2010). 특히 집단과정에서 해결하기 어려운 문제 또는 윤리 관련 문제가 발생하거나 집단리더로서의 기능에 방해되는 어려움에 봉착하는 경우, 임상경험이 많은 다른 전문가에게 자문 또는 수퍼비전을 요청해야 한다(강진령, 이종연, 유형근, 손현동, 2009; AGPA, 2007; ASGW, 2000; Neufeldt, 2010). 더욱이, 전문적 판단과 치료역량을 저해할 수 있는 개인적인 어려움이나 갈등이 발생하는 경우, 전문가의 도움을 받아야 한다. 만일 다른 전문가의 도움을 받게 된다면, 집단리더가 담당하고 있는 집단과 관련된 내용은 전문적 자문과 교육 목적으로 논의되어야 한다.

한편, 자문 내용에 대한 비밀유지 여부에 관한 규정을 집단원들에게 알려 줘야 한다. 자문과 수퍼비전은 초심 집단리더뿐 아니라 경험이 많은 집단전문가에게도 요구된다. 왜냐면 집단작업에 관한 지식과 경험 정도에 상관없이 누구든지 더 학습하고 성장해야 할 여지가 있기 때문이다. 집단리더는 집단을 시작하기에 앞서, 집단원들에게 자문과 수퍼비전의 취지를 잘 설명해 준다(Riva, 2010). 그리고 필요한 경우 자문의 결과에 대해 집단원들에게 알려 준다.

집단종결.　　집단리더의 전문적 역량과 관련된 여덟 번째 쟁점은 집단종결에 관한 것이다. 집단리더는 집단참여 목적에 따라 가장 효과적이고 적절한 시기에 집단을 종결해야 한다. 이를 위해 집단원의 진척 정도를 지속적으로 살피는 한편, 주기적으로 집단원들이 집단경험을 탐색·재평가하도록 돕는다(DeLucia-Waack, 2006). 집단원들이 시의적절하게 집단을 떠나고, 집단에서 심리적인 독립을 이룰 수 있도록 돕는 것 역시 집단리더의 중요한 책임에 속한다.

평가·후속 집단 회기.　　집단리더의 전문적 역량과 관련된 아홉 번째 쟁점은 평가와 후속 집단 회기에 관한 것이다. 집단리더는 자신의 집단에 대해 지속적인 평가를 하고 후속 집단 회기를 계획해야 한다. 또한 집단에 대해 지속적으로 평가할 뿐 아니라, 집단원이 자신의 진척 정도를 평가하는 것을 돕고, 최종 회기에 전체 집단의 경험을 평가해야 한다. 그리고 자신의 행동을 모니터하는 한편, 집단 내에서 자신이 어떤 모범을 보이고 있는지 살펴야 한다. 집단의 목표와 평가는 서로 깊은 관계가 있다. 집단원 선발단계나 초기단계에서 집단의 목표와 개별 집단원의 목표가 설정된다. 이러한 목표는 집단 회기가 진행되면서 수정될 수 있고, 또 자연스럽게 수정되기도 한다.

인간중심치료집단 또는 정신분석집단처럼 비교적 덜 구조화된 집단에서 집단원 선발단계는 더욱 중요하다. 왜냐면 이러한 집단은 목표가 구체적으로 설정되지 않은 상태에서 진행되기 때문이다. 집단과정의 관찰은 평가의 중요한 부분에 속한다. 집단이 진행됨에 따라 변해 가는 모습은 다양한 방법으로 평가될 수 있다. 따라서 집단리더는 집단작업을 관찰하기 위한 전략에 익숙해질 필요가 있다. 후속 집단 회기는 개별접촉, 전화를 통한 접촉 및/또는 유인물을 통해 이루어질 수 있다. 후속 집단 회기는 집단원들과 개별적으로 하거나, 모든 집단원과 함께하거나, 또는 이 두 가지를 병용하는 방법이 있다. 후속 집단 회기를 위한 확인사항은 글상자 5-27과 같다.

> **글상자 5-27. 후속 집단 회기 확인질문의 예**
>
> 1. 집단원들은 각자의 목표를 얼마나 달성했는가?
> 2. 집단이 집단원들에게 어떤 영향을 주었는가?
> 3. 집단원들이 의뢰를 통해 어떤 이로운 점을 얻었는가?
> 4. 미래의 집단 수정에 필요한 정보는 무엇인가?

후속 집단 회기가 없는 경우, 집단리더는 후속 집단상담 회기를 필요로 하는 집단원이나 이러한 접촉을 요청하는 집단원과의 면담을 위해 시간을 할애해야 한다.

의뢰.   집단리더의 전문적 역량과 관련된 열 번째 쟁점은 의뢰에 관한 것이다. 집단리더는 자신의 전문적 능력과 경험의 한계를 알고, 모든 유형의 집단원들과 집단을 담당할 수 없다는 사실을 인식하고 있어야 한다. 또한 자신의 능력을 벗어날 정도의 도움이 필요한 집단원은 적절한 시기에 다른 전문가에게 의뢰^{referral}해야 한다. 그리고 자신이 운영하는 집단의 형태가 특정 집단원의 욕구에 부합되지 않는다는 판단이 드는 경우, 집단원에게 다른 적절한 전문가에게로의 의뢰를 제안해야 한다. 따라서 집단리더는 의뢰가 필요한 상황을 위해 집단원에게 도움을 줄 지역사회 자원에 대해 알고 있어야 한다. 그리고 필요한 경우 집단원들이 한층 심화된 전문적 도움을 구할 수 있도록 도와야 한다.

전문성 개발.   집단리더의 전문적 역량과 관련된 열한 번째 쟁점은 전문성 개발에 관한 것이다. 전문성 개발은 집단리더가 자신의 역량을 지속적으로 업그레이드해야 하는 전문적 책임이 있음을 나타내는 영역이다. 역량^{competence}이란 전문성을 가지고 있는 정도인 능력^{ability}과 이를 실행에 옮길 수 있는 정도인 수행^{performance}과 관련된 개념을 말한다. 자격증이나 면허증의 취득 여부에 상관없이, 집단리더가 집단원이 원하는 만큼 역량을 갖춘 경우는 많지 않다. 역량은 초보 수준에서 시작해서 새로운 발달과 요구가 생기고, 전문직에서의 경력이 쌓이고, 전문가로서 성장하고 변화함에 따라 갱신되고 강화되는 계속적·발달적 과정이다. 집단리더의 역량 발달단계는 표 5-2와 같다.

표 5-2. 집단리더의 역량 발달단계

발달단계	역량수준
☐ 초보 수련생	○ 집단원의 주관적 욕구와 문제가 발생한 상황보다는 규칙/원칙에만 집착하는 수준
☐ 상급 수련생	○ 주관성과 상황 파악 측면에서 제한된 능력을 보이며, 사고와 실무에서 여전히 상담이론과 접근법에 의존하는 수준
☐ 초보 전문가	○ 적어도 상담과 치료를 독립적으로 수행하는 데 필요한 최소한의 역량과 자격증이나 면허증을 받기 위한 기본 요건을 갖춘 상태
☐ 전문가	○ 전문적 경험을 직관과 통합시키는 능력이 있어서 집단작업방법의 결정이 빠르고 쉽게 이루어지며, 쉽게 부적응 행동양식을 인식함 ○ 이러한 행동양식을 변화시키기 위해 향상된 집단작업 역량을 보이며, 개인 만족도는 물론 직무 만족도가 높은 상태
☐ 숙련된 전문가	○ 축적된 경험을 실무에 반영하며, 교과서적 지식 의존은 줄어든 반면, 직관적·반성적인 전문적 실무에서 얻은 경험에 기반을 둔, 자신만의 개별화된 집단이론과 치료법을 활용함

ACA(2014)와 APA(2017) 윤리규정 모두 전문성의 개발·유지의 중요성을 강조하고 있다. 집단리더의 역량과 관련된 두 가지 법적 쟁점은 자격 인증^{accreditation}과 직무상 과실^{malpractice}이다. 특히 자격 인증과 관련된 중요한 개념으로는 면허, 자격, 등록이 있다. 먼저 면허^{licensure}는 가장 엄격한 형태의 규정으로, 인가받은^{credentialed}(예, 적법한 전문가 자격증을 받은) 사람들만 특정 지역이나 구역에서 전문직을 수행할 수 있음을 입증하기 위한 용어다. 반면, 자격^{certification}은 집단전문가 또는 전문상담교사처럼 특정 명칭이 인증된 사람들에게만 사용될 수 있을 때 주로 사용되는 용어다. 이에 비해, 등록^{registration}은 최소한의 법규상의 증명서로서, 단순히 관계 관청에 등록하였음을 표시하는 수단을 나타낸다.

그러면 전문성 개발·유지는 어떻게 이루어지는가? 전문성 개발은 대학원 교육에서 시작된다. 대학원의 교수진과 수퍼바이저는 유능한 전문가를 양성(선발, 훈련, 자격인증)하는 데 최초의 책임을 진다. 교육생들이 정규교육을 마치고 실무를 수행하기 위해 면허증이나 자격증을 받으면, 역량을 보증할 책임은 교육자나 수퍼바이저에게서 전문가인 자신에게로 옮겨 간다. 자격증을 받은 집단리더는 이제 독립적인 전문가이므로, 자신의 효율성과 실무 범위를 스스로 감독하는 책임을 진다.

전문직과 비전문직을 구분하는 지표는 상담 업무의 독립적 실행이 가능한가다. 독립성에 뒤따르는 의무는 전문가 자신이 역량을 발휘할 수 있는 범위 내에서만 제한적으로 실무를 수행해야 한다는 점이다. 집단리더의 역량 발달단계에 있어서 3단계에서 4단계로 이동하기 위한 역량 확대방법에는 공식적 교육(공식적인 수퍼비전, 세미나, 워크숍, 계속교육연수/CEU)과 비공식적 교육(독서, 논문 및 저술, 실천경험의 반성)이 있다.

집단전문가라면 전문성 개발professional development이 자신의 진로에서 끊임없이 지속적이고 발달적인 과정이라는 점을 인식해야 한다. 이러한 인식을 바탕으로 집단전문가는 상담 서비스의 질을 향상시키고 역동적 교류를 촉진시켜야 한다. 이를 위해 집단리더는 다양한 교육과 연수 기회를 통해 전문지식과 집단운영에 필요한 기술과 기법을 지속적으로 업그레이드해야 한다. 또한 새로운 집단작업기법과 전략에 관한 연구결과와 집단작업 동향에 관한 정보와 자료를 지속적으로 업데이트해야 한다. 이는 집단작업 또는 치료 관련 자격증이 있고 숙련된 전문가들도 각종 학술대회, 세미나, 워크숍 등에 참석하여 전문적인 자문과 지도를 받아야 함을 의미한다.

성찰활동 / 함께 해 볼까요?

1. **신뢰관계 형성요인** 소집단으로 나누어, 집단에서 안전한 느낌이 들지 않았거나 다른 사람들을 신뢰하기 어려웠던 경험에 관해 이야기를 나누어 보자. 구성원 모두가 이야기를 마치면, 응집력과 협력관계 형성에 주요 장애가 되었던 요소들을 요약해 보자. 그동안 학교와 사회생활을 통해 다른 사람들과 친근하고 신뢰할 수 있는 관계로 발전하는 데 유용했던 방식에 대해 논의해 보자.

2. 　나의 자서전　 이 활동은 각자 자신의 생애사^{life history}를 되돌아보면서 순간순간 의미 있었던 기억들과 아쉬웠던 상황을 떠올리며 현재의 삶에 충실하고 미래의 삶을 준비할 수 있도록 돕기 위한 것이다. 모두 잠시 눈을 감고 태어나서 지금까지의 삶을 회고해 보자. 그런 다음, 각자 A4 용지에 그동안의 기쁘고 뿌듯했던 순간들과 슬프고 고통스러웠던 일들을 통한 경험에 대해 글로 써 보자. 이때 사실 중심적으로 기록하기보다는 사건이나 상황에 관한 생각이나 느낌을 담은 경험 중심으로 작성한다. 작성이 끝나면, 한 사람씩 돌아가면서 발표한다. 발표를 모두 마치면, 자서전을 쓰거나 다른 사람들의 발표에 대한 소감, 즉 생각과 느낌을 나눈다.

기뻤던 순간들	
1	○
2	○
3	○
4	○
5	○

슬펐던 순간들	
1	○
2	○
3	○
4	○
5	○

3. 　자성예언　 심리학 이론 중에는 자성예언이론^{self-fulfilling prophecy theory}이 있다. 자성예언自成豫言이란 스스로 자自, 이룰 성成, 미리 예豫, 말씀 언言, 즉 스스로 이루고자 하는 바를 마음속에 되뇌면 언젠간 이루어진다는 뜻이다. 당신은 어떤 자성예언을 하고 있는가? 당신은 어떤 잠재의식을 가지고 살아가고 있는가? 지금 여기 꼭 이루고 싶은 것 열 가지를 적어 보자. 그런 다음, 열 가지 중에서도 제일 하고 싶거나, 갖고 싶거나, 되고 싶은 것 세 가지만 골라 보자. 그러고 나서 세 가지 중에서 꼭 이루고 싶은 것 한 가지만 골라보자.

순서	이루고 싶은 것	세 가지	한 가지
1			
2			
3			
4			
5			
6			
7			

8			
9			
10			
지금 해야 할 일			

4. 만남·성장·변화 각자의 삶에서 성장과 변화를 가져온 경험에 대해 떠올려 보자. 3인 1조로 나누어, 각자 3분 정도에 걸쳐 집단에서 어떤 일이 있었는지와 태어나서 지금까지 자신의 성장에 주요한 영향을 미친 변인들을 목록으로 작성해 보자. 이때 각자에게 배정된 시간을 초과하거나 한 사람이 토의를 주도하지 않도록 유의한다. 바람직한 집단리더의 개인적 특성에 초점을 맞추어 토의 결과를 요약·정리하여 전체 집단에서 발표·논의해 보자.

---

5. 내 삶의 동반자 지금까지의 삶에 있어서 다른 사람에게 도움이 되었던 적이 있는가? 건강한 삶의 원칙에는 다른 사람과 도움을 주고받는 것이 포함된다. 소집단으로 나누어 다음에 제시된 양식을 작성한 결과에 관해 이야기를 나누어 보자.

☐ 내 사랑을 필요로 하는 사람			
번호	이름	이유	우선순위
1			
2			
3			
4			
5			

☐ 내 칭찬을 필요로 하는 사람			
번호	이름	이유	우선순위
1			
2			
3			
4			
5			

CHAPTER

06

집단상담과 치료이론

쉬운 것이 옳은 것이다.
옳게 시작하라. 그러면 쉬워진다.
쉽게 나아가라. 그러면 그대는 옳다.
쉽게 나아가는 옳은 길은
그 옳은 길을 잊는 일이며
또 쉽게 나아간다는 것조차 잊는 일이다.

– 오쇼의 『장자, 도를 말하다』 중에서 –

☐ 정신분석집단 ⋯ 235

☐ 개인심리학 집단 ⋯ 242

☐ 심리극 ⋯ 248

☐ 행동치료집단 ⋯ 257

☐ 실존치료집단 ⋯ 262

☐ 인간중심치료집단 ⋯ 266

☐ 게슈탈트치료집단 ⋯ 270

☐ 합리정서행동치료집단 ⋯ 277

☐ 현실치료집단 ⋯ 284

☐ 교류분석집단 ⋯ 290

☐ 해결중심단기치료집단 ⋯ 296

☐ 이야기치료집단 ⋯ 303

☐ 동기강화면담집단 ⋯ 308

☐ 통합적 접근 ⋯ 314

◆ 성찰활동 ⋯ 315

집단작업만을 위한 독자적인 이론적 접근이 있는가? 이 질문에 대한 대답은 '없다'다. 집단명에 붙어 있는 직면, 감각-지각, 지금 여기, 사이코드라마 같은 명칭은 집단에서 무엇이 일어나는지를 설명하는 것일 뿐, 집단작업 이론을 의미하지는 않는다(Jacobs et al., 2016). 이러한 집단은 특정한 상담과 심리치료이론을 사용하지 않는다. 그런가 하면 과업 또는 교육집단 같은 집단의 리더는 소통과 의사 교류의 흐름과 모니터링에 필요한 다양한 리더십 기술을 필요로 한다.

그러면 치료적 집단에서 상담·심리치료 이론의 적용은 필수적인가? 만일 집단에 이론을 적용한다면, 어떤 이론을 적용할 것인가? 만일 적용하지 않는다면, 어떻게 해야 하는가? 집단전문가 중에는 특정 이론의 사용만을 고수하는 임상가가 있는가 하면, 다양한 이론으로부터 필요로 하는 개념과 기법들을 집단의 특성에 맞게 통합적으로 적용하는 임상가도 있다. 그런가 하면 이론에 대한 지식이나 기술보다 집단원과의 치료적 관계를 중시하는 전문가도 있다. ASGW(2008)는 '최상의 실행 지침Best Practice Guidelines'을 통해 잠재적 집단원들에게 글상자 6-1에 제시된 정보를 제공할 것을 제안하고 있다.

글상자 6-1. ASGW의 '최상의 실행 지침'에서 제안된 집단작업 영역

○ 집단리더*의 이론적 성향 　　　　○ 집단의 성격, 목적, 목표에 관한 정보
○ 제공 가능한 집단 서비스 　　　　○ 집단운영에 요구되는 집단리더*의 자격 요건
○ 비밀유지와 예외 상황 　　　　　　○ 집단원과 집단리더*의 역할과 책임

주. * ASGW '최상의 실행 지침'에는 집단작업자group worker로 명시되어 있음.

글상자 6-1에 제시된 것처럼, ASGW는 집단리더는 잠재적 집단원들에게 자신의 이론 지향성theoretical orientation을 밝힐 것을 제안하고 있다. 이러한 정보는 잠재적 집단원들이 특정 집단에의 참여 여부를 결정할 때 중요한 참고자료가 될 것이다. 집단작업에서 이론이 중요한 이유는 집단 시작에서 종결까지 가이드라인을 제시해 주기 때문이다. 즉, 이론은 집단원과 문제의 원인 이해, 변화를 위한 계획수립, 적용할 기법 선정, 목표 성취, 효과 평가를 위한 틀을 제공한다. 이론은 또한 집단이 어떻게 진행되고 있고, 어떤 일이 일어나고 있는지에 대한 이해에 도움을 주는 한편, 집단에서 리더가 무엇을, 어떻게 말하고 행동해야 할지에 대한 지침을 제공한다. 이러한 점에서 이론적 바탕 없이 집단을 진행하려는 리더는 해도海圖 없이 망망대해로 나가려는 것과

같다. 그러면 집단작업에서 이론은 어떤 기능이 있는가?

집단작업에서 이론의 기능

집단작업에서 이론은 다양한 기능을 한다. 집단작업에서 이론의 기능을 요약·정리하면 글상자 6-2와 같다.

글상자 6-2. 집단작업에서 이론의 기능

1. 적절한 개입방법 제공
2. 집단작업의 성과 평가를 위한 구조 제공
3. 집단의 상호작용에서 수집된 정보 조직을 위한 틀 제공
4. 집단리더와 집단원의 역할과 기대 규정
5. 집단원 이해·평가를 위한 참조체계 제공
6. 집단원의 문제 이해, 명료화, 목표 성취를 위한 기법 제공
7. 집단에서 무엇을 어떻게 말하고 실행할지에 대한 방향 제공
8. 집단과정과 변화발생과정과 절차 제시

글상자 6-2에 제시된 것처럼, 집단작업에서 이론은 다양한 기능을 한다. 그렇다고 해서 이론이 집단작업에 대한 세부 지침까지는 제공하지 않는다. 그러므로 집단작업은 이론적 접근의 핵심을 벗어나지 않는 범위에서 임상가의 직관·직감이 유연하게 적용되어야 할 것이다. 이는 임상가 자신만의 독특한 이론 창안에 밑거름이 된다. 또한 집단과정에 대한 임상적 직관과 해석의 토대를 제공한다. 이러한 점에서 집단전문가는 이론 적용을 위한 수퍼비전을 적극 활용해야 할 것이다.

다른 한편으로, 종전에는 집단작업을 위해 특정한 이론의 적용을 고집하던 시기가 있었다. 그러나 집단작업의 성과를 중시하는 시대가 되면서, 집단전문가들은 점차 특정 학파만을 고집하는 성향에서 탈피하여 다양성, 개방성, 유연성을 중시하게 되었다. 이에 대다수의 집단전문가는 정신분석을 비롯하여 개인심리학, 게슈탈트치료, 실존치료, 사이코드라마, 인지행동치료, 현실치료, 교류분석, 체계이론 등을 포괄하는 다원주의를 기반으로, 다양한 치료양식을 적절하게 적용하는 실용적·통합적·절충적 접근을 적용하고 있다(Corey & Corey, 2017).

따라서 이 장에서는 집단리더들이 집단장면에 흔히 적용하는 ① 정신분석, ② 개

인심리학, ③ 심리극, ④ 행동치료, ⑤ 실존치료, ⑥ 인간중심치료, ⑦ 게슈탈트치료, ⑧ 합리정서행동치료, ⑨ 현실치료, ⑩ 교류분석 같은 전통적인 이론적 접근을 비롯하여, 포스트모더니즘적 접근으로 분류되는 ⑪ 해결중심단기치료, ⑫ 이야기치료, ⑬ 농기강화면담, ⑭ 통합적 접근에 관해 필수적인 내용만을 소개하고자 한다. 이러한 이론들은 본래 개인 또는 가족치료를 위해 개발되었지만, 그동안 집단작업에서도 그 효과를 입증받은 것들이다. 이론에 관한 더 세부적인 내용은 이론적 접근에 관한 문헌을 참조해야 할 것이다. 그러면 심리치료이론의 기저를 이루는 정신분석집단부터 살펴보기로 한다.

정신분석집단 / Psychoanalysis Group

정신분석은 지그문트 프로이트(Sigmund Freud, 1870~1939)가 창시한 이론으로, 현존하는 상담·심리치료이론의 발달에 영향을 끼쳤다. 프로이트(Freud, 1921)는 자신의 저서 『집단심리와 자아분석$^{Group\ Psychology\ and\ Analysis\ of\ the\ Ego}$』에서 집단치료의 중요성을 글상자 6-3과 같이 강조하고 있다.

> **📺 글상자 6-3. 집단치료의 중요성을 강조한 프로이트의 진술**
>
> 개인심리학$^{individual\ psychology}$(*주. 아들러 이론이 아니라 일반적인 개인치료를 지칭함)은 개인에 관해 관심을 가지고 스스로의 본능적 충동을 만족시키기 위해 어떤 길을 걷고 있는가를 탐구하는 학문이다. 그러나 개인심리학은 다른 사람들과의 관계를 무시하고 존재할 수 없다. 개인의 정서적 삶 속에는 반드시 누군가가 모델로서, 대상으로서, 협조자로서, 반대자로서 개입되어 있기 때문이다. 그러므로 개인심리학의 출발은 동시에 집단심리학$^{group\ psychology}$의 시작이다.

집단작업의 발달 초기인 1930년대부터 웬더^{Wender}와 쉴더^{Schilder}를 비롯한 미국과 유럽의 임상가 대부분은 집단작업에 정신분석적으로 접근하기 시작했다(제1장 '집단상담과 치료 발달사' 참조). 특히 폴 쉴더$^{Paul\ Schilder}$는 집단작업에 정신분석의 주요 기법(자유연상, 전이, 저항, 꿈 해석 등)을 시행함으로써 정신분석집단치료의 선구자로 알려져 있다(Scheidlinger, 1993). 반면, 독일 출신인 영국의 정신분석가 지그문트 푹스

(Siegmund Heinrich Foulkes, 1898~1976)는 정신분석 이론과 집단분석에 기초한 집단분석 심리치료^{group analytic psychotherapy}를 창시했다. 그는 인간의 사회성을 강조하면서, "집단을 치료하라. 그러면 개인은 스스로를 치료할 것이다."라는 주장과 함께, 무의식적 문제에 대한 원인 통찰보다 치료자-환자 관계를 더 중시한 집단 중심적 접근을 적용했다(Pines, 1983). 그 후, 정신분석 집단은 다양한 형태로 진화했다. 여기서는 전형적인 접근방법을 중심으로 ① 기본 개념, ② 집단목표, ③ 주요 기법, ④ 집단치료과정으로 나누어 살펴보기로 한다.

기본 개념. 정신분석적 집단작업에 필요한 기본 개념으로는 ① 의식수준, ② 성격구조, ③ 불안, ④ 자아방어기제가 있다.

첫째, **의식수준**은 3수준, 즉 의식, 전의식, 무의식으로 구성되어 있다. 의식^{consciousness}이 순간순간 알거나 느끼는 모든 경험과 감각이라면, 전의식^{preconsciousness}은 보통 의식되지 않지만 노력하면 곧 의식될 수 있는 정신세계('이용 가능한 기억')다. 이에 비해, 무의식^{unconsciousness}은 가장 강력하고 이해하기 어려운 부분으로, 불안을 막기 위해 의식으로부터 배제된 충동, 동기, 감정, 생각, 사건 등으로 구성되어 있다. 집단원이 일상생활에서 하는 행동은 주로 무의식적 동기와 욕구에 따라 결정된다.

둘째, 정신분석집단에서 **성격구조**는 원초아, 자아, 초자아의 상호작용으로 형성된 것으로 본다. **원초아**^{id}는 태어날 때부터 존재하는 심적 에너지의 저장소로 생물적 충동(성, 섭식, 수면, 배변)으로 구성되어 있고, 쾌락원리^{pleasure principle}(*주. 여건과 결과를 고려하지 않고 본능적 충동 또는 욕구를 즉각 충족시킴으로써 고통 또는 긴장을 감소시켜 만족을 추구함)에 따라 작동한다. **자아**^{ego}는 외부의 현실세계와 접촉하면서 발달하며, 원초아와 초자아를 중재하는 '마음의 집행부'로, 현실원리^{reality principle}(*주. 현실적·논리적 사고를 통해 욕구 충족을 위한 계획을 수립·실행함)에 따라 작동한다. 반면, **초자아**^{superego}는 부모로부터 전수된, 사회의 전통적 가치에 기초한 도덕규범으로, 자아가 원초아의 충동을 억제하고 이상적인 목표를 수립하여 부모나 사회의 지시를 따르는 보상행위를 통해 완벽을 추구하게 하는 기능을 한다.

셋째, **불안**^{anxiety}은 집단원이 처해 있는 내외적 위험을 알려 주어 자아가 이를 피할 수 있게 하는 대처기능이다. 즉, 원초아 또는 초자아가 자아에게 위험을 알리는 신호로, 위급한 상황에 적절한 방법으로 대처할 것을 알리는 경고신호다. 불안은 신경증적 불안, 도덕적 불안, 현실적 불안의 세 가지로 나뉜다. 신경증적 불안^{neurotic anxiety}은 강한 원초아가 약한 자아를 압도하는 상태로, 성욕과 공격성의 압력을 받은 원초아의 본능적 충동이 의식화되어 약한 자아가 이를 통제할 수 없을 것에 대한 두려움과 긴장감에 따른 정서 반응이 원인이다. 신경증적 불안이 심한 경우, 신경증^{neurosis} 또는 정신병^{psychosis}으로 발달하기도 한다. 도덕적 불안^{moral anxiety}은 강한 초자아가 약한 자아를 압도하는 상태로, 자아가 초자아에게 처벌받을 것에 대한 두려움이다. 이는 종종 죄책감으로 이어져, 심한 경우 정신병리를 초래하기도 한다. 반면, 현실불안^{reality anxiety}은 실제로 존재하는 외부 위협의 지각에 따른 반응으로, 자아가 유해 상황을 감지·처리하도록 동기화하려 할 때 발생하는 두려움으로, '객관적 불안^{objective anxiety}'으로도 불린다.

끝으로, **자아방어기제**^{defense mechanisms}는 위협적 충동 또는 외적 위협을 직시하기보다 자아보호를 위해 사용하는 무의식적인 심리적 책략으로, 크게 ① 기만형, ② 대체형, ③ 도피형으로 나뉜다. 기만형은 불안 또는 위협을 느꼈을 때 감정이나 태도를 변화시킴으로써 스스로 그것에 대한 인식을 달리하려는 무의식적 기제로, 합리화, 억압, 투사가 이에 속한다. 대체형은 불안 또는 위협적인 현실을 다른 그럴듯한 것으로 대신하게 하려는 무의식적 기제로, 보상, 전치, 치환/대체형성, 반동형성, 승화, 자아중심성, 자기에게로의 전향, 지성화가 포함된다. 도피형은 불안이나 위협적인 현실에서의 탈출, 비현실적인 세계로의 도피를 통해 만족과 위안을 추구하려는 기제로, 공상, 고착, 퇴행, 방랑, 격리, 동일시, (현실) 부인, (운동성) 히스테리가 이 유형에 속한다.

집단목표.   정신분석집단의 핵심 목표는 무의식의 의식화를 통한 성격 재건^{reconstruction}이다('성격 재구조화'로도 불림). 이 집단에서는 집단원의 행동을 무의식적 동기와 생애초기경험의 영향을 받았다고 가정한다. 이에 집단치료자는 집단원들과의 치료동맹^{therapeutic alliance}을 구축하는 한편, 집단원의 무의식에 묻혀 있는 과거의 내적 갈등이 현재의 성격기능에 미치는 영향에 초점을 맞추고, 집단에서 반복되는 상징적인 방식으로 원가족^{family of origin}을 재정립함으로써 미결과제를 훈습^{working-through}(*주. 일상생활에서의 반복적인 실습)한다. 이때 생후 5~6년간의 생애경험들을 현재 겪고 있는 문제의 원천으로 간주한다. 그러나 이러한 고전적인 정신분석적 전제는 거센 도전을 받아 왔다. 그 결과, 오늘날 정신분석 집단치료자의 성향은 매우 다양해져서 객관성, 중립성, 상대적 익명성을 강조하는 전통적이고 고전적인 접근의 치료자들이 있는가 하면, 돌봄과 관심을 토대로 개입에 대해 집단원들과의 소통을 중시하며, 협력관계,

즉 치료동맹을 훨씬 더 중시하는 치료자들이 생겨났다(Rutan, Stone, & Shay, 2007).

주요 기법.   정신분석집단에서 주로 사용되는 기법으로는 ① 자유연상, ② 해석, ③ 꿈 분석, ④ 저항분석, ⑤ 전이분석이 있다. 이 기법들은 집단원의 자각 증진, 통찰 유도, 성격 재구성을 위한 훈습을 돕는다.

첫째, **자유연상**free association은 집단원으로 하여금 의식적으로 자신의 억압된 생각을 내려놓고, 아무리 비이성적이거나 선정적이거나 고통스러운 것이라도 머릿속에 떠오르는 대로 말하도록 하는 기법이다. 이 기법은 자아를 침묵하게 하고 원초아에게 말할 기회를 제공하기 위한 것으로, 무의식적 소망, 환상, 동기에서 해방시키는 도구다. 집단은 개인분석의 자유연상에 해당하는 중요한 변화 기제이고, 집단에서의 대화는 집단원들의 무의식과 연결된 자유연상이다(Foulkes, 1975). 푹스는 집단의 자유연상을 해석하여 집단원의 억압된 무의식을 의식화하고, 이를 통해 집단원들의 집단 각성 영역을 넓혀 주고자 했다. 이때 특정 집단원과 관련된 해석이라고 하더라도 가능한 한 집단 전체에 대해 이루어졌다. 특히 돌아가면서 말하기는 자유연상을 집단에 적용한 한 예다.

둘째, **해석**interpretation은 꿈, 자유연상, 저항, 그리고 상담관계 자체에 나타난 행동의 의미를 지적·설명하거나 때로 가르치기도 하는 것이다. 이 기법은 사건, 행동, 감정에 의미를 부여하여 무의식적인 현상을 의식화하기 위해 고안된 기법이다(Rutan et al., 2007). 해석은 집단원이 자신의 삶을 이해하고 의식 확장에 도움이 되도록 협력적인 방식으로 제공된다. 해석은 단순 가설로, 아무리 조심스럽게 표현한다고 하더라도 반박당하기 쉽다. 만일 집단원이 집단치료자의 해석을 받아들이기를 거부한다면, 이는 저항이라기보다는 해석이 부정확하기 때문일 수 있다. 이에 해석은 시기가 중요하다. 시의적절하지 않은 해석은 집단원의 수용을 기대할 수 없기 때문이다.

셋째, **꿈 분석**dream analysis은 자아의 방어벽이 허술해져 억압된 감정이 표면화되는 꿈의 의미를 여러 조각으로 나누어, 표현적 내용에 나타난 상징을 명료하게 함으로써 집단원의 무의식적 욕구 탐색과 미결과제에 대한 통찰을 돕기 위한 기법이다. 이에 집단치료자는 꿈이 의미하는 현재 상황에 대한 이해뿐 아니라, 과거 중요한 타인의 기능에 대한 이해를 돕는다.

넷째, **저항분석·해석**은 집단원의 억압된 충동과 감정을 자각하게 되면서 불안이 발생하는데, 이런 견디기 힘든 불안으로부터 자아를 보호하려는 무의식적 역동성을 명료하게 자각·처리하도록 돕기 위한 기법이다. 저항^{resistance}은 과거에 억압·부인되었던 위협적인 무의식적 요소들이 의식을 통해 자각되는 것을 꺼리는 심리적 현상이다. 즉, 무의식적 자료가 의식화될 때, 집단원이 두려워하는 심한 불안으로부터 자아를 방어하려는 무의식적 시도다. 이는 치료에 대한 저항이 아니라, 정서적 고통에 저항하는 방어적 과정이다(Rutan et al., 2007). 집단원의 저항은 글상자 6-4에 제시된 것 같은 행동으로 나타난다.

> 🏢 **글상자 6-4. 집단원의 저항으로 표출되는 행동의 예**
>
> 1. 단순 사교를 위한 집단참여   2. 만성 지각 또는 결석
> 3. 무관심한 태도   4. 지성화
> 5. 불신행동   6. 비협조적 행동
> 7. 부적절한 충동행동(예, 불손한 언행 또는 태도)

글상자 6-4에 제시된 행동은 집단원의 무의식에 내재된 부분을 인식하고 다루는 것에 대한 두려움의 표출로 볼 수 있다. 따라서 저항은 불안에 대한 집단원의 방어를 나타내는 치료적 가치가 있는 신호이므로, 집단치료자는 이를 인정하고 치료의 단서로 삼는다.

다섯째, **전이분석·해석**은 집단원이 과거 중요한 타인과의 미결과제로 인해 현재 상황을 왜곡시켜 과거 중요한 타인에 대한 감정을 집단치료자에게 투영하는 감정의 재경험을 돕는 기법이다. 이 기법은 집단원의 정신 내적인 삶을 설명하는 방법이다(Wolitzsky, 2011). 집단에서는 흔히 집단치료자 또는 다른 집단원을 부모, 형제자매, 배우자/동반자, 이전 연인, 또는 직장상사 같은 중요한 인물로 보게 되면서, 강렬한 감정을 촉발하는 과거의 미결사건이 재현되곤 한다. 전이^{transference}는 집단원이 과거의 중요한 인물에 대한 반응에서 비롯된 정적·부적 감정, 태도, 환상을 무의식적으로 집단치료자에게 옮기는 것을 말한다. 이는 과거 경험과 초기에 습득된 왜곡 패턴이 현재의 관계에서 나타나는 심리적 현상으로, 집단은 이러한 전이 반응의 탐색이 가능한 공간이다(Luborsky, O'Reilly-Landry, & Arlow, 2011).

집단치료과정.   정신분석집단에서 집단치료과정은 치료자를 포함한 집단에 의한 집단의 분석으로, 흔히 '거울로 둘러싸인 마술의 방'으로 비유된다(Foulkes, 1975). 이

는 집단에서 개인의 내적 현실이 마치 거울처럼 모든 집단원의 외적인 현실로 투영되기 때문이다. 집단에서 개인은 자신의 문제를 말하는 즉시 다른 집단원들의 현실검증의 벽에 부딪혀 스스로 문제에 직면하게 된다. 즉, 거울로 둘러싸인 마술의 방에서 다른 사람에게 비춰지는 자신의 모습과 다른 집단원들에 의해 반응하는 자신의 모습을 보게 된다. 집단분석은 일반적으로 ① 시작, ② 전이발달, ③ 훈습, ④ 전이해결 순으로 진행된다.

첫째, **시작단계**에서는 집단치료자와 집단원과의 만남을 통해 집단원의 문제 또는 관심사에 관한 대화를 시작한다. 정신분석의 관점에서 볼 때, 집단은 심리적으로 취약한 패턴을 인식하기 좋은 공간이다. 이에 집단치료자는 자유연상처럼 집단원들이 즉흥적으로 떠오르는 생각과 감정을 자유롭게 표출할 뿐 아니라, 의미 있는 과거 사건들을 재현할 수 있도록 안전하고 중립적인 환경을 제공한다. 집단원들의 패턴 인식은 전이 이해를 통해 가능하다. 전이는 이미 집단원과 집단치료자, 그리고 집단원들 사이에 상호작용을 시작하면서부터 다양한 형태로 나타난다. 집단원은 집단에서 과거에 자신의 삶에서 중요한 타인에게 가졌던 감정을 불러일으키는 다른 집단원과 만나게 되기 때문이다. 치료자는 집단과정에서 발생하는 전이와 역전이를 치료적 도구로 활용한다(Hays et al., 2011). 이 과정에서 집단은 과거의 관계에 기반한 전이 반응을 탐색하기 위한 기회를 제공한다.

둘째, **전이발달단계**에서는 집단 회기가 거듭되면서 치료자와 집단원 사이에 신뢰관계가 형성된다. 이는 집단원이 무의식적 갈등 문제를 표출하기 시작하는 것으로 간주된다. 이때 전이, 즉 집단원의 무의식적 갈등과 관련 있는 중요한 타인에 대한 정서적 반응이 치료자 및/또는 다른 집단원(들)을 향해 나타난다. 집단원은 다른 집단원들과의 상호작용을 통해 치료자 및/또는 다른 집단원을 중요한 타인으로 투사하게 되면서 사회적 관계 패턴을 재현하게 된다. 이때 치료자는 집단원들이 다른 집단원에게 반응할 때, 그들이 마치 자신에게 중요한 타인인 것처럼 반응하는 정도를 알아차리도록 돕는다. 이에 집단치료자는 전이분석과 해석을 통해 집단원이 겪는 갈등의 본질에 대한 통찰을 돕는다. 집단작업에서 치료자가 관심을 가지고 다루어야 할 사안은 글상자 6-5와 같다.

📠 **글상자 6-5.** 집단작업에서 치료자가 관심을 가지고 다루어야 할 집단원의 쟁점

> 1. 성격 형성에 있어서 영향력 있는 요인
> 2. 삶의 전환점과 위기
> 3. 삶의 결정적 시기에 내린 결정/선택과 위기를 해결한 방법
> 4. 삶에서 계속해서 주어지는 주제
> 5. 현재 문제와 미결된 갈등
> 6. 현재 문제와 생애초기의 주요 사건 간의 관계
> 7. 현재 삶의 진행 방향

셋째, **훈습단계**는 집단원이 문제의 중심에 도달할 때까지 한 층씩 벗겨 가는 과정으로, 훈습의 중심에는 심리성적 발달단계에서의 장해^{disturbance}가 자리하고 있다. 훈습^{working-through}이란 반복적으로 해석하고, 저항을 극복하여 집단원이 아동기 때부터 형성된 역기능적 패턴을 변화시키고, 새로운 통찰을 바탕으로 새로운 삶의 선택을 하는 것을 말한다. 이는 흔히 양파껍질에 비유되는데, 양파껍질을 벗기는 것은 변화와 성장을 막는 방어기제와 치료에 저항하는 자아의 일부를 분석하는 것, 즉 원초아에 무엇이 숨겨져 있고 왜 숨겨져 있는지를 밝히는 것으로 구성된다. 지속적인 자유연상, 꿈 분석, 저항 · 전이분석과 해석을 통해 집단원의 신경증적 갈등 문제에 대한 통찰은 점차 심화된다. 특히 전이의 훈습은 반복^{repetition}, 정교화^{elaboration}, 확대^{amplification}로 지속적으로 이루어진다.

끝으로, **전이해결단계**는 전이분석과 해석이 종결되는 시기다. 이 시기에는 집단치료자 및/또는 다른 집단원(들)에 대한 집단원의 무의식적이고 신경증적인 애착이 해결되면서 신경증 해소에 박차를 가하게 된다. 이를 통해 집단원들은 자신의 미해결된 갈등 또는 오래된 패턴이 현재 어떤 방식으로 집단 안팎에서 역기능적 행동 또는 대인관계 패턴에 영향을 미치고 있는지에 대한 통찰을 얻게 된다. 또한 집단원의 부적 감정이 해소되면서, 집단원들은 적절한 언어 반응과 자아 통찰을 얻게 된다. 그러나 오늘날 정신분석 집단치료자들은 집단원들의 과거를 현재와 미래를 연결하여 이해하려고 노력한다. 왜냐면 과거는 현재와 미래에 영향을 주는 경우에 한해 의미가 있기 때문이다(Rutan et al., 2007).

개인심리학 집단 / Individual Psychology Group

개인심리학은 알프레드 아들러(Alfred Adler, 1870~1937)가 창안한 이론적 접근으로, 이 명칭은 '분할할 수 없는indivisible'의 의미인 라틴어 'individuum'에서 원용한 것이다(강진령, 2009). 개인심리학 집단은 심리교육적 측면에 초점을 두고 있고, 현재·미래 지향적이며, 단기/시간 제한적 접근이다. 아들러는 제자이자 동료인 루돌프 드라이 커스(Rudolf Dreikurs, 1897~1972)와 아동지도클리닉을 운영했다. 드라이커스는 사설 클리닉에서 집단치료를 처음 실시했고, 아동과 성인집단에서 대인관계에서 발생하는 열등감을 다루면서 이를 '집합치료collective therapy'라 명명한 것으로 알려진 인물이다.

개인심리학 집단에서는 집단원을 치료가 필요한 존재로 보지 않는다. 다만, 나눌 수 없고('전체적'), 다른 사람들과의 관계 속에서 의미를 부여하며('사회적'), 허구적 목적성에 따른 행위를 하며('현상학적') 살아가는 창조적 힘이 있는('창조적') 존재로 간주한다. 또한 집단원을 선별하지 않는다. 집단원 선별은 치료자의 편의성에 의한 것일 뿐, 민주성과 동등성 원칙을 위반하고 집단경험이 가장 절실한 사람의 기회를 박탈하는 것이기 때문이다(Sonstegard & Bitter, 2004). 그리고 신경증neurosis은 삶에서 요구되는 과제를 회피한 결과이며, 증상symptom은 삶의 과제에서 지각된 불행한 미래로부터 개인을 보호하는 기능이 있다고 간주한다. 개인심리학 집단의 기본 가정은 글상자 6-6과 같다.

📇 **글상자 6-6. 개인심리학 집단의 기본 가정**

> 1. 집단원은 본성적으로 전체적·사회적·현상학적·목적론적·창조적 존재다.
> 2. 집단원의 모든 행위에는 목적·목표가 있고, 사회적 힘에 의해 동기가 강화된다.
> 3. 집단원의 행동은 유아기에 가족과의 사회적 상호작용 결과로 형성된다.
> 4. 집단원은 누구나 불완전하고, 열등감을 느끼는 존재다.
> 5. 집단원은 자기, 삶, 타인에 대한 독특한 관점을 발달시키고, 단기·장기 목표를 세워 행동에 동기를 부여하며, 그것이 발달에 영향을 미친다.
> 6. 열등감은 더 높은 통제력과 능력 성취를 위한 원동력이다('우월성 추구').
> 7. 집단원의 출생순위(첫째, 둘째, 막내, 외둥이)는 성격발달에 영향을 미친다.

기본 개념.   개인심리학의 기본 개념은 ① 사회적 관심, ② 생활양식, ③ 열등 콤플렉스, ④ 허구적 목적론, ⑤ 우월성 추구, ⑥ 가족구도, ⑦ 기본 실수를 들 수 있다.

첫째, **사회적 관심**social interest이란 타인의 안녕에 대한 개인의 헌신을 토대로 하는 공감, 타인과의 동일시, 타인 지향의 이타적 측면을 말한다. 이는 개인심리학의 가장 특징적이고 중요한 개념으로, 집단원의 정신건강에 중요한 준거로 간주된다.

둘째, **생활양식**style of life은 사회적 삶의 근거가 되는 기본 전제와 가정이 개인의 존재를 특징짓는 식별 가능한 패턴이다. 이는 집단원의 삶에 대한 이야기로, 집단작업의 목적은 집단원의 이야기를 더 풍부하고 완전하게 만들어 이야기를 확장하도록 돕는 것이다. 생활양식은 열등 콤플렉스 보상을 위한 행동에 의해 결정되는 것으로, 집단원의 독특한 열등감을 극복하기 위한 노력의 결정체다.

셋째, **열등 콤플렉스**inferiority complex는 주관적으로 인식된 열등감inferiority feelings이 행동으로 표현되는 것으로, 아동기의 의존성과 무능감에서 오는 결핍감과 불안감이 포함된다. 열등 콤플렉스의 원인은 ① 열등한 신체기관, ② 부모의 과잉보호, ③ 부모의 방치로, 이에 대한 보상compensation 노력은 창조성의 원천으로 작용하고, 우월성 추구로 발현된다.

넷째, **허구적 목적론**fictional finalism이란 집단원의 행동을 이끄는 상상 속의 허구, 이상, 또는 중심 목표를 말한다. 즉, 미래에 실재할 것이라기보다는 주관적·정신적으로 현재의 행동에 영향을 주는 노력과 이상으로서, 지금 여기에 존재하지만 현실에서 검증 또는 확인될 수 없는 가상의 목표다. 이는 언제나 허구, 즉 '마치 사실처럼' 가정하는 개인적 실현에 관한 가공적인 그림으로, 집단치료자는 허구적 목적론을 통해 집단원의 심리 현상을 이해할 수 있다.

다섯째, **우월성 추구**striving for superiority는 살아가는 동안 집단원이 지각한 '마이너스 위치'minus position'에서 '플러스 위치plus position'로 끝없이 나아가려는 인식된 동기다. 이는 단순히 열등감 극복을 위한 소극적 동기가 아니라, 적극적으로 잠재력을 충족시켜 완전과 완성을 이루기 위한 분투다. 우월성은 자기실현, 자기성장, 자기완성과 유사한 개념으로, 사회적 유용성과 결부된 것이어야 한다. 즉, 부족한 것은 채우고, 낮은 것은 높이며, 미완성 상태의 것은 완성하고, 무능한 상태는 유능한 상태로 만드는 경향성이다. 따라서 집단치료자는 건강한 삶을 영위하는 집단원은 사회적 관심이 있고, 바람직한 생활양식을 기반으로 우월성을 추구하는 특징이 있다고 본다.

여섯째, **가족구도**family constellation는 가족 내에서 가족구성원 간의 관계유형인 동시에 자각을 발달시키는 관계체계다. 즉, 개인심리학 집단치료자는 가족구성원들의 성격

유형, 정서적 거리, 연령차, 출생순위, 상호 지배·복종관계, 가족규모 등이 가족구도의 결정 요소로서, 집단원의 성격발달에 영향을 미친다고 본다. 가족구도의 대표적인 예가 출생순위로, 동일한 부모 사이에서 태어나 자란 자녀들일지라도, 출생순위에 따라 사회적 환경의 차이로 인해 독특한 생활양식을 형성한다고 간주한다. 출생순위 ordinal birth position는 맏이, 둘째, 중간, 막내, 독자로 구분되며, 가족 내에서 집단원의 독특한 생활양식을 형성하는 주요 요인이다.

끝으로, **기본 실수**basic mistakes는 초기 회상에서 파생되는 것으로, 생활양식의 자기파괴적 측면을 가리킨다. 이는 종종 다른 사람들, 자기관심, 또는 힘에 대한 욕구로부터의 회피 또는 철수를 의미한다. 허구로 인해 사람들이 흔히 범하는 기본 실수는 ① 과잉일반화, ② 안전에 대한 그릇된 또는 불가능한 목표, ③ 생활과 생활요구에 대한 잘못된 지각, ④ 개인 가치의 최소화 또는 부정, ⑤ 잘못된 가치관으로 분류된다(Mosak & Maniacci, 2011).

집단목표.   개인심리학 집단의 핵심 목표는 격려를 통해 집단원들에게 용기를 북돋아 주어 사회적 관심을 갖게 하고, 재교육을 통해 잘못된 기본 가정과 목표를 수정하며, 생활양식을 재정향reorientation하도록 돕는 것이다. 집단치료자는 심리적 문제가 있는 집단원을 용기를 잃고 자신감·책임감을 상실하여 낙담 상태에 있는 것으로 간주한다. 이에 집단치료자는 집단원들이 아무리 어려운 상황에서도 좌절하지 않고 인내하며, 끊임없이 자신을 격려하면서 용기를 잃지 않는 낙천적인 사람으로 변화하는 것을 추구한다(Maniacci & Sackett-Manizcci, 2019).

주요 기법.   개인심리학 집단에서 집단목표 달성을 위해 주로 사용되는 기법으로는 ① 직면, ② 질문, ③ 격려, ④ '마치 ~처럼' 행동하기, ⑤ 수프에 침 뱉기, ⑥ 즉시성, ⑦ 버튼 누르기, ⑧ 역설적 의도, ⑨ 악동 피하기, ⑩ 자기간파, ⑪ 과제가 있다. 집단치료자는 집단원에게 가장 적합하다고 여겨지는 기법들을 창의적으로 적용한다.

첫째, **직면**confrontation은 집단원의 사적 논리 또는 신념에 도전하여 면밀한 검토를 거쳐 통찰을 돕는 기법이다. 기본 실수로 인한 집단원의 생활양식은 직면이 없는 한 지속될 것이다(Mosak, 2000). 이 기법은 해석과 함께 집단원이 잘못 설정한 기본 가정과 목표에 대한 통찰을 유도하여 더욱 생산적인 신념으로 대체하는 데 효과가 있다.

둘째, **질문**은 집단원이 미처 확인하지 못한 생활양식 검토를 위한 탐색방법이다. 집단치료자가 주로 사용하는 질문의 예로는 "당신이 좋아한다면, 무엇이 달라지나요?" 같은 개방질문을 들 수 있는데, 집단원이 깊은 수준에서 생활양식, 심리 상태, 신념, 행동, 감정, 사고방식, 목표 등에 대해 탐색하도록 돕는다.

셋째, **격려**encouragement는 신뢰를 기반으로 집단원에게 행동 변화의 가능성을 전달하고, 긍정적인 생활양식을 선택하도록 돕는 기법이다. 집단치료자는 집단원이 정서 문제를 겪는 이유를 자신의 성장 가능성과 자기충족적인 방향으로 모험할 수 있는 능력을 신뢰하지 않기 때문이라고 여긴다. 이에 격려를 통해 집단원의 내적 자원 개발을 촉진하고, 긍정적인 방향으로 나아갈 용기를 북돋워 주기 위한 필수도구로 적용한다.

넷째, **'마치 ~처럼' 행동하기**acting "as if"란 집단원이 마치 자신이 원하는 상황에 있는 것처럼 상상하면서 행동하게 하는 일종의 역할연습을 말한다. 이 기법은 집단원이 실패할 거라는 믿음으로 인해 시도하기를 두려워하는 행동을 시도해 보도록 돕는다.

다섯째, **수프에 침 뱉기**Spitting in the Soup는 집단원의 자기패배적 행동('수프')의 감춰진 동기를 인정하지 않음('침 뱉기')으로써 그 유용성을 감소시켜 이 행동을 제거하는 기법이다.

여섯째, **즉시성**Immediacy은 지금 여기에서 일어나는 집단원의 말과 행동의 모순점을 즉각 지적하는 기법이다. 이는 집단원으로 하여금 집단에서 나타나는 행동이 일상생활에서의 표본이라는 점을 깨닫도록 돕기 위한 것이다.

일곱째, **버튼 누르기**Push Button는 유쾌한 경험('파란 버튼')과 불쾌한 경험('빨간 버튼')을 차례로 떠올리게 하여 각 경험에 수반되는 감정에 주의를 기울이게 하는 기법이다. 이 기법은 마치 버튼을 누르는 것처럼 사고의 결정이 감정을 창출한다는 사실을 깨달음으로써, 부적 감정에 지배되지 않고 오히려 통제할 수 있게 하는 효과가 있다.

여덟째, **역설적 의도**Paradoxical Intention는 특정 사고 또는 행동을 의도적으로 과장하게 하는 기법이다. 이러한 과장은 집단원으로 하여금 현실 상황에서 자신의 사고 또는 행동을 더 명확하게 볼 수 있게 하는 효과가 있다.

아홉째, **악동 피하기**Avoiding the Tar Baby는 부적 감정(분노, 실망, 고통 등)의 호소로 치료자를 통제하려는 집단원의 의도를 간파하여, 그 기대와는 다른 반응을 보이는 기법이다. 예컨대, 집단에서 일상생활에서의 자기패배적 행동을 나타내는 집단원이 있는 경우, 치료자는 집단원의 이런 형태의 행동('악동')에 주의를 기울이지 않고, 다만 성장을 촉진하는 행동을 적극 격려한다.

열째, **자기간파**Catching Oneself는 집단원이 허구적 최종목표 달성을 위한 행동을 하려고 할 때마다 이를 깨닫고, 마음속으로 '중지stop' 또는 '그만'이라고 외침으로써 비난 또는 죄책감 없이 자기패배적 행동 또는 비합리적 사고가 반복되지 않도록 돕는 기법이다. 이 기법은 집단원으로 하여금 행동의 선택권이 자신에게 있고, 자기패배적 행동 제거가 자신에게 유익하다는 사실을 인식하게 하는 데 도움을 준다.

끝으로, **과제**^{homework assignment}는 집단원의 변화를 위해 설정된 현실적이고 보상이 뒤따르는 일련의 실행할 일이다. 과업은 주로 단기간에 달성 가능한 목표를 설정·수행하다가, 점차 긴 기간의 현실적 목표로 발전할 수 있도록 부과된다.

집단치료과정.   개인심리학 집단치료는 일반적으로 ① 관계 형성, ② 분석·사정, ③ 해석·통찰, ④ 재정향단계 순으로 진행된다(Maniacci & Sackett-Manizcci, 2019).

첫째, **관계 형성단계**에서 집단치료자는 집단원들과 신뢰를 바탕으로 따뜻하고 친근하며, 지지적·공감적이고, 평등하며 응집력 높은 관계를 형성한다. 특히 평등관계는 우월한 자도 열등한 자도 없는 관계에서 집단원이 적극적인 삶의 주체임을 깨닫게 하는 치료효과가 있다. 이를 위한 필수 기법은 격려^{encouragement}다. 격려는 집단초기부터 행동 변화와 대인관계 개선을 위한 도구로 사용된다. 격려는 ① 수행을 평가하기보다 현재 하는 것, ② 과거·미래보다 현재, ③ 개인보다 행동, ④ 결과보다 노력, ⑤ 외적 요인보다 내적 동기, ⑥ 학습되지 않은 것보다 현재 학습되고 있는 것, ⑦ 부정적인 것보다 긍정적인 것에 초점을 맞춘다(Sweeney, 2015).

둘째, **분석·사정단계**에서는 집단원에 대한 분석·사정을 통해 생활방식을 이해하고, 그것이 삶의 제반 과업수행에 미치는 영향을 파악한다(Mosak & Maniacci, 2011). 이 작업은 보통 생애사 질문지^{Life History Questionnaire}를 통해 집단원의 생활방식, 초기기억^{early recollections}, 가족구도, 꿈, 우선순위를 비롯한 반응양식 등에 대해 이루어진다. 특히 초기기억은 집단원의 세상에 대한 견해, 삶의 목적, 동기화 요인, 가치관, 신념 등을 엿볼 수 있는 자료인 동시에 이를 통해 집단원의 기본 실수를 파악할 수 있다. 이에 비해, 우선순위 평가는 욕구에 대한 것으로, 집단원의 생활방식 이해에 중요한 단서를 제공한다. 이는 우월, 통제, 안락, 즐거움 욕구를 대상으로 탐색한다.

셋째, **해석·통찰단계**에서 집단치료자는 해석을 통해 집단원의 자각과 통찰을 돕는다. 개인심리학 집단에서 해석은 직관적 추측의 성격을 띠고 있고, 혼히 격려와 직면이 동반되며, 주로 지금 여기에서 행동의 동기에 대해 이루어진다. 특히 직면은 집단원의 언행 불일치, 이상과 현실의 부조화에 대한 인식 또는 통찰을 얻을 수 있게 한다. 해석은 집단원의 자기이해, 즉 문제 발생에서의 역할, 문제 지속방식, 그리고 상황 개선을 위해 새롭게 시도할 행동에 대한 자각을 돕는다.

넷째, **재정향**reorientation**단계**에서는 치료자와 집단원이 함께 집단원 자신, 타인, 삶에 대한 잘못된 신념에 도전하여 삶의 새로운 방향을 정립할 수 있도록 돕는다. 이는 해석을 통해 집단원의 통찰이 실제 행동으로 전환하는 시기로, 집단치료자는 사회적 관심 표현을 시범적으로 보여 주고, 격려와 함께 과업부여를 통해 집단원이 직접 다른 사람에게 적용해 볼 기회를 제공한다. 대화상자 6-1은 대학 신입생들을 위한 자아성장집단의 2회기에 리더가 IP 집단의 주요 개념을 설명하는 과정에서 이루어진 대화의 예다.

 대화상자 6-1. 개인심리학 집단에서의 대화 예시

리　더: 자, 오늘 집단에서는 우리가 불안해하는 이유에 대한 깨달음을 가로막고 있는 것에 관한 이야기를 나누어 보겠어요. 우리 대부분은 흔히 어려서부터 잘못된 목표를 세우고는 평생 그 목표를 이루기 위해 애쓰게 되죠. 잘못된 목표라는 말은 문제가 있는 논리나 사고를 토대로 세워진 목표를 뜻합니다. 잘못된 목표의 예를 든다면, "내가 멍청하지 않다는 것을 보여 주기 위해 난 좋은 성적을 받아야 해!" 또는 "다른 형제들보다 공부를 더 잘해서 의사나 변호사가 되어야지 부모님의 인정을 받게 될 거야!"이죠. 정리하면, 여러분이 의식하지 못했지만, 여러분의 어린 시절에 여러분이 의식하지 못하는 사이에 잘못된 목표가 설정되었고, 그 목표가 여러분의 행동, 사고, 감정에 영향을 주고 있다는 것입니다. 제 설명을 듣고 뭔가 떠오르는 것이 없나요?

원　석: 선생님 설명을 들으면서 문득 생각이 났는데, 제가 어렸을 때부터 저는 엄마한테 입버릇처럼 '넌 어쩜 그렇게 아빠를 꼭 닮아 게을러 터졌니?'라는 말을 자주 들었던 것 같아요. 저는 당연히 그 말이 정말 듣기 싫었죠. 제가 어렸을 때, 아빠는 사업을 하다가 부도가 나서 가장 구실을 거의 못했기 때문에 엄마가 홧김에 그렇게 말하곤 했던 것 같아요. 그렇게 저는 그런 아빠가 불쌍하기도 하면서도, 난 아빠같이 되지 말아야지 하는 생각을 했어요. 주변 사람들이 그 아빠에 그 아들이라는 생각을 하는 것 같아서 저는 항상 걱정을 달고 살아온 것 같아요. 물론 그래서 이 집단에 참가신청을 하게 되었고요.

리　더: (집단원들을 둘러보며) 그렇다면 원석 씨의 잘못된 목표는 무엇일까요?

가　인: 이제 그만 걱정하는 것인가요?

리　더: 그건 원석 씨가 원하는 것이죠. 그런데 원석 씨의 잘못된 목표는 무얼까요?

태 연: 원석 씨가 자신이 괜찮은 사람이라는 사실을 보여 주기 위해 자신이 반드시 성공해야 한다는 것이 아닐까요?

리 더: 그렇죠! 잘못된 목표는 '내가 아빠같이 무능하지 않고 괜찮은 사람임을 입증하기 위해서는 정말 잘해야 해.'라는 것이 되겠죠. 원석 씨, 성공을 바라는 것은 좋은 일이지만, 그건 원석 씨 자신을 위한 것이지, 사람들이 잘못되었음을 증명하기 위해서가 아니죠. 원석 씨는 스스로 아빠 같은 사람이 되지 않을 거라고 결정할 수 있어요. 원석 씨의 경우는 잘못된 목표의 좋은 예가 되겠네요. 잠시 후에 다시 다루기로 하죠. 생각해 보세요. 다른 분들의 이야기를 좀 더 들어 보고 나서 우리가 가지고 있는 잘못된 목표에 관한 이야기를 나눠 보도록 하겠어요. 다른 사람들은 어떤가요?

우 람: 저의 집안은 의사 가정이었어요. 아빠가 의사였고, 초등학교 때부터 공부를 잘했던 형도 의대에 가서 아빠처럼 의사가 됐어요. 그런데 저는 형처럼 공부를 잘하지 못했어요. 친척들도 저를 볼 때마다 "너도 형처럼 공부를 잘하면 좋을 텐데."라는 말을 했어요. 그래서 열등감에 젖어서 살아왔던 것 같아요. 언젠가부터 저는 사람들의 인정을 받기 위해서는 공부를 잘해야 한다는 생각을 저도 모르게 했던 것 같아요. 그렇다고 해서 학교성적이 크게 오른 것은 아니고요. 그냥 걱정만 많이 했던 기억이 나요.

인 석: 그럼 우람 씨도 의사가 되고 싶으세요?

우 람: 그래야죠. 어쩔 수 없잖아요. 애초부터 저한테 선택권은 없었어요.

리 더: 우람 씨의 잘못된 목표는 무엇일까요?

대화상자 6-1에 제시된 대화의 예에서, 개인심리학 집단치료자는 집단원들의 잘못된 목표를 확인하고 도전을 돕는 것에 초점을 맞춘다. 그런 다음, 집단원들로 하여금 초기 메시지에 기반을 둔 일부 잘못된 목표에 도달하기 위해 분투하기보다 자신들의 삶이 어떻게 하면 일련의 선택과정이 될 수 있는지에 대한 통찰을 얻도록 돕고 있다.

심리극 / Psychodrama

심리극은 1930년대 중반 야코브 레비 모레노(Jacob Levy Moreno, 1889~1974)가 창안한 것으로, 연극적 방법으로 상황 실연enactment을 함으로써 개인의 갈등 또는 문제를 탐색·해결하는 행위 지향적인 치료적 접근이다. 이 접근은 '사이코드라마'로도 불리며, 언어만으로는 인간의 감정표현에 한계가 있다고 전제한다. 따라서 참여자가 삶의 과정에서 있었던 의미 있는 사건을 단순히 말로 표현하는 것이 아니라, 무대에서 마음속에 품고 있던 상상과 공상('잉여현실')을 '지금 여기'에서 일어나는 것처럼 실제 행동으로 표현하는 것을 중시한다.

모레노는 1920년 전후에 비엔나에서 처음으로 연극 형식을 도입하여 집단심리치료를 실시했다. 당시 그는 자발성, 역할연기, 사회측정학 같은 집단심리의 주제를 다뤘고, 가치극, 사회극, 즉흥극을 거쳐 심리극을 개발했다. 그 후, 심리극은 그의 아내 제르카 모레노[Zerka Toeman Moreno]와 추종자들에 의해 발전되었다. 뉴욕으로 이주한 모레노는 1932년 미국정신의학회[American Psychiatric Association](APA) 연구발표에서 '집단심리치료[group psychotherapy]'라는 용어를 처음으로 사용했다(Scheidlinger, 1993). 그는 자서전에서 1912년 비엔나[Vienna] 의과대학 선배인 프로이트와의 만남을 글상자 6-7과 같이 회상했다.

🏛 **글상자 6-7. 모레노의 자서전 중에서**

> 나는 프로이트의 강의를 들었다. 그가 꿈 분석에 대한 강의를 끝내고 나서 나를 지목하며 질문했다. 나는 그에게 "박사님은 진료실이라는 인공적인 공간에서 환자를 만나지만, 저는 길거리나 그들의 집처럼 자연스러운 환경에서 만날 겁니다. 박사님이 꿈을 분석한다면, 저는 그들이 다시 꿈꿀 수 있게 용기를 줄 겁니다."라고 답했다.

심리극은 치료자와 참여자가 일대일로 진행하는 것이 아니라, 비슷한 문제를 지닌 사람들이 집단으로 참여해서 말뿐 아니라 행동으로 표현하도록 한다는 점에서 당시의 치료법과는 확연한 차이가 있었다. 그렇지만 치료적 중재로 개인의 심리가 변할 수 있다는 가정은 프로이트의 입장과 같았다. 또한 사전에 준비된 내용을 다루지 않는 대신, 즉흥성과 자발성을 토대로 드라마를 풀어낸다는 점에서는 '먼저 말하고 나중에 생각'해야 인식하지 못했던 무의식이 의식으로 표출된다는 정신분석의 개념과 유사했다. 참여자들은 역할극을 통해 과거 또는 미래의 일을 마치 지금 여기에서 일어나는 것처럼 실연해 봄으로써 문제해결, 자신의 창조성 탐색과 발견, 그리고 행동기술을 발달시키게 된다.

기본 개념.   심리극의 기본 명제는 참여자들에게 과거의 상황을 재연시켜 당시의 생각과 감정을 다시 체험하게 하여, 당시의 사건과 경험이 현재 이들에게 어떤 영향을 미치고 있는지 살펴봄으로써 현재 상황에서 이를 처리할 새로운 방법을 검토할 기회를 제공한다는 것이다. 이러한 명제와 치료작업을 뒷받침해 주는 기본 개념으로는 ① 즉흥성, ② 자발성, ③ 창조성, ④ 참만남, ⑤ 텔레, ⑥ 잉여현실, ⑦ 카타르시스 · 통찰, ⑧ 현실검증, ⑨ 역할이론이 있다.

첫째, **즉흥성**^{improvisation}은 사전준비 또는 연습 없이 임하는 것을 말한다. 이 개념은 자발성, 창조성과 함께 심리극의 핵심 원리에 속한다. 참여자는 흔히 자신의 과거 또는 미래 상황에 관해 이야기한다. 자신이 경험하는 감정에 대해 방어하거나 거리를 두기 위해서다. 심리극에서 연출자는 "문제에 관해 말하지 말고, 현재 문제가 일어나는 것처럼 무슨 일이 일어났는지 내게 보여 주세요!^{Don't tell me, but show me!}"라는 지시로 주인공을 이끌어 간다. 이처럼 심리극에서는 과거, 현재, 미래를 마치 지금 그 순간 상황이 발생하는 것처럼 재창조할 때 지금 여기에서의 참만남이 이루어지고, 참만남은 의식으로 이어지게 한다고 믿는다.

둘째, **자발성**^{spontaneity}은 두 가지, 즉 새로운 상황에 적절하게 반응하거나, 기존의 상황에 새롭게 반응하는 것이다. 단, 충동행동 또는 이러한 행동 표출의 면죄부로 받아들여지지는 않는다. 자발성의 핵심은 참여자가 직면한 상황에 생산적으로 행동할 수 있는 능력을 배양함으로써, 새로운 상황에서 불안을 겪는 대신 도전적인 상황에 접근할 수 있는 감각을 발달시키는 것이다(Z. T. Moreno, Blomkvist, & Ruetzel, 2000).

셋째, **창조성**^{creativity}은 즉흥성과 자발성을 통해 직관적인 행위와 역동적인 실험을 함으로써 발휘되는 것을 말한다. 심리극은 참여자가 자신의 창조성뿐 아니라 다른 참여자의 창조성에도 영향을 미친다고 전제한다. 이러한 점에서 심리극은 심리사회적 경험과 창조성 향상을 위한 일종의 실험실이다(Blatner, 2000).

넷째, **참만남**^{encounter}은 지금 여기의 맥락에서 참여자 사이의 의미 있고 진정성 있는 연결을 통해 이루어지는 심리적 접촉이다. 이는 높은 수준의 소통과 진정성 있는 자기개방이 수반된다는 점에서 그 영향력이 매우 크다. 이상적인 참만남은 단순 · 명쾌하게 자신을 표현하고, 역할 바꾸기를 통해 상대의 관점에 대한 자기 생각과 감정을 털어놓으며, 타인의 관점에서 생각해 보는 것이다. 역할극은 상징적인 형태를 띠고 있음에도, 단순히 사건을 보고하는 것에 비해 치료효과가 훨씬 더 크다(Z. T. Moreno et al., 2000).

다섯째, **텔레**^{tele}는 끌림을 느끼는 정도, 즉 '라포^{rapport}'와 유사한 개념이다. 이는 참여자들 간의 양방향적 감정의 흐름으로, 참여자가 "서로에게 느끼는 감정인 동시에 집단을 하나로 묶는 접착제"(Moreno, 1964, p. xi)다. 텔레는 양방향적 공감을 통해 치료를 촉진하고, 참여자의 변화를 도출하는 치료 요소다. 따라서 집단에서 다른 참여자에 대한 관심(끌림 또는 끌림 결여)의 이동 양상을 파악하는 것은 집단역동의 이해에 필수적이다. 치료적 관계에는 긍정적인 텔레의 발달이 요구되기 때문이다(Moreno, 1964).

여섯째, **잉여현실**surplus reality은 일상적 현실의 한계에 대한 우려가 모두 배제된 상태에서 참여자의 심리세계를 반영하는 실연을 말한다(Z. T. Moreno et al., 2000). 이처럼 상상의 구체적인 표현은 실제로 일어나지 않은 사건에 대해 심리치료 차원에서의 경험을 할 수 있게 한다. 이를 위해 치료자는 참여자가 "만일 ~라면 ~했을 텐데" 같은 방식으로 감정 반응을 도출할 수 있도록 '만일 ~라면'의 관점에서 질문을 던진다(예, "만일 어머니가 돌아가시지 않았다면 어땠을까요?" "만일 당신이 큰 소리로 화를 내지 않았다면 어땠을까요?").

일곱째, **카타르시스**catharsis란 참여자의 감정과 태도가 접촉하는 순간 눈물, 웃음, 분노, 취약성, 죄책감, 희망 등의 감정이 방출되는 현상을 말한다. 이는 심리극 과정에서 자연스럽게 나타날 수 있는 하나의 과정일 뿐, 그 자체로 치료의 완성은 아니다. 즉, 참여자의 내면에 잠재된 감정을 드러내는 것으로 끝나는 것이 아니라, 그러한 감정을 갖게 된 근본 원인에 대한 통찰 또는 문제 상황에 대한 깊은 이해를 제공해 주는 통합적 과정으로의 접근이 요구된다. 이에 비해, **통찰**insight은 사고나 행동에 대한 의미 있는 해석 또는 자신에 대한 축적된 이해가 개인의 다양한 정서경험에 대한 자각과 함께 기능함으로써 나타나는 인지적 변화과정이다(Corey, 2017). 집단에서 참여자들이 강렬한 정서작업을 하는 경우, 통찰을 언어로 표면화하는 것이 부적절할 수 있다. 이 경우, 경험 자체가 충분한 행동 통찰의 기회가 될 수 있다. 심리극에서는 참여자의 상태 호전은 언어화된 통찰은 필요하지 않고, 다만 행동 학습과 행동 통찰만 필요한 것으로 간주한다(Moreno, 1964).

여덟째, **현실검증**reality testing은 참여자가 다른 참여자들은 어떻게 느끼는지, 특정 행동의 결과를 인식하는 것을 말한다. 집단은 참여자들의 현실검증을 위해 비교적 안전한 환경을 제공하는 실험실 같은 기능을 하는 동시에, 특정 행동이 사회적으로 수용될 수 있는지를 확인해 준다.

끝으로, **역할이론**role theory은 누구나 삶이라는 무대 위에서 대본 없이 자신의 역할을 창조해 가면서 즉흥적으로 연기할 수 있다는 점에서, 사람은 자기 삶의 연기자인 동시에 극작가임을 강조하는 이론이다. 이에 심리극에서는 참여자들이 다양한 역할을 해볼 수 있게 함으로써 미처 깨닫지 못했던 자신의 모습을 만날 기회를 제공한다.

집단목표.　심리극의 목표는 참여자들에게 행위, 대인 간 상호작용, 또는 심상을 통해 적절하고 강렬한 감정표현의 기회를 제공하는 것이다. 심리극에서 카타르시스는 치료의 목표가 아니라, 그 과정에서 자연스럽게 산출되는 치료적 체험이다. 치료적 효과는 단지 억압된 감정을 드러낸다고 해서 산출되는 것이 아니라, 수차례의 작업을 통해 감정 간의 통합이 이루어져야 나타난다. 연출자, 즉 집단치료자는 참여자들이 현재에 살고 자발적인 행동을 하도록 격려함으로써 내적 갈등을 해소하는 한편, 더욱 창의적인 삶을 영위할 수 있도록 미처 탐색하지 않은 잠재성 탐색을 돕는다.

기본 요소.　심리극의 기본 요소로는 ① 연출자, ② 주인공, ③ 보조자아, ④ 관객, ⑤ 무대를 들 수 있다. 이외에도 심리극은 참여자의 문제해결에 필요한 다양한 기법으로 구성된다.

첫째, **연출자**[director]는 심리극을 진행하는 집단치료자로서, 제작자, 촉진자, 조력자인 동시에 관찰자, 분석가 등 다양한 역할을 담당한다. 연출자는 극 중 주인공을 정하고, 주인공의 문제탐색에 필요한 기법을 결정한다. 또한 주인공이 장면을 전개해 나가고 자유롭게 감정을 표출하도록 돕는 촉진자로서의 역할을 한다. 그러면서 때로 주인공의 문제 이해에 새로운 시각을 제공하기 위해 치료적 해석을 제공하기도 한다. 게다가 주인공이 상상의 원천인 문제를 탐색하고 심리극을 창작할 뿐 아니라, 이를 자발적인 행동으로 나타낼 수 있도록 격려해 준다.

둘째, **주인공**[protagonist]은 심리극에서 함께 탐색할 문제를 제시하는 참여자로, 심리극의 진행과정에서 중심이 되는 인물이다. 참여자 간 상호작용을 통해 집단에서 다룰 주제가 논의된 후, 특정 주제가 집단에서 탐색할 만한 가치가 있는지에 대한 타당성이 입증되면, 이와 가장 밀접한 연관이 있는 대상이 극의 주인공이 된다. 주인공 역할은 연출자 또는 집단이 제안할 수 있지만, 대개 주인공이 자발적으로 맡는다. 주인공에게는 자기개방이 요구된다는 점에서, 참여자들은 자신들에게 거절할 자유가 있음을 알고 있어야 한다. 주인공이 탐색할 주제를 정하면, 연출자와의 논의를 통해 결정된 과거, 현재, 또는 미래의 한 장면에 대해 주인공은 지금 여기에서 일어나는 것처럼 재연하게 된다.

셋째, **보조자아**^{auxiliary egos}는 연출자나 주인공과는 달리 주인공의 삶에서 의미 있는 외부 존재의 역할을 재연하는 역할을 담당하는 인물로, '보조자^{auxiliary}' 또는 '조연^{supporting player}'으로도 불린다. 보조자아는 생존해 있거나, 세상을 떠났거나, 현실적 또는 상상 속에서 만들어진 무생물, 애완동물, 또는 강렬한 감정을 유발하는 대상 등 주인공과 연관된 존재를 연기한다. 또한 ① 심리극의 초기에 주인공의 지각 연기, ② 주인공과 보조자아 간의 상호작용 파악, ③ 주인공과 보조자아 간의 상호작용과 관계 해석, ④ 주인공이 관계를 발전시킬 수 있도록 돕는 치료적 안내자 역할을 한다(Z. T. Moreno et al., 2000).

넷째, **관객**^{audience}은 문제 탐색에 앞서 연출자와 주인공을 제외한, 심리극에 참여하지 않는 사람들을 말한다. 이들은 다른 참여자의 자기개방을 지켜보면서 심리적으로 표면화된 '거울'로 기능한다. 관객은 다른 사람들이 세상을 이해하는 데 있어서 주인공과 같은 관점을 공유하고 있다는 사실을 주인공이 인식할 수 있게 해 준다. 또한 보조자아로서 또는 미래 사건의 실연과정에서 문제장면에 자발적으로 참여하거나 선택되어 등장하는 등 즉흥적·지속적으로 주인공의 조력자로서 기능한다.

다섯째, **무대**^{stage}는 심리극이 진행되는 공간이다. 이는 주인공의 삶에서 확장된 형태의 공간을 의미한다. 무대는 일반적으로 '마치 ~인 것처럼'의 실행을 위해 설계되며, 주인공, 보조자아, 연출자가 움직이고, 소품(의자, 책상, 의상, 직물 등)을 활용할 수 있을 만큼 충분한 공간을 갖추고 있어야 한다.

주요 기법.   심리극에서는 참여자의 감정체험 심화, 신념 명료화, 통찰·자각 증대, 새로운 행동 실행 촉진을 위해 고안된 다양한 기법을 활용한다. 심리극 자체는 목적이 될 수 없으므로, 기법은 재학습 최적화를 위해 주인공과 다른 참여자들이 경험할 필요가 있다고 판단되는 것과 관련된 목적을 위해서만 사용되어야 한다. 심리극의 주요 기법으로는 ① 자기표현, ② 역할 바꾸기, ③ 이중자아, ④ 독백, ⑤ 빈의자기법, ⑥ 거울기법, ⑦ 미래투사기법, ⑧ 마술가게기법, ⑨ 재연법, ⑩ 역할 훈련이 있다.

첫째, **자기표현**^{self-presentation}은 주인공이 탐색하고자 하는 쟁점을 보조자아에게 마치 실제 상대를 마주 대하고 있는 것처럼 문제 상황을 설명하면서 상호작용하는 것을 말한다. 예를 들어, 주인공이 어머니와의 관계 탐색을 원한다면, 연출자는 주인공과 어머니가 소통하는 장면을 설정하고, 주인공의 어머니 역할을 맡을 보조자아를 정해서 주인공이 마치 어머니를 마주 대하고 있는 것처럼 문제 상황과 관련해서 상호작용하게 한다.

둘째, **역할 바꾸기**^{role reversal}는 주인공이 자신의 극에서 상대의 역할을 맡음으로써 그의 눈으로 자신을 보게 하는 기법이다. 이 기법은 주인공이 자신의 언어적 틀에서 벗어나게 하는 한편, 핵심 인물의 상황에 직접 들어가 의미 있는 정서적·인지적 통찰을 얻게 하는 효과가 있다. 또한 다른 인격체를 어떻게 상상하고 기억하는지를 더 잘 묘사하고, 그의 관점 또는 상황에 대해 진정으로 공감·이해하게 하는 효과가 있다.

셋째, **이중자아**^{double ego}는 다른 방법으로는 표현하기 힘든 주인공의 생각과 감정을 표현하는, 그의 내적 자아 역할을 하는 보조자아를 말한다. 이중자아는 주인공의 옆에 서서 이중화^{duplexing}, 즉 주인공이 느끼거나 생각할 것이라고 여겨지는 것들을 직관적으로 인식하여, 주인공이 입 밖으로 표현하지 않는 말을 함으로써 의식수준 아래에 잠재해 있는 주인공의 또 다른 측면을 발견해 내는 작업에서 중요한 역할을 한다. 단, 이중자아는 주인공을 장악 또는 압도하지 않도록 하는 것이 중요하다(Z. T. Moreno et al., 2000).

넷째, **독백**^{soliloquy}은 주인공이 자신의 드라마가 진행되는 도중, 잠시 행동을 멈추고 그 상태에서 느껴지는 순간의 감정에 대해 표현하는 것이다. 독백은 연출자가 주인공의 모순을 발견하는 경우, 무대를 걸어 다니며 자신의 생각 및/또는 감정을 표현하도록 요구한다. 이때 주인공은 이중자아와 함께 걸으며 내면적 대화의 형태로 독백을 할 수 있다.

다섯째, **빈의자기법**^{empty chair technique}은 주인공으로 하여금 빈 의자에 초점을 맞추고 그 자리에 앉히고 싶은 사람을 정하고, 그 사람에게 하고 싶은 말이나 그 사람에게서 듣고 싶은 말을 하게 하는 기법이다. 이 기법은 다른 사람에 대한 또는 다른 사람의 감정 또는 생각에 대한 상상을 의식화하기 위한 것으로, 주로 보조자아의 역할수행이 여의치 않은 경우에 사용된다. 또한 실제 인물과의 만남이 너무 위협적인 경우, 역할바꾸기기법을 활용하기 위한 수단으로 활용된다. 빈의자기법은 특히 심리극에 등장하는, 부재하거나 세상을 떠난 이에 관한 생각과 감정 표출에 유용하게 활용된다.

여섯째, **거울기법**^{miorror technique}은 다른 참여자가 마치 거울처럼 주인공의 언어, 몸짓, 자세 등을 그대로 따라 하는 기법이다. 이 기법은 주인공이 자신의 모습을 제3자의 행동을 통해 볼 수 있게 함으로써 정확하고 객관적인 자기평가를 할 수 있게 하는 효과가 있다. 단, 이 기법은 주인공에게 강력한 직면기법으로 작용할 수 있다는 점에서 신중하게 사용되어야 한다(Blatner, 2000).

일곱째, **미래투사기법**^{future projection technique}은 주인공이 보조자아(들)와 함께 미래의 사건을 현재로 옮겨 놓은 후, 주어진 상황이 이상적으로 진행되기 바라는 방식 또는 가장 원하지 않는 결과의 형태로 실연하는 기법이다. 이 기법은 주인공이 특정 결과에 대한 소망을 명료화함으로써, 다양한 선택 가능성에 대한 인식을 증대시킬 수 있는 동시에, 소망 성취를 위한 과업을 구체적으로 실행에 옮길 수 있게 하는 효과가 있다.

여덟째, **마술가게기법**^{magic shop technique}은 다양한 선반 위에 각기 다른 종류의 개인적 특성이 담겨 있는 여러 개의 병과 다양한 용기가 전시된 가게를 상상하게 한 후, 주인공이 갖기를 원하는 상상 속의 용기 안에 들어 있는 개인의 특성을 주인공이 이미 소유하고 있는 다른 특성과의 맞교환을 통해 마술처럼 얻을 수 있게 하는 기법이다. 이 기법에서는 용기에 담겨 있는 상상 속의 특성을 얻기 위해 가게 지킴이 역할을 하는 보조자아와의 협상을 통해 치료적 효과가 산출될 수 있다.

아홉째, **재연법**^{replay}은 더 풍부한 표현 또는 다른 방식으로 개선된 행동을 단순히 재행위^{redoing}하는 기법이다. 이 기법은 행위를 통한 자각의 인지를 강조하는 한편, 소유권·책임감에 대한 의식 강화 또는 주인공의 역할 레퍼토리 확장을 위해 사용된다.

열째, **역할 훈련**^{role training}은 행동 실연^{behavioral rehearsal}, 즉 참여자가 안전한 집단 분위기 속에서 새로운 행동을 시도해 보게 하는 기법이다. 이 기법에서 주인공은 자신에게 적합한 반응 또는 행동을 찾을 때까지 장면을 재연해 보고, 다른 참여자들의 지지, 강화, 피드백을 받는다. 역할 훈련은 역할 바꾸기, 거울기법, 재연법, 피드백 등을 체계적으로 활용하고, 참여자들이 예전에 좌절 또는 위협을 느꼈던 상황에 효과적으로 대처할 수 있는 기술과 자신감을 발달시키는 데 도움을 준다.

심리극 단계.   심리극은 전형적으로 ① 워밍업, ② 실행, ③ 공유·논의단계로 구성된다. 첫째, **워밍업**^{warm-up}**단계**는 참여자들을 준비시키는 단계로, 자기소개를 통해 서로 친밀해지고, 응집력과 자발성을 높이기 위해 참여자 모두가 행위연습을 하면서 주인공을 정한다.

둘째, **실행**^{action}**단계**에서 주인공은 연출가와 보조자아의 도움을 받아, 역할극을 통해 자신의 문제를 마치 지금 여기에서 일어나는 것처럼 행동으로 옮긴다. 이 단계에서 연출자는 주인공과 보조자들이 정교하게 자신들의 감정을 표현하도록 이끎으로써, 주인공이 마음에 담아 두었던 감정과 생각을 충분히 표현하도록 돕는다. 이를 통해 참여자들은 정서 반응을 재경험함으로써 자신들의 확고했던 신념과 이전에 내린 결정의 영향에 대해 진지하게 재고해 보게 된다. 또한 과거의 사건 또는 미래에 예상되는 상황을 재연 및 활성화하여 더 효과적·생산적인 대처방안을 마련하게 된다.

끝으로, **공유·논의**sharing and discussion**단계**는 주인공이 행동으로 보여 준 문제에 대해 다른 참여자들(관객)이 긍정적·지지적 피드백을 제공하는 시간으로, 연출자는 참여자들이 심리극 과정에 참여하면서 느낀 소감을 주인공과 함께 나누도록 돕는다 (Blatner, 2000). 심리극은 참여자의 억압된 감정을 탐색, 표출, 해소(카타르시스)하게 함으로써 통찰을 유도하는 동시에, 참여자의 문제 탐색, 창의성 발견, 행동기술발달을 도모한다. 이러한 과정을 통해 참여자는 자신의 문제에 대한 깊은 이해, 감정 탐색, 정서적 이완, 문제 대처방법을 터득하게 된다. 심리극이 행동 지향적 접근이라는 점은 대화상자 6-2와 같은 심리극의 일반적인 과정에서 관찰할 수 있다.

🏠 대화상자 6-2. 심리극 과정의 예시

☐ 객석의 조명이 꺼지고 무대 위의 조명이 켜지자 의자 하나가 덩그러니 놓여 있다. 연출자는 객석에서 한 여성을 무대로 초대해 빈 의자에 앉힌다.

연출자: 어떤 문제가 가장 마음에 걸리시나요?

여 성: 음, 아무리 노력해도 어머니와의 관계가 나아지지 않네요. 모처럼 가족 모임에 갔는데, 처음 만날 때만 잠시 반가웠지 기분 좋게 식사하다가 말끝마다 어머니와 부딪쳐서 결국 말다툼을 하게 되었어요.

연출자: 그래요? 그러면 어머니와의 식사 자리가 어땠는지 함께 가 볼까요? 자, 나와 주세요!

☐ 무대 뒤에서 배우 1명이 등장한다.

연출자: 자, 이분을 어머니라고 생각하고 그날의 일을 다시 재연해 볼까요?

☐ 관객과 배우는 즉흥적으로 연기를 시작했고, 그 모습을 지켜보던 연출자는 대화를 잠시 중단시키고, 재차 지시한다.

연출자: 자, 여러분도 보셨죠? 이번에는 역할을 바꿔서 해볼까요? 어머니의 입장이 되어 보는 거예요.

☐ 관객이 어머니 역할을 하고, 배우는 딸이 되어 같은 상황을 재연한다. 드라마 안에서 연출자의 지시에 따라 생각과 감정을 나눴던 관객은 자연스럽게 어머니의 마음을 이해하고 공감할 수 있게 된다. 다른 한편으로는 내면에 억압되었던 분노와 서운함, 그리고 기대감과 실망감을 드러낸다. 이는 무대에 올라와 참여한 관객만의 변화가 아니라, 이 상황에 공감하며 참여한 다른 관객들도 뭔지 모를 동질감을 느끼며 감정적 변화와 깊은 울림을 경험한다.

대화상자 6-2에 제시된 것처럼, 심리극은 잘 짜인 대본이 있는 것이 아니고, 잘 훈련된 배우들이 출연하는 것도 아니지만, 그 어떤 연극보다 생생하고 흥미를 자아낸다. 모레노가 중시한 즉흥성, 자발성, 창조성을 토대로 하게 되는 직접적인 체험은 내면의 감정을 표면으로 드러나게 하는 힘이 있다. 그는 전문 배우 없이 극장에 온 관객들과 함께 즉흥적으로 극화했는데, 이러한 방법을 통해 개인적 문제, 대인관계, 결혼문제 등을 다뤘다. 그는 이 과정에서 심리극에 참여한 사람뿐 아니라 관객들까지 심리적 카타르시스와 변화를 경험한다는 사실을 깨달았다. 이처럼 주인공 참여자의 깊은 정서작업은 이를 지켜보는 사람들의 정서 반응을 불러일으키는 효과가 있다.

 행동치료집단 / Behavior Therapy Group

행동치료집단은 객관적으로 관찰 및 측정 가능한 행동만을 연구 대상으로 삼는 행동주의Behaviorism를 기반으로 창시되었다. 이 집단은 전통적으로 집단원에 대한 포괄적인 사전평가, 구체적인 치료목표와 전략 수립, 증거기반기법 적용, 그리고 사후평가로 진행되는 것이 특징이다. 증거기반evidence-based치료에는 집단리더의 전문성, 최근 연구, 집단원의 특성, 문화적 배경, 선호성에 대한 평가가 포함된다. 그러나 오늘날 행동적 접근만을 고수하는 상담자는 찾아보기 어렵다. 왜냐면 행동에 중점을 두는 것의 중요성을 강조하는 상담자들조차 심리적 심상과 사고 역시 조건형성된다고 믿기 때문이다(Neukrug, 2017). 이로써 기존의 전통적인 행동치료는 인지적 측면의 중요성도 강조하는 인지행동치료의 형태로 진화되었다(Bieling, McCabe, & Antony, 2006).

기본 개념.   행동치료집단은 크게 ① 고전적 조건형성, ② 조작적 조건형성, ③ 사회인지이론에 기초한다.

첫째, **고전적 조건형성**classical conditioning은 연합 학습, 즉 무조건 자극이 중립 자극과 연합될 때 일어난다. 중립 자극이 점차 무조건 자극이 일으켰던 반응과 동일한 반응을 유발하면, 중립 자극은 조건 자극이 되고 조건 반응을 만들어 낸다는 이론이다. 이는 이반 파블로프(Ivan P. Pavlov, 1823~1899)의 개 실험에서 무조건 자극('음식')은 중립 자극('종소리')과 짝지어지고, 음식과 연합된 종소리가 점차 무조건 자극에 의한 반응('침 분비')을 일으켰던 실험(조건자극=종, 조건반응=침 분비)에 기초한다.

둘째, **조작적 조건형성**^{operational conditioning}은 버러스 스키너(Burrhus F. Skinner, 1904~1990)에 의해 창안된 것으로, 특정 행동이 나타난 후에 뒤따르는 결과에 의해 행동의 빈도가 증가 또는 감소한다는 이론이다. 이 이론에 의하면, 유기체는 비교적 무작위적 방식의 환경에서 조건형성되고, 행동은 주기적으로 강화되거나 처벌되어 소거된다.

셋째, **사회인지이론**^{social cognitive theory}은 앨버트 반두라(Albert Bandura, 1925~현재)가 창시한 것으로, 행동을 관찰하고 이후에 반복했을 때 사회적·인지적 학습이 일어난다는 이론이다. 그는 보보인형(사람 크기의 오뚜기 인형)에 대한 어른 모델의 공격행동을 관찰한 아이들이 관찰하지 않은 아이들보다 훨씬 더 공격적인 행동을 보인다는 사실을 발견했다(Bandura, 1977). 이 이론은 유기체가 특정 행동을 관찰하는 경우, 그 행동 및/또는 모델의 이미지를 간직하게 되어 추후에 그것을 행동으로 옮길 수 있게 된다('모델링')는 것이다.

집단목표.   행동치료집단의 주요 목표는 집단원의 부적응행동을 감소 또는 제거하고, 건설적·생산적인 행동으로 대체하는 것이다. 이를 위해 집단치료자는 집단원들과 치료동맹을 구축하는 한편, 이들의 선택 능력 향상과 학습의 극대화를 위한 조건을 마련한다. 행동치료집단의 특징은 집단원 개개인의 문제에 따라 개별적인 개입이 이루어진다는 점이다. 집단원의 개인적 목표는 측정 및 객관적 관찰이 가능하고 구체적인 것으로 리더와 집단원의 동의하에 설정한다. 단, 필요한 경우 집단초기에 설정된 개인적 목표는 집단의 진행과정에서 변경할 수 있다.

주요 기법.   행동치료집단에서는 인지와 행동치료의 핵심을 (조건형성을 통한) 학습으로 간주하는 한편, 인지구조 또는 비논리적·비합리적 사고뿐 아니라 무의식과 관련된 사고조차 조건형성될 수 있다고 본다(Neukrug, 2017). 또한 이 집단에서는 다양한 행동적 기법이 광범위하게 사용되고 있어서, 정신건강 문제 영역에 적용 가능한 기법이 70여 개나 된다(O'Donohue, Fisher, & Hayes, 2003). 이 중에서도 흔히 사용되는 기법으로는 ① 수용, ② 모델링, ③ 체계적 둔감법, ④ 토큰경제, ⑤ 홍수법·내파치료, ⑥ 벌, ⑦ 자극통제가 있다. 이외에도 치료자와 집단원 간의 피드백과 모델링을 통해 자연스럽게 건강하고 적응적인 행동에 대한 학습이 일어난다(Naugle & Maher, 2003).

첫째, **수용**^{acceptance}은 있는 그대로 받아들이는 것을 말한다. 이는 집단치료자의 집단원에 대한 수용과 집단원의 자기 자신에 대한 수용을 포함한다. 그동안 수용은 인본주의적 접근에서 강조되던 치료자의 태도였지만, 행동치료 또는 인지행동치료집단의 관점에서 수용은 행동의 개념으로, 집단원이 자신의 문제를 규명하는 데 중요한 기법으로 간주된다(Ledley, Marx, & Heimberg, 2010).

둘째, **모델링**modeling은 다른 사람의 적절한 행동을 관찰하고 나서 이를 스스로 연습해 봄으로써 새로운 행동을 습득하는 것이다. 이는 '사회학습' '모방학습' '대리학습' '행동 실연'으로도 불리는데, 집단원이 성취하기를 원하는 목표 행동은 반드시 성공확률이 높아야 한다는 조건이 있다(Bandura, 1977). 모델링은 집단원이 다른 사람의 적응행동을 자기 것으로 통합해 가는 중요한 변화과정의 일부다(Cooper, Heron, & Heward, 2007; Naugle & Maher, 2003).

셋째, **체계적 둔감법**systematic desensitization은 이완된 상태에서 불안을 발생시키는 상황을 위계적으로 상상하게 하여 불안과 양립할 수 없는 이완을 연합시켜 불안을 감소 또는 소거시키는 기법이다. 이는 조셉 울프(Joseph Wolpe, 1958)가 고전적 조건화 원리와 상호 제지reciprocal inhibition이론을 바탕으로 개발한 것으로, '체계적 감감법'으로도 불린다. 불안위계anxiety hierarchies는 불안을 가장 적게 유발하는 사건에서 가장 심하게 일으키는 사건 순으로 작성된 목록이다. 이를 토대로 각 사건에 대해 0에서 100을 할당하여 '주관적 불편 단위 척도Subjective Units of Discomfort scale(SUDs)'를 작성한다. 이 기법은 주로 특정 사건, 사람, 대상에 대해 극심한 불안 또는 공포가 있는 사람들의 치료를 위해 고안된 것으로, 불안장애, 특히 공포증과 강박증이 있는 사람들에게 효과적이다(Head & Gross, 2003).

넷째, **토큰경제**token economies는 토큰/환권을 제공하여 원하는 물건이나 권리와 교환할 수 있게 하는 조작적 조건화를 이용한 행동수정기법이다. 이 기법의 전제는 개인이 명확하게 적절한 행동을 보였을 때 토큰을 제공하여 일정한 수의 토큰이 모이거나 특정 시간이 지나면 토큰을 보상물과 교환할 수 있게 하는 것이다. 이는 토큰 자체는 강화물이 아니지만, 토큰으로 교환할 수 있는 강력한 강화물과 연합시킨다면 강화물로서의 특성을 갖게 되는 원리를 이용한 것이다(Cooper et al., 2007). 1960년대에 창안된 이 기법은 주로 보호시설에 수용된 지적장애 또는 정신장애가 있는 사람들에게 사용되었으나(Ayllon & Azrin, 1965), 점차 학교, 가정, 직장 등 다양한 환경에서 사용되어 왔다(Neukrug, 2017).

다섯째, **홍수법**flooding techniques · **내파치료**implosive therapy는 집단원이 두려워하는 자극이 존재한다고 상상하거나 실제 자극에 일정 시간 동안 노출하여 공포 또는 불안을 감소 또는 소거시키는 기법이다. 예를 들면, 엘리베이터 공포가 있는 집단원으로 하여금 둔감화 작업 없이 고층 건물의 엘리베이터를 타게 하는 것이다. 이 기법은 고전적 조건형성에 기초한 것으로, 사람은 오랜 시간 동안 계속 불안할 수 없다는 점에 착안하여 자극을 점차 차분한 감정과 연합시키는 원리를 이용한 것이다.

여섯째, **벌**punishment은 특정 행동을 감소 또는 소거하기 위해 학습자에게 혐오 자극을 가하거나('일차 벌'), 선호 자극을 일시적으로 제거하는('이차 벌') 기법이다. 예를 들어, 거짓말을 한 아이를 꾸중하는 것이 일차 벌이라면, 아이가 좋아하는 인터넷 게임을 하지 못하게 하는 것은 이차 벌이다. 그러나 벌은 예상하지 못한 부작용(예, 분노를 비롯한 부적 정서 반응)을 초래할 수 있으므로 잠재적으로 해롭거나 위험한 행동(예, 머리 박기, 깨물기, 공격행동, 위험한 물건을 집어 던지며 성질부리기 등) 또는 특정한 어려움이 있는 경우에만 사용한다(Cooper et al., 2007). 벌은 바람직한 행동에 대해 정적 강화와 함께 사용될 때 훨씬 강력한 효과가 있다(Wacker, Harding, Berg, Cooper-Brown, & Barretto, 2003). 오늘날 자주 사용되는 벌을 적용한 기법으로는 반응대가, 사회적 질책, 타임아웃, 과잉교정, 신체적 벌, 수반적 전기자극 등이 있다.

일곱째, **자극통제**stimulus control는 자극에 변화를 줌으로써 새로운 자극으로부터 건강한 행동을 강화하는 기법이다. 체중감량을 위해 음식을 눈에 띄지 않거나 손이 잘 가지 않는 곳에 두거나, 거동이 불편한 노인이 좀 더 편리하게 생활하도록 가구를 재배치하거나, 아이가 좀 더 쉽게 글을 깨우칠 수 있게 장난감에 첫 글자를 붙여 놓는 것이 그 예다. 자극통제는 달라진 자극의 결과에 대해 반드시 정적 강화가 수반되어야 한다는 조건이 있다.

집단치료과정.   행동치료집단의 과정은 ① 관계 형성, ② 임상평가, ③ 문제 영역에 기반한 목표설정, ④ 기법 선택 및 목표 달성을 위한 개입, ⑤ 목표 달성에 대한 평가, ⑥ 종결 및 후속 회기 순으로 이루어진다(Neukrug, 2017).

첫째, **관계 형성단계**에서 집단치료자는 수용, 경청, 공감, 존중을 바탕으로 집단원과 신뢰관계를 형성하고 집단목표를 명확하게 정의한다. 지지적인 신뢰관계가 형성되면서, 치료자는 집단원의 현재 문제가 어디서, 얼마나, 어떻게 진행되었는지에 대한 탐색을 시작한다. 또한 치료적 개입 전 단계에서부터 직후까지 집단원의 진척 상황을 객관적인 관찰과 평가로 지속적으로 살핀다.

둘째, **임상평가단계**에서 집단치료자는 집단원의 행동 변화를 위한 효과적인 기법을 찾기 위해 집단원의 욕구를 면밀히 평가한다. 이 단계에서 치료자는 문제의 정교화를 위해 기능행동평가(FBA, 특정 영역에서 집단원의 생활에 문제행동이 발생하기 직전과 직후의 상황을 평가하는 심층적인 구조화된 면접), 성격검사, 관찰, 중요한 타인 면담 및/또는 집단원의 자기관찰 등을 활용한다(Neukrug & Fawcett, 2010). 일련의 임상평가를 통해 집단치료자는 집단원의 잠재적 문제 영역을 정의한다.

셋째, **문제 영역에 기반한 목표설정단계**에서 집단치료자는 이전 단계에서 규명한 문제 영역에서 행동 발생 빈도, 지속기간, 강도의 기저선^{baseline}을 측정·검토한다. 문제행동에 대한 면밀한 분석은 문제의 정도를 파악할 수 있게 하고, 행동이 언제, 어떻게 변해야 하는지에 대한 기준 설정을 가능하게 하며, 평가 진행에 도움을 준다. 집단원은 기저선 검토를 통해 자신의 문제행동의 정도를 이해할 수 있고, 초점 대상을 결정할 수 있으며, 치료자와 함께 목표를 설정할 수 있게 된다.

넷째, **기법 선택 및 목표 달성을 위한 개입단계**에서 집단치료자는 집단원의 변화과정에 적용할 다양한 기법에 관해 신중하게 설명하고, 문제를 가장 효과적으로 해결할 기법을 택하여 목표 성취를 위한 계획을 수립한 후, 치료작업을 시작한다. 일단 집단작업이 시작되면, 치료자는 집단원의 문제를 행동적 용어로 개념화하고, 행동 변화를 위한 일련의 구체적인 기법을 적용함으로써 집단원의 행동 변화를 돕는다. 집단치료자는 집단원들에 대한 교육, 모델링, 수행에 대한 피드백 제공을 통해 이들이 필요로 하는 기술을 가르친다. 이때 집단치료자는 적극적이고 지시적인 조언자이자 문제해결자 역할을 한다. 집단원들은 집단 회기 내내 집단과정에 적극적으로 참여해야 할 뿐 아니라, 회기 안팎에서 치료활동에 대해 적극 협력한다. 집단원의 부적응행동 또는 문제행동에 대해서는 행동 변화에 필요한 기법과 전략이 개별적으로 고안·적용된다. 집단원에 대한 개입은 과학적인 검증을 거친 기법과 전략을 통해 이루어진다. 이러한 증거기반 전략은 집단원의 행동 변화를 가속화하는데, 집단원은 변화 또는 학습된 행동을 일상생활에서 일반화할 수 있게 된다.

다섯째, **목표 달성에 대한 평가단계**에서 집단치료자는 집단원의 문제행동의 강도, 빈도, 지속시간을 기록한 자료를 검토함으로써 문제행동의 감소 여부를 확인한다.

끝으로, **종결 및 후속 회기**에서는 집단작업을 종료하되, 후속 회기를 통해 집단원의 행동 소거에 대한 자발적 회복 여부를 확인한다. 일련의 집단작업을 통해 문제가 감소 또는 소거되어 집단을 종결했다고 하더라도 치료의 성공을 확신하기까지는 일정한 시간이 요구된다는 점에서 후속 회기를 갖는 것은 매우 중요하다.

실존치료집단 / Existential Therapy Group

실존치료는 쇠렌 키에르케고르(Søren Kierkegaard, 1813~1855), 에드문트 후설 (Edmund Husserl, 1859~1938), 마르틴 하이데거(Martin Heidegger, 1889~1976), 쟝 뽈 사르트르(Jean Paul Sartre, 1905~1980)를 중심으로 형성된 실존주의 철학에 뿌리를 두고 있다. 이러한 사조는 루트비히 빈스방거(Ludwig Binswanger, 1881~1966), 빅터 프랑클(Victor Frankl, 1905~1997), 롤로 메이(Rollo May, 1907~1994), 어빈 얄롬(Irvin Yalom, 1931~현재) 등에 의해 치료적 접근으로 체계화되었다. 특히 프랑클은 자신의 치료적 접근을 '의미치료Logotherapy'라 명명했다. 그러나 실존주의 철학자들과 마찬가지로, 실존치료 창시자들의 강조점은 각각 차이가 있다. 그러나 이들은 현상학적 철학을 바탕으로, 인간의 실존적 문제를 다룸으로써 치료적 효과를 산출하고자 했다는 공통점이 있다. 실존치료집단에서 중시하는 실존의 범주는 글상자 6-8과 같다.

> **글상자 6-8. 실존치료집단에서 '실존'의 5개 범주**
>
> 1. 삶은 때로 공정하지 않고 바르지 않을 수 있음에 대한 인식
> 2. 삶의 고통과 죽음은 궁극적으로 피할 수 없음에 대한 인식
> 3. 타인에게 접근한 정도에 상관없이 여전히 삶에서 혼자라는 사실에 대한 인식
> 4. 삶과 죽음의 근원적 문제를 직시하면 삶에 솔직해지면서 사소한 일에 신경을 덜 쓰게 된다는 인식
> 5. 타인들로부터 안내와 지원을 받은 정도와 무관하게 삶을 영위하는 방법에 대한 궁극적인 책임이 자신에게 있다는 사실에 대한 인식

실존치료집단에서는 집단원을 기본적으로 자각 능력이 있고, 자유로우며, 자기 삶의 주인공으로서, 선택에 의해 자신을 규정하고 의미 있는 실존을 창조해 가는 존재로 본다. 단, 자유는 선택에 대한 책임과 함께 온다고 본다. 이에 집단치료자는 집단원을 단지 학설로 이해할 수 없고, 신경증과 정신병도 인간성과 일그러진 실존으로 보며, 병 자체보다는 집단원의 세계being-in-the-world에 들어가 있는 그대로의 전체를 보면서 생활사를 중심으로 치료하고자 한다. 따라서 치료나 분석이라는 말보다는 조명illumination이라는 용어를 사용한다. 이에 치료자는 산속에서 길을 잃은 사람을 계곡으로 인도하는 안내자 역할, 즉 항상 집단원과 같은 실존의 평면 위에서 집단원을 객관화하지 않

고, 집단원 안에서 실존의 동반자 역할을 한다. 얄롬(Yalom, 1980)이 자신의 저서 『실존심리치료$^{Existential\ Psychotherapy}$』에서 밝힌 집단심리치료의 기능에 대한 견해는 글상자 6-9와 같다.

글상자 6-9. 얄롬이 밝힌 실존치료집단의 기능에 대한 견해

1. 인간은 종종 죽지 않으려는 계획과 구원에 안주하여 죽음을 보지 않으려 하는데, 죽음의 부정은 인간의 본성을 거부하는 것이다. 이에 집단에서 죽음에 대한 불안을 다루고, 죽음에 대한 직면을 통해 집단원이 진실한 삶을 영위할 수 있도록 도울 수 있다.
2. 죽음의 각성은 죽음을 앞둔 환자에게만 생기는 것이 아니다. 오히려 젊은이들이 민감한 데 비해, 성공한 성인들은 무감각한 경향이 있다. 죽음 같은 무의식적인 실존적 관심에 참여하게 되면, 인간관계는 풍요로워지고, 인생을 사랑할 수 있으며, 신경증도 치유될 수 있다.
3. 사람들은 때로 제한적 실존 상태, 즉 생활 상황을 다루는 데 있어서 대안이 있음을 인식하지 못하고, 일정한 틀에 갇혀 무기력하게 살아간다. 이에 집단치료자는 집단원이 과거의 생활 패턴을 인식하고 미래 변화에 대한 책임을 수용하도록 도울 수 있다.

기본 개념.   실존치료집단의 주제는 ① 삶 · 죽음, ② 자유 · 책임, ③ 의미 · 무의미성, ④ 고립 · 사랑으로 모아진다.

첫째, 삶에 관해 가장 확실한 사실은 **삶**^{living}에는 반드시 종결('죽음')이 있다는 것이다. 죽음에 대한 의식은 집단원에게 두려움을 줄 수 있는 동시에, 역설적으로 창조적 삶으로 이어질 수 있다(May, 1967). 이처럼 **죽음**^{dying}, 즉 비존재$^{non-being}$에 대한 인식은 존재에 의미를 준다. 다시 말해서, 죽음은 사람들에게 위협이 아니라, 삶을 충분히 영위하고 창조적으로 의미 있는 일을 행할 기회를 적극 활용하게 하는 요인이다(Frankl, 1997).

둘째, **자유**^{freedom}는 변화의 기회다. 이는 집단원의 문제에서 벗어나 자신에게 직면할 기회를 제공한다. 반면, **책임**^{responsibility}은 자신의 선택을 소유하고, 정직하게 자유를 다루는 것이다. 실존치료집단에서 집단원은 본질적으로 자신의 운명을 선택할 자유와 그 결정에 따른 책임을 져야 하는 존재다.

셋째, **의미감**$^{sense\ of\ meaningfulness}$은 집단원에게 또는 세상에서 일어나는 사건을 해석하는 방법을 제공하고, 어떻게 살아야 하고 어떻게 살아가기를 소망하는지에 대한 가치발달의 수단이다(May & Yalom, 1989). 삶의 의미는 삶 자체가 아니라, 우리가 삶의 의미를 어떻게 창조하는지에 달려 있다. 이는 의미 없고 모순된 것처럼 보이는 세상에서 이전에 도전하지 않았던 가치에 도전하고, 갈등과 모순에서 화해하려는 노력에서 창조된다. 이러한 욕망이 없거나 삶에 무관심한 태도를 보이는 것은 **무의미**^meaninglessness, 즉 실존적 공허다(Frankl, 1997).

넷째, **고립**^isolation은 대인 간, 개인내적, 실존적 고립으로 구분된다. 대인 간 고립^interpersonal isolation은 다른 사람들로부터 지리적·심리적 또는 사회적 거리를 두는 것이다. 개인내적 고립^intrapersonal isolation은 방어기제 또는 다른 방법을 사용하여 자신의 부분들을 분리하여 자신의 소망을 인식하지 못하는 상태다. 실존적 고립^existential isolation은 대인 간 고독과 개인내적 고독에 비해 훨씬 더 기본적인 것으로, 세상으로부터 분리된 상태다. 이는 전적으로 혼자이면서 무기력한 느낌으로, '무無^nothingness'라는 공포감을 창출한다. 사랑^loving은 실존적 고독감에 다리를 놓는 수단이다. 이외에도 실존치료집단에서 다루는 기본 개념으로는 세계 내 존재^being-in-the-world, 불안, 존재와 시간^being and time/Sein und Zeit, 자기초월^self-transcendence, 진정성 추구^striving for authenticity 등이 있다.

집단치료목표.   실존치료집단의 핵심 목표는 집단원으로 하여금 자신이 삶의 주인이며 자유로운 존재임을 인식·수용하고 자유를 누릴 수 있도록 돕는 것이다. 이들의 삶의 문제는 집단원들 간의 지금 여기에서의 상호작용을 통해 명확해진다. 목표 성취를 위해 집단치료자는 집단원들이 자유와 책임을 회피하는 방식을 탐색하도록 돕는다.

주요 기법.   실존치료집단은 정형화된 기법이나 절차가 없다. 만일 필요하다면 다른 치료적 접근에서 고안된 기법을 사용하기도 한다. 특히 의미치료에서는 ① 역설적 의도와 ② 탈숙고를 사용한다(Frankl, 1997).

첫째, **역설적 의도**^paradoxical intention는 집단원이 두려워하는 일을 하게 하거나 그것이 일어나기를 소망하도록 격려함으로써 이러한 의도와 반대되는 결과를 생성하게 하기 위한 기법이다. 이 기법은 집단원으로 하여금 자신이 두려워하는 것은 두려움 그 자체일 뿐임을 깨닫도록 도움으로써 공포의 악순환을 차단하는 효과가 있다.

둘째, **탈숙고**^de-reflection는 집단원이 지나친 숙고로 인한 기대불안의 악순환에서 탈피하도록 돕기 위한 기법이다. 문제에 대한 지나친 숙고가 자발성과 활동성을 저해한다는 사실은 글상자 6-10에 제시된 은유적 일화로 설명될 수 있다.

🏢 **글상자 6-10. 탈숙고에 관한 은유적 일화**

> 지네 한 마리가 있었다. 지네의 적이 지네에게 "당신의 다리는 어떤 순서로 움직입니까?"라고 물었다. 지네가 이 질문에 주의를 집중하는 순간 지네는 전혀 움직일 수 없었다 (Frankl, 1988, p. 100).

　집단치료과정.　　실존치료집단은 정형화된 치료과정 또는 절차가 없다. 다만, 치료자는 인간의 존재와 의미에 대한 철학적 틀을 바탕으로, 집단원과의 깊고 의미 있는 관계 형성에 집중한다. 치료자는 자유를 누리지 못하는 집단원을 제한된 실존 상태에 있는 것으로 간주한다. 이는 생애 사건 또는 상황 대처에 있어서 폭넓은 대안을 보지 못하고, 특정한 틀에 갇혀 무기력감을 느끼는 경향이 있는 상태다. 예를 들면, 어린 시절의 외상적 경험으로 고통당하는 집단원의 경우, 다른 사람들이 아무리 그를 인정해 주더라도 자기 스스로 다른 사람들에게 인정받지 못할 거라는 생각에 사로잡혀 잠재력을 제한하는 상태로 살아갈 수 있다. 집단원들은 각자의 실존적 문제를 나누면서 자기를 발견하게 된다. 치료자는 충분히 현존하면서 집단원들과의 상호돌봄 관계 형성에 가치를 둔다. 즉, 협력관계를 통해 자기발견 여정에 동참한다. 이 집단에서 치료자는 집단원이 자유와 책임의 회피방식을 점검하도록 돕는다. 글상자 6-11은 실존치료집단에 참여했던 집단원이 책임수용에 관해 자신이 깨달은 사실을 고백하는 내용이다(Spiegel & Classen, 2000).

🏢 **글상자 6-11. 집단원의 책임수용에 관한 통찰을 고백하는 내용**

> (사람들은) 스스로 자신들을 요통, 편두통, 천식, 궤양, 그리고 다른 질병에 걸리게 했다는 사실을 깨달았다. -〈중략〉- 병은 저절로 발생하지 않는다. 사람들이 자신의 신체적 질병에 자신의 책임이 있음을 인정하고, 자리에서 일어나는 것을 보는 것은 가히 감동적이다. 이들이 삶의 경험을 솔직하게 직면했을 때, 이들의 병은 사라져 버렸다.

　글상자 6-11에 제시된 집단원의 고백 내용처럼, 집단치료자는 집단원을 인간이게 하는 고유 특성을 살펴보고, 그 특성에 기초하여 집단을 진행한다. 또한 집단원의 요구에 주목하는 한편, 일정한 절차에 따르기보다는 다른 치료적 접근의 기법을 적용하기도 하지만, 궁극적으로는 철학적 틀 위에서 인간 또는 삶의 의미에 대한 논의를 하도록 돕는다. 그렇지만 삶의 보편적인 주제를 다루는 데 있어서 집단원들에게 특정한 방식으로 현실을 직시하도록 강요하지는 않는다. 대화상자 6-3은 집단원의 책임수용에 관한 작업에서 리더가 한 남성 집단원에게 그의 부인이 암에 걸린 것은 그의 책임이라고 말한 다음에 그 집단원과 나눈 대화 내용의 일부다.

 대화상자 6-3. 집단원의 책임수용에 관한 리더와 집단원의 대화 예시

시 우: 아니, 어떻게 아내가 암에 걸린 것이 내 책임인가요?

리 더: 시우 씨는 아내가 암이라는 병에 걸리도록 아내의 행동경험을 창출한 책임이 있습니다.

시 우: 아니에요. 난 절대로 아내가 암에 걸리게 하지 않았어요.

리 더: 시우 씨, 잠시 생각해 보세요. 제가 드리는 말씀을 선뜻 받아들이기 쉽지 않다는 것을 잘 알아요. 저는 시우 씨가 능력 있고 열린 마음을 지닌 사람임을 알게 되었어요. 시우 씨는 40년 동안 외부에서 발생하는 것에 대해 수동적으로, 마치 자신은 아무런 잘못이 없다는 생각으로 방관해 왔어요. ‒〈중략〉‒ 시우 씨는 이러한 신념구조를 창조하는 데 40년 동안 열심히 일했습니다. 저는 이 자리에 있는 분들도 시우 씨와 비슷한 신념구조를 토대로 살아가고 있다는 사실을 알게 되었습니다. 즉, "난 아무런 잘못이 없어요. 다만 내 주변의 현실이 잘못된 것일 뿐이에요."라는 것이지요. 그렇지만 이러한 신념구조는 작동되지 않습니다. 이것이 삶이 움직이지 않는 이유죠. 중요한 현실은 여러분 자신의 경험이고, 여러분은 여러분 경험의 유일한 창조자이기 때문입니다.

 ## 인간중심치료집단 / Person-Centered Therapy Group

인간중심치료는 칼 로저스(Carl Rogers, 1902~1987)가 창시한 이론으로, 사람^{person}은 개별적 존재로서 본래 선하게 태어났고, 신뢰할 수 있으며, 실현 경향성을 지닌 유기체라고 전제한다. 여기서 유기체^{organism}란 전체로서 개인의 모든 경험이 소재하는 조직체를 말한다. 촉진자^{facilitator}로 불리는 이 집단의 치료자는 과정전문가$^{process\ expert}$인 동시에 집단원에 대해 배우는 전문학습자$^{expert\ learner}$로, 집단원 개개인을 변화하는 경험세계인 현상적 장에서 자기실현을 위해 삶을 주도하며 살아가는 존재로 간주한다. 즉, 외부 자극에 대해 전체로서 반응하고, 경험을 통해 가치를 형성하며, 끊임없이 변화ㆍ성장하는 존재로 간주한다. 그러나 부모나 사회의 가치 조건화로 실현 경향성이

방해를 받아 부정적이고 악하게 된다고 전제한다.

기본 개념. 인간중심치료의 촉진자가 알아야 할 기본 개념으로는 ① 자기, ② 실현경향성, ③ 현상적 장, ④ 가치 조건화, ⑤ 완전히 기능하는 사람을 들 수 있다.

첫째, **자기**self는 집단원이 외적 대상을 지각·경험하면서 의미를 부여하는 존재다. 이 지각과 의미의 전체적 체계로 집단원의 현상적 장이 구성된다. 즉, 자기는 집단원이 자신으로 보는 현상적 장의 일부로, 현상적 장 내에 존재한다. 또한 불안정하고 끊임없이 변화하는 실체로, 자기개념self-concept과 함께 조직화되어 항상 일관된 지각 패턴을 보인다. 자기는 이상적 자기ideal self와 현실적 자기real self로 나뉘는데, 전자는 집단원이 가장 소유하고 싶은 자기개념으로, 개인적으로 최고의 가치를 부여하는 지각과 의미가 포함되어 있다. 반면, 현실적 자기는 집단원이 지각하고 있는 자신의 실체다.

둘째, **실현경향성**actualization tendency은 유기체의 선천적 존재 추동existence drive으로, 집단원의 생리적·심리적 욕구와 연계하여 유기체의 유지·성장 방향으로 제반 능력을 발달시키는 성향이다. 이러한 성향으로 인해 유기체는 점차 단순한 존재에서 복잡한 존재로, 의존적 태도에서 독립적 태도로, 고정적이고 경직된 자세에서 유연하고 융통성 있는 자세를 지닌 존재로 발달해 간다. 태어나면서부터 유전적으로 프로그램된 집단원은 실현경향성에 의해 발달이 완성된다. 그러나 이는 자동적이지 않고, 유기체가 경험을 통해 유지, 적응, 발달, 성장, 실현하려는 노력 없이는 이루어지지 않는다. 이는 마치 어린아이가 걸음마를 배우는 것처럼 투쟁과 고통을 수반한다.

셋째, **현상적 장**phenomenal field은 특정 순간에 집단원이 지각·경험하는 모든 것으로, '경험세계' 또는 '주관적 경험'으로도 불린다. 이에 로저스는 같은 현상이라도 사람에 따라 다르게 지각·경험하기 때문에, 이 세상에는 개인적 현실, 즉 현상적 장만이 존재한다고 보았다. 현상적 장에는 집단원이 의식적으로 지각한 것과 지각하지 못하는 것까지 포함되어 있다. 집단원은 객관적 현실이 아닌 자신의 현상적 장에 입각하여 재구성된 현실에 반응한다. 따라서 사람들은 같은 사건을 경험하더라도 각기 다르게 행동할 수 있고, 결과적으로 사람마다 독특한 특성을 보이게 된다. 현상적 장, 즉 현실에 대한 '지각지도perceptual map'에 따라 생활할 때, 집단원은 조직화된 전체로서 반응한다('전체론적 관점holistic view').

넷째, **가치조건**conditions of worth은 어린 시절 영향력이 큰 부모 또는 보호자로부터 긍정적 존중을 얻기 위해 노력한 결과, 어른의 가치가 아이의 내면에 형성되는 현상이다. 가치 조건화는 유기체가 경험을 통해 실현경향성의 성취를 방해한다. 왜냐면 이는 개인이 자신의 내적 경험을 왜곡·부정하게 하고, '만일 ~하면, ~하게 될 것이다$^{\text{If} \sim,\ \text{then} \sim}$' 또는 '그렇지만 ~'이라는 조건에 맞추려고 하게 만들기 때문이다. 누구도 조건적인 긍정적 관심을 피할 수는 없다. 그러나 촉진자는 집단원을 있는 그대로 수용·존중함으로써 완전히 기능하는 사람으로 성장하도록 돕는다.

다섯째, **완전히 기능하는 사람**$^{\text{a fully-functioning person}}$은 실현경향성을 끊임없이 추구·성장하는 사람을 지칭하는 가설적 인간상으로, 이 집단의 궁극적인 목표이기도 하다(Rogers, 1969). 완전히 기능하는 사람들은 ① 새로운 경험에 대한 개방적 태도, ② 실존적 삶 영위, ③ 자기 유기체 신뢰, ④ 자유로움, ⑤ 창조적 성향 등의 특징이 있다.

집단치료목표.   인간중심치료집단의 궁극적인 목표는 집단원들이 실현경향성을 끊임없이 추구·성장하여 완전히 기능하는 사람이 되도록 돕는 것이다. 이 목표를 성취하기 위한 필요충분조건은 유기체의 지혜를 신뢰하는 인간 중심적인 태도다.

주요 기법.   인간중심치료집단은 정형화된 기법보다는 관계를, 행동방식보다는 지금 여기에서의 상호작용에 초점을 맞춘 존재방식$^{\text{a way of being}}$을 중시한다. 이러한 접근이 집단원들로 하여금 더욱 깊은 탐색을 가능하게 한다고 믿기 때문이다. 따라서 촉진자는 집단원의 변화를 유발하는 필요충분조건인 태도적 자질$^{\text{attitudinal qualifications}}$, 즉 ① 일치성, ② 무조건적인 긍정적 존중, ③ 공감적 이해를 바탕으로 안전하고, 수용적이며, 상호 신뢰하는 분위기를 조성한다. 또한 집단원들과 동등한 관계를 형성·유지하고 있는 그대로의 인간으로서 진실한 만남을 추구하는 동시에, 집단원의 내적·주관적 경험에 주의를 기울임으로써 집단원이 순간순간을 충분히 경험하고, 자기를 수용하게 하여 변화를 촉진한다.

첫째, **일치성**$^{\text{congruency/genuineness}}$은 집단과정에서 촉진자가 순간순간 경험하는 감정 및/또는 태도를 있는 그대로 인정·개방하는 것이다. 이 개념은 변화의 필요충분조건 중 가장 기본이 되는 태도적 자질로, 진솔성, 사실성, 개방성, 투명성, 현재성이 포함되어 있다. 일치성을 실천하기 위해서는 촉진자에게 높은 수준의 자각과 자기수용, 그리고 자기신뢰가 요구된다.

둘째, **무조건적인 긍정적 존중**$^{\text{unconditional positive regard}}$은 아무런 전제 또는 조건 없이 집단원을 있는 그대로 수용하는 것이다. 이 개념은 비소유적 온정, 돌봄, 칭찬, 수용, 존경이 포함된 태도적 자질로, 집단원에게 변화와 성장의 필요충분조건이 주어지면 건설적 변화를 위한 잠재력을 실현할 수 있는 존재라는 깊은 신뢰감과 연관이 있다. 이처럼 집단원을 철저하게 믿는 촉진자의 태도는 집단원으로 하여금 자신을 믿고 자기성장을 이루게 하는 촉진적 조건으로 작용한다.

셋째, **공감적 이해**empathic understanding는 집단원이 주관적으로 경험하는 사적인 세계를 정서적·인지적으로 민감하고 정확하게 인식하는 것이다. 이는 촉진자가 집단원을 위해 또는 집단원에 관해 생각하고 느끼는 것이 아니라, 집단원과 함께 생각하고 느끼는 과정이다(Rogers, 1975). 앞서 언급한 것처럼, 촉진자는 이러한 태도적 자질을 바탕으로 형성된 치료적 관계를 기반으로, 집단원들의 성장과 발달의 장해요인을 자각하도록 돕는다. 이 과정에서 촉진자는 집단원들과의 관계를 변화의 필요충분조건으로 간주하는 한편, 과거 경험과 관련된 자료나 정보수집을 중시하지 않을 뿐 아니라, 질문, 탐색, 해석, 진단 등의 지시적 접근은 지양한다.

집단치료과정.　　인간중심치료집단의 과정은 기법과 마찬가지로 정형화되지 않았다. 그렇지만 로저스가 주장한 변화의 필요충분조건은 집단치료과정으로 이해해도 좋을 것이다. 글상자 6-12가 그것이다.

🏢 글상자 6-12. 변화의 필요충분조건

1. 촉진자와 집단원들 사이에 심리적 접촉이 이루어진다.
2. 집단원은 불일치 상태에 있고, 상처받기 쉬우며, 불안정한 상태에 있다.
3. 촉진자는 집단원들과의 관계에서 일치성을 보이고 통합되어 있다.
4. 촉진자는 집단원들에게 무조건적인 긍정적 관심을 보인다.
5. 촉진자는 집단원의 내적 조회체계를 바탕으로 집단원을 공간적으로 이해하고, 이 경험을 집단원에게 전달한다.
6. 소통과정에서 집단원은 촉진자의 무조건적인 긍정적 존중과 공감적 이해를 지각·경험한다.

글상자 6-12에 제시된 필요충분조건을 충족하기 위해 촉진자는 순간순간 오감을 통한 느낌과 경험을 중시하는 동시에, 적극적 경청을 바탕으로 집단원의 자기개방 촉진, 경험 이해·수용·공유, 접촉 관여, 신뢰관계 형성 조력, 치료동맹 구축, 경험 이해, 관계 능력 신뢰에 초점을 맞춘다. 그러나 최근에 오면서 더욱 폭넓은 기법과 다양한 치료방식이 허용되고 있다(Corey, 2017). 즉, 집단효과를 극대화하기 위해 촉진자는 종전보다 더 자유롭게 치료관계에 개입하고, 자신의 반응을 집단원들과 공유하며, 집단원에게 직면하고, 적극적으로 개입하고 있다(Kirschenbaum, 2009).

 게슈탈트치료집단 / Gestalt Therapy Group

게슈탈트치료는 프리츠 펄스(Fritz Perls, 1893~1970)가 창안한 이론으로, 경험적(행동 강조)·실존적(독립적 선택과 책임 강조)·실험적(순간순간의 감정표현 촉진)·통합적(자각 가능한 모든 것에 초점을 맞춤) 접근이다. 이 집단의 치료자는 집단원을 끊임없이 게슈탈트를 완성해 가는 현상적·실존적 유기체로 보면서 집단원이 지각하는 현실에 초점을 맞춘다. 이 집단에서 집단원에 대한 기본 가정은 글상자 6-13과 같다.

> **글상자 6-13. 게슈탈트치료집단의 집단원에 대한 기본 가정**
>
> 1. 완성을 추구하는 경향이 있는 유기체다.
> 2. 현재 욕구에 따라 끊임없이 게슈탈트를 완성해 간다.
> 3. 서로 관련 있는 부분의 총합 이상의 존재다.
> 4. 어떤 존재로 되어 가는 과정에 있는 존재다.
> 5. 변화할 수 있고, 책임질 수 있으며, 통합된 상태로 생각할 수 있는 존재다.
> 6. 감각, 사고, 정서, 지각을 충분히 인식할 수 있는 능력을 소유한 존재다.
> 7. 전경과 배경의 원리에 따라 세상을 경험한다.
> 8. 행동은 현재 환경과의 지속적 관계의 맥락에서 이해되어야 한다.

기본 개념.　게슈탈트치료집단 치료자가 알고 있어야 할 기본 개념으로는 ① 게슈탈트, ② 전경·배경, ③ 미결과제, ④ 접촉, ⑤ 알아차림, ⑥ 접촉경계를 들 수 있다.

첫째, **게슈탈트**gestalt는 전체적 형상whole figure 또는 통합적 전체integrated whole, 즉 부분과 부분을 통합한 전체상이다. 게슈탈트 형성은 집단원이 욕구나 감정을 의미 있는 행동의 동기로 조직화하여 실행해서 완결 짓는, 끊임없이 반복되는 과정이다.

둘째, **전경**foreground은 집단원이 순간순간 관심의 초점이 되는 부분인 반면, **배경**background은 관심 밖에 놓이게 되는 부분이다. 전경에 나타난 욕구는 감각, 각성, 흥분고조, 행동, 접촉, 위축의 게슈탈트 주기를 거치면서 충족되면 배경으로 사라진다.

셋째, **미결과제**^{unfinished business}란 생애 초기의 사고, 감정, 반응이 표출되지 않아 일정 시간이 경과한 후에도 여전히 집단원의 기능에 영향을 미치면서 현재 생활을 방해하는 과거로부터의 감정을 말한다. 즉, 전경과 배경의 교체가 방해를 받았을 때, 게슈탈트 형성이 되지 않거나 형성된 게슈탈트가 해소되지 않아 배경으로 물러나지 못하고 중간층에 남아 있게 된 것을 가리킨다.

넷째, **접촉**^{contact}이란 전경에 떠올려진 게슈탈트 해소를 위한 환경(타인 또는 대상)과의 상호작용을 말한다. 집단원은 자기체계^{self-system}와 외부 환경을 고려하여 실현 가능한 행동의 동기를 지각한다. 외부와의 접촉경계를 구성하는 자기경계는 자기와 비자기^{notself}를 구별하고, 자기의 발달과 기능을 제한한다. 접촉수준은 양파껍질에 비유되는데, 심리적으로 성숙해지기 위해서는 신경증의 5개 층, 즉 ① 진부^{cliche}/가짜층 ^{phony layer}, ② 공포^{phobic}/역할연기층^{role playing layer}, ③ 교착층^{impasse layer}, ④ 내파층^{implosive layer}, ⑤ 외파층^{explosive layer}을 벗겨야 한다(Perls, 1969).

다섯째, **알아차림**^{awareness}은 집단원의 내면뿐 아니라 타인 또는 대상과의 접촉에서 욕구나 감정을 지각하여 게슈탈트로 형성, 전경으로 떠올리는 것을 말한다. 이는 '각성'으로도 불리며, 스스로에 대해 알아차리는 것을 자각 또는 자기인식^{self-awareness}이라고 한다. 그러나 접촉경계장해로 인식이 차단되면, 게슈탈트가 형성되지 않거나 게슈탈트의 선명함이 떨어진다.

여섯째, **접촉경계**^{contact boundary}란 개체, 즉 집단원과 환경 간의 경계를 의미한다. 접촉경계장해^{disturbance}는 이 경계가 모호하거나, 붕괴되거나, 혼란스러운 상태다. 이러한 정신병리 현상이 발생하면, 집단원은 환경과의 접촉이 차단되고 자기인식이 단절되어 심리적·생리적 혼란이 발생한다. 이는 집단원과 환경이 접촉할 수 없도록 둘 사이에 중간층 같은 것이 끼어 있는 현상(Perls, 1969)으로, 게슈탈트 주기의 전기 각성단계에서 발생하는 ① 융합^{confluence}(개인과 다른 사람 사이의 경계가 약화되어 일심동체 같은 상태)과 ② 반전^{retroflection}(타인이나 환경에 대해 하고 싶은 행동을 자신에게 하는 것), 후기 행동단계에서 발생하는 ③ 내사^{introjection}(권위 있는 사람의 행동이나 가치관을 무비판적으로 받아들이는 현상), ④ 투사^{projection}(요구 또는 감정을 자신의 것으로 자각 및 접촉하는 것이 두려워 책임소재를 타인에게 돌림으로써 심리적 부담을 더는 현상), ⑤ 편향 ^{deflection}(환경과의 접촉이 자신이 감당하기 힘든 심리적 결과를 초래할 것으로 예상될 때, 이러한 경험에 압도되지 않으려고 환경과의 접촉을 피하거나 감각을 둔화시켜 환경과의 접촉을 약화시키는 현상)이 포함된다.

집단치료목표.　　　게슈탈트치료집단의 핵심 목표는 집단원의 자각과 선택력을 높이는 것이다. 이를 위해 집단치료자는 안내자 또는 촉진자로서, 기법보다는 개인으로서의 치료자 자신과 치료관계를 중시하면서 실험을 제안하거나 관찰한 것을 집단원들과 나누기도 한다. 집단치료자는 집단원들에게 변화를 강요하지 않고, 창조적 실험을 통해 지금 여기에서 무엇이 일어나고 있는지에 대한 탐색을 돕는다(Cole & Reese, 2017). 게슈탈트치료집단의 일반적인 목표는 글상자 6-14와 같다.

> **글상자 6-14.** 게슈탈트치료집단의 일반적인 목표
>
> 1. 접촉을 통해 집단원의 분할된 인격의 부분을 인격의 일부로 통합하도록 돕는다.
> 2. 실존적 삶을 통해 성숙한 인간이 되도록 돕는다.
> 3. 환경과의 만남에서 사고, 감정, 욕구, 신체감각, 환경에 대한 지각을 넓혀 접촉하여 타인에게 상처를 주지 않으면서 욕구충족방법을 습득하도록 돕는다.
> 4. 집단원 스스로 자신을 되찾도록 격려하고 돕는다.

주요 기법.　　　게슈탈트치료집단 치료자의 임무는 집단원들의 현실에 대한 자각을 탐색·지지하는 것이다. 이들의 탐색을 돕는 방법으로는 개인 내적 세계의 자각과 외부 세계와의 접촉을 들 수 있다. 자각이 증가하면, 변화는 자연스럽게 발생하고 분열 또는 미상의 현실적 요소가 통합된다고 믿기 때문이다(Cole & Reese, 2017). 이러한 집단작업에 필요한 주요 기법은 크게 연습과 실험으로 나뉜다. **연습**exercises은 이미 현존하는 기법들로, 주로 집단원으로부터 분노 또는 탐색 같은 반응을 도출하기 위해 사용된다. 이에 비해, **실험**experiments은 집단치료자와 집단원들의 상호작용을 통해 치료효과를 산출하기 위한 활동들로, 경험적 발견학습, 즉 사전에 계획하지 않고 활동을 통해 치료자와 집단원 모두에게 학습 기회를 제공하는 것들이다. 여기서는 ① 인식 변화, ② 꿈 작업, ③ 빈의자기법, ④ 반대로 하기에 대해 살펴보기로 한다.

첫째, **인식 변화**는 감정, 신체, 환경, 책임, 언어인식의 변화를 위해 대체행동을 실천하게 함으로써 학습을 촉진하는 기법이다. 감정인식은 지금 여기에서 체험되는 욕구와 감정 자각을 돕기 위한 기법이다. 신체인식은 현재 상황에서 느끼는 신체감각의 탐색, 특히 에너지가 집중된 신체 부분에 대한 인식을 높이기 위한 기법이다. 환경인식은 환경과의 접촉을 통해 환상과 현실이 다름을 알아차리게 함으로써 현실과의 접촉을 증진시키기 위한 기법이다. 책임인식은 집단원 자신이 지각한 것에 대해 말

을 하고, "그리고 그것에 대한 책임은 나에게 있습니다."라는 말로 끝맺게 함으로써 행동에 대한 책임을 스스로 질 수 있게 하기 위한 기법이다. 언어인식은 집단원 스스로 자신의 언어사용습관을 면밀히 관찰하여 비생산적인 언어습관에 변화를 주기 위한 기법이다. 언어습관에 변화를 주기 위한 기법 적용의 예는 글상자 6-15와 같다.

⊞ 글상자 6-15. 언어습관에 변화를 주기 위한 기법 적용의 예

1. 2인칭과 3인칭을 1인칭으로 바꾸어 말하기
2. '할 수 없다'를 '하지 않겠다'로 바꾸어 말하기
3. '해야 한다'를 '하기로 선택한다'로 바꾸어 말하기
4. '~할 필요가 있다'를 '~하기를 원한다'로 바꾸어 말하기

둘째, **꿈 작업**dream work은 집단원이 자신의 꿈에 대해 말하고, 꿈의 각 부분을 경험하게 하는 기법이다. 이 기법은 꿈을 특정 시기에 집단원의 위치를 나타내는 메시지로 간주한다는 점에서 일종의 극화된 자유연상dramatized free association으로 불린다. 게슈탈트치료집단에서 꿈은 '통합으로 통하는 왕도royal road to integration'다(Perls, 1969, p. 66). 꿈 분석을 통해 치료자는 집단원이 자신의 미결과제를 인식하고, 메시지를 잘 살펴볼 수 있도록 돕는다.

셋째, **빈의자기법**은 빈의자에 미결과제 또는 감정이 있는 사람이 앉아 있다고 상상하도록 해서 그에게 하고 싶은 말을 하게 하여 집단원의 투사를 구체화하기 위한 기법이다. 이 기법은 집단원으로 하여금 의자를 바꿔 앉게 하고, 그 사람이 되어 집단원의 말에 반응하게 하기도 한다. 예를 들어, 세상을 떠난 아버지가 의자에 앉아 있다고 여기고, 집단원이 하고 싶은 말을 하도록 함으로써 아버지와의 미결과제를 해소한다.

넷째, **반대로 하기**는 집단원이 옳다고 믿고 있는 것과 정반대되는 행동을 하는 연습기법이다. 사람들은 흔히 자신에게 익숙한 습관 또는 생각에 집착한 나머지, 현재 행동과는 다른 대안적 행동에 문제해결 가능성이 있다는 사실을 미처 생각하지 못하는 경향이 있다. 이 기법은 집단원의 행동이 자연스럽지 못하거나 특정 행동 패턴을 고수하는 경향이 보일 때 적용하며, 집단원이 회피해 왔던 행동을 실천함으로써 문제를 극복할 수 있게 하는 효과가 있다. 이외에도 게슈탈트치료집단에서 활용할 수 있는 기법으로는 자각 확장을 위한 다양한 신체활동을 비롯하여 직면, 과장, 차례로 돌아가기, 머무르기, 창조적 투사놀이, 자기 부분과의 대화, 실연, 과제 등 다양한 기법

이 있다.

집단치료과정.　게슈탈트치료집단의 과정은 정형화된 절차가 없고, 다만 치료자에 따라 창의적인 방식으로 작업한다는 특징이 있다. 그러나 일반적으로 집단작업은 크게 두 부분, 즉 전반부에는 치료자와 집단원의 진솔한 접촉을 통한 관계 형성과 지금 여기에서의 자각촉진작업에 집중되고, 후반부에는 집단원의 심리적 문제를 실험과 연습을 통해 접촉, 경험, 재경험으로 통합·균형을 이룰 수 있도록 돕는다(Feder & Frew, 2008). 치료자는 집단원들의 문제와 관련된 현상을 관념적으로 분석하거나 대화만 나누는 작업을 지양한다. 대신, 집단원의 행동, 사고, 감정, 신체감각 모두가 순간순간 집단원에게 의미 있는 것을 이해할 수 있게 하는 길잡이 역할을 한다고 간주하고, 집단원들과 함께 상황을 연출하여 집단원이 실험·실연을 통해 문제를 명확히 드러내고, 문제에 대한 새로운 해결책을 경험적으로 시도·터득하게 한다(Feder & Frew, 2008). 이를 위한 집단의 기본 규칙은 표 6-1과 같다.

표 6-1. 게슈탈트치료집단의 기본 규칙

기본 규칙	설명
□ '지금 여기' 규칙	○ 과거의 회상과 미래의 예측을 피하고, 현재형으로 말하기
□ '나와 너' 규칙	○ 타인과의 대등하면서 진실된 만남을 강조함
□ '나' 규칙	○ 수동적 경험이 아닌 스스로 책임 있는 행위자로서 경험하기 위해 나를 주어로 표현하기
□ '인지 연속' 규칙	○ 머리를 버리고 가슴과 감각에 의지하기
□ '소문 전파 금지[no gossiping]' 규칙	○ '지금 여기' 대상자가 없는 상황은 상상에 의한 것이므로, 장면 구성을 통해 만나게 해 주기
□ '질문 금지[asking no question]' 원칙	○ 질문으로 자신의 의견을 조작하기보다 자신의 의견을 표명하여 다른 집단원의 의견을 도출하기

집단목표 성취를 위해 치료자는 집단원이 과거의 미결과제를 현재화[presentizing]하여, 경험을 접촉, 재경험, 통합하여 인식할 수 있도록 돕는다. 또한 집단원이 자신의 과거 경험과 상관없이 지금 여기에서 특정 사건에 대해 건강한 해석을 하도록 돕는다. 건강하지 못한 해석을 하는 것은 삶을 구획으로 나누어 의식적 자기로부터 차단하거나 수용할 수 없는 부분을 감추는 경향이 있기 때문으로 간주한다. 이에 치료자는 집단

원 개개인이 이러한 부분들을 통합할 뿐 아니라, 독립성, 성숙, 자기실현을 향해 나아가도록 돕는다. 이는 집단원만이 자신의 인식을 효과적으로 해석할 수 있다고 보기 때문이다. 따라서 집단원의 세계에 대한 집단치료자의 탐색은 언어적·비언어적 단서에 주목하는 것에서 시작한다. 치료자는 집단원들이 과거 상황이 현재에 일어나고 있는 것처럼 재경험함으로써 현재의 기능을 저해하는 과거의 미결과제를 명료하게 인식하도록 돕는다.

대화상자 6-4는 수개월 전 어머니가 암으로 세상을 떠난 집단원의 알아차림을 촉진하기 위해 빈의자기법이 적용된 회기에서 집단치료자와 집단원이 나눈 대화의 예다. 이 집단원은 대학생활의 어려움을 토로하던 중 어머니의 갑작스러운 병환이 죽음으로 이어지게 된 사건으로 인한 상실감을 드러냈지만, 집단치료자는 집단원이 감정의 혼란스러움을 호소하던 중 집단원의 동의를 얻어 빈의자기법을 적용하고 있다.

🏠 대화상자 6-4. 집단에서 빈의자기법 적용 시 대화의 예

리 더: (리더는 해당 집단원의 앞에 의자를 가져다 놓는다. 잠시 후, 빈의자를 가리키며 부드러운 어조로 말한다.) 어머니께 어떤 말을 하고 싶나요?

은 지: (리더의 지시에 따라 빈 의자를 물끄러미 바라보다가 갑자기 왈칵 눈물을 흘리며) 엄마, 보고 싶어! 왜 그렇게 빨리 떠났어? (집단원의 어조가 점차 격앙되면서) 나 정말 힘들단 말이야. 엄마도 나랑 헤어지기 싫었을 거야.

리 더: 지금 어떤 느낌이 드나요?

은 지: (다른 집단원이 건넨 티슈로 눈물을 닦으며) 너무 슬퍼요.

리 더: 다른 느낌은? (집단원이 잘 모르겠다는 표정을 지으며 쳐다보자, 진지한 목소리로) 은지 씨의 목소리 음조가 변하는 게 느껴지네요. 마치 어머니께서 먼저 은지 씨 곁을 떠나신 것에 대해 분노가 있는 것처럼요.

은 지: (훌쩍이면서) 너무 일찍 세상을 떠난 엄마가 불쌍한데, 제가 어떻게 엄마한테 화를 낼 수 있겠어요?

리 더: (리더는 집단원이 자신의 분노를 구획으로 분리해 놓음으로써 감정을 부인하고 있는 것으로 가정하고, 부드러운 어조로 말한다.) 화가 날 때, 우리가 사랑하는 사람일지라도 화를 내는 것은 자연스러운 일이에요. 화를 참는다면, 그 감정은 해소되지 않고 계속해서 은지 씨의 가슴 속에 남게 될 거예요. (리더는 다시금 빈의자를 가리키며 감정표현을 해 보도록 손짓한다.)

> 은 지: (계속 흐느끼다가 다소 격앙된 목소리로) 엄마는 왜 나만 혼자 두고 먼저 간 거야? 나 혼자 어떻게 하라고. 엄마가 없으면, 내가 너무 힘들어하는 것 알잖아!
>
> 리 더: (잠시 집단원들이 집단과정에 몰입하고 있음을 확인하면서) 엄마를 떠나보내려면, 엄마에게서 필요한 것이 무엇인가요?
>
> 은 지: 엄마가 여전히 날 사랑하고 있는지 알고 싶고, 또 이 세상에 나 혼자 버려두고 떠나고 싶어 하지 않았다는 것도요.
>
> 리 더: (빈의자를 가리키며) 저 의자에 가서 앉아 보실래요. (집단원이 의자에 가서 앉는 것을 확인하고 나서) 자, 이번에는 은지 씨 엄마가 되어 보세요. 은지에게 어떤 말씀을 하고 싶으신가요?
>
> 은 지: 엄마가 살아 계실 때, 저랑 얘기할 때는 이렇게 앉곤 했어요. (마치 자신의 어머니처럼 자세를 취하고 나서) 은지야, 내가 너를 얼마나 사랑하고 있는지 잘 알잖아! 엄마는 내 딸 은지를 혼자 두고 가고 싶은 생각이 눈곱만치도 없었단다. 단지 병 때문이지. 나도 다시 건강해지려고 노력을 했는데 어쩔 수 없었단다. 엄마는 이 세상에서 누구보다도 은지를 사랑하고, 은지가 더 성장해 가는 것을 지켜보고 싶었단다. 내가 일부러 네 곁을 떠난 게 아니란다.

대화상자 6-4에 제시된 대화의 예에서, 집단치료자는 몇 분간 의자에 바꿔 앉게 하는 방식으로 집단원과 세상을 떠난 어머니 사이의 대화를 이어 가게 함으로써 집단원이 어머니에 대한 미결감정을 충분히 토로·해소할 수 있도록 돕는다. 이 대화의 예에서 치료자는 빈의자기법을 활용하여 먼저 세상을 떠난 어머니에 대한 집단원의 미결감정을 현재화presentization하여 수용 가능한 방식으로 토로·해소할 수 있게 함으로써 새롭게 알아차림을 통합할 수 있도록 돕고 있다.

이처럼 게슈탈트치료기법들은 집단원들의 알아차림을 산출하고 지금 여기 경험을 촉진하기 위해 많은 집단에서 활용되고 있다. 그러나 집단에서의 자각은 현재 시점에 발생하므로, 집단원이 과거의 고통스럽고 외상적인 경험에 관한 이야기를 하고 그 경험에서 파생된 감정을 탐색하는 과정에서 상당한 심리적 고통을 초래할 수 있다 (Feder & Cole, 2013). 그러므로 게슈탈트치료집단 치료자는 기법과 기술을 갖추고 있어야 할 뿐 아니라, 생성될 수 있는 강렬한 감정을 치료적으로 다루어 줄 수 있는 능력을 갖추고 있어야 한다(Feder & Frew, 2008).

합리정서행동치료집단 / Rational-Emotive Behavior Therapy Group

합리정서행동치료(REBT)는 앨버트 엘리스(Albert Ellis, 1913~2007)가 창안한 이론으로, 정서 문제는 선행사건 자체보다는 개인의 비합리적 신념에 기인한다고 전제한다. 이는 고대 로마 시대 스토아학파였던 에픽테토스^{Epictetos}의 견해에서 비롯된 것으로, 그의 사고에 대한 견해는 글상자 6-16과 같다.

글상자 6-16. 에픽테토스의 사고에 대한 견해

> 누군가가 당신을 비방하거나 공격 · 모욕하는 것이 아니라, 그의 행동을 모욕으로 여기는 것이 당신의 생각이라는 사실을 기억하라. 그러므로 어떤 사람으로 인해 화가 날 때, 화나게 한 것은 당신의 생각이라는 사실을 깨달아야 한다. 그러므로 외적 사건에 휩쓸리지 않도록 하라. 일단 시간을 두고 생각하면 더 쉽게 당신을 극복할 것이기 때문이다.

REBT 집단치료자는 집단원을 본질적으로 이중적 존재, 즉 합리적이면서도 비합리적이고, 분별력이 있으면서도 어리석으며, 자기실현경향이 있으면서도 역기능적 행동 성향이 있는 존재로 본다. 이러한 이중성은 타고난 것으로, 새로운 사고방식이 습득되지 않는 한 존속된다(Ellis, 2001). 특히 REBT 관점에서 보면, 집단원의 정서 문제는 비합리적 사고 또는 신념에 의해 창출된다.

기본 개념.   REBT 집단치료자가 알아야 할 기본 개념은 ① 비합리적 신념, ② 정서장해, ③ 당위주의, ④ ABC 모델, ⑤ ABCDEF 모델을 중심으로 살펴보기로 한다.

첫째, **비합리적 신념**^{irrational beliefs}이란 부적절하고 자기패배적 정서를 야기하는 사고 또는 믿음을 말한다. 이러한 신념은 순간순간 개인의 정서 반응에 부정적인 영향을 미치는 한편, 역기능적 사고가 계속해서 개인을 지배하게 하여 정서장해의 원인이 된다. 흔히 정서장해를 초래하는 비합리적 신념 목록은 글상자 6-17과 같다(Ellis, 2001).

글상자 6-17. 정서장해를 초래하는 비합리적 신념 목록

> 1. 어른이라면 주변의 모든 사람으로부터 인정을 받아야 해!
> 2. 가치 있는 사람으로 인정받으려면 능력 있고, 적합하고, 모든 면에서 완벽하게 성취해야 해!

3. 나쁘고 못된 짓을 하는 사악한 사람들은 반드시 비난 · 처벌받아 마땅해!

4. 일이 뜻대로 되지 않으면 끔찍한 파멸이야!

5. 불행은 외적 원인에 의해 발생하므로, 이로 인한 슬픔과 고통은 통제할 수 없어!

6. 위험 또는 두려운 일이 일어날 것에 대해 항상 깊이 염려해야 해!

7. 특정 문제 또는 자기 책임은 직면보다 회피가 더 쉬워!

8. 개인은 누군가에게 의지해야 하고, 그럴 사람이 꼭 필요해!

9. 어떤 일이 삶에 강한 영향을 미치면 무한정 영향을 미치게 되므로, 과거력은 개인의 현재 행동의 중요한 결정요인이야!

10. 문제에는 예외 없이 옳고 정확하며 완벽한 해결책이 있으므로, 완벽한 해결책을 찾지 못하면 파멸이야!

11. 사람은 타인의 문제와 어려움에 대해 속상해해야 해!

12. 세상은 공평하고 정의로워야 하는데 그렇지 않다면 끔찍하고 참을 수 없어!

13. 사람은 항상 편안하고 고통이 없어야 해!

14. 사람은 다소의 불안감 경험으로도 정신병에 걸릴 수 있어!

15. 사람은 무기력과 무행위, 또는 수동적이고 무책임하게 즐김으로써 최대의 행복을 누릴 수 있어!

글상자 6-18은 아동과 청소년들이 흔히 가지고 있으면서 부적 감정 발생의 원인을 제공하는 비합리적 신념 목록이다(Ellis, 2001).

글상자 6-18. 아동 · 청소년들의 흔한 비합리적 신념 목록

1. 난 누구에게나 호감을 얻어야 해! 그렇지 않으면 끔찍하고 견딜 수 없어!

2. 누군가 내 별명을 부르면, 그건 사실이므로 난 견딜 수 없어!

3. 난 내가 하는 모든 일에서 가장 잘해야 해! 그렇지 않으면 난 무가치한 존재야!

4. 나쁜 사람들이 있기 마련인데, 그 사람들에게 앙갚음할 방법을 깊이 생각해야 해!

5. 일이 뜻대로 되지 않으면, 그건 끔찍한 파멸이야!

6. 불행의 원인은 타인에게 있으므로, 난 나의 불행을 통제할 수도 없고 스스로 행복해질 능력도 없어!

7. 문제 상황은 직면보다는 회피가 더 쉬워!

8. 난 나를 믿을 수 없고, 다만 힘을 얻으려면 다른 사람에게 의지해야 해!

9. 과거는 현재 나의 존재방식에 영향을 주고 있어서 내가 할 수 있는 일은 없어!

10. 어떤 문제든 완벽한 해결책이 있는데, 완벽한 해결책을 찾지 못하면 파멸이야!

11. 난 다른 사람의 문제에 대해 속상해해야 하고, 계속 속상해해야 해!

12. 무슨 일이든 공평해야 하고, 그렇지 않으면 끔찍하고 참을 수 없어!

13. 난 절대 불편해지면 안 돼! 혹시 그렇게 되면 끔찍하고 참을 수 없어!

14. 난 아무 일도 하지 않고 실행계획이 없어도 성취 · 성공할 수 있어!

15. 부모님이 다투신다면(음주, 이혼 등), 그건 다 내 잘못이야!

16. 난 입양(보육원 수용, 무일푼)되었기 때문에 다른 아이들보다 못해!

17. 내가 받은 상처(신체 · 정서 · 성학대)를 보면, 내게 뭔가 잘못이 있다는 것이므로 난 행복해질 자격이 없어!

18. 새엄마(새아빠)를 사랑하는 건 엄마(아빠)를 사랑하지 않는 것을 의미하는 거야!

글상자 6-17과 6-18에 제시된 비합리적 신념 목록은 집단원들의 비합리적 신념에 관한 논의 촉진에 활용될 수 있다. 만일 집단목적이 문제해결인 경우, 집단원의 개인적인 작업으로 이어질 수 있는 자극 진술로 활용될 수 있다.

둘째, **정서장해**emotional disturbance란 비합리적 신념에 의해 동반되는 부적절한 정서, 즉 심각한 정도의 불안, 우울, 분노, 죄책감, 소외감 등을 말한다. 이러한 정서는 생애 초기에 무비판적으로 받아들인 비합리적 · 비논리적 · 완벽주의적 사고와 부정적 · 독단적 · 비논리적인 자기대화의 반복을 통해 형성된 자기패배적 신념체계에 의해 발생 · 유지된다.

셋째, **당위주의**란 비합리적 사고와 정서장해의 원인이 되는 '~해야 한다'는 당위적 표현(must, should, ought to, need)을 사용하는 것을 말한다.

넷째, **ABC 모델**은 감정과 행동의 관계를 설명하기 위해 고안된 것으로, A는 선행사건Activating event, B는 신념체계Belief system, C는 결과Consequence를 의미하는 모형이다. 이 모형에 의하면, 정서 · 행동 결과(C)는 선행사건(A)이 아니라, 신념체계(B)로 인해 유발된다. ABC 모델을 도식으로 나타내면 그림 6-1과 같다.

다섯째, **ABCDEF 모델**은 비합리적 신념을 확인하여 논박을 통해 합리적 신념으로 대체하여 새로운 감정을 느끼게 되는 일련의 치료적 과정으로, ABC 모델의 요소 외에, D(논박), E(효과), F(감정) 순으로 전개된다. DDisputing(논박)는 비합리적 신념에 대해 합리적 · 논리적 근거를 제시하도록 하여 합리성 여부를 판단하도록 돕는 기법이다. EEffect(효과)는 비합리적 신념을 직면 · 논박하여 얻게 되는 효과적 · 합리적 신념

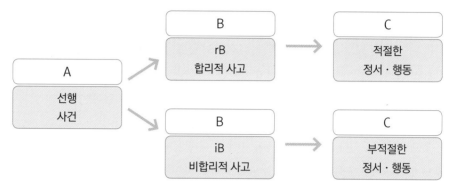

그림 6-1. ABC 모델

그림 6-2. ABCDEF 모델

을 말한다. F^Feeling(감정)는 합리적 신념으로 대체된 후에 얻게 되는 자기수용적 태도
와 긍정적인 느낌을 말한다. 이를 도식으로 나타내면 그림 6-2와 같다.

집단치료목표.   REBT 집단의 목표는 집단원의 정서적 어려움을 최소화하고, 자
기패배적 행동을 감소시키며, 자기실현을 앞당겨서 더욱 행복한 삶을 영위할 수 있
도록 돕는 것이다. 이는 문제행동의 제거보다는 문제행동 이면의 자기패배적 신념을
최소화하여 더욱 현실적 · 합리적인 가치관 형성을 도모하는 것이다. 목표 성취를 위
해 집단치료자는 지시적인 방법(강의, 제안 등)을 통해 집단원들이 보다 더 합리적 ·
생산적인 삶을 영위할 수 있다는 사실을 깨닫도록 돕는 한편, 과제부과를 통해 비합
리적 신념을 합리적 신념으로 대체하도록 돕는다. 이를 위해 집단치료자는 적극적 ·
지시적인 기법을 사용하는 교사 역할을 담당한다.

주요 기법.   REBT 집단에서는 집단원들의 사고 · 감정 · 행동 패턴의 변화 촉진
을 위해 인지 · 정서 · 행동 영역의 기법들을 활용한다. 이러한 기법들은 집단원 개개
인이 자신의 신념과 행동을 비판적으로 검토하고, 자기패배적 사고를 변화시키도록
하기 위해 사용된다.

첫째, **인지기법**은 신속하고 지시적인 방식으로 정서장해를 유발 · 지속하는 자기대

화 내용의 탐색을 돕고, 집단원이 현실에 기초한 철학을 습득하게 하는 한편, 조건화
의 처리방법을 가르치는 것이다. 대표적인 인지기법으로는 비합리적 신념 논박, 인지
과제, 조건화 대처, 유머, 소크라테스식 대화법, 자기진술 대처기법이 있다. 이 중에
서 자기진술 대처기법 coping self-statements 은 논박을 통해 집단원의 역기능적 신념을 합리
적 · 대처적 자기진술로 대체하기 위한 기법이다. 이 기법에서 집단원은 자신이 흔히
사용하는 진술의 기록 · 분석을 통해 자신의 습관적인 진술방식을 점검하게 된다. 자
기진술 대처기법을 통해 역기능적 진술을 대처 진술로 대체한 예는 표 6-2와 같다.

표 6-2. 역기능적 진술을 대처 진술로 대체한 예

역기능적 진술	대처 진술
○ "매사에 일 처리를 완벽하게 해서 빈틈이 없어야 해! 그렇지 않으면, 난 인정을 받을 수 없을 뿐 아니라 존재 가치가 없어!"	○ "매사에 빈틈없이 일 처리를 하면 좋겠지만, 완벽하게 처리하지 않을 때도 난 여전히 괜찮은 사람이야."

자기진술 대처기법을 통해 집단원들은 자신들이 스스로에게 습관처럼 하는 역기
능적인 진술들이 어떻게 정서적인 문제를 불러일으키는지 인식할 수 있다. 역기능적
사고는 리더의 논박에 의해 합리적인 사고로 대체된다.

둘째, **정서기법**은 집단원이 자신을 정직하게 나타내고, 정서적 모험을 하게 하여
자기개방의 촉진에 중점을 두는 기법이다. 이 기법에서의 다양한 절차를 통해 집단
원은 자기비하가 얼마나 파괴적인 사고방식인지를 깨닫게 되면서 무조건적 수용의
가치를 배우게 된다. 정서기법으로는 합리정서심상법, 역할연기, 수치감 공격연습,
강제적 자기진술, 그리고 강제적 자기대화가 있다.

셋째, **행동기법**은 생산적 행동의 실천을 통해 비합리적 신념체제를 변화시켜 정서
안정을 유지하도록 고안된 일련의 기법이다. 이 기법에는 다양한 행동치료기법, 즉
체계적 둔감법, 이완기법, 모델링, 조작적 조건화, 자기관리 등이 포함된다. 그러나
REBT 집단의 행동기법은 행동 변화뿐 아니라 사고와 정서 변화에 초점을 맞춘다는
점에서 행동 변화에 중점을 두는 행동치료와는 차이가 있다.

집단치료과정.   REBT 집단의 진행과정은 다음과 같다. 집단치료자는 우선 집단
원들에게 REBT 이론의 핵심 내용을 소개한다. 이때 유인물 또는 ppt 자료를 통해 비

합리적 신념에 관해 설명한다. 그런 다음 집단원들에게 자신들의 문제를 적어 내도록 해서, ABC 모델을 기반으로 사고/신념이 감정의 원인이 된다는 사실과 비합리적 신념이 부적 정서를 유발하는 과정을 도식으로 설명한다. 이때 집단치료자는 정서 · 행동장해의 원인이 되는 자기파괴적인 비합리적 신념의 인식과 변화는 집단원 개개인의 책임으로 간주한다. 동시에, 집단원이 자신의 자기대화에 주목함으로써 감정 변화에 초점을 맞추도록 돕는다.

ABC 모델의 적용을 통해 집단원이 처해 있는 상황이 명확해지면, 사건과 연관된 감정 또는 행동을 명료화한다. 일단 A와 C가 밝혀지면, 치료자는 집단원의 자기대화에서 자기패배적 · 비합리적 신념을 확인하고, 그 내용이 사실이 아님을 깨닫도록 돕는다. 만일 집단원이 자기대화의 내용 파악을 어려워한다면, 집단치료자는 다른 집단원들에게 내용 확인을 돕도록 한다. 그러고 나서 ABCDEF 모델의 적용을 통해 집단원들은 서로의 부정적 자기대화에 도전하고, 논박을 통해 합리적 사고로 대체할 수 있도록 돕는다. 이처럼 집단원 개인에 대한 작업에 다른 집단원들의 참여가 용이하다는 점은 REBT 집단의 큰 장점이다.

예를 들어, 미혼 남녀로 구성된 집단에서 비합리적 신념 때문에 관심 있는 여성 직장동료에게 관심을 표현하지 못하는 남성이 있다고 하자. 집단치료자는 집단원들에게 REBT의 핵심 내용을 설명해 주고 나서 화이트보드에 그림 6-3과 같이 문제 발생의 진행과정을 직접 설명해 줌으로써 작업 집단원과 다른 집단원들의 이해를 돕는다.

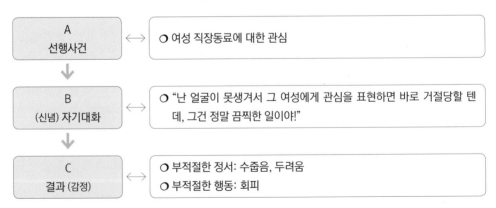

그림 6-3. ABC 모델의 적용 예시

　　그림 6-3은 집단치료자가 집단원이 제출한 쪽지 내용을 중심으로 화이트보드를 사용하여 ABC 모델을 설명하고자 한 대화 내용의 일부다. 대화상자 6-5는 REBT를 적용한 집단대화의 예다.

🏠 대화상자 6-5. REBT를 적용한 집단대화의 예

리　더: 지석 씨는 현재 마음에 드는 여성이 있는데, 그 여성에게 맘을 터놓을 수 없는 것이 외모 때문이라고 적으셨네요. 마음에 드는 여성이 생긴 것은 A, 즉 선행사건이죠. (화이트보드에 이 내용을 적는다.) 이 생각을 떠올릴 때, 어떤 느낌이 드나요?

지　석: 아, 화가 좀 나지만, 여자들은 남성의 외모를 중요하게 생각하잖아요.

리　더: (C에 '화'라고 적고 나서, 다른 집단원들을 둘러보며) 지석 씨의 감정이 당연하다는 생각이 드나요?

서　주: 아니요. 제가 보기에는 지석 씨 외모가 여자들이 혐오할 정도는 아닌 것 같은데……. (집단원들이 일제히 큰 소리로 웃는다.)

은　영: 조금 전에 배운 것을 적용해 보면, 지석 씨는 자신의 얼굴이 못생겨서 맘에 드는 여성이 있어도 그 사람에게 관심을 표현하면 거절을 당할 것이고, 그걸 끔찍하다고 생각하는 것 같아요.

리　더: 네, 바로 그거예요. (B에 "외모 때문에 여성에게 관심을 표현해도 거절당할 것이고, 그건 끔찍할 거야."라고 적으면서) 그렇다면 우리가 지석 씨를 돕기 위해 필요한 것이 무엇일까요?

솔　비: 지석 씨의 비합리적인 자기대화에 대해 논박을 해야겠죠.

리　더: 그렇죠. 그러면 잠시 B에 대해 생각해 볼까요? 그 밖에 지석 씨가 무엇을 생각하거나 스스로에게 무슨 말을 하고 있을까요?

〈중략〉

리　더: 자, 그러면 지금까지 우리가 논의한 내용을 'NT/T' 양식에 적어 보겠어요.

Not True / NT	True / T
○ 내 외모 때문에 그 여성이 날 좋아하지 않을 것이다.	○ 교제 상대를 정할 때, 외모 외에도 여러 변수를 고려한다.
○ 내가 관심을 표현하면, 그 여성은 아주 불쾌하게 여길 것이다.	○ 상대에게 마음을 알린 적이 없으니, 시도하지 않는 한 자기대화의 내용은 검증되지 않을 것이다.
○ 거절당하는 것은 너무 끔찍한 일이다.	○ 다소 실망스럽기는 하겠지만, 그렇다고 해서 끔찍한 일까지는 아니다.
C = 화, 황당함	C = 좋은 감정

현실치료집단 / Reality Therapy Group

현실치료는 윌리엄 글래서(William Glasser, 1925~2013)가 창시한 것으로, 행동 선택에 대한 책임을 강조하는 이론이다. 현실치료집단에서는 집단원들이 보편적으로 추구하는 기본 욕구가 있지만, 이를 충족하기 위한 방법은 다양하다는 것을 강조한다. 집단치료자는 집단원의 사고, 감정, 행동에 대한 선택이 삶의 질을 결정한다고 믿는다. 그러므로 집단원이 효과적으로 책임질 수 있는 방식으로 행동하여 자신의 욕구를 충족하도록 돕는다.

기본 개념.   현실치료집단의 기본 개념으로는 ① 선택이론, ② 전행동, ③ 정신화첩 · 질적 세계, ④ 기본 욕구, ⑤ WDEP 모델이 있다.

첫째, **선택이론**choice theory은 행동을 내적으로 동기화된 것으로 간주한다는 점에서 외부 자극에서 동기화된다는 외부통제이론과 대조를 이룬다. 이 이론에 의하면, 사람이 할 수 있는 것은 행동뿐으로, 행동은 다섯 가지 기본 욕구 중 한 가지 또는 그 이상을 충족하기 위해 주어진 상황에서 선택한 최상의 시도다(Glasser, 2000).

둘째, **전행동**total behavior은 활동하기acting, 생각하기thinking, 느끼기feeling, 생리적 반응physiological reaction으로 구성되어, 통합적으로 기능하는 행동체계다. 모든 행동에는 목적이 있는데, 이는 항상 네 가지 구성요소가 통합적으로 기능하는 전행동의 관점에서 이해된다. 현실치료집단에서는 전행동의 구성요소 중 활동하기를 중시한다. 이 요소는 거의 완전한 통제가 가능하기 때문이다. 생각하기도 통제가 비교적 수월한 편이나, 느끼기는 통제가 어려우며, 생리적 반응은 더더욱 어렵다. 전행동을 자동차의 네 바퀴에 비유한다면, 앞바퀴에 해당하는 활동하기와 사고하기가 변화되면 뒷바퀴에 비유되는 느끼기와 생리적 반응은 따라오게 되어 전행동의 변화가 용이하다.

셋째, **정신화첩**mental picture album은 개인의 욕구충족을 위한 구체적이고 선명한 이미지를 담고 있는 독특한 내면세계다. 이러한 관점에서 볼 때, 집단원은 세상에 대해 각자 주관적으로 지각해서 세상이라는 그림을 그려 왔고 또 그리고 있는 존재다. 이들 각자의 정신화첩에는 내면의 욕구를 충족시킬 수 있다고 믿는 특수한 그림들이 담겨 있다. 이러한 그림들은 정신화첩에 수록되어 **질적 세계**quality world에 간직된다.

넷째, **기본 욕구**basic needs는 집단원을 움직이는 강력한 힘으로 모두 다섯 가지, 즉 구뇌에 위치한 생존 욕구를 비롯하여 신뇌에 위치한 심리적 욕구인 소속, 힘, 즐거움,

자유에 대한 욕구가 있다. 기본 욕구에 관한 설명은 표 6-3과 같다.

표 6-3. 기본 욕구

기본 욕구	설명
□ 생존survival 욕구	○ 살고자 하고, 생식을 통해 자기 확장을 하고자 하는 속성
□ 소속belonging 욕구	○ 사랑하고 나누고 협력하고자 하는 속성(교우/또래관계, 가족, 사랑, 결혼)
□ 힘power 욕구	○ 경쟁, 성취, 그리고 중요한 존재로 인정받고 싶어 하는 속성
□ 자유freedom 욕구	○ 이동과 선택을 마음대로 하고 싶어 하는 속성 ○ 원하는 곳에서 살고, 생활방식을 택하며, 마음대로 표현하고 싶어 하는 욕구
□ 즐거움fun 욕구	○ 새로운 것을 배우고, 놀이를 통해 즐거움을 만끽하고자 하는 속성 ○ 때로 이 욕구를 충족하기 위해 생명의 위험도 감수하면서 자신의 생활양식을 과감히 바꾸어 나가기도 함

다섯째, **WDEP 모델**은 로버트 우볼딩Robert E. Wubbolding이 창안한 것으로, 집단원의 행동 변화 촉진을 위해 사용될 수 있다. 이 모델에서 W는 바람Want, D는 방향Direction과 행하기Doing, E는 평가Evaluation, P는 계획하기Planning를 의미한다. 바람(W) 탐색은 집단원의 행동 변화과정의 시작으로, 집단치료자는 집단원이 원하는 것을 얻기 위해 무엇을, 어떻게 해 왔는지를 탐색한다. 방향·행하기(D)는 집단초기에 집단의 전반적인 방향, 즉 집단원이 어디로 가고 있는지를 파악·실행하는 것을 돕는 절차로, 전행동 중 활동하기 측면이 탐색된다. 이 과정에서 집단원은 스스로 통제 가능한 활동을 탐색한다. 평가(E)는 집단원의 행동과 욕구·바람과의 관계, 그리고 계획을 점검하는 절차다(Wubbolding, 2000). 이는 집단치료의 핵심 단계로, 집단원은 집단치료자의 질문을 통해 자신의 행동과 수행 능력을 면밀히 평가하여 자신의 욕구와 바람 충족에 도움이 되지 않는 행동을 구분한다. 계획하기(P)는 집단원의 욕구와 바람 충족에 비생산적인 행동으로 평가된 것은 배제하고, 생산적인 것으로 평가된 행동으로의 변화를 위해 계획을 수립하는 절차다.

글상자 6-19. WDEP 모델 적용을 위한 질문 목록

○ W: "무엇을 원하나요?" "진정으로 원하는 것이 무엇인가요?"
○ D: "지금 무엇을 하고 있나요?"

> ○ E: "지금 하고 있는 행동이 당신이 원하는 것을 얻게 하고 있나요?"
> ○ P: "원하는 것을 얻기 위해 무엇을, 어떻게 할 계획(장단기)인가요?"

집단치료목표.　　현실치료집단의 목표는 집단원들이 스스로 책임지고 선택한 방법으로 각자의 심리적 욕구(소속감, 힘, 자유, 즐거움)를 충족할 수 있도록 돕는 것이다. 이를 위해 집단에서는 3R(책임^{responsibility}, 현실^{reality}, 옳거나 그름$^{right\ or\ wrong}$)을 강조한다. 책임은 타인의 욕구충족을 방해하지 않으면서 자신의 욕구를 충족하는 것이다. 현실치료집단에서는 개인적인 문제는 책임회피로 인해 발생한다고 보고, 집단원이 자신의 삶과 선택을 책임질 수 있도록 돕는다. 책임진다는 것은 현실, 즉 현재 행동을 직시하여 더욱 책임 있는 행동을 하는 것을 의미한다. 이에 집단치료자는 집단원이 책임 있는 행동을 통해 자신의 문제해결이 가능한 현실에 직면하도록 돕는다. 이를 위해 집단원들이 자신의 행동에 대해 옳거나 그르다는 도덕적 판단 또는 가치판단을 통해 현실적인 욕구충족을 하도록 돕는다.

주요 기법.　　현실치료집단에서 주로 사용되는 기법으로는 ① 질문, ② 긍정적 태도, ③ 은유, ④ 유머, ⑤ 직면/도전, ⑥ 계약, ⑦ 역할연습, ⑧ 지지, ⑨ 과제, ⑩ 논의/논쟁, ⑪ 역설기법이 있다. 이러한 기법들을 간략히 정리하면 표 6-4와 같다.

표 6-4. 현실치료집단에서 주로 사용되는 기법

기법	설명
☐ 질문	○ 정보수집·제공, 메시지를 명료하게 하기 위해 사용됨 ○ 집단원이 원하는 것에 대해 생각하고, 행동이 옳은 방향으로 나아가고 있는지에 대한 평가에 사용됨
☐ 긍정적 태도	○ 집단원이 할 수 있는 것에 초점을 맞추고, 기회가 있을 때마다 집단원의 긍정적인 행동 실행과 건설적인 계획수립을 강화해 주는 기법
☐ 은유	○ 집단원의 언어적 표현에 주의를 기울이면서 그 언어를 사용함으로써 집단치료자가 이해하고 있음을 전달하는 기법
☐ 유머	○ 상황이 생각보다 심각하지 않음을 깨닫도록 돕기 위해 사용되는 기법 ○ 심각하다고 여기는 상황에서 웃을 수 있다는 것 자체는 문제 통찰, 해법 탐색, 변화 능력 촉진의 효과가 있음

□ 직면/도전	○ 행위에 대한 책임수용을 촉진하기 위해 특정 행동에 도전하는 기법
	○ 현실적 책임과 관련된 모순이 보일 때 행동의 실천을 요구함
	○ 행동에 영향을 미치는 비생산적 사고 또는 신념을 파악하게 되면서 비생산적 행동의 대안 모색 또는 새로운 계획수립으로 이어짐
□ 계약	○ 집단원의 행동 변화에 대한 약속을 문서로 작성하는 기법
□ 역할연습	○ 집단원이 대인관계에 어려움을 겪고 있거나 새로운 행동을 실행에 옮기고자 할 때 사용되는 기법
□ 지지	○ 긍정적인 결과에 대한 집단원의 자각, 예상, 기대를 높이기 위해 사용되는 기법
□ 과제	○ 집단 회기 사이의 연속성 유지, 회기 간의 문제해결 독려, 집단치료 성과 증진을 위해 사용되는 기법
	○ 흔히 새로운 행동 시도, 현재 행동의 감소 또는 중단, 현재 행동의 기록 또는 구체적인 문제해결방안 모색 등이 포함됨
□ 논의/논쟁	○ 집단원이 질문에 대한 답변에 현실성이 없거나 합리적이지 않을 때 사용하는 기법
	○ 욕구 또는 욕구충족방법의 현실성과 책임성에 초점을 맞춤
□ 역설기법	○ 집단원에게 계획실행을 중단할 것을 요구하거나, 천천히 수행하게 하거나, 계속해서 계획에 어긋나게 하도록 요구하는 기법
	○ 계획실행에 저항하는 집단원에게 모순된 제안을 함으로써, 집단원이 기꺼이 실수하면 집단원의 문제 통제가 이루어지고 있는 것으로 간주함

집단치료과정.   현실치료집단은 일반적으로 ① 우호적·지지적 환경조성, ② 전행동 탐색, ③ 행동평가, ④ 계획수립, ⑤ 계획실행 순으로 진행된다.

첫째, **우호적·지지적 환경조성단계**에서 집단치료자는 친근한 경청을 통해 집단원의 욕구충족을 위한 방법 탐색에 도움을 줄 수 있는 사람이라는 신뢰감을 형성한다. 이때 과거사 언급은 현재 상황 설명에 도움이 되지 않는 한 허용하지 않고, 감정 또는 신체 현상을 전행동과 분리하여 말하는 것을 금한다. 또한 무책임한 행동에 대한 변명을 허용하지 않되, 벌이나 비판 없이도 행동 선택에 대한 필연적인 결과를 깨닫도록 돕는다.

둘째, **전행동 탐색단계**에서 집단치료자는 삶의 변화 또는 삶에 대한 통제는 활동하기를 통해 가능하다고 전제한다. 또한 집단원의 행동이 자신의 기본 욕구를 충족시키지 못하기 때문에 그가 삶에 만족감을 느끼지 못한다고 가정한다. 이 단계에서 집단원이 현재 무엇을, 어떻게 하고 있는지를 탐색하기 위해 집단치료자가 할 수 있는 질문의 예는 글상자 6-20과 같다.

글상자 6-20. 전행동 탐색을 위한 질문의 예

○ "무슨 일이 있었나요?"
○ "거기에 누가 있었나요?"
○ "그 일은 언제 일어났나요?"
○ "당신이 이것을 말한 후에 무슨 일이 일어났나요?"

셋째, **행동평가단계**에서 집단치료자는 탐색질문을 통해 집단원들이 자신들의 행동에 관한 가치판단과 자기평가를 할 수 있도록 돕는다. 이때 필요한 탐색질문의 예는 글상자 6-21과 같다.

글상자 6-21. 전행동 탐색을 위한 질문의 예

○ "당신의 행동은 당신에게 도움이 되나요?"
○ "당신의 현재 행동을 통해 당신이 원하는 것을 얻고 있나요?"
○ "당신은 규칙을 위반하고 있나요?"
○ "당신이 원하는 것들은 현실적이고 달성 가능한가요?"
○ "그것을 그렇게 보는 것이 얼마나 도움이 되나요?"

넷째, **계획수립단계**에서 집단치료자는 집단원으로 하여금 자신이 원하는 것을 얻기 위해 필요한 구체적인 계획을 수립하도록 돕는다. 계획은 구체적인 행동을 실행하기 위한 것으로, 상세하고 구체적으로 수립한다. 이때 중요한 것은 집단원이 자신의 행동에 대한 통제력을 갖는 것이다. 계획은 생리적·심리적 욕구(소속, 힘, 자유, 즐거움)충족에 초점을 두는 것으로, 단순하고 성취할 수 있는 것으로 설정한다. 단, 집단치료자는 집단원이 성취할 수 있는 계획수립을 돕되, 계획에 대한 책임은 전적으로 집단원 각자에게 달려 있음을 강조한다.

다섯째, **계획실행단계**에서 집단치료자는 구두 또는 문서로 작성된 계약을 통해 집단원의 계획실행을 공고히 한다. 특히 문서로 작성된 계약서는 무엇을 성취해야 하는지 구체적으로 명시할 수 있다는 장점이 있다. 계약서에는 계약서의 내용대로 이행하지 않는 경우에 대한 결과 또는 조치를 명시한다. 대화상자 6-6은 소년원에서 10대 청소년들을 대상으로 실시한 현실치료집단의 3회기에서 나눈 대화 내용의 일부다.

대화상자 6-6. 현실지료집단의 대화 예시

리 더: (현실치료의 핵심 내용이 인쇄된 유인물을 통해 이 이론에 관한 설명을 마치면서) 지금까지 현실치료의 핵심 내용에 관해 설명했어요. 이제부터는 여러분 각자의 욕구가 충족되고 있는지 살펴보는 시간을 갖겠습니다.

준 하: (심드렁한 표정으로) 여기까지 와서 이렇게 어려운 공부를 하게 될 줄 몰랐네요. 도대체 무슨 뜻인지 잘 모르겠어요.

리 더: 네, 괜찮아요. 일단 시작하고, 필요할 때마다 보충설명을 하겠어요. 자, 그럼 사랑/소속감부터 시작해 볼까요? 사람은 누구나 이러한 감정을 느낄 필요가 있어요. 이러한 감정이 들지 않을 때, 사람들은 흔히 서로 다투거나, 패거리를 짓거나, 학교폭력의 가해자가 되기도 한답니다.

희 수: (미간을 찌푸리며) 사랑이요? 푸후…… 전 누구한테서도 사랑받는다는 느낌이 들어본 적이 없어요. 엄마랑 둘이 살았는데, 엄마는 거의 매일 집에 없었으니까요. 일하러 다니느라…….

규 진: (희수를 바라보다가 이내 시선을 아래로 향하며) 저도 희수랑 같아요. 있었다면, 글쎄요? 보육원 선생님? 저한테 좀 잘해 주셨거든요. 그것 말고는…….

지 현: (시선을 아래로 향하면서) 음, 저는 이렇게 여러 사람이 둘러앉아서 얘기해 본 적 별로 없었거든요. 근데 그냥 이렇게 앉아서 얘기하니까 조금 기분이 이상해져요. 가까워지는 느낌이라고 할까? 이게 조금 전에 선생님이 말한 소속감 같은 건가? (잠시 말을 멈췄다가) 여기서 나가면 전에 어울리던 형들한테 다시 가야겠죠?

리 더: 시금 여러분이 말한 것들이 오늘 집단에서 다뤄 볼 수 있는 좋은 소재일 것 같네요. (지현을 바라보며) 소속감을 느끼려고 여기 들어오기 전에 어울렸던 형들한테 다시 돌아가는 선택에 대해서는 다시 한 번 생각해 보면 좋겠구나. 조금 다른 계획을 세워 보면 어떨까 하는 생각이 드는구나. (잠시 말을 멈추었다가) 그러면 사랑과 소속감을 느끼기 위해 가장 좋은 방법은 무엇일까요? 그리고 여러분의 삶에서 긍정적인 방식으로 이러한 욕구를 충족시켜 줄 수 있는 사람은 누구일까요?

대화상자 6-6에 제시된 대화의 예에서, 집단치료자는 선택이론의 기본 욕구에 초점을 맞춘 상태에서 WDEP 모델을 적용하여 집단원들이 더 나은 계획을 세울 수 있도록 돕고 있다.

교류분석집단 / Transactional Analysis Group

교류분석(TA)은 에릭 번(Eric Berne, 1910~1970)이 창시한 이론으로, 비교적 이해하기 쉬운 개념과 기법을 갖추고 있어서 집단원들의 흥미를 유발할 수 있다는 장점이 있다. TA 집단에서는 집단원들을 긍정적·자율적이고, 결정·선택·변화할 수 있으며, 책임질 수 있는 존재로 본다.

기본 개념. TA 집단의 기본 개념으로는 ① 자아상태, ② 금지령, ③ 스트로크, ④ 시간 구조화, ⑤ 게임, ⑥ 라켓, ⑦ 생활자세, ⑧ 생활각본, ⑨ 재결단이 있다.

첫째, **자아상태**[ego state]는 "상응하는 행동의 지속적인 패턴과 직접 관련된 지속적인 감정과 경험 패턴"(Berne, 1964, p. 364)으로, 부모·성인·아동 자아상태로 구분된다. 자아상태에 관한 보다 상세한 설명은 표 6-5와 같다.

표 6-5. 자아상태와 그 기능

자아상태	설명
☐ 부모/P	○ 부모에게서 직접 받아들인 것으로, 금지령과 명령에 관한 성격의 부분
• 비판적/CP	○ 가치관 또는 생각을 바른 것으로 여기면서 양보하지 않는 부분('양심') ○ 생활에 필요한 규칙을 가르치는 동시에 비판·비난하며, 교만하고 지배적인 태도, 명령·지시적인 말투, 질책하는 경향이 있음
• 양육적/NP	○ 친절, 동정, 관용적인 태도를 나타내는 부분 ○ 용기를 북돋아 주고, 격려하며, 보살피는 부모의 태도
☐ 성인/A	○ 객관적 사실에 의해 사물을 판단하는 기능으로, 컴퓨터에 비유되는 성격의 부분
☐ 아동/C	○ 어린 시절에 실제로 경험한 감정, 행동, 또는 이와 유사한 느낌 또는 행동에 관한 성격의 부분 ○ 성격의 부분 중 가장 먼저 발달하며, 어린아이 같은 행동과 감정이 특징
• 자유로운/FC	○ 부모의 습관화된 영향을 받지 않고 본능적·적극적인 성격의 부분 ○ '자연스런 아동 자아상태'로도 불리며, 자발적·충동적·감정 지향적·자기중심적인 것이 특징
• 어린교수/LP	○ 성인 자아상태의 축소판으로, 탐구적이고 조정기능을 갖춘 선천적인 지혜 ○ 꾀가 많고 자기중심적·창의적·직관적·탐구적임

• 순응적/LP	○ 감정 또는 욕구를 억누르고 부모 또는 교사의 기대에 순응하려는 성격의 부분
	○ 부모의 영향을 비롯하여 정신적 외상, 삶의 경험과 훈련으로 이루어짐

자아상태는 개인의 아동기에 부모나 보호자로부터 받았던 메시지(예, "넌 참 못된 아이구나!" "넌 어쩜 그렇게 게으르니?" "절대 다른 사람의 말을 그대로 믿어서는 안 된다.") 또는 초기 생애경험의 결과로 발달한다. 개인 내에서 어떤 자아상태가 지배적인지는 개인의 경험에 의해 결정된다.

둘째, **금지령**injunction은 부모가 자녀에게 해야 할 일과 인정받기 위해 해야 할 일을 규정하는 메시지다(예, "하지 마라!" "되지 마라!" "가까이하지 마라!" 등). 자녀는 이에 대해 수용 또는 대항할 것인지 결정한다. 수용할 경우, 아동은 메시지의 수용방식을 결정하고, 이를 토대로 초기결정early decision이 이루어지며, 이는 성격구조의 기반이 된다. 금지령은 때로 위험방지 또는 생존을 위해 아동 스스로 자신에게 내리기도 한다.

셋째, **스트로크**stroke는 사회적 행동의 동기를 제공하는 요인으로, 평생 계속되는 인정자극이다. 이는 생애초기에는 주로 신체 접촉(포옹, 머리 쓰다듬기)을 통해 제공되지만, 성장하면서 심리 접촉(언어, 표정, 관심 표현)이 강조된다. 정적 스트로크는 포옹, 칭찬, 긍정적 평가처럼 쾌적한 자극을 의미하는 반면, 부적 스트로크는 정적 스트로크를 충분히 받지 못해 상대를 노하게 하거나, 걱정 · 곤란하게 하거나, 상처를 입히면서 애정을 얻으려는 것을 말한다.

넷째, **시간 구조화**time structuring는 대인 교류를 위해 일상생활의 시간을 여러 가지로 프로그램화하는 것이다. 이는 자신이 원하는 스트로크를 얻기 위해 다양한 방법을 고안하여 상대방 또는 환경을 조작하는 것이다. 시간 구조화는 주로 ① 철수withdrawal(타인과 멀리하고 대부분의 시간을 공상/상상을 하며 보내는 것), ② 의식ritual(결혼식, 제사, 동창회 등 전통 또는 습관 실행을 통한 스트로크 유지), ③ 활동activity(친밀한 대인관계와 소극적 대인관계의 중간에 위치하는 것으로, 공부나 일 등을 수단으로 사용함), ④ 소일거리pastime(연예, 일, 취미 등 무난한 화제를 대상으로 한정적 스트로크 교환), ⑤ 게임game(표면상의 행동과는 달리 숨은 의도가 있는 시간 구조화 양식), ⑥ 친밀성intimacy(수용적 태도에 근거한 감정의 자연스러운 표현과 상호 교환이 가능한 시간 구조화 양식)으로 이루어진다. 이 중에서 친밀성은 가장 이상적이면서도 가장 위험부담이 큰 교류다.

다섯째, **게임**game은 이면적으로 동기화된 것으로, 언뜻 상보적인 것으로 보이나 결국 좋지 않은 느낌으로 끝을 맺게 되는 교류를 말한다. 이는 겉으로는 친밀감을 주는 것처럼 보이지만, 결국 누군가는 좋지 않은 감정을 갖게 됨으로써 대인 간의 친밀성을 방해하고 거리감을 조성한다.

여섯째, **라켓**^{rackets}은 게임을 통해 경험하게 되는 불쾌한 감정을 말한다. 이 역시 초기결정의 강화를 목적으로 사용되고, 생활각본의 기본 구성요소가 된다. 예를 들어, '가까이하지 마라!'는 금지령을 받아 타인과 거리를 두려는 초기결정을 내린 집단원은 자신의 결정을 정당화하기 위해 불쾌감을 축적했다가 누군가와 가까워지게 되는 경우, 상대의 분노를 자극하는 행동 또는 특성을 발견함으로써 스스로 타인과 가까워지지 않도록 한다. 이런 과정이 계속되면서, 그는 자신의 초기결정을 정당화하고 더욱 강화하게 된다.

일곱째, **생활자세**^{life position/OK positions}란 어린 시절 부모 또는 중요한 타인들과의 스트로크를 토대로 조성되는 자기, 타인, 세계에 대한 기본 반응태도 또는 이에 기인하는 자기상 또는 타인상을 말한다. 생활자세는 ① 자기부정^{I'm Not OK} · 타인긍정^{You're OK}(피해적 인간관계), ② 자기부정^{I'm Not OK} · 타인부정^{You're not OK}(파괴적 인간관계), ③ 자기긍정^{I'm OK} · 타인부정^{You're not OK}(공격적 인간관계), ④ 자기긍정^{I'm OK} · 타인긍정^{You're OK}(생산적 인간관계)으로 나뉜다. 특히 자기긍정 · 타인긍정형은 보통 만 3세 이후에 성인자아가 기능하기 시작하면서 형성되는 생활자세다.

여덟째, **생활각본**^{life script}은 생애 초기에 주로 부모에 의해 주어지는 금지령과 그에 대한 반응양식이다. 이는 초기결정, 초기결정 유지를 위한 게임, 초기결정을 정당화하기 위해 경험하게 되는 라켓, 삶에 대한 기대 등으로 구성된다. 생활각본은 ① 파괴적 각본('패자각본', 즉 목표 달성을 할 수 없거나 마음먹은 대로 되지 않으면 그 책임을 남에게 전가하거나 과거의 실패에 연연하는 자세), ② 평범한 각본(특별히 눈에 띌 만한 일 없이 삶을 영위하는 자세로, 각본연출자는 근면 · 성실한 태도로 살아가기는 하나 자신의 우수한 잠재력을 충분히 발휘하지 못하는 경우가 많음), ③ 성공자 각본('승자각본', 즉 생애 목표를 스스로 결정하고 목표를 향해 전력을 다해 나아가는 자기실현의 각본)으로 나뉜다.

아홉째, **재결단**^{redecision}은 초기결정이 내려진 과거로 돌아가서 그 감정을 재경험한 후, 그 상황에 대해 자신을 위한 결정을 다시 내리는 것을 말한다. 이 작업은 초기결정은 얼마든지 되돌릴 수 있는 것이므로, 현재 상황과 기대에 맞는 새로운 결정을 통해 새로운 삶을 영위할 수 있다는 전제에 기초한다.

집단치료목표.　　TA 집단의 목표는 집단원들을 소위 말해 동화 속의 개구리 왕자를 진정한 왕자로 거듭나도록 하는 것처럼 돕는 것이다. 즉, ① 깊은 자각으로 심신의 자기통제를 가능하게 하고, ② 자율성을 높여 자기의 생각, 감정, 행동에 대해 스스로 책임질 수 있도록 성장하며, ③ 왜곡된 인간관계에 빠지지 않고 서로 간에 친밀한 마음의 스트로크를 경험할 수 있도록 돕는 것이다. 이를 위해 교류분석가는 집단분석과정을 통해 집단원 개개인이 어릴 때 부모를 비롯한 주위 사람들과의 왜곡된 관계에서 비롯된 일그러진 생애각본을 지금 여기에서의 체험을 통해 자각하여 재결단redecision하고 생애각본life script을 작성하도록 돕는다(Berne, 1964). 또한 집단원이 자신의 왜곡 또는 손상된 자아상태를 확인·회복시키는 일을 돕는다. 그뿐 아니라 모든 자아상태를 골고루 사용할 수 있는 능력을 개발하는 한편, 추론의 힘이 있는 성인 자아상태를 사용하며, 부적절한 생활각본을 수정하고, 자기긍정·타인긍정의 생활자세를 확립할 수 있도록 돕는다.

주요 기법.　　TA 집단에서 주로 사용되는 기법으로는 ① 구조분석, ② 교류분석, ③ 게임분석, ④ 각본분석이 있다.

첫째, **구조분석**structural anaylsis은 집단원의 감정, 사고, 행동을 세 가지 기능적 자아상태(부모, 성인, 아동)를 기초로 이해하고자 하는 방법이다. 구조분석의 목적은 집단원을 더 객관적으로 관찰할 수 있도록 하여, 성격의 불균형을 발견·회복할 수 있도록 돕기 위함이다. 구조분석은 ① 자기대화(집단원의 내면에서 서로 다른 자아상태 사이에 이루어지는 소통), ② 자아상태의 편재(세 가지 자아상태가 균형을 이루지 못하고 특정 자아상태의 기능이 지나치게 편중되는 현상), ③ 오염(자아경계가 약하거나 파괴되어, 특정 자아상태의 에너지가 자아경계를 침범함으로써 다른 자아상태에 자유롭게 흘러드는 현상)·배타(1개 또는 2개의 자아상태가 독자적으로 사용되는 반면, 나머지 자아상태는 폐쇄되어 전체 기능에서 배제되는 상태), ④ 이고그램 등을 통해 이루어진다. 특히 이고그램Egogram은 존 듀세이(Dusay, 1978)가 자아상태 기능의 에너지양을 도표로 나타나기 위해 창안한 도구다.

둘째, **교류분석**transactional analysis은 대인관계에서 자아상태 간에 이루어지는 사회적 상호작용을 관찰·추론함으로써 집단원의 행동을 이해·예견하기 위한 방법이다. 구조분석이 개인 내면intrapersonal에 초점을 맞춘다면, 교류분석은 개인과 개인 사이interpersonal에 초점을 둔다. 여기서 교류transaction는 '의사교류' 또는 '의사거래'라고도 불리는데, 자아상태 간에 발생하는 사회적 상호작용의 단위다. 교류는 ① 상보교류complementary transaction(두 사람이 동일한 자아상태에서 작동되거나, 상호 보완적인 자아상태에서 자극과 반응을 주고받는 것), ② 교차교류crossed transaction(상대방에게서 기대하는 반응과는 다른 자아상태의 반응이 활성화되어 되돌아오는 경우), ③ 이면교류ulterior transaction(두 가지 자아상태가 동시에 활성화되어 한 가지 메시지가 다른 메시지를 위장하는 복잡한 상호작용)로 나뉜다.

셋째, **게임분석**game analysis은 집단원이 다른 사람들과 어떻게 교류하는지를 이해할 수 있는 중요한 도구다. 게임은 1급(기꺼이 참여하고자 하는 사람과 사회적 범위 내에서 이루어지는 게임), 2급(게임 참여자들이 더 큰 이익을 추구할 때, 더 친밀한 범위 내에서 발생하지만 결국 좋지 않은 감정으로 끝나는 게임), 3급(보통 손상을 포함하는데, 게임 참여자들은 결국 교도소, 병원, 또는 영안실로 보내지게 되는 게임)으로 나뉜다.

끝으로, **각본분석**script analysis은 만 5세 정도까지 수립된 생활각본 또는 생활계획을 면밀히 탐색하여 집단원을 이해하려는 기법이다.

집단치료과정.   TA 집단은 일반적으로 계약 체결로 시작해서 일련의 분석 절차를 거쳐 재결단 순으로 진행된다. 이를 도식으로 제시하면 그림 6-4와 같다.

그림 6-4. 교류분석집단 진행과정

그림 6-4에 제시된 것과 같이, TA 집단치료자는 일련의 집단분석과정을 통해 집단원 개개인이 어릴 때 부모를 비롯한 주위 사람들과의 왜곡된 관계에서 비롯된 일그러진 생애각본을 지금 여기에서의 체험을 통해 자각하여 재결단redecision하고 생애각본life script을 작성하도록 돕는다(Berne, 1964). 글상자 6-22는 부모의 태도가 자녀의 자아상태 형성에 어떻게 영향을 미치는지를 설명한 예다.

글상자 6-22. 부모의 태도가 자녀의 자아상태 형성에 미치는 영향의 예시

세영이라는 집단원의 아버지는 매우 비판적이고 폭력적이었다. 세영은 어려서부터 아버지를 기쁘게 해 드리려고 온갖 노력을 다했음에도 아버지는 사사건건 트집을 잡으면서 아들에게 비판적인 말을 쏟아내곤 했다. 청소년기를 거치면서 세영은 계속되는 아버지의

> 부정적인 언사를 비판 없이 받아들였고, 점차 비판적 부모 자아상태를 발달시켰다. 그 결과, 세영은 가정과 직장생활에서 자신과 타인의 사소한 실수에 대해서조차 비판적인 태도를 보이고, 자주 화를 내는 등 자신의 완벽주의적인 성향에 대한 불만을 토로한다. 게다가 최근에 혈압이 높다는 신체검진 결과에 대해 불안을 감추지 못한다.

글상자 6-22에 제시된 사례에서, 세영은 어려서부터 아버지의 비판적인 언사를 자신의 실제 모습인 양 무비판적으로 받아들이게 되면서 CP를 발달시켰다. 또한 아버지의 인정을 추구하고 부정적인 지적을 피하기 위해 자신의 상황에 순응 또는 적응하면서 AC를 발달시키되, 상대적으로 AC의 발달 기회를 제한했다. 집단에서 나타내고 있는 이 집단원의 문제는 일상생활에서 주로 CP와 AC만을 사용하면서 NP, A, FC를 활용하지 못하고, 결국 비판적이고 분노를 유발하는 상태를 추구하고 있다는 점이다. 이에 집단치료자는 교육 회기를 통해 집단원들에게 TA의 핵심 내용에 관해 설명해 줘야 할 것이다. 교육 회기를 마치고 나면, 집단치료자는 집단원 또는 전체 집단과의 작업을 통해 다양한 방식으로 자아상태(부모, 성인, 아동)를 균형 있게 활용할 수 있도록 도울 필요가 있다.

포스트모더니즘적 접근

포스트모더니즘적 접근은 세상에 유일한 진리는 없고, 개인이 자기 자신이라는 실체를 만들어 간다고 전제한다. 이 접근에서는 인간은 나름의 자원을 지니고 있고, 능력이 있으며, 건강하고 탄력적이며, 자신의 삶의 방향을 바꿀 해결방법을 발견할 수 있는 능력을 지니고 있다고 본다. 또한 이 접근에 속하는 이론들은 공통으로 사람들은 자신과 세계를 이해할 수 있는 이야기를 만들어 낸다고 전제한다. 따라서 이 접근에서 집단리더는 알지 못함not-knowing의 입장을 취하는 동시에 집단원을 삶의 진정한 전문가로 간주한다. 또한 인간 경험의 긍정적인 면을 강조하면서 공통으로 집단원이 문제해결에 적극 관여하게 한다. 그리고 집단리더는 집단원의 변화를 유발하기보다는 이해와 수용 분위기를 조성하여, 집단원으로 하여금 자신의 자원을 활용하여 건설적인 변화를 가져오게 하도록 돕는다. 여기서는 포스트모더니즘적 접근에 속하는 이론적 접근으로, ① 해결중심단기치료집단, ② 이야기치료집단, ③ 동기강화면담집단을 중심으로 살펴보기로 한다.

해결중심단기치료집단 / Solution-Focused Brief Therapy Group

해결중심단기치료(SFBT)는 스티브 드셰이저(Steve de Shazer, 1940~2005), 김인수 (Insoo Kim Berg, 1934~2007)가 포스트모더니즘과 사회구성주의 관점에서 창안한 이론이다. 이 이론적 접근에서는 내담자를 병을 앓고 있는 환자로 여기면서 이들이 모르는 것을 상담자가 마치 알고 있는 것처럼 가정하는 것을 지양하는 대신, '가장 단순한 해결책이 최상의 해결책'이라는 접근법을 지향한다. SFBT 집단은 실용적 · 반결정론적 · 미래 지향적 접근으로, 집단원의 변화 가능성에 대해 낙관적 · 희망적인 입장을 취한다. 이에 SFBT 집단에서는 표준을 거부하고, 병리적 진단을 지양하는 한편, 집단원의 결핍 또는 문제보다는 해결책과 강점에 중점을 둔다(de Shazer & Dolan, 2007). SFBT 집단에서는 모든 문제에는 예외가 있다는 전제하에, 집단원이 자신의 문제에 관해 이야기할 뿐 아니라 해결에 관한 이야기를 통해 해결책을 모색한다. SFBT 집단의 기본 가정은 글상자 6-23과 같다.

📖 **글상자 6-23. SFBT 집단의 기본 가정**

1. 변화는 필연적 · 지속적이다.(☞ 변화를 기회로 인식하라!)
2. 못 쓸 정도가 아니면 그대로 써라.(☞ 집단원이 문제로 여기지 않는 행동은 변화시키려 하지 말라!)
3. 잘 작동하는 부분이 있다면, 그 부분을 더 활용하라.(☞ 무엇이 작동하고 있고, 더 잘 기능할 것 같은가?)
4. 작동하지 않으면, 다른 방법을 모색 · 사용하라.(☞ 집단원에게 맞는 방법을 찾을 때까지 다른 행동을 시도하라!)
5. 집단원은 우리에게 자신의 자원과 강점을 알려 준다.(☞ 집단원은 자신의 삶에서 어떤 것이 효과적이고, 어떤 것이 그렇지 않은지 알고 있다.)
6. 작은 진척이 큰 변화를 이끈다.(☞ 충분히 좋은 상태로 불릴 수 있을 정도로 점진적으로 나아가라!)
7. 해결책과 문제 사이에 논리적인 관계가 있을 필요는 없다.(☞ 바람 빠진 타이어를 고칠 때, 왜 바람이 빠졌는지는 문제가 되지 않고, 그것을 고치는 것이 더 중요하다.)
8. 해결책 마련과 관련된 언어는 문제를 설명하는 데 필요한 언어와 다르다.(☞ 결핍, 병리, 부정적 언어를 사용하는 문제중심 접근보다는 해결에 초점을 맞추라!)

9. 문제는 항상 일어나는 것은 아니고, 언제나 활용할 수 있는 예외 상황이 있다.(☞ 문제에 대한 예외 상황을 탐색하여 새로운 해결책을 도출하라!)

10. 미래는 창조되며, 절충이 가능하다.(☞ 집단원은 자기 운명의 '건축가'다. 대화를 통해 새로운 미래를 재창조하라!)

기본 개념.   SFBT 집단의 기본 개념으로는 ① 사회구성주의, ② 해결중심·미래지향, ③ 예외 상황·집단원의 강점, ④ 저항이 아닌 준비상태가 있다.

첫째, **사회구성주의**social constructionism는 지식과 진리가 대화를 통해 구성된다는 입장의 철학 사조다(Gergen, 1999). 이는 포스트모더니즘과 함께 개인이 다른 사람과 나누는 대화와 언어가 현실을 만드는 주요 요인으로 작용하므로 고정된 것은 없다는 입장을 취한다. 즉, 현실은 사회적으로 구성되고, 언어를 통해 이루어지며, 이야기를 통해 조직화하고, 본질적인 진리는 존재하지 않는다는 것이다(de Shazer & Dolan, 2007).

둘째, **해결중심·미래지향**은 ① 포스트모더니즘과 사회구성주의에 내재된 철학적 전제를 바탕으로, ② 집단원이 빨리 변할 수 있고, ③ 자신에 대한 전문가이며, ④ 강화 가능한 강점이 있고, ⑤ 문제가 아닌 해결에 초점을 두는 것을 강조하며, ⑥ 해결책 탐색은 미래에 초점을 두는 것이 중요하고, ⑦ 집단치료자와의 대화에서 집단원이 새로운 현실을 창조함으로써 ⑧ 문제에서 벗어나는 새로운 언어를 창조할 수 있다고 믿는 것을 말한다. 따라서 SFBT 집단치료자는 현실은 보는 사람의 시각 안에 있으므로 올바른 행동방식에 대한 정해진 규범은 없다고 보고, 집단원의 행위를 다른 집단원들과 비교하지 않으며, 집단원이 다른 대부분의 사람처럼 행동하도록 요청하지 않는다. 그뿐 아니라 전통적으로 병리적 증상으로 분류되는 행동을 나타내는 집단원의 문제도 병리적 관점에서 조망하지 않는다. 왜냐면 이는 전문적인 '집단적 사고'의 결과로 간주하기 때문이다.

셋째, **예외 상황·집단원의 강점**을 부각시키는 작업은 집단원이 강했던 적도 있고, 자신에 대해 좋은 감정이 들었던 적도 있으며, 문제를 효과적으로 처리했던 적도 있다는 가정하에 집단치료자가 이러한 순간에 대한 질문을 통해 이들이 어떻게 효과적으로 대처했는지 확인하게 해서 그 메커니즘을 현재의 문제해결에 활용할 수 있도록 돕는 것이다. 이는 집단원이 자신의 삶에 문제만 있는 것이 아니라는 인식을 갖게 하는 효과도 있다.

넷째, **저항이 아닌 준비상태**란 집단원에게 저항적이라고 낙인찍기보다 변화하지 않는 집단원은 아직 변화할 수 있는 메커니즘을 찾지 못한 것일 뿐이라고 여기는 것을 말한다. 이에 집단원을 ① 고객^{customers}형(목적이 분명하고, 문제해결을 위한 작업준비가 되어 있는 사람들), ② 불평^{complainants}형(문제와 작업할 것을 인식하고 있지만, 해결책 발견에 어려움이 있는 사람들), ③ 방문객^{visitors}형(집단을 시험하듯이 이곳저곳 기웃거리는 사람들)으로 분류하는 한편, 저항이 아닌 준비상태의 관점에서 변화를 촉진한다.

집단치료목표.   SFBT 집단에서는 집단원들로 하여금 자신의 미래, 그리고 삶에서 달라지기를 원하는 것에 관한 이야기를 나눈다. 집단치료자는 규모가 작고 현실적이며, 분명하고 구체적이면서, 관찰·성취 가능한 변화에 중점을 둠으로써 긍정적인 결과로 이어지도록 돕는다. 이는 집단원들의 궁극적인 목적 성취는 규모가 작은 성공경험에서부터 시작될 수 있다는 기본 가정에 기초한 것이다(de Shazer & Dolan, 2007). 다른 이론적 접근과 비교할 때, SFBT 집단치료자의 역할은 글상자 6-24에 제시된 것과 같은 특징이 있다.

> **🏢 글상자 6-24. SFBT 집단치료자의 태도와 역할**
>
> 1. 문제보다는 해결에 초점을 두고, 이에 대한 논의방식을 중시한다.
> 2. 집단원이 자신의 삶에 대해 가장 잘 알고 있다고 가정한다.
> 3. 자신을 진단, 평가, 처치의 전문가로 보지 않으며, 심지어 이러한 의미가 있는 단어를 사용조차 하지 않으려는 경향이 있다.
> 4. 어휘 선택을 문제 개념화에 중요한 것으로 가정한다.
> 5. 돌봄, 관심, 존중하는 태도를 지닌 호기심, 개방성, 공감, 접촉, 매력 등의 개념들을 관계의 필수요소로 간주한다.
> 6. 상호존중, 대화, 탐색, 지지 분위기 조성으로 집단원의 새로운 이야기를 자유롭게 재작성하는 것을 돕는다.
> 7. 집단원을 치료한다기보다 그와 함께 치료하고자 한다.
> 8. 집단원의 변화를 목표로 하기보다 집단원들의 건설적인 변화에 영향을 주는 자원활동을 위한 이해·수용 분위기를 조성하고자 한다.
> 9. 치료과정에서 평가 또는 기법보다 공감과 협력적 동반자 관계를 더 중시한다.

SFBT를 집단작업에 적용하기 위한 원칙은 글상자 6-25와 같다.

글상자 6-25. SFBT의 적용원칙

1. 집단논의가 비병리적인 내용으로 계속되는 것에 초점을 맞춘다.
2. 가능성이 열려 있는 방식으로 문제를 변화시킨다.
3. 문제의 예외 상황에 초점을 맞춘다.
4. 집단원들의 강점과 대처방안에 대한 논평을 제공한다.
5. 문제에 대한 통찰에 초점을 맞추는 경향성을 피한다.
6. 긍정적인 대처행동에 초점을 맞춘다.
7. 집단원은 문제에 압도된 것이 아니라 삶에 대한 호소 내용이 있는 존재로 본다.
8. 집단원이 더 단순한 해결책을 찾도록 돕는다.
9. 집단원이 점차 해결책에 친숙해지도록 격려한다.

SFBT 집단치료는 집단 분위기에 주의를 기울이는 한편, 집단논의가 글상자 6-25에 제시된 원칙과 일치하는지 확인한다. 집단치료자는 집단원들이 협력과 해결책에 집중하게 하여, 작업 집단원이 과거 또는 통찰에 초점을 맞추는 대신 가능한 해결책과 기회를 발견할 수 있도록 돕게 한다.

주요 기법.   SFBT 집단치료자는 집단초기에 집단원들의 문제에 대해 공감적으로 경청함으로써 관계 형성과 문제 이해를 촉진한다. 이는 집단원들을 존중하는 행위로, 해결과 관련된 대화보다는 짧게 하도록 한다. SFBT 집단에서 흔히 사용되는 기법으로는 ① 첫 회기 전 변화에 대한 질문, ② 대사 역할, ③ 가설적 태도, ④ 확장, ⑤ 칭찬, ⑥ 재구성, ⑦ 질문, ⑧ 요약 피드백, ⑨ 척도질문이 있다.

첫째, **첫 회기 전 변화에 대한 질문**은 집단치료자가 집단원에게 첫 회기를 예약하고 오기 전까지 어떤 변화가 있었는지 확인하는 기법이다. 집단치료자는 첫 회기에 집단원들에게 "문제에 변화를 가져오기 위해 집단참여를 신청한 이후로 무엇을 해 왔나요?"라고 묻는다. 이는 집단원들이 목표 달성에 있어서 치료자보다는 자신의 강점과 자원을 의지하도록 격려하기 위한 것이다.

둘째, **대사**[ambassador] **역할**은 외국에 상주하는 대사처럼 다른 문화에 속한 사람들에게 존경과 호기심을 보이며 수용적 태도로 접근하여 그들을 이해하려는 태도를 보이는 것을 말한다. 집단치료자가 집단원에게 '전문가'로 접근하는 기존의 치료 모델과 달리, SFBT 집단치료자는 겸손한 태도로 집단원을 대하고, 집단원의 어려움에 관심을 기울이며, 이들의 존재방식을 존중하고 이야기를 수용함으로써 이들에 관한 정보수집과 치료동맹을 공고히 한다.

셋째, **가설적 태도**는 집단원을 전문가로 여기고 집단원이 어려움을 겪는 이유에 대해 가정 또는 해석을 조심스럽게 하는 자세를 말한다. 가설적 태도를 보여 주기 위해 집단치료자는 집단원들에게 겸손과 존중, 호기심 어린 자세를 유지하고, 다음과 같은 형식의 문장(예, "~일 수 있을까요?" "~라고 가정하는 게 맞을까요?" "저는 ~라고 생각하는데, 그렇지 않다면 수정해 주세요." "~라고 추측해 봅니다.")을 사용함으로써 전문가 행세를 하지 않는다.

넷째, **확장**은 격려를 통해 집단원에게 효과적이었던 해결책에 대한 논의를 활성화하여, 집단원이 문제중심 대화에서 벗어나도록 도와서 성공의 범위를 넓히는 기법이다(예, "헬스를 시작한 것이 우울감 완화에 도움이 된 것처럼 들리네요. 운동이 어떤 점에서 도움이 되었는지 좀 더 상세히 말해 볼래요?").

다섯째, **칭찬**은 집단원이 해결책을 지속적으로 찾도록 독려하기 위해 사용하는 기본 기법이다(예, "헬스를 시작하게 되면서 우울감이 완화되었다니, 그건 참 잘한 일이라는 생각이 드는군요.").

여섯째, **재구성**이란 자신이 뭔가 잘못되었거나, 결핍되었거나, 정신장애가 있다고 여기는 집단원의 관점에 새로운 방식을 제공함으로써 자신의 문제를 이해하는 방식에 변화를 주는 것을 말한다. 이 기법은 사회구성주의의 관점을 반영하고 있다.

일곱째, **질문**은 SFBT 집단의 핵심 기법으로, 정보수집보다는 집단원들의 경험 이해와 가장 효과적인 문제해결 방법 탐색에 초점을 맞추기 위한 목적으로 사용된다. SFBT 집단에서 주로 사용되는 질문은 표 6-6과 같다.

표 6-6. SFBT 집단에서 주로 사용되는 질문

질문	설명
☐ 목표선택질문	○ 목표를 구체화하도록 돕기 위한 질문 • "당신의 미래가 어떻게 되기를 원하나요?"
☐ 평가질문	○ 목표 달성에 도움이 되는 행동과 그렇지 않은 행동 구분을 돕는 질문 • "당신은 현재 무엇을 하고 있고, 그것은 효과가 있나요?"
☐ 대처질문	○ 집단원이 문제해결에 도움이 되었던 과거 행동에 초점을 맞추도록 하는 질문 • "당신은 과거에 그 문제에 어떻게 대처했나요?"

☐ 예외발견질문	○ 원하는 목표에 부합했던 과거의 행위를 새롭게 조망하도록 돕는 질문 • "예외적인 상황은 언제 나타나나요?"
☐ 해결지향질문	○ 미래 지향적이고, 목표 달성을 돕는 새롭고 긍정적인 방법을 개발할 기회를 제공하는 질문 • "문제가 없다면, 집단원의 삶은 어떻게 달라질까요?"

여덟째, **요약 피드백**summary feedback은 집단원이 보여 준 특정한 강점을 알려 주는 기법이다. 집단원들은 이 기법을 통해 매 회기마다 서로 피드백을 주고받는다. 이때 집단치료자는 집단원들이 이루어 낸 변화에 대해 다음과 같은 말로 지지해 준다. "어떻게 그런 변화가 일어나게 했나요?" "이전과 비교할 때, 친구들이 당신을 어떻게 다르게 대해 주었나요?" "이런 변화를 통해 당신이 알게 된 것은 무엇인가요?" 이러한 질문은 집단원들로 하여금 발생한 변화에 대해 자신이 기여한 점을 스스로에게서 찾게 하는 지지와 격려의 효과가 있다. 그뿐 아니라, 집단원들이 집단에서의 경험학습을 일상생활에서 실행에 옮기는 데 도움을 준다.

끝으로, **척도질문**scaling questions은 집단원의 상황을 양적으로 평가해 볼 수 있도록 고안된 기법이다. 이 기법은 집단원이 감정, 자신감, 의사소통, 대인관계 등 자신의 문제를 단순히 말로 표현하는 것이 모호하거나 쉽게 관찰되지 않는 문제 또는 경험의 변화 정도를 가늠하기 어려워할 때 그 정도를 구체적으로 파악하는 데 도움이 된다. 변화에 대한 집단원의 생각을 명확하게 정리할 수 있는 데 도움이 되는 척도질문의 예는 대화상자 6-7과 같다.

🏠 대화상자 6-7. 척도질문의 예

○ "1에서 10점 척도에서 10점이 가장 바람직한 상태라면, 당신이 변화하길 바라는 정도는 몇 점인가요?"

○ "1에서 3까지 척도점수를 올리려면, 앞으로 2주 이내에 어떤 변화가 필요할까요?"

○ "1에서 10점 척도에서 10점이 가장 자신 있는 상태라면, 당신이 앞으로 2주 동안 성공할 것에 대한 자신감은 몇 점이나 되나요?"

○ "1에서 10점 척도에서 10점이 가장 자신 있는 상태라면, 당신이 성공할 가능성에 대해 당신의 친구들이 확신하는 정도는 몇 점이나 될까요?"

만일 척도질문에 대해 집단원이 단지 1점이라도 상승했다고 말한다면, 그것은 나아진 것이다. 그러므로 집단치료자는 이러한 반응에 대해 다음과 같은 질문을 통해 집단원이 원하는 방향으로 더 나아가도록 도울 수 있다("지난주에 비해 1점을 올리기 위해 어떤 것을 했나요?" "척도에서 1점이 더 올라가려면, 무엇을 할 필요가 있나요?"). 이처럼 척도질문은 집단원으로 하여금 자신이 현재 하고 있는 것과 자신이 바라는 변화의 방향으로 나아가기 위해 어떤 조치가 필요한지를 주의 깊게 살펴보게 하는 효과가 있다. 척도질문은 집단원들이 자신들의 변화 가능성 측정을 통해 명확하게 이해하는 데 도움을 준다는 이점이 있다.

집단치료과정.   SFBT 집단은 0단계에서 6단계까지 모두 7단계(⓪ 면담 전 변화확인, ① 협력관계 형성, ② 문제규정, ③ 목표설정, ④ 문제에서 해결로의 초점이동, ⑤ 목표 달성, ⑥ 집단종결)로 진행된다.

첫째, **면담 전 변화확인단계**에서는 첫 회기 전에 약속시간을 정하면서 집단원에게 첫 회기 전까지 어떤 변화가 있었는지를 파악하도록 요청한다('첫 회기 전 변화에 대한 질문기법' 참조).

둘째, **협력관계 형성단계**에서 집단치료자는 집단원 사이의 잠재적 권력 차이를 줄이고, 마치 대사 같은 역할(호기심, 존중, 수용적 태도)을 통해 경청, 공감, 가설적 태도로 집단원이 자신의 힘과 자원을 찾도록 돕는다.

셋째, **문제규정단계**에서 집단치료자는 전 단계에서 사용했던 기법을 사용하여, 해결에 초점을 맞추기 전 약 15분간 집단원의 문제를 경청한다(De Jong & Berg, 2012). 이를 통해 집단원들이 첫 회기 동안 편안함을 느끼도록 돕는 한편, 되도록 신속하게 다른 기법을 사용하여 집단원들이 목표설정에 관심을 기울이도록 돕는다.

넷째, **목표설정단계**에서 집단치료자는 집단원이 원하는 미래에 관한 질문에 답하도록 한다. 집단치료자는 진솔한 호기심과 관심, 존중, 개방적 태도로 개방적 질문을 하고, 집단원들은 각자의 경험을 자신의 말로 기술한다. 이는 집단원 개개인이 자신의 목소리를 내게 하는 한편, 미래의 가능성에 대해 생각해 볼 기회를 제공함으로써 건설적인 해결책 마련을 위한 목표를 설정하도록 돕기 위함이다.

다섯째, **문제에서 해결로의 초점이동단계**에서는 일련의 질문을 통해 집단원이 문제보다 해결에 초점을 맞추도록 돕는다(표 6-6 참조). 집단치료자는 다양한 방법을 통해 집단원들이 새로운 해결책을 찾도록 돕는다.

여섯째, **목표 달성단계**에서는 첫 회기 이후, 다음 회기에 참여할 때까지 세부목표를 실행하고 목표 달성을 위해 노력함으로써 맞이하는 단계다. 이 단계에서 집단치료자는 척도질문을 통해 집단원이 사용했던 새로운 방법의 효과성 평가를 돕고, 변화 촉진을 위해 집단원에게 효과적인 것을 고려하여 다음 회기의 목표를 수정하기도 한다. 집단치료자는 경청과 공감, 집단원의 새로운 시도 또는 노력에 대한 칭찬을 통해 그것을 강화한다.

끝으로, **집단종결**은 설정한 목표를 달성하면 이루어진다. 후속집단 회기는 집단원들이 해결중심 지향적 삶의 지속 여부를 점검하기 위해 갖는다. 이 단계에서는 주로 경청과 공감, 칭찬, 그리고 척도질문이 사용된다.

 # 이야기치료집단 / Narrative Therapy Group

이야기치료(NT)는 오스트레일리아의 마이클 화이트(Michael White, 1948~2008)와 뉴질랜드의 데이비드 엡스턴(David Epston, 1944~현재)이 창시한 것으로, '내러티브 치료'로도 불린다. 이 접근은 포스트모더니즘과 사회구성주의에 내재된 원리와 철학적 가설에 토대를 두고 있다. 즉, 세상을 이해하는 데에는 여러 방법이 있고, 우리가 누구인지에 대한 정의는 기본 규칙이 없으며, 타인을 더 잘 이해하는 데에도 한 가지 방법만이 유효한 것이 아니라는 것이다. 또한 권력자들의 가치는 개인이 자신을 비교하는 표준이 될 뿐 아니라, 이 표준은 개인이 사용하는 언어에 의해 재강화된다는 것이다. 특히 이야기치료 집단에서는 사회적 환경의 언어사용이 어떻게 지배적인 현실을 만들어 내는지에 관심을 보인다. 왜냐면 집단원은 사회적 환경(가족, 문화, 사회 등)에서 만나는 타인과의 끊임없는 담론 속에 있고, 이러한 상호작용을 통해 자신에 대한 개념을 만든다고 보기 때문이다.

기본 개념.   이야기치료집단의 기본 개념으로는 ① 포스트구성주의, ② 사회구성주의, ③ 이야기, ④ 지배적 이야기/문제로 가득 찬 이야기, ⑤ 해체, ⑥ 상대주의, ⑦ 재저술, ⑧ 중립성 결여를 들 수 있다.

첫째, **포스트구성주의**post-structuralism는 구성주의structuralism(사물의 의미는 개별이 아니라 전체 체계 안에서 다른 사물들과의 관계에 따라 규정된다는 관점의 철학 사상)에 대한 반동으로 태동한 철학 사조다. 이야기치료집단에서는 진실에 대한 믿음은 앎에 대한 시각을 좁힌다고 본다. 또한 구성적 사고에서의 '진실'은 사회의 언어에 의해 재강화되고, 이러한 진실을 받아들이지 않는 사람들은 흔히 심리적으로 문제가 있고, 어리석고 방어적이며, 부도덕하고 반항적인 성향이 있는 것으로 간주한다.

둘째, **사회구성주의**social structuralism는 언어와 담론이 정신개념을 형성하고, 개인이 진실이라고 믿는 것들의 근간이 된다고 보는 철학 사조다. 사회구성주의자들은 지식은 언제나 변하고, 역사적·문화적 환경의 기능을 하며, 언어에 의해 문화와 개인에게 전수되고(Winslade & Geroski, 2008), 개인은 타인과의 교류를 통해 평생 끊임없이 변하는 존재로 간주한다.

셋째, **이야기**narrative는 집단원이 누구인지를 정의하고, 평생에 걸친 그의 삶에 관한 묘사다. 이는 가족, 문화, 사회의 가치와 개념에 의해 생명력을 얻어 집단원에게 내재화된 것(Freedman & Combs, 1996)으로, 다층적으로 이루어져 있고, 그를 강하게 만드는 데에 도움이 되는 것과 그렇지 않은 것이 있다(Brown, 2007). 따라서 집단치료자는 집단원의 삶에 문제를 일으키는 문제로 가득 찬 이야기와 반대되는, 도움이 되는 이야기를 찾아내고자 한다.

넷째, **지배적 이야기/문제로 가득 찬 이야기**란 개인의 삶에서 그의 정체성에 속하는 것으로 여겨지는 다층적 이야기를 가리킨다. 이러한 이야기는 흔히 생활, 문화, 공동체, 사회에서 만나는 중요한 타인들에게서 전수되는데, 이 이야기에서 제시되는 표준에서 벗어나는 선택을 하는 경우, 개인은 때로 무언가 잘못되었다고 믿게 된다는 특징이 있다.

다섯째, **해체**deconstruction는 당연하게 여겼던 신념, 가치, 개념, 사회적 담론이 지배적 이야기를 뒷받침해 왔다는 것을 이해하고, 지배적 이야기를 분해하는 과정이다. 이를 통해 집단치료자는 집단원이 자신의 이야기가 어떻게 발전해 왔는지 알 수 있도록 돕는다.

여섯째, **상대주의**relativism는 모든 진리, 태도, 신념이 동등하게 유효하다는 입장의 철학적 사조다(Freedman & Combs, 1996). 이에 집단치료자는 집단원의 세계에 대한 지각은 그의 진실의 기반이 되는 한두 가지 이야기에 지배되고 있다고 가정한다.

일곱째, **재저술**re-authoring은 집단원의 삶에 관한 이야기를 발전시키고 말하도록 할 뿐 아니라, 지배적인 이야기에서 벗어나 있던 내용과 잠재적으로 중요한 경험을 삶의 이야기에 포함시키도록 돕는 것이다(White, 2007).

끝으로, **중립성 결여**는 치료자는 절대 중립적 입장을 취할 수 없다는 것이다 (Winslade & Geroski, 2008). 왜냐면 치료자가 지식을 습득하는 방법으로 삶에 스며든 이론 또는 문화적 추정은 타인을 조망하는 렌즈가 되고, 집단원과 관계 형성을 돕는 도구가 되기 때문이다. 즉, 치료자의 타인에 대한 이해는 이러한 이론을 통해 걸러지고, 타인과의 대화 내용을 만들어 내며, 미처 깨닫지 못하는 사이에 작업에 영향을 미치기 때문이다.

집단치료목표.   이야기치료집단에서는 집단원들이 협력을 통해 더 나은 미래로 나가는 데 도움이 되는 의미 있는 목표를 설정한다. 중요한 집단목표는 집단원으로 하여금 문제로 가득 찬 지배적인 이야기에서 벗어나 집단원 자신을 새로운 방식으로 보게 하는 것이다. 이는 집단원으로 하여금 문제가 있거나 도움이 되지 않는 이야기를 가려내게 하고, 그 이야기의 영향력을 감소시키는 한편, 선호하는 이야기를 발전시키도록 도움으로써 성취된다. 이 과정에서는 시간이 소요되고, 독특한 결과와 예외를 발견해 내며, 과거의 긍정적인 사건을 만들어 내는 작업이 요구된다. 이에 집단치료자는 집단원들에게 각자의 경험을 새로운 언어로 기술하게 함으로써 가능한 한 구체적인 것에 대해 새롭게 조망하도록 돕는다. 이 집단에서의 치료적 핵심에는 집단원들이 사회적 기준과 기대가 어떻게 자신들에게 내면화되어 가능한 삶의 방식을 제한하는지를 명료화하는 작업이 포함된다. 집단치료자의 주요 역할은 글상자 6-26과 같다.

> **글상자 6-26.** 이야기치료집단 치료자의 역할
>
> 1. 자신이 집단원의 삶에 대해 특별한 지식을 갖추고 있다고 가정하지 않고, 집단원을 사신의 경험에 대한 주 해석자로 간주한다.
> 2. 집단원 개개인의 살아온 경험에 대한 이해를 추구한다.
> 3. 호기심과 끈기를 가지고 체계적이고 존중하는 방식으로 주의 깊은 경청을 통해 특정 문제가 집단원에게 미치는 영향과 그 영향 감소를 위해 취하고 있는 조치를 함께 탐색한다.
> 4. 집단원의 대안적인 이야기 생성작업을 돕는다.

주요 기법.   이야기치료집단에서 주로 사용되는 기법으로는 ① 존중 어린 호기심·신비감·경외심, ② 질문, ③ 협력, ④ 반영·공감·말한 그대로 반응, ⑤ 문제

외현화, ⑥ 이중 경청, ⑦ 회원 재구성 대화, ⑧ 정예의식, ⑨ 진술 · 재진술이 있다.

첫째, **존중 어린 호기심**respectful curiosity · **신비감**mystery · **경외심**awe은 집단원들과의 상담관계를 시작하면서 이들의 이야기를 경청하는 집단치료자의 기본 자세인 동시에 기법이다. 이는 집단원을 스스로 자신의 문제를 감소시킬 수 있는 존재로 가정하면서, 그의 상황에서 잘못을 찾아내지 않는 것이다(Morgan, 2000).

둘째, **질문**은 이야기치료집단 치료자에게 가장 중요한 도구의 하나로, 집단원의 문제 외현화와 그 효과, 그리고 재저술 작업의 체계화에 집중적으로 사용되는 기법이다.

셋째, **협력**은 집단치료자와 집단원의 권력차를 줄이는 동시에 집단원에게 도움이 되는 방향으로 집단이 나아가게 하기 위한 점검과정으로, 보통 특정 질문(예, "이야기를 계속할까요? 아니면 관심 있는 다른 주제가 있나요?" "현재 대화가 잘 진행되고 있나요?")을 통해 이루어진다(Morgan, 2000). 이와 함께, **성찰**은 집단원이 집단과정에 대해 의견을 제시할 기회를 제공함으로써 집단치료자가 집단과정에서 행한 것의 영향력을 확인하기 위한 기법이다.

넷째, **반영 · 공감 · 말한 그대로 반응**은 집단치료자와 집단원 간의 신뢰관계 형성과 연결을 촉진하고, 집단원이 자신의 이야기를 하도록 하며, 새로운 이야기의 발전을 돕는 강력한 도구다. 특히 반영과 공감은 집단치료자의 신념과 편견을 피할 수 없다는 점에서 중립적이지 않기 때문에, 집단치료자는 집단원의 말을 그대로 따라 한다. 이 기법은 집단원이 문제로 가득 찬 이야기가 아닌 새로운 이야기를 재저술하도록 돕는다.

다섯째, **문제 외현화**externalizing 대화법은 집단원으로 하여금 자신이 문제가 아니라 문제가 문제라는 전제하에, 문제를 개인으로부터 분리하여 자신의 문제를 새로운 방식으로 볼 수 있도록 돕는 기법이다. 이 기법은 '사람이 문제가 아니라, 문제가 문제'(White, 2007)라는 전제에 기초하는 것으로, 집단원이 문제를 자신에게서 분리하여 문제해결에 집중할 수 있게 하는 효과가 있다. 이 기법을 통해 집단원들은 더 이상 문제로 인해 갇혀 있는 삶의 이야기가 아니라, 훨씬 더 건설적이고 대안적인 삶의 이야기를 만들 수 있게 된다.

여섯째, **이중 경청**은 집단원의 다층적 구조의 이야기, 즉 명시적으로 말하는 이야기뿐 아니라 명확하지 않고 함축적인 이야기에 귀 기울이는 것으로, 질문이 수반되는 기법이다. 이 기법은 집단원이 이야기하는 내용뿐 아니라 말하고 있지 않지만 함축된 내용을 듣는 것으로, 집단원이 문제로 가득 찬 자신의 이야기에서 다른 것을 발견하여 자신의 삶에 대해 좀 더 풍부하게 설명할 기회를 제공하기 위해 사용된다.

일곱째, **회원 재구성**re-membering **대화**는 삶이라는 클럽의 회원을 다시 새롭게 구성하는 기법이다. 이 기법은 삶의 클럽에서 대안적 이야기로 새롭게 구조화된 삶을 영위하기 위해서는 클럽 회원도 새롭게 구성해야 한다는 전제에 기반한다. 집단원은 회원 재구성 대화를 통해 자신의 삶에서 여러 가지 부정적 영향을 주고받던 관계를 보다 긍정적으로 재구조화하여 자신의 정체성을 재구성할 기회를 얻게 된다.

여덟째, **정예의식**definitional ceremonies은 집단원이 자신에 관한 생각을 다시 만드는 새롭고 풍부한 이야기를 발전시킨 경우, 다른 집단원들, 선택된 친구, 또는 배우자/동반자가 지켜보는 앞에서 행하는 의식을 말한다(White, 2007). 이는 집단원으로 하여금 자신이 발전하고 있다는 확신을 하게 하는 효과가 있다. 이때 유의할 점은 지켜보는 사람들이 박수, 동의, 축하, 또는 집단원의 이야기를 해석하지 않도록 하는 것이다.

끝으로, **진술**telling · **재진술**retelling은 외부 증인들(집단치료자 외의 사람들)에게 자신의 발전된 이야기를 들려주는 기법이다. 이 기법은 흔히 새로운 이야기를 격식에 얽매이지 않는 방식으로 진행되는데, 타인과의 논의, 집단원 자신 또는 타인에게 편지 쓰기, 자서전, 창조적 작품 제작(예, 그림, 조각 등), 동영상 또는 블로그 제작, 외부 증인, 정예의식 등이 활용되기도 한다.

집단치료과정.   이야기치료집단은 일반적으로 표 6-7에 제시된 것과 같이 4단계로 진행된다(White, 2007).

표 6-7. 이야기치료집단의 진행단계

단계	활동 · 작업
☐ 도입	○ 집단치료자와 집단원이 만나 관계가 시작되고, 집단원이 문제로 가득 찬 이야기를 나눔
☐ 패턴 점검	○ 집단원이 문제로 가득 찬 이야기에 모순 · 반대되는 이야기를 찾아냄
☐ 재저술	○ 집단원이 새롭고 더 긍정적인 이야기를 만들어 내는 시기
☐ 변화	○ 삶에 대해 더 새롭고 긍정적으로 전망하고, 집단종결을 준비함

이야기치료집단에서 치료자는 '사람이 문제가 아니라, 문제가 문제'라는 신념으로, 문제의 외현화를 통해 집단원이 문제에서 자신을 분리하여 문제를 좀 더 명확하게 조망할 수 있도록 돕는다. 또한 균형 잡힌 경청과 질문을 통해 집단원의 지배적 이야기

에 모순 또는 반대되는 이야기를 되살려 낸다. 특정 문제가 어떻게 집단원의 삶을 저해하고 지배하며 낙담시켜 왔는지에 대한 이야기를 점검·이해하기 위한 논의를 한다. 그뿐 아니라 집단원의 지배적인 이야기를 이해하고 반대되는 이야기를 만들도록 도움으로써 더 만족스러운 삶을 영위할 수 있도록 돕는다. 이에 집단원들은 자신들의 이야기를 점검·이해하고, 자신들의 내면에 깊숙이 침투해 있는 이야기를 해체하여 새로운 이야기를 재저술^{reauthoring}한다. 집단원들이 자신들의 지배적 이야기가 지닌 큰 영향력을 깨닫게 되면서, 지배적 이야기의 힘은 약화, 해체, 분리된다. 집단원의 이야기 재저술은 자신이 누구인지에 대한 새로운 시각을 갖게 하고, 더 만족스러운 삶으로 이끌게 하는 효과가 있다(Hart, 1995). 글상자 6-27은 이야기치료집단의 진행과정을 현지(여, 중 2)라는 청소년에게 적용한 예다.

글상자 6-27. 이야기치료집단의 작업과정 예화

> 평소 자신이 쓸모없고 사랑받을 가치조차 없다고 이야기하던 현지(여, 15세)는 집단치료자로부터 그런 문제가 없던 시간에 관해 이야기해 달라는 요청을 받는다. 문제로 가득 찬 이야기 중에서 예외를 발견하는 일은 새로운 이야기의 재저술과 낮은 수준의 거리 두기 작업을 시작하기 위한 것이다. 이 작업을 통해 자신이 사랑받을 만하다고 생각하게 된 현지는 집단치료자와 자신의 삶에서 새로운 선택뿐 아니라, 새로운 교우관계를 시작하는 것 같은 높은 수준의 과제에 관한 대화를 나눈다. 문제로 가득 찬 이야기는 여전히 존재하지만, 긍정적이고 새로운 이야기를 재저술하게 되면서 현지의 문제는 다른 의미를 지니게 되고 그 영향력은 점차 줄어든다. 현지는 새로운 렌즈를 통해 서서히 자신을 새로운 시각으로 보게 된다. 이 과정을 통해 현지는 점차 낮은 수준의 거리 두기 작업에서 높은 수준의 거리 두기 작업으로 옮겨 가게 된다.

동기강화면담집단 / Motivational Interviewing Group

동기강화면담(MI)은 윌리엄 밀러와 스티븐 롤닉(Miller & Rollnick, 2012)이 창안한 것으로, 내담자 중심·목표 지향적 접근방법이다. MI는 본래 습관적 음주 같은 중독문제 해결을 위한 단기개입방법으로 개발되었다. 그러다가 점차 물질남용, 강박적 도박, 섭식장애, 불안장애, 우울증, 자살, 만성질환 관리, 건강을 위한 행동에 적용되었

다(Arkowitz & Miller, 2008; Arkowitz, Westra, Miller, & Rollnick, 2008). MI 집단은 집단
치료 상황에서 MI 정신, 과정, 기술을 사용하여 변화 동기를 강화하고, 변화 촉진을
위해 치료자와 집단원 간에 건강한 상호작용을 형성하며, 같은 공간에서 1명 이상의
치료자와 2명 이상의 집단원으로 구성되는 모둠이다(Wagner & Ingersol, 2013). MI 집
단에서는 건강한 변화를 이루는 데 있어서 집단원을 그 자신에 관한 최고의 전문가로
인정한다. 이에 집단원의 문제 이해에 있어서 전문가의 입장보다는 집단원의 관점에
집중한다. 또한 집단원의 내적 동기를 증가시켜 행동 변화를 유발하고자 한다. 그렇
다고 해서 집단원들이 집단을 이끌어 나가도록 방임하는 것이 아니라, 집단치료자가
집단이 생산적인 방향으로 나가도록 이끈다.

기본 개념.   MI 집단의 기본 개념은 ① 양가감정, ② 공감·방향성, ③ 동기강화
면담 정신, ④ 의사소통방식으로 집약된다.

첫째, **양가감정**ambivalence은 지금까지 살아온 대로 사는 것과 뭔가 새롭게 시도하는
것 사이에서 논쟁하도록 양쪽에서 끌어당기는 상황을 말한다. MI 집단은 목표 지향적
으로, 집단원이 자신의 변화에 대한 양가감정을 탐색·해결하고 변화대화(변화를 향
해 나아갈 때 집단원이 사용하는 언어)를 통해 긍정적 변화에 초점을 맞춤으로써 생각,
감정, 변화를 향한 동기를 탐색하고, 문제를 유발하는 패턴에서 벗어나 더 만족스러
운 삶을 위한 행동 변화를 도출하도록 돕는다. **변화대화**change talk는 'DARN-CAT'(열망
Desire, 능력Ability, 이유Reasons, 필요Need, 전념Commitment, 활성화Activation, 조치Taking steps)로 구분된다
(Amrhein, Miller, Yahne, Palmer, & Fulcher, 2003). DARN은 변화준비언어preparatory change
talk로, 집단원이 변화를 원하는지와 관련된 말을 경청하다가 변화를 원한다는 대화를
더욱 정교화하는 것이라면, CAT는 변화실행언어mobilizing change talk에 해당하는 요소다.

둘째, MI 집단에서 **공감**과 **방향성**이란 로저스가 강조한 공감을 바탕으로, 집단원이
선택한 치료적 방향성을 심사해서 집단치료자가 더 낫다고 여기는 쪽으로 선택하도록
조언하거나, 때로 이들에게 동의하지 않거나 구체적으로 지시하는 것을 말한다.

셋째, **동기강화면담 정신**이란 MI의 핵심 가정으로, ① 파트너십, ② 집단원의 자율
성 지지, ③ 연민, ④ 유발성을 가리킨다. 즉, MI 정신은 상호존중을 바탕으로 협력하
고('파트너십'), 집단원 스스로 선택하고 다양한 사항을 고려하여 행동을 취할 수 있는
능력과 권한을 존중하며('자율성 지지'), 모든 것이 집단원에게 최선이 되도록 돕고('연
민'), 집단원으로부터 문제가 되는 행동을 정하고, 염려하는 바를 탐색하여 변화에 대

한 낙관성 또는 의도를 끌어내는 것('유발성')이다.

넷째, **의사소통방식**은 'OARS', 즉 개방질문$^{Open\ questions}$, 인정^{Affirmation}, 반영^{Reflection}, 요약^{Summaries}을 말한다. **개방질문**은 집단원이 여러 가능성을 탐색하고 다양한 관점에서 상상해 볼 수 있게 하는 이점이 있다. **인정**은 집단치료자의 동의 또는 승인이라기보다는 일종의 경외와 존중으로 집단원을 바라보고 그의 재능, 에너지, 자질을 존경의 마음으로 보는 것이다. **반영**은 집단원이 언어적·비언어적으로 전달하는 메시지를 부분적 또는 전체적으로 들은 대로 되돌려 주어 확인하는 것이다. **요약**은 앞에서 나눴던 대화를 정리해 주거나 주제에 맞게 이야기를 다시 제시하는 것이다.

집단치료목표.   MI 집단치료의 목적은 집단원의 개인적 목표와 가치를 기반으로 변화를 위한 내적 동기를 높이는 것이다(Arkowitz & Miller, 2008). MI는 비지시적인 인간중심 접근과 달리 지시적이며, 변화에 대한 양가감정 감소와 내적 동기 증진이라는 구체적인 목표가 있다. 집단치료자는 집단원을 교육하려 들기보다 자신의 모습 그대로를 더 편안하게 느끼고 자기 고유의 목소리를 더욱 선명하게 들게 해 줌으로써, 자신이 믿는 것과 자신을 어떤 사람으로 경험하는지를 더욱 명확하게 할 수 있도록 돕는 역할을 한다. 이를 위해 집단치료자는 집단원을 긍정적으로 보면서 그 자체만으로 독특한 존재임을 수용해 준다. 그 결과, 집단원은 자신을 누군가가 말한 대로 되어야 하는 것에 제한하지 않고, 진정한 자신이 되어 갈수록 더 자신에게 일치하는 방식으로 행동하게 된다.

주요 기법.   MI 집단에서 주로 사용되는 기법으로는 ① 기본대화 조성, ② 고급대화 조성기법이 있다. 이 집단에서는 집단의 방향, 목적, 핵심이 집단원을 긍정적인 변화의 길로 안내하는 것이라고 전제한다. 이를 위해서는 집단대화가 유연하게 진행되어야 하고, 집단원이 적극 참여하여 자신에 관한 이야기를 해야 한다. 이를 위해 집단치료자에게는 집단대화를 촉진할 수 있는 숙련된 기술이 필요하다. 즉, 집단의 초점이 생산적이고 유연하게 흐르도록 하여 집단원이 자신의 가치관, 목표, 변화계획과 관련해서 더 명료하게 생각할 수 있는 방향으로 이끌 수 있어야 있다. 기본대화기법과 고급대화기법은 바로 이러한 작업을 위해 필요한 기법인 동시에 전략이다.

기본대화기법에는 ① 초점 설정, ② 논의 도출, ③ 초점 유지, ④ 초점 이동이 포함된다(Wagner & Ingersol, 2013).

첫째, **초점 설정**은 집단대화의 교통정리다. 즉, 집단원에게 말할 기회를 주거나, 말을 멈추게 하거나, 방향을 전환하게 하거나, 다른 집단원이 먼저 가도록 기다리게 하는 등의 신호를 주는 기법이다. 이 기법은 집단원들을 연결하여 집단대화가 생산적인 방향으로 진행·유지되게 하는 데 사용된다. 초점 설정은 회기가 시작될 때 치료자가 자신이 생각하는 주제를 말하거나, 활동을 소개하거나, 새로운 집단원 또는 쟁점에 초점을 맞춤으로써 집단대화가 초점이 없는 잡담처럼 흐르지 않도록 하는 데 유용하다.

둘째, **논의 도출**은 집단원들의 자기개방을 끌어내는 것이다. 논의 도출을 위해서는 질문, 2인 1조 대화, 돌아가며 말하기, 시청각자료 활용, 대화 초대, 침묵, 연결, 소통방식 안내[개방질문, 인정, 반영, 요약(OARS)] 등의 방법을 활용한다. 특히 침묵은 집단원들이 대체로 침묵하는 경우 초조해하기보다는 여유 있는 자세로 말없이 기다려 주는 것이다.

셋째, **초점 유지**는 변화 실행 방향으로 집단대화를 머무르게 하는 것이다. MI 집단의 초점은 단순히 집단원의 주장성, 대인관계 민감성, 감정표현보다는 집단원이 삶의 선택과 행동 패턴에 대한 소유권을 발달시킬 수 있도록 하는 것에 둔다. 이에 집단치료자는 집단의 초점이 생산적인 변화 경로상에 있는지 살핀다.

넷째, **초점 이동**은 집단의 목표 달성을 위해 집단논의의 방향을 바꾸는 것이다. 이는 집단작업이 특정 집단원에게 너무 집중되거나 집단원이 결론 없는 이야기를 계속할 때 적용된다. 이처럼 비생산적인 기류가 흐르는 경우, 집단치료자가 초점을 이동하지 않으면 집단은 침체되고 독이 될 수 있다.

고급대화기법에는 ① 탄력(초점 가속·감속), ② 넓이(초점 확장·축소), ③ 깊이(초점 심화·완화)가 포함된다.

첫째, **탄력**momentum이란 집단대화가 진전되는 속도, 즉 대화 중 새로운 아이디어가 떠오르는 정도 또는 대화가 어떤 결론 또는 실행 약속을 향해 어떻게 진행되는가를 말한다. 탄력이 느슨한 경우, 결론을 향한 특정 움직임이 저조하고, 아이디어 또는 쟁점만 탐색하는 수준으로 대화가 진행된다. 여기서 **가속**은 문제 또는 과거 탐색보다 변화 실행 방향으로 안내하는 것으로, ① 직접질문, ② 문단 이어 가기 반영, ③ 인정해 주기, ④ (집단이 나아가게 하는 방법에 대한) 선택메뉴 브레인스토밍이 있다. 특히 직접질문은 집단원의 삶이 어떻게 하면 더 나아질 수 있을지, 염려에 대한 부적 정서 반응에서 자유롭기 위해 또는 앞으로 나아가는 것을 방해하는 미결과제 완결을 위해 어떤 도움이 필요한지를 집단원에게 묻는 것이다. 문단 이어 가기 반영은 집단원의 진술 다음에 했을 것으로 짐작되는 말을 하는 것이다. 이 기법에 대한 예는 대화상자 6-8과 같다.

 대화상자 6-8. 문단 이어 가기 반영의 예

> **집단원**: 헬스를 다시 시작하기가 너무 힘들어요.
> **리　더**: 그래서 다시 시작하기 위해 도움이 될 만한 보상 이야기를 하셨군요.

이에 비해, **감속**은 집단을 진전시키기보다 진행속도를 늦추면서 상황을 좀 더 자세하게 알아보며 조심스럽게 선택하도록 하는 것을 말한다.

둘째, **넓이**는 집단의 대화가 특정 사건, 쟁점, 또는 생각에 초점을 맞추는 범위로, 초점 확장과 축소가 있다. **초점 확장**은 집단원의 행동 또는 상황을 연결하여 주제를 설정하는 것이다. 이는 개방질문 또는 양면반영을 사용하여 집단원의 관점을 넓히고, 여러 개의 작은 요소를 포함하는 폭넓은 변화를 일구어 내어 변화계획이 더 풍부해지는 반면, 스트레스는 감소시키는 효과가 있다. 특히 양면반영은 집단원의 양가감정에서 양쪽 모두를 인정해 주는 반응이다(예, "당신은 술을 마시지 않았을 때의 자신의 느낌을 아주 좋아하는군요. 그러면서도 다른 한편으로는 긴장해소와 힘든 순간을 견디게 하는 데 술이 도움이 되는군요."). **초점 축소**는 집단원의 포괄적인 반응을 잘 정의된 관심 분야 또는 변화목표를 향한 것으로 좁혀 주는 것을 말한다.

셋째, **깊이**는 집단대화가 내포하는 의미의 수준을 말한다. 집단대화의 깊이는 표면적 수준(예, 일상생활의 사건, 사실, 피상적 관심사)에서부터 이면적 수준(사적인 문제, 가치관, 정체성, 근원적 관점, 정서체험)의 것이 있다. **초점 심화**는 집단주제에 관한 논의 수준이 안전하고 깊게 들어가는 것을 말한다. 이는 특정 행동의 변화를 가져올 뿐 아니라 집단응집력과 신뢰감 증진, 그리고 민감한 주제 또는 문제를 다룰 마음을 갖게 하는 효과가 있다. 반면, **초점 완화**는 집단논의의 수준을 표면수준으로 다시 돌아오도록 하는 것이다. 이 기법은 초점 심화가 집단원이 다루기에 너무 이른 상황에서 또는 회기 시간이 얼마 남지 않았을 때 사용된다.

집단치료과정.　　MI 집단은 일반적으로 ① 시작, ② 관점 탐색, ③ 관점 확대, ④ 실행 순으로 진행된다.

첫째, **시작국면**engagement phase에서 집단치료자는 집단원들이 편안하게 집단에 참여할 수 있도록 돕고, 초기 집단활동으로 집단원들의 문제와 염려에 대해 더 많이 이야기하도록 편안한 분위기 조성에 초점을 맞춘다. 또한 긍정적이고 조화로운 집단 분위기가 변화의 토대가 된다는 가정하에, 집단치료자는 여러 다양한 형태의 중독초점 집단에서 사용되고 다른 형태의 집단에도 확대 적용되고 있는 변화단계 원리를 활용한다. 그리고 반영적 경청$^{\text{reflective listening}}$을 통해 집단원들의 주관적인 세계를 더 잘 이해하기 위해 노력한다.

둘째, **관점 탐색국면**$^{\text{exploring perspectives phase}}$에서 집단치료자는 집단원들의 개인적 관점과 상황을 함께 탐색하게 함으로써 집단원들 간의 상호작용이 깊어지도록 돕는다. 이때 리더는 '부정적인' 집단원이 자신의 저항을 집단에 투사하지 않도록 관심을 가지고 주시한다. 부정적인 집단원은 다음과 같은 말을 하면서 은근히 집단과정을 방해하려고 할 수 있다. "난 전에도 이런 집단에 참석해 본 적이 있지만 전혀 효과가 없었어요." "얘들은 말은 그럴싸하게 늘어놓지만, 그런 말들은 그냥 여기서 듣기 좋으라고 하는 말뿐이라는 것 잘 알고 있어요." 일부 집단원은 이러한 체계를 악용할 수도 있겠지만, MI를 적용하는 숙련된 집단치료자는 협력적 · 객관적 방식을 유지함으로써 이러한 저항에 대처하는 한편, 질문을 통해 집단원들의 불일치에 대한 통찰의 기회를 제공한다.

셋째, **관점 확대국면**$^{\text{broadening perspectives phase}}$에서 집단치료자는 집단원들이 새로운 가능성을 고려하도록 하는 한편, 사라진 희망이 되살아나도록 하고, 고려할 문제점에 대해 타인의 관점을 받아들일 수 있도록 돕는다. 이를 위해 집단치료자는 집단원의 저항을 존중하는 입장을 취하면서, 집단원이 보이는 주저함 또는 조심스러운 태도에 대해 치료적으로 작업한다. 집단원들이 보이는 변화에 대한 더딘 모습은 이들이 현재 상태로 남아 있는 이해할 수 있는 이유와 변화를 위한 이유 둘 다 가지고 있기 때문으로 간주한다.

넷째, **실행국면**$^{\text{moving into action phase}}$에서 집단치료자는 집단원들이 실전연습을 할 수 있도록 하고, 목표를 향해 한 걸음씩 나아가도록 하며, 집단과 이들의 일상 모두에서 새로운 방법으로 지낼 수 있도록 돕는다. 이 과정에서 집단치료자는 사람들이 흔히 삶에서 변화의 필요성을 인정하면서도 변화에 대한 두려움과 염려도 함께 가지고 있고, 변화에 대한 주저는 지극히 정상적이고 예상되는 치료과정의 일부이며, 변화에 대한 동기는 집단과정에서 변할 수 있음을 염두에 둔다.

통합적 접근 / Integrational Approach

통합적 접근(IA)이란 집단작업에서 특정한 이론을 적용하기보다는 필요에 따라 다양한 이론적 접근의 개념과 기법을 선택·적용하는 접근방법을 말한다. 집단작업의 통합적 접근을 효과적으로 적용할 수 있으려면, 집단치료자는 현존하는 이론에 대한 전문지식을 갖춰야 하는 한편, 자신의 성격, 삶의 경험, 세계관에 대한 이해가 선행되어야 한다. 집단작업과정에서 언제, 어떤 상황에서, 어떤 개념 또는 기법을, 어떻게 적용할 것인지는 이러한 이론적 접근을 적용하는 집단치료자의 전문성, 임상경험, 예술적 감각에 달려 있다. 1980년대 이후에는 집단심리치료의 다양한 이론을 비롯하여 치료기법과 양식의 통합을 위한 다양한 시도가 이루어졌다. 이들 중에는 프로이트Freud의 집단이론, 르윈Lewin의 집단역동, 모레노Moreno의 사이코드라마를 통합하여 집단심리치료의 일반이론으로 개발하려고 했던 셰이드링거(Scheidlinger, 1991)가 있다. 그는 다양한 집단심리치료 모델에 관해 경험이 풍부한 임상가들의 합의점을 글상자 6-28과 같이 정리했다.

🏢 **글상자 6-28. 집단치료에 관한 전문 임상가들의 합의점**

1. 단일 이론과 기법 중심의 치료적 접근은 확실하게 임상적 한계가 있다.
2. 서로 다른 이론적 접근에 따라 숙련된 치료자들이 발표한 연구 결과가 유사하다.
3. 여러 접근의 심리치료는 매우 인상적으로 공통점이 있다.
4. 경험이 풍부한 심리치료자들 대부분은 자신들을 절충주의자로 규정하고 있다.

이러한 시류는 1990년대에 들어서면서 더욱 확대되어, 집단상담과 치료 분야는 정신분석을 비롯하여 게슈탈트치료, 인간중심치료, 인지행동치료, 실존치료, 현실치료, 교류분석, 사이코드라마 등을 포함하는 다원주의pluralism 경향을 띠고 있다. 이에 대부분의 임상가는 종전과는 달리 특정 이론에만 한정하지 않고, 필요에 따라 다양한 이론과 기법을 임상에 적용하는 실용적·통합적·절충적 접근을 사용하고 있다(Corey & Corey, 2017). 집단작업에 통합적 접근을 적용하는 경우, 집단리더가 스스로에게 던져 볼 필요가 있는 질문의 예는 대화상자 6-9와 같다.

대화상자 6-9. 집단리더의 자기탐색질문 예시

○ "집단에서 순간순간 어떤 일이 일어나는가?"

○ "나는 어떤 집단리더의 역할을 하고자 하는가?"

○ "나는 집단원 개개인과 어떤 형태의 관계를 발달시키고자 하는가?"

○ "나는 집단에서 어떤 이론적 접근, 개념, 또는 기법의 적용에 관심이 있는가?"

○ "내가 택한 집단리더의 역할은 집단과정에 어떤 영향을 미칠 것으로 생각하는가?"

○ "나는 집단원의 강점과 자원 평가, 문제해결방법, 그리고 기대하는 결과가 어떤 방식에 의해 나타나기를 원하는가?"

통합적 접근을 적용하는 집단리더는 특정한 이론적 접근의 기본 철학에 충실하면서도 다양한 접근으로부터 도출된 개념과 다양한 기법을 집단목적 성취를 위해 통합·활용할 수 있다.

성찰활동 / 함께 해 볼까요?

1. **내게 쓰는 편지** 3분 정도 모두 눈을 감고 명상을 한다. 그런 다음, A4 용지에 각자 자신에게 하고 싶은 말을 편지 형식으로 자유롭게 써 보자. 예를 들어 과거를 회상하거나, 미래에 소망하는 일, 자신에 대한 위로, 용서를 구하는 기도문 혹은 용서를 선포하는 편지를 작성할 수 있다. 모두 작성을 마치면, 편지를 모아서 뒤섞는다. 무작위로 한 장씩 뽑아서 돌아가면서 큰 소리로 읽는다. 모두 읽고 나면, 서로 소감을 나눈다.

_____

_____

_____

_____

_____

_____

_____

_____

_____

_____

2. ▨나의 언어·비언어 표현▨ 3인 1조로 나눈 다음, 아래의 활동지를 나누어 준다. 참여자들은 활동지에 제시된 상황을 읽고, 자신이 그 상황에 놓일 때 흔히 나타내는 언어·비언어 표현을 적는다. 활동지는 다음과 같다.

---

1. 아버지는 내가 듣기 싫어하는 말씀을 하셨다. 내 맘이 몹시 상했다.
   ○ 언어: _____
   _____

   ○ 비언어: _____
   _____

2. 새로 소개받은 사람에게 호감을 느꼈다. 그런데 그 사람도 나와 같은 감정을 가지고 있는지 잘 모르겠다.
   ○ 언어: _____
   _____

   ○ 비언어: _____
   _____

3. 대학/대학원에 와서 새로 사귄 친구가 번번이 약속시간을 어겨서 무시당하는 느낌이 들었는데, 오늘도 또 약속시간보다 30분이나 늦게 왔다.
   ○ 언어: _____
   _____

   ○ 비언어: _____
   _____

4. 이번 학기에는 공부할 양이 너무 많아서 과연 살아남을 수 있을까 염려하고 있는데, 지도교수님이 또 엄청난 양의 일거리를 주신다.
   ○ 언어: _____
   _____

   ○ 비언어: _____
   _____

5. 상담실습 중인데, 내담자가 이전에 했던 말을 무덤덤하게 또다시 반복하고 있다. 너무 지루하다 못해 졸리기까지 하다.
   ○ 언어: _____
   _____

   ○ 비언어: _____
   _____

소집단별로 각자 작성한 내용을 비교해 보고, 대체하면 좋을 법한 반응에 대해 의견을 나눈다. 이때 다음과 같은 질문을 스스로에게 던져 봄으로써 이 활동을 통한 경험을 심화시킨다.

1. 자신의 감정표현방법에 대해 어떤 생각과 느낌이 들었나요?
2. 보다 효과적인 의사소통을 위해 기존의 자신의 감정표현방법을 어떻게 바꾸고 싶은가요?
3. 자신의 감정표현방법이 마음에 들지 않는다면, 구체적으로 어떻게 대체하고 싶은가요?
4. 다른 사람들의 감정표현방법에서 본받을 만한 점이 있다면, 어떤 부분인가요?
5. 다른 사람들의 감정표현방법은 어떻게 바꾸면 좋을까요?

3. **내 삶의 도전적인 인물** 5인 1조로 나누고 나서 구성원들 각자 삶의 과정에서 가장 어려움을 겪었던 사람들을 떠올려 보자. 이 사람들은 전형적으로 어떤 특징이 있었는가? 이들과의 관계에서 어떻게 대처했는지에 대해 서로 이야기를 나누어 보자. 조별 토론이 끝나면, 전체 집단에서 활동의 소감을 나누어 보자.

SECTION

2

집단상담과 치료/
실제

CHAPTER
07

집단작업

주인공도 아니고 방관자도 아닌,
그 사이 어디쯤에서
우리는 살아가고 있다.

그리고
어디를 향해 가야 하는지조차
알지 못한다.

우리의 삶은
지극히 정상적인 것 같지만,
조금만 들여다보면
부조리 투성이다.

– 오쇼의 『장자, 도를 말하다』 중에서 –

☐ 집단작업 준비 ⋯ 323
☐ 과정분석 ⋯ 326
◆ 성찰활동 ⋯ 357

집단작업은 사람들에게 유익을 주는가? 만일 그렇다면 어떻게 유익을 주는가? 집단작업은 어떤 방법으로 사람들을 변화시키는가? 집단작업이 치료적 성과를 올릴 수 있는 핵심 동력은 무엇인가? 집단과정에서 이러한 핵심 동력은 각각 어떤 기능을 하는가? 집단작업은 집단원들의 통찰과 변화 도출을 위해 이러한 동력을 어떻게 활용하는가? 집단작업의 핵심에는 집단과정과 역동이 있다. 집단과정과 역동을 집단의 목표 성취를 위한 도구로 활용하기 위해서는 집단의 치료요인들을 기반으로 다양한 집단작업기술, 기법, 전략, 그리고 과정분석을 사용할 필요가 있다. 치료적 집단에 참여하는 사람들은 일련의 집단작업과 새로운 형태의 대인관계를 통해 일상생활에서 미처 깨닫지 못했던 자신의 참모습을 발견하게 된다. 이것이 치료적 집단이 지향하는 방향이자 목적이다.

치료적 집단이 참여자들에게 도움을 줄 수 있는 이유는 지금 여기 경험에 초점을 맞춘 집단작업이 이루어지기 때문이다. 여기서 **집단작업**^{group work}이란 상호 독립적인 집단원들의 목표 성취를 위해 집단리더의 전문적 역량을 기반으로 집단의 안팎에서 이루어지는 총체적인 활동을 말한다. 이 활동에는 집단기술, 자기개방, 상호작용, 대인관계, 이론적 접근에 따른 다양한 기법 및 전략 등이 포함된다. 집단작업은 흔히 집단작업의 기본 및 고급 기술을 기반으로 집단원들과의 치료적 관계 형성, 직면, 해석, 과정분석을 통해 집단원들의 통찰에 도움을 주고, 다양한 기법과 전략을 통해 집단목표 성취를 위한 방향으로 진행된다. 이 장에서는 집단작업을 위한 도구, 즉 과정분석을 비롯하여 직면과 해석 등에 관해 살펴보기로 한다. 집중적 집단작업을 위해서는 먼저 철저한 집단작업 준비가 요구된다.

 ## 집단작업 준비

집단작업을 수행하기 위한 준비 요건으로는 ① 인간 본성의 이해를 위한 이론적 접근에 관한 지식 습득, ② 집단원에 관한 정보·자료 수집, ③ 인간행동에 관한 다양한 이론적 접근을 바탕으로 한 개념화, ④ 개념화에 기초한 치료계획 및 전략 수립이 있다.

이론적 접근에 관한 지식 습득.　집단작업 준비의 첫 번째 요건은 이론적 접근에 관한 지식을 습득하는 일이다. 집단작업을 수행하기 위해서는 다양한 이론적 접근에 대한 지식이 요구된다. 일찍이 칼 로저스^{Carl Rogers}는 치료자가 망치만 가지고 있다면, 모든 문제는 못처럼 보일 것이라고 했다. 이는 치료자가 한두 가지 이론에만 집착하는 태도에 대한 경종이었다. 개념화의 핵심은 특정 이론이 아니라 집단원, 그리고 집단원의 관심사다. 다양한 이론적 도구는 각자 독특하게 형성되어 온 집단원의 대인관계 패턴에 유연하게 개입할 수 있다. 또한 이 도구를 통해 집단원에 대한 이해를 꾀하는 한편, 독특한 특성에 따른 대안적 설명과 변화 촉진을 위한 전략을 마련할 수 있다. 그러므로 집단리더는 다양한 이론적 접근을 통해 집단원의 관심사와 발달 특성을 조망함으로써 집단원을 단순한 못이 아니라, 독특하고 복잡하며 존중받아 마땅한 존재로 인식해야 한다.

　　집단원에 관한 정보·자료 수집.　　집단작업 준비의 두 번째 요건은 집단원에 관한 정보와 자료를 수집하는 일이다. 집단작업에서 지금 여기 경험을 다루기 위해서는 집단원의 (행동·사고·감정·대인관계) 패턴과 이러한 요소들의 발달과정, 그리고 일상생활에서의 대처방식과 욕구충족에 미치는 영향 등에 관한 종합적인 정보와 자료가 요구된다. 집단원에 관한 정보와 자료 부족은 그의 현재 상태 혹은 독특한 발달과정에 대한 몰이해로 이어질 수 있다. 집단원에 관한 자료가 필요한 것은 집단원의 행동, 사고, 감정, 대인관계상의 욕구충족을 위해서가 아니다. 대신, 이러한 욕구들을 인식, 이해, 수용함으로써 집단원 역시 이를 자신의 일부로 받아들일 수 있도록 돕기 위함이다.

　　집단원에 대한 이해는 상세하고도 편향되지 않은 정보와 자료를 기초로 해야 한다. 독특한 삶의 경험, 가족관계, 신체 상태, 문화적 배경 등에 관한 자료는 집단원 이해를 위한 기초 자료다. 이러한 자료는 집단원 모집 혹은 집단의 준비단계에서 구조화된 질문지를 통해 수집할 수 있다. 단, 입원, 물질오남용, 정신과 치료, 자살생각/시도 등의 과거력이 있는 집단원들의 경우에는 이들의 병력/의학력, 가족력, 신체검진, 심리검사 결과, 상담/심리치료 기록 등과 같은 더 심층적인 자료가 요구된다. 또한 필요한 경우 부모를 비롯한 일차가족과의 면담을 통한 정보가 요구된다. 집단원에 관한 종합적인 자료는 행동·사고·감정·대인관계 패턴의 이해와 개념화의 정확성을 높이고, 이는 다시 집단원의 통찰과 변화를 앞당기는 동력이 된다.

　　개념화.　　집단작업 준비의 세 번째 요건은 개념화다. 개념화^{conceptualization}는 이론적 접근을 기반으로 집단원의 주 호소문제를 해소하기 위해 목표를 설정하고, 계획을 수립하며, 문제촉발 원인을 분석하여 전략을 개발하는 과정이다. 정확한 개념화를 위해서는 다양한 이론적 접근에 관한 지식과 집단원에 관한 상세한 정보와 자료가 뒷받침되어야 한다. 개념화는 집단이 진행되면서 수정할 수 있다. 개념화는 집단원의 생애에서 현재 상황, 행동, 감정, 사고에 영향을 주거나 설명력 있는 요인에 초점을 맞춘다. 즉, 집단원의 주 호소문제, 가족 상황, 생활방식, (행동·사고·감정·대인관계) 패턴에서의 부조화, 불일치, 비일관성 혹은 혼합 메시지에 관하여 설명한다. 잘된 개념화는 편견이나 고정관념 없이 논리적이면서도 합리적으로 이루어진 것이다 (Ohlson, Jackson, & Nelson, 1997). 따라서 개념화는 단순히 집단원의 주 호소 내용 자체보다는 호소 내용, 불만사항, 혹은 증상이나 문제가 발생하는 상황의 맥락에 기반을 두어야 한다. 정확한 개념화를 위해 필요한 확인질문의 예는 글상자 7-1과 같다.

> 🏢 **글상자 7-1. 개념화를 위한 확인질문 예시**
>
> 1. 집단원의 (행동, 사고, 감정 및/또는 대인관계) 패턴이 어떻게 발달했는가?
> 2. 이 패턴은 다른 상황, 환경, 관계에서 어떤 목적으로 활용되는가?
> 3. 이 패턴은 과거의 대인관계에서 어떻게 나타났고 또 어떻게 굳어졌는가?
> 4. 이 패턴은 현재의 대인관계에서 어떤 양상을 보이는가?
> 5. 과거 혹은 현재 삶의 적응에 도움이 되는 패턴은 무엇인가?
> 6. 이 패턴을 통해 얻는/잃는 것은 무엇인가?
> 7. 이 패턴을 통해 특정 상황, 환경, 관계에서 얻는/잃는 것은 무엇인가?
> 8. 이 패턴에 의해 대처할 수 있는/대처하지 못한 것은 무엇인가?
> 9. 이 패턴으로 표현되는/표현되지 않는 욕구는 무엇인가?
> 10. 이 패턴의 결과로 보이는 심리내적·대인 간 갈등은 무엇인가?
> 11. 문제의 발달, 목적, 과거/현재 상태를 고려할 때, 집단원의 주 호소 내용은 어떻게 이해되는가?
> 12. 문제의 발달, 목적, 과거/현재 상태를 고려할 때, 집단원의 다른 문제/증상은 어떻게 이해되는가?
> 13. 집단원의 주 호소 내용과 다른 관심사/문제/증상 발달에 영향을 미친 것은 무엇인가?
> 14. 집단원의 삶에서 현재 문제 및 다른 증상의 존속요인은 무엇인가?

주. 패턴은 행동 패턴, 사고 패턴, 감정 패턴, 혹은 대인관계 패턴을 가리킴.

글상자 7-1에 제시된 확인질문들은 과정분석, 직면, 해석 같은 전략을 통해 집중적인 집단작업을 수행하는 데 도움이 된다. 일반적으로, 개념화를 위한 점검 영역은 진단을 위한 것에 비해 범위가 넓다. 진단은 대체로 증상 혹은 행동상의 특징을 DSM 같은 진단체계를 통해 특정 범주로 분류함으로써 이루어진다. 반면, 개념화는 집단원 이 현재 겪고 있는 문제가 언제, 어디서, 누구와, 어떻게, 왜 발달했고, 어떤 목적으로 활용되었으며, 어떤 기능을 해 왔는지에 초점을 맞춘다. 또한 진단은 치료계획으로 직접 연결되지 않을 수 있는 반면, 개념화는 치료계획수립을 위한 필수조건인 동시에 치료계획으로 이어진다는 차이가 있다. 개념화는 개인상담과 치료에서는 물론 집단 작업을 통한 중재의 기본 요소로, 불필요한 전문용어보다는 일상적인 언어로 집단원 들이 이해하기 쉽게 기술되어야 한다(Brems, 2001).

치료계획 및 전략 수립.   집단작업 준비를 위한 네 번째 요건은 집단원에 대한 치 료계획treatment plans과 전략strategies을 수립하는 일이다. 이 작업은 개념화를 바탕으로, 상호작용 촉진 외에 심화된 수준의 집단작업을 실행하기 위한 계획과 전략을 개발하 는 것이다. 이를 위해 집단리더는 집단원의 행동 · 사고 · 감정 · 대인관계 패턴에 관 한 자료와 관찰 결과를 분석하여 계획과 전략에 반영한다. 치료계획과 전략의 초점 은 집단원의 통찰과 변화를 위한 과정분석, 직면, 해석에 집중된다. 이러한 점에서 치 료계획은 일련의 과정으로 이해되어야 한다. 이 과정에서 집단원 개개인에 대해 정 확하게 이해하고 있는가, 그리고 현재 경험과 밀접한 관련이 있는가는 어떤 이론적 접근을 적용하는가에 관한 것보다 중요하다.

치료계획과 전략에는 반드시 목표가 있어야 한다. 목표는 집단원 자신과 삶, 그리 고 현재 관심사에 관한 정확한 개념화를 기초로 설정된다. 과정분석, 직면, 해석 같은 치료전략의 목표는 집단원이 자신의 관심사, 증상 혹은 삶을 이해하도록 돕는 것이 다. 이 목표를 성취하기 위해서는 집단원에 대한 이해, 즉 개념화가 선행되어야 한다. 개념화를 기반으로 집단원의 가슴에 와 닿는 과정분석, 직면, 해석을 통한 집단작업 이 실행된다. 이 과정을 통한 집단원의 통찰은 자기수용과 패턴의 변화 등으로 이어 진다. 이처럼 과정분석은 직면, 해석과 함께 집단작업의 핵심 요소다.

과정분석

집단의 자원 활용을 극대화하기 위한 전략에는 과정분석(과정조명 또는 과정처리로도 불림)이 있다. 집단과정분석group processing은 "집단원들이 ① 자신들의 경험의 의미에 대한 성찰, ② 사고, 감정, 행동에 대한 더 깊은 이해, ③ 집단경험학습의 집단 밖 실생활에의 일반화를 돕기 위해 집단의 지금 여기 상호작용에서 의미 있는 사건들을 중심으로 되짚어 보는 작업이다."(Stockton, Morran, & Nitza, 2000, p. 345) 즉, 집단원이 자신의 욕구, 대처방식, 증상, 패턴(행동, 사고, 감정, 대인관계) 등의 인식·이해·수용을 돕기 위해 치료자와 집단원 사이 또는 집단원들 간의 상호작용에서 순간순간 일어난 역동(감정경험)의 의미를 인지적으로 검토·이해하는 일련의 과정을 말한다. 과정분석은 "집단에서 자연스럽게 발생하는 역동 또는 상호작용하는 사람들 사이의 관계 특성"(Yalom, 2005, p. 345), 즉 순간순간의 경험에 치료적 의미를 부여하기 위한 작업이라는 점에서 '지금 여기 과정분석here-and-now processing'으로도 불린다.

과정분석은 집단역동과 과정에 대한 반성/성찰reflection의 과정이다. 이 작업은 전문지식과 임상경험이 요구된다는 점에서 집단리더가 주로 담당하지만 때로 집단참여경험이 많은 집단원이 하기도 한다. 과정분석의 효과를 높이려면 집단리더와 집단원들에게 노트에 적어 놓도록 하는 방법이 권장된다(Falco & Bauman, 2004; Hall & Hawley, 2004). 이 방법은 기억쇠퇴 또는 소멸을 막을 수 있기 때문이다. 게다가 과정일지process note를 작성하는 일은 집단리더와 집단원들이 매 회기를 상세히 회상할 수 있어서 의미 있는 통찰을 제공하게 하는 동기를 부여함으로써 집단원들에게 자기성찰과 성장의 기회를 제공할 수 있다(Falco & Bauman, 2004). 과정분석의 효과를 극대화하기 위한 또 다른 방안은 과정관찰자를 집단에 데려오는 것이다.

과정분석의 목적

과정분석의 목적은 집단원에게 자신의 패턴(행동·사고·감정·대인관계)이 중요한 타인과의 관계에서 습득되었고, 보다 건설적이고 생산적인 패턴으로 수정하기 위해서는 행동 변화가 필수라는 점을 받아들이도록 돕기 위함이다. 이러한 점에서 과정분석은 치료적 집단이라는 배에 장착된 동력장치다. 집단작업에서 과정분석이 없다면, 동력장치 없이 망망대해에 배를 띄우는 것과 같다. 동력장치가 없는 배는 물결이 흐르는 대로 떠내려갈 수밖에 없다. 배가 목적지에 도착할 수 있는 것은 바로 배에 장착된 동력장치가 있기 때문이다. 아무리 거센 파도가 치더라도 배는 동력장치의 힘으로 거친 파도를 헤치고 목적지를 향하여 나아갈 수 있다. 이 동력장치는 집단이 목표지점에 무사히 도착할 수 있도록 현재 위치를 파악하는 한편, 앞으로 얼마나 더 항해해야 하는지를 수시로 점검하는 역할을 한다.

과정분석을 위해 집단리더는 집단원들의 경험과 상호작용을 지속적으로 관찰하는 한편, 집단과정을 검토·재검토, 인식, 이해하는 작업을 수행해야 한다. 집단역동과 과정이 집단목표 달성을 위한 방향으로 힘을 집중할 수 있게 하려면, 집단에서 이루어지는 상호작용의 집중 조명과 집단원들의 경험 통합 작업이 필수로 요구된다. 이러한 작업의 핵심에 과정분석이 있다. 과정분석은 지금 여기 경험의 의미에 대한 과정인식을 바탕으로 하여 이루어진다. 과정인식process recognition은 과정질문process questions을 통해 활성화·구체화된다. 과정인식의 내용은 과정논평process comment을 통해 집단원들과 공유할 수 있다. 과정분석에 필요한 자원은 다음과 같다.

과정분석의 자원

과정분석의 자원으로는 ① 지금 여기 경험에의 초점, ② 전이, ③ 집단리더의 느낌, ④ 집단리더의 자기개방, ⑤ 일차·이차 목적, ⑥ 집단원의 통찰, ⑦ 집단원의 변화의지, ⑧ 인지부조화, ⑨ 집단리더의 리더십 스타일, ⑩ 경과일지·개인저널이 있다.

지금 여기 경험에의 초점.   과정분석의 첫 번째 자원은 지금 여기 경험에 초점을 맞추는 일이다. 지금 여기 경험에의 초점이란 집단참여 시간과 공간에서 집단원들과의 상호작용을 통해 순간순간 느껴지는 감정과 떠오르는 생각을 인식·표출하는 일련의 과정을 말한다. 이 작업에는 즉각적인 반응으로 상호작용하는 것이 수반된다. 숙련된 치료자일수록 지금 여기 경험을 활성화하는 작업이 집단치료의 핵심 기술임을 강조한다(Corey & Corey, 2017). 지금과 여기, 이 두 요소는 서로 공생관계에 있다. 한 가지 요소만으로는 치료적 힘을 산출할 수 없고, 반드시 두 가지 요소가 함께 기능해야 하기 때문이다. 이 작업의 치료적 수행에 필요한 도구가 과정분석이다.

집단에서 순간순간 느껴지는 감정, 떠오르는 생각, 그리고 표출되는 행동은 집단의 초점이자, 주제이며, 집단작업의 핵심이다. 특히 감정경험은 집단원의 과거사나 현재 일상생활에서의 경험보다 중시된다. 지금 여기 경험에 초점을 맞추는 작업은 집단이 비로소 축소된 사회로 발달하게 하는 동시에 수용, 자기개방, 피드백, 카타르시스, 보편성 같은 다양한 치료요인을 활성화한다. 이러한 요인들은 집단과정과 역동에 강력한 에너지를 제공하며, 과정분석을 통해 집단원의 통찰과 변화가 가속화된다. 경험은 정의적 측면에서의 작업으로, 집단 내 다른 사람들과의 상호작용을 통해 발생한다. 다른 집단원들과의 상호작용에서 지금 여기 경험에 초점을 맞춤으로써 집단원들은 비로소 강렬한 감정경험과 함께 집단작업에 몰입할 수 있게 된다.

　그러나 감정경험은 가열하면 끓다가도 불을 끄면 이내 식어 버리는 냄비 안의 물과 같다. 이러한 성질로 인해 집단에서의 강렬한 감정경험은 집단원으로 하여금 자신에게 의미 있는 변화가 일어난 것으로 여기게 하지만, 이는 일시적인 현상으로, 신기루처럼 나타났다가 이내 사라지기 쉽다. 그러므로 집단경험을 일상생활에 일반화하려면, 과정분석 같은 인지적 작업이 필요하다. 그렇다고 해서 과정분석에만 집중한다면, 집단은 열정과 활력이 없이 메마른 지적인 작업에 치우치게 된다. 그 결과, 집단은 형식적이고 경직되며 냉담한 분위기가 가득한 공간으로 변질되기 쉽다. 그러므로 지금 여기 경험에 초점을 맞추고 과정분석을 통해 집단원들이 순간순간 감정경험을 인식하도록 돕는 일은 집단원들의 의미 있는 감정경험을 촉진하는 한편, 이러한 경험과 변화를 일상생활에 일반화할 수 있는 강력한 원동력으로 작용한다. 집단원의 순간순간 경험은 감정의 전이와 관련이 있다. 지금 여기 경험에 초점을 맞추는 목적은 순간순간 집단리더와 집단원들 간의 전이관계를 탐색하기 위함이다.

　전이.　　과정분석의 두 번째 자원은 전이다. 전이[transference]는 집단원이 자신의 해결되지 않은 갈등 감정을 집단리더에게 투사하는 현상, 즉 집단리더와의 관계에서 발생하는 집단원의 경험(Gill, 1982)이다. 이러한 감정 또는 갈등은 집단원이 과거에 경험한 중요한 타인들[significant others]과의 관계와 연관이 있다. 이 감정을 집단리더에게 투사하는 경우, 그 감정의 강도는 집단원의 삶에서 해결되지 않은 요소와 연관이 있다. 반면, 역전이[countertransference]는 집단리더가 자신의 해결되지 않은 갈등 감정을 집단원에게 투사하는 현상, 즉 집단원과의 관계에서 발생하는 집단리더의 경험이다(Wolf, 1988). 집단리더는 인식되지 않은 역전이로 인해 사신의 해결되지 않은 문세가 집단원의 문제행동으로 여겨질 수 있음을 유념해야 한다(Hays et al., 2011).

　이처럼 개인의 미해결문제는 전이 또는 역전이의 원인이 된다. 이 두 가지 개념은 본래 고전적 정신분석에서 창안된 개념이다. 그러나 최근에는 이론적 접근을 초월하여, 상담자/치료자와 내담자/환자가 생애 동안 학습과정을 통해 발달시켜 온 대인관계방식이자 형성과정으로 간주된다. 집단원의 전이와 집단리더의 역전이가 양자 간의 지금 여기 경험과 관계에 영향을 미치기 때문이다. 집단리더가 자신의 역전이를 적절하게 다루지 않는다면, 집단원들에게 해가 될 수 있다. 집단리더는 자신의 역전이를 없애려고 하기보다는 이러한 반응을 생산적 · 치료적 도구로 활용해야 한다(Hays et al., 2011).

집단은 심리적으로 취약한 패턴 인식이 가능한 공간이다. 이러한 패턴의 인식은 집단원들의 전이를 이해함으로써 가능해진다. 집단 상황에서는 집단원들 간의 상호작용을 통해 잠재적으로 다양한 전이가 나타난다. 집단원들은 과거에 자신들의 삶에서 중요한 타인에게 가졌던 감정을 불러일으키는 타인과 만나게 된다. 이들은 이러한 감정에 대한 탐색을 통해 자신의 해결되지 않은 갈등 또는 오래된 패턴이 현재 어떤 방식으로 역기능적인 행동 또는 대인관계 패턴에 영향을 미치고 있는지에 대한 통찰을 얻을 수 있다. 또한 집단에서의 경험에 초점을 맞춤으로써 집단 밖에서 자신의 행동 패턴과 대인관계 패턴이 어떻게 기능하는지 이해할 수 있게 된다.

집단원은 여기라는 공간에서 지금 이 순간 집단, 집단리더, 그리고 다른 집단원들과 심리적 접촉을 하게 되면서 복잡한 감정을 발달시킨다. 이때 전이와 역전이는 주관적이면서도 개인의 생애사, 욕구, 감정 상태를 반영한다. 이 과정에서 집단리더와 집단원 개개인 사이에 각자의 현실을 반영하는 상호 주관적인 관계가 형성된다(Hays et al., 2011). 그러므로 집단리더가 집단원에 대한 이해의 폭과 깊이를 더할 수 있는 자원은 집단에서 형성되는 관계이며, 치료의 초점은 집단원이다.

집단원은 자신의 성장과 발달에 영향을 준 대인관계 속에서 성장한 존재다. 전이는 집단원이 생애 동안 대인관계를 통해 다른 사람들에게 보여 온 패턴, 해석, 대처방식, 핵심 감정, 욕구 등을 집단리더에게도 동일하게 표현하는 현상이다. 이에 집단리더와의 만남과 관계 형성과정에서 전이가 발생한다. 전이에 의해 집단리더는 집단원의 주변 환경에 있는 다른 중요한 타인들과 마찬가지로 집단원의 깊이 스며들어 있는 행동, 사고, 감정 반응의 표적이 된다. 이러한 이유로, 집단리더와 집단원들 간의 관계에서 지금 여기 경험은 집단원의 과거 혹은 현재의 대인관계와 관련 있는 감정 혹은 욕구 표현을 위한 장^{field}이 된다. 따라서 집단리더는 전이의 속성을 이해함으로써 역전이로 인해 발생하는 분노로 집단원에게 보복하지 않고 중립적인 자세를 유지해야 한다. 집단작업에서 전이는 글상자 7-2에 제시된 것처럼 전형적인 전이왜곡을 초래할 수 있다.

글상자 7-2. 전이왜곡의 예시

전이에 의해 집단원들은 치료자에게 초인적인 힘이 있다고 믿을 수 있다. 집단원들은 치료자의 말을 실제보다 무게 있고 지혜로운 것으로 여긴다. 다른 집단원들이 통찰력 있는 기여를 하더라도 흔히 무시되거나 왜곡된다. 집단에서 이루어지는 진척은 모두 치료자의 공으로 돌려진다. 치료자의 실수, 과실, 심지어 불참까지도 치료자가 집단의 이익을 위해 집단을 자극하거나 촉진하기 위해 고의로 적용하는 기법으로 여긴다. 집단에서 치료자의 존재와 지식 역시 과대평가된다. 집단원들은 치료자의 모든 개입에는 사전에 계획된 깊이가 있어서, 집단의 제반 사건들을 예견하고 통제할 수 있을 것이라고 믿는다. 심지어 치료자의 당혹스러움이나 무지를 고백하는 것 역시 집단의 특정 효과를 위해 고의로 의도된 기법으로 여긴다(Yalom, 2005, p. 209).

그러면 이러한 전이왜곡은 어떻게 해결해야 하는가? 전이왜곡을 해결하려면, 먼저 집단원이 갖고 있는 집단리더에 대한 인상을 다른 집단원들이 갖는 인상들과 비교·확인한다. 이는 다수결 원칙에 의해 결정되는 과정을 의미하지 않는다. 왜냐면 다수보다도 소수 혹은 단 한 명의 집단원의 반응이 정확할 수 있기 때문이다. 다른 한 가지 방법은 집단리더 자신을 치료적으로 적극 활용하는 것이다. 즉, 집단리더가 자기개방의 폭을 점차 확대함으로써 집단원들이 집단리더에게 갖는 감정을 확인하는 방법이다. 이를 통해 집단원들은 집단리더를 지금 여기 경험에 근거하여 동일한 인간으로 대할 수 있다. 집단리더는 지금 여기에서의 느낌에 초점을 맞추고, 느낌을 공유하는 한편, 자신에게 향한 동기나 느낌들을 인정 혹은 반박하며, 집단원들의 솔직한 느낌 표현이나 피드백을 인정해 준다. 또한 과정분석은 집단리더의 느낌이 중요한 요인으로 활용된다.

집단리더의 느낌.   과정분석의 세 번째 자원은 집단리더의 느낌이다. 집단리더의 임상경험에서 오는 느낌은 집단, 집단원, 그리고 집단원들 간의 상호작용에 대한 것으로, 집단과 집단원에 관한 유용한 정보의 원천이다. 집단리더의 느낌 역시 지금 여기에 초점을 맞춘 상태에서 인식되는 것이어야 한다. 집단리더의 개입은 느낌을 활용하여 집단원의 정서적·주관적 경험에 공감적으로 조율하면서 진정한 태도로 이루어져야 한다(Schermer, 2000). 집단, 집단원, 그리고 집단의 상호작용 등에 대해 갖게 되는 지루함, 혼란스러움, 답답함, 조급함, 초조함, 불편감, 좌절감 같은 느낌은 종종 집단작업에 유용하게 활용된다. 집단리더의 느낌에 대한 진술의 예는 대화상자 7-1과 같다.

대화상자 7-1. 집단리더의 느낌에 대한 진술의 예

○ "은하 씨는 지난주에 서준 씨의 피드백을 받은 이후부터 서준 씨와 저에게 마음의 문을 닫은 것처럼 느껴집니다."

○ "저는 지현 씨에게 지속적으로 가슴에 와 닿는 느낌이 있어요. 다른 사람들을 위해 헌신적으로 돌봐 주고 있다는 말씀을 들을 때는 대단한 분이라는 생각이 들면서도, 때로는 주변의 모든 사람을 기쁘게 해 주려고 여기저기 돌아다니는 아이 같다는 느낌이 들기도 해요."

○ "건강했던 미연 씨가 몸이 약해져서 어려움을 겪는 것은 참으로 안타깝지만, 자신의 몸이 아픈 것을 병환 중인 시어머니를 돌봐 드리지 않아도 되는 구실로 삼는 것이 아닐까 하는 의구심이 들기도 해서요."

대화상자 7-1에 제시된 진술의 예에서, 집단리더는 집단과정에서 가슴에 와 닿는 느낌을 나눔으로써 집단원들의 통찰을 촉진하고 있다. 집단초기에 집단원들과의 신뢰관계가 제대로 형성되었다면, 직면 또는 도전에 가까운 집단리더의 느낌에 관한 진술은 집단원의 부조화dissonance, 불일치inconsistency, 비일관성incongruence, 혹은 혼합 메시지mixed message 탐색의 기회가 된다. 이 작업을 통해 집단원들은 모험시도, 지금 여기에서의 상호작용, 진정성, 이타심 같은 집단규범을 재인식하게 된다. 그렇다고 해서 집단원들에게 느낌을 일일이 표출할 필요는 없지만, 필요하다는 임상적 판단이 든다면 자신의 느낌과 이해한 내용을 정리하여 해석을 통해 표출함으로써 집단원의 통찰과 변화를 촉진한다.

이러한 상황에서의 느낌은 역전이, 개인적인 문제, 혹은 집단 외부에서 비롯된 사적인 감정이어서는 안 된다. 왜냐면 이러한 감정들은 치료적 효과를 기대할 수 없기 때문이다(Riva et al., 2004). 따라서 집단리더는 자신의 내면에서 발생하는 느낌의 진정성authenticity을 지속적으로 탐색하여 그 느낌이 정확하고 신뢰할 만한지, 그리고 집단작업에 유용하고 가치 있는지 면밀히 검토한다. 이 작업을 위해 요구되는 것은 느낌에 대한 신뢰와 자신감이다. 이를 기반으로 이루어지는 집단리더의 자기개방은 집단원의 통찰과 변화를 촉진할 수 있다.

집단리더의 자기개방. 과정분석의 네 번째 자원은 집단리더의 자기개방self-disclosure이다. 치료자의 시의적절한 자기개방은 집단원의 자기개방을 활성화하여 집단작업을 촉진한다(Marmarosh & Van Horn, 2010). 또한 치료관계를 지배·통제하기보다는 집단원의 진정한 치료 몰입에 도움이 된다(Joyce et al., 2007). 집단원들은 일반적으로 집단리더에게 관심을 보이는 동시에 집단리더가 강력한 힘이 있고 신비한

미지의 존재이기를 바라는 경향이 있다(Yalom, 2005). 집단리더 역시 이와 유사한 욕구가 있는데, 자신에게 이러한 욕구가 있음을 인식하지 못한다면 치료적 측면에서 낭패를 볼 수 있다. 따라서 자신이 결코 전능하지 않음을 인정하는 것은 치료작업의 전제 조건이다. 글상자 7-3은 치료적 집단에서 발생한 집단리더의 자기개방에 관한 예화다.

🏢 글상자 7-3. 집단리더의 실수에 관한 사례

> 집단에서 두 여성 집단원 간에 격한 논쟁이 벌어졌다. 당황한 집단리더는 미처 개입하지 못하고 그저 지켜보고만 있었다. 감정이 격해진 집단원은 눈물을 흘리며, 집단리더에 대해 실망감을 토로했다. 이에 집단리더는 집단 분위기를 회복시키고자 했으나 소용이 없었다. 그러자 집단리더가 말했다. "조금 전 우리 집단에서 논쟁이 있었을 때, 제가 제때 개입하지 못해 유감스럽게 생각합니다. 너무도 갑작스러워서 저도 당혹스러웠나 봅니다. 정말 죄송합니다." 그 순간 두 집단원은 표정이 달라지면서, 치료자도 사람이기 때문에 실수할 수도 있다는 말과 함께 그렇게 말해 줘서 고맙다고 말했다. 집단리더가 자신의 실수를 인정하고 집단원들에게 이해를 구하는 말을 듣게 되자, 경색되었던 집단 분위기가 급격히 호전된 것이다.

그러면 집단리더의 자기개방은 구체적으로 어떤 효과가 있는가?

☐ **집단리더 자기개방의 효과.** 집단리더가 반복적으로 경험하는 감정 또는 경험을 솔직하게 개방하는 것은 전문가로서 품위를 유지하면서도 치료적 기회(예, 모방학습)로 활용된다(Joyce et al., 2007). 그렇지만 자기개방에 앞서 집단이 현재 어떤 상태인지, 그리고 자기개방이 필요할 만큼 집단원들의 참여수준이 저조한지 등을 확인해야 한다. 또한 언제 자기개방을 하고, 언제 물러서야 하는지 알고 있어야 한다. 개인상담 또는 치료와 달리, 집단에서 치료자는 집단의 중심 혹은 치료의 축이 되는 것보다 집단과정을 활성화하는 역할에 더 비중을 두어야 하기 때문이다.

집단원들은 집단초기에 집단리더의 자기개방을 달가워하지 않지만, 집단이 발달함에 따라 점차 그것을 집단과정의 촉진요인으로 인식한다. 그뿐 아니라 집단경험이 많은 집단원일수록 집단리더의 자기개방을 훨씬 더 기대한다(Marmarosh & Van Horn, 2010). 이들은 개인 혹은 전문가로서의 긍정적인 포부와 고독, 슬픔, 분노, 염려, 불안 같은 개인적인 감정을 노출하는 집단리더를 선호하는 반면, 집단원이나 집단에 대해 지루함, 좌절감 같은 부적 감정을 표현하는 것에 대해서는 달갑지 않게 여긴다(Riva et al., 2004). 그러나 집단리더라고 해서 어떤 감정이나 느끼는 것을 그대로 표현해도 되는 것은 아니다. 특히 적개심hostility은 집단원들에게 해가 되고, 돌이킬 수 없으며, 집단원의 중도 포기와 부정적인 치료 결과의 원인이 된다(Yalom, 2005). 그러면 집단리더의 자기개방은 어느 정도의 범위 내에서 이루어져야 하는가?

☐ **집단리더 자기개방의 범위.** 집단리더의 자기개방은 집단의 치료적 효과를 극대화할 수 있는 범위 내에서 이루어져야 한다. 즉, 집단리더는 집단원들의 목표 성취 혹은 집단의 치료적 효과를 극대화하기 위한 분명한 의도를 가지고 자기개방을 해야 한다. 집단리더는 분명한 이유 혹은 의도에 대한 인식 없이 자기개방을 꺼리고 있지는 않은지, 개인적인 성향을 전문가의 입장으로 합리화하고 있지는 않은지 등에 대해 반복적으로 점검해야 한다. 집단원들은 대체로 집단치료자와 개방적이고 개인적인 관계 형성을 원한다(Alle-Corliss & Alle-Corliss, 2009). 이 과정에서 집단원들은 종종 집단리더에게 개인사에 관한 질문을 던지곤 한다. 그 질문의 주제는 글상자 7-4와 같다.

🏛 **글상자 7-4. 집단리더가 흔히 받게 되는 개인사에 관한 질문 사항**

○ 결혼(이혼, 별거, 재혼)	○ 아동학대 여부 및 경험
○ 종교	○ 배우자 학대 여부 및 경험
○ 물질오남용 · 중독 여부와 경험	○ 질병 · 정신장애 경험
○ 외도경험	○ 성 지향성(게이/레즈비언)

집단리더는 자신의 개인사 관련 정보를 기꺼이 밝힘으로써 집단원들에게 자신이 그들을 이해할 수 있고 경험을 공감할 수 있음을 확인할 수 있도록 한다. 물론 그렇다고 해서 집단리더 자신의 개인사를 낱낱이 털어놓아야 하는 것은 아니다. 집단리더의 개인사를 지나치게 상세히 공개하는 것은 치료적으로 도움이 되지 않기 때문이다(Riva et al., 2004). 더욱이 집단리더와 집단원 간의 역할 구분이 모호해질 수 있기 때문이다. 이외에도 집단리더가 집단원들로부터 종종 들을 수 있는 곤란한 질문의 예는 대화상자 7-2와 같다.

 대화상자 7-2. 집단리더가 때로 들을 수 있는 곤란한 질문의 예

○ "선생님은 행복하세요?"

○ "선생님은 삶이 만족스러우세요?"

○ "선생님은 자신을 사랑하세요?"

○ "박사님의 결혼생활에는 아무런 문제가 없나요?"

○ "우리 중에서 누구를 가장 아끼시나요?"

○ "우리 모두를 정말 똑같이 사랑하시나요?"

○ "우리가 상담료를 낼 수 없는 상황이라면, 어떻게 하시겠어요?"

대화상자 7-2에 제시된 질문들은 집단리더에게 때로 위협이 될 수 있다. 물론 이러한 질문에 대해 일일이 답변할 필요는 없다. 왜냐면 이러한 질문들은 집단작업을 위한 계약 체결 시에 집단원들과 암묵적으로 맺은 서로의 사생활 보호와 기본 권리에 도전하는 것이기 때문이다. 이러한 점에서 집단리더는 자기를 드러내지 않아야 할 때가 있는가 하면, 적극적으로 드러내야 할 때가 있다. 단, 집단리더의 자기개방이 치료적으로 중요하다고 하더라도 이론적 접근에 따라 차이가 있다. 또한 집단리더의 자기개방이 치료적 측면에서 의미가 있다고는 하지만, 일관성 있는 자기개방이 반드시 치료효과를 보장하는 것은 아니다(DeLucia-Waack et al., 2014).

집단장면에서든 일상생활에서든, 어느 정도의 개인적·대인관계상의 은폐는 사회질서 유지를 위해 필요한 요인이다(Yalom, 2005). 사회에서와 마찬가지로 집단작업에서도 자기개방의 자유는 책임을 수반하는 경우에만 가능하고 건설적이다. 즉, 집단에서 어떤 이야기라도 털어놓을 수 있지만, 그 말에 책임을 져야 한다. 다른 사람에게 해를 입힐 수 있는 충동이나 감정에서 완전히 자유로운 사람은 없기 때문이다. 그렇다고 해서 다른 사람에게 불쾌감을 줄 수 있는 감정을 표현해서는 안 된다는 뜻은 아니다. 집단원 간에 갈등이 야기되지 않으면, 집단역동은 물론 집단원들의 변화와 성장 역시 기대할 수 없기 때문이다.

집단리더뿐 아니라 집단원 모두는 치료적 집단 분위기 조성에 책임이 있다. 이러한 책임을 기반으로, 집단원들은 대인 간 상호작용을 통해 변화를 위한 행동을 실행에 옮기게 된다. 집단리더의 존재 이유는 정직하게 자신의 내면에서 일어나는 생각과 감정들을 완전히 개방하기 위함이 아니다. 대신, 집단에 대한 책임감을 기반으로 자기개방의 치료적 의미를 명확하게 이해하는 한편, 집단의 치료적 효과를 극대화할 수 있도록 시의적절한 자기개방을 하는 것이다. 지금까지 논의된 집단원들의 지금 여기 초점과 집단리더의 자기개방을 통한 집단 분위기의 변화 등은 과정분석의 주요 대상이 된다. 효과적인 과정분석을 위해 집단리더는 집단원들의 집단참여 목적을 일차 목적과 이차 목적으로 나누어 살펴보아야 한다.

일차·이차 목적.   과정분석의 다섯 번째 자원은 집단원들의 집단참여 목적을 일차 목적과 이차 목적으로 구분하는 일이다. **일차 목적**primary goal이란 집단원이 집단참여를 통해 성취하기를 원하는 것으로, 의식적 차원에서 내세운 목표를 말한다. 여기서 목적은 고통 완화 또는 해소, 원만한 대인관계 형성과 유지, 생산적 삶의 영위 등에 관한 것이다. 이 중에서도 일차 목적의 핵심은 고통 완화 또는 해소에 집중된다. 그러나 집단원들이 집단에 들어오면서 내세웠던 일차 목적은 집단이 발달함에 따라 복잡한 양상을 띠게 되면서 점차 이차 목적이 드러나게 된다.

이차 목적secondary goal이란 집단원이 집단참여 목적으로 설정한 일차 목적과는 무관하게 무의식적 수준에서 성취하고자 하는 욕구를 말한다. 예를 들어, 우울에서 비롯되는 고통 해소를 위해 집단에 참여한 사람의 실제 집단참여 목적이 집단상담을 통해 상태를 호전시켜 자신의 경쟁자들보다 훨씬 더 우월한 건강 상태를 과시하기 위함이었다는 사실이 밝혀지는 것이다. 또한 집단에 참여하게 된 동기가 이혼에 따른 우울 해소(일차 목적)라고 밝힌 남성 집단원의 이차 목적은 집단이 진행되면서 자신의 남성적인 매력이 건재함을 재확인하기 위함이었음이 드러날 수 있다. 이처럼 이차 목적은 집단원 자신도 의식하지 못할 정도로 내면에 잘 감추어져 있다는 특징이 있다. 이에 집단원들의 집단참여 목적은 집단이 진행됨에 따라 종종 변경된다. 이러한 점에서 집단원의 일차·이차 목적을 구분할 수 있는 능력은 집단의 성과와도 직결된다. 이 두 가지 목적을 구분할 수 있는지는 집단작업 진척의 지표로 활용된다.

일차 목적과 이차 목적은 주로 과정분석을 통해 구분할 수 있다. 이를 바탕으로 집단이 목적 성취를 위한 방향으로 나아가고 있는지 판단할 수 있다. 집단이 목적 성취를 위한 방향으로 작업해 나가고 있는지에 대한 지속적인 점검은 집단리더의 중요한 과업이다. 집단초기에 집단원들은 흔히 집단작업에 대해 이중적인 태도를 보이는 경향이 있다. 즉, 의식적으로는 변화를 원하면서도 기존의 익숙한 행동·사고·감정·대인관계 패턴의 변화시도에 저항을 나타낸다. 집단초기에 저항을 보이는 집단원의 사례는 글상자 7-5와 같다. 여기에 제시된 사례에서 집단원의 일차 목적과 이차 목적을 구분해 보자.

🏛 **글상자 7-5. 일차·이차 목적을 구분하기 위한 사례**

　직장에서의 대인관계 문제로 치료적 집단에 자발적으로 참여한 집단원이 있었다. 그는 집단초기부터 자신과 나이가 비슷한 집단리더와 미묘한 방식으로 마치 경쟁이라도 하려는 것 같은 행동을 보였다. 다른 집단원들에게는 물론, 집단리더의 공감적 반응이나 과정논평에 대해 비웃는 것 같은 태도를 보였고, 때로 명상하듯이 눈을 지긋이 감고 있기도 했다. 급기야 집단리더가 그 집단원에 대한 무기력감을 나타냈을 때, 그 집단원은 흡족한 표정을 지으며 집단리더에게 상담을 받아 볼 것을 권했다.

　글상자 7-5에 제시된 사례에서 집단원은 자신의 일차 목적보다는 이차 목적을 달성하기 위한 노력을 전개하는 듯이 보인다. 물론 이러한 노력은 집단원의 일차 목적 달성을 저해하게 된다. 왜냐면 이 집단원은 일차 목적보다는 이차 목적 달성을 위한 방향으로 자신의 에너지를 집중하고 있기 때문이다. 이 사례에서처럼, 때로 집단참여 목적을 성취하기 위해 노력하기보다는 집단리더와의 경쟁에서 상대를 무기력하게 만든 승리감을 얻기 위해 에너지를 소모하는 집단원이 나타나기도 한다. 이처럼 집단에는 집단원들의 이차 목적 성취를 위한 자원들이 널려 있다. 의식적이든 무의식적이든 간에 집단원들은 다른 집단원들과의 관계에서 힘, 우월성, 지배성, 매력, 존경 등에 관한 사회적 욕구를 충족하고자 한다(DeLucia-Waack et al., 2014). 이차 목적 성취에 집중하는 집단원들의 특징은 글상자 7-6과 같다.

🏛 **글상자 7-6. 이차 목적 성취에 집중하는 집단원들의 특징**

1. 자신의 이미지를 왜곡시켜 드러낸다.
2. 집단리더의 도움을 교묘하게 거부한다.
3. 자신의 사실적인 정보를 은폐하고자 한다.
4. 자신의 긍정적인 면만을 부각시키려고 한다.
5. 다른 집단원들에게 필요한 도움 제공을 꺼린다.

　따라서 집단리더는 집단원들의 일차 목적과 이차 목적을 구분하여 집단작업에 임하는 한편, 적절한 개입과 전략을 적용하여 집단원들의 통찰과 행동 변화를 위해 리더십을 발휘해야 한다. 그러면 과정분석을 통해 집단원의 통찰을 유도하기 위해서는 어떻게 해야 하는가?

집단원의 통찰.   과정분석의 여섯 번째 자원은 집단원의 통찰이다. 통찰^{insight}은 개인의 노력으로 얻는 것이 훨씬 더 가치가 있다. "집단심리치료자는 자신의 전문적 능력과 지혜를 잠시 밀어 놓고, 집단원 스스로 통찰에 도달할 수 있도록 인내심을 발휘해야 할 때가 있다."(Foulkes & Anthony, 1963, p. 153) 숙련된 집단리더일수록 자신의 권위를 내세워 해석하기보다는 집단원이 스스로 노력해서 얻도록 돕는다. 이를 위해 집단리더는 적절히 시간 간격을 두어 집단원들이 집단 내 상호작용의 의미를 되짚어 보게 함으로써 과정분석에 참여하도록 한다. 집단원들을 과정분석에 동참하게 하는 것은 자기성찰$^{self-reflection}$을 통해 통찰을 앞당길 수 있도록 돕기 위함이다. 집단 과정에서 집단원들에게 지금 여기 경험에 초점을 맞추는 작업에서 잠시 벗어나 집단의 과정분석, 즉 집단원들의 상호작용 양상을 돌아보게 하기 위한 진술의 예는 대화상자 7-3과 같다.

🏠 **대화상자 7-3. 집단원의 과정분석을 돕기 위한 진술의 예**

리 더: 집단이 시작된 지 벌써 30분이 지났네요. 잠시 오늘 집단 회기에 대해 어떤 느낌이 드는지 이야기를 나누었으면 합니다. 중간에 어떤 일이 진행되고 있는지는 잘 모르겠지만, 지난 회기에 이어 여러분 사이의 관계가 전과는 무언가 다르다는 느낌이 듭니다. 예를 들어, 적극적으로 참여하던 명인 씨가 말이 없어졌고, 자인 씨는 오늘따라 자주 팔짱을 끼고 천장만 바라보고 있고, 주안 씨는 명인 씨를 노려보듯이 응시하고 있네요. 오늘 집단에서 어떤 경험을 하고 있나요?

대화상자 7-3에 제시된 예에서, 집단리더는 집단원들의 대화를 잠시 끊고 과정분석을 위한 개입을 하고 있다. 특히 열띤 논쟁이 있었다면, 즉시 개입을 통해 강한 감정 표출을 돕는 것이 집단원들의 자기성찰을 위한 중요한 기회가 된다. 또한 감정의 의미를 되짚어 보는 것은 집단원들의 통찰을 위한 필수 작업이다. 집단경험에 대한 과정분석의 대상은 글상자 7-7과 같다.

🏢 **글상자 7-7. 집단경험에 대한 과정분석의 대상**

1. 지난 회기를 마치고 귀가했을 때의 느낌
2. 이번 회기에 참석하기까지의 느낌 혹은 생각
3. 집단 회기에서 일어난 사건에 관한 생각

집단원의 변화 의지.   과정분석의 일곱 번째 자원은 집단원의 변화 의지다. 집단원의 결단을 행동으로 옮길 수 있게 하는 원동력은 바로 변화하고자 하는 의지다. 집단리더는 다양한 기술, 기법, 전략을 적용하여 집단원이 통합integration, 즉 자신을 위한 최선의 이익이 될 수 있는 선택을 실행에 옮기도록 돕는다. 변화 의지를 갖거나 이를 실천하는 것은 강요나 주입으로 이루어져서는 안 된다. 다만 집단원이 의지를 갖거나 실천하는 데에서 걸림돌을 제거해 주는 역할을 담당한다(Prochaska & Norcross, 2014). 이때 집단리더의 목표는 다음 네 가지 기본 전제 중 한 가지 혹은 그 이상의 것을 수용하도록 집단원들을 안내하는 일이다(Yalom, 2005, p. 182). 변화를 위한 기본 전제는 글상자 7-8과 같다.

글상자 7-8. 변화를 위한 기본 전제

1. 내가 스스로 창조한 세상은 오직 나만이 변화시킬 수 있다.
2. 변화에는 위험이 없다.
3. 내가 진정 원하는 것을 얻으려면 내가 변해야 한다.
4. 나는 변할 수 있고, 변할 수 있는 능력이 있다.

집단원이 이러한 기본 전제를 진정으로 받아들인다면, 변화를 위한 청신호가 켜진다. 변화가 일어나려면, 집단원과 집단의 대인관계 문화 사이에 인지부조화가 존재해야 한다.

인지부조화.   과정분석의 여덟 번째 중요한 자원은 집단원에게 나타나는 인지부조화 현상이다. 인지부조화cognitive dissonance란 행동과 신념이 조화를 이루지 못할 때 나타나는 긴장 상태를 말한다(강진령, 2008). 이는 심리적 불편함을 조장하여 태도, 신념, 혹은 행동 변화를 통해 조화로운 상태를 회복하기 위한 동기motive를 활성화한다. 인지부조화 개념은 1957년 사회심리학자 레온 페스팅거Leon Festinger(1919~1989)가 창안한 개념으로, '인지적 불협화음'으로도 불린다. 이 개념의 핵심은 인간에게는 다양한 태도, 신념, 행동의 평형 상태를 유지하려는 경향성이 부조화 상태에 놓일 때 부조화를 감소시키기 위해 학습 혹은 변화를 위한 동기가 높아진다는 것이다. 이 현상은 치료적 집단에서도 일어난다. 즉, 집단 회기가 이어지면서 집단원들은 점차 자기를 개방하게 된다. 동시에, 집단원의 습관적인 대인관계 행동 패턴이 다른 집단원들과의 갈등과 긴장을 유발하면서, 집단원들은 부조화dissonance 혹은 불균형disequilibrium 상태에 놓이게 된다. 이때 발생하는 인지부조화는 집단원에게 변화를 위한 동기를 부여한다.

그러나 아무리 이 변인들 사이에 부조화 혹은 불일치 상태가 존재하더라도 집단원들에게 적절한 수준의 자아강도$^{ego\ strength}$가 없다면 변화를 위한 동력을 얻지 못한다. 따라서 집단리더는 집단원들이 좌절이나 도전을 통해 갈등 상황을 충분히 인식하게 하는 한편, 부조화 혹은 불협화음을 감소시킬 방법을 모색하게 하여 더 적응적인 대인관계 패턴을 탐색 또는 실험해 보도록 돕는다. 이 과업이 성공적으로 이루어지려면, 집단이 다양한 대인관계 패턴에 의해 갈등을 유발할 집단원들로 구성되어야 한다. 그러나 만일 대인관계상의 좌절과 도전이 거센 반면 집단에 대해 느끼는 매력이 너무 적다면, 인지부조화가 잘 일어나지 않는다. 왜냐면 이러한 상황은 집단원들이 변화하게 하기보다는 심리적·신체적으로 집단을 떠나게 하기 때문이다. 반대로, 대인관계상의 좌절과 도전이 너무 약해도 집단원들은 서로 담합만 할 뿐, 자기탐색은 억제되고 인지부조화 역시 잘 일어나지 않는다(Yalom, 2005). 이처럼 집단 내에 변화를 위한 동기가 유발되기 위해서는 집단원들이 다양한 갈등 영역, 대처방법, 그리고 갈등을 유발하는 대인관계방식에 노출되어야 한다. 이러한 점에서 갈등은 변화의 필수 요인이다.

집단리더의 리더십 스타일.   과정분석의 아홉 번째 중요한 자원은 집단리더의 리더십 스타일이다. 집단리더의 리더십 스타일을 일직선 위에 놓고 볼 때, 한쪽 끝에는 권위적이고 신비적이며 전능한 이미지를 추구하는 집단리더가 있다면, 다른 한쪽 끝에는 집단원과 다름없이 평범한 인간임을 강조하는 평등주의^{egalitarianism}를 신봉하는 집단리더가 있다. 그러면 후자에 속하는 집단리더의 리더십 스타일은 집단작업 성과에 어떤 영향을 미칠까? 집단리더가 집단원들에게 공개적으로 집단에 대해 느끼는 모호성, 불확실성, 불안감, 임상경험의 부족, 아직 더 배울 것이 많다는 사실에 대해 솔직하게 털어놓는 것은 현명한 선택일까? 집단초기에 이루어지는 집단리더의 자기개방은 자신감과 용기에서 나오는 것처럼 보일 수 있다. 그러나 다른 한편으로는 집단리더의 전문성에 대한 회의감에 의해 신뢰관계 형성을 저해할 수 있다. 즉, 투명성^{transparency}에 집중하다가 집단을 이끌어야 하는 소임을 다하지 못할 수 있다.

집단작업 수련생들은 대개 집단운영에 자신의 인간적 자산을 충분히 활용하도록 훈련받는다. 이에 따라 적잖은 집단리더들이 자신의 인간적인 면을 부각시키거나, 심지어 자유와 자발성을 강조하기도 한다. 그러나 이러한 집단은 전문가로서의 권위와 전능함, 그리고 철저하게 중립적 입장을 강조하는 전통적인 치료자 못지않게 변화에 대한 집단원들의 희망과 기대를 꺾는 분위기가 조성될 수 있다. 그 이유는 의도와는 달리 치료자가 적절한 리더십을 발휘하지 못할 수 있기 때문이다. 그러면 집단리더는 집단종결 시까지 줄곧 변함없는 리더십 스타일을 유지해야 하는가? 그렇지 않다. 집단이 발달함에 따라 집단리더에게는 조금씩 다른 형태의 리더십 스타일이 요구된다(Kivlighan & Tarrant, 2001). 예를 들어, 집단초기에 집단원들은 구조화와 집단참여를 위한 따스한 지지와 격려를 필요로 한다. 그러나 집단 회기가 진행될수록 집단원들의 변화를 위한 동기부여를 위해 집단리더의 카리스마와 함께 사용되는 직면이 빛을 발한다(Alle-Corliss & Alle-Corliss, 2009). 집단리더는 집단의 특정 단계에서의 적절한 리더십 관련 행동이 다른 단계에서는 부적절할 수 있다는 사실을 기억해야 한다.

경과일지·개인저널.　과정분석의 열 번째 중요한 자원은 경과일지와 개인저널 personal journal을 꾸준히 작성하는 일이다. 집단리더는 집단 회기를 마칠 때마다 집단원 개개인의 활동 내력을 기록·관리한다. 경과일지progress notes를 작성하는 일은 보통 많은 시간이 든다는 점에서 부담이 될 수 있지만, 전문가의 필수 업무에 속한다. 더욱이, 집단작업과 관련한 법정 분쟁이 발생하는 경우, 경과일지는 집단리더를 보호하기 위한 자료로 활용된다. 따라서 집단리더는 각 집단원에 대한 DSM 진단, 치료계획, 목표 달성을 위한 집단작업의 필요성·정당화에 관한 기록, 그리고 경과일지를 성실히 작성해야 한다. 특히 경과일지에는 어떤 개입방법이 치료계획에 대한 성과로 연결되었는지가 기록으로 남겨져 있어야 한다. 따라서 집단리더는 집단 회기를 마칠 때마다 집단원 개개인의 신상 변화, 참여수준, 진척 상황, 목표 성취수준, 다음 회기의 계획 등에 대해 기록해야 한다. 경과일지 내용의 예는 대화상자 7-4와 같다.

대화상자 7-4. 경과일지 내용의 예

> **세　인**: 오늘따라 말이 없음. 집단활동으로부터 다소 철수한 것처럼 보임. 자신의 행동 패턴이 중요한 타인과의 관계에 부정적인 영향을 미치고 있는 사실에 대해 부인하고 있는 것으로 보임. 누군가 말을 걸어 주기를 바라는 것인가? 다음 회기에도 이러한 태도가 계속된다면 적극적인 참여 유도가 요구됨. 그래도 참여수준에 변화가 없다면 개인면담을 통해 현재 어떤 상태인지 확인할 필요가 있음. "남편과의 관계는 많이 회복되었다."고 보고했지만, 회복되었음을 확인할 만한 단서는 관찰되지 않음. 어쩌면 종화 씨의 문제와 지나치게 동일시하고 있지는 않은가라는 생각이 듦.

> **지 민**: 지난 회기까지 고심해 왔던 문제에 대한 해결의 실마리를 찾게 되었다고 밝힘. 오늘 처음으로 방어적인 태도가 다소 누그러짐. 자신에 대한 초점을 다른 사람에게 돌리려고 하지 않음. 우울 증상 역시 인지 재구조화를 통해 통제력이 높아졌음. 현재로서는 항우울제를 복용하지 않아도 될 정도로 보임. 부부간의 친밀감 결여에 대해 부인에게 이야기하기로 동의함. 이에 대해 역할연습과 피드백 교환을 함. 자신의 삶을 변화시킬 수 있다는 사실에 대해 자신감을 갖게 된 것으로 보임.
>
> **종 화**: 집단 안팎에서 좀 더 주장적인 행동을 보이겠다는 계획에 대해 이렇다 할 진척을 보이지 않음. 여전히 자신과 다른 남성 집단원들에게 인정을 구하는 듯한 태도를 보임. 모든 일이 잘 진행되고 있다고 보고하고 있으나, 이를 뒷받침할 만한 증거는 보이지 않음. 다음 회기에 자신의 원치 않는 행동을 과장해 보도록 하는 연습이 요구됨. 이 연습에 대해 다른 집단원들의 진솔한 피드백을 들어 보는 것이 필요할 것으로 판단됨.

모든 집단원에 대해 이 정도의 경과일지를 작성하려면, 적어도 30분 이상은 걸릴 것이다. 대화상자 7-4에 제시된 경과일지는 주로 집단리더가 집단 회기 내내 경험하는 내용과 장차 가능한 대안적 치료방법을 제안하는 내용으로 구성되어 있다. 대부분의 집단에서는 집단원들에게 각자 경과일지를 개인저널, 즉 경험보고서 형태로 작성하게 한다. 그리고 때로 이 저널을 집단리더의 것과 상호 교환하기도 한다. 이렇게 하는 이유는 모든 집단원이 집단에서 진행되고 있는 것에 관해 깊이 있게 성찰할 수 있도록 하기 위함이다. 이외에도 표준화된 심리검사를 활용한 진단이 있다. 또한 매 회기를 마칠 때마다 개인저널을 작성하는 것은 집단의 과정분석에 도움이 된다. 개인저널의 구성요소는 글상자 7-9와 같다.

글상자 7-9. 개인저널의 구성요소

1. 집단 회기에 시도하고자 했던 것에 관한 내용
2. 이러한 생각이나 직감과 관련된 집단상담과 치료이론에 근거한 설명
3. 집단 내에서 발생한 사건에 대한 집단리더의 당혹감 혹은 무지
4. 집단 회기에서 거론된 것과 그렇지 않은 것을 포함한 개인적 느낌
5. 집단원 개개인에게 어떤 일이 일어나고 있는지에 대한 생각 또는 직감

과정분석에는 지금 여기 경험을 바탕으로 한 과정인식이 요구된다. 과정분석의 출발점에 과정인식이 있다.

과정인식

과정인식process recognition이란 집단리더와 다른 집단원들과 함께 참여하는 집단작업의 의미를 분별, 판단, 이해하는 것을 말한다. 과정인식은 집단리더는 물론 집단원들도 생산적인 변화를 얻기 위해 반드시 필요한 집단작업의 요소다. 과정인식 능력은 구체적인 지침을 통해 증진할 수 있다. 명쾌한 과정인식을 위해서는 집단원들의 비언어행동이 중요한 자료로 활용된다. 글상자 7-10은 과정인식을 위한 비언어행동 확인질문 목록이다. 이 목록을 통해 집단원의 평소 행동 패턴을 확인하는 한편, 그 행동 패턴에 변화가 있는지, 변화된 행동 패턴의 의미는 무엇인지, 그리고 그 의미는 집단 목표와 어떤 관계가 있는지를 확인할 수 있다.

글상자 7-10. 과정인식을 위한 비언어행동 확인질문 목록

1. 집단상담실에 어떻게 들어오는가! 나가는가?
2. 집단에 가장 일찍/늦게 오는 사람은 누구인가?
3. 습관적으로 지각/결석/조퇴하는 사람은 누구인가?
4. 주로 앉는 곳(출입구/창문 쪽)은 어디인가?
5. 앉는 자리에 변화는 없는가?
6. 주로 누구와 함께 앉는가? 함께 앉은 사람이 달라졌는가?
7. 집단리더와 가까이/멀리 앉는가?
8. 누구와 서로 가까이/떨어져 앉는가?
9. 이야기하면서/이야기하지 않으면서 누구를 쳐다보는가?
10. 누가 시계를 보는가?
11. 실내에서도 외투를 벗지 않는 사람은 누구인가?
12. 갑작스럽게 의상이나 용모(성형수술, 머리 모양, 메이크업 등)에 변화를 준 사람은 누구인가?
13. 특정 행동(관심을 끄는 행동, 불안정한 시선, 팔짱 끼기, 다리 꼬고 앉기, 발 떨기, 하품, 잦은 자세 변경, 구부정한 자세 등)을 보이는 사람은 누구인가?
14. 언행이 불일치되는 집단원은 누구인가?(예, 집단에 대한 관심이 높아졌다고 하면서 지각/결석/조퇴 혹은 철수행동을 보임)

비언어행동은 각기 독특한 의미를 담고 있다. 이러한 점에서 비언어행동은 대인관계에서 언어행동 이상으로 메시지 전달을 위한 중요한 매개체 역할을 한다. 비언어행동은 자발적으로 나타나는 특성이 있어서 흔히 행위자조차 인식하지 못한 감정이 행동으로 표출된다. 이러한 특성 때문에 집단원 상호 간의 반응은 치료자에게는 과정인식의 중요한 자료가 된다. 집단리더는 과정논평을 통해 집단원들에게 비언어행동의 의미를 전달함으로써 자기탐색의 효과를 높이는 한편, 다른 집단원들을 과정인식에 필요한 반응을 끌어내는 동역자로 활용한다. 비언어행동의 변화는 집단원 혹은 집단 분위기에 변화가 있음을 의미한다. 예를 들어, 집단리더 혹은 특정 집단원의 옆에 앉던 집단원이 어느 날 갑자기 떨어져 앉는 것은 그 대상에 대한 태도 변화 혹은 특정 감정이 생겼음을 의미할 수 있다. 한편, 과정인식은 집단원들이 표출한 언어행동과 비언어행동뿐 아니라 표출하지 않은 언어행동과 비언어행동도 대상으로 삼는다. 이에 대한 예는 글상자 7-11과 같다.

📑 **글상자 7-11. 표출되지 않은 집단원의 언어 · 비언어행동 관련 쟁점의 예**

1. 집단에서 한 번도 다루지 않은 주제
2. 지지 · 격려를 받은 적이 없는 집단원
3. 한 번도 공격 대상이 되지 않은 집단원
4. 지지 · 격려 또는 정적 피드백을 해 본/들어 본 적이 없는 집단원
5. 집단상담실에 들어올 때 환영하는 표현을 들어 보지 못한 집단원
6. 집단리더에게 직접 반응, 피드백, 질문을 해 본 적이 없는 집단원
7. 공격적 표현 또는 부적 피드백을 해 본/들어 본 적이 없는 집단원
8. 남성/여성들에게 지지 · 배려를 하면서도 여성/남성들에게는 하지 않는 집단원
9. 남성/여성들에게는 충고 · 제안을 하면서도 여성/남성들에게는 하지 않는 집단원
10. 남성/여성들에게는 부적 피드백을 제공하면서도 여성/남성들에게는 한 번도 하지 않는 집단원

주변 사람이 곁을 떠나게 되면, 사람들은 종종 그 사람의 역할에 대해 많은 것을 인식하게 된다. 예를 들어, 가족 구성원이 어떤 이유로 집을 떠나게 되면, 가족들은 집을 떠난 가족 구성원이 가정에서 차지했던 역할과 기능을 새삼 깨닫게 된다. 이와 마찬가지로, 집단원이 자리를 비우게 되면, 다른 집단원들은 예전에 의식하지 못했던 그에 대한 느낌을 경험하게 된다. 또한 그 집단원의 역할과 대인관계상의 의미를 인

식하게 된다. 이러한 느낌과 경험을 집단에서 나누는 것은 집단원들에게 치료적 단서가 된다. 이러한 시도는 집단원들 간의 상호작용과 의사소통에 담겨 있는 대인관계상의 메시지와 그 의미를 파악하고 이해하려는 중요한 치료적 작업이다. 치료적 작업을 위한 확인질문의 예는 글상자 7-12와 같다.

> **🏢 글상자 7-12. 집단의 치료적 작업을 위한 확인질문의 예**
>
> 1. 집단원의 말과 행동 사이에 불일치하는 점은 없는가?
> 2. 언어적 표현 내용이 시간차를 두고 일관성이 결여된 부분은 없는가?
> 3. 반응하는 사람이 말하는 사람을 비현실적으로 인식하고 있지는 않은가?
> 4. 방금 표출한 내용에 대해서보다 상위의사소통 차원에서 반응하고 있지는 않은가?
> 5. 지금 여기에서의 상호작용에 대해서가 아니라 종전의 상호작용에서 파생된 감정을 표출하고 있지는 않은가?

표출되지 않은 집단원들의 말과 행동이 집단작업에 어떤 의미를 지니고 있는지 살펴볼 수 있는 사례는 글상자 7-13과 같다.

> **🏢 글상자 7-13. 표출되지 않은 말과 행동의 의미를 나타내는 사례**
>
> 경미한 우울 증세가 있는 상태에서 집단에 참여한 가영은 평소 다른 사람들에게서 무시당하는 느낌이 드는 것에 대해 토로했다. 이에 집단리더는 즉각적으로 이 집단에서 그런 느낌을 주는 사람이 있는지 물었다. 그러자 가영은 주저 없이 성훈을 가리켰다. 성훈은 표정이 변하면서 항의조로 말했다. "왜 하필 접니까? 전 가영 씨에게 아무 말도 한 적이 없는데요." 이 말이 채 끝나기도 전에 가영이 말했다. "바로 그 점이에요. 5회기가 지나도록 성훈 씨는 저한테 말 한마디 건넨 적이 없었거든요. '나라는 존재는 성훈 씨 세계에는 없나 보다.'라는 생각이 들었거든요."

글상자 7-13에 제시된 사례에서, 집단원 가영은 집단리더의 개입과 함께 다른 집단원들과의 상호작용을 통해 평소 다른 사람들에게서 무시당하는 느낌에 대해 작업하고 있다. 집단원 성훈은 가영의 반응을 통해 표출되지 않은 자신의 말이나 행동이 다른 사람에게 어떤 영향을 미치게 되는지에 대한 통찰의 기회를 얻고 있다. 명확하고 효과적인 과정인식을 위해서는 과정질문을 통해 다양하고 중요한 정보와 자료를 수집해야 한다.

과정질문

과정질문^{process questions/inquiry}이란 과정분석의 일부로, 과정인식 촉진을 위해 고안된 일련의 질문을 말한다. 집단 회기가 진행되면서 집단의 초점은 점차 외부에서 내부로, 추상적인 것에서 구체적인 것으로, 일반적인 것에서 개인적인 것으로 옮겨 간다. 과정질문은 정답을 찾기 위한 질문이라기보다는 집단원들에게 자기성찰의 기회를 제공하여 통찰을 촉진하기 위한 도구다. 그러므로 과정질문을 통해 집단원들에 관한 정답을 알 때까지 기다릴 필요는 없다. 집단리더는 대화상자 7-5에 제시된 간단한 질문으로 과정질문을 시작할 수 있다.

 대화상자 7-5. 과정질문의 예

1. "지금 어떤 생각이 떠올랐나요?"
2. "지금 이 순간 어떤 느낌이 드나요?"
3. "현재 자신에 대해 어떤 느낌이 드나요?"
4. "오늘 집단에서 어떤 경험을 하고 있나요?"
5. "지금 그 표정/몸짓/자세는 무엇을 의미하나요?"
6. "현재 당신의 몸에서 어떤 일이 일어나고 있나요?"
7. "지금 저한테 하고 싶은 말이 있다면 어떤 말인가요?"
8. "오늘 집단경험을 한 단어로 표현한다면 어떤 단어가 떠오르시나요?"
9. "이 집단에서 생각은 떠오르면서도 말로 표현하지 못한 것이 있다면 무엇인가요?"
10. "방금 어머니/아버지에 대해 말할 때 어떤 생각이 스쳐 지나갔나요? 저에게도 그런 느낌이 들었나요?"
11. "이전과는 달리 이번에 새로 들어온 집단원을 반기지 않는 것 같은데, 현재 이 집단에서 어떤 일이 진행되고 있나요?"
12. "지난주에 '이기적인 사람'이라는 말을 들은 것이 어렵게 살았던 시절에 관한 이야기를 지금 꺼내신 것과는 어떤 관계가 있나요?"
13. "어린 시절에 아버지와의 관계에서 가슴에 맺힌 분노가 여전히 남아 있다고 했는데, 그 분노를 이 집단에서 푼다면 누구에게 풀고 싶으세요? 그 이유는 무엇인가요?"

대화상자 7-5에 제시된 예에서처럼, 과정질문은 집단원들의 사적인 경험에 관한 탐색을 위한 것이다. 이러한 질문은 흔히 일반인들 사이에서는 무례한 행동으로 여겨질 수 있다. 예를 들어, 다른 사람의 행동에 대해 긍정적인 반응을 보인다면, 이는 그 사람에게 잘 보이려고 하거나 아부하는 듯한 인상을 줄 수 있다. 반대로, 부정적인 반응을 보인다면, 오히려 반감을 일으키거나 상대에게 시비 거는 행동으로 오인될 것이다. 그뿐 아니라, 일상생활에서 지금 여기에서의 행동에 대해 대인관계상의 경험을 말하는 것은 그리 자연스러운 일이 아니다. 그러나 치료적 집단에서 집단리더의 질문을 받게 된다면, 집단원은 지금 여기에 초점을 맞추어 대화상자 7-6과 같이 반응할 수 있다.

 대화상자 7-6. 집단원의 지금 여기 경험에 초점을 맞춘 반응의 예

> **집단원:** 저는 미주 씨가 우리 집단에 들어온 것에 대해 진심으로 환영하지만, 말씀이 너무 추상적이고 장황하면서도 또 훈계조로 들려서 반응하기 많이 힘들어요. 저는 오히려 미주 씨가 우리 집단에 들어온 이래로 어떤 느낌이 드는지 알고 싶어요.

대화상자 7-6에 제시된 반응은 미주라는 집단원에게 자기성찰을 통해 통찰을 가져다줄 기회를 제공하고 있다. 과정질문을 바탕으로 이루어지는 대화의 예는 대화상자 7-7과 같다.

 대화상자 7-7. 과정질문을 통한 대화의 예

> **[예 1]**
> **예 진:** 남편만 생각하면 너무나 화가 나요. 정말이지 미워 죽겠어요.
> **리 더:** 이 집단에서 그 감정을 표현한다면 누구에게 표출하시겠어요?
>
> **[예 2]**
> **순 명:** 솔직히 말해서, 저는 저에 대해 정말 맘에 안 드는 것이 있는데요. 때로 아무렇지도 않게 거짓말을 한다는 거예요.
> **리 더:** 지금까지 우리 집단에서 했던 거짓말 중에서 가장 마음에 들지 않는 거짓말은 무엇이죠?
>
> **[예 3]**
> **세 연:** 지난주에도 그런 일이 있었는데요. 제가 가진 최대 결점은 너무 소극적이고 남의 말을 너무 잘 믿기 때문에 다른 사람의 속임수에 쉽게 넘어가는 것입니다.
> **리 더:** 이 집단에 있는 사람 중에 세연 씨에게 가장 많이 영향을 주는 사람이 누군가요? 반대로 누가 가장 적게 영향을 주고 있나요?

> **예 4**
>
> **인　수**: 지난번 집단에서도 그랬는데, 저는 저에 관한 이야기를 하려고 하면 왠지 누군가가 흉을 볼 것 같아서 겁이 나요.
>
> **리　더**: 이 집단에서 누가 가장 인수 씨 흉을 볼 것 같나요?

대화상자 7-7에 제시된 대화의 예에서, 집단리더는 일련의 과정질문을 통해 집단원이 지금 여기 경험에 초점을 맞추도록 돕고 있다. 나아가 다른 집단원들의 반응을 유도하여 집단의 상호작용을 심화시키고 있다. 집단원들이 과정질문에 위협을 느끼지 않도록 하는 방법은 다음과 같다.

　　과정질문방법.　　치료적으로 효과적인 과정질문을 하기 위해서는 ① 긍정적 상호작용에의 초점, ② 하위집단활동의 활용, ③ 가정법 형식의 활용, ④ 구체적 지침의 활용을 고려해야 한다.

　　첫째, 긍정적인 상호작용에 초점을 맞추는 것이어야 한다. 이를 고려한 과정질문의 예는 대화상자 7-8과 같다.

 대화상자 7-8. 긍정적인 상호작용에 초점을 맞추는 과정질문의 예

> ○ "이 집단에서 누가 준하 씨를 가장 잘 이해해 줄 것 같나요?"
> ○ "우리 집단에서 가장 편안한 느낌이 드는 사람은 누구인가요?"
> ○ "이 집단에서 아인 씨와 가장 비슷하다고 생각되는 사람은 누구인가요?"

　　둘째, 2인 1조와 같이 하위집단으로 나누어 활동하도록 하는 것이다. 규모가 적은 인원으로 구성된 상황에서 집단원들은 자신과 유사한 문제 혹은 관심사를 지닌 사람이 있다는 사실을 쉽게 확인할 수 있다. 보편성, 즉 자신의 문제나 관심사를 공유할 수 있는 사람이 집단에 존재한다는 사실만으로도 집단원들의 위협감과 불안감은 훨씬 감소할 수 있다. 이는 집단원들에게 지금 여기 경험에의 초점 설정을 용이하게 한다.

　　셋째, 가정법 형식을 활용하는 것으로, 그 예는 대화상자 7-9와 같다.

대화상자 7-9. 가정법 형식의 과정질문

> **리　더**: 태희 씨는 조금 전의 상황에서 영하 씨에게 어떤 느낌이 들었나요?

> 태 희: 글쎄요, 저는 아무런 느낌이 들지 않았어요. 음……, 그냥 왜 그런지 오늘은 집단
>   활동에 참여하는 것이 이전과는 다르다는 생각이 들어요.
> 리 더: 그러면 태희 씨가 예전처럼 적극적으로 참여하고 있다면, 영하 씨에게 어떤 느낌
>   이 들었을 것 같나요?

대화상자 7-9에 제시된 대화의 예에서처럼, 넌지시 가정법 형태로 과정질문을 던지는 것은 완곡한 느낌이 든다는 점에서 집단원들에게 안전감을 줄 수 있다.

넷째, 집단원들에게 구체적인 지침을 제공하는 것이다. 이 방법은 집단리더가 교육자로서 집단원들에게 과정질문을 던지는 법에 대해 직접 시범을 통해 가르치는 것이다. 이때 모호하거나 포괄적인 질문은 지양하고, 구체적이고 시의적절한 질문을 던진다. 비생산적인 질문과 생산적인 질문의 예는 대화상자 7-10과 같다.

 대화상자 7-10. 비생산적 질문 vs. 생산적 질문의 예

> **비생산적 질문**
> ○ "지영 씨가 보시기에 제가 매력이 없나요?"
> ○ "주현 씨는 인하 씨 같은 유형의 남자를 좋아하나요?"
>
> **생산적 질문**
> ○ "기주 씨는 저의 장점과 단점이 뭐라고 생각하세요?"
> ○ "지민 씨가 이 집단에서 적극성을 띠게 하려면 제가 어떻게 해야 할까요?"
> ○ "보영 씨가 저한테 가장 관심을 갖게 될 때와 그렇지 않을 때는 언제인가요?"
> ○ "다른 집단원들과 비교할 때, 이 집단에서 찬양 씨가 한 일을 평가한다면 100점 만점에
>   몇 점을 받을 수 있다고 생각하나요?"
> ○ "이미 오늘 집단을 마칠 시간이 되었다고 가정한다면, 어떤 점에 성취감을 느끼고 싶으
>   세요?"

집단리더는 대화상자 7-11에 제시된 것과 같은 과정질문을 통해 집단원들의 통찰을 촉진할 수 있다.

 대화상자 7-11. 집단원의 통찰을 촉진하기 위한 과정질문

> ○ "당신은 당신이 창조한 세상에 만족하시나요?"

> ○ "이것은 바로 당신이 타인들에게, 당신에 대한 타인들의 의견에 대해, 그리고 당신 자신에 대한 당신의 의견에 대해 행한 것입니다. 당신의 행위에 대해 만족하나요?"

대화상자 7-11에 제시된 질문에 대해 집단원의 답변이 부정적인 경우, 집단리더는 집단원이 더 만족할 만한 세상을 창조하기 위해 변화하겠다고 결심하고, 이를 실천에 옮길 수 있도록 돕는다. 과정질문으로 집단원의 즉각적인 반응을 도출할 수 없는 상황이라면, 집단리더는 단순히 관찰한 집단원들의 반응을 과정논평을 통해 나타낸다. 과정인식의 내용은 과정논평을 통해 집단원들과 공유할 수 있다.

과정논평

과정논평process comment이란 집단원들 간의 상호작용에 있어서 특정 집단원의 특정 행동이 왜 특정 시점에 특정 방식으로 일어나는가에 관한 진술로, '과정언급'이라고도 한다. 즉, 관찰 결과로 얻어진 과정인식을 근거로 과정분석processing 내용을 집단원(들)에게 말로 전달하는 것이다. 과정논평은 집단원에게 숨겨져 있는 지금 여기 경험을 탐색·발견하여, 직접적·공개적으로 다루어질 수 있게 개방하는 작업이다. 이 작업에는 집단리더 혹은 다른 집단원(들)과의 지금 여기에서의 관계에서 갖게 된 집단원의 경험에 관한 표현이 포함된다. 과정논평은 특정 집단원들 간의 상호작용, 집단발달 관련 쟁점, 그리고 다양한 관점에서 집단의 발달과정을 관찰한 결과를 언급하는 것이다. 이러한 점에서, 과정논평의 절차나 방법은 과학보다는 예술에 가깝다. 따라서 이를 지침으로 만드는 일은 그리 쉽지 않다. 대신, 임상경험이 늘어남에 따라 과정논평을 능숙하게 할 수 있는 역량이 축적된다. 과정분석을 설명하기 위한 사례는 글상자 7-14와 같다.

📖 **글상자 7-14. 과정분석을 위한 사례**

> 집단작업에 처음 참여한다는 은서는 왜소한 체구의 미혼 여성이다. 그녀는 집단초기부터 거의 매 회기마다 자발적으로 가장 먼저 자신의 사생활에서의 어려움을 토로하곤 했다. 그러던 어느 날, 은서는 자신이 대인관계에서 헌신적인 태도를 보여 왔음에도 남자들은 자기를 이용하다가 결국 헌신짝처럼 버리고 만다는 불만을 토로한다. 다른 집단원들은 은서를 위로하느라 많은 시간을 할애한다. 그러면서도 그녀의 적극적이고 진지한 태도에 그녀에게 정서적 지지와 관심을 아끼지 않는다. 그럴 때마다 은서는 밝은 미소를 지으며 오히려 집단원들에게 염려하지 말라는 말을 잊지 않는다.

글상자 7-14에 제시된 사례에서, 집단리더는 자신에게 대화상자 7-12와 같은 과정질문을 던져 봄으로써 과정인식을 할 수 있다.

 대화상자 7-12. 과정인식을 위해 집단리더 자신에게 던지는 과정질문의 예

○ "왜 집단 회기가 시작할 때마다 가장 먼저 자신의 어려움을 호소할까?"

○ "왜 다른 집단원들보다도 자신의 어려움을 먼저 드러낼까?"

○ "다른 집단원들이 자신에게 관심을 보이게 하는 이유는 무엇일까?"

○ "왜 하필이면 자신을 나약한 모습으로 묘사할까?"

○ "다른 집단원들의 정서적 지지와 관심이 집중될 때마다 밝은 미소를 지으며 오히려 그 들을 위로함으로써 얻게 되는 것은 무엇일까?"

대화상자 7-12에 제시된 것 같은 일련의 과정질문을 통해 집단리더는 과정분석의 깊이를 더할 수 있다. 과정분석의 결과는 과정논평을 통해 집단원들과 공유하게 된다. 그러나 과정논평은 집단리더 고유의 과업이 아니며, 집단원들도 할 수 있다. 집단원에 따라서는 집단참여 경험이 많아서 이러한 역할수행을 위한 충분한 능력을 갖춘 사람들이 있다. 이들은 섬세하면서도 강력한 영향력을 발휘하는 과정분석으로 집단작업을 촉진하기도 한다. 집단원들 간의 의사소통에는 흔히 미묘한 감정들이 포함되어 있다. 특히 집단참여 경험이 많거나 감수성이 높은 집단원은 집단에서 이루어지는 상호작용 과정과 상위의사소통의 의미를 정확하게 간파하기도 한다. 단, 집단원의 과정논평은 집단원으로서의 역할 회피 혹은 다른 집단원들과 차별화하거나 우월한 지위를 확보하려는 의도로 이루어져서는 안 된다.

집단경험이 많지 않은 집단리더에게 과정분석이나 과정논평은 쉽지 않다. 그렇기 때문에 집단과정을 관찰, 인식, 분석, 이해, 언급하는 일은 집단리더 교육과 수련과정에서 집중적으로 다루어야 할 중요한 과업이자 끊임없이 발달시켜야 할 과업이다. 집단리더로서의 발달 정도는 집단과정의 분석수준과 정적 상관이 있다. 과정분석의 깊이와 넓이가 확대되면서 집단의 상호작용에 대한 민감성과 관찰·인식수준도 따라서 높아지기 때문이다.

과정논평의 절차. 과정분석을 촉진하기 위한 과정논평의 절차는 글상자 7-15와 같다.

🏢 **글상자 7-15. 과정논평의 절차**

1. 지금 여기 경험이 집단리더와 집단원 간의 전이를 반영하는 것일 수 있음을 인식한다.
2. 집단원의 욕구, 패턴 등에 관한 언어 · 비언어행동을 근거로 지금 여기 경험(전이)을 이해한다.
3. 집단원의 지금 여기 경험을 개념화한다.
4. 지금 여기 경험과 관련된 집단리더 자신의 특이 반응을 확인하고 역전이를 인식한다.
5. 과정논평/과정질문을 통해 집단원의 지금 여기 경험 혹은 패턴의 인식 여부를 사정한다.
6. 집단원이 자신의 지금 여기 경험을 인식하도록 돕는다.
7. 집단원이 집단 밖에서 유사한 반응을 보이는지를 파악하도록 돕는다.
8. 지금 여기 경험에서 특정 패턴의 목적, 기능, 의미를 인식하도록 돕는다.
9. 지금 여기에서의 기대 혹은 과거 경험과는 다른 형태의 수용 가능한 반응을 집단원과 함께 탐색한다.
10. 집단원의 갈등 혹은 패턴의 반복을 피하도록 돕는다.
11. 변화에 대한 동기부여 및 지금 여기를 바탕으로 형성되는 패턴을 수용하도록 돕는다.
12. 지금 여기 경험에 반영된 반응 패턴에 변화를 주기 위해 집단원이 현재 관계에서의 반응을 탐색하도록 돕는다.

주. 패턴은 행동 패턴, 사고 패턴, 감정 패턴, 또는 대인관계 패턴을 가리킴.

과정논평이 집단작업의 도구가 되기 위해서는 지금 여기에서 집단과 집단원에게 무엇이 진행되고 있는가에 대한 인식이 선행되어야 한다. 집단작업의 기본 가정은 집단원이 집단리더 혹은 다른 집단원들에게 나타내는 행동을 집단 밖의 다른 관계에서도 보이는 전형적인 반응으로 간주하는 것이다. 만일 집단리더가 이러한 점을 인식하지 못한다면, 집단원과 집단리더 혹은 다른 집단원들과의 관계에서 같은 패턴이 반복되어도 집단작업은 방향성을 잃고 공전하게 될 것이다.

여기서 패턴^{pattern}이란 집단원이 스트레스 혹은 도전을 받는 시기에 자주 반복적으로 나타나는 일련의 특성을 말한다. 그러므로 집단작업에서의 공전을 피하는 한편, 집단목표를 성취할 수 있는 방향으로 나아가려면, 집단리더는 집단원이 다른 관계에서 기대하거나 경험했던 방식과는 다른 방식으로 반응해야 한다. 그렇지 않으면 집단리더 역시 집단원이 나타내는 패턴의 악순환에 일조하는 것이 되기 때문이다. 이에 관한 사례는 글상자 7-16과 같다.

글상자 7-16. 집단원의 전이가 집단리더의 역전이를 유발한 사례

　폭력과 가출을 일삼다가 범죄에 연루되어 치료적 집단에 비자발적으로 참여하게 된 고등학생이 있었다. 그는 집단의 예비모임에서부터 집단리더에 대해 강한 불신감을 나타냈다. 집단이 시작된 이후에도 계속해서 수동공격적^{passive-aggressive} 패턴을 드러내면서 집단리더에게 도전하여 곤경에 빠뜨리곤 했다. 이러한 집단원에 대해 경험이 없었던 집단리더는 점차 조급함을 드러냈고, 인내심의 한계에 이르렀다는 생각에 결국 그동안 누적되었던 분노를 터뜨렸다.

　　글상자 7-16에 제시된 사례에서, 이 청소년 집단원에게 있어서 집단리더의 반응은 자신의 주변에 있는 다른 어른들과의 관계에서 흔히 경험해 온 것으로, 그에게는 익숙하면서도 기대되는 반응이었을 것이다. 이로써 집단리더와 이 집단원의 상호작용은 세상에서의 것과 크게 다르지 않았고, 오히려 세상 사람들이 자신에게 공격적으로 대한다는 그의 신념을 강화할 뿐이었다. 만일 그렇지 않고 집단리더가 자신의 조급함이나 분노가 이 청소년에 대한 역전이 감정이라는 사실을 인식할 수 있었다면, 전문가답게 수용과 이해로 반응할 수 있었을 것이다. 또한 집단리더가 수용적인 태도를 보였다면, 집단원은 상담실 밖의 관계에서와는 다른 경험, 즉 자신과의 관계에서 모든 사람이 분노나 적대감으로 대하는 것은 아님을 인식할 수 있었을 것이다(Hays et al., 2011). 역전이를 인식하지 못하는 경우 외에도 집단리더가 집단원의 패턴 혹은 자신의 역전이 반응을 불편해할 때, 지금 여기 경험에 대한 과정논평이 제대로 이루어지지 않는 경우가 종종 발생한다.

　　과정논평의 방법.　　과정논평은 주로 지금 여기에서 일어난 행동에 초점을 두지만, 몇 회기 전에 일어난 사건이나 행동의 반복적인 패턴도 포함한다. 따라서 치료적으로 유의한 과정논평을 위해 집단리더는 순간순간 집단원들에게서 표출되는 의미 있는 진술들을 모아 놓았다가 적절한 시기에 과정논평을 위한 자료로 활용한다. 치료적으로 유의한 과정논평의 예는 대화상자 7-13과 같다.

 대화상자 7-13. 치료적으로 유의한 과정논평의 예

> **집단 대상**
>
> ○ "이번 회기는 집단의 흐름이 상당히 더디네요."
> ○ "모두 자기개방에 너무 조심스러워하는 것처럼 보이는군요."

○ "오늘따라 집단이 2개로 나뉘어 서로 경쟁하는 것 같은 양상을 보이네요."
○ "새로 들어온 선화 씨가 벌써 여러 회기에 걸쳐 이 집단에 들어오려고 애썼는데도, 우리 집단은 이러한 시도를 별로 반기지 않는 것 같은 느낌이 들어요."
○ "서현 씨가 눈물을 흘린 이후에 갑자기 모두 침묵으로 일관하고 있는데, 여러분의 내면에서 어떤 것이 진행되고 있는 것처럼 느껴지네요."

집단원 대상

○ "당신은 마치 제 입을 봉하려는 듯이 말씀하시네요."
○ "당신은 이 집단에서 선한 사람으로 보이고 싶은가 봐요."
○ "당신은 내게 말할 때마다 마치 이의를 제기하듯이 말하는 것처럼 보여요."
○ "당신의 말 속에 상담자에 대한 강한 감정이 담겨 있는 것 같은 느낌이 드네요."
○ "주먹을 꽉 쥐고 있는데, 현재 당신의 내면에서 어떤 일이 일어나고 있나요?"
○ "오늘따라 말씀하실 때 저와 시선을 마주치지 않으시네요. 제가 관찰한 것에 대해 어떤 생각이 드시나요?"
○ "당신의 몸이 계속해서 무언가 암시를 하는 것 같은데, 관심을 보이고 싶지 않은 것처럼 보이네요."
○ "돌아가신 어머니와의 관계에 대해 말할 때 눈에 눈물이 비친 것처럼 보이네요."
○ "어렸을 때 아버지에게 많이 혼났다고 하면서 저와 시선을 마주치지 않았는데, 그 순간 어떤 느낌 혹은 생각이 들었나요?"
○ "남편과의 관계가 많이 호전되었다고 말씀하실 때 목소리가 약간 떨리는 것처럼 들리네요."
○ "아라 씨의 감정표현에 대해 뭔가 의미 있는 반응을 하고 있는 것처럼 보입니다."
○ "당신은 오늘따라 다른 사람들과 거리를 두고 있는 것처럼 보이네요."
○ "당신은 오늘 모임을 시작할 때부터 무언가 말하고 싶은 것이 있는데, 계속해서 참고 있는 것처럼 보이는군요."
○ "당신의 표정이 경직되고 주먹을 불끈 쥔 상태에서 말씀하시면 두려워질 때가 있습니다."
○ "당신은 남의 일이라면 발 벗고 나서면서도 정작 자신을 위해서는 요구하지 않는 것 같군요."
○ "당신의 말을 듣다 보면, 남편과 헤어지게 된 것이 남편의 사업실패에 의한 경제적인 어려움 때문이 아니라 남편의 성격 때문이었다는 점을 다른 사람들이 알아주기를 바라는 것 같은 느낌이 들어요."

　대화상자 7-13에 제시된 예에서, 과정논평은 한 가지 행동에 대한 느낌을 표현하는 것에서부터 일정 기간에 걸쳐 복합적인 행동들을 종합한 결과를 바탕으로 집단원의 의도를 추론하는 것에 이르기까지 다양하다. 이처럼 과정논평은 집단원의 단순한 행동 단서에 대한 집단리더의 감각적인 반응, 느낌, 혹은 관찰 내용에서부터 행동 및 대인관계상의 변화 등을 소재로 삼는다. 이러한 과정논평은 집단원들로 하여금 지금 여기 경험, 현재 맺고 있는 대인관계, 집단리더, 그리고 다른 집단원들과의 사이에서 순간순간 발생하는 상호작용에 집중하게 한다. 이처럼 즉시성은 집단리더가 집단원의 삶에서 중요하다고 여기는 지금 여기에서 일어나는 현상에 대해 집단원이 관심을 보이게 하는 효과가 있다. 반면, 즉시성은 집단원들에게 정서적으로 충격을 줄 수 있을 만큼 강력한 치료 도구라는 점에서 집단리더의 부단한 연습이 요구된다. 그러면 과정논평은 어떤 형식으로 해야 하는가?

　과정논평의 형식.　　과정논평의 정형화된 형식은 없다. 그러나 대화상자 7-13에 제시된 예에서처럼, "~처럼 보입니다." "~처럼 들립니다." 혹은 "~같은 느낌이 듭니다." 같은 형식은 대체로 어감이 부드럽고 지지적인 느낌을 준다. 이러한 어법을 통해 과정논평을 제공하는 사람이 대상자에 대해 더 알고 싶고 돕고 싶어 한다는 메시지를 전달할 수 있다. 과정논평의 수용성을 높이려면, 이처럼 지지적인 어조로 제공할 필요가 있다. 반면, 범주화, 꼬리표 붙이기, 진단적·판단적 표현은 삼간다. 예를 들어, 피해의식이 있다거나, 자기도취적이라거나, 지나치게 의존적이라거나, 교만하다거나, 오만불손하다는 등과 같은 표현은 피한다. 이러한 표현은 상대방의 부분적 특성을 마치 전체적인 특성인 것처럼 매도할 수 있고, 대상 집단원에게 강한 거부감이나 방어적 태도를 유발할 수 있기 때문이다. 이처럼 전체적으로 비판하는 듯한 표현보다는 개인의 특성이나 부분에 관하여 언급하는 것이 명확하면서도 수용성이 높은 과정논평의 형식이다. 구체적·지지적인 어조로 이루어진 과정논평의 예는 대화상자 7-14와 같다.

🏠 대화상자 7-14. 구체적 · 지지적인 과정논평의 예

> **리　더:** 수빈 씨가 다른 분들과 더욱 가까워지고 싶어 하고, 또 실제로 오늘 현아 씨에게 한 것처럼 다른 사람에게 도움이 되고 싶어 한다는 것을 느낄 수 있습니다. 그런 가 하면, 오늘 병주 씨에게 한 것처럼 다른 사람을 무시하는 것처럼 보일 때가 종종 있더군요. 수빈 씨는 자신에게 이러한 부분이 있다는 것을 알고 계셨나요?

대화상자 7-14에 제시된 예에서, 집단리더는 지지적인 어조를 유지하는 한편, 집단원의 행동에 대해 구체적인 과정논평을 하고 있다. 그러나 이와는 달리 집단기술과 기법들을 무분별하게 사용하거나, 집단을 재미있는 장소로 만들려는 노력, 집단원들의 요구대로 충실히 따르는 행위 등은 매우 유혹적으로 보이지만 치료적 효과 측면에서는 그리 바람직하지 않다(Lieberman, Yalom, & Miles, 1973). 그렇다면 집단원들이 지금 여기 경험에 초점을 맞추고 상호작용하면 자동적으로 치료적 효과가 산출되는가? 반드시 그렇지는 않다. 지금 여기 경험에 초점을 맞추는 것이 치료적 효과를 산출하려면, 글상자 7-17과 같은 일련의 조건이 요구된다.

🏢 **글상자 7-17. 지금 여기 경험 인식을 치료적으로 활용하기 위한 전제 조건**

1. 다른 집단원들과 함께 참여하는 집단작업의 의미를 인식해야 한다.
2. 자신의 행동이 다른 집단원들에게 미치는 영향을 인정해야 한다.
3. 자신의 대인관계 패턴에의 만족 여부를 결정할 수 있어야 한다.
4. 변화 의지의 실행, 즉 변화를 결심하고, 결심을 행동으로 전환할 수 있어야 한다.
5. 변화를 공고히 하고, 집단에서 삶의 현장으로 전이시킬 수 있어야 한다.

그러면 집단원들의 통찰을 촉진하기 위해 집단리더에게 권장되는 과정논평은 어떤 과정을 거쳐서 이루어지는가?

통찰 촉진을 위한 과정논평. 과정논평을 통해 집단원들의 변화를 촉진하기 위한 일련의 과정은 글상자 7-18과 같다(Yalom, 2005, pp. 180-181).

🏢 **글상자 7-18. 과정논평을 통한 집단원의 변화 촉진단계**

○ 1단계: "당신의 행동은 ~한 양상을 띠고 있습니다." ☛ 피드백과 추후 자기관찰을 통해 집단원은 타인에게 비추어지는 자신의 모습을 보게 됨
○ 2단계: "당신의 행동은 타인들에게 ~한 느낌을 주고 있습니다." ☛ 집단원은 자신의 행동이 다른 집단원들의 느낌에 미치는 영향을 알게 됨
○ 3단계: "당신의 행동은 타인들이 당신에 대해 가지고 있는 의견에 ~한 영향을 주고 있습니다." ☛ 집단원은 행동의 결과로 타인들이 자기가치self-worth를 평가하고, 싫어하고 불쾌하게 여기고, 존경하고, 회피하는 등의 반응을 보인다는 사실을 알게 됨
○ 4단계: "당신의 행동은 당신 자신에 관한 당신의 의견에 ~한 영향을 미치고 있습니

다." ☞ 1~3단계에서 수집된 정보를 토대로 집단원은 자기평가를 공식화하고, 자기 가치와 자기가 사랑할 만한지^{lovability}를 판단함

　글상자 7-18에 제시된 절차에 의해 집단원들은 통찰, 즉 자신의 행동이 자신에게 이익이 되지 않고, 대인관계의 본질이 온전히 자기 행동의 결과라는 것에 대해 깊이 인식하게 된다. 이러한 인식을 하게 되는 시점이 바로 변화를 위한 출발점이다.

 # 성찰활동 / 함께 해 볼까요?

1. 　표정의 효과　2인 1조로 나누어 한 사람은 상담자, 다른 한 사람은 내담자 역할을 맡는다. 내담자가 상담자에게 자신의 관심사에 대해 진술할 때, 상담자는 각각 3분 동안 다음과 같은 반응을 보인다. 그런 다음, 역할을 바꾸어 같은 방식으로 역할연습을 한다.

> 1. 내담자의 말에 무표정으로 일관된 반응을 보인다.
> 2. 내담자의 감정 또는 생각과 반대되는 표정을 짓는다. 예를 들어, 내담자가 즐거운 이야기를 하면 슬픈 표정을 짓고, 심각한 이야기를 하면 행복한 미소를 짓는다.
> 3. 내담자가 나타내는 관심사와 감정에 걸맞은 표현으로 반응한다.

역할연습을 모두 마치면, 제시된 세 가지 반응에 따른 경험에 대한 소감을 나눈다. 다음에 제시된 질문은 경험 내용을 구체화하는 데 도움을 제공하기 위한 것이다.

> 1. 표정을 통해 관심 기울이기에 대한 결론은 무엇인가?
> 2. 다양한 표정 반응을 통해 무엇을 얻게 되었는가?
> 3. 상담자로서 자신의 표정에 변화를 주고 싶은 점은 무엇인가?
> 4. 표정에 변화를 주기 위해 필요한 것은 무엇인가?

_____

_____

_____

_____

_____

_____

_____
_____
_____
_____
_____
_____
_____

2. 시선 접촉의 효과 2인 1조로 나누어 한 사람은 상담자, 다른 한 사람은 내담자 역할을 맡는다. 내담자가 상담자에게 자신의 관심사에 관해 이야기할 때, 상담자는 1분 동안 의도적으로 내담자와의 시선 접촉을 피한다. 그런 다음, 1분 동안 내담자와 시선 접촉을 유지한다. 그리고 나서 역할을 바꾸어 같은 형식으로 역할연습을 한다. 역할연습을 모두 마치면, 다음과 같은 질문을 통해 경험 내용을 구체화한다.

> 1. 시선 회피는 내담자와 상담자에게 각각 어떤 영향을 주었는가?
> 2. 상담자는 내담자의 감정을 얼마나 잘 느낄 수 있었는가?
> 3. 시선을 회피하다가 눈을 마주쳤을 때, 어떤 느낌이 들었는가?
> 4. 시선의 회피/접촉은 두 사람의 대화에 어떤 영향을 주었는가?
> 5. 시선과 관련해서 성별 또는 문화적 배경에 따른 영향은 무엇이었는가?

_____
_____
_____
_____
_____
_____
_____
_____
_____
_____
_____
_____
_____

집단작업기술

삶은 불안정하고 불확실하다.
그러나
그것이 삶의 아름다운 점이다.
불확실성이야말로
모든 생명력,
모든 운동의 본질이다.

– 오쇼의 『장자, 도를 말하다』 중에서 –

☐ 내용기술 … 362
☐ 과정기술 … 384
◆ 성찰활동 … 421

등 태산 소천하登泰山 小天下. 공자가 태산에 오른 뒤에야 비로소 천하가 작다는 것을 깨달았다는 고사성어故事成語다. 집단작업기술을 익히기도 전에 치료적 집단의 효과를 논하는 것은 시기상조다. 집단전문가에게 필수로 요구되는 기술을 체득하여 그 효과를 경험하고 나서야 비로소 집단의 힘과 그 효과를 체감할 수 있다. 집단리더에게는 복잡·정교하며 세련된 기술이 요구된다. 이러한 이유로, 숙련된 집단전문가들은 세련된 집단기술이 몸에 배어 있다(AGPA, 2007; ASGW, 2000). 이러한 기술은 집단리더십의 중요한 수단이기도 하다.

흔히들 상담은 예술art이자 과학science이라고 한다. 집단작업도 이와 같아서, 과학적 연구를 통해 검증된 변화전략을 적용하면서도 그 변화의 핵심에는 집단리더의 집단작업기술을 바탕으로 집단원들 간의 상호작용이 창조되기 때문이다. 상호작용을 통해 체험하게 되는 참만남encounter은 마치 예술작품처럼 매우 주관적이고 계량화하기 어려운 속성이 있다. 치료적 집단에서 집단작업의 예술적·과학적 속성을 치료적으로 활용하는 데 있어서 그 기저에는 집단리더의 적극적 경청이 깔려 있다.

적극적 경청은 집단원의 언어·비언어행동에 대해 민감하게 반응하여 집단리더가 이해한 내용을 자신의 말과 행동으로 되돌려주는 의사소통방법이다. 이청득심以聽得心! 귀 기울여 들으면 사람의 마음을 얻는다는 뜻이다. 치료적 집단은 경청으로 시작해서 경청으로 마친다고 해도 과언이 아니다. 치료적 의사소통은 적극적 경청을 토대로 이루어지기 때문이다. 경청은 소통의 시작인 동시에 대인관계의 시작이다. 경청은 그 깊이와 효과의 정도에 따라 3개 수준, 즉 1수준 '듣기hearing', 2수준 '귀 기울여 듣기listening', 3수준 '적극적 경청active listening'으로 구분된다. 이 중에서 가장 깊은 수준의 경청방법은 적극적 경청이다.

치료적 집단에서 적극적 경청이 필요한 이유는 대인 간 의사소통이 '해석적 필터링interpretative filtering'을 거쳐 이루어지기 때문이다. 즉, 메시지의 송신자와 수신자가 각자의 생각, 감정, 경험, 감각 등의 참조틀을 거쳐 메시지를 보내고 또 받기 때문이다. 그 결과, 상대가 전달하려는 본래의 뜻을 왜곡해서 받아들이기도 하고 또 전달하기도 한다. 따라서 대인관계를 중심으로 작업이 이루어지는 치료적 집단에서 적극적 경청을 기반으로 한 집단기술의 적용은 집단작업 전문가의 필수적인 치료행위다. 그런데 때로 특정 요소가 적극적 경청을 방해하기도 하는데, 적극적 경청의 장애요소와 그에 대한 설명은 표 8-1과 같다.

표 8-1. 적극적 경청의 장애요소

장애요소	설명
☐ 부적합한 경청	○ 부주의하고 태만하며 개인적인 고민거리 또는 욕구에 집중함
☐ 평가적 경청	○ 듣는 내용에 대해 판단함으로써 객관성을 상실함
☐ 여과적/선별적 경청	○ 선입관, 편견, 또는 고정관념에 의해 예상되는 생각을 바탕으로 기대되는 것 또는 듣고 싶은 것에만 귀를 기울임
☐ 사실 중심의 경청	○ 구두 진술을 통해 겉으로 드러난 내용만 듣고 미처 드러나지 않거나 감춰진 감정/정서를 놓침
☐ 경청 도중의 시연	○ 다음 반응할 것에 집중하여 반응을 준비하느라 전적으로 귀 기울이지 않음
☐ 동정적 경청	○ 집단원의 이야기에 몰입되어 집단원과 지나치게 동일시함

집단리더의 적극적 경청은 집단원들의 모방학습을 촉진하여 소통의 기본 기술을 습득하여 일상생활에 적용할 수 있는 동시에 집단원들 간의 상호작용에도 적용할 수 있게 한다는 점에서 그 의의가 있다. 적극적 경청을 통해 상대방에게 온전히 주의를 기울이는 것은 대인관계의 토대인 효과적인 의사소통을 위한 기본 태도이자 기술이기 때문이다. 그렇다면 집단작업에 필요한 기술은 어떤 것들이 있는가? 이 장에서는 집단작업기술을 그 기능에 따라 ① 내용기술과 ② 과정기술로 나누어 살펴보기로 한다.

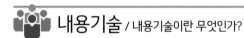 내용기술 / 내용기술이란 무엇인가?

내용기술이란 집단원들 사이의 의사소통 내용을 치료적 측면에서 의미 있게 다루기 위한 일련의 적극적 경청기술을 말한다. 이 기술은 안전한 집단 분위기를 조성하고, 집단원들의 자기개방과 상호작용을 활성화하며, 이들의 변화와 치료를 촉진한다. 집단작업의 내용기술은 주로 개인상담과 치료에서도 사용되는 것으로, ① 명료화, ② 재진술, ③ 반영, ④ 요약, ⑤ 질문, ⑥ 직면, ⑦ 해석, ⑧ 정보제공이 있다.

명료화

내용기술의 첫 번째는 명료화다. 명료화$^{clarification, clarifying}$란 집단원의 모호한 진술 다음에 사용되는 질문형태의 반응기술이다. 이 기술은 집단원이 정확하고 구체적인 진술을 하도록 고안된 특수한 형태의 질문을 사용하여, 집단원의 진정한 사고, 감정, 행동, 경험을 명확하게 파악하는 동시에 자기개방을 촉진하고 자기이해를 심화시키는 데 유용하다. 특히 문화적 배경이 다른 집단원들로 구성된 집단에서 큰 효과를 발휘할 수 있다. 집단원은 흔히 자신의 문제에 대한 진술 내용의 일부를 누락deletion, 왜곡distortion 및/또는 일반화generalization하여 모호하게 진술할 수 있다(Cormier, 2016). 게다가 타인들의 관심을 피하는 한편, 불안감으로부터의 자존감을 보호 또는 방어하기 위해 일반적·추상적 어휘들을 사용하는 경향이 있다. 이때 명료화는 집단원의 진술 내용에서 공백을 메우거나 진술 내용에 의미를 부여함으로써 집단원의 명확한 진술 또는 통찰을 도울 수 있다.

명료화는 집단리더가 집단원으로 하여금 자신의 의사를 더욱 명확하게 정리하고, 구체적인 반응을 요구함으로써, 방어기제에 직면할 수 있도록 고안된 도구다. 이 기술의 적용을 통해 집단원들은 사고와 감정 탐색의 범위를 확대·심화할 수 있다. 집단리더는 집단원의 모호한 메시지를 제대로 이해하지 못한 상태에서 짐작만으로 마치 이해한 것처럼 반응해서는 안 된다. 만일 집단리더가 집단원의 메시지를 분명하게 이해할 수 없다면, 그 집단원 역시 자신이 전달하려는 내용을 분명히 이해하지 못하고 있을 수 있어서, 다른 집단원들과의 상호작용에도 걸림돌이 될 수 있다. 따라서 명료화기술의 적용을 통해 집단원이 소통하려는 메시지를 구체적이고 명확하게 파악하는 것은 집단 모두를 위한 것이다. 집단에서 명료화를 사용하는 시기는 글상자 8-1과 같다.

🏢 **글상자 8-1. 명료화의 사용 시기**

1. 집단원이 더 구체적으로 말하도록 돕고자 할 때
2. 집단원의 진술 내용을 정확하게 들었는지 확인하고자 할 때
3. 모호하거나 혼동되는 진술 내용을 명확하게 할 때
4. 집단리더가 이해한 의미를 집단원에게 투사하는 것을 방지하고자 할 때

명료화는 집단원으로 하여금 자신이 전달하려는 메시지의 핵심 부분에 초점을 맞추고, 혼란스럽고 갈등되는 감정들을 분류해 내는 효과가 있다. 그러나 이 기술은 도전 같은 인상을 줄 수 있으므로 유의해야 한다. 명료화를 하는 요령은 집단원이 말한 진술 내용의 핵심 부분을 반복하면서 집단리더가 나름대로 파악한 내용을 "~라는 것

은 ~라는 뜻입니까?" 또는 "~라는 것은 ~라는 말씀인가요?"와 같이 질문의 형태로 반응하는 것이다. 명료화의 초점 역시 집단원의 사고, 감정, 행동 및/또는 경험에 맞추어진다. 불명확한 진술에 대한 명료화의 예는 대화상자 8-1과 같다.

🏠 대화상자 8-1. 명료화의 예

> **경 진**: 어떤 때는 사무실에서 일하다 보면, 갑자기 제가 점점 미쳐 가고 있는 것이 아닌가 하는 생각이 들면서 무서워질 때가 있어요.
>
> **리 더**: 자신이 점점 미쳐 가고 있다는 생각이 든다는 것은 회사에서 그전과는 다른 정도의 정신적인 어려움을 겪고 있다는 뜻인가요?

재진술

내용기술의 두 번째는 재진술이다. 재진술paraphrase, rephrase, restatement은 어떤 상황, 사건, 대상, 또는 생각을 기술하는 집단원의 진술 중 내용 부분을 집단리더가 다른 동일한 말로 바꾸어 기술하는 것이다. 이 기술은 진술 내용의 반영으로, '바꾸어 말하기'로도 불린다. 집단장면에서 재진술의 목적은 집단원으로 하여금 자신의 진술 내용에 초점을 맞추게 하는 한편, 자신이 말하는 이야기의 핵심을 인식하도록 돕는 것이다. 집단에서 재진술이 사용되는 시기는 글상자 8-2와 같다.

🏠 글상자 8-2. 재진술의 사용 시기

> 1. 집단원이 자기파괴적인 말을 할 때
> 2. 집단 회기의 진행속도에 변화를 줄 필요가 있을 때
> 3. 전체 집단이 경험하고 있는 바를 인식시키고자 할 때
> 4. 집단원들 간의 과열된 상호작용을 진정시키고자 할 때
> 5. 집단원의 감정에 대한 반응이 다소 이르다고 판단될 때
> 6. 집단원이 어떤 이야기를 하고 있는지를 되돌려주고자 할 때
> 7. 집단원의 진술 내용의 심각성을 강조하거나 깨닫게 하고자 할 때
> 8. 2인 이상이 말하고 있는 주제나 사안에 대한 인식을 돕고자 할 때
> 9. 궤도에서 벗어나고 있는 집단의 초점을 중요한 쟁점으로 되돌릴 때

재진술은 집단리더가 편견 없이 파악한 상황, 사건, 대상, 또는 생각 등의 요소 중 한 가지 또는 그 이상에 초점을 맞추어 집단리더의 말로 집단원에게 되돌려주는 과정

이다. 이러한 요소에 따른 재진술의 형식과 그 예는 표 8-2와 같다.

표 8-2. 재진술의 형식

초점	형식 / 예시
☐ 상황	○ "～ 상황이군요." • "주식투자 실패로 현재 재정 상태가 썩 좋지 않은 상황이시군요."
☐ 사건	○ "～(일, 사건)이 있었군요." • "사소한 갈등이 결국 부부간의 큰 다툼으로 번지게 되었군요."
☐ 대상	○ "(사람을) ～하게 여기는군요." • "○○ 씨는 시어머님을 너무 아들만 챙기는 분으로 여기는군요."
☐ 생각	○ "～에 대해 ～하게 생각하는군요." • "남편께서 ○○ 씨의 생일을 기억해 주지 못한 것 때문에 남편의 사랑이 식었다고 생각하시는군요."

반영

내용기술의 세 번째는 반영이다. 반영reflection, reflecting은 집단원의 느낌이나 진술의 감정 부분을 집단리더가 그 느낌의 원인이 되는 사건, 상황, 대상, 또는 생각과 함께 다른 동일한 의미의 말로 바꾸어 말해 주는 기술이다. 반영은 감정에 초점을 맞춘 재진술로, 공감적 이해를 언어적으로 나타내는 기술이다. 메시지에는 말하는 사람이 전달하고자 하는 내용뿐 아니라 내용에 대해 말하는 사람의 감정이 담겨 있다. 예컨대, 집단원이 "결혼까지 생각했던 여친이 갑자기 헤어지자고 하네요."라고 말했다고 하자. 이 진술에는 감정 언어가 포함되어 있지 않지만, 갑작스러운 이별 가능성에 따른 충격, 실망감, 또는 좌절감 같은 감정이 내포되어 있을 수 있다.

　사람들은 흔히 표정 또는 몸짓 같은 비언어행동을 통해 감정을 나타낸다. 반영은 집단원의 언어행동뿐 아니라 비언어행동의 세심한 경청을 통해 집단원의 감정 상태를 파악하여 읽어 줄 수 있다는 점에서 공감 및 치료효과가 높은 기술이다. 반영을 통해 집단리더는 집단원이 전달하고자 하는 점을 얼마나 잘 느끼고 이해하고 있는지, 그리고 얼마나 세심하게 경청하고 있는지를 집단원에게 고스란히 전달하게 된다. 그러나 집단장면에서 리더는 개인상담 또는 치료에서와는 달리 반영을 자주 적용하지 않는다. 왜냐면 집단장면에서는 집단원들 간의 유사한 경험의 공유 및 공감적 이해가 대인관계를 통한 치료적 효과가 높기 때문이다. 집단장면에서 반영기술을 사용하는 목적은 글상자 8-3과 같다.

📑 **글상자 8-3. 반영의 목적**

1. 감정관리에 도움 제공   2. 집단원들과의 관계 심화
3. 깊이 이해받고 있다는 느낌 표출   4. 자유로운 감정표현 격려
5. 숨겨진 맥락 또는 의미 탐색 · 통찰 유도

표현되지 않았거나 억압된 감정은 계속해서 남아 있게 되어 직간접적으로 사고와 행동을 포함한 정신작용에 영향을 미친다. 이에 집단리더는 집단원이 전달하는 숨겨진 감정과 메시지에 주의를 기울여서 경청해야 한다. 즉, 감정을 나타내는 단어에 귀 기울이고, 비언어행동을 관심 있게 관찰하며, 감정표현의 미묘한 부분에까지 관심을 집중해야 한다. 집단에서 반영을 사용하는 시기는 글상자 8-4와 같다.

📑 **글상자 8-4. 반영의 사용 시기**

1. 집단원의 감정을 더 표현하도록 독려하고자 할 때
2. 집단원의 감정을 보다 강하게 경험하도록 돕고자 할 때
3. 집단원이 자신의 여러 감정을 잘 변별할 수 있도록 돕고자 할 때
4. 집단원이 자신의 감정을 인정 · 수용 · 조절할 수 있도록 돕고자 할 때
5. 집단원이 자신을 압도하고 있는 감정을 깨닫도록 돕고자 할 때
6. 집단원의 특정 상황, 사건, 대상, 생각에 대한 감정 인식을 돕고자 할 때

반영은 집단원들에게 자신의 내면에 관심을 갖게 하고, 감정을 표현할 수 있도록 독려한다. 감정표현은 집단원에게 자신의 감정을 수용하는 한편, 효과적으로 관리할 수 있도록 하여 자기이해를 촉진하는 효과가 있기 때문이다. 그러면 반영은 어떻게 하는 것인가? 반영 요령은 먼저 집단원의 감정 상태와 그 감정의 원인에 대한 공감과 이해가 선행되어야 한다. 그리고 그 집단원의 욕구 또는 원하는 것을 파악하여 집단원에게 되돌려준다("당신은 ~[사건, 상황, 대상, 또는 생각] 때문에 ~[기분, 느낌, 감정]을 느끼시는군요. 당신은 ~하기를 원하는데."). 여기서 문장의 순서는 얼마든지 바꾸어서 진술할 수 있다. 반영적 경청수준을 5단계로 구분하면 표 8-3과 같다(Carkhuff, 1969).

표 8-3. 반영적 경청의 5수준

수준	설명/예시
1	○ 위로, 부인, 충고, 질문 • "너무 걱정하지 마세요. 시간이 가면 잊게 될 겁니다." ⇨ 위로, 부인 • "남편 입장도 생각해 보셔야죠." ⇨ 충고 • "두 분의 사이가 좋지 않은 이유가 무엇이죠?" ⇨ 질문
2	○ 느낌은 무시되고 내용 · 인지적 부분에 대해서만 반응함 • "부부간의 갈등으로 결혼생활에 어려움이 많으신가 보군요." ⇨ 재진술
3	○ 감정을 이해는 하지만 방향성이 없고 메시지에 근거한 감정과 의미의 반영에 불과하며, 감정과 상황에 대해 이해한 것을 되돌려주는 정도임 • "부부관계를 회복시켜 보려는 노력에 성과가 없는 것 같아서('상황의 반영') 많이 실망스러우신가 봐요('감정의 반영')." ⇨ 공감
4	○ 이해를 하고 어느 정도 방향도 제시되며, 감정과 집단원에게 필요한 점을 언급함 ○ 집단원에게 요구되는 점을 개인화함으로써 그가 해결의 열쇠를 쥐고 있고 책임이 있음을 암시함 • "부부관계를 회복해 보려는 노력에 성과가 없는 것 같아서 많이 실망스러우신가 봐요. 남편과의 갈등이 조속히 해결되기를 원하실 텐데." ⇨ 공감 + 욕구 이해
5	○ 4수준 반응 + 내담자에게 요구되는 점을 실천하고 목표를 달성하기 위해 내담자가 취해야 할 실행방안 • "부부관계를 회복해 보려는 노력에 성과가 없는 것 같아 많이 실망스러우신가 봐요. 남편과의 갈등이 조속히 해결되기를 원하실 텐데. 한 가지 방법은 이 점에 대한 당신의 감정을 남편에게 표현해 보는 겁니다." ⇨ 공감 + 욕구 이해 + 제의

요약

내용기술의 네 번째는 요약이다. 요약^{summarization, summarizing}은 둘 이상의 언어적 표현을 서로 묶어서 진술의 내용 부분을 다른 동일한 의미의 말로 바꾸어 기술하는 재진술과 반영을 확대한 기술이다. 이 기술은 특히 두 가지 이상의 생각, 감정, 숨겨진 메시지를 집단원에게 한번에 되돌려주고자 할 때 적절하다. 그렇다면 집단작업에서 요약기술은 언제 사용하는가? 요약은 주로 집단 회기 동안 작업한 내용을 확인해 보기 위해 집단 회기의 끝부분에 사용된다. 집단원들은 자신의 이야기에 몰입하느라 상세한 부분을 잘 기억하지 못할 수 있다. 따라서 간결하고 의미 있는 요약은 집단원들의 현재 위치 파악에 도움이 된다. 집단작업에서 요약의 사용 시기는 글상자 8-5와 같다.

글상자 8-5. 요약의 사용 시기

1. 한 회기를 마무리할 때
2. 집단의 진척 정도를 검토하고자 할 때
3. 지나치게 두서없는 이야기를 차단할 때
4. 집단의 초점을 다른 주제로 이동하고자 할 때
5. 집단주제에 관한 논의가 산만하다고 판단될 때
6. 집단원들 사이에 중복되는 이야기가 거론될 때
7. 한 집단원의 말을 끊지 않고 계속 이야기하게 했을 때
8. 집단의 흐름이 막다른 길에 이른 것처럼 정체되어 있다고 판단될 때
9. 집단원들이 자신의 문제를 인식하도록 도움으로써 집단의 흐름을 촉진하고자 할 때
10. 이야기의 핵심 부분들을 서로 엮어 공통적인 주제나 유형을 파악하고자 할 때

요약은 핵심 내용을 추리는 한편, 초점을 심화하고 구체화하는 데 유용한 기술이다. 집단리더는 또한 시의적절한 요약을 통해 집단의 논의 방향과 분위기를 전환할 수 있다. 요약의 예는 대화상자 8-2와 같다.

대화상자 8-2. 요약의 예

리 더: 음, 마칠 시간이 거의 된 것 같군요. (집단원들을 둘러보며) 지금까지 우리는 우리 삶에서 바꾸고 싶은 것에 관해 이야기를 나누었어요. 이제 일상으로 다시 돌아가기 전에 중요한 점들을 되짚어 보겠어요. 지현 씨와 수인 씨는 직업을 바꾸고 싶다고 했고, 희은 씨는 남편과의 관계를 개선하고 싶다고 했어요. 대학에 다시 등록하고 싶다는 사람도 있었고, 더 행복해지고 싶다는 사람도 있었어요. 음……, 이제 여러분 각자가 원하는 변화에 대해 잠시 생각해 봤으면 해요. 다소 역설적으로 들리겠지만, 여러분이 원하는 것을 얻기 위해서 포기해야 할 것은 무엇일까요?

대화상자 8-2에 제시된 진술의 예에서처럼 집단리더는 자신이 먼저 시범으로 직접 요약을 할 수 있지만, 대화상자 8-3과 같이 집단원 각자에게 요약을 맡길 수도 있다.

대화상자 8-3. 집단원에게 요약을 의뢰하기 위한 진술의 예

○ "오늘 집단을 마치기 전에 여러분이 경험한 것과 경험한 후의 느낌에 대해 잠시 이야기를 나누기로 하겠어요."

○ "시간이 거의 다 되었네요. 지금까지 우리가 이야기를 나눈 것에 관해 생각해 봤으면 해요. 오늘 우리가 토의한 것은 무엇이었나요?"
○ "이제 끝날 시간이 되었네요. 오늘 우리가 나눈 이야기를 정리해 보면서 나눠 드린 미완성문장을 완성해 보세요."

질문

내용기술의 다섯 번째는 질문이다. 질문^{probe, questioning, inquiry}은 집단원에 관한 정보를 수집하고, 사고, 감정, 행동, 경험 등을 탐색하기 위해 묻는 기술이다. 질문은 일상생활에서 안부를 묻는 것부터 사실적인 정보, 혹은 지적 호기심 충족을 위한 연구문제에 이르기까지 다양한 목적으로 사용된다. 이러한 점에서 질문은 일반인에게 익숙한 상담기술이다. 그러나 질문은 집단작업에서 많이 사용되면서도 쉽게 남용되는 기술이기도 하다. 질문은 유형과 관계없이 다분히 치료자 중심적이고 지시적인 특성이 있다. 왜냐면 치료목적을 전제로 하지만, 집단리더는 강조하고자 하는 부분이나 호기심이 있는 사항에 대해 질문할 수 있기 때문이다. 이러한 점에서 편견에서 완전히 자유로운 질문은 존재하지 않는다. 따라서 집단리더는 질문을 활용함에 앞서 질문의 이유와 목적이 분명해야 한다. 질문이 집단원의 집중력을 흩뜨릴 수 있기 때문이다. 집단작업에서 질문의 용도는 글상자 8-6과 같다.

📠 **글상자 8-6. 질문의 용도**

1. 접수면접 시작과 진행	2. 집단 회기의 시작
3. 의사소통 촉진	4. 자기개방의 동기부여
5. 주제의 정교화	6. 자기인식 증진
7. 평가 · 진단	8. 위기관리
9. 패턴 지적	10. 정보수집
11. 상호작용의 초점 확대	12. 주제 영역의 구체화
13. 새로운 주제로의 전환	14. 의미 탐색과 통찰 촉진
15. 문제해결 방향으로의 안내	

질문은 크게 개방질문과 폐쇄질문으로 나뉜다. **개방질문**^{open-ended questions}은 육하원칙, 즉 누가, 언제, 어디서, 무엇을, 어떻게, 왜로 시작하는 질문이다. 개방질문은 대

화를 여는 질문, 즉 '열린 질문'으로도 불리는데, 자기개방과 상호작용 촉진이 목적이다. 그러나 개방질문은 초심 리더들이 가장 흔히 남용하는 상담기술로 꼽힌다(Corey, 2017). 이에 대인관계를 기반으로 작업이 이루어지는 집단에서는 질문보다는 집단원 개개인, 집단 내 하위집단, 집단 전체에게 피드백을 제공하도록 요청하는 것이 훨씬 더 치료적 효과가 높다(Brown, 2010). 이에 비해, **폐쇄질문**closed-ended questions은 '예' 또는 '아니요'로 대답할 수 있는 질문의 형태다. 폐쇄질문은 대화를 닫는 질문으로, '닫힌 질문'으로도 불린다. 이러한 형태의 질문은 주로 간단한 대답을 요구하는 형태여서 대화를 간단하고 짧은 시간 내에 종료하게 한다. 개방질문과 폐쇄질문의 주요 기능은 표 8-4와 같다.

표 8-4. 개방질문 vs. 폐쇄질문의 주요 기능

개방질문	폐쇄질문
○ 폭넓은 정보수집	○ 구체적인 정보수집
○ 다양한 탐색 촉진	○ 집단 초점의 환원
○ 의사소통 활성화	○ 문제 유형 또는 경향성 탐색
○ 의사 표출 촉진	○ 대화 종료
○ 행동·느낌·생각의 구체화	○ 논의 주제의 범위 축소/제한
	○ 집단원의 진술 차단

예를 들어, 사칙연산을 배우고 있는 아이에게 "3+5 = □."라고 물으면, 아이는 "8."이라고 대답할 것이다. 반면, "□+□ = 8."이라고 물으면, 아이는 1+7부터 시작해서 여러 개의 가능한 답을 탐색하게 될 것이다. 전자의 경우가 폐쇄질문이라면, 후자는 개방질문이다. 이처럼 가능한 것, 쉬운 것, 익숙한 것부터 탐색하면서 여러 개의 가능한 해결책을 찾아낼 수 있는 것이 바로 개방질문이다. 집단원의 순간 자각을 높이는 데 도움이 되는 개방질문의 예는 대화상자 8-4와 같다.

대화상자 8-4. 순간 자각을 높이기 위한 개방질문의 예

○ "부부간의 갈등을 해소하기 위해 어떤 노력을 해 보셨나요?"
○ "집단에서 거부에 대한 두려움을 어떤 식으로 경험하고 있으세요?"
○ "외로움에 대해 말하고 있는데, 신체에는 어떤 변화가 있나요?"
○ "집단에서 사적인 문제를 털어놓으면, 어떤 일이 발생할 것 같나요?"
○ "다른 집단원들을 신뢰할 수 없는 마음을 어떻게 처리하고 있나요?"

폐쇄질문은 구체적이고 특정한 사실을 포함한 답을 얻을 수 있는 이점이 있으나, '예'/'아니요'로 답하도록 심문받는 느낌이 들 수 있다는 한계가 있다. 폐쇄질문의 예와 이를 대체할 수 있는 개방질문의 예는 표 8-5와 같다.

표 8-5. 폐쇄질문 vs. 개방질문의 비교

폐쇄질문		대체질문
○ "아버지를 떠올리면, 화가 나시나요?"	⇨	○ "아버지를 떠올리면, 어떤 느낌이 드시나요?"
○ "부부관계 문제를 해결하기 위해 상담을 받아 보신 적이 있으세요?"	⇨	○ "부부관계 문제를 해결하기 위해 어떤 노력을 해 오셨나요?"
○ "이 문제가 해결된다면, 당신의 삶이 긍정적으로 변할까요?"	⇨	○ "이 문제가 해결된다면, 당신의 삶이 어떻게 변할 것으로 기대하시나요?"

폐쇄질문은 집단원이 자신의 문제를 회피하게 할 뿐 아니라, 자기개방의 기회를 가로막는다. 폐쇄질문을 받으면, 사람들은 흔히 방어적이 된다. 예컨대, 학생지도에 어려움을 겪고 있는 교사에게 다른 교사가 "선생님께서는 그동안 학생들을 사랑으로 대하셨나요?"라고 물어보았다고 하자. 이는 전형적인 폐쇄질문으로, 질문을 받은 교사는 '예'/'아니요'라는 대답을 할 수밖에 없다. 더욱이 이 질문은 교사라면 아이들을 사랑으로 대해야 하는데, 이렇게 하지 않았기 때문에 학급관리에 어려움을 겪고 있지 않느냐?"라는 의미가 담긴 질책으로 들릴 수 있다. 질문을 던진 교사가 아무리 선한 의도가 있었더라도, 질문을 받은 교사는 이 한마디 질문으로 교육자로서 기본도 갖추지 못한 사람으로 매도될 수 있다. 이 상황에서 개방질문으로 전환한다면, "반 아이들을 잘 지도하기 위해 어떤 노력이 필요하다고 생각하세요?" 혹은 "지금까지 해 오던 방식과 비교해서 어떻게 다르게 해 보고 싶으세요?"라고 질문할 수 있다. 치료적 목적으로 질문해야 하는 경우라도 표 8-6에 제시된 유형의 질문은 가능하면 삼가는 것이 좋다.

표 8-6. 지양해야 할 질문의 유형

질문유형	정의 및 예시
□ 양자택일형 질문	○ 두 가지 중 한 가지를 선택하도록 하는 질문 • "오늘은 기분이 좋으세요, 나쁘세요?"

□ 선다형 질문	○ 여러 가지 중 한 가지를 선택하도록 하는 질문 • "개인상담을 원하세요, 집단상담을 원하세요, 아니면 심리검사만 받으시겠어요?"
□ 질문공세	○ 이미 질문을 던진 상황에서 상대가 그 질문에 대한 대답을 마치기도 전에 다른 질문들을 연속적으로 던지는 것 • 상대에게 추궁당하는 느낌을 주거나 이유에 대한 해석적 근거를 마련해야 할 것 같은 부담을 줄 수 있음
□ 왜 질문	○ 왜로 시작되는 질문 • "오늘 왜 지각하셨나요?"
□ 지시형 질문	○ 지시가 위장된 질문 • "지난 회기의 마무리 부분부터 시작할까요?"
□ 제안형 질문	○ 질문을 가장한 조언 • "~라고 생각하지 않으세요?" "~ 하시겠어요?" "~ 하지 않으시겠어요?" "~ 해 보신 적 있으세요?"의 형식
□ 공격형 질문	○ 집단리더의 권위를 강조하려는 질문 • "그래서 지금 전달하고자 하는 이야기의 핵심이 뭐죠?"
□ 억측형 질문	○ 특정 대답을 기대하는 듯한 질문 • "○○ 씨는 ~이 없나요?" "정말 ~하지 않으시죠?" "정말 ~하시나요? 그렇지 않죠?"의 형식

직면

내용기술의 여섯 번째는 직면이다. 직면confrontation이란 집단원의 삶에서 의미, 영향, 목적이 있는 것으로 보이는 행동, 사고, 감정, 태도, 대인관계, 즉시성 등에서의 불일치incongruence, 부조화discrepancy or dissonance, 비일관성inconsistency, 혼합 메시지mixed message를 집단리더가 치료적 의도성을 가지고 반응하는 기술이다. 직면의 특성상 집단리더들은 때로 집단원에게 상처를 주거나 집단원을 잃을 수 있다는 막연한 불안감으로 직면의 사용에 부담을 느낄 수 있다. 그러나 직면은 집단원을 공격하거나 비난하기 위한 기술이 아니다. 일반적으로 다른 사람을 공격 또는 비평하는 데는 기술이 필요하지 않기 때문이다.

직면의 목적.   직면의 목적은 집단원의 행동, 사고, 감정, 태도, 대인관계, 즉시성에서 부조화·불일치되거나 일관성이 없어 보이거나 혼합된 언어적·비언어적 메시지를 드러내어 주기 위함이다. 즉, 집단원의 언어 · 비언어행동의 모순점을 깨닫도록 도전함으로써 자신의 사고, 감정, 행동이 다른 사람에게 어떤 영향을 주는지 깨닫도록 돕는 것이다. 이러한 점에서 직면은 집단원의 통찰을 유도하고 변화의 물꼬를 트는 필수 기술이다. 이 기술은 집단원의 자기인식과 이해 증진, 그리고 변화 촉진효과가 있다. 집단원의 행동이 집단과정을 저해하거나 집단원의 말과 행동이 불일치할 때, 직면 사용은 집단원과의 신뢰관계가 전제되어야 한다. 동시에, 진솔한 돌봄과 세련된 직면기술의 활용 능력이 요구된다. 직면이 요구되는 상황은 글상자 8-7과 같다.

🏢 **글상자 8-7. 직면이 필요한 상황**

1. 집단원의 말과 행동이 불일치할 때
2. 집단원이 현재 말하는 것과 다른 때에 말한 내용이 다를 때
3. 집단 내에서 집단원이 말한 내용과 다른 내용을 집단 밖에서 듣게 될 때

직면은 공격적 · 적대적인 방식이 아니라 공감적 · 양육적인 방식으로 실시되어야 한다. 집단원들이 가장 흔하게 불일치를 나타내는 것으로는 자신의 행동, 사고, 감정 변화에 전문적인 도움을 얻고자 집단에 참여하면서도 정작 이러한 변화에 대해서는 강한 저항을 나타내는 것이다(Billow, 2010).

직면의 기본 가정.   직면의 기본 가정은 집단원의 언어적 · 비언어적 메시지에서의 불일치, 부조화, 비일관성, 그리고 증상에는 반드시 이유가 있고, 과거 한때는 그것이 특정 목적의 성취나 적응 수단으로 활용되었다는 점이다. 이는 증상을 대체할 새로운 행동, 사고, 감정이 필요함을 의미한다. 이 과정에서 집단원은 존중과 배려를 받지 못하는 것 같은 느낌이 들 수 있다. 표 8-7은 직면이 필요한 대상의 범주와 그 범주에 해당하는 상황의 예다.

표 8-7. 직면 대상의 범주와 상황 예시

직면 대상	상황 예시
☐ 감정 vs. 행동	○ 여성 집단원들에게 사랑스런 누이 같은 느낌이 든다는 남성이 그들에게 비아냥거리거나 때로 공격적 행동을 일삼음
☐ 사고/태도 vs. 행동	○ 부부간의 행복은 상호존중에서 온다고 주장하는 집단원이 아내에게 상습적으로 폭력을 휘두름

☐ 말 vs. 행동	○ 자신의 성격이 너무 관대해서 문제라고 주장하는 집단원이 다른 집단원의 사소한 실수에도 과민하게 반응하며 비난함
☐ 특정 공간에서의 행동 vs. 다른 공간에서의 행동	○ 집단에서는 활발하고 사교적인 집단원이 가정에서는 무뚝뚝하고 소극적인 행동으로 일관함
☐ 특정인에 대한 행동 vs. 다른 사람에 대한 행동	○ 연장자에게는 겸손하고 순종적인 집단원이 연하의 집단원들에게는 거만하고 비판적이며, 심지어 공격적인 행동을 보임
☐ 감정 vs. 사고/태도	○ 어머니를 잃은 슬픔을 토로하던 집단원이 죽음은 자연의 섭리이므로 슬퍼해도 소용이 없다는 태도를 보임
☐ 실제 감정 vs. 말로 표현된 감정	○ 다른 집단원의 도전에 두려운 표정을 짓던 집단원이 갑자기 몹시 화가 난다고 말함
☐ 특정 공간에서의 감정 vs. 다른 공간에서의 감정	○ 직장에서는 공황발작 증상을 호소하는 집단원이 집단에서는 편안하고 안전감이 든다고 함
☐ 특정인에 대한 감정 vs. 다른 사람에 대한 감정	○ 남편과의 관계에서 우울 증상을 호소하는 집단원이 다른 남성 집단원들과는 활발히 상호작용을 함

집단원의 증상은 아무리 모순된 것처럼 보이더라도 설명이 가능하다. 증상은 구체적인 이유로 인해 발달했고, 적어도 삶의 과정에서 특정한 목적과 기능이 있었기 때문이다. 그러므로 증상을 포기하는 것은 그 기능을 포기하고 증상을 대신할 새로운 행동, 사고, 감정을 찾아야 함을 의미한다. 이러한 점에서 집단원의 증상은 일종의 자기보호 기제인 셈이다. 자기보호 기제를 포기하고 다른 것으로 대체하도록 돕는 과정에서 집단원은 상처받기 쉬운 상황이 되어 보호받지 못한다는 느낌이 들 수 있다. 이러한 점에서 직면은 결코 쉬운 작업이 아니다. 효과적인 직면을 위한 지침은 다음과 같다.

직면을 위한 지침.   직면은 낙인찍기^stigmatizing 또는 꼬리표 붙이기^labeling 같은 방식으로 사용되는 기술이 아니다. 대신, 따뜻한 태도와 부드러운 어조로 구체적인 행동에 대한 느낌을 공유한다. 이 방식은 집단원의 방어벽을 낮추는 한편, 자신의 행동에서 불일치되는 점을 재고해 볼 수 있게 한다. 직면을 위한 지침은 글상자 8-8과 같다.

글상자 8-8. 직면을 위한 지침

1. 구체적으로 진술할 것

2. 직면의 목적과 의미를 잘 이해한 후에 적용할 것

3. 라포 수준에 맞추어 여유 있게 적용할 것

4. 공감과 수용을 바탕으로 온화하고 양육적으로 적용할 것

5. 집단원이 감당할 준비가 되었다고 판단되는 경우에만 적용할 것

6. 도전이나 공격이 아니라 집단원의 통찰 촉진을 위한 것임을 기억할 것

직면이 아무리 불일치에 도전하기 위한 기술이라고 하더라도, 도전보다는 공감적 이해와 관심, 그리고 배려의 차원에서 이루어져야 한다. 자신에게서 불일치되는 점을 인식·수용하게 되면, 집단원은 비로소 자신의 행동, 사고, 혹은 감정에서의 부조화가 발달해 온 방식을 탐색할 수 있게 된다. 이 과정을 통해 집단원에게는 부조화의 목적과 기능에 대한 통찰이 일어나면서 변화에의 동기가 발생한다. 직면기술의 적용과정은 글상자 8-9와 같다.

글상자 8-9. 직면기술의 적용과정

○ 1단계: 부조화 상태에 도전하기보다 배려와 공감을 바탕으로 직접적으로 다룬다.

○ 2단계: 집단원과 함께 부조화 상태를 탐색하고, 부조화의 실재를 인식·수용하도록 돕는다.

○ 3단계: 부조화 상태가 발달해 온 방식, 발달한 당시 부조화 상태의 목적과 기능, 그리고 그것이 집단원의 현재 삶에 미치는 영향에 대한 탐색을 돕는다.

○ 4단계: 부조화 상태의 의미와 영향을 인식하는 한편, 집단원의 선택에 따라 부조화 상태의 목적 혹은 영향이 집단원의 삶에서 부조화 상태를 유지하게 할 수 없도록 행동, 사고, 감정 패턴의 변화 유발을 위한 전략을 실행한다.

글상자 8-9에 제시된 것처럼, 직면은 단편적인 전략이라기보다는 일련의 과정이다. 직면은 집단원의 부조화 혹은 불일치하는 부분을 단순히 지적하는 것 이상의 작업으로, 더 큰 목표, 즉 집단원의 통찰과 변화를 촉진하기 위한 도구다. 직면기술의 적용과정은 동시다발적으로 일어나는 것이 아니라 1~4단계까지 지속적이고 인내심을 가지고 진행되는 과정이다. 대화상자 8-5는 직면의 예다.

대화상자 8-5. 직면의 예

예 1

현　식: 경은 씨가 가족으로부터 어려움을 당해 온 것은 충분히 이해되지만, 똑같은 이야기가 반복되니까 마치 경은 씨는 변하지 않아도 된다는 변명처럼 들리네요.

경　은: (표정이 굳어지면서) 아니, 그런 건 절대 아니고요!

리　더: 음, 경은 씨가 현식 씨의 반응 때문에 화가 나고, 한편으로는 다소 방어적이 된 것 같은데…….

현　식: 미안합니다, 경은 씨! 제가 드리고자 했던 말씀은 아마도 경은 씨 자신이 가족과 무관한 다른 사람들과도 가까워지는 것에 대해 두려움을 갖고 있지는 않나 하는 것입니다.

예 2

리　더: 저는 한석 씨가 일상생활에서 다른 사람들에게 흔히 하고 있을 것 같은 방식으로 이 집단에서도 하는 것을 지켜봐 왔습니다. 이러한 관찰을 통해 한석 씨가 남들에게 매우 도움이 되고자 하는 사람이라고 인식하게 되었답니다. 반면, 한석 씨 자신은 자신을 위해 요구하지 않는 것 또한 관찰할 수 있었고요. 저는 한석 씨가 집단을 그만두고 싶다는 것은 그리 놀라운 사실이 아니라는 생각이 듭니다. 왜냐면 한석 씨는 여기서도 자신의 일상생활과 똑같은 환경을 만들어 냈거든요. 저는 한석 씨가 자신의 심정에 대해 솔직히 말한 것이 기쁘고, 이러한 경험에 대해 좀 더 말해 주셨으면 합니다.

대화상자 8-5에 제시된 대화의 예 1에서, 집단리더는 집단원들이 서로 효율적으로 직면하는 법을 터득할 수 있도록 돕고 있다. 이에 비해, 예 2에서는 직면을 통해 집단원이 자신의 모순적이고 비생산적인 행동에 대해 통찰을 얻을 수 있도록 돕고 있다. 이처럼 민감성을 가지고 행하는 직면은 궁극적으로 집단원들이 자기직면에 대한 능력을 개발하도록 돕는다. 직면은 집단원들의 말과 행동의 불일치를 탐색하여 잠재적인 가능성을 깨닫고 그들의 통찰력을 행동으로 옮기게 하기 위한 힘을 지니고 있다. 직면과 유사한 집단기술로는 해석이 있다.

해석

내용기술의 일곱 번째는 해석이다. 해석interpretation이란 과거에 형성된 관계 혹은 경험에 기초한 현재의 대인관계 패턴, 욕구, 갈등, 대처방식 등의 원인에 대한 설명 또는 연관성 여부를 잠정적인 가설의 형태로 진술하는 기술이다. 해석을 통해 집단원은 자신의 행동에 대한 통찰을 얻을 수 있다. 해석은 집단원이 전달하려는 내용을 조심스럽게 경청하는 또 다른 방법으로, "당신은 ~하기 때문에 이렇게 행동하는 것 같습니다."라는 형식을 취한다. 여기서 '~때문에'라는 말의 주체는 종종 집단원의 자각에서 벗어나 있는 동기에 해당하는 요인이다. 즉, 눈에 보이지 않는 추상적인 현상에 명칭을 부여하여 논리적으로 설명하는 것이다. 그럼으로써 집단원의 내면에서 일어나는 현상을 그 자신의 통제 혹은 지배하에 둘 수 있도록 돕기 위한 활동이다. 이러한 작업을 통해 개인의 행동이나 내적 경험은 더 이상 두렵거나 혼란스러운 대상이 아니라 통제 가능한 대상으로 바뀐다.

치료적 집단의 궁극적인 목적은 변화^{change}다. 집단원의 변화를 촉진하는 해석을 제공하려면, 이미 드러난 내용과 표면에 드러나지 않은 쟁점을 서로 관련짓는 작업에 집중해야 한다. 이를 위해 집단리더는 집단원이 현재 직면하고 있는 문제행동의 원인을 추적, 파악, 설명하는 데 중점을 두어야 한다. 해석적 설명$^{interpretative explanation}$은 개인의 삶 속에서 일어나는 사건들에 대해 일관성 있고 예측 가능한 형태로 조직적인 체계를 제공하는 기능이 있다. 이로써 집단원은 쉽게 파악할 수 없는 힘에 의해 동기화되는 상태로부터 그러한 힘의 정체를 파악·통제할 수 있는 위치로 옮겨 가게 된다. 즉, 집단원은 해석을 통해 단순히 반응만 하는 수동적인 위치에서 능동적으로 활동을 전개하여 변화를 추구하는 방향으로 나아가게 된다. 따라서 해석의 정확성은 설명력에 의해 정당화될 수 있다.

해석의 목적.   해석의 목적은 집단원에게 의미 있는 과거 경험을 지금 여기에서의 대인관계 패턴 혹은 욕구 등과 연결하여 지금 여기 경험 혹은 반응을 형성·유지하게 된 원인을 이해시키기 위함이다. 해석은 집단원의 행동이 발달과정상 대인관계의 맥락에서 형성된다는 전제하에 이루어진다. 과거에 중요한 타인들과의 상호작용을 통해 형성된 대인관계 패턴은 집단원이 지금 여기에서 행동, 사고, 느끼는 이유에 대한 설명력이 있다. 해석을 통해 자신의 행동, 사고, 감정의 원인을 이해할 수 있다는 것은 집단원의 자기인식, 자기이해, 자기수용수준을 높이게 되어 변화를 위한 동기를 유발할 수 있음을 의미한다(Cormier, 2016).

이처럼 해석은 집단원의 특정 행동의 원인에 대한 이해의 폭과 깊이를 더할 수 있는 유용한 도구다. 수준 높은 해석은 대체로 한 가지 특성이나 행위보다는 폭넓은 패턴(행동, 사고, 감정, 대인관계)에 대해 색다른 설명을 제공하는 특징이 있다. 이렇게 색다른 설명은 집단리더의 객관적으로 유리한 입장과 탁월한 참조틀에서 비롯되는 것으로, 다양한 자료를 독창적으로 통합할 수 있게 해 준다. 그 결과, 해석적 설명은 집단원에게 자신을 통제하고 지배할 수 있다는 느낌을 준다. 해석을 통해 자신에 대한 통제감을 얻은 집단원은 자신의 행동과 내면의 혼란스러움은 자신의 결단과 의지에 따라 얼마든지 변화가 가능하다는 자신감을 갖게 된다. 그러므로 집단리더는 집단원 개개인에 대해서뿐 아니라, 집단과정에 대해 주기적으로 해석적 설명을 제공할 필요가 있다. 이에 집단리더는 복잡하게 섞여 있는 많은 양의 정보와 자료를 바탕으로 특정 시기와 상황에서 집단원에게 가장 도움이 될 것으로 판단되는 부분을 택하여 해석해 준다.

그러나 해석은 언제, 어떻게 하는가에 따라 집단원들에게 위협적인 개입이 될 수 있다. 해석이 아무리 정확하고 효용성이 높다고 하더라도, 받아들여지지 않으면 소용이 없다. 따라서 해석은 집단원과의 관계, 해석 시기와 방식 등을 고려하여 타당하고 명쾌하게 하되, 증거가 되는 관찰 결과들을 집단원과 함께 검토한다. 집단원이 해석을 즉각적으로 받아들인다는 보장은 없지만, 집단원에 따라서는 유사한 해석을 반복적으로 듣다가 어느 날 갑자기 통찰을 얻기도 한다. 그런가 하면 집단리더의 해석을 받아들이지 않던 집단원이 다른 집단원이 제공하는 해석을 기꺼이 받아들이기도 한다.

해석의 기본 가정.　　해석은 집단원의 생애사, 인구통계학적 변인demographic variables, 언어·비언어행동 등을 종합적으로 고려하여 집단리더의 직관intuition과 직감hunch을 통해 집단원의 행동 원인을 추론하는 것이다. 따라서 해석을 하고 나면, 집단리더는 집단원에게 직관적인 추론의 타당성 여부를 고려해 볼 시간을 준다. 해석의 기본 가정은 글상자 8-10과 같다.

> **글상자 8-10. 해석의 기본 가정**
>
> 1. 대인관계상의 현재 경험과 반응은 집단원의 과거에 중요한 타인들과의 관계에서 습득된 학습, 경험과 연결되어 있다.
> 2. 과거·현재·지금 여기 경험에 대한 설명, 의미, 발달과정 등에 대한 이해는 변화와 성장을 촉진·동기화한다.
> 3. 이러한 요소들에 대한 설명은 집단원 개개인에게 맞출 때 유용하다.

해석은 누구에게나 똑같이 적용할 수 있는 공식화된 기술이 아니다. 따라서 집단원

을 단일 모형이나 틀에 맞추거나 고정관념, 선입견, 특정 행동의 원인을 단순한 가정
을 기초로 제시해서는 안 된다(Hays & Erford, 2017). 대신, 해석은 집단원 개개인의 독
특한 상황과 환경에서 형성된 경험과 학습 내용을 기초로 이루어져야 한다.

　　해석의 효과.　　정확한 해석이 시의적절하게 사용된다면, 집단원은 변화를 위한
기초를 마련할 수 있게 된다. 유용성이 높은 해석은 그럴듯하고feasible, 의미 있으며
meaningful, 논리적으로 합당한 이론적 근거와 일치되고, 경험적 관찰로 검증될 수 있다
testable는 특징이 있다. 또한 집단원에게 정당하다는 느낌을 주고, 그의 내적 경험과 일
치되는 특징이 있어서 집단 외부에서의 생활상의 유사한 상황에도 적용할 수 있다.
시의적절한 해석의 효과는 글상자 8-11과 같다.

글상자 8-11. 시의적절한 해석의 효과

1. 어려서부터 학습된 대인관계 패턴에 의해 습관적, 자동적 행동, 사고, 감정이 일어날
   때, 이에 대한 자기인식self-recognition을 명료하게 할 수 있다.
2. 다양한 상황에서 유발되는 패턴(행동 · 사고 · 감정 · 대인관계) 인식을 통해 자신에 대해
   명확하고 긍정적인 시각을 갖게 된다.
3. 지금 여기에서의 행동, 사고, 감정, 대처방식이 과거 중요한 타인들과의 관계와 연결
   되어 있음을 인식하게 되어 명확한 자기지식self-knowledge을 갖게 되고 현재 반응과 경험
   을 기꺼이 수용하게 된다.
4. 대인관계 패턴의 발생 원인과 발달과정에 대한 이해를 통해 불안, 수치심, 병리적 신
   념 등을 버리는 한편, 자신의 행동 혹은 반응에 대해 편안한 마음을 갖게 된다.
5. 대인관계 패턴의 변화가 가능하고, 변화의 선택이 자신의 통제하에 있다는 사실을 깨
   닫게 됨으로써 자신감을 회복한다.

　　해석을 위한 지침.　　해석의 효과를 극대화하기 위해서는 타이밍, 즉 적절한 시기
에 사용되어야 한다. 만일 해석의 시기가 적절하지 않다면, 집단원은 마치 자신의 사
생활이 집단에서 폭로되는 듯한 충격을 받을 수 있기 때문이다. 이런 식으로 이루어
지는 해석은 집단원이 받아들이지 않을 가능성 또한 높아진다. 그러므로 집단리더는
집단원의 행동, 사고, 감정에 대한 통찰이 떠오르는 대로 즉각적으로 해석해 주기보
다는 해석하기에 적절한 시기를 기다렸다가 공감적 이해와 함께 시의적절하게 해석
해 준다. 이러한 점에서 공감적 이해와 타이밍은 해석의 중요한 요소에 속한다. 해석

의 시기가 적절하고 정확해서 집단원이 자신의 현재 행동, 사고, 감정 등의 경험과 일치하는 것으로 인식하는 경우, 집단원은 해석을 통해 통찰을 앞당기게 되어 그만큼 변화의 가능성을 높이게 된다. 치료적 집단에서 해석을 제공하기 위한 지침은 글상자 8-12와 같다.

> **글상자 8-12. 해석을 위한 지침**
>
> 1. 집단원의 생애사와 배경에 맞추어 적용한다.
> 2. 지적 능력이 부족한 집단원에게는 해석을 자제한다.
> 3. 집단원과 작업동맹이 형성되었다고 판단될 때 적용한다.
> 4. 사실적인 진술보다는 잠정적인 가설의 형태로 제시한다.
> 5. 공감적 이해를 바탕으로 온화하고 신중하게 표현한다.
> 6. 집단원의 일부분에 대해서보다는 전반적인 측면에 관해 설명한다.
> 7. 집단원이 이해하기 쉬운 어휘로 구체적·직접적으로 표현한다.
> 8. 집단원의 준비 상태를 확인하기 위해서는 명료화기술을 활용한다.
> 9. 받아들일 준비가 되어 있는지 확인한 후, 적절한 시기에 제공한다.
> 10. 직관적 추론의 타당성을 탐색할 기회가 될 수 있는지 확인한다.
> 11. 때로 집단원에게 맡겨 본다.

글상자 8-12에 제시된 해석 지침을 준수함으로써 집단리더는 해석의 유용성을 높여 집단원의 통찰과 성장을 앞당길 수 있다. 집단리더는 무엇보다도 집단원에 대한 인정과 수용을 바탕으로 해석 내용을 명확하게 전달하는 한편, 이에 대한 반응을 집단원이 언어적으로 표현하도록 돕는다. 해석은 집단리더가 독점할 필요는 없다. 예를 들어, 정신분석에서는 주로 집단치료자가 해석을 제공하겠지만, 게슈탈트 집단에서처럼 집단원이 자신의 행동에 대해 스스로 해석해 보도록 할 수도 있다. 해석의 예는 대화상자 8-6과 같다.

대화상자 8-6. 해석의 예

> **예 1**
>
> **리 더**: 현주 씨는 다른 집단원이 자신의 고통스러운 일에 대해 말할 때면 즉각 개입해서 위로해 주고, 그 사람에게서 한시라도 빨리 고통을 덜어 주려고 애쓰는 것처럼 보여요. 이는 어쩌면 현주 씨 자신이 어려서 겪었던 고통스러운 기억이 되살아날 것

에 대한 두려움의 표현이 아닌가 하는 생각이 듭니다.

[예 2]

미 주: 혜원 씨가 지금 말하고 있는 것이 무슨 말인지 잘 알고 있어요. 그리고 혜원 씨도 마찬가지로 참으로 어려운 시간이 있었다는 것을 알고 있지만, 제 경우와는 다른 것 같아요.

리 더: 음, 혜원 씨는 미주 씨와 심리적으로 접촉하고 싶고 미주 씨에 대한 염려와 관심을 보이고 싶어서 그러는 것 같은데, 미주 씨는 혜원 씨를 애써 밀쳐 내려고 하는 것 같아요. 미주 씨가 전에도 다른 사람들에게 똑같이 했다는 말이 기억나는데…….

미 주: 아니요, 그때는 상황이 좀 달랐어요. (잠시 말을 멈추었다가) 글쎄요. 그러고 보니까 정말 그러네요. 선생님 말씀이 맞아요. 이전에도 사람들이 저와 가까이하려고 할 때 어려움을 심하게 겪었거든요.

지 수: 저도 똑같은 문제가 있어요. 미주 씨, 너무 상심하지 마세요.

나 영: 아이, 여러분만의 문제는 아니에요. 기억나세요? 제가 전에 말했던 것 말이에요.

리 더: 여러분 모두가 집단논의에 뛰어들어 미주 씨에게 힘을 북돋아 주고, 이를 미주 씨의 문제와 관련짓는 것을 보니, 우리 집단도 많이 발전한 것 같아 기쁩니다. 그렇지만 언뜻 현재 이 집단의 여러 사람이 이 주제에 불편함을 느껴서 미주 씨에게서 초점을 다른 데로 돌리려고 하는 것은 아닌가라는 생각이 드네요.

대화상자 8-6에 제시된 대화의 예 2에서, 집단리더는 지수와 미주라는 집단원이 보이는 행동의 원인에 대해 잠정적인 방식으로 진술하고 있다. 집단리더는 집단원이 '~하는 것은 아닐까?'라는 표현방식을 비난보다는 긍정적인 진술로 받아들일 수 있도록 돕는 한편, 그의 통찰을 촉진하고 있다.

정보제공

끝으로, 정보제공^{information-giving}은 집단원들이 필요로 하는 자료나 사실적인 정보를 구두로 전달하는 것을 말한다. 집단리더는 때로 집단에서 필요한 정보를 제공해야 할 경우가 있다. 정보제공과 이어지는 토론을 통해 집단원들은 특정 주제에 관한 유용한 지식을 얻게 된다. 여기서 정보란 집단리더가 제공하는 조언, 제안 혹은 직접적 지도부터 정신건강이나 정신장애에 관한 짧막한 강의(예, 교육 회기, 약식강의 등)까지를 포함한다. 단, 강의는 설교식보다는 심리교육적 접근에 근거하여 집단원의 증상이나 삶의 본질에 관한 교육의 형태로 이루어진다. 정보제공을 통해 집단원은 자신의 행동, 사고, 감정, 경험에 대한 잘못된 생각이나 자기파괴적인 사고를 되돌아볼 수 있다.

정보제공의 생명은 간결성brevity이다. 정보제공을 위한 시간이 길어질수록 집단 회기는 강의나 수업시간으로 변질될 수 있다. 집단유형과 관계없이 어떤 주제에 관한 2~3분 정도의 정보제공은 집단원들이 혼란스러웠던 점에 대한 이해를 도울 뿐 아니라, 집단의 초점 설정과 심화를 촉진할 수 있다. 이러한 점에서 정보제공은 대부분의 집단에서 유용하게 사용된다. 집단에서 정보제공의 시기는 글상자 8-13과 같다.

글상자 8-13. 정보제공의 시기

1. 집단원의 문제해결을 위한 정보와 자료가 필요할 때
2. 집단원의 잘못된 생각이나 신념에 변화를 주고자 할 때
3. 집단원의 의사결정을 위한 대안 모색 및 평가를 돕고자 할 때
4. 집단원이 처한 상황을 다른 시각에서 볼 수 있도록 돕고자 할 때
5. 집단원이 과거에 회피해 왔던 문제점들을 검토해 보도록 돕고자 할 때

정보를 제공할 때, 집단리더는 집단원들에게 유용한 내용을 준비하는 한편, 언제, 어떤 방식으로 전달할 것인가를 계획해야 한다. 집단에서 집단리더가 집단원들에게 필요한 정보를 제공하는 예는 대화상자 8-7과 같다.

대화상자 8-7. 정보제공의 예

한 주: 결혼생활을 원만하게 하려면 부부의 노력이 꼭 필요한 건가요? 얼마나 더 살아야 서로 편안해질 수 있죠?

리 더: 한주 씨 말씀대로 원만한 결혼생활을 위해서는 부부의 노력이 반드시 요구된다고 할 수 있어요. 아무리 사랑해서 오랫동안 교제하다가 결혼했다고 하더라도, 부부로서 지낸 것과는 다르기 때문에 결혼생활에서 자꾸 부딪히게 되겠죠. 그래서 특히 결혼 후 1~2년은 서로의 차이점에 관해 대화를 나누어야 할 일이 자꾸 생길 수 있어요. 물론 오해와 갈등도 생기고요. 이러한 오해와 갈등을 줄일 방안 몇 가지를 간략하게 소개하겠어요.

대화상자 8-7에 제시된 대화의 예에서, 집단리더는 결혼생활에서 부부간의 의견

차에 의한 오해와 갈등은 자연스러운 현상임을 강조하고 있다. 그리고 나서 부부간의 오해와 갈등 해소를 위한 방안을 소개하고 있다. 집단리더는 정보제공을 하기 전에 집단원에게 소개하려는 정보에 관해 상세히 알고 있는지를 점검해야 한다. 또한 그 정보에 대한 집단원의 관심 여부를 확인할 필요가 있다. 그런 다음 집단원들이 필요로 하는 정보를 나누고 그들의 반응을 점검한다. 정보제공은 방식과 시간의 길이에 따라 약식강의와 교육 회기로 구분된다.

약식강의. 약식강의$^{mini-lecturing}$란 정보제공이 확대된 형태로, 특정 주제에 관한 정보를 강의의 형태로 제공하는 것을 말한다. 집단에서의 약식강의는 주로 집단원들에게 필요한 정보를 전달하고, 이들의 비생산적인 사고방식에 변화를 주며, 집단을 구조화하여 문제행동의 진행과정을 설명하기 위해 사용된다. 약식강의는 주로 사전모임에서 자기탐색을 위한 지침을 제공하거나 정신장애의 증상과 발생 원인 등에 관하여 이해하기 쉽게 설명하는 방식으로 이루어진다. 집단리더는 사전에 집단원들의 집단참여에 대한 두려움을 예견하여 이들에게 인지구조를 형성시켜 줌으로써, 집단을 시작할 때 겪을 수 있는 일종의 문화충격$^{culture\ shock}$에 효과적으로 적응할 수 있도록 돕는다.

약식강의는 집단의 치료적 요인들이 기능하기에 앞서 집단의 응집력을 높이는 힘으로 작용한다(Yalom, 2005). 약식강의가 가장 빈번하게 사용되는 대표적인 집단으로는 교육집단을 꼽을 수 있다. 다른 유형의 집단에 비해, 교육집단의 리더는 대부분 정신건강, 신체건강, 자녀교육, 올바른 다이어트법, 진학·진로 지도, 부부관계, 체중조절 등과 같은 특정 주제에 관한 전문지식과 경험을 갖추고, 이와 관련된 내용을 전달하는 임무를 맡게 된다. 약식강의를 할 때 확인해야 할 사항은 글상자 8-14와 같다.

글상자 8-14. 약식강의를 위한 확인사항

1. 간단명료한가?
2. 시대의 흐름에 적절한가?
3. 강의 내용이 정확하며 객관적인가?
4. 집단원들의 성적·문화적 차이를 고려하였는가?
5. 주제와 밀접한 관련이 있는 내용으로 엮어졌는가?
6. 흥미롭고 활력을 북돋을 수 있는 내용으로 구성하였는가?

약식강의를 잘하기 위한 열쇠는 새롭고 흥미로운 내용을 간결하게 제공하는 것이다. 이를 위해서는 무엇보다도 인간의 삶과 관련된 다양한 주제에 관하여 폭넓고 깊이 있는 지식과 경험을 갖추어야 한다.

교육 회기.   교육 회기$^{educative\ session}$란 특정 주제에 관한 약식강의와 유인물을 통해 집단원들에게 필요한 정보를 비교적 상세하게 제공하기 위한 시간을 말한다. 교육 회기의 주제는 성, 결혼, 가족부터 특정 정신장애에 이르기까지 다양하다. 대화상자 8-8은 사춘기 자녀를 둔 부모들을 위한 집단에서 교육 회기를 시작하기 위한 진술의 예다.

 대화상자 8-8. 교육 회기를 시작하기 위한 진술의 예

> 리 더: 이미 예고한 것처럼, 오늘은 사춘기에 있는 청소년 자녀의 발달상의 특징과 이해 방안에 관하여 간단히 말씀을 드리는 것으로 집단을 시작하겠어요. 나누어 드린 유인물을 참조하시고, 제 설명이 끝나면 이에 관한 질문을 받고 토론하는 시간을 갖겠어요. 시작하기 전에 질문 있나요?

개인상담 또는 치료에서는 한 내담자의 이야기를 경청하면 된다. 그러나 집단에서는 여러 사람의 말에 귀 기울여야 한다는 점 때문에 훨씬 더 복잡하다. 숙련된 집단리더들은 실제로 말하고 있는 집단원뿐 아니라, 다른 집단원들의 언어·비언어행동에 주의를 기울인다. 동시에, 말을 하지 않고 있는 집단원들의 생각, 느낌, 행동, 경험을 살핀다. 이러한 경우, 집단리더가 사용하는 주요 기술은 집단원들의 비언어행동을 둘러보는 것이다.

 # 과정기술

과정기술이란 집단의 전반적인 흐름과 관련된 반응과 집단과정을 촉진하기 위해 사용되는 일련의 기술을 말한다. 집단리더는 과정기술을 활용하여 집단 시작, 구조화, 집단규범 확인, 집단의 상호작용 관찰, 집단과정 분석 등의 역할을 한다. 집단과정 촉진을 위해 필요한 기술로는 ① 구조화, ② 긍정적 분위기 조성, ③ 참여 유도, ④ 초점 맞추기, ⑤ 지금 여기 상호작용 촉진, ⑥ 주제/연관성 분석, ⑦ 즉시성, ⑧ 진단, ⑨ 연

결, ⑩ 차단, ⑪ 피드백, ⑫ 재구성, ⑬ 지지·격려가 있다.

구조화

과정기술의 첫 번째는 구조화다. 구조화^{structuring}는 집단참여에 필요한 제반 규정과 한계에 관해 설명하는 것이다. 이는 집단리더의 역할에 대한 인식, 집단에서 이루어지는 작업의 이해, 목표에 대한 동의를 위해 집단리더와 집단원 간에 이루어지는 상호작용과정이다. 구조화의 목적은 집단원들이 바람직한 행동을 새로이 학습하고 생산적인 집단규범을 창출하기 위함이다. 그리고 필요한 경우, 집단구조를 개선하여 인간적 성장을 촉진하기 위한 틀을 제공하기 위함이다. 구조화는 교과서 내용을 그대로 읽는 것처럼 하거나 판에 박힌 진부한 용어들을 사용하기보다는 자연스러운 문구를 사용할 때 효과적이다. 집단작업에서 구조화는 ① 집단, ② 집단의 한계, ③ 비밀유지에 관한 구조화로 나뉜다.

집단에 관한 구조화.   첫째, 집단에 관한 구조화에 포함시켜야 할 사항은 ① 상담실 이용방법, ② 집단에의 적극적 참여, ③ 시간 엄수의 중요성, ④ 위급한 상황 시 연락방법, ⑤ 지각, 결석, 조퇴에 관한 규정, ⑥ 생산적인 집단 형성을 위한 지침, ⑦ 기타 집단원이 알아 두어야 할 제반 사항이다. 집단에 관한 안내는 집단원 선별과정에서 이루어지는데, 집단에 관한 구조화는 주로 첫 회기에 이루어진다. 이를 위한 진술의 예는 대화상자 8-9와 같다.

🏠 **대화상자 8-9.** 집단에 관한 구조화의 예

> **리 더:** 네, 좋습니다. 집단을 시작하면서 여러분께 무엇보다도 강조하고 싶은 점이 있다면, 이 집단은 여러분의 것이고 바로 여러분을 위한 것이라는 사실입니다. 이 집단의 목적은 각자의 관심사를 함께 논의해 보고 서로 돕고자 하는 것입니다. 많은 사람이 자신의 관심사 또는 문제를 해결하기 위해 집단에 참여하게 됩니다. 제 역할은 여러분이 관심사에 관한 이야기를 나누고, 문제해결에 필요한 조치를 취하거나 변화를 위한 행동을 실행하도록 돕는 일입니다. 아마도 처음에는 잘 모르는 사람들에게 자신의 사적인 내용을 공개하는 것이 다소 어려울 수 있습니다. 그리고 여기서 나누게 되는 이야기는 여기에서 한정될 것입니다. 집단모임은 이곳에서 총 12주에 걸쳐, 매주 금요일 저녁 7시 30분에 시작해서 9시 30분까지 2시간 동안 진행될 겁니다. 저는 여러분이 집단에 적극 참여할수록 집단경험을 통해 얻

> 는 것이 많을 것이라고 확신합니다. 그래서 집단에 빠지지 않고 적극적으로 참여해 주시기를 기대합니다. 만일 불가피하게 참석할 수 없는 사정이 생기거나 위급한 상황이 발생하는 경우에는 상담실로 전화하거나 제 휴대 전화 번호 012-3456-7890으로, 적어도 24시간 전에 연락해 주시면 고맙겠습니다. 혹시 궁금한 점이나 질문 있으신가요?

집단의 한계에 관한 구조화.　　둘째, 집단의 한계에 관한 구조화는 집단리더와 집단원 사이에 ① 책임, ② 시간, ③ 행동, ④ 애정과 관련된 가능한 사항과 그렇지 않은 사항에 관해 설명해 주는 것을 말한다. 집단리더는 집단초기에 집단원들이 이해할 수 있는 언어로 집단의 한계에 관한 구조화를 실시해야 한다. 대화상자 8-10은 삶의 중요한 결정을 대신 내려 주기를 바라는 집단원에 대한 집단의 한계에 관한 구조화 진술의 예다.

 대화상자 8-10. 집단의 한계에 관한 구조화의 예

> **시　현**: 지금까지 제가 집단에서 여러 차례 말씀드렸듯이, 남편과의 관계는 이제 더 이상 개선될 여지가 전혀 없어요. 박사님, 이런 상황이라면 차라리 그이와 깨끗하게 헤어지는 것이 낫지 않을까요?
>
> **리　더**: 음, 시현 씨의 문제는 아주 사적인 것이어서, 제가 시현 씨 대신 어떤 결정을 내리기가 아주 조심스러워요. (집단원들을 둘러보며) 이 집단은 여러분이 일상생활을 통해 갖게 되는 관심사, 생각, 느낌을 나누면서 여러분 자신을 이해할 수 있도록 돕기 위한 자리예요. 이 집단에서 제 역할은 직접 나서서 해결책을 제시해 주거나 문제를 직접 해결해 주는 것이 아니라, 여러분 자신이 문제를 스스로 해결하도록 돕는 것이에요.

비밀유지에 관한 구조화.　　셋째, 집단의 구조화는 통상적으로 집단초기에 이루어진다. 그러나 집단과정의 중간이나 종결 시기에도 필요한 내용을 중심으로 구조화를 실시할 수 있다. 그중의 한 예가 비밀유지에 관한 구조화로, 이는 글상자 8-15에 제시된 상황에서 실시된다.

글상자 8-15. 비밀유지에 관한 구조화가 필요한 시기

1. 아동학대의 단서가 발견되었을 때

1. 아동학대의 단서가 발견되었을 때
2. 집단원들 간에 비밀유지 원칙이 무시되는 상황이 발생했을 때
3. 집단원 중에 자해/자살 또는 타해/타살 상황이 임박했다고 판단될 때

비밀유지에 관한 구조화를 실시하는 대화의 예는 대화상자 8-11과 같다.

 대화상자 8-11. 비밀유지에 관한 구조화의 예

윤 상: 선생님, 혹시 제가 여기서 말하는 내용이 엄마, 아빠한테도 알려지게 되나요?

리 더: 윤상이는 너의 개인적인 이야기의 비밀이 지켜질 것인지가 궁금한가 보구나. (집단원들을 둘러보며) 여러분이 이 집단에 참여하게 된 것은 여러분의 엄마, 아빠가 헤어지게 되면서 여러분이 경험하게 되는 생각과 감정을 나누기 위해서예요. 앞으로 이 집단에서 여러분과 나눈 이야기 내용은 선생님과 여러분 사이의 비밀이니까, 여러분의 허락 없이는 아무에게도 말하지 않을 거예요. 음, 그런데 예외가 있어요. 여러분이 누군가에게 매를 맞는다거나, 여러분 자신이나 다른 사람을 해칠 위험이 있는 경우예요. 그런 경우는 여러분이 아직 미성년자이기 때문에 일차적으로 부모님이나 보호자에게 연락을 하고 어떻게 조치를 하는 것이 좋을지 의논하게 될 거예요.

긍정적 분위기 조성

과정기술의 두 번째는 긍정적 분위기 조성이다. 긍정적 분위기 조성$^{positive tone setting}$이란 신뢰할 수 있고 안전한 집단 분위기를 창출하기 위한 긍정적 어조 사용 같은 일련의 조치를 말한다. 여기서 긍정적 어조$^{positive tone}$는 집단원의 약점보다는 강점에, 집단원 진술의 부정적 측면보다는 긍정적 측면에 초점을 맞춘 집단리더의 반응이다. 이는 치료적 효과뿐 아니라 집단의 긍정적 분위기 조성을 촉진한다. 긍정적 어조를 적용한 대화의 예는 대화상자 8-12와 같다.

 대화상자 8-12. 긍정적 어조를 적용한 대화의 예

준 희: 물론 회사에서 회식이 있을 때 술을 마시는 건 이해가 되지만, 그렇게 잔소리를 하는 데도 회식할 때마다 남들 다 자는 시간에 인사불성이 돼서 집에 들어오니

까… 이건 정말 아무리 이해하려고 해도 도저히 이해가 안 돼요. 너무 짜증이 나고 참을 수가 없어서 티격태격하다가 결국 또 소리 지르며 싸우게 되는 거예요.

☐ 부정적 감정 초점 반응

리 더: 준희 씨는 남편이 회식할 때마다 남편에게 과음하지 않았으면 좋겠다는 말을 여러 번 해도 남편께서는 이에 아랑곳하지 않고 의식을 잃을 정도로 과음하는 것이 몹시 못마땅하시군요.

☐ 긍정적 어조의 반응

리 더: 준희 씨는 남편이 회식 때 술을 마시는 건 좋지만, 적당히 마시고 제때 귀가해 주기를 원하시는군요.

숙련된 리더십을 갖추었다는 것은 바로 집단의 목적에 합당한 정도의 분위기를 조성할 수 있음을 의미한다. 그렇지 못한 경우, 집단의 목적에 어울리지 않을 정도로 심각하거나 무거운 분위기를 조성하여 집단원들의 좌절을 초래하기도 한다. 반면, 너무 가볍고 즐거운 분위기를 조성하여 집단원들이 진지한 이야기를 하는 데 부담을 느끼게 하거나 목표 성취를 위한 실천을 등한시하게 하기도 한다.

집단리더는 자신의 언행에 따라, 그리고 집단원들의 언행에 대한 관용수준에 따라 집단 분위기가 좌우된다는 사실을 인식해야 한다. 예를 들어, 공격적으로 밀어붙이는 특성을 지닌 집단리더는 집단원들에게 긴장감을 야기하여 저항적인 분위기를 초래할 수 있다. 또한 다른 집단원들의 서로에 대한 비판과 심한 언행을 용인하는 집단리더는 자기개방을 꺼리는 분위기를 초래할 수 있다. 반면, 개인적인 사안을 기꺼이 나누고, 서로 돌보며, 배려하는 집단원들의 행동을 적극 격려해 주는 집단리더는 긍정적인 분위기를 창출할 수 있다. 집단 분위기 유형은 글상자 8-16과 같이 비교해 볼 수 있다.

🏢 글상자 8-16. 집단 분위기 비교

1. 진지한 분위기 vs. 가벼운 분위기	2. 직면적 분위기 vs. 지지적 분위기
3. 형식적 분위기 vs. 비형식적 분위기	4. 과업 지향적 분위기 vs. 이완된 분위기

집단리더가 고려해야 할 요소가 양극단을 가진 연속선 위에 있다고 가정할 때, 집

단리더는 중간의 어느 한 지점에 있는 정도로 집단 분위기를 조성하게 될 것이다. 여기서 제시한 항목별로 적정 수준을 택하여 집단 분위기를 조성해 나간다면, 집단의 목표 달성은 그만큼 가까워질 수 있을 것이다. 대화상자 8-13은 집단 분위기에 따른 진술의 예다.

 대화상자 8-13. 서로 다른 분위기 조성에 따른 진술의 예

☐ 진지한 분위기

리 더: 자, 시작하겠습니다. 음, 시작하기 전에 앉은 자리를 좀 정리하겠습니다. 서로 너무 떨어지지 않도록 의자를 좀 더 끌어당겨서 앉아 주시기 바랍니다. 음식물이나 음료수는 다른 데로 치워 주시고요. (집단원들이 이행하도록 잠시 기다렸다가) 자, 됐습니다. 그러면 새로 오신 분을 소개하고 집단 회기의 목표에 관한 이야기를 나누는 것으로 오늘 집단을 시작하겠습니다.

☐ 가벼운 분위기

리 더: 자, 시작할까요? (집단원들은 여전히 흩어져 있는 상태로 다과를 즐기고 있다.) 우선 여러분 자신에 관한 이야기로 오늘 집단을 시작하겠습니다. 중요하다고 생각되는 것이나 하고 싶은 이야기라면 어떤 것이든 좋습니다.

☐ 직면적 분위기

리 더: 동현아, 너의 습관적인 행동에 관한 문제는 좀 더 시간적인 여유를 가지고 진지하게 논의해 봐야 할 것 같다. 너를 포함해서 우리가 서로에게 솔직하게 대하고 교류한다면, 우리는 서로를 도울 수 있단다. 이런 점에 대해 동현이에게 이야기하고 싶은 사람, 손 들어 볼까?

☐ 지지적 분위기

리 더: 동현아, 네가 문제가 있다고 느끼지 않더라도, 선생님은 이 집단이 너한테는 충분히 가치가 있다고 생각되는구나. 다른 사람들도 똑같은 느낌일 거야. 그리고 너희 중에도 스스로 문제가 있다는 사실을 깨달은 사람도 있을 거야. 이 집단의 목적은 너희에게 도움을 주기 위해서란다. 선생님은 너희가 다른 사람의 말에 경청하고, 개인적인 이야기를 나누고, 서로 돌봄으로써 서로를 도울 수 있기 바란다. 물론 너희 중에는 자기 자신에게 문제가 있다는 사실을 인정하기 힘든 사람도 있다는 걸 알고 있단다.

☐ 과업 지향적 분위기

> **리 더**: 시작하겠습니다. 오늘 처리할 일이 많은데, 우리에게 주어진 시간이 2시간밖에 되지 않습니다. 그래서 시간 내에 일을 마무리짓기 위해서는 시간을 효율적으로 사용해야 할 것 같습니다. 그래서 우선, -〈하략〉-

☐ 이완된 분위기

> **리 더**: 자, 시작할까요? 그런데 오늘 처리해야 할 일이 많네요. 오늘 마무리짓지 못하면 다음 모임 때 하면 되니까 편안한 마음으로 작업에 임하시기 바랍니다. 불필요한 스트레스는 작업의 효율성을 떨어뜨릴 수 있으니까요.

이외에도 집단 분위기는 조명, 좌석 배치, 공간 장식 같은 물리적 환경의 영향을 받는다. 예를 들어, 둥근 탁자 주위로 둘러앉는 것과 탁자 없이 둥글게 앉는 것은 집단 분위기에 영향을 준다. 또한 의자에 친근한 문구를 붙이거나, 조용한 배경음악을 틀어놓거나, 부드러운 조명 아래에서 집단을 진행하는 경우, 집단 분위기에 긍정적인 영향을 준다. 그러므로 집단리더는 다양한 요소를 고려하여 집단목적과 효율성을 극대화할 수 있는 집단 분위기를 조성한다.

참여 유도

과정기술의 세 번째는 참여 유도다. 참여 유도^{drawing-out}는 집단원들의 집단참여를 끌어내는 기술이다. 집단참여를 유도하는 이유는 집단원들의 자기개방을 촉진하여 대인 간 상호작용을 활성화하기 위해서다. 이를 실현하려면, 집단초기부터 모든 집단원의 빠짐없는 참여가 전제되어야 한다. 집단원들의 집단참여는 집단 내의 긴장 감소로 이어진다. 집단에서 처음으로 말문을 열기까지의 시간이 길어질수록 집단참여는 더욱 어려워질 수 있다(Berg et al., 2018). 집단원들은 흔히 말없이 앉아 있는 집단원이 집단을 별로 탐탁하게 여기지 않거나 우월성을 과시하는 것으로 오해할 수 있다. 그러므로 비생산적인 추측이 집단과정과 역동에 부정적인 영향을 미치지 않도록 시의적절한 개입이 요구된다. 그러면 집단원의 집단참여가 저조한 이유는 무엇일까?

집단참여가 저조한 이유.   집단원의 참여가 저조한 이유는 ① 두려움, ② 생각 중, ③ 말 없는 성격, ④ 무관심, ⑤ 준비 미비, ⑥ 혼란감, ⑦ 집단에 대한 신뢰 결여, ⑧ 집단압력으로 정리할 수 있다(Jacobs et al., 2016).

첫째, 집단원이 두려움 때문에 집단참여가 저조한 것은 흔히 다른 집단원들이 자신을 어떻게 생각할지에 대해 지나치게 의식하기 때문일 수 있다. 이들은 다른 집단원들의 웃음, 시선, 속삭임 등과 같은 행위를 자신에 대한 비웃음, 외면, 비난으로 여길수 있다. 이러한 집단원에 대한 참여 유도를 위해서는 상상이 아닌 실제 상황에서 다른 집단원들의 반응을 직접 경험할 기회를 제공할 필요가 있다. 단, 놀림받고 있다는느낌이 들지 않도록 집단상담자의 세심한 주의와 배려가 요구된다. 대화상자 8-14는 두려워하는 집단원의 참여 유도를 위한 대화의 예다.

🏠 **대화상자 8-14. 두려워하는 집단원의 참여 유도를 위한 대화의 예**

> **리 더**: 민석 씨, 집단에 참여하게 된 이유에 대해 아직 아무 말씀도 하지 않으셨는데요.
>   집단에서는 참여를 통해 민석 씨가 얻고자 하는 것을 얻을 수 있습니다.
>
> **민 석**: 음, 그런데 생각했던 것보다 말을 꺼내는 것이 참 어렵네요. 근데 제가 왜 그런 일
>   을 했는지 잘 모르겠어요.
>
> **리 더**: 뭔가 후회되는 일이 있는 것 같은데, 여기서 함께 나누거나 아니면 개인상담을 통
>   해 민석 씨 자신에 대해 좀 더 이해할 수 있을 겁니다.
>
> **민 석**: (고개를 숙인 채) 글쎄요, 노력해 볼게요. 근데 제 말을 들으면 모두 깜짝 놀랄 거
>   예요.
>
> **리 더**: 민석 씨, 고개를 들고 말씀을 하시면 여기 있는 사람들이 민석 씨를 어떻게 도울
>   것인가를 볼 수 있을 겁니다.

둘째, 집단원이 집단의 상호작용에 관해 생각에 잠기게 되었기 때문일 수 있다. 이는 흔히 강도 높은 활동이나 작업을 마친 직후에 일어난다. 집단리더는 집단원들의비언어행동에 대한 지속적인 모니터링을 통해 이 상황에 놓인 집단원을 비교적 쉽게찾아낼 수 있다. 일반적으로 이런 종류의 침묵은 생산적이다. 왜냐면 집단원들에게는 때로 집단경험에 대해 곰곰이 성찰해 보는 시간이 필요하기 때문이다. 단, 침묵시간이 길어지게 되면 말할 준비가 된 집단원이라고 하더라도 참여를 주저하게 될 수있다. 그러므로 집단리더는 침묵과정을 거쳐 말할 준비가 된 것으로 판단되는 집단원을 감지하여 간단한 비언어 신호를 통해서라도 참여를 유도한다. 또한 집단리더는다양한 진술을 통해 집단원들의 참여를 유도할 수 있다. 이러한 진술의 예는 대화상자 8-15와 같다.

대화상자 8-15. 생각에 잠긴 집단원의 참여 유도를 위한 반응의 예

○ "자, 지금 생각한 것을 말씀해 보세요."

○ "지금 머릿속으로 생각한 것을 목소리로 소리 내어 보세요."

○ "조금 전에 나누었던 이야기에 관하여 생각하고 있었던 것 같은데요."

○ "어떤 것에 대해 반응하고 있었던 것 같은데, 혹시 말씀하실 것이 있나요?"

○ "음, 잠시 생각에 잠겨 있었던 것 같은데, 민지 씨 생각을 말씀해 보시겠어요?"

셋째, 집단원이 성격적으로 조용하고 말이 없기 때문일 수 있다. 과묵한 성격의 사람들은 보통 가족이나 친구들에게도 자신의 감정과 생각을 잘 드러내지 않는 경향이 있다. 따라서 집단리더는 지속적인 사정을 통해 세심한 관심과 배려로 이러한 집단원들의 참여를 유도해야 한다. 대화상자 8-16은 말 없는 집단원의 참여를 유도하는 대화의 예다.

 대화상자 8-16. 말 없는 집단원의 참여 유도를 위한 대화의 예

리 더: 남들 앞에서 자신의 생각을 말하는 일은 그리 쉬운 일은 아닐 거예요. 음, 미나 씨는 우리 집단에서 비교적 조용히 지내 왔는데, 혹시 방금 정아 씨의 경험에 대한 피드백을 주시겠어요?

미 나: (미소를 지으며, 조용한 목소리로) 음, 제가 말을 안 해서 좀 답답하셨나 봐요. 제가 좀 말이 없기는 해요. 그래도 말을 할 필요가 있을 때는 말을 하긴 하는데, 이 집단에서는 보통 때보다 더 말이 없었던 것 같아요. 그리고 정아 씨에 대한 피드백은 다른 분들의 것과 비슷해요.

넷째, 무관심, 즉 마음이 다른 데에 가 있는 집단원은 몸은 집단에 와서 앉아 있지만, 마음은 집안 문제, 시험, 과제, 직장 업무, 이성 문제 등과 같은 생각에 빠져 있을 수 있다. 이러한 집단원은 잠시 마음속에 있었던 것에 관하여 이야기해 보도록 하는 것으로 참여를 유도할 수 있는데, 이를 위한 대화의 예는 대화상자 8-17과 같다.

 대화상자 8-17. 무관심한 집단원의 참여 유도를 위한 대화의 예

리 더: 세아 씨, 조금 전과는 달리 말씀이 없어지셨는데, 혹시 마음속에 담고 계신 것이라도 있나요?

> **세　아**: 글쎄요. 음, 사실은 어젯밤에 전화를 받았는데요. 오래전에 헤어진 남자친구였어요. 제가 굉장히 좋아했거든요.
>
> **리　더**: 세아 씨에게는 꽤 중요한 의미가 있는 것 같은데, 3분 정도 시간을 드릴 테니까 어떤 내용인지 말씀해 보시겠어요?

　다섯째, 준비되지 않은 집단원은 주로 과제를 완결 짓지 못해 집단참여를 꺼리는 경우다. 그러므로 이러한 집단원에 대해서는 참여를 유도하기보다 주어진 과제를 완성할 수 있는 동기를 부여하는 것이 선행되어야 할 것이다.

　여섯째, 혼란을 겪고 있는 집단원은 이러한 상태의 원인에 대해 자기개방을 하기보다 침묵을 택한 것이다. 혼란감 때문에 침묵을 선택한 집단원에게 집단참여를 권하는 진술의 예는 대화상자 8-18과 같다.

 대화상자 8-18. 혼란스러워하는 집단원의 참여 유도를 위한 대화의 예

> **리　더**: 여느 때에 비해 별로 말이 없는 분들이 눈에 띄는데, 집단의 흐름이 다소 빠르게 흘러가는 것에 대해 혼란스럽기 때문인지 궁금합니다.

　일곱째, 집단을 신뢰하지 않는 집단원은 흔히 비자발적 집단에서 나타난다. 어떤 강제적인 조치로 집단에 참여해야 하는 사람은 대체로 집단리더나 다른 집단원들에 대한 신뢰가 낮기 때문에 집단의 참여도 역시 낮은 편이다. 이러한 집단원에게는 집단활동에의 불참 또는 중도포기에 따른 결과를 일러 주는 한편, 집단참여는 온전히 그 자신의 선택에 달려 있음을 강조한다.

　끝으로, 집단에서 다른 집단원들을 압도하는 집단원이 있는 경우, 다른 사람들이 집단에 기여할 수 있게 하기보다는 가만히 앉아서 관망을 주로 하게 되는 분위기를 조장할 수 있다. 이러한 상황은 지배적인 집단원이 다른 집단원들의 참여를 저해하고 있음에도 불구하고 집단리더가 이를 간과하는 경우에 흔히 발생한다. 이외에도 집단리더가 집단원들의 참여 저조 이유를 알 수 없는 경우가 있다. 이러한 경우에는 해당 집단원에게 직접 물어보거나, 2인 1조 활동을 통해 해당 집단원과 짝을 지어 대화를 나누거나, 집단 회기를 마치고 나서 직접 물어볼 수 있다. 이때 탐색을 위한 질문의 예는 대화상자 8-19와 같다.

대화상자 8-19. 참여 유도를 위한 질문의 예

○ "희강 씨, 오늘따라 말이 없으신데, 이 사안에 대해 의견이 있나요?"

○ "지금까지 경준 씨의 의사결정을 돕기 위한 브레인스토밍을 해 봤는데요. 선경 씨, 혹시 덧붙이고 싶은 아이디어가 있나요?"

○ "규선 씨, 오늘 이 시간에 논의된 내용에 대해 긍정적으로 생각하는 것 같은데, 이에 대해 말하고 싶은 것이 있나요?"

초점 맞추기

과정기술의 네 번째는 초점 맞추기다. 초점 맞추기^{focusing}는 크게는 주제나 활동 또는 사람에게, 작게는 집단원들의 사고, 감정, 행동, 또는 경험에 대해 집중적으로 이야기를 나누는 것을 의미한다. 즉, 집단의 초점은 부모와의 관계 같은 주제, '신뢰의 원'과 같은 활동 혹은 집단원의 문제와 관심사가 되기도 한다. 여기서 초점^{focus}이란 집단에서 논의되고 있는 주제 혹은 소주제를 말한다. 집단의 초점이 집단목적과 일치하지 않는 방향으로 흐르는 경우, 집단리더는 초점을 다시 제 궤도에 올려놓기도 하고, 논의 내용 또는 집단작업의 정도를 심화시키기도 한다. 초점 맞추기의 일반원칙은 외부의 것에서 내면의 것으로, 추상적인 것에서 구체적인 것으로, 일반적인 것에서 개인적인 것으로 옮겨 가는 것이다. 예를 들어, 일상생활에서 다른 사람과의 갈등에서 발생하는 분노감을 호소하는 집단원이 있다면, 집단리더는 대화상자 8-20에 제시된 것과 같은 질문을 통해 해당 집단원이 자신의 관심사에 초점을 맞추도록 돕는다.

대화상자 8-20. 초점 맞추기를 돕기 위한 질문의 예

○ "이 집단의 어떤 분과 그런 식의 싸움을 할 수 있을 것 같나요?"

○ "만일 이 집단에서 그렇게 화를 낸다면 어떤 분에게 내시겠습니까?"

집단의 초점은 집단의 목적, 단계, 국면 같은 개념과 함께 집단의 상호작용과 발달 이해를 위한 지도 같은 기능을 한다. 이러한 개념들은 글상자 8-17에서처럼 비교할 수 있다.

글상자 8-17. 집단의 목적, 단계, 국면, 초점 개념의 비교

○ 목적: 집단이 목적을 갖는 이유

○ 단계: 집단의 발달과정에서 집단의 위치(탐색, 작업, 생산, 통합)
○ 국면: 집단 회기에서 집단의 위치(시작/워밍업, 중간/작업, 종결)
○ 초점: 집단에서 다루고 있는 내용(설정, 유지, 이동, 심화)

초점 맞추기는 ① 초점 설정, ② 초점 유지, ③ 초점 이동, ④ 초점 심화의 네 가지 과정이 필요에 따라 앞뒤로 오가며 이루어진다.

초점 설정.　첫째, 초점 맞추기의 첫 단계는 초점을 설정하는 일이다. 초점 설정은 집단리더의 중요한 임무이면서 권한에 속한다. 또한 집단리더는 집단의 초점을 설정, 유지, 이동, 심화할 권한이 부여된 전문가인 동시에, 집단에서 가장 여유를 가지고 집단의 흐름을 관찰할 수 있는 유일한 사람이다. 집단의 초점 설정방법은 매우 다양하다. 집단의 초점은 단순히 집단원에게 다음 회기에 다룰 주제나 활동에 대해 말해 줌으로써 설정될 수도 있다. 초점 설정을 위한 진술의 예는 대화상자 8-21과 같다.

🏠 **대화상자 8-21. 초점 설정을 위한 진술의 예**

○ "앞으로 10여 분간 미나 씨의 직장상사와의 갈등에 대해 들어 보기로 하겠어요."
○ "이제 남은 한 시간은 친구와의 관계에 관한 이야기를 나누어 보겠습니다."
○ "오늘은 효율적인 시간 관리법을 정리해 보도록 하겠습니다. 지난주에 내어 드린 과제물을 통해 어떤 경험을 했는지 함께 이야기를 나눠 보도록 하죠."
○ "모두 돌아가면서 이번 회기에 기회가 주어진다면 나누고 싶은 주제에 관해 이야기했는데, 두 사람은 부부관계의 어려움, 한 사람은 재정적인 어려움, 세 사람은 직장생활에서의 갈등, 그리고 나머지 두 사람은 자녀교육 문제에 관한 이야기를 나누고 싶다고 했습니다. 그러면 누구의 이야기부터 들어 보기로 할까요?"

초점 유지.　둘째, 초점 유지란 집단의 목적에 부합된다고 판단되는 주제를 집단 내에서 지속적이고 의도적으로 다루는 것을 말한다. 한 가지 주제에 관하여 이야기를 나누는 중에 다른 주제의 이야기를 꺼내는 집단원이 있다면, 이를 차단하여 본래의 주제에 관한 이야기에 머무르게 하는 것도 초점 유지의 일환이다. 일단 집단의 초점이 맞추어지면, 집단리더는 집단의 초점이 산만해져서 다시 제 궤도에 올려놓거나 다른 주제나 집단원 또는 활동으로 옮길 필요는 없는지를 지속적으로 살핀다. 예컨대, 한 집단원이 자신의 억압된 감정을 인식하기 위한 작업을 하는 과정에서 다른 집단원이 자신의 사실적 이야기를 늘어놓기 시작한다면, 집단리더가 즉각 개입하여 집단의 주제를 앞서 이야기하던 것으로 되돌려 놓는 것이 초점 유지다. 초점 유지를 위한 진술의 예는 대화상자 8-22와 같다.

 대화상자 8-22. 초점 유지를 위한 집단리더 반응의 예

> ○ "가인 씨의 문제를 조금 더 다루어 보는 것이 어떨까요?"
> ○ "방금 김 선생님께서 말씀하신 것에 대해 잠시 생각해 볼까요? 아버님과의 갈등이 언제부터 시작되었죠?"
> ○ "민영 씨, 도연 씨가 자신의 고통스러웠던 경험을 충분히 털어놓을 수 있도록 잠시만 기다리시겠어요?"
> ○ "지금 다루고 있는 주제에 대해 10분 정도만 이야기를 더 나누고, 새로운 주제로 옮겨 가겠습니다."

그러면 집단의 초점은 어떤 경우에 유지해야 하는가? 집단마다 서로 다른 목적이 있고 집단원들의 욕구가 다양하기 때문에 이 질문에 대한 대답은 그리 단순하지 않다. 집단의 초점을 유지할 것인가, 아니면 다른 주제로 옮길 것인가의 여부를 결정하기 위해 고려해야 할 사항은 글상자 8-18과 같다.

글상자 8-18. 초점 유지 여부의 결정을 위한 고려사항

> 1. 시간이 충분히 남아 있는가?
> 2. 새로운 화제로 초점을 옮기고 싶은가?
> 3. 집단원들은 현재의 초점에 얼마나 관심 있어 하는가?
> 4. 집단논의에 다른 집단원을 끌어들일 필요는 없는가?
> 5. 집단의 분위기 전환을 위해 초점을 옮길 필요는 없는가?
> 6. 집단의 초점이 어떤 주제, 사람, 활동에 맞추어져 있는가?
> 7. 현재 다루고 있는 주제, 사람, 활동에 너무 오래 초점을 맞추고 있지는 않은가?
> 8. 현재 초점을 맞추고 있는 내용의 주제는 집단의 목적과 얼마나 관련이 있는가? 이미 과거에 다룬 적이 있지는 않은가?

집단리더는 이러한 질문들을 스스로에게 던져 봄으로써, 집단의 초점을 유지할 것

인지, 아니면 다른 데로 옮길 것인지를 결정한다.

초점 이동. 셋째, 집단의 초점 이동은 초점 유지와 서로 맞물려 있다. 즉, 집단의 초점을 옮겨야 하는 경우는 그것을 더 유지할 필요가 없거나 충분한 시간이 남지 않은 경우다. 그러므로 집단리더는 앞서 제시한 질문들에 대해 어떻게 대답할 것인가를 고려해 보면서 집단의 초점을 이동할 필요가 있는지 파악한다. 집단의 초점을 이동할 방향의 예는 글상자 8-19와 같다.

🏢 **글상자 8-19. 초점 이동의 방향**

○ 주제 → 집단원 ○ 집단원 → 다른 집단원 ○ 활동 → 주제
○ 주제 → 다른 주제 ○ 집단원 → 주제 ○ 활동 → 집단원
○ 주제 → 활동 ○ 집단원 → 활동

글상자 8-19에 제시된 초점 이동의 방향에서 활동에서 활동으로의 초점 이동은 빠져 있다. 그 이유는 이러한 방향으로 초점을 이동하는 것은 적절하지 않기 때문이다. 활동에 이어 다른 활동을 적용하는 것은 그리 바람직하지 않다. 그러므로 만일 집단에서 활동을 적용한다면, 그 활동에 참여한 소감을 나누거나 다른 주제 또는 사람으로 초점을 이동한다.

초점 심화. 넷째, 초점 심화란 일단 선택된 주제에 대한 작업 내용을 좀 더 깊이 있게 다루는 것을 말한다. 초점 심화는 깔때기효과$^{funnel\ effect}$, 즉 특정 주제에 대한 작업의 깊이를 더함으로써 집단원의 통찰을 유도하고 자기이해의 폭을 넓혀 건설적인 행동 변화를 도출해 내기 위한 집단작업이다. 집단의 초점 심화를 위한 방안은 글상자 8-20과 같다.

🏢 **글상자 8-20. 초점 심화를 위한 방안**

1. 더 강렬한 방식으로 집단원들과 작업한다.
2. 생각을 떠올리게 하거나 도전적인 질문을 던진다.
3. 집단에 방해되는 역동에 대해 집단원에게 직면한다.
4. 강렬한 활동으로 집단원의 내적 세계와 접촉하도록 돕는다.
5. 개인적인 수준에서 내면의 감정과 생각을 표출하도록 한다.

집단의 초점을 심화하기 위해 집단리더는 집단원들과 집중적인^{intensive} 방식으로 작업한다. 또한 집단원들 간에는 나눔의 기회를 더 가질 수 있도록 집단리더가 적극적인 촉진자 역할을 한다. 그리고 때로 집단원에게 사적인 문제와 상황에 대해 재고해 볼 수 있게 탐색질문을 던지거나 집중적인 활동을 투입한다. 초점 심화를 위한 대화의 예는 대화상자 8-23과 같다.

 대화상자 8-23. 초점 심화를 위한 대화의 예

> **민 석**: 결혼한 사람은 누구나 배우자에 대해 어느 정도의 분노가 있는 것 같아요.
>
> **지 우**: 민석 씨 말에 저도 동의해요. 저는 결혼한 지 벌써 만 3년 됐는데요. 일주일이 멀다 하고 다투거든요. 그것도 아주 사소한 일로요.
>
> **나 라**: 사실, 저도 저희 엄마, 아빠가 싸우는 것이 너무 싫어서, 저는 결혼하면 절대 싸우지 않겠다고 다짐을 했는데, 현실이 따라 주지 않네요.
>
> **리 더**: 여러분 모두 지금 이야기하는 내용에 대해 잠시 진지하게 생각해 보시기 바랍니다. 여러분이 배우자와 다투게 되는 상황을 가만히 들여다볼까요? 어떤 패턴이 있거나, 현실과 일치하지 않는 기대가 있다거나, 아니면 아동기나 이전의 관계에 뿌리를 두고 있는 수많은 미결감정이 원인 제공을 하고 있지는 않은지.
>
> **지 우**: 글쎄요. 인정하고 싶지는 않지만, 생각해 보니까 제가 그동안 제 아내를 다른 이상적인 여성상에 맞추어 놓고 그렇게 되기를 바랐던 것 같아요. 우리가 다투게 된 것도 바로 그것이 원인이 된 것 같고요.
>
> **리 더**: 그 점에 대해 좀 더 탐색해 보시겠어요?
>
> **지 우**: 네, 그래 볼게요.
>
> **리 더**: 자, 다른 사람들의 이야기를 들어 보도록 하죠. 그러고 나서 지우 씨의 경우를 다시 다루어 보겠습니다.

대화상자 8-23에 제시된 대화의 예에서, 집단리더는 집단원들의 말에 대해 적극적인 반응과 탐색질문으로 집단의 초점을 심화시키고 있다. 그러면 초점 심화를 위해 고려해야 할 조건은 무엇인가? 바로 시간이다. 집단리더는 집단 회기의 시작 또는 종결국면이 아니라, 작업국면에서 초점을 심화시켜야 한다. 그러나 작업국면에서조차 해당 사안이나 주제를 다룰 만큼 시간이 충분한지를 수시로 확인해야 한다. 이는 초점을 심화시켰다가 시간 부족으로 인해 회기 종결 시간을 넘기거나 작업이 미진한 상태에서 집단 회기를 마쳐야 하는 상황의 발생을 사전에 방지하기 위해서다. 그렇다면 초점을 얼마나 깊이 심화시킬 것인가?

초점을 얼마나 심화시킬 것인지는 집단의 목적에 달려 있다. 일반적으로 과업, 교육, 토론집단에서 집단원들의 개인적인 사안에 대해 초점을 심화시키는 것은 부적절하다(Jacobs et al., 2016). 이들 집단의 참여자들은 대체로 집단에서 자신의 사적인 사안을 다루게 될 것으로 기대하지 않기 때문이다. 더욱이, 이들은 집단에서 자신이 상담이나 치료받는 것에 동의하지 않은 상태이므로, 집단원의 개인적인 사안에 대한 초점 심화는 비윤리적인 행위로 간주될 수도 있다. 그러므로 집단리더는 집단의 초점을 아주 개인적이고 깊은 수준까지 심화시키기에 앞서, 항상 집단의 목적을 고려해야 한다. 설령 더 깊은 수준까지 탐색하기를 원하는 집단원이 있다고 하더라도, 집단리더는 글상자 8-21에 제시된 기준을 고려하여 초점 심화 여부를 결정한다.

> 📖 **글상자 8-21. 초점 심화의 판단기준**
>
> 1. 집단원에게 초점 심화가 필요한가?
> 2. 초점 심화가 집단원의 성적 · 문화적 배경에 적절한가?
> 3. 집단원은 개인적인 관심사를 다룰 준비가 되어 있는가?
> 4. 집단원은 다른 집단원들의 피드백을 받을 준비가 되어 있는가?
> 5. 집단원의 자아강도는 심화된 초점을 감당할 수 있는가?
> 6. 집단리더는 심화된 초점을 다룰 수 있는 전문적인 경험, 지식, 능력을 갖추고 있는가?

사람들의 외모, 성격, 가치관 등이 서로 다르듯이, 집단에서 자신의 개인적인 관심사나 문제를 드러내고 다른 사람들의 피드백을 받는 일에 대한 마음의 준비와 편안해하는 정도는 다 다르다. 만일 집단에서 공개한 개인적인 이야기가 제대로 다루어지지 않는다면, 해당 집단원에게 해가 될 수 있다. 그러므로 집단리더는 집단과정에 몰입한 나머지 집단원들의 준비 여부를 확인하지 않은 채 집단의 초점을 심화시키는 잘못을 범하지 않도록 해야 한다.

지금 여기 상호작용 촉진

과정기술의 다섯 번째는 지금 여기 상호작용 촉진이다. 지금 여기 상호작용 촉진은 과거, 즉 '그때 거기' 일어났던 사건보다는 현재 집단원이 위치한 공간에서의 경험을 의식할 수 있도록 돕는 기술이다. 집단원들이 참여를 원할수록 집단은 더욱 활기를 띤다. 집단원들이 지금 여기의 경험에 초점을 맞추고 이야기할수록 집단에는 강력한 치료적 힘이 구축된다. 따라서 집단리더의 임무는 집단원들의 제반 문제를 지금 여기의 문제로 바꾸도록 돕는 것이다. 그렇다면 과거의 경험을 이야기하는 것은 치료적으로 의미가 없는 것인가? 집단에서는 과거의 경험에 대해서 언급해서는 안 되는가? 그렇지 않다. 지금 여기에 초점을 맞춘다고 해서 집단원들의 과거사^{past history} 또는 생애사^{life history}를 무시해야 한다는 의미는 아니다. 과거 경험에 관한 이야기는 집단에서 자주 언급되는 소재로서, 흔히 서로에 대한 이해의 폭과 깊이를 심화시킨다. 서로에 대한 이해는 집단의 응집력 형성을 촉진한다. 과거사/생애사는 때로 대인관계상의 갈등 해소에도 도움이 된다. 갈등 상황에 있는 집단원들은 상대방의 과거 배경에 관한 이야기를 듣게 되면서 서로를 이해하게 된다.

'지금 여기' 상호작용을 촉진한다는 것은 집단원들의 과거사나 부적응행동의 원인 규명보다는 단순히 지금 여기에서의 경험에 집중하는 것이다. 물론 '그때 거기' 일어났던 사건에 관한 진술을 완전히 배제하고, 집단 내에서 전적으로 지금 여기에 초점을 맞추는 대화로만 이어 가기는 사실상 불가능하다. 왜냐면 과정에 관한 진술은 과거의 행동을 빼놓고는 할 수 없기 때문이다. 그럼에도 집단에서 그때 거기에 초점을 맞추는 것을 지양하는 이유는 무엇인가? 과거는 고정되어 있지 않고, 탐색과 이해 과정에 의해 그 내용이 얼마든지 변경될 수 있기 때문이다. 즉, 과거의 기억은 회상될 때마다 현재의 맥락에 맞추어 변형되고, 수정된 기억은 원래 기억과 대체되어 장기기억에 저장되기 때문이다(Blakeslee, 2000).

과거의 일은 과거에 일어난 사건일 뿐이다. 집단에서 그때 거기의 일을 드러내도록 용인하는 이유는 단순히 과거에 어떤 일들이 있었는가를 알아보기 위한 것이 아니다. 대신, 과거사 이해를 통해 집단원이 현재 다른 사람들과 관계를 맺고 있는 방식을 이해할 수 있기 때문이다. 집단원의 대인관계 형성·유지방식에 대한 이해는 대인관계 유형에의 변화시도를 위해 필요한 선행요건이다. 이러한 점에서 집단과정 또는 대인관계 중심으로 운영되는 집단에서도 집단원의 과거나 현재 생활의 탐색을 위해 그때 거기에 초점을 맞추기도 한다. 이 집단에서는 방금 전의 행동부터 몇 주 혹은 수개월에 걸쳐 일어난 행동주기나 반복 상태까지도 다룬다.

과거 사건은 지금 여기의 일부인 동시에 과정 진술의 기초가 된다. 그러므로 지금 여기에 초점을 맞추는 정도만큼 집단의 힘과 효과는 증대된다(Yalom, 2005). 집단목표를 집단원들의 고통 완화나 문제해결보다 대인관계적인 것으로 변환시키는 것은 집단작업의 초기단계에서 집단리더가 수행해야 할 중요한 과업이다. 예를 들어, 우울증으로 집단에 참여하게 된 집단원이 있다고 한다면, 집단리더는 우울증을 대인관계 차원에서 조망한다. 즉, 우울증을 소극적·수동적 의존, 고립, 분노 등의 감정억제, 격리에 대한 과민반응 같은 복합적인 부적응 요소들로 인해 나타난 결과로 이해한다. 그런 다음, 이러한 문제요소들을 둘러싼 대인관계상의 부적응행동 혹은 사고 등에 대해 지금 여기의 상호작용을 촉진시키는 역할에 집중한다. 이처럼 대인관계와 관계성에 초점을 맞춘, 지금 여기 활성화되는 상호작용은 집단원들의 변화를 이끌어내는 중요한 치료적 요인이면서 기술이다. 지금 여기에 초점을 맞추고 집단의 상호작용을 촉진하는 이유는 글상자 8-22와 같다.

🏢 글상자 8-22. 지금 여기에 초점을 맞추는 이유

집단원들은 현재 이 공간에서 살고 있다. 동시에 이들은 다른 구성원들, 치료자, 그리고 집단에 대해 강한 감정을 발달시킨다. 지금 여기에서 느끼는 감정들은 집단의 주요 쟁점이 된다. 여기서의 논쟁은 비역사적이다. 즉, 집단에서의 당면과제는 집단원들의 현재 외부 생활이나 먼 과거의 일보다 우선시된다. 이러한 초점은 집단원 개개인의 축소된 사회를 발전시키고, 각자 당면한 문제가 보다 쉽게 드러나도록 해 준다. 그 결과, 집단은 훨씬 활기차게 되고, 집단원 모두가 집단작업에 열의를 가지고 참여하게 된다(Yalom, 2005, pp. 141-142)

글상자 8-22에 제시된 이유에 따르면, 집단원들의 과거사에 관한 재조명도 지금 여기의 맥락에서 이해하고자 할 때 효용성이 가장 크다. 무언가 의미 있는 일을 할 수 있어서 집단원들이 안고 있는 문제나 관심사를 해결할 수 있는 때와 장소는 결국 지금 여기이기 때문이다. 그러므로 집단의 초점을 현재 집단에서 일어나고 있는 것에 맞추는 것이 가장 생산적인 선택이다. 집단의 상호작용 촉진방안은 글상자 8-23과 같다.

🏢 글상자 8-23. 집단의 상호작용 촉진방안

1. 집단리더에게 의존하는 경향을 줄인다.
2. 갈등과 대립을 공개적으로 표현하도록 격려한다.
3. 직접적인 의사소통의 장애물을 극복하도록 돕는다.
4. 집단참여를 적극 유도하여 모든 집단원을 참여시킨다.

5. 집단참여에 대한 두려움과 기대를 공개적으로 표현하도록 격려한다.

6. 사적인 문제를 탐색하거나 새로운 행동을 시도할 때까지 지지 · 격려한다.

7. 서로 신뢰하고 생산적인 의견교환을 할 수 있는 안전하고 수용적인 분위기를 조성한다.

지금 여기에서의 상호작용을 촉진하는 이유는 집단원들이 집단참여 목적을 달성하도록 돕기 위해서다. 본질적으로, 이 기술은 집단원들 간의 명쾌한 의사소통을 유발해서 집단의 방향에 대한 그들의 책임감을 일깨워 주는 것이다. 지금 여기 상호작용 촉진의 예를 들면 대화상자 8-24와 같다.

 대화상자 8-24. 지금 여기 상호작용 촉진의 예

> 예 1
>
> **혜 니**: 저는 왜 그런지 저에 관해 얘기하면, 누군가가 날 이용할지 모른다는 생각이 들면서 불안해져요.
>
> **리 더**: 혹시 이 집단에서도 그런 느낌을 경험하고 있나요?
>
> **혜 니**: 음, 글쎄요. 그런 느낌이 전혀 들지 않는다고는 할 수 없죠.
>
> **리 더**: 이 집단에서 누가 가장 의식이 되나요?
>
> 예 2
>
> **보 라**: 저는 고등학교에 다닐 때, 수학시간이 참 싫었던 기억이 나요. 이과반을 택해서 공대에 갈 계획이 있었는데도 말이죠. 수학 성적이 자꾸 떨어지니까 당연히 집단에서도 난리가 났죠. 저는 저대로 학교공부에 대한 열의도 점점 떨어지게 되었고요. 음, 지금 생각해 보니까 부모님 속을 많이 썩인 것 같네요.
>
> **리 더**: 보라 씨는 고교 시절에 수학 과목에 흥미를 느끼지 못해서 부모님과의 관계에도 영향을 주게 되었나 봐요. 그런데 방금 수학시간이 싫었다는 이야기를 하면서 어떤 느낌이 드는지 궁금하네요.
>
> **보 라**: 음, 글쎄요. 수학시간에 들었던 느낌을 떠올려 보니까, 갑자기 수학 선생님과 우리 아버지의 모습이 아주 비슷하다는 생각이 드네요. 제가 정말 싫어했던 그 권위적인 모습 말이에요.

대화상자 8-24에 제시된 대화의 예 1에서, 집단리더는 집단원의 사고 패턴을 지금 여기에 초점을 맞추게 함으로써 집단의 상호작용을 촉진하고 있다. 이 대화의 예처럼, 집단리더는 집단원들의 관심사에 따라 다른 집단원에게 수용/무시되었을 때, 친근감/적대감을 느꼈을 때 및/또는 기뻤거나 화났을 때의 경험을 나눌 기회를 제공할 수 있다. 대화의 예 2에서 집단리더는 집단원이 말한 내용을 전달하고 있다. 집단원이 전달하고자 하는 핵심은 고등학교 시절에 겪었던 수학시간에 대한 거부감이다. 집단리더는 과거의 경험에 대한 느낌을 지금 여기로 가져오게 함으로써 집단원의 성장에 걸림돌 역할을 했던 사건의 원인에 대한 이해와 통찰을 꾀하고 있다.

주제/연관성 분석

과정기술의 여섯 번째는 집단의 주제 또는 연관성 분석이다. 집단의 주제theme/연관성connection 분석이란 집단원(들)의 사고, 감정, 행동, 그리고 집단 내 상호작용에 관한 공통 특성 또는 패턴을 탐색·확인하는 것을 말한다. 주제나 연관성 분석은 일정 시간 동안 관찰을 통해 이루어지는 작업이다. 이 작업의 목적은 집단원이 미처 인식하지 못하고 되풀이하는 주제, 역기능적 패턴, 혹은 이러한 주제나 패턴과의 연관성/불일치에 의미를 부여함으로써 집단원의 자기이해와 통찰을 촉진하기 위함이다. 이 작업을 통해 집단리더는 집단논의의 주제, 패턴, 주제와 집단원과의 연관성, 그리고 집단 내의 불일치에 대한 집단원들의 인식을 도울 수 있다. 이를 위해 집단리더는 집단원 개개인의 사고, 감정, 행동, 경험에 초점을 둔다.

집단원이 자기개방을 시작하면서 집단리더는 집단원들의 사고, 감정, 행동, 경험상의 공통점 사이에 어떤 주제나 연관성을 탐색·파악한다. 집단작업에서 이러한 요소에 주목하는 이유는 다른 집단원들과의 관계에서 집단원의 자기이해를 도울 수 있기 때문이다. 집단원들이 서로에 대해 더 많이 알게 될수록 서로의 차이점도 더 분명하게 드러난다. 집단원들 간의 차이점은 서로에 대한 각기 다른 감정이나 의견을 통해 나타나게 된다. 이는 갈등의 씨앗이 되기도 하지만, 집단원들은 서로의 공통점, 즉 보편성이 있음을 깨닫게 된다. 이러한 인식은 집단의 응집력 향상으로 이어져, 집단원들은 서로의 차이점과 불일치성까지도 기꺼이 수용하게 된다. 주제/연관성 분석 결과는 해석과 마찬가지로 잠정적인 방식으로 제시한다("○○와 △△ 사이에 어떤 연관성이 있는 것처럼 보이네요."). 집단리더가 집단원의 주제·패턴을 드러내어 주는 진술의 예는 대화상자 8-25와 같다.

대화상자 8-25. 집단원의 주제/연관성을 나타내는 진술의 예

○ "성준 씨는 곤란한 상황에 놓일 때마다 애써 그 상황의 중요성을 감소시킴으로써 의사 결정을 회피하는 경향이 있는 것처럼 보이네요." ⇨ 패턴

○ "나현 씨는 지난주에 이어 오늘도 주변 사람들에 대한 불만을 토로하고 있네요." ⇨ 패턴

○ "그러니까 자연 씨의 이번 집단참여의 핵심 주제는 '자유를 위한 외침'이라고 제목을 붙일 수 있겠군요." ⇨ 주제

○ "우리 집단에서는 '서로에 대한 도전 금지'라는 제목을 붙여도 좋을 만한 주제로 이야기를 나누고 있네요." ⇨ 주제

○ "여러분 사이의 신뢰감수준과 여러분이 이 집단에서 하게 되는 자기개방수준이 밀접한 관계가 있는 것처럼 보이네요." ⇨ 연관성

○ "집단초기에 여러분은 이 집단에서 나눈 이야기에 대한 비밀유지 원칙에 전적으로 동의한 것으로 기억하는데, 지난 회기와 이번 회기 사이에 이 원칙이 일부 파기된 사실이 드러났습니다." ⇨ 불일치

○ "저는 여러분 사이에서 이 집단에 참여하는 것이 편안하다는 말을 들었는데, 여전히 긴장감이 느껴집니다. 그리고 어떤 집단원은 전보다 더 적극적으로 참여하는 반면, 어떤 집단원은 전보다 훨씬 더 말이 없어졌고요." ⇨ 불일치

대화상자 8-25에 제시된 예에서처럼 주제나 연관성을 파악하는 작업은 집단원에게서 사고, 감정, 혹은 행동에서의 공통분모 같은 주제를 단순히 지적하는 것 이상이다. 집단원들은 자신의 사고, 감정, 행동에 불일치되는 점이나 연관성을 미처 의식하지 못하고 간과하는 경향이 있다. 이러한 점을 고려할 때, 집단리더는 집단원들과는 달리 훨씬 더 객관적인 입장에서 집단원들의 주제, 연관성, 혹은 불일치성을 관찰할 수 있는 위치에 있다. 대화상자 8-26은 집단리더가 집단의 주제를 나타내는 진술의 예다.

대화상자 8-26. 집단의 주제 · 연관성 · 불일치성을 나타내는 진술의 예

찬 주: 아무리 사람이 변할 수 있다고 해도 그렇게 변할 수 있나요? 같은 교사로 있을 때는 그런대로 괜찮은 사람이라고 생각했는데, 교감으로 승진하고 나서는 완전히 딴사람이 된 거예요. 내 참, 기가 막혀서……

준 수: 사람은 그렇게 변하는가 봐요. 저도 말로만 들었는데, 우리 아들이 변한 모습을 상상만 해도 끔찍해요. 물론 저도 조금은 알고 있죠. 청소년기의 특징이 어떻다는 것을요. 그렇지만 해도 너무하는 거예요. 그렇게 착하던 아들 녀석이 요즘 들어

> 나한테까지 말대답만 하고 도대체가 하라는 공부는 항상 뒷전이고……. 너무너무
> 화가 나서 말이 나오지 않네요.
>
> **리 더**: 저는 지금 '통제 불가'라는 주제의 이야기를 계속해서 듣고 있어요.

집단발달 초기에 집단에는 집단원의 수 이상으로 다양한 주제가 나타날 수 있다. 그러나 집단의 주제, 연관성, 불일치성을 드러내는 작업을 통해 응집력이 높아지면서 집단원들 사이에는 차츰 공통주제가 드러난다. 따라서 주제/연관성 분석을 통해 집단원들이 서로의 차이점과 유사성을 인식하게 되면서 집단에는 보편성 같은 치료요인이 생성된다.

즉시성

과정기술의 일곱 번째는 즉시성이다. 즉시성^{immediacy}은 순간순간 경험하고 있는 것에 접근하여 감각, 직감 및/또는 직관을 통해 지각하고 느껴지는 것을 언어적으로 소통하는 작업이다. 이 기술은 지금 여기에 초점을 맞추고, 현재 시점이나 금방 일어난 사건을 현재 시제로 표현한다. 즉시성은 집단원이 특정 주제에 관해 마치 자신과는 무관한 것 같은 방식으로 행동할 때 주로 사용된다. 여기서 직감^{hunch}이란 집단원의 상황이나 쟁점과 관련된 사안에 대해 순간적으로 감지하거나 느껴져서 알게 되거나 깨닫는 것을 말한다. 이에 비해, 직관^{intuition}은 감각, 경험, 연상, 판단, 추리 따위의 사유$_{思惟}$를 거치지 않고 대상에 관해 파악하는 작용이다. 특히 직감은 순간적으로 스쳐 지나가는 생각이나 느낌으로, 집단의 '숨겨진 사안$^{hidden\ agenda}$', 즉 감춰진 무언가가 있다는 일종의 존재성^{being}에 대한 감각이다. 이러한 점에서 직감은 반드시 정확해야 할 필요는 없다. 왜냐면 직감은 순간적 느낌 또는 불현듯 떠오르는 생각이기 때문이다. 직감의 표현은 "오늘 우리 집단에 무언가 숨겨진 사안이 있는 것 같은데."라는 말로 시작할 수 있다. 직감은 집단원에게 새로운 정보에 대해 반응할 기회를 제공할 수 있다는 점에서 의미가 있다. 집단작업에서 즉시성 표현의 예는 대화상자 8-27과 같다.

🏠 대화상자 8-27. 즉시성 표현의 예

> ○ "오늘 여러분 사이에서 언급되고 있지 않은 무언가가 있다는 느낌이 들어요."
> ○ "지난주에 이어서, 확실치는 않지만 직감적으로 우리 집단에서 회피하고 있는 뭔가가 있다는 느낌을 지울 수가 없네요."

> ○ "언뜻 우리 집단에서는 분노를 표출하는 것에 대해 두려움이 들 수도 있겠다는 생각이 드네요."
> ○ "지금까지 여러 사안에 대해 말씀을 하셨는데, 직감적으로 정작 핵심이 되는 사안은 애써 숨기고 있다는 느낌이 듭니다만⋯⋯."
> ○ "저는 직감적으로 여러분이 이 문제를 다루고 싶지만, 혹시라도 다른 사람의 감정을 상하게 할 수 있다는 것에 두려움이 있지 않나 하는 생각이 스치네요."

즉시성은 집단원의 독특한 상황, 감정, 쟁점 등에 대한 깊은 이해를 촉진하기 위해 사용된다. 집단작업에서 직감을 치료적으로 활용하기 위해서 집단리더는 자신의 직감, 즉 집단원(들)에게 어떤 일이 일어나고 있는 것 같다는 생각 혹은 느낌에 대해 신뢰하는 것이 필요하다. 직감을 사용하는 의도는 바로 집단원(들)에게 도전하는 데 있다. 즉시성은 때로 해석적 · 직면적 특성이 있다는 점에서 잠정적인 방식으로 표현되어야 한다. 집단대화에서 즉시성의 예는 대화상자 8-28과 같다.

대화상자 8-28. 즉시성을 적용한 대화의 예

> **리 더**: 지금 이 순간, 새롬 씨가 다른 사람들과의 친근한 관계를 형성하고 싶은 강한 욕구에 관해 말하고 있으면서도 우리 사이에는 거리를 두려고 애쓰는 것처럼 보이네요.
> **새 롬**: ⋯⋯. (말없이 의자를 뒤로 밀어서 앉는다.)
> **리 더**: 새롬 씨가 아무 말 없이 의자를 뒤로 움직여 앉으시는 것을 보니 저의 피드백에 대해 어떤 반응이 있으신가 봐요.

대화상자 8-28에 제시된 대화의 예에서, 집단리더는 집단원의 불일치된 행동에 대해 즉시성을 적용하여 반응을 보인다. 이러한 집단리더의 반응에 대해 집단원은 위협 혹은 공격을 받았다고 느낀 것처럼 그에 상응하는 비언어행동을 나타낸다. 집단리더는 이 순간을 놓치지 않고 집단원의 행동에 대한 즉각적인 반응을 통해 직면의 강도를 더함으로써 집단원이 자신의 불일치된 행동을 되돌아보도록 돕고 있다.

진단

과정기술의 여덟 번째는 진단이다. 진단^{diagnosis}은 집단원의 행동 · 감정 · 사고 패턴을 탐색·확인하고, 증상 유무를 확인하며, 필요한 경우 어떤 진단 범주에 속하는지를 파악하는 작업이다. 여기서 진단은 단순히 증상 확인을 통해 특정 정신장애로 확진하는 것을 의미하지는 않는다. 진단에는 문제행동 평가와 문제해결을 위한 적절한 개입전략 선택이 포함된다. 예를 들어, 집단원에게 미결감정이 있다고 여겨지는 경우, 일차로 그 집단원이 집단 내에서 감정 표출의 적절성과 안전성을 판단하는 것이 바로 진단에 해당한다. 그렇다면 집단작업에서 진단의 목적은 무엇인가? 진단 목적은 글상자 8-24와 같다.

📖 **글상자 8-24.** 진단의 세 가지 목적

1. 집단원들이 각자의 집단참여 목적에 부합되는 집단을 택하여 소기의 목적을 달성할 수 있도록 돕기 위함이다.
2. 위급한 상황에 처한 집단원이 있다면, 안녕을 도모하는 방향으로 적극적으로 조치하기 위함이다.
3. 집단에 부적절한 집단원이 있다면, 다른 형태의 전문적 도움을 택하도록 안내함으로써 전문가로서 책임을 다하기 위함이다.

정확한 진단을 위한 확인질문의 예는 글상자 8-25와 같다.

📖 **글상자 8-25.** 정확한 진단을 위한 확인질문의 예

1. 집단의 혜택을 받기 어려운 집단원은 없는가?
2. 분위기를 해칠 수 있는 행동, 사고, 감정을 지닌 집단원은 없는가?
3. 집단참여 목적이 이 집단의 목적에 부합되지 않는 집단원은 없는가?
4. 다른 전문가의 도움이 더 효과적일 것으로 판단되는 집단원은 없는가?
5. 즉각적인 도움이 필요할 정도로 위급한 상황에 놓인 집단원은 없는가?

DSM-5를 활용한 진단.   현재 다양한 영역의 전문가들이 사용하고 있는 진단모형들이 있다. 그중에서도 가장 잘 알려진 진단모형은 의료모형medical models이다. 이 모형을 기초로 미국정신의학회American Psychiatric Association(APA, 2013)가 편찬한 『정신장애진단·통계편람Diagnostic and Statistical Manual for Mental Disorders, 5th edition(DSM-5)』이 있다. 이 편람은 오늘날 정신건강 진단학diagnostics의 대표적인 진단체계로 알려져 있다. DSM은

본래 질병 또는 질환 중심의 정신의학에서 유래된 것으로, 정신건강 전문가들 사이에 이루어지는 의사소통의 효율성을 높이고자 제작되었다. 오늘날 관리의료체계[managed care system]가 보편화된 미국의 경우, 이 편람에 근거하여 진단명과 진단의 근거를 제시하도록 제도가 바뀜으로써 정신과 의사를 비롯하여 상담자, 심리학자, 간호사, 사회복지사, 그리고 기타 정신건강 전문가들은 이 편람의 진단용어로 전문적 의사소통을 하고 있다(Kottler, 2015). 예컨대, 미국에서 보험 환급에 필요한 인증을 위해 집단치료계획서 작성 시 자주 사용되는 집단원의 진단명은 글상자 8-26과 같다(Paleg & Jongsma Jr., 2015).

글상자 8-26. 집단치료계획서 작성 시 자주 사용되는 집단원의 호소문제

1. ACOA[1]	2. 불안	3. PTSD
4. 주장성 결여	5. 성인 ADHD	6. 우울증
7. 폭식증	8. 간병인 소진	9. 약물의존
10. 애도/상실	11. 불임	12. 분노조절장애
13. HIV[2]/AIDS[3]	14. 경계성 성격장애	15. 강박장애(OCD)
16. 특수/사회공포증	17. 공황/광장공포증	18. 양육문제
19. 별거/이혼	20. 수줍음	21. 한부모가정
22. 양부모가정	23. 만성 통증	24. A형 스트레스
25. 직무 스트레스	26. 공동의존[co-dependency]	27. 강간피해 생존자
28. 가정폭력 가해자/남성	29. 가정폭력 피해자/여성	30. 중독문제 부모의 자녀
31. 아동 성추행/남자 청소년	32. 근친상간 가해자/성인 남성	
33. 근친상간 피해자/성인 여성		

주. [1]ACOA = Adult Children of Alcoholics(알코올 중독자 가정 출신의 성인아동); [2]HIV = Human Immunodeficiency Virus(인체면역결핍증 바이러스); [3]AIDS = Acquired Immune Deficiency Syndrome (후천성면역결핍증후군)

DSM-5는 일차적으로 일련의 증상의 집합을 기초로 하여 구성된 다양한 정서장애가 『국제질병분류체계(제11판)[International Classification of Diseases, 11th ed.](ICD-11)』 같은 다른 신체적 질병들과 동일한 체계로 분류되어 있다. 그러나 정신건강 문제들의 경우는 좀 더 복잡한 체계로 이루어져 있어서 진단 대상자의 기능을 다양한 영역에서 검토하게 된다. 이 편람은 이전 판들에 비해 훨씬 더 많은 실험적 연구를 바탕으로 제작되었다. 물론 이 편람은 집단작업을 염두에 두고 개발된 것은 아니다. 그러나 집단원

들에게서 다양한 DSM 용어로 구분된 행동상의 특징을 관찰·참고할 수 있다는 이점이 있다. DSM에 의거한 가장 전통적인 진단방법은 집단리더가 집단의 각 구성원에 대해 진단서를 작성하는 것이다. 이 진단서에는 주 호소문제, 이전부터 있었던 조건, 촉발사건, 구체적인 치료계획 등이 포함된다. 미국의 경우, 보험회사를 비롯한 제3자 지급기관들은 집단 시작에 앞서 이러한 부류의 자료제출을 필수적으로 요구한다. 그뿐 아니라 거의 모든 병원, 클리닉, 그리고 기타 정신건강 관련 기관에서는 진단서 작성을 당연한 임상적 조치로 간주하고 있다. 이러한 추세는 향후 국내 정신보건 관련 정책에도 영향을 줄 것으로 예상된다.

연결

과정기술의 아홉 번째는 연결이다. 연결^{linking, connecting, tying together}은 특정 집단원의 행동이나 말을 다른 집단원의 관심사와 잇거나 한데 묶어 주는 기술이다. 이 기술은 집단과정 촉진을 위해 사용되는 동시에 집단리더의 통찰력을 나타내기도 한다. 연결은 주로 집단원들의 사고, 행동, 혹은 서로 다른 시간에서의 상호 유사점/차이점을 지적하는 것으로, 개인상담에서는 잘 사용되지 않는다. 집단리더는 집단원들의 진술 내용과 감정을 연결함으로써 숨겨진 의미를 발견하기도 한다. 또한 집단원들의 비언어행동 관찰을 통해 그들의 감정과 사고를 함께 묶어 연결해 줄 수 있다.

연결은 특히 집단초기에 가치가 있다. 연결을 통해 집단원들 사이의 공통 관심사를 드러내 줌으로써 집단원들은 서로, 그리고 집단에 연결되어 있다는 느낌이 들게 된다. 예를 들어, 매사에 완벽하지 않으면 다른 사람들에게 사랑받지 못할 것이라고 믿고 있는 집단원이 있다고 하자. 이 경우, 집단리더는 연결을 통해 그와 유사한 상황에 있는 집단원의 메시지를 이어 줌으로써 공감대를 형성하게 하고, 더 깊은 수준의 감정을 표출하도록 도울 수 있다. 이처럼 집단원들의 공통 관심사에 주의하여 연결해 주는 것은 집단원들의 상호작용과 집단의 응집력 증진에 효과가 있다. 또한 연결은 집단원들에게 자연스럽게 보편화를 경험하게 할 수 있다는 집단작업 특유의 틀이기도 하다. 연결의 예는 대화상자 8-29와 같다.

대화상자 8-29. 연결의 예

○ "희강 씨가 방금 하신 말씀은 도윤 씨가 지난주에 했던 말처럼 들리네요." ⇨ 두 집단원 및 회기 간 연속성 강조

○ "수지 씨는 2주 전에 채빈 씨와 갈등을 빚은 이후로 말이 없어지고 집단에 소극적으로 참여하는 것처럼 보이네요." ⇨ 회기 간 연속성 강조

○ "가은 씨가 시어머니의 지나친 간섭 때문에 갈등을 빚고 있는 것처럼, 동희 씨가 어머니와 갈등 상황에 있는 것도 역시 지나친 간섭 때문이군요." ⇨ 두 집단원의 공통점 강조

연결기술을 적용한 대화의 예는 대화상자 8-30과 같다.

 대화상자 8-30. 연결을 적용한 대화의 예

리　더: 지수 씨가 현재 겪고 있는 일은 지난번에 수용 씨가 직장상사에게 인정을 받고 싶다고 한 말과 유사한 것 같군요. 수용 씨, 동의하나요?

수　용: 글쎄요, 박사님께서 말씀하시기 전까지는 그렇게 생각하지 않았는데, 생각해 보니까 그런 것 같아요. 그리고 보니까 지수 씨와는 직장에서의 업무 성격이 많이 다르지만 똑같은 상황에 놓여 있네요. (지수에게) 순간 지수 씨 머리를 스쳐 지나가는 생각은 없나요?

지　수: 음, 글쎄요……. 저는 그저 '내가 실수를 하더라도 설마 나를 회사에서 쫓아내기라도 하겠어?'와 같은 생각이 드네요.

수　용: 그게 바로 제가 떠올렸던 생각이거든요. 정말 웃기는 일이에요. 실수했다고 회사에서 쫓겨나지는 않잖아요. 시간이 된다면, 이 점에 대해 좀 더 이야기를 나눠 보고 싶어요.

집단리더는 한 집단원의 자기개방이 다른 집단원에게 어떻게 적용될 수 있는지 지속적으로 주시해야 한다. 연결은 집단 내내 활용되어야 하지만, 특히 집단이 시작된 이래 2~3회기 때 의도적으로 활용되어야 한다(Jacobs et al., 2016).

차단

과정기술의 열 번째는 차단이다. 차단^{cutting-off}은 집단과정에 부정적인 영향을 주거나 집단작업을 저해하는 행위에 집단리더가 개입하여 해당 집단원의 말을 중지시키는 기술이다. 이 기술은 가로막기^{blocking}(Trotzer, 2013), 개입하기^{interventioning}, 혹은 저지하기^{inhibiting}로도 불린다. 차단은 집단원의 인격을 존중하면서 비생산적인 행동을 막는 기술로, 고도의 민감성과 직접성이 요구된다. 일상생활에서 다른 사람의 말을 중간

에 가로막는 행위는 예의범절 또는 에티켓에 어긋나거나 불손한 행동으로 오해받을 수 있다. 이러한 이유로, 집단원의 감정에 상처를 입히거나 분노와 저항을 불러일으킬까 봐 염려하는 초심 집단리더에게 차단은 그리 쉽지 않은 기술로 여겨지기도 한다 (Corey & Corey, 2017; Gladding, 2016). 그러나 집단리더는 집단이 생산적인 성과를 거둘 수 있도록 최선의 노력을 다해야 할 책임이 있다(ASGW, 2008). 이러한 책임을 완수하기 위해 집단원의 행동이 집단의 목적에 어긋난다고 판단되는 경우에는 그 목적에 합당한 방향으로 안내하기 위해 집단원의 말을 가로막아야 할 때가 있다. 차단기술의 적절한 사용 시기는 글상자 8-27과 같다.

> **글상자 8-27. 차단이 요구되는 시기**
>
> ○ 논쟁이 계속될 때　　　　　　　　○ 그때 거기 형식의 논의가 지속될 때
> ○ 중언부언할 때　　　　　　　　　○ 일시적 구원/상처 싸매기를 시도할 때
> ○ 잡담을 늘어놓을 때　　　　　　　○ 집단의 목적에서 벗어나는 이야기를 할 때
> ○ 질문공세를 펴부을 때　　　　　　○ 효용성이 떨어지는 조언이나 충고를 할 때
> ○ 부정확한 사실을 말할 때　　　　　○ 다른 집단원에 관한 사적인 정보를 누설할 때
> ○ 집단의 초점을 옮기고 싶을 때　　　○ 다른 사람의 사생활을 침해하는 행위를 할 때
> ○ 사실적 이야기를 늘어놓을 때
> ○ 다른 집단원에게 상처 주는 말이나 공격적인 행동을 할 때
> ○ 다른 집단원에 관한 소문을 전할 때
> ○ 회기 종결이 임박해서 충분한 시간이 남아 있지 않을 때

글상자 8-27에 제시된 것과 같은 상황이 발생하는 경우, 집단리더는 즉시 개입하여 차단을 통해 집단과정을 촉진해야 한다. 그렇지 않고 이를 방관하는 것은 집단과정에도 부정적인 영향을 미칠 뿐 아니라, 집단 논의 또는 상호작용이 집단목적 성취를 위한 방향으로 나아갈 수 있도록 도와야 하는 집단리더의 책무를 저버리는 일이 된다.

효과적인 차단을 위한 지침.　　집단리더에 의해 말 또는 행동이 제지된 집단원의 입장에서는 단순한 부적 감정에서부터 감정 전이에 이르기까지의 감정을 경험할 수 있다. 따라서 집단리더는 차단기술을 사용하기에 앞서, 집단원의 언어·비언어행동의 타당성과 가치를 신중하게 확인하는 한편, 차단이 불가피한 경우는 다음 사항을 고려하여 치료적 효과를 높인다.

첫째, 집단의 첫 회기 또는 필요한 경우, 집단과정의 촉진을 위해 불가피하게 집단 논의를 차단하는 경우가 있을 거라는 사실을 집단원들에게 알린다. 차단 이유에 관해서도 설명해 줌으로써, 집단리더는 집단원들에게 불필요하게 발생할 수 있는 불편한 감정유발을 방지할 수 있다. 자신의 말이나 행동이 이유 없이 차단된다는 생각이 들게 되면, 집단원에 따라서는 집단리더가 자신을 좋아하지 않거나 자신의 가치를 무시한다고 받아들일 수 있기 때문이다. 게다가 다른 집단원들은 집단리더가 요구하는 경우에만 말을 해야 하는 것으로 받아들일 수도 있기 때문이다.

둘째, 차단의 적용에서 중요한 전제 조건은 타이밍timing이다. 즉, 집단원의 행동이 집단에 부정적인 영향을 미칠 수 있다고 판단되는 시점에 즉각 개입하는 것이다. 그렇다고 해서 문제행동의 출현 가능성을 미리 예견해서 사전에 개입해야 한다는 의미는 아니다. 그럼에도 집단리더가 집단원의 말을 차단해야 하는 시기를 명확하게 설정하는 것은 다소 무리가 있다. 그 이유는 차단 시기가 상황에 따라 조금씩 다를 수 있기 때문이다. 따라서 집단리더는 자신의 경험, 직관, 그리고 집단원들의 피드백을 고려하여 적절하고 생산적인 판단을 내려야 한다.

셋째, 비언어행동(표정, 시선, 목소리, 자세 등)을 활용하여 집단원의 불필요한 오해를 막는다. 차단의 목적은 비판이 아니라 집단과정에 도움이 되지 않는다고 판단되는 행동을 멈추는 것에 있다. 그럼에도 차단은 집단원에게 불편한 감정을 유발할 수 있다. 그러므로 집단리더는 언어보다는 시선, 반응 회피 같은 비언어행동을 활용할 수 있다. 또는 목소리의 음색, 음조, 억양 등을 부드럽게 하여 집단원에게 고압적으로 들리지 않도록 배려함으로써 불필요하게 집단원의 감정을 상하게 하는 정도를 최소화한다. 집단원의 문제행동을 차단하면서 취할 유용한 조력방안은 표 8-8과 같다.

표 8-8. 차단을 통한 조력방안

문제행동	조력방안
☐ 계속해서 질문하는 집단원	○ 질문을 차단하고 '나'를 주어로 자신에 대해 진술하게 한다.
☐ 다른 집단원에 관한 잡담을 늘어놓는 집단원	○ 해당 집단원에게 직접 말하도록 한다.
☐ 남의 비밀을 누설하거나 사생활을 침해하려는 집단원	○ 즉시 개입하여 단호하지만 부드러운 어조로 관심과 우려를 표명한다.
☐ 사실적 이야기를 장황하게 말하는 집단원	○ 이야기의 주제가 지금 여기의 사건, 감정과 어떤 관련이 있는지 말해 보게 한다.

이외에도 차단을 통한 조력방안으로는 해당 집단원에게 질문을 던짐으로써 문제행동을 차단함과 동시에 집단원 자신에게 초점을 맞추는 방법이 있다. 이 경우, 집단리더는 부드럽고 친절한 목소리로 대화상자 8-31에 제시된 질문을 던질 수 있다.

대화상자 8-31. 사실적 이야기 차단 시에 활용 가능한 질문의 예

○ "이 사안에 대해 집단이 어떻게 도울 수 있을까요?"
○ "5분 정도의 시간을 더 드린다면, 어떤 점이 도움이 될까요?"
○ "이 사안에 대해 단지 이야기를 하고 싶나요, 아니면 도움을 청하는 건가요?"
○ "이야기가 다소 맴도는 것 같은데, 핵심 내용을 한 단어나 한 문장으로 말씀해 보시겠어요?"

이때 유의할 점은 질문이 오히려 집단원에게 부연설명을 할 기회가 되어서는 안된다는 것이다. 질문을 통한 차단을 보여 주는 대화의 예는 대화상자 8-32와 같다. 지난 회기에 이어 이번 회기가 시작되면서부터 지나라는 여성 집단원은 자신의 감정은 숨긴 채 어렸을 적 아버지의 주벽 때문에 가정이 어려움을 겪었던 이야기를 늘어놓고 있다.

대화상자 8-32. 질문을 통해 차단하는 대화의 예

지 나: 그리고 또 어떤 일이 있었냐면요.
리 더: 지나 씨, 잠깐만요. 여기서 지나 씨와 지나 씨 아버님에 관한 질문을 드리겠어요. (다른 집단원들을 둘러보며) 혹시 지나 씨가 처했던 상황에 대한 감정을 깊이 탐색할 수 있도록 질문을 할 분 있나요?
유 미: 음, 그러면 우리가 지나 씨를 어떻게 도와드리면 될까요? 지나 씨는 지난주에 이어 오늘도 아버님에 관한 이야기를 하고 계신데.
지 나: 물론 도움이 필요하죠. 그런데 제가 드리려던 말씀은······.
리 더: 잠시만요, 지나 씨! 자, 또 질문 있는 분?
보 라: 음, 아버님께서 이제 도박도 끊으셨고 가족들과의 관계 개선을 위해 노력하고 계시다는데, 지나 씨와 아버님의 관계 개선을 위해 우리가 할 수 있는 일이 있을까요?
지 나: (갑자기 눈물을 흘리며) 저도 정말 아버지를 용서하고 싶어요. 그런데 어렸을 때 생각을 하면 그게 너무 힘들어요.

대화상자 8-32에 제시된 대화의 예에서, 집단리더는 집단원이 과거에 일어났던 사실을 장황하게 늘어놓는 것을 차단하는 한편, 다른 집단원들에게 탐색질문을 할 기회를 제공함으로써 한 집단원이 집단대화를 독점하지 않도록 개입하고 있다. 이외에도 차단이 필요한 경우, 초점화된 활동(예, 빈의자기법, 드라마, 심리극 등), 문장완성법, 역할연습, 다른 집단원들의 피드백 등을 병행하여 활용할 수 있다.

피드백

과정기술의 열한 번째는 피드백이다. 피드백^{feedback}은 다른 사람과의 면대면 상황에서 그 사람의 행동, 사고, 감정, 또는 경험에 대한 개인의 솔직한 생각 및/또는 감정을 말과 행동으로 되돌려주는 기술이다. 이 기술은 다른 집단원의 행동이 특정 집단원에게 어떤 반응을 유발하는지를 말과 행동으로 표현하는 것이다("당신이 나에게 어떻게 하고 있나 보세요."). 피드백 개념은 본래 전기공학 용어로, 커트 르윈^{Kurt Lewin}에 의해 행동과학에 도입되었다. 그는 T 집단에 이 용어를 처음 도입했다. 그 이유는 개인이 자신의 일상생활에서 접하는 사람들, 즉 배우자/동반자, 교사/학생, 직장상사/동료/부하직원 등으로부터 정확한 피드백을 받지 못하는 것을 사회의 중요한 결함으로 생각했기 때문이었다.

피드백은 집단원들이 서로 어떠한 영향을 주는지 깨닫게 하는 효과가 있다. 피드백의 목적은 다음 두 가지다. 하나는 집단원에게 자신의 행동이 집단과 다른 집단원들에게 미치는 영향을 인식하도록 돕기 위함이고, 다른 하나는 집단원이 관찰한 것을 다른 집단원들에게 말해 주는 것의 중요성을 보여 주기 위함이다. 피드백은 지금 여기의 관찰을 통해 파생된 사건에 초점을 맞출 때, 그리고 받는 사람이 그 타당성을 입증하고 지각적 왜곡을 줄이기 위해 다른 집단원들과 검토할 때 효과가 높다(Joyce et al., 2007). 집단리더는 집단원들에게 피드백을 권유하기에 앞서 간단한 설명을 통해 이들의 경험을 조직화할 수 있도록 인지적 지침을 전달할 수 있다. 이때 유용하게 사용될 수 있는 것이 조하리 창이다.

피드백의 기능.   조하리 창 이론^{Johari window theory}은 1955년 미국의 심리학자 조셉 루프트^{Joseph Luft}와 해리 잉햄^{Harry Ingham}이 발표한 것으로, '조하리'는 이들 이름의 앞부분을 합성한 것이다. 이 이론은 다른 사람들과의 관계에서 개인이 어떤 성향이 있는지와 대인관계 증진을 위해 어떤 성향에 변화를 주어야 하는지를 설명한다. 사분정방

형 성격도식을 통해 피드백과 자기개방의 기능을 설명하는 조하리 창에 관한 도식은
그림 8-1과 같다.

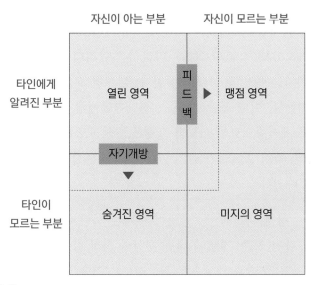

그림 8-1. 조하리 창

 조하리 창 이론에 의하면, 사람에 따라 네 가지 영역의 크기는 다르고, 살면서 각
영역의 크기는 변한다. 예컨대, 자기개방은 숨겨진 영역을 줄어들게 하고 열린 영역
이 늘어나게 한다면, 피드백은 맹점 영역을 줄어들게 한다. 적절한 자기개방과 피드
백을 통해 열린 영역이 늘어나면, 대인 간 갈등이 줄고 원만한 대인관계가 형성ㆍ유
지된다. 집단원들과 집단리더는 서로 끊임없이 영향을 주고받는다. 구성원들 간의
상호작용은 이들의 적응/부적응행동과 대처방식이 반복해서 드러나게 한다. 그러나
다행히도 부적응행동과 대처방식은 과거 또는 외부의 영향에 의해 이미 고정된 것이
아니라, 지금 여기에서 변화가 가능하다. 집단원들의 지금 여기의 경험은 서로의 행
동에 영향을 미친다. 집단원들은 상호작용을 통해 자신들의 행동과 사고의 적절성과
생산성을 탐색ㆍ확인하게 된다. 집단원들의 부적응적ㆍ비생산적ㆍ병리적 신념 또는
행동을 변화시키려면, 구체적이고 명확한 피드백이 요구된다. 특히 성격적 병리현상
은 자기구조 안에 깊이 동화되어 있어서 스스로 의식적으로 자각할 수 없다는 점에서
피드백에 중점을 두는 집단작업이야말로 성격적 병리 증상이 있는 사람들에게 특히
효과적이다(Barlow, 2008).
 집단역동과 과정이 촉진되려면, 두려움과 기대, 집단원 간의 갈등과 대립이 공개

적·직접적으로 표현되어야 한다. 이는 안전하고 수용적인 집단 분위기 조성이 요구된다. 특히 집단원이 사적인 문제를 탐색하거나 새로운 행동을 시도할 때는 격려와 지지가 필수적이다. 그러나 사람들은 솔직한 피드백 교환에 익숙하지 않다. 이에 집단원들의 피드백은 집단초기에는 포괄적이거나, 모호하거나, 솔직하지 않은 경향이 있다(Alle-Corliss & Alle-Corliss, 2009). 따라서 집단리더는 시범을 통해 집단원들에게 피드백을 교환하는 방법을 가르쳐야 한다. 피드백 교환에 관한 규칙은 집단초기에 정하거나 공지한다. 이때 집단상담자는 집단원들에게 적절한 피드백과 그렇지 못한 피드백의 예를 제시함으로써 피드백 요령을 습득하도록 돕는다. 올바른 피드백에는 자기개방, 직면, 즉시성 요소가 담겨 있다. 피드백은 ① 정적 피드백과 ② 부적/교정적 피드백으로 나뉜다.

정적 피드백.   정적 피드백^{positive feedback}은 다른 사람과의 면대면 상황에서 그 사람의 행동, 사고, 감정, 또는 경험에 대한 개인의 정적 감정 및/또는 생각(예, 다른 집단원의 강점 또는 장점)을 말과 행동으로 되돌려주는 기술이다. 정적 피드백은 부적 피드백에 비해 훨씬 더 잘 받아들여지는 특성이 있다(Hulse-Killacky et al., 2006). 이러한 특성으로 인해 정적 피드백은 행동 변화, 신뢰관계, 응집력 증진의 효과가 있다. 특히 아동·청소년집단의 경우, 또래의 정적 피드백은 긍정적 변화를 유발하는 데 강력한 촉매 역할을 한다(Sink et al., 2012). 따라서 집단상담자는 정적 피드백을 적극 활용함으로써 집단원들의 모방학습을 돕는다(Riva et al., 2004). 다시 말해서, 집단리더는 집단원 개개인의 강점이나 장점을 탐색하여 적극적으로 피드백을 제공함으로써 다른 집단원들도 이를 모방·실천할 수 있도록 한다. 집단원들 사이에 정적 피드백을 교환하는 대화의 예는 대화상자 8-33과 같다.

🏠 **대화상자 8-33. 정적 피드백의 예**

도 연: 저는 제 성격이 정말 답답할 때가 있어요. 미현 씨는 매사에 시원시원하게 처리하잖아요. 저는 그 점이 정말 부러워요.

미 현: 제 성격에 대해서 긍정적으로 말씀해 주셔서 고마워요. 그런데 저는 급한 성격 때문에 주위 사람, 특히 남편과 많이 부딪치곤 해서 나름 고민이 많아요. 저는 오히려 도연 씨의 차분한 이미지가 정말 예쁘다는 느낌이 들 때가 참 많거든요.

리 더: 도연 씨와 미현 씨는 서로 가지고 있지 않은 특성에 대해 좋은 느낌이 드나 보군

> 요. 두 분은 서로의 장점을 드러내어 줌으로써 상대방에게 힘을 북돋아 주는 강점
> 이 있군요.

대화상자 8-33에 제시된 대화의 예에서처럼, 구체적인 행동에 대한 정적 피드백은 해석적인 피드백에 비해 더 큰 영향력이 있다(Hulse-Killacky et al., 2006). 집단이 발달함에 따라, 집단원들은 전형적으로 서로에게 자신의 반응을 자유롭게 주려는 의지를 나타낸다. 집단과정에서 활용할 수 있는 피드백에는 정적 피드백 외에도 부적 피드백이 있다.

부적/교정적 피드백.   부적 피드백^{negative feedback}은 다른 사람과의 면대면 상황에서 상대방의 행동, 사고, 또는 감정에 대한 개인의 부적 감정 및/또는 생각(예, 문제행동, 비생산적 사고 또는 사고방식)을 말과 행동으로 되돌려주는 기술이다. 이에 비해 교정적 피드백^{corrective feedback}은 상대방의 비생산적 또는 부적응적인 행동 및/또는 사고에 변화를 줄 대안적 요구에 관한 정보가 포함된 부적 피드백이다. 피드백의 중요한 목적에는 집단원에게 왜곡된 사고 또는 행동 교정에 필요한 정보제공이 포함된다. 피드백의 질은 집단의 발전 정도를 가늠해 볼 수 있는 지표다. 즉, 피드백이 솔직하고 책임 있고 모험적이며 집단 안에서 대인관계를 다룬다면, 그 자체로 응집력과 신뢰관계가 형성되었음을 나타낸다.

만일 단순히 표면적인 행동만이 아니라 공감적 이해를 바탕으로 깊은 내면의 경험과 의도 이해에 집중한다면, 피드백의 진가는 유감없이 발휘된다(Hulse-Killacky et al., 2006). 예를 들어, 지각이 잦은 집단원이 있다고 하자. 집단 회기가 진행되는 도중에 번번이 문을 열고 들어오는 것에 대해 집단원들은 짜증이 날 만하고, 이 감정을 표현할 수 있다. 그러나 이러한 표면적인 감정뿐 아니라 행동의 의미가 무엇인지 탐색해 보게 하는 것이 치료적 선택일 수 있다. 집단 회기에 늦는 행동은 때로 인정, 무시, 회피, 복수, 분노, 열등감, 적개심, 질투 등의 복잡 미묘한 대인관계상의 메시지를 담고 있을 수 있기 때문이다. 부적 피드백을 받는 것은 고통스러울 수 있다. 그러나 집단원들 사이에 신뢰관계가 형성되었다면, 정확하고 섬세하게 전달되는 부적 피드백은 집단원의 통찰을 유도하는 한편, 행동 변화의 동력으로 작용한다(Hulse-Killacky et al., 2006). 집단리더는 부적 피드백의 유용성과 피드백 제공자의 선의에 대한 충분한 설명을 통해 집단원들이 기꺼이 피드백을 받도록 돕는다. 그러면 피드백은 어떻게 제

공되어야 하는가?

피드백 제공 지침.   만일 집단원들 사이에 신뢰관계가 형성되기도 전에 섣부른 피드백이 제공되거나, 피드백이 지나치게 공격적인 방식으로 전달된다면, 집단원들은 피드백을 감당하기 힘들어할 수 있다. 일반적으로 부적 피드백은 정적 피드백이 선행되었을 때 더 쉽게 받아들여진다(Hulse-Killacky et al., 2006). 또한 집단초기보다 후반부에 이루어지는 경우, 훨씬 더 신뢰할 수 있고 효과가 있다. 그러므로 집단리더는 집단원들에게 정적 피드백을 적극 제공함으로써 집단과정을 촉진하고, 집단원들이 이를 모방하여 새로운 생산적인 행동을 습득할 수 있도록 한다. 또한 집단원들 사이에 이루어지는 피드백이 집단초기부터 지나치게 부정적인 피드백으로 흘러 집단원들 간의 라포 형성을 저해하지 않도록 균형을 유지한다. 집단과정에서 피드백을 제공하기 위한 지침은 글상자 8-28과 같다.

🏛 **글상자 8-28. 피드백 제공을 위한 지침**

> 1. 상대의 행동에 초점을 맞춘다.
> 2. 포괄적이기보다는 구체적이고 시의적절하게 제공한다.
> 3. 상대에 대해 좋아하는 점 또는 강점을 표현한다.
> 4. 피드백을 받는 사람과의 관계에서 원하는 바를 표현한다.
> 5. 충고, 판단, 비판 없이 상대에게서 받은 영향을 느낌의 형태로 표현한다.

재구성

과정기술의 열두 번째는 재구성이다. 재구성^{reframing}이란 집단원이 처한 상황 혹은 문제를 새로운 각도에서 조망할 수 있도록 돕는 기술이다. 재구성의 목적은 집단원에게 그가 처한 상황이나 문제에 대한 기존의 인식과 방식에서 탈피하여 생산적인 변화를 유발하도록 돕기 위함이다. 재구성을 통해 집단원은 자신의 사고, 감정, 행동, 경험, 혹은 현재 상황에 대해 새로운 관점으로 조망할 수 있다. 따라서 재구성은 해석적이면서도 직면적인 특성이 있으므로 잠정적인 방식으로 제공된다. 재구성의 핵심은 집단원의 관점과는 다른 관점으로부터 조망한 것을 제시하는 것이다. 그러므로 때로 집단리더와 집단원이 다른 관점을 가질 수 있다. 재구성을 효과적으로 하기 위해서 집단리더는 집단원들이 어떤 주제 혹은 어떤 내용으로 이야기하고 있는지 파악하고 있어야 한다. 집단의 흐름을 전체로서 이해함으로써 집단리더는 집단원들의 대화 내용이나 경험에 대한 대안적인 관점을 고려할 수 있기 때문이다. 집단원의 사고, 감정, 행동, 경험에 대한 재구성의 예는 표 8-9와 같다.

표 8-9. 재구성의 예

요소	예시
☐ 사고	○ "문영 씨는 이번 일을 통해 얻은 것이 전혀 없다고 했지만, 적어도 상대방에 대한 온전한 헌신은 자칫 상대방에게 부담이 될 수도 있다는 사실을 깨닫게 되셨군요."
☐ 감정	○ "정아 씨는 무대에 서기 전의 감정을 '불안'이라는 말로 표현했지만, 어떤 의미에서는 관객들에게 멋진 모습을 보여 주고 싶은 마음으로 인한 '흥분감'이라고 할 수 있겠네요."
☐ 행동	○ "현조 씨가 집단 회기에 늦곤 하는 행동은 불편한 상황을 피하고자 하는 몸과 마음의 신호라고 볼 수 있겠군요."
☐ 경험	○ "이번에 겪게 된 집단원들 간의 갈등으로 인해 여러분 스스로 결정할 기회가 생겼네요. 이 경험은 여러분 각자의 삶에서 갈등해결을 통해 변화의 물꼬를 틀 수 있다는 확신을 갖게 했고요."

지지 · 격려

끝으로, 지지supporting와 격려encouraging는 집단원에게 용기 또는 의욕을 북돋워 주는 언어 · 비언어행동으로, 집단원들의 자기개방과 상호작용 촉진에 사용되는 단순하면서도 효과적인 개입기술이다. 이 기술은 집단원들이 선택한 주제에 관한 이야기를 계속하도록 자신감을 불어넣어 주는 한편, 자신의 관심사 혹은 문제를 넓고 깊게 탐색하도록 돕기 위한 목적으로 사용된다. 지지와 격려는 또한 집단원이 새로운 환경에 적응하게 되면서 생기는 불안을 극복하고 생각이나 감정을 다른 집단원들과 나눌 수 있도록 돕는다. 그러나 만일 이보다 훨씬 더 심각한 수준의 불안, 즉 외상적 불안traumatic anxiety을 겪는 집단원은 적어도 집단초기에 불안을 회피하기 위해 의기소침해질 수 있다. 이 경우, 집단리더는 해당 집단원으로 하여금 불안해하는 것에 대해 집단에서 이야기하게 하여 다른 집단원의 지지와 격려를 받을 수 있도록 조치한다. 집단원에게 지지와 격려가 특별히 요구되는 시기는 글상자 8-29와 같다.

📇 **글상자 8-29. 집단작업에서 지지 · 격려가 요구되는 시기**

1. 위기에 처했을 때
2. 감정적으로 어려워할 때
3. 서로 적절한 방식으로 직면할 때
4. 스스로 책임지는 언행을 보일 때
5. 약속한 행동 또는 과업을 완수할 때
6. 과거의 습관을 새로운 행동으로 대체하려고 애쓸 때
7. 집단에 대해 의구심을 보일 때
8. 다른 집단원을 돌보는 반응을 보일 때
9. 자기 · 타인의 실수 또는 잘못을 용서할 때
10. 어려운 문제를 과감하게 다루고자 할 때
11. 새로운 행동 실연 같은 모험을 시도할 때
12. 자신의 문제행동을 인정하고 그만두고자 할 때
13. 건설적인 변화를 시도하면서 변화에 대한 확신이 부족할 때
14. 집단과정 촉진 또는 건설적인 행동을 보이거나 말을 할 때
15. 다른 집단원의 문화와 개인차에 대해 여느 때와 다른 관심을 보일 때

집단원들은 흔히 자신들이 다른 집단원들에게 어떻게 비춰질 것인가에 관심이 있다. 때로 자신이 어리석고 큰 문제가 있는 사람으로 취급되지 않을까 하는 두려움을 갖기도 한다. 이러한 이유로 자신에 대해 개방했다가 나중에 후회하지 않을까 하는 불안감에 사로잡히기도 한다. 그러므로 집단리더는 집단원들에 대해 지지와 격려를 아끼지 않음으로써 안전한 분위기를 조성해야 한다. 또한 새로이 집단에 참여할 때 약간의 불편함이나 불안감이 생기는 것은 정상이라는 점을 인정해 줌으로써 집단원들의 집단 환경에의 적응을 돕는다. 그러나 집단원에 대한 지지 · 격려를 잘못해서 비생산적인 결과를 초래하기도 한다. 집단원에 대해 지지 · 격려를 삼가야 하는 경우는 글상자 8-30과 같다.

📇 **글상자 8-30. 집단작업에서 지지 · 격려를 삼가야 하는 경우**

1. 다른 집단원(들)을 방해하는 경우
2. 집단원이 심리적 게임행동을 보이는 경우
3. 집단원이 사실적 이야기를 늘어놓는 경우

4. 집단원이 갈등 또는 고통스러운 감정을 충분히 경험하기 전
5. 집단원 자신에게 최선의 선택이 아닌 결정을 내리려고 하는 경우

집단리더는 집단원의 일시적 구원이나 상처 싸매기 반응에 대해 지지·격려해서는 안 된다. 비록 좋은 의도로 지지와 격려가 이루어졌을지라도 집단원이 반드시 거쳐야 할 감정을 충분히 경험할 수 없게 하기 때문이다. 지지·격려를 위한 진술의 예는 대화상자 8-34와 같다.

 대화상자 8-34. 지지·격려의 예

○ "집단과 같이 새로운 상황에 놓이게 될 때, 사람들은 긴장되고 불안하기도 해서 자기 자신을 제대로 표현하지 못하는 경우가 있습니다. 그런데 오늘 동빈 씨가 처음으로 용기 있게 자신의 솔직한 감정을 표현해 준 것에 대해 찬사를 보내고 싶습니다."
○ "예지야! 네가 여기서 아빠와의 갈등에 관해 이야기하는 것이 쉽지 않다는 사실을 잘 알고 있단다. 우리가 여기 모인 것은 누군가를 판단하거나 비판하기 위해서가 아니라, 서로 돕고 서로에게 힘이 되어 주기 위해서란다."

지지와 격려는 언어행동뿐 아니라 비언어행동을 통해서도 제공된다. 부드러운 목소리, 따뜻한 말씨, 편안한 자세, 밝은 표정, 개방적 태도 등은 지지와 격려를 위한 전형적인 비언어행동이다. 단, 비언어행동은 억지로 자아내는 것이 아니라, 집단리더의 내면 상태와 일치되는 진정한 것이어야 한다. 집단리더의 적극적인 지지와 격려는 집단원들에게 두려움을 극복할 수 있게 하고, 새로운 행동 시도를 위한 용기를 준다.

 성찰활동 / 함께 해 볼까요?

1. **걸림돌** 토마스 고든(Gordon, 1970)은 효과적인 의사소통을 가로막는 장애요소가 있다고 주장하면서, 의사소통의 효율성을 저해하는 열두 가지 요소를 다음과 같이 정리했다. 각자 지금까지의 삶에서 자주 들어왔던 메시지 중 고든이 주장한 효과적인 의사소통의 걸림돌이 되는 말투에 해당하는 것을 글로 쓴 다음, 이 메시지 대신 듣고 싶었던 말로 대체하여 글을 써 보자.

1. 명령 · 지시하는 말투: "딴생각 말고 공부나 열심히 해!"
　　○ 들었던 메시지: ＿＿＿＿＿＿＿＿＿＿＿＿＿＿＿＿＿＿＿＿＿
　　＿＿＿＿＿＿＿＿＿＿＿＿＿＿＿＿＿＿＿＿＿＿＿＿＿＿＿＿＿＿＿
　　☞ 듣고 싶었던 메시지: ＿＿＿＿＿＿＿＿＿＿＿＿＿＿＿＿＿＿＿
　　＿＿＿＿＿＿＿＿＿＿＿＿＿＿＿＿＿＿＿＿＿＿＿＿＿＿＿＿＿＿＿

2. 경고 · 위협하는 말투: "그렇게 해서는 어림도 없으니까, 나중에 후회하지 마!"
　　○ 들었던 메시지: ＿＿＿＿＿＿＿＿＿＿＿＿＿＿＿＿＿＿＿＿＿
　　＿＿＿＿＿＿＿＿＿＿＿＿＿＿＿＿＿＿＿＿＿＿＿＿＿＿＿＿＿＿＿
　　☞ 듣고 싶었던 메시지: ＿＿＿＿＿＿＿＿＿＿＿＿＿＿＿＿＿＿＿
　　＿＿＿＿＿＿＿＿＿＿＿＿＿＿＿＿＿＿＿＿＿＿＿＿＿＿＿＿＿＿＿

3. 조롱 · 경멸하는 말투: "이걸 그림이라고 그렸니? 피카소가 기절초풍하겠다."
　　○ 들었던 메시지: ＿＿＿＿＿＿＿＿＿＿＿＿＿＿＿＿＿＿＿＿＿
　　＿＿＿＿＿＿＿＿＿＿＿＿＿＿＿＿＿＿＿＿＿＿＿＿＿＿＿＿＿＿＿
　　☞ 듣고 싶었던 메시지: ＿＿＿＿＿＿＿＿＿＿＿＿＿＿＿＿＿＿＿
　　＿＿＿＿＿＿＿＿＿＿＿＿＿＿＿＿＿＿＿＿＿＿＿＿＿＿＿＿＿＿＿

4. 비난 · 비판하는 말투: "걔랑 어울려 다니지 말라고 했는데, 또 PC방 갔니? 어쩌려고 그래!"
　　○ 들었던 메시지: ＿＿＿＿＿＿＿＿＿＿＿＿＿＿＿＿＿＿＿＿＿
　　＿＿＿＿＿＿＿＿＿＿＿＿＿＿＿＿＿＿＿＿＿＿＿＿＿＿＿＿＿＿＿
　　☞ 듣고 싶었던 메시지: ＿＿＿＿＿＿＿＿＿＿＿＿＿＿＿＿＿＿＿
　　＿＿＿＿＿＿＿＿＿＿＿＿＿＿＿＿＿＿＿＿＿＿＿＿＿＿＿＿＿＿＿

5. 훈계 · 설교하는 말투: "공부하기 좋아하는 사람이 어디 있어! 다 그렇게 참고 하는 거지!"
　　○ 들었던 메시지: ＿＿＿＿＿＿＿＿＿＿＿＿＿＿＿＿＿＿＿＿＿
　　＿＿＿＿＿＿＿＿＿＿＿＿＿＿＿＿＿＿＿＿＿＿＿＿＿＿＿＿＿＿＿
　　☞ 듣고 싶었던 메시지: ＿＿＿＿＿＿＿＿＿＿＿＿＿＿＿＿＿＿＿
　　＿＿＿＿＿＿＿＿＿＿＿＿＿＿＿＿＿＿＿＿＿＿＿＿＿＿＿＿＿＿＿

6. 충고 · 제안하는 말투: "친구로서 충고 한마디 하겠는데, 넌 남자로서 너무 말이 많아! 말을 좀 줄여 봐!"
　　○ 들었던 메시지: ＿＿＿＿＿＿＿＿＿＿＿＿＿＿＿＿＿＿＿＿＿
　　＿＿＿＿＿＿＿＿＿＿＿＿＿＿＿＿＿＿＿＿＿＿＿＿＿＿＿＿＿＿＿
　　☞ 듣고 싶었던 메시지: ＿＿＿＿＿＿＿＿＿＿＿＿＿＿＿＿＿＿＿
　　＿＿＿＿＿＿＿＿＿＿＿＿＿＿＿＿＿＿＿＿＿＿＿＿＿＿＿＿＿＿＿

7. 해석 · 분석하는 말투: "넌 피해의식이 이만저만이 아니구나."
　　○ 들었던 메시지: ＿＿＿＿＿＿＿＿＿＿＿＿＿＿＿＿＿＿＿＿＿
　　＿＿＿＿＿＿＿＿＿＿＿＿＿＿＿＿＿＿＿＿＿＿＿＿＿＿＿＿＿＿＿

☞ 듣고 싶었던 메시지: _____

_____

8. 강의·설득하는 말투: "넌 지금 대학에 다니고 있지. 대학생이면 지성인이잖아. 지성인
이 그런 행동을 하면 안 되지!"

○ 들었던 메시지: _____

_____

☞ 듣고 싶었던 메시지: _____

_____

9. 추궁·심문하는 말투: "넌 도대체 왜 우니? 우는 이유를 말해야 알 거 아냐!"

○ 들었던 메시지: _____

_____

☞ 듣고 싶었던 메시지: _____

_____

10. 위로·동정하는 말투: "너 정말 기분 되게 나쁘겠다. 그렇지만 어쩌겠어. 세월이 가면
잊히겠지 뭐!"

○ 들었던 메시지: _____

_____

☞ 듣고 싶었던 메시지: _____

_____

11. 퇴행·관심 분산적인 말투: "그까짓 회사 그만둬 버려! 참, 근데 너 내일 저녁에는 뭐
할 거니?"

☞ 나의 진술: _____

_____

12. 동의·치켜세우는 말투: "그럼! 넌 원래 사소한 일에 목숨 거는 사람이 아니잖아!"

○ 들었던 메시지: _____

_____

☞ 듣고 싶었던 메시지: _____

_____

2. 자기표현 자기표현은 자기 자신을 주어로 상대방의 행동에 대한 자신의 느낌을 구체
적이고 명확하게 표현하는 방법을 말한다. 자기표현을 활용한 대화는 단단하게 굳어진
마음의 응어리를 풀어 주는 효과가 있다. 일상생활에서 흔히 이루어지는 대화의 예를
살펴보자. 자기표현의 절차는 다음과 같다.

1. 문제를 유발하는 구체적인 행동을 확인한다. ☞ 사실, 행동
2. 그 행동에 의해 발생하는 구체적인 영향 또는 결과를 확인한다. ☞ 결과
3. 그 영향 또는 결과에서 비롯된 나의 일차감정을 확인한다. ☞ 감정
4. 상대방의 행동 변화를 제안, 요구, 주장하는 내용을 말로 표현한다. ☞ 요청

○ 표현형식: "(상대방의 구체적인 행동)이 ~할 때, (행동의 영향ㆍ결과) ~ 같아서 (자신의 감정) ~한 느낌이 들어요. 나는 당신이 ~하는 게 좋아요."

교사: "넌 어쩜 그렇게 하루도 안 빠지고 지각을 하니? 넌 정말 구제불능이구나."
☞ "헌수가 학교에 늦게 올 때마다(사실) 선생님과 아이들이 모두 함께 이야기할 시간이 짧아져서 당황스럽구나(감정). 그러니까 헌수가 집단상담 시간에 맞춰서 와 주면 좋겠구나(요청)."

2인 1조로 나누어 자기표현법을 연습해 보자. 자기표현법 연습의 효율성을 높이기 위해 다음과 같은 양식을 활용해 보자.

자기표현법 연습		
행동	영향	느낌
평소 나의 말투		
자기표현		

다음 메시지를 자기표현방식으로 바꾸어 보자.

1) "선생님이 말하고 있는데 왜 다른 데를 보고 있어? 너 정말 그딴 식으로밖에 못하겠어!"

　☞ "나는 네가 ＿＿＿＿＿＿＿＿＿＿＿＿＿＿＿＿＿ 하면, (사실)

　＿＿＿＿＿＿＿＿＿＿＿＿＿＿＿＿＿ 해. (감정)

　네가 ＿＿＿＿＿＿＿＿＿＿＿＿＿＿＿＿＿ 좋겠어." (요청)

2) "내가 어린애야? 엄마는 왜 맨날 남의 책상을 뒤지고 난리야!"

　☞ "나는 엄마가 ＿＿＿＿＿＿＿＿＿＿＿＿＿＿＿＿＿ 하면, (사실)

　＿＿＿＿＿＿＿＿＿＿＿＿＿＿＿＿＿ 해요. (감정)

　엄마가 ＿＿＿＿＿＿＿＿＿＿＿＿＿＿＿＿＿ 좋겠어요." (요청)

CHAPTER
09

집단계획과 준비

마음이 옳으면
모든 옳고 그름의 판단을 잊는다.

무리하지도 않고,
강요하지도 않으며,
필요를 느끼지도 않고,
유혹되지도 않는다.

그때 일은 저절로 이루어진다.
그때 그대는 자유인이다.

– 오쇼의 『장자, 도를 말하다』 중에서 –

☐ 집단준비 ⋯ 427
☐ 집단계획 ⋯ 432
☐ 집단계획서 작성 ⋯ 440
☐ 예비집단 회기의 기능 ⋯ 460
◆ 성찰활동 ⋯ 463

선 승구전先勝求戰! 싸우기 전에 이미 이길 방책을 세워 놓은 후 싸움에 임한다는 뜻으로, 『손자병법孫子兵法』에 나오는 말이다. 『손자병법』에서는 사전에 치밀한 전략을 구상해 놓는 것이야말로 양적 열세를 극복하고 승리를 거머쥘 수 있는 비법임을 강조한다. 전쟁에서 감정, 오기, 감만으로 이길 수 없듯이, 선의와 열정만 가지고는 집단작업에서 소기의 성과를 거둘 수 없다. 자신의 전력을 냉철하게 분석하고, 승산이 있다고 판단될 때만 싸워야 한다. 승산이 없으면 승산을 만들어 놓고 싸워야 하듯이, 집단전문가는 집단 시작에 앞서 빈틈없는 계획을 수립해야 한다. 『손자병법』에서 '전쟁은 싸워서 이기러 들어가는 게 아니라, 이길 수 있는 상황을 만들어 놓고 그 승리를 확인하러 들어가는 것'이라고 강조한 이유도 바로 여기에 있다. 집단을 체계적으로 계획하고 준비하는 일은 바로 이와 같다. 성공적인 집단전문가가 되기를 원하는가? 시간과 노력을 들여 철저히 계획하고 준비하라!

집단계획은 집단운영계획서 초안 작성과 함께 시작된다(Corey, 2017). 집단리더가 얼마나 시간과 노력을 기울여 집단을 계획하고 준비하는가는 집단의 성과에 직접적으로 영향을 준다. 집단계획에서 중요한 두 가지 측면은 바로 집단 시작 전 계획과 집단 회기 계획이다. 집단계획과 준비사항을 일정한 형식에 따라 문서화한 것이 집단계획서다. 집단계획서는 집단구성을 위한 목적, 집단목표 달성을 위한 절차와 전략, 그리고 기대효과 등에 대해 명확하고 구체적으로 진술되어야 한다. 이러한 점에서 집단계획서는 집단운영에 대해 기관장의 결재를 받기 위한 서류 이상의 것이다. 집단리더는 집단계획서를 작성함으로써 집단운영과 관련된 사항들을 꼼꼼히 점검해 볼 수 있기 때문이다. 이 장에는 집단계획과 준비를 위한 고려사항과 집단계획서 작성에 필요한 세부사항이 제시되어 있다. 또한 예비집단 회기를 어떻게 준비하고, 계획하며, 진행해 나갈 것인가에 대해 다루고 있다.

집단준비 / 집단준비는 어떻게 해야 하는가?

철저한 준비 없이 집단을 시작하는 것은 해도海圖 한 장 없이 무작정 배를 타고 바다로 나가는 것과 같다. 집단작업의 강점이 아무리 많다고 하더라도 구체적인 계획과 체계적인 준비가 되지 않으면 집단목표 달성은 쉽지 않다. 집단을 준비 중인 상담자 또는 치료자가 사설상담소를 운영하는 상황이라면, 기관 내부의 지지보다는 외부 홍보에 역점을 두어야 할 것이다. 반면, 기관의 구성원으로서 집단을 계획·준비하는 입장이라면 상황은 달라진다. 왜냐면 집단운영에 관한 결정권은 소속 기관장에게 있기 때문이다. 소속 기관의 구성원들은 집단계획과 준비에 직접적인 영향력을 행사하지 않을 수 있다. 그러나 이들의 도움 없이는 집단운영에 많은 어려움이 따를 수 있다. 이런 점에서 집단리더는 소속 기관장을 비롯한 구성원들에게 집단의 필요성을 제대로 인식시키는 한편, 지역사회 구성원들에게 적극 홍보하여 관심과 지지를 끌어내기 위해 노력해야 할 것이다.

집단리더는 집단구성에 대해 전적인 책임이 있다. 따라서 집단모임 시간과 장소를 정하는 등 집단운영과 관련된 사항들은 대부분 첫 회기가 시작되기 전에 처리된다. 그러나 집단을 어떻게 계획하고 준비하는가는 집단리더의 전문성에 해당하는 것으로, 집단의 장래에 중요한 영향을 미친다. 이 같은 집단준비에는 집단참여를 신청한 사람들에 대한 면담이 포함된다. 특히 잠재적 집단원들에 대한 개별면담은 집단준비에서 빼놓을 수 없는 절차다.

개별면담

집단준비 시 집단참여 신청자들, 즉 예비 집단원들에 대한 개별면담은 매우 중요하다. 그러므로 아무리 시간이 부족하더라도 단순히 이메일 또는 전화통화만으로 집단원을 선발하기보다 반드시 면대면으로 개별면담 절차를 거치도록 한다. 개별면담을 갖는 것은 예비 집단원들의 과거사나 병력만을 조사하기 위함이 아니다. 만일 면담의 초점이 집단원의 과거사나 병력에 맞추어진다면, 예비 집단원들은 과거사나 병력이 집단의 중심이 되는 것으로 오해할 수 있다. 집단원들에 관한 의미 있는 자료와 정보는 집단원들 간의 상호작용을 통해 나온다. 그러므로 면담 목적에는 집단원들과의 작업동맹^{working alliance} 형성이 포함된다. 작업동맹은 집단성과를 높일 뿐 아니라, 집단원들의 중도포기율을 감소시킨다(DeLucia-Waack et al., 2014). 개별면담의 또 다른 목적은 집단원들을 준비시키기 위해서다. 집단원들을 준비시키는 만큼 집단과정이 조기에 촉진될 수 있다. 집단준비과정에서 집단리더가 수행해야 할 임무를 정리하면 글상자 9-1과 같다.

🏢 **글상자 9-1. 개별면담 시 집단리더의 임무**

1. 집단작업에 관한 이해 도모   2. 집단참여 촉진을 위한 정보제공
3. 발생 가능한 문제 파악 및 해소 노력   4. 집단작업에 대한 현실적 기대 형성 조력

집단작업에 관한 이해 도모.   첫째, 치료적 집단에 관해 집단원들의 이해를 돕는 일이다. 이는 사람들이 집단작업에 관하여 흔히 잘못 이해하고 있는 사항을 설명하는 것에서 시작된다. 치료적 집단에 관한 잘못된 믿음의 예는 글상자 9-2와 같다.

🏢 **글상자 9-2. 치료적 집단에 관한 잘못된 믿음**

1. 예측할 수 없고 통제력을 잃게 된다.
2. 치료효과는 집단원에 대한 리더의 관심에 비례하므로 개인상담에 비해 낮다.
3. 정서 문제를 겪고 있는 사람들과 한 집단에 있다는 사실만으로도 해를 입게 된다.

집단원들은 흔히 조롱과 수치감에 대한 두려움, 비밀유지에 대한 어려움, 정신적 감염을 통한 상태 악화의 가능성 때문에 집단참여를 꺼린다(Bowden, 2002). 특히 '정신적 감염mental contamination', 즉 마음이 병든 사람들과 한 집단에서 어울리면 상태가 호전되기보다는 오히려 악화될 수 있다는 두려움을 갖기도 한다. 근원이 무엇이건 간에, 집단에 대한 부정적 인식은 집단성과에 부정적으로 작용한다. 집단원에 따라서는 분노 표출을 두려워하기도 한다. 이들은 일단 분노 표출이 시작되면, 통제 불능 상태가 될 것이라는 두려움에 사로잡히기도 한다. 이러한 두려움은 자기가 다른 사람들에게 어떤 생각과 감정을 품고 있는지 그들이 알게 되면 어떻게 될 것인가에 대한 상상으로 이어지게 되어 집단참여를 더욱 어렵게 만든다. 그러나 더욱 심각한 문제는 정신건강 전문의가 되려는 레지던트들에게서도 이와 유사하게 집단치료에 대한 부정적인 인식과 태도가 관찰된다는 사실이다(Bernard, 1991).

발생 가능한 문제 파악 및 해소 노력.   둘째, 발생 가능한 문제를 파악하고 이를 해소하기 위해 노력하는 일이다. 집단의 준비단계에서 예비 집단원들은 흔히 신뢰 분위기 조성, 대인관계상 직면에의 초점, 집단통합 등과 같은 집단목표와 고통 완화라는 개인적 목표가 어떤 연관성이 있는지 잘 알지 못한다. 따라서 집단리더는 배우자·자녀·직장상사와의 불화, 이혼, 성 문제, 불면증, 만성적 불안 혹은 우울 같은

문제에 대해 예비 집단원들이 개인적인 생각이나 느낌 중심으로 반응하는 것이 어떤 의미가 있는지에 대해 가르칠 필요가 있다.

집단참여 촉진을 위한 정보제공. 셋째, 집단참여를 촉진하기 위한 정보를 제공하는 일이다. 집단리더는 집단원들이 집단초기부터 집단의 분위기에 최적의 상태로 적응할 수 있도록 관련 정보를 제공한다. 이를 위해 필요하다면 첫 회기 시작에 앞서 한 차례 이상 면담을 한다. 집단리더는 집단에서 어떤 행동과 태도가 건설적인지에 관한 지침을 제공한다. 단, 이 작업은 집단원의 배경, 특성, 집단경험 정도, 주 호소 내용 등에 따라 구분하여 수행한다. 집단준비를 위한 면담목표는 글상자 9-3과 같다.

🏢 **글상자 9-3.** 집단준비를 위한 면담목표

1. 집단원들을 정보를 소유한 협력자로 참여시킨다.
2. 집단이 어떻게 대인관계 문제를 다루고 해결해 나가는가에 관해 설명한다.
3. 최상의 집단참여와 집단효과 극대화를 위한 지침을 제공한다.
4. 집단과정에서 발생 가능한 좌절 또는 실망에 관해 설명한다.
5. 집단기간에 관한 지침을 제공한다.
6. 집단출석에 관한 계약을 체결한다.
7. 집단에 대한 신뢰의 필요성과 그 효과에 관해 설명한다.
8. 비밀유지에 관한 규칙을 설명한다.

집단준비를 위한 면담에서 집단리더는 예비 집단원들에게 빠짐없는 집단출석과 시간 엄수의 중요성을 강조한다. 집단원의 잦은 지각, 결석, 중도포기는 집단발달을 저해하기 때문이다. 특히 집단초기에 불규칙적으로 출석하는 집단원이 생기는 경우, 집단의 사기가 저하되거나 응집력이 약화될 수 있다. 집단작업은 개인상담 또는 치료와 달라서, 적어도 집단초기에 즉각적으로 편안함이나 만족감을 주지 못할 수 있다. 지금 여기 경험에 초점을 맞추고 직접적인 대인관계 상호작용을 하는 것이 집단원들에게는 낯설고 불안감을 초래할 수 있기 때문이다.

집단참여에 대한 현실적 기대 형성 조력. 넷째, 집단참여에 대해 현실적인 기대를 하도록 돕는 일이다. 집단참여에 대해 현실적 기대를 하게 하는 것은 집단성과에 유의한 영향을 미친다. 이는 상대적으로 불안과 모호함이 높을 수 있는 비구조화된 집단에서 효과가 더 클 수 있다. 예비 집단원들이 집단참여에 대해 현실적 기대를 하게 하기 위해서는 비밀유지 원칙 준수가 선행되어야 한다. 즉, 집단에서 자유롭게 말할 수 있으려면, 집단에서 공개된 사적인 내용에 대해 비밀이 지켜진다는 서로에 대한 믿음이 필수라는 사실이 집단원들에게 강조되어야 한다. 집단원이 자신의 비밀을 집단리더에게 털어놓으면서 비밀을 반드시 지켜 달라고 부탁하는 경우라도, 집단리더는 이를 함부로 약속해서는 안 된다. 대신, 그 집단원과 집단을 위한 최선의 선택이 무엇인지 협의한다. 집단준비단계에서 집단원들이 집단에 대해 현실적 기대를 하도록 돕기 위해 집단리더가 할 일은 글상자 9-4와 같다.

글상자 9-4. 예비집단 회기에서 집단리더의 임무

1. 집단참여는 집단리더와 집단원이 함께 떠나는 자기탐색 여행이라는 점을 알린다.
2. 전문지식과 경험을 집단원들과 기꺼이 공유할 것이라는 점을 강조한다.
3. 집단과정과 절차에 관해 상세히 설명한다.
4. 집단에서 생산적이고 기대되는 행동에 관해 설명한다.
5. 탈신비화^{demystification}, 즉 집단참여에 대해 현실적인 기대를 하도록 돕는다.
6. 집단참여 효과에 대한 기대감을 높인다.
7. 집단초기에 흔히 겪을 수 있는 문제점에 대해 알려 준다.
8. 출석에 관한 계약을 체결한다.

준비단계에서 집단에 관해 상세히 설명했다고 하더라도, 집단원들은 흔히 이러한 내용을 잘 기억하지 못하거나 잘못 이해하기도 한다. 따라서 집단리더는 집단초기 몇 회기 동안은 핵심 내용을 요약해 주거나 재차 강조한다. 글상자 9-5는 예비 집단원들을 위한 집단참여 지침이다.

글상자 9-5. 예비 집단원들을 위한 집단참여 지침

1. 지금 여기에서의 느낌과 생각을 즉각적으로 표현한다.
2. 다른 집단원에 대한 생각과 느낌을 구체적 · 즉각적 · 직접적으로 제공한다.
3. 정적 피드백과 부적 피드백을 균형 있게 제공한다.
4. '왜 질문'은 지양한다.
5. 자신의 느낌을 불러일으킨 집단원의 행동에 초점을 맞추어 반응한다.

6. 다른 집단원의 피드백에 대해 변명하거나 방어적으로 반응하기보다는 진솔하게 받아 들이고, 그 의미를 생각해 본다.

7. 자신의 행동, 사고, 감정, 경험에 책임을 진다.

8. 남을 탓하지 않는다.

글상자 9-5에 제시된 지침 외에, 예비 집단원들을 준비시키기 위해서는 이들에게 집단상담에 관한 시청각 자료를 보여 주거나 들려 주는 방법도 있다.

 집단계획

집단계획에서 중요한 부분을 차지하는 것은 집단의 밑그림을 그리는 일이다. 집단시간이 충분하다면, 집단원이 충분히 말하도록 여유 있게 들어줄 수 있을 것이다. 그러나 12회기 또는 15회기 내외의 단기집단에서는 집단원에게 할당된 시간이 그리 충분하지 않다. 집단 회기가 점차 단축되는 추세인 현대 사회에서 집단리더는 적극적으로 개입하여 목표설정과 계획수립을 위한 주 호소 내용을 단시간 내에 파악할 필요가 있다. 그러면 어떻게 하면 짧은 시간 내에 집단원의 문제를 파악할 수 있을까? 이는 전적으로 집단리더의 임상경험과 안목에 비례한다.

집단 전체에 대한 계획

집단의 전체 그림, 즉 집단 전체에 대한 계획을 세우는 것은 집단 시작부터 종결 회기까지 다룰 주제를 비롯하여 집단운영에 필요한 제반 요소에 관해 결정하는 것을 말한다. 이러한 작업은 특히 구조화된 집단에서 필요로 한다. 집단리더는 집단의 첫 회기뿐 아니라 나머지 회기에서 필요로 하는 전반적인 계획을 수립해야 한다. 이를 위해서는 먼저 가능한 주제 목록을 광범위하게 작성한 후, 집단의 목적에 따라 중요하고 의미 있는 순서로 목록을 정리하여 집단 회기별 계획을 수립한다. 가능한 주제 목록의 예는 글상자 9-6과 같다.

🏛 **글상자 9-6. 집단상담의 주제 목록의 예**

분노조절집단 / 10회기 분	분노조절집단 / 10회기 분
1. 분노의 원인(분노촉발 대상 또는 상황)	1. 자녀교육
2. 분노에 대한 이론적 관점	2. 이성교제, 성생활, 재혼
3. REBT의 비합리적 신념	3. 미결과제, 실패감, 분노
4. 분노에 관한 죄의식	4. 죄의식, 상처, 비난, 과오
5. 분노 대처방식	5. 고독감
6. 분노(시기별: 현재, 과거)	6. 직업, 재정
7. 분노(대상별: 부모, 형제자매)	7. 다른 관계에 대한 개인사
8. 습관으로서의 분노	8. 결혼생활에서 배울 수 있었던 점
9. 상처를 감추기 위한 분노	9. 불안, 두려움
10. 성장과정에서 분노에 관한 학습	10. 자존감

목록을 작성하고 나면, 집단리더는 집단 회기별로 어떤 주제를 다룰 것인가를 고려한다. 집단의 전체 그림을 그려 보는 것은 집단리더가 집단원들에게 집단의 효용성과 집단에서 다룰 주제들을 명확하게 인식시키는 데 도움이 된다. 집단의 전반적인 계획을 수립하기 위해서는 가능한 주제에 관해 동료들과 협의하거나, 주제와 관련된 서적과 논문 등을 탐독하거나, 선별과정에서 정보를 수집하는 등의 작업이 요구된다. 이러한 작업은 집단이 시작되기 전에 완결 지어야 한다. 그러나 다른 한편으로, 이 작업은 지속적으로 전개되어야 하는 활동이기도 하다. 왜냐면 집단은 끊임없이 진화되고, 그에 따라 흔히 새롭고 다른 주제들이 등장하기 때문이다.

집단 회기 계획

집단 회기에 대한 계획을 세우는 일에는 주제와 집단활동을 결정하는 일 외에 소요시간을 산정하는 작업이 포함된다. 대부분의 집단은 철저한 계획이 요구되나, 대부분의 상담, 치료, 성장, 지지집단은 첫 회기 이후에는 주로 최소한의 계획으로 운영된다(Jacobs et al., 2016). 특히 집단원들이 집단참여의 목적을 이해하고 있고, 그들에게 중요하고 관련 있는 사안에 대해 진지하게 논의하려는 태도를 보이는 시점에 도달한 경우에는 최소한의 계획만으로도 충분하다. 그러나 아무리 집단 회기에서 사용할 활동과 주제에 대한 계획을 최소한으로 수립해도 무방한 집단이라 할지라도, 집단리더는 어떤 종류의 활동과 주제가 유용할 것인지 고려해야 한다. 만일 집단원들이 개인적인 사안을 집단에서 적극적으로 논의하기보다는 구조화된 활동이나 기타 활동에만 반응을 보이는 상황이라면, 세부적인 집단계획이 요구된다. 집단리더가 철저하게 계획을 수립하여 효과를 극대화할 수 있는 집단유형으로는 교육, 과업, 토론집단을 꼽을 수 있다. 집단 회기 계획수립 시 고려해야 할 사항에는 ① 집단발달단계 확인, ② 집단 회기 구성, ③ 잠재적 문제 예상이 포함된다.

　집단발달단계 확인.　집단 회기 계획수립 시 고려해야 할 첫 번째 사항은 집단 회기가 집단발달의 어느 단계에 도달해 있는가를 확인하는 일이다. 집단의 첫 회기는 다른 어떤 회기보다도 집단리더가 처리해야 할 일이 많다. 집단원 소개, 집단목적의 명료화, 긍정적·안전한 분위기 조성, 그리고 집단규칙이나 안내를 위한 지침에 관해 설명해 주는 일 등이 그것이다. 집단 회기의 종결 시기가 다가오면, 집단리더는 집단원들이 집단종결을 위해 필요한 말과 행동을 하고 있는지 확인한다. 또 한 가지 고려해야 할 점은 앞으로 남아 있는 회기 수다. 한 회기가 남은 집단과 여러 회기가 남은 집단을 위한 계획은 분명히 다를 것이다.

　집단 회기 구성.　집단 회기 계획수립 시 고려해야 할 두 번째 사항은 집단 회기 구성이다. 집단에 따라서는 매 회기마다 같은 체제로 운영해도 별 무리 없이 진행되는 집단이 있다. 이러한 집단은 지난 한 주 동안 이루어진 새로운 행동실천에 대한 경과보고로 회기를 시작하면서 활동, 논의, 새로운 행동 실습, 회기 종결을 위한 진술 순으로 진행된다. 혹은 집단 회기의 전반부 한 시간은 개인적인 문제를 나누고 나서, 지난 회기에 집단원들에게 부과된 과제를 확인하거나 주제에 관한 이야기를 나누는 형식으로 집단 회기가 진행되기도 한다. 반면, 집단유형에 따라서는 매 회기마다 구성에 변화를 주는 형태가 집단원들의 흥미를 북돋아 집단에 활력을 불어넣기도 한다. 이 경우, 한 회기에서 주로 구조화 활동과 논의를 한다면, 다음 회기는 글쓰기 활동, 개인적인 관심사 나누기, 그리고 역할연습으로 구성할 수 있다. 이처럼 매 회기마다 참신한 변화를 주는 것은 그만큼 집단원들의 흥미를 자극하고 호기심을 불러일으킬 수 있다는 이점이 있다. 이를 위해 집단리더는 한 회기에 사용할 활동을 다양하게 계획한다. 다양한 활동으로 집단 회기를 구성하는 경우, 집단원들이 활동 후의 생각, 감정, 반응에 대해 논의할 시간이 충분한지를 확인해야 한다.

　잠재적 문제 예상.　집단 회기 계획수립 시 고려해야 할 세 번째 사항은 예기치 않게 발생할 수 있는 문제점을 예상해 보는 것이다. 집단의 계획단계에서는 잠재적 문제, 즉 ① 과제 불이행, ② 하위집단 형성, ③ 집단 밖에서의 만남, ④ 비자발적 집단원 발생 가능성을 염두에 두어야 한다.

첫째, 집단원의 과제 불이행이다. 만일 집단원들에게 다음 회기에 필요한 유인물을 읽어 오도록 했다면, 이를 이행하지 않은 집단원이 생길 것을 예상하여 과제 불이행 집단원이 소외감을 느끼지 않도록 회기 진행방법을 계획한다. 또한 집단원이 결석을 하거나 활동 또는 논의가 잘 진행되지 않을 경우를 위한 대책을 마련한다.

둘째, 하위집단 형성subgrouping이다. 집단에 참여하기 전에 이미 형성된 관계는 집단 내의 하위집단 형성으로 이어질 수 있다. 학교에서는 보통 같은 학년의 아동들로 집단이 구성된다는 점을 고려할 때, 집단 내에 하위집단이 형성될 수 있음을 예상해야 한다. 친구와 함께 집단에 참여하는 것은 집단참여에 회의적인 태도를 지니고 있거나 집단참여가 편안하지 않은 학생들에게 도움이 될 수 있다. 학생들이 친구들 앞에서 이야기를 나눌 때면 다른 집단원들에게서 느낄 수 있는 위협감이 상대적으로 덜할 것이기 때문이다. 그렇지만 집단 내 하위집단은 문젯거리가 될 수 있다. 하위집단에 속하지 못한 집단원은 고립감을 느낄 수 있기 때문이다. 특히 하위집단에 속한 학생들이 다른 집단원들에 대해 집단행동을 하는 경우, 집단 응집력 형성과 발달을 저해하는 심각한 문제가 될 수 있다. 그러므로 집단리더는 하위집단이 형성되지 않도록 사전에 적절히 조치해야 한다.

셋째, 집단 밖에서의 만남이다. 집단은 대인관계를 위한 공간이 아니라 친밀하고 만족스러운 관계를 형성·유지하는 방법을 가르치고 터득하는 공간이다. 그러므로 특수집단(예, 나이 든 성인집단)을 제외하고는 집단원들의 집단 밖에서의 만남이나 교제는 권장되지 않는다. 만일 집단원들이 우연히 혹은 의도적으로 집단 밖에서 만났다면, 해당 집단원들은 만남을 통한 경험을 집단 내에서 이야기해야 한다. 집단리더는 집단원들에게 이에 관한 집단규범을 사전에 주지시켜야 한다. 집단리더가 나서서 집단원들이 집단 밖에서 만나지 못하도록 하는 것은 사실상 불가능하다. 집단이 진행되는 과정에서 집단원들은 어떤 방식으로든 집단 밖에서 만나거나 어울릴 수 있기 때문이다. 따라서 집단리더가 집단원들에게 집단 밖에서 절대로 만나지 말 것을 공개적으로 요구하면, 오히려 집단원들은 만난 사실을 집단에서 공개하지 못하게 될 것이다. 그러므로 명령이나 금지보다는 특정 행동이 어떤 방식으로 치료적 효과에 역행하는지에 대해 상세히 설명해 주는 것이 더 효과적이다.

집단 밖에서의 만남은 치료적 측면에서 걸림돌이 될 수 있다. 하위집단 형성이 한 예다. 집단 밖에서의 만남을 통해 그들만의 친밀관계가 형성된다. 이는 집단 내의 하위집단 형성으로 이어져, 솔직한 생각이나 느낌 표현이 하위집단 구성원을 배신하는 것으로 여겨져 주저하게 되는 상황이 발생할 수 있다. 또한 두 사람 사이에 일종의 동맹이 맺어져 서로에게 힘을 실어 주거나, 다른 집단원들의 공격으로부터 서로를 보호하려는 태도와 행동이 나타날 수 있다. 따라서 집단 밖에서의 만남 결과를 빠짐없이 보고하도록 하는 것은 명령이나 금지보다 훨씬 더 여유 있고 자율적인 문제해결방법이다. 만일 보고되지 않은 집단 밖에서의 모임이 발견되는 경우, 집단리더는 "왜 규칙을 어겼나요?"라는 질문보다는 "변화를 위한 작업을 스스로 망가뜨리는 이유는 무엇인가요?"라는 질문을 하여 집단작업의 기회로 활용한다.

넷째, 비자발적 집단원의 발생이다. 집단리더는 때로 비자발적 집단 또는 집단원 구성이 부적절한 집단과 작업하게 되는 경우가 있다. 예를 들어, 분노조절집단의 상담자는 집단역동에 문제를 겪을 수 있다. 마찬가지로 학교생활에 전혀 관심을 보이지 않는 위기에 처한 학생이나 ADHD 학생들을 위한 집단의 리더 역시 유사한 문제를 겪을 수 있다. 이처럼 다루기 어려운 학생들로 구성된 집단을 담당한다면, 집단리더는 가급적 집단크기를 작게 하고, 제한적이고 현실적인 목표를 설정해야 할 것이다.

집단국면에 따른 계획

집단 회기는 일반적으로 ① 시작, ② 작업, ③ 종결국면으로 나뉜다. 각 국면에 따른 계획 시 다음 사항을 고려한다.

시작국면.   시작국면beginning phase은 보통 이전 회기를 돌아보고, 지난 회기 이래로 집단원들의 생각, 반응, 성과를 확인하는 작업으로 구성된다. 이 시기는 흔히 워밍업warm-up 국면으로도 불린다. 이 국면에서는 집단원들의 활력수준, 회기에 대한 흥미도, 나누고 싶은 주제나 관심사 등을 파악한다. 집단 회기는 보통 이전 회기를 되돌아보는 것으로 시작한다. 얼마만큼의 시간을 할애할 것인가는 집단리더에게 달려 있다. 그러나 시작국면에 너무 많은 시간을 할애하지 않는 것이 좋으며, 보통 10~15분이 적당하다(Jacobs et al., 2016). 단, 첫 회기는 예외여서 통상보다 많은 시간을 할애한다. 시작국면을 위한 시간은 필요에 따라 얼마든지 연장할 수 있다. 그렇지만 학교에서 집단을 운영하는 경우에는 수업시간이 보통 40~45분이라는 점을 고려해야 한다. 따라서 집단리더는 시작국면을 짧게 하여, 작업국면을 심도 있는 상호작용을 위한 시간으로 활용할 수 있도록 계획한다. 개방집단의 경우, 시작국면에 신입 집단원을 소개하는 시간을 갖는다. 또한 집단 회기 시작을 위한 활력 수준을 정한다. 활력수준을 정하는 이유는 집단목표와 분위기에 따라 활력 넘치게 시작할 필요가 있는가 하면, 차분한 분위기로 시작할 필요가 있을 때가 있기 때문이다.

작업국면.   작업국면working phase은 집단원들이 각자의 목표 성취를 위해 노력하는 시기다. 교육집단이나 토론집단의 경우에는 중간국면middle phase으로 불린다. 작업국면에는 의미 있는 상호작용과 논의, 그리고 치료적 개입이 이루어진다는 점에서 사전계획이 중요하다. 계획을 어떻게 수립하느냐에 따라 역기능적인 집단역동을 제거하고 집단목표를 다룰 수 있는 시간을 충분하게 확보할 수 있기 때문이다.

종결국면.   종결국면closing/ending phase은 한 회기를 요약·마무리하는 시기다. 이 국면에서 집단리더는 요약 관련 활동을 계획하여 집단원들이 작업/중간국면에서 경험학습한 것을 통합하도록 돕는다. 종결국면에는 보통 3~10분 정도의 시간을 할애한다. 시간이 허락하는 범위 내에서 집단리더는 다음 회기의 주제에 관하여 간략히 언급하거나, 집단원들에게 2인 1조로 집단경험에 대한 소감을 나누게 하거나, 다음 회기까지 새롭게 실행에 옮기고자 하는 행동을 발표하도록 한다. 종결국면에서 집단상담자들이 흔히 저지르는 실수는 철저한 계획의 부재에서 비롯된다. 즉, 시간에 쫓겨 집단원이 집단에서 얻게 된 점이나 값진 경험 등에 대한 소감을 나눌 시간이 부족하거나, 아예 갖지 못하거나, 혹은 마무리짓지 못한 상태에서 집단 회기를 종료하는 것이다. 더욱이, 마무리 작업을 위해 시간을 초과하는 실수를 범하기도 한다. 이러한 잘못을 범하지 않기 위해 집단리더는 종결국면을 위한 계획을 철저하게 수립해야 한다.

표 9-1. 집단 회기 계획의 예

국면	계획 내용	시간
☐ 시작	○ 돌아가며 소개하기(이름, 집단참여 사유 등)	3분
	○ 집단에 관한 논의: 형식, 목적, 욕구, 참여소감, 규칙 등	5분
	○ 문장완성검사 실시 • 부모가 되어 가장 좋은 점은 _____. • 부모 역할 중 가장 어려운 점은 _____. • 부모로서 가장 화가 나는 것은 _____.	2분
	○ 전체 집단에서 예를 들어 발표하게 함	10분

☐ 작업	○아동 행동에 관한 아들러의 개인심리학 이론 소개(ppt, 유인물 사용) • 모든 행동에는 목적이 있다. • 아동이 나쁜 것이 아니다. 다만 낙담하고 있을 뿐이다. • 문제행동의 네 가지 목적	15분
	○3인 1조로 아들러의 개인심리학 이론에 대한 생각 나누기	5분
	○전체 집단에서 이론에 관한 고찰을 계속함 ○문제행동의 목적에 대한 부모의 반응 나누기	10분
	○문제행동의 첫 번째 목적(시선 끌기)에 초점 ○간단한 역할연습 시범 ○문제행동 대처방법 논의	20분
	○2인 1조로 자녀의 문제행동에 관련된 목적과 부모로서 어떻게 다르게 다룰 것인지에 대한 논의	5분
☐ 종결	○2인 1조로 소감 나누기	
	○요약: 깨달은 점, 소감, 자녀에 대해 다르게 해 보고 싶은 점 논의 ○읽을거리 나누어 주기 ○다음 회기 시간 상기시키기	10분

표 9-1에 제시된 계획에서는 소개 부분의 활동이 짧다. 이는 교육집단의 특성상 90분의 시간을 계획하고 있기 때문이다. 이 집단의 구성원들은 2인 1조 혹은 3인 1조와 같은 소집단모임을 통해 서로에 대해 알게 될 것이다. 집단에 관한 소개와 논의는 구성원들이 중요한 정보를 나눌 수 있고, 집단참여에 대한 느낌과 기대를 나눌 수 있다는 점에서 유용하다. 앞서 소개한 집단 회기 계획의 예는 구체적인 시간을 명시하지 않을 정도로 최소로 잡고 있다. 또한 집단 회기 초기의 문장완성검사는 집단원들에게 부모 역할에 대한 견해를 나눌 기회를 제공한다. 이때 전체 집단에서 발표하도록 한 것은 집단리더를 비롯하여 다른 집단원들이 집단원 개개인의 관심사를 들어 볼수 있도록 하기 위해서다.

아들러의 개인심리학 이론에 관해 설명할 때, 집단리더는 문장완성검사 결과를 예로 사용할 수 있다. 집단리더는 집단원들을 3인 1조로 편성하여 개인심리학 이론에 대한 생각을 나누어 보도록 하고 있다. 이를 통해 집단원들은 제한된 시간에 많은 이야기를 나눌 수 있을 것이다. 집단리더는 집단구성에 변화를 줌으로써 집단원들의 흥미를 자극할 수 있다. 또한 집단리더의 계획에는 집단의 목적과 관련하여 흥미롭고 유용한 내용이 담겨 있다. 그런데 집단리더들은 흔히 집단의 첫 회기를 시작국면을 위한 시간으로 활용하고자 한 나머지, 유용하고 의미 있는 내용을 다루지 못하는 잘못을 범하기도 한다. 이러한 실수는 집단원들이 중도에 포기하게 하는 원인을 제공하기도 한다.

집단계획 시 흔히 범하는 실수

집단을 계획하는 과정에서 집단리더가 흔히 범하는 잘못으로는 ① 무계획, ② 모호한 계획, ③ 무리한 계획, ④ 부적절한 내용 구성, ⑤ 부적절한 시간 배분을 들 수 있다.

　　무계획.　　첫째, 집단계획을 세우지 않는 것은 집단리더가 범하는 가장 심각한 실수에 속한다. 집단운영과정에서 발생하는 문제의 대부분은 바로 계획을 세우지 않는 것에 기인한다(Jacobs et al., 2016). 계획을 빈틈없이 잘 세우는 것은 집단 회기가 집단원들에게 보다 큰 의미로 다가갈 수 있고 가치 있는 시간이 되도록 하는 원동력이다.

　　모호한 계획.　　둘째, 집단운영에 별 도움이 되지 않는 모호한 집단계획을 세우는 것이다. 집단리더가 특정 주제를 다루기 위한 시간으로 50분을 할애하고도 이 주제를 소개하는 방식과 수행할 활동 및 그 활동에 관한 세부 계획을 세우지 않는 것이 그 예다. 일반적으로, 경험이 많고 숙련된 집단리더들은 해당 주제를 어떻게 소개할 것인가에 대한 계획을 세우는 한편, 그 주제에서 파생될 수 있는 소주제에 대해서도 충분히 고려한다(Corey & Corey, 2017).

　　무리한 계획.　　셋째, 한 회기에 너무 많은 주제와 활동을 계획하는 것이다. 무리한 계획은 의미 있는 주제를 깊이 있게 다루고 활동을 통해 학습이 일어날 수 있는 충분한 시간을 확보하기 어렵게 한다. 집단작업을 위한 시간이 부족하면, 집단주제와 활동이 피상적으로 진행될 수 있다. 이는 집단원들에게서 집단의 의미와 가치를 빼앗는 것과 같다. 또한 집단 회기에서는 집단원들의 반응, 느낌, 생각, 경험을 나누기보다 일련의 활동만을 전개해야 할 것이다. 이러한 문제는 흔히 초심 집단리더들이 집단원들의 소극적 참여를 염려한 나머지 발생한다. 물론 만일의 경우를 대비해 대안적인 계획을 마련하는 것은 바람직하지만, 핵심 주제를 다룰 수 있는 충분한 시간을 확보하는 일이 더 중요하다. 집단리더는 집단의 목적이 집단원들이 무엇인가를 배우고, 통찰을 얻으며, 변화하기 위함이라는 점을 기억해야 한다. 따라서 집단리더는 집단원들이 깊은 수준의 자기탐색을 할 수 있도록 충분한 시간을 계획해야 한다.

부적절한 내용 구성. 넷째, 집단목표와 상관없거나 집단원들의 흥미와 관심을 끌지 못하는 활동이나 주제를 택하는 것이다. 집단리더가 극히 일부 집단원의 관심사와 관련 있는 주제를 선정한다면, 다른 집단원들은 집단에 대한 흥미를 잃게 된다. 또한 집단초기에 집단원들이 미처 준비되지 않은 상태에서 민감한 주제 혹은 활동을 계획하는 경우도 마찬가지의 결과를 초래할 수 있다. 이처럼 부적절한 내용으로 집단을 계획하는 것은 집단리더와 집단에 대한 불만으로 이어질 수 있다. 그러므로 집단리더는 집단 회기가 집단원 모두에게 관련 있고 가치 있는 시간이 될 수 있도록 합리적인 계획을 세워야 한다.

부적절한 시간 배분. 다섯째, 집단리더 중에는 집단 회기의 시간을 적절하게 배분하지 못해 어려움을 겪기도 한다. 즉, 시작국면 시간을 할애하지 않아 집단 분위기가 경직되거나, 반대로 너무 많은 시간을 할애한 나머지 시간에 쫓기기도 한다. 시작국면을 위한 활동은 집단원들이 집단 분위기에 적응할 수 있도록 돕는 기능이 있다. 그러나 지나치게 많은 시간을 할애한다면 의미 있고 생산적인 작업을 위한 시간이 줄어든다. 설령 시작국면활동이 집단원들의 흥미를 끌 수 있다고 하더라도, 집단 본연의 목적은 시작국면이 아니라 작업국면에 있다. 그러므로 시간 배분의 원칙은 중요한 사안에 많은 시간을 배분해야 한다는 것이다. 집단의 첫 회기, 중간 회기, 종결 회기에 따라 회기별 시간계획은 달라질 수 있다. 이는 집단이 진행됨에 따라 한 회기의 시작국면, 작업국면, 종결국면에 대한 시간 배분이 달라짐을 의미한다. 따라서 집단리더는 회기별 특성에 따라 선택하는 주제 혹은 활동 등에 대해 적절한 시간을 계획해야 한다.

집단계획서 작성 / 집단계획서는 어떻게 작성하는가?

집단계획을 수립했다는 것은 집단리더가 집단의 목적, 활용하고자 하는 기술, 기법, 전략 외에도 집단운영에 관한 전반적인 사항에 대해 명확하게 알고 있고, 구체적으로 설명할 수 있음을 의미한다. 집단리더는 집단운영을 위해서 기관장의 결재를 받기 위한 목적과 관계없이 집단계획서를 서면으로 작성해야 한다. 또한 집단계획과 준비에 있어서 집단목적에 따라 표 9-2에 제시된 사항에 대한 질문에 답할 수 있어야 한다.

표 9-2. 집단계획서 작성을 위한 점검 목록

항목	점검 내용
☐ 집단의 필요성 · 목적	○ 현 시점에서 집단이 필요한 이유는 무엇인가? ○ 집단의 기본 가정은 무엇인가? ○ 집단의 목적은 무엇인가?
☐ 집단목표	○ 집단의 목표는 무엇인가? ○ 목적 달성을 위한 세부 목표는 무엇인가?
☐ 집단주제 · 활동	○ 집단의 주제는 무엇인가? ○ 집단의 세부 목표 달성을 위해 수행할 활동은 무엇인가?
☐ 집단구성	○ 누구를 대상으로 할 것인가? ○ 어떤 절차를 거쳐 선별 · 선발할 것인가? ○ 남성/여성/혼성으로 구성할 것인가? ○ 집단원들의 연령 제한/범위는 어떠한가? ○ 잠재적 집단원들과 논의되어야 할 사항은 무엇인가?
☐ 집단유형 · 형태	○ 상담/치료/교육/성장/자조/지지집단으로 할 것인가? ○ 개방/폐쇄집단으로 할 것인가? ○ 단독/공동으로 운영할 것인가? ○ 구조화/비구조화/반구조화 집단으로 할 것인가?
☐ 집단원 선별 · 선발	○ 개별/집단면담을 활용할 것인가? ○ 잠재적 집단원을 파악하기 위해 질문지를 활용할 것인가? ○ 다른 전문가 또는 기관의 의뢰를 수용할 것인가? ○ 자발적 선택을 원칙으로 할 것인가? ○ 비자발적 집단원을 수용할 것인가?
☐ 집단크기	○ 집단원 수는 몇 명으로 할 것인가?
☐ 집단일정	○ 총 몇 회기로 할 것인가? ○ 얼마나 자주 모일 것인가? ○ 한 회기는 몇 분/시간으로 할 것인가? ○ 집단 회기는 몇 시에 시작해서 몇 시에 마칠 것인가? ○ 집단참여를 원하는 사람들과의 예비모임은 언제, 어디서, 어떤 방식으로 가질 것인가?
☐ 집단모임 장소	○ 집단모임은 어떤 환경/조건을 갖춘 공간에서 할 것인가?
☐ 집단리더 수	○ 집단리더는 몇 명으로 할 것인가?

□ 집단홍보	○ 잠재적 집단원들에게 집단계획과 내용을 어떤 방법으로 알리고 관심을 갖게 할 것인가?
□ 기대효과 · 평가	○ 집단경험을 통해 집단원들에게 기대하는 효과는 무엇인가? ○ 집단원들의 집단경험은 어떻게 평가할 것인가?

그러면 먼저 집단의 필요성과 목적에 대해서 살펴보기로 하자.

집단의 필요성 · 목적 / 집단의 필요성과 목적은 무엇인가?

집단계획서 작성을 위한 첫 번째 요건은 집단의 필요성과 목적에 관한 진술이다. 집단작업이 왜 필요하다고 생각하는가? 집단을 계획하는 목적은 무엇인가? 집단계획 시 집단리더는 집단을 운영하고자 하는 이유를 자신에게 물어보라! 집단리더의 주요 임무에는 집단의 필요성과 목적을 명확하게 설정하고, 설정된 목적을 달성하기 위해 전문적 능력을 적용하는 것이 포함된다.

집단목표 / 집단목표는 무엇인가?

집단계획서 작성을 위한 두 번째 요건은 집단목표에 관한 진술이다. 집단목표는 마치 지도 위에 설정해 놓은 목적지와 같아서 집단계획과 준비과정에서 우선적으로 고려해야 할 사항이다. 집단목표가 없다면, 집단원들은 흥미를 잃고 방향감을 상실하기 쉽다. 그러므로 집단리더는 집단이 어떤 방향으로 나아갈 것인가를 가장 먼저 결정해야 한다. 집단목표를 설정하기 위해서는 잠재적 집단원, 즉 집단참여를 필요로 하는 사람들에 대한 요구조사 needs assessment가 선행되어야 한다. 요구조사 결과를 바탕으로 집단유형이 결정되면, 집단에서 다룰 주제와 활동을 선정한다. 요구조사방법은 다양하다. 만일 집단작업 수혜자들이 이미 정해져 있는 경우에는 개별면접이나 질문지를 활용한다. 이를 통해 집단에서 얻고자 하는 것, 집단에 참여하고자 하는 이유, 특별히 집단에서 논의하고 싶은 주제 등에 대해 파악한다. 집단목표에 관한 FAQs는 글상자 9-7과 같다.

글상자 9-7. 집단목표에 관한 FAQs

1. 목표는 수정할 수 있나요? (○)
2. 매 회기마다 목표를 설정해야 하나요? (○)

> 3. 집단목표는 한 가지 이상 설정해도 되나요? (○)
> 4. 집단목표를 설정하지 않아도 되나요? (×)
> 5. 집단상담자가 목표를 알고 있으면, 집단원들도 잘 알고 있을까요? (×)

또한 집단리더는 집단참여를 필요로 하는 사람들을 책임지고 있거나 잘 아는 사람들(예, 다른 정신건강 전문가, 교사, 학부모, 학교장 등)에게서 정보를 얻을 수 있다. 이때 집단리더는 집단작업을 필요로 하는 사람들의 집단참여 이유를 탐색한다. 이는 목표 설정에서 중요하고도 우선적으로 처리해야 할 과업이다. 집단이 구체적인 목표에 초점을 맞추게 되면, 시간과 노력을 동시에 절약할 수 있다. 일단 집단목표가 설정되면, 목표 달성을 위한 집단활동이 구성되어야 한다.

집단주제 · 활동 / 어떤 주제와 활동으로 편성할 것인가?

집단계획서 작성을 위한 세 번째 요건은 집단주제와 활동에 관한 진술이다. 집단참여를 희망하는 사람들의 요구와 집단유형이 정해지면, 집단리더는 주제와 활동 내용을 결정한다. 이를 위해서는 관련 내용을 직접 적어 보는 것으로 시작한다. 일단 주제와 활동 내용이 선정되면, 집단을 시작할 준비가 된 셈이다. 집단목적에서 벗어날 가능성은 그만큼 줄었다는 의미다. 예를 들어, 학생들의 학습 능력을 신장시키기 위해 편성된 집단의 경우, 집단의 논제와 활동 내용에는 학습의 기본 방법, 시간표 작성 요령, 다양한 학습전략, 시험 준비 요령 등이 포함될 것이다. 그러면 이러한 활동을 전개할 집단은 어떻게 구성해야 하는가?

집단구성 / 집단을 어떻게 구성할 것인가?

집단계획서 작성을 위한 네 번째 요건은 집단구성에 관한 진술이다. 집단을 어떻게 구성할 것인가는 집단작업이 집단원 모두에게 유익한 경험이 될 수 있는가와 직결된 사항이다. 집단을 구성할 때는 집단의 목적과 유형에 따라 그 대상을 먼저 선정한다. 집단구성에 대해서는 ① 집단 대상 선정, ② 집단 대상 선정 지침, ③ 동질집단 vs. 이질집단으로 나누어 살펴보기로 한다.

집단 대상 선정.　첫째, 집단을 계획하고 준비하는 과정에서 집단의 필요성과 목적을 결정하는 일 못지않게 선행되어야 할 일은 누구를 대상으로 할 것인지를 결정하는 것이다. 이를 위해서는 집단의 목적을 바탕으로 대상을 선정하되 성별, 나이, 학년, 성숙도, 교육수준, 문제의 유형과 관심사, 성격 특성, 직업 또는 소속기관 등과 같은 요소들을 고려한다. 특히 학교장면에서는 학년이 중요한 고려 대상이 된다. 즉, 초ㆍ중ㆍ고등학교에서의 집단 서비스 대상은 같은 학년의 학생들로 구성하는 것이 좋다. 또한 대학상담소에서 운영하는 자아성장집단의 경우에는 자아탐색을 통해 성장하기를 원하는 대학생으로 대상을 한정시킬 수 있다.

일단 집단의 대상이 결정되면, 해당 집단의 구성원을 모두 참여하게 할 것인가, 집단참여를 원하는 사람들만 참여시킬 것인가, 아니면 일정한 절차에 따라 선발할 것인가를 결정한다. 예를 들어, 대학 신입생들을 위한 집단을 구성하는 경우, 신입생들은 누구나 참여할 수 있게 할 것인가, 집단참여를 신청하는 신입생 모두를 참여시킬 것인가, 아니면 선발된 신입생들만 참여할 수 있게 할 것인가를 결정한다. 집단참여 대상자 선정에 절대적인 지침은 없다. 단지 집단유형, 목적, 소속기관의 규정과 여건, 시간적 여유 등과 같은 변수를 고려하여 결정하면 된다. 집단참여 대상자 선정 시 집단리더가 염두에 두어야 할 기본 지침은 다음과 같다.

집단 대상 선정 지침.   둘째, 집단 대상을 결정하는 일은 어떤 유형의 집단을 이끌 것인가에 따라 달라질 수 있다. 즉, 누구를 참여시키고 배제할 것인지는 집단유형과 목적, 그리고 집단원의 요구와 밀접한 관계가 있다. 집단과정에 방해가 안 되고, 다른 집단원의 안녕과 복지에 부정적인 영향을 초래하지 않을 집단원을 선별해야 한다(AGPA, 2007; ASGW, 2000). 집단 대상 선정과 관련하여 한 가지 잠재적인 문제점은 집단리더가 소속되어 있는 기관의 관리자가 개입하여 집단참여 대상자를 선정하는 것이다. 기관장이나 법원이 법을 위반한 비행 청소년들을 대상으로 집단을 운영하도록 지시하는 경우가 그 예다. 이 경우, 집단에 적합하지 않은 학생들도 집단에 참여하게 됨으로써 집단의 효율성을 떨어뜨릴 수 있다. 만일 학교장이 교사에게 이러한 지시를 한다면, 교사는 학교장의 지시를 어길 수도 없고 집단운영을 강행할 수도 없는 상황에 놓일 수 있다. 그러므로 학교상담자는 평소에 학교장을 포함한 기관장이나 법원 관계자들과 자주 대화하고 돈독한 관계를 유지하면서 기회가 있을 때마다 상담에 관하여 올바르게 인식하도록 도와야 한다.

동질집단 vs. 이질집단.   셋째, 집단을 동질집단으로 할 것인가, 이질집단으로 할 것인가를 고려해야 한다. 동질집단homogeneous groups이란 집단원들의 성별, 연령, 인종,

민족, 종교, 성장배경, 출신 지역, 교육수준, 사회경제적 지위, 직업 등이 유사한 사람들로 구성된 집단을 말한다. 반면, 이질집단^{heterogeneous groups}은 그러한 집단원들의 특성과 배경이 비교적 다른 사람들로 구성된 집단이다. 동질집단과 이질집단은 각각 장단점이 있다. 그러므로 집단리더는 집단의 형태를 선정할 때 잠재적 집단원들의 요구를 면밀히 검토해야 한다.

예를 들어, 대학생과 고등학교 중퇴자들을 한 집단에 편성하거나, 실직자들과 전문직 종사자들을 같은 집단에 편성하는 것은 서로의 요구가 다를 수 있으므로 신중하게 검토해야 한다. 그러나 결혼생활에 어려움을 겪고 있는 사람들과 이미 이혼경험이 있는 사람이나 오랜 결혼생활을 한 노인들을 한 집단에 편성하는 것은 서로 다른 견해와 생각을 들을 수 있다는 점에서 유익하다. 또한 내향적이고 소극적인 집단원들과 외향적이고 활발한 집단원들을 같은 집단에 편성함으로써 모든 집단원이 서로를 통해 다양한 학습을 하도록 할 수 있다. 학교장면에서는 학업성적이 우수한 학생들과 그렇지 못한 학생들, 사춘기의 남학생과 여학생, 인기 있는 학생들과 인기 없는 학생들 또는 공격적인 학생들과 연약한 학생들을 같은 집단에 편성함으로써 상호 이해의 폭을 넓히는 동시에, 더불어 성장할 기회를 제공한다는 이점이 있다. 집단을 어떻게 구성할 것인가가 결정되면, 다음은 집단유형을 정한다.

집단유형 / 어떤 유형의 집단으로 할 것인가?

집단계획서 작성을 위한 다섯 번째 요건은 집단유형에 관한 진술이다. 집단목표가 설정되고 이를 성취하기 위한 활동과 예비 집단원, 즉 집단 대상이 결정되면, 이를 충족시키기 위해 가장 적합한 집단의 유형을 결정한다. 집단유형에는 상담집단, 치료집단, 교육집단, 성장집단, 과업집단, 자조집단, 지지집단이 있다(제1장의 '집단유형' 참조). 집단유형이 결정되면, 집단리더는 집단의 전반적인 목적과 자신의 역할 등을 가늠할 수 있다. 예를 들어, 성 관련 주제를 가지고 중학생들을 대상으로 교육집단을 계획하고 있다고 한다면, 우선 대상 학생들의 요구에 관한 정보를 수집해야 할 것이다. 그런 다음 집단을 통해 얻고자 하는 점과 잠재적 집단원들의 요구충족을 위해 어떤 유형의 집단이 적합한지 결정되면, 집단목적은 명확하게 정리될 것이다.

집단원 선별 · 선발 / 집단원은 어떻게 선별 · 선발할 것인가?

집단계획서 작성을 위한 여섯 번째 요건은 집단원 선별과 선발에 관한 진술이다. 집단에 대해 홍보를 하고 나면, 집단원 선별방법을 결정한다. 집단원 선발^{selection}은 선별 또는 심사과정을 거쳐 이루어진다. 선별^{screening}이란 집단목적에 합당한 사람은 남기 는 한편, 부적합한 사람은 걸러 내는 작업을 말한다. 그러면 어떤 사람을 선발해야 하 는가? 집단원 선발에서 집단리더의 가장 큰 관심사는 집단목적에 부합하는 반면, 조 기에 종결할 가능성이 적고 집단 분위기를 크게 해치지 않을 집단원을 구분해 내는 일이다. 따라서 집단원 선발에서 가장 중요한 임상기준은 집단참여 동기다.

집단에 참여하려면 무엇보다도 집단참여에 대한 동기가 높고 자발적으로 참여해야 한다. 이러한 이유로, 배우자, 보호자, 보호관찰관, 상담자, 기관 등에 의해 의뢰되는 경우에도 피의뢰자가 직접 집단참여 의사를 밝혀야 한다. 만일 잠재적 집단원이 집 단참여에 대한 책임을 받아들이려 하지 않거나, 마지못해 받아들이거나, 집단참여를 내켜 하지 않는 경우, 집단리더는 이러한 집단원을 집단에 참여시켜서는 안 된다. 집 단에 참여하기 위해서는 적어도 자신의 선택에 대한 책임을 져야 하고, 자신의 문제 를 인정하며, 변화하고자 하는 의지가 있어야 한다.

그러면 어떤 집단원이 집단참여를 통해 소기의 성과를 얻을 수 있는가? 집단작업이 유용하다고 기대할수록 그 성과는 더욱 높아진다(DeLucia-Waack et al., 2014). 이 점을 고려할 때, 집단참여경험이 중요하게 작용한다. 이전에 집단참여경험이 많을수록 집 단에 대해 긍정적·현실적 기대를 하는 경향이 있기 때문이다(Joyce et al., 2007). 그 뿐 아니라 상담자와 내담자가 상담에 대한 견해가 일치할수록 작업동맹이 강화되고, 상담 성과도 따라서 높아진다(Rooney & Hanson, 2001). 그러나 더 큰 잠재적 문제는 잘못 구성된 집단은 집단원들에게 도움이 되는 양상으로 발달하지 못한다는 사실이 다. 이러한 점에서 집단원 선별과정은 참여자들을 선별한다기보다는 부적절한 사람 들을 골라내는 과정$^{deselecting\ process}$이다. 즉, 여러 잠재적 집단원 중 집단장면에서의 작 업이 불가능하다고 판단되는 사람들을 제외한 다음, 나머지 사람을 모두 받아들이는 과정이다.

부적절한 사람 제외기준.   그러면 어떤 사람들을 제외해야 하는가? 일반적으로 부적절한 사람들을 제외할 기준을 설정하는 일이 선별기준을 만드는 것보다 훨씬 더 용이하다. 집단에 부적절한 사람이라는 임상적 합의가 있는 대상자들은 글상자 9-8 과 같다.

글상자 9-8. 집단에 부적절한 사람의 특징

○ 뇌 손상   ○ 물질중독   ○ 심한 우울증   ○ 반사회적 성향
○ 자살 성향   ○ 거식증   ○ 급성 정신증   ○ 편집증

예를 들어, 반사회적 성향이 있는 사람을 집단에 포함하면 어떤 문제가 발생할 수 있는가? 이들은 집단규범을 지키지 않고 즉각적인 만족을 얻기 위해 집단과 집단원들을 이용할 가능성이 높다. 또한 사회적 겉모습이 기만적이고 중도에 포기할 가능성이 높아서 집단의 에너지를 과도하게 소모할 수 있다(Steen & Bemak, 2008). 그 결과, 집단은 황폐화되어 집단원들은 희망을 잃고 실의에 빠질 수 있다. 특히 단기집단의 경우, 집단원 선발이 잘못되면 이러한 문제를 해결할 수 있는 방도가 거의 없어서 집단발달에 치명적인 장애가 된다(Joyce et al., 2007).

집단원 선별 지침.   집단원 선별을 위한 지침은 다음과 같다. 즉, 지적·심리적·대인관계상의 이유로 집단에서 주요 과업에의 참여가 극히 어렵거나 불가능한 사람은 제외한다. 또한 집단에 정기적으로 정시에 출석할 수 없는 사람은 제외한다. 그리고 직장 일로, 사는 곳이 멀어서 집단에 참석하기 어렵거나 다른 사람의 도움을 받아야 집단에 참석할 수 있는 사람들은 제외한다. 그러면 집단에서의 주요 과업에 참여하려면 어떤 특성을 지니고 있어야 하는가? 집단에 참여하려는 사람들은 적어도 기꺼이 자신의 대인관계상의 행동을 탐색하고, 자기개방을 통해 서로 피드백을 교환할 수 있는 능력과 의지가 있어야 한다.

집단활동에 부적절한 사람들은 대체로 집단뿐 아니라 자기 자신에게도 해가 되는 대인관계상의 역할을 하려는 성향이 있기 때문이다. 만일 이러한 사람들이 집단에 참여한다면, 집단은 새로운 학습이나 변화를 위한 역동적인 공간이라기보다는 이들의 부적응적인 행동 패턴을 재확인하는 데 그치고 마는 공간으로 전락할 수 있다. 이처럼 집단원을 선별하여 선발하는 가장 큰 이유는 집단이 모든 사람에게 유익한 것은 아닐뿐더러, 집단활동에 부적합한 사람이 있기 때문이다. 집단목적에 합당한 집단원을 선발하고 부적합한 사람을 찾아내기 위해서는 일정한 절차를 거친다.

집단원 선별방법.   집단원 선별에 필요한 절차는 ① 개별면접, ② 질문지, ③ 의뢰가 있다.

첫째, 개별면접^{individual interview}은 집단의 준비과정에서 잠재적 집단원들을 대상으로 하는 것으로, 집단구성을 위한 가장 일반적인 방법이면서 필수 절차다(Corey & Corey, 2017). 집단리더는 개별면접을 통해 얻은 환경적 스트레스, 과거력, 집단참여 동기, 자아강도 등에 관한 정보와 자료를 바탕으로 잠재적 집단원의 행동을 예측한다. 개별면접은 시간이 많이 든다는 단점이 있지만, 집단에 참여하려는 사람들을 개별적으로 만날 수 있다는 점에서 가장 효과적인 방법이다. 또한 개별면접은 집단을 시작하기에 앞서 집단리더와 잠재적 집단원이 개인적으로 접촉할 기회를 제공한다는 장점이 있다. 이러한 점에서 개별면접은 잠재적 집단원과의 관계를 시작하는 시점이다. 일대일 만남에서 집단리더는 일련의 질문을 통해 이루어지는 대화로 잠재적 집단원의 집단에 대한 기대와 요구를 파악하고, 집단의 목적에의 적합성 여부를 평가한다. 개별면접은 지나치게 형식적이거나 치료적 집단 같은 분위기를 조성할 필요는 없다. 편안한 분위기 속에서 자연스럽게 대화를 나눌 수 있으면 된다. 개별면접 시 사용 가능한 질문의 예는 대화상자 9-1과 같다.

 대화상자 9-1. 개별면접을 위한 질문의 예

○ "집단에 대해 어떤 기대를 하고 있나요?"
○ "집단에 참여하려는 이유는 무엇인가요?"
○ "집단을 통해 도움을 얻고자 하는 것은 무엇인가요?"
○ "혹시 함께 참여하고 싶지 않은 사람이 있나요?"
○ "집단에 기여할 수 있다고 생각하는 점은 무엇인가요?"
○ "집단 또는 집단리더에 관해 궁금한 점이 있나요?"
○ "이전에 집단에 참여해 본 적이 있나요? 만일 있다면, 어떤 경험을 했나요?"

개별면접을 통해 집단리더는 잠재적 집단원에게 집단에 관한 약식 오리엔테이션을 실시할 수 있다. 집단참여에 필요한 제반 정보, 즉 집단의 목적, 규칙, 방향, 집단리더와 집단원의 역할, 집단에서 다룰 내용 등을 상세하게 설명한다. 또한 적극적인 집단참여의 중요성, 다른 집단원들의 이야기에 경청할 필요성, 다른 집단원 돕기 등에 대한 집단리더의 기대를 전달한다. 치료집단의 경우에는 개별면접을 집단에 적용할 이론, 기법, 전략에 대해 알려 주는 기회로 활용할 수 있다. 개별면접에서 집단리더의 임무는 잠재적 집단원이 자신에게 필요한 집단을 선택하는 방법을 교육하는 것이다.

집단에 관한 내용 외에 잠재적 집단원에게 설명해 줄 수 있는 내용은 글상자 9-9와 같다.

글상자 9-9. 개별면접 시 전달할 내용

1. 집단의 목적
2. 집단리더와 집단원의 책임
3. 집단경험을 통해 기대되는 효과
4. 집단리더가 사용할 기술, 기법, 전략
5. 집단운영에 필요한 집단리더의 자격
6. 집단의 위험요소와 예방
7. 개인적인 문제해결을 위한 전문적 도움 제공 여부
8. 집단리더가 주로 적용하는 이론적 모형 또는 접근

이외에도 개별면접은 잠재적 집단원이 집단에 대해 궁금해하는 사항을 개별적으로 설명해 줄 수 있다는 이점이 있다. 잠재적 집단원들이 집단에 참여하기에 앞서 고려해야 할 사항은 글상자 9-10과 같다.

글상자 9-10. 집단 선정 시 사전 점검사항

1. 참석할 집단에 관한 상세한 정보
2. 유능한 집단리더 선택방법
3. 집단참여 목적, 즉 집단경험을 통해 얻고자 하는 점
4. 목표 달성을 위한 방법

집단리더 역시 이러한 사항들을 염두에 두고 잠재적 집단원 선발을 위한 면접계획을 세우고 집단을 준비한다. 잠재적 집단원 면접을 위한 지침은 글상자 9-11과 같다.

글상자 9-11. 잠재적 집단원 면접을 위한 지침

1. 집단의 회기 수, 주제 등 기본 사항에 관한 설명으로 면접을 시작한다.
2. 자발적 참여원칙을 강조한다.
3. 집단원의 적극적인 참여가 요구되는 이유를 설명한다.

4. 집단참여를 통해 얻을 수 있는 효과에 관해 설명한다.

5. 집단목표를 선택하도록 돕는다.

6. 집단목표는 집단발달과 함께 변경 가능하다는 점을 설명한다.

7. 집단목표는 집단리더와 다른 집단원들과의 상호작용을 통해 달성된다는 점을 강조한다.

8. 빠짐없는 출석, 적극적 참여, 비밀유지의 중요성을 강조한다.

9. 집단에 대한 기대를 점검하고, 질문에 대한 답변으로 면담을 마친다.

집단참여를 통해 얻을 수 있는 효과의 대표적인 예는 새로운 사람들과의 만남, 대인관계 형성, 그리고 상호작용을 통해 변화와 성장을 이룰 수 있다는 것이다. 또한 구체적으로 설정한 목표를 이룸으로써 성취감을 맛볼 수 있고, 새로운 사회적 기술을 습득할 수 있다는 것이다. 그 밖에 집단리더는 집단참여와 관련하여 작성해야 할 여러 서류 양식과 제출 요령에 대해 상세히 설명한다. 또한 집단의 긍정적인 측면을 강조한다. 집단리더는 이러한 일련의 과정을 통하여 준비 중인 집단에 누가 적절한지를 판단하는 데 필요한 정보를 얻을 수 있다.

둘째, 질문지^{questionnaire}는 잠재적 집단원이 집단에 적합한가를 알아보기 위해 사전에 개발된 일련의 질문 항목이 수록된 검사지다. 집단원 선별을 위한 질문지에는 일반적으로 성별, 나이, 학년, 결혼 여부, 진단명, 질병 기록, 자녀 상황 등과 같은 인적사항을 비롯하여 집단참여 목적, 집단참여경험 여부, 집단에 대한 기대, 집단에 기여할 방법 등이 수록되어 있다. 학교현장에서 활용되는 질문지의 경우에는 학년, 반과 같은 항목이 추가되는 반면, 결혼 여부, 진단명, 질병 기록, 자녀 상황 같은 항목은 제외된다. 질문 항목은 집단의 목적과 유형에 따라 다르다. 집단리더는 집단원 선별 이유가 집단작업에 함께 참여하고 서로에 대해 개방하며 이 과정을 통해 서로 배울 수 있는 사람들로 집단을 구성하기 위한 것이라는 사실을 기억한다(Conyne & Diederich, 2014).

셋째, 상담기관, 병원, 학교, 사회복지기관 혹은 법원 등에서 의뢰^{referral}를 받는 것이다. 이를 위해 집단리더는 이들 기관의 관계자들에게 집단의 목적과 집단참여 자격에 대한 세부정보를 제공한다. 그렇지 않으면 집단원 선별이 단순히 잠재적 집단원들에 대한 소개만으로 이루어질 수 있기 때문이다. 집단리더는 잠재적 집단원의 의뢰자들이 집단의 목적과 집단참여 자격에 대해 명확하게 이해하고 있는지 확인해야 한다.

집단크기 / 집단의 인원수는 몇 명으로 할 것인가?

집단계획서 작성을 위한 일곱 번째 요건은 집단크기 또는 규모에 관한 진술이다. 집단크기는 집단원의 나이 · 성숙도 · 기능수준, 집단리더의 숙련도, 집단유형, 그리고 집단참여자의 문제 · 관심사 · 목적에 따라 차이가 있다(Corey & Corey, 2017). 집단크기는 일반적으로 집단원 간의 상호작용과 반비례한다. 이러한 이유로, 대인관계 및 상호작용을 기반으로 하는 집단은 보통 7~8명이 적절하지만, 경우에 따라서는 5~10명까지도 가능하다(Yalom, 2005). 집단의 인원수가 지나치게 많은 경우와 적은 경우에 예상되는 문제점은 글상자 9-12와 같다.

🏛 **글상자 9-12. 집단의 인원수에 따른 문제점**

지나치게 많은 경우	지나치게 적은 경우
○ 하위집단 형성	○ 집단응집력 약화
○ 상호작용의 현저한 감소	○ 집단원들의 다양성 감소
○ 집단원의 문제를 다룰 시간 감소	○ 집단원들 사이의 상호작용 둔화
○ 주로 강하고 공격적인 집단원 중심으로 진행될 가능성 증가	○ 광범위한 합의적 검증 기회 감소
	○ 수동적 분위기로 인한 성장 위축
	○ 집단으로서의 기능 약화 또는 정지
	○ 개인상담방식으로 운영될 가능성 증가

집단의 인원수 결정은 흔히 경제원칙을 적용한다. 즉, 인원이 너무 적으면 충원하고, 충원이 여의치 않으면 인원이 적은 2개 집단을 합친다. 또한 집단원이 어릴수록 집단크기가 작은 것이 더 효과적이다. 왜냐면 유치원 또는 초등학교 저학년 아동들은 집단참여에 필수적인 경청 또는 차례 기다리기 등의 사회적 기술이 발달하지 않았을 수 있을 뿐 아니라, 안전 문제와 아동 통제에 대한 부담이 크기 때문이다. 그러므로 이들을 위한 집단의 크기는 5명을 초과하지 않는 것이 좋다(Sink et al., 2012). 그러나 초등학교 4학년에서 중학교 2~3학년 정도의 학생들은 6~7명, 고등학생집단은 대학생집단이나 성인집단과 마찬가지로 8명 정도가 적당하다.

집단일정 / 집단은 총 몇 회기, 얼마나 자주 · 오래, 어느 시간대에 가질 것인가?

집단계획서 작성을 위한 여덟 번째 요건은 집단일정에 관한 진술이다. 집단일정은

① 집단의 총 회기 수, ② 집단모임 빈도, ③ 집단 회기 길이, ④ 집단모임 시간으로 나누어 살펴보기로 한다.

집단의 총 회기 수. 첫째, 집단 회기를 총 몇 회로 할 것인가는 집단목표, 집단참여자, 집단의 운영 주체, 즉 기관의 방침에 따라 결정된다. 집단의 전체 회기 수와 효과 사이에 어떤 관계가 있는지에 대해 학자와 전문가들 사이에 일치된 견해는 없다. 그러나 일반적으로 치료집단은 다른 어떤 유형의 집단보다 집단의 지속기간이 길어서, 보통 수개월에서 1년 이상 지속되기도 한다. 반면, 학사일정을 고려할 때 초등학생집단은 주당 1회 기준으로 6~8주를 넘지 않는 것이 좋다(Sink et al., 2012). 왜냐면 집단일정이 길어지면 집단모임이 학사일정에 영향을 받아 부득이 집단에 빠지거나 중도에 포기하는 학생들이 생길 수 있기 때문이다.

중학생집단은 8~10회기가 적절하지만, 사정에 따라 신축성 있게 조정할 수 있다. 고등학생 또는 대학생집단은 주당 1회기 기준으로 볼 때 10~15회기가 적절하다. 이는 학생들의 행동 변화를 유발할 수 있고 생활습관을 바꿀 만한 긴 기간이면서 지루해지거나 타성에 젖기에는 짧은 기간이기 때문이다. 이에 비해, 성인집단은 보통 10회기 이상 진행되며, 필요에 따라서는 20회기 이상 지속한다. 집단의 전체 회기 수가 많아지면 집단참여가 타성에 젖을 수 있다는 약점이 있다. 첫 회기부터 종결에 이르기까지 꾸준히 참여하여 마무리짓는 경험은 집단원들에게 강한 성취감을 느끼게 하는 한편, 집단에서 습득한 새로운 사고와 행동을 실생활에 적용하는 데 원동력이 될 수 있다.

집단모임 빈도. 둘째, 집단모임은 얼마나 자주 가질 것인가? 매일 또는 주당 1회로 할 것인가? 아니면 주당 2~3회나 격주로 할 것인가? 집단모임의 빈도 역시 절대적인 규칙은 없다. 대신, 집단원들의 주의집중 시간의 길이를 고려하여 결정한다. 즉, 나이가 어리거나 기능수준이 낮은 사람들로 구성된 집단의 회기는 모임 시간을 짧게 하는 대신 자주 모인다(Corey & Corey, 2017). 이 원칙에 의하면, 초등학교 저학년 아동집단은 주당 2~3회기, 고학년은 1~2회기가 적당하다. 중학생집단은 주당 1회기가 적당하며, 2회기도 무방하다. 고등학생 · 대학생 · 성인집단은 주당 1회기가 적당하다. 다만, 학교장면에서는 학교의 방침과 수업시간을 고려하여 조정한다.

한편, 주당 2회기를 갖는 집단은 대체로 강도가 높고, 문제 또는 주제를 연이어 집중적으로 다룰 수 있어서 집단과정 전체가 연결되는 효과를 얻을 수 있다. 예컨대, 시간제한집단^{time-limited groups}은 집단초기에 강력한 충전을 위해 주당 2~3회 집중적으로 회기를 가짐으로써 집단효과를 끌어올린다(MacKenzie, 1997). 이와는 달리, 주당 1회기 미만의 모임을 갖는 집단은 대체로 상호작용의 초점 유지가 어려울 수 있다. 그러므로 집단 회기의 간격을 너무 크게 잡는 것은 피하는 것이 좋다.

집단 회기 길이 / 집단 회기를 몇 분 또는 몇 시간 가질 것인가?.   셋째, 집단 회기 길이는 집단 회기의 빈도와 마찬가지로 집단유형과 참여자의 주의집중 시간 및 기능수준에 따라 다르다. 집단전문가 대부분은 집단 분위기가 조성되고 집단주제가 전개·마무리되려면 최소 60분이 필요하지만, 120분이 지나면 오히려 집중력이 떨어져 집단효과가 급감한다는 데에 의견을 같이한다(Corey & Corey, 2017; Jacobs et al., 2016; Yalom, 2005). 물론 대상에 따라 차이가 있지만, 보통 1회기를 80~90분으로 운영할 때 집단리더의 기능수준이 가장 높다(Riva et al., 2004). 발달과정에 따라 적절한 집단 회기의 길이는 글상자 9-13과 같다.

🏛 글상자 9-13. 발달과정별 집단 회기의 길이

○ 유치원 아동: 20~30분	○ 중학생: 60~90분
○ 초등학교 저학년(1~3학년): 30~45분	○ 고등학생: 90~120분
○ 초등학교 고학년(4~6학년): 45~60분	○ 대학생·성인: 120분(2시간)

일반적으로 대학생을 포함한 성인들은 2시간(120분) 동안 다소 집중적인 집단활동을 소화해 낼 수 있다. 반면, 기능손상으로 집중력이 떨어지는 입원환자집단은 회기 시간을 크게 줄여서 매일 45분씩 갖는 것이 바람직하다(Corey & Corey, 2017). 이보다 더 높은 기능수준을 가진 입원환자집단은 90분을 한 회기로 정하는 것이 일반적이다.

집단모임 시간 / 집단모임 시간을 하루의 어느 시간대로 할 것인가?.   넷째, 집단모임 시간을 하루 중 몇 시부터 몇 시까지로 할 것인가는 상황을 고려하여 결정한다. 학생 대상의 집단은 수업시간표에 따라 모임 시간을 신축성 있게 조정한다. 특히 집단모임 시간을 수업시간 중에 하는가 또는 방과 후에 하는가는 학생들의 집단참여에 대한 동기수준에 큰 영향을 준다. 그러므로 이 사안은 학교장 및 관계자들과 협의하여 결정한다. 대학생집단은 학생 개개인의 시간표가 다르다는 점에서, 보통 강의가 없는 오후 늦은 시간이나 저녁시간으로 정하는 것이 일반적이다. 또한 전업주부 대상의 성인집단은 낮에 모임을 해도 문제가 없겠지만, 직장인들이 참여하는 집단은 주로 퇴근 후인 저녁시간이 적합하다.

집단모임 장소 / 집단모임에 적합한 장소의 조건은 무엇인가?

집단계획서 작성을 위한 아홉 번째 요건은 집단모임 장소에 관한 진술이다. 집단모임 장소는 사적인 대화가 보장되고, 외부의 방해를 받지 않으며, 둥글게 앉을 수 있는 곳이어야 한다. 이러한 점에서 직사각형으로 된 긴 탁자나 여러 명이 나란히 앉는 소파는 집단모임을 위한 가구로 적절하지 않다. 만일 집단이 특정 기관에서 진행되는 경우, 집단리더는 사전에 집단모임이 방해받지 않을 시간과 공간을 확보하기 위해 행정부서의 협조를 구해야 한다. 또한 집단작업장면을 녹음·녹화하거나 실습생들이 일방경을 통해 관찰하는 경우에는 서면으로 집단원들의 사전동의서를 받아야 한다. 그리고 이러한 과정과 절차에 대해 충분한 토론과정을 거쳐야 한다. 만일 관찰자가 1~2명에 불과하다면, 일방경보다는 원 밖에 앉아서 관찰하도록 조정한다. 이 방법이 일방경으로 잘 전달되지 않는 집단원들의 감정 상태를 관찰하는 데 효과적이기 때문이다. 단, 관찰자들은 침묵을 지켜야 하는 한편, 이들을 집단논의에 끌어들이려는 집단원들의 시도에 넘어가지 않아야 한다. 집단모임 장소를 선택할 때 확인해야 할 사항은 그림 9-1과 같다.

확인사항	○	×	보완할 점
1. 조용하고 안정된 공간 환경을 갖추고 있는가?			
2. 집단원 수에 적당한 넓이인가?			
3. 좌석이 안락하고 정돈된 상태로 배치되어 있는가?			

그림 9-1. 집단모임 장소 선택 시 확인(✔)사항

그림 9-1에 제시된 바와 같이, 집단모임 장소의 조건은 ① 조용하고 안정된 공간 환경, ② 집단의 인원수에 적절한 넓이, ③ 안락하고 정돈된 좌석 배치를 중심으로 살펴보기로 한다.

첫째, 주의가 산만하지 않고, 안정감이 있으며, 사생활이 침해받지 않는 공간이어야 한다. 조용하고 안정된 공간이란 다음 두 가지 조건을 갖춘 곳이다. 하나는 주변이 소란하지 않은 환경이다. 다른 하나는 집단에서 나누는 이야기가 외부로 흘러나가지

않고 인접한 공간에서의 소음이 집단작업을 방해하지 않을 만큼 방음이 잘 된 공간을 말한다.

둘째, 집단의 인원수에 알맞은 넓이의 공간이어야 한다. 집단원들이 여유 있게 앉을 수 없는 좁은 공간도 문제이지만, 신체적으로 활발한 움직임이 요구되는 집단이 아니라면 지나치게 넓은 공간도 피하는 것이 좋다. 과도하게 넓은 공간은 오히려 집단 분위기를 산만하게 하여 집단작업에의 집중력을 떨어뜨릴 수 있기 때문이다. 게다가 집단원 개개인에 대한 통제가 어려워져서 집단리더 역시 집단원들의 통찰과 행동 변화를 유도하는 데 어려움을 겪을 수 있다.

셋째, 등받이가 있는 편안한 1인용 의자가 있고 잘 정돈된 곳이어야 한다. 안락하고 정돈된 공간은 집단원들에게 안정감을 주고, 주의를 집중하게 하여 자발적인 참여와 자연스러운 심리적 접촉과 교류를 촉진한다. 만일 불참한 집단원이 있다면, 빈 의자를 치워서 집단원들이 좀 더 바짝 다가앉도록 한다. 또한 오래된 건물의 공간을 사용해야 한다면, 집단원들의 발달수준에 맞게 내부 공간을 장식하여 집단원들에게 안정감을 제공한다. 그리고 바닥에 깨끗한 장판이나 양탄자가 깔려 있거나 바닥이 마룻바닥이라면, 바닥에 앉는 것도 하나의 대안이다. 이 경우, 집단원들이 밀착해서 앉을 수 있어서 집단작업에 집중할 수 있게 하는 효과가 있다. 만일 푹신한 쿠션이나 방석을 준비한다면, 집단원들에게 신체적으로 편안하고 심리적으로 안정감을 느끼게 할 수 있다. 단, 다리를 뻗거나 비스듬히 누울 수 있게 허락할 것인지는 집단규칙으로 정한다. 그 밖에 날씨의 변화가 집단의 역동에 영향을 주지 않도록 냉난방 시설을 잘 갖춘 곳이어야 한다.

병렬표

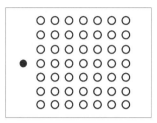

원형

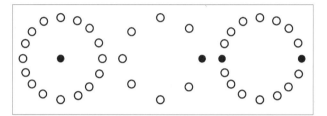

반원형

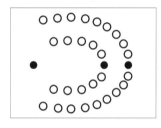

복합원형

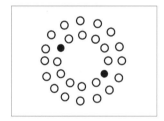

토론집단형

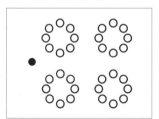

그림 9-2. 집단의 좌석 배치유형

　이외에도 집단리더는 의자 배열형태가 자신이 계획하고 있는 집단에 적절한지, 의
자는 고정식 혹은 이동식인지, 그리고 활동이 자유로운 장소인지를 확인한다.

집단리더 수 / 집단리더는 몇 명으로 할 것인가?

집단계획서 작성을 위한 열 번째 요건은 집단리더 수에 관한 진술이다. 집단을 단독
으로 운영할 것인가, 아니면 다른 전문가와 공동으로 운영할 것인가 역시 집단리더가
결정해야 할 일이다. 다른 전문가와 함께하는 공동리더십$^{co-leadership}$은 경험이 적은 리
더가 집단리더십을 익힐 수 있다는 이점이 있다. 또한 역할분담을 통해 집단과정을
촉진할 수 있고, 소진^{burnout}이 일어날 가능성을 줄일 수 있다는 장점이 있다. 왜냐면
집단원의 감정 표출에 한 리더가 주의를 기울이는 동안 다른 리더는 전체 집단원의
반응을 확인할 수 있기 때문이다. 공동리더십의 또 다른 장점은 공동리더 중 한 사람
이 부득이 집단참석이 어려운 경우 다른 리더가 집단을 계속 진행할 수 있다는 점이
다. 또한 한 리더가 집단과정에서 강한 영향 또는 충격을 받았다면, 자신의 분노나 우
울 등의 감정을 차후에 공동리더와 탐색해 볼 수 있다. 만일 역전이가 생길 정도로 한
리더가 어떤 집단원의 영향을 받았을 때 역시 공동리더십의 장점이 빛을 발한다.

　이러한 장점에도 불구하고 공동리더십은 다음과 같은 제한점이 있다. 즉, 자주 만
나 집단운영에 관한 대화의 기회가 부족한 경우, 리더들 간에 서로 경쟁하거나 갈등
이 생길 수 있다. 이에 따라 의견의 불일치, 상대의 개입 불신, 특정 집단원 옹호, 심
지어는 엇갈린 목표를 향해 집단작업이 진행되는 경우도 생길 수 있다. 그러므로 공
동리더십을 활용하려면, 리더들은 충분한 시간적 여유를 가지고 서로의 의견을 교환
해야 한다. 동시에 집단계획에 있어서 공동리더십의 장점과 한계를 면밀히 검토하여
집단의 목적 달성을 위한 최적의 선택을 해야 한다(제3장의 '공동리더십' 참조).

집단홍보 / 집단에 대해 어떻게 알릴 것인가?

집단계획서 작성을 위한 열한 번째 요건은 집단홍보에 관한 진술이다. 집단계획과
준비에서 특히 중요한 영역이 있다면 이는 바로 집단홍보다. 집단홍보는 집단에 대
해 널리 알리고, 더 많은 잠재적 집단참여자가 집단 서비스 혜택을 받을 수 있게 한다
는 점에서 의의가 있다. 여기서는 상담기관과 학교현장에서의 홍보전략에 대해 살펴
보기로 한다.

상담기관에서의 홍보전략.   집단이 일반 상담기관에서 계획·진행되는 경우, 집단홍보를 위한 방안으로는 ① 언론매체, ② 온라인, ③ 오프라인, ④ 포스터, ⑤ 대인접촉이 있다.

첫째, 신문이나 방송과 같은 대중매체를 이용하는 방법이 있다. 이 방법은 의심할 여지 없이 다른 어떤 홍보방법보다 전달효과가 큰 가장 효율적인 대안이지만, 막대한 경비가 든다는 한계가 있다.

둘째, 온라인on-line을 이용하여 인터넷 게시판에 올리거나, 각종 학회 또는 상담소나 병원과 같은 정신건강 관련 기관의 홈페이지를 이용하는 방법이 있다. 많은 사람이 인터넷을 사용하고 있고, 특히 청소년들에게 온라인을 이용한 홍보효과는 재차 강조할 필요가 없을 만큼 매우 크다.

셋째, 온라인을 이용하는 것 못지않게 오프라인off-line에서의 홍보방법 역시 유용하게 활용할 수 있다. 즉, 기관을 방문하여 집단을 홍보하거나 인쇄물을 제작하여 나누어 주는 방법이 있다. 이 방법은 종래에 주로 사용하던 방법으로, 앞서 소개한 두 가지 방법에 비해 그 실효성이 그리 높지 않은 편이다.

넷째, 포스터를 제작하여 공공건물, 식당, 현관, 화장실 등과 같이 사람들이 많이 모이는 장소나 게시판에 붙이는 방법이 있다. 포스터는 세련된 색상과 디자인으로 잠재적 집단원들의 시선을 끌 수 있도록 제작한다. 포스터에 들어가는 문구는 진지하면서도 재미있게 창의성을 살려서 작성한다. 포스터의 아랫부분은 연락처를 기입한 부분을 미리 쪽지처럼 오려 놓아 관심 있는 사람들이 한 장씩 떼어갈 수 있도록 만든다. 또한 일정 기간이 지나면 새로 고안된 것으로 대체하여 잠재적 집단원들의 주의와 관심을 불러일으킨다.

끝으로, 집단에 참여했던 사람들과의 접촉을 통해 홍보하는 방법이 있다. 과거에 이미 집단에 참여했던 적이 있고 그 집단경험에 대해 만족하는 사람들은 중요한 홍보요원이다. 그들의 입을 통해 이루어지는 홍보는 매우 실질적이어서, 잠재적 집단원들에게 집단의 효과에 대해 강한 신뢰감을 전달할 수 있다.

학교에서의 홍보전략.   일반 상담기관과는 달리 일선 학교에서의 집단은 주요 대상이 학생이다. 학교현장에서 학생들을 대상으로 집단을 계획하는 경우, ① 동영상, ② 교실 방문, ③ 게시판, ④ 학교신문/뉴스레터, ⑤ 홍보대사, ⑥ 가정통신문, ⑦ 팸플릿/소책자를 활용하여 홍보할 수 있다.

첫째, 학생들의 관심을 끌 수 있는 문구 및 삽화와 함께 학생들이 좋아하는 캐릭터를 활용한 동영상을 제작하여 학교 홈페이지 게시판에 올리는 방법이 있다. 앞서 언급한 것처럼, 이 방법은 오늘날 학생들 혹은 청소년 대부분이 인터넷을 사용하고 있다는 점에서 매우 효과적인 홍보방법이다.

둘째, 집단리더가 직접 교실을 방문하여 집단에 관하여 소개하는 방법이 있다. 이때 집단리더는 학생들의 질문에 상세하게 답변해 줌으로써 집단에 관한 관심을 높인다. 이 방법은 학생들이 집단리더와 직접 접촉하면서 집단에 관한 상세한 정보를 얻고, 자유롭게 질문하면서 대화를 나눌 수 있다는 장점이 있다.

셋째, 학교 게시판이나 학교상담실 게시판에 집단에 관한 상세한 정보를 담은 포스터를 붙이는 방법이 있다. 단, 포스터는 학생들의 시선과 관심을 끌 수 있도록 독창적이고 세련되게 제작해야 한다.

넷째, 학교신문 지면을 활용하는 방법이 있다. 이 방법은 학교신문에 광고를 내거나 학생들의 관심사와 집단의 효용성에 관련된 내용을 기사화하여 집단에 참여했던 학생들의 경험보고서와 같은 내용을 함께 게재하는 것이다.

다섯째, 집단에 참여했던 학생들을 집단의 홍보대사로 활용하는 방법이 있다. 집단리더는 집단에 참여했거나 상담에 재능과 관심이 있는 학생들과 협력관계를 유지함으로써 또래 도우미로서뿐 아니라 집단상담 홍보요원으로 활용한다. 이들은 다른 학생들에게 자신들의 집단경험을 직간접적으로 적극 소개하는 일을 담당한다. 이 학생들이 전하는 집단참여에 관한 소감은 다른 또래 학생들에게 집단에 관한 관심을 불러일으키는 강력한 자극제가 될 수 있다.

여섯째, 학생들의 가정에 가정통신문을 보냄으로써 학생은 물론 학부모의 관심을 불러일으키는 방법이다. 가정통신문에는 집단참여의 유용성과 집단참여를 통해 얻을 수 있는 이점을 상세하게 기술한다. 필요하다면 학교상담실 안내 소책자나 관련 자료를 첨부해도 좋다. 그리고 가정통신문에는 집단리더의 이름과 자격을 분명하게 밝힌다.

끝으로, 집단 프로그램을 소개하는 내용을 담은 팸플릿^{pamphlet}을 제작하거나 학교 안내용 소책자^{brochure/booklet}에 수록하는 방법이 있다. 여기서 중요한 점은 학생들을 집단에 참여시키거나 이들에게 필요한 집단을 구성하는 데 집단리더가 집단참여에 별 관심이 없는 학생들을 학교상담실에 앉아서 마냥 기다려서는 안 된다는 것이다. 학교상담자 또는 집단리더는 학생들과 직접 접촉하고 집단 서비스에 관한 관심과 참여

율을 높이기 위해 적극적이고 다양한 방안을 마련해야 한다.

기대효과 및 평가 / 집단의 기대효과는 무엇이고, 어떻게 평가할 것인가?

집단계획서 작성을 위한 열두 번째 요건은 기대효과와 평가에 관한 진술이다. 잠재적 집단원들이 집단에 참여하게 됨으로써 어떤 효과를 얻게 되는가는 집단의 필요성, 목적과 밀접한 관계가 있다. 집단리더는 집단의 필요성과 목적을 성공적으로 달성하면 집단에 참여한 사람들이 어떤 이점을 얻게 되는지를 구체적으로 기술한다. 그리고 집단목적의 달성 여부를 확인할 평가방법과 타당하고 신뢰할 수 있는 도구를 제시한다.

예비집단 회기의 기능

예비집단 회기^{pre-group session}란 집단의 첫 회기를 시작하기에 앞서 집단리더가 일정한 과정을 거쳐 선발된 집단원들과 함께 갖는 모임을 말한다. 예비집단 회기에서 집단리더의 임무는 글상자 9-14와 같다.

> **글상자 9-14. 예비 단계에서 집단리더의 임무**
>
> 1. 집단계획서의 문서화와 기관장 결재
> 2. 집단원 모집 공고
> 3. 집단원 선별과 오리엔테이션을 겸한 예비집단 또는 개별면접 실시
> 4. 집단원 선별과 구성 결정

집단의 효율성을 높이기 위해서 집단원은 자신이 참석하게 될 집단과 집단리더 선택방법에 대해 잘 알고 있어야 한다. 그리고 집단경험을 통해 무엇을 얻기를 원하고, 어떻게 자신의 목표를 달성할 것인지에 대한 계획을 세운 다음, 집단에 참여해야 한다. 예비 집단원들의 효과적인 집단참여를 돕기 위해 집단리더는 예비집단 회기에서 ① 집단원 기대의 명료화, ② 집단규범 안내, ③ 집단규칙 설정, ④ 집단원의 불안감 해소, ⑤ 비자발적인 잠재적 집단원 면담 임무를 수행해야 한다.

집단원 기대의 명료화

예비집단 회기에서 집단리더가 수행해야 할 첫 번째 임무는 집단원들이 집단에서 기대하는 점을 명료하게 할 수 있도록 돕는 일이다. 예비집단 회기는 집단원들이 집단에서 무엇을 기대하고 있는지 표현하도록 용기를 북돋아 주기에 적당한 시간이다. 집단원들의 기대를 명료하게 할 수 있도록 돕기 위한 질문의 예는 대화상자 9-2와 같다.

 대화상자 9-2. 집단원들의 기대 명료화를 위한 질문 목록

○ "여러분은 이 집단에서 무엇을 기대하고 있나요?"
○ "이 집단을 통해 얻고자 하는 점이 무엇인가요?"
○ "집단이 성공할 수 있는 열쇠는 무엇이라고 생각하나요?"
○ "이 집단에 참여할 수 있게 되었다는 소식을 들었을 때, 어떤 느낌이 들었나요?"

집단원들은 대화상자 9-2에 제시된 질문에 답해 봄으로써 집단참여의 의의를 공고히 할 수 있다. 예비집단 회기는 집단리더가 집단원들의 집단참여에 대한 자신들의 결정과 책임을 확인하고, 집단에서 제공할 서비스와 집단원들이 궁금해할 점에 대해 상세히 설명할 좋은 기회다. 집단리더는 집단원들에게 흔히 권위의 상징 또는 숙련된 전문가로 보인다. 이러한 이유로, 집단원들이 집단리더에 대한 기대가 큰 것은 그리 놀라운 일이 아니다. 그러나 중요한 점은 집단리더 스스로 자신을 자신의 역량에 맞게 받아들여야 한다는 것이다.

집단규범 안내

예비집단 회기에서 집단리더가 수행해야 할 두 번째 임무는 집단규범을 안내하는 일이다. 집단규범group norm이란 집단목적 성취를 위해 집단원들이 실천해야 하는 행동기준을 말한다. 집단규범의 예로는 적극적인 집단참여, 자기개방, 비밀유지 등이 있다. 이 중에서 집단리더는 집단참여가 자기개방, 즉 집단원의 사적인 내용 또는 관심사를 기꺼이 다른 집단원들에게 공개하는 것이고, 집단참여를 통해 치료적 효과를 얻기 위해서는 자기개방이 전제된다는 사실을 집단원들에게 설명해 준다. 또한 자기개방 없이는 집단작업은 사실상 불가능하다는 것을 알려 준다(Conyne & Diederich, 2014).

집단규칙 설정

예비집단 회기에서 집단리더가 수행해야 할 세 번째 임무는 집단규칙group rules을 설정하는 일이다. 예비집단 회기에서는 집단과정을 촉진하기 위한 규칙과 절차를 정한다. 집단리더는 집단전략과 절차를 계획하고, 집단원의 목적을 성취하도록 도와야 할 책임이 있다. 그리고 규칙과 관련된 의견은 적극 수용하는 한편, 필요한 규칙은 논의를 통해 정한다. 단, 규칙에는 위반에 따른 결과가 반드시 포함되어야 한다. 이 점이 규칙과 규범의 차이점이다. 여기서 결과consequence란 규칙 위반에 대한 조치를 말한다. 집단의 기본 규칙은 글상자 9-15와 같다.

> **글상자 9-15. 집단의 기본 규칙**
>
> 1. 다른 집단원과의 비윤리적 관계 금지
> 2. 위급한 상황 외에는 지각, 결석, 조퇴 금지
> 3. 다른 집단원에 대한 물리적 · 언어적 폭력 금지
> 4. 탐색하고자 하는 구체적인 관심사 또는 문제 설정
> 5. 다른 집단원들이 집단에서 공개한 사안에 대한 비밀유지

집단원의 불안감 해소

예비집단 회기에서 집단리더가 수행해야 할 네 번째 임무는 집단원들의 불안감 해소를 돕는 일이다. 이 시기는 집단원들의 집단참여에 대한 불안감 해소에 도움을 주기에 적절한 시간이다. 이에 집단리더는 집단원들이 궁금해할 사항을 정리하여 상세히 설명해 준다. 예비집단 회기는 집단경험이 없는 집단리더에게도 불안감 해소를 위한 유익한 시간이다. 그러므로 집단리더는 집단 시작에 앞서 예비 집단원들과의 자연스러운 대화 기회를 통해 신뢰관계를 형성할 수 있다.

비자발적인 잠재적 집단원 면담

예비집단 회기에서 집단리더가 수행해야 할 다섯 번째 임무는 비자발적인 잠재적 집단원을 면담하는 일이다. 비자발적 집단원이란 다른 기관 또는 개인에 의해 의뢰된 사람을 말한다. 집단원 선별을 위한 면담시간은 1인당 보통 10~15분 정도 할애한다 (Riva et al., 2004). 이때 잠재적 집단원이 직접 집단참여를 신청하지 않았더라도 집단

참여 의사는 분명히 밝혀야 한다. 만일 의뢰된 집단원이 미성년자라면, 의뢰자(예, 다른 전문가, 보호자, 학부모, 교사 등)에게 잠재적 집단원이 자발적으로 집단참여 의사를 밝히는 경우에만 집단참여를 허용할 것임을 사전에 알려야 한다. 잠재적 집단원이 자발적으로 집단참여 의사를 밝히면, 집단리더는 성인 의뢰자에게 집단에 대한 안내문과 함께 집단참여 동의서를 송부하여 작성·제출하도록 한다. 비자발적인 잠재적 집단원 면담의 목적은 글상자 9-16과 같다.

 글상자 9-16. 비자발적인 잠재적 집단원 면담의 목적

1. 집단참여의 적절성 심사·결정
2. 집단의 성격과 목표 설명
3. 집단규범·규칙 소개
4. 서약서 작성(빠짐없는 출석, 적극적인 집단참여, 비밀유지)

 성찰활동 / 함께 해 볼까요?

1. **집단규범 설정 연습** 소집단으로 나누어 현재 수강하고 있는 집단상담 강의시간에 설정되어 온 규범 목록을 작성해 보자. 이를 위해 다음과 같은 일련의 질문에 답해 보자.

   ○ "각자 담당하게 된 역할이 어떻게 형성되었는가?"
   ○ "실력 있는 우수한 학생으로 인정받거나 건설적인 집단원으로 인식될 수 있는 방법을 어떻게 습득하였는가?"
   ○ "혹시 구체적으로 언급되지 않은 미묘한 규칙이 있는가? 만일 그렇다면, 그것은 무엇인가?"

   이러한 질문을 바탕으로 집단규범 설정에 관한 이야기를 나누어 보자.

2. 집단계획서 작성 연습 현재 소속된 기관 또는 근무하고 싶은 기관에서 집단을 운영할 예정이라고 가정하자. 각자 관심 있는 주제를 정하여 집단계획서 또는 제안서를 작성해 보자. 집단계획서 작성 시 기입해야 할 사항은 다음과 같다.

1. 집단의 목적은 무엇인가? _____

2. 집단을 통해 성취하고자 하는 세부목표는 무엇인가? _____

3. 세부목표 달성을 위해 활용하고자 하는 활동의 종류는 무엇인가? _____
_____

4. 어떤 자격을 갖춘 사람이 집단에 참여할 수 있는가? _____
_____

5. 집단은 개방집단 또는 폐쇄집단으로 운영할 예정인가? _____

6. 집단원들의 성별은 어떻게 구성할 것인가? 남성, 여성, 혼성? _____

7. 집단원의 연령 범위는 어떻게 할 것인가? _____

8. 집단은 얼마나 자주 모일 것인가? _____

9. 집단은 총 몇 회기를 가질 것인가? _____

10. 집단의 한 회기는 몇 분 또는 몇 시간 동안 진행할 것인가? _____

11. 집단모임은 어디서 할 것인가? _____

12. 집단모임은 무슨 요일, 몇 시에 시작해서 몇 시에 마칠 것인가? _____

13. 어떤 집단규칙을 설정할 것인가? _____
_____

14. 집단참여를 원하는 사람들과 논의할 주제는 무엇인가? _____
_____

15. 집단참여를 원하는 사람들과의 예비집단모임 일정은 어떻게 할 것인가? _____
_____

작성된 집단계획서는 소집단에서 발표하고, 다른 구성원들과 피드백을 나누어 보자.

_____
_____
_____

3. 　헬렌 켈러와 나　다음은 3중 장애가 있었던 헬렌 켈러가 『3일간만 볼 수 있다면』이라는 자신의 저서에서 시간의 소중함을 고백한 글이다. 이 글을 읽고, 다른 사람들과 소감을 나누어 보자.

> 　내가 만일 3일간 앞을 볼 수 있다면, 첫째 날에는 나를 가르쳐 주신 설리번 선생님을 찾아가서 그분의 얼굴을 바라보겠다. 그러고 나서 산으로 가서 아름다운 꽃과 풀과 빛나는 노을을 보고 싶다. 둘째 날에는 새벽에 일찍 일어나 먼동이 터오는 광경을 보고 싶다. 저녁에는 영롱하게 빛나는 하늘의 별을 보겠다. 셋째 날에는 아침 일찍 큰길로 나가 부지런히 출근하는 사람들의 활기찬 표정을 보고 싶다. 점심때는 아름다운 영화를 보고, 저녁에는 화려한 네온사인과 진열대의 상품들을 구경하고 집에 돌아와, 사흘간 눈을 뜨게 해 주신 하나님께 감사기도를 드리고 싶다.

CHAPTER
10

집단작업의 진행과정

상대방에 대해 인간의 마음은 언제나 옳다.
그러나 자기 자신에 대해서는 언제나 틀리다.

사회 속에서는,
타인에 대해서는 마음은 언제나 옳다.
그러나 자기 자신과 홀로 있을 때는
마음은 언제나 틀리다.

왜일까?
마음이란 단지 타인과 존재하기 위한
도구에 불과하기 때문이다.

- 오쇼의 『장자, 도를 말하다』 중에서 -

☐ 시작 회기 … 470
☐ 중간 회기 … 494
☐ 종결 회기 … 517
◆ 성찰활동 … 546

집단작업은 어떤 과정으로 진행되는가? 집단리더는 집단계획과 준비에서부터 집단 시작과 종결 및 후속 집단 회기에 이르기까지 전적인 책임을 져야 하는 위치에 있다. 집단리더가 전문적인 도움을 제공하는 것은 바로 집단의 존재 이유다. 일반적으로, 치료적 집단은 일련의 계획과 준비과정을 토대로 시작, 중간, 종결 순으로 진행된다. 이에 집단리더는 집단 회기 시작, 집단작업을 통한 개입, 그리고 종결작업을 담당할 역량을 갖추고 있어야 한다(AGPA, 2007; ASGW, 2000; Conyne & Diederich, 2014). 집단 회기의 시작과 종결은 그 자체로 치료적이라고 할 수는 없다. 그러나 집단의 첫 회기를 어떻게 시작하고 마치는가는 집단에 대한 신뢰와 집단경험학습의 통합에 영향을 준다는 점에서 그 중요성은 아무리 강조해도 지나침이 없다.

치료적 집단은 정서 지향적이면서 교정적 체험corrective experience이 요구되는 과정이다. 따라서 집단원들에게는 정서적으로 강한 체험이 요구되는 반면, 이성을 기반으로 자신의 정서적 체험의 의미 이해가 반드시 수반되어야 한다. 집단경험은 집단원들의 내면에 뿌리 깊이 박혀 있던 신념에 변화를 유발한다. 다른 집단원들과의 대인관계 맥락 속에서 집단원의 새로운 행동이 생산적이고 건설적인 대인관계 반응을 유발하게 되면서 신념과 행동의 변화는 점차 가속화될 것이다. 특히 대인관계중심 집단치료의 원리는 글상자 10-1과 같다(Yalom, 2005).

글상자 10-1. 대인관계중심 집단치료의 원리

1. 집단원이 부적응적, 비생산적, 혹은 역기능적 행동을 드러낸다.
2. 집단원은 피드백과 자기모니터링self-monitoring을 통해 자신의 행동을 관찰한다.
3. 자신의 행동이 다른 집단원들에게 미치는 영향(① 다른 집단원들의 감정, ② 자신에 대해 다른 사람들이 갖는 견해, ③ 자신이 스스로에 대해 갖는 견해)을 평가한다.
4. 전 단계에서의 평가 결과를 충분히 인식한 다음, 이에 대한 개인적 책임을 느끼고 대인관계를 새롭게 창출한다.
5. 자신의 행동이 집단 내 타인들에게 미치는 영향을 충분히 인식한 후, 자신이 그러한 대인관계 세계를 만들었다면 그것을 변화시킬 힘도 있다는 추론을 시작한다.
6. 이해의 깊이와 그 의미는 진행단계와 관련된 감정의 양에 정비례한다는 사실을 깊이 인식하고, 솔직한 감정표현에 집중한다.
7. 새로운 행동시도로 대인관계 패턴의 변화를 시도한다(변화 가능성은 ① 변화에 대한 집단원의 동기와 현재의 행동방식에 대한 불편함/불만족 수준, ② 집단을 중요하게 여기는 정도, ③ 성격구조와 대인관계방식의 경직성에 달려 있음).

8. 일단 사소한 변화라도 일어나면, 이제까지 행동을 억제해 왔던 두려운 재앙도 거부할 수 있다는 사실을 깨닫는다.
9. 집단의 안팎에서 집단원이 맺는 대인관계 행동에 변화가 나타난다.
10. 집단의 안팎에서 적응적 연속변화$^{adaptive\ spiral}$가 거듭해서 일어나기 시작한다.
11. 적응적 연속변화는 개인이 치료적 집단이 필요하지 않은 상태에 이르게 한다.

이외에도 단계마다 집단리더의 차별적이고 구체적인 피드백, 자기모니터링 격려, 책임감 개념의 명료화, 모험시도 격려, 재앙 가능성에 대한 망상 포기, 학습 전이 강화 등이 요구된다. 그러면 집단의 중간 회기는 어떻게 진행해야 하는가? 중간 회기에서의 집단작업은 집단리더의 이론적 접근, 집단유형과 형태, 집단목표 등에 따라 다르다. 또한 집단원들의 주 호소문제는 셀 수 없이 많고 다양하다는 점에서 이 책에서 일일이 다루기에는 한계가 있다. 이에 여기서는 치료적 집단의 리더가 고려해야 할 과업적 틀에 관해서만 다루기로 한다. 집단원들의 호소문제에의 개입방법에 관심이 있는 독자들은 상담과 심리치료 이론서, 임상 사례집, 학술지, 그리고 기타 관련 문헌을 참고해야 할 것이다.

시작 회기

집단의 전체 회기 중에서 첫 회기의 중요성은 아무리 강조해도 지나침이 없다. 예비 모임에서 집단원들을 충분히 준비시켰다고 하더라도, 집단의 첫 회기는 낯설고 어색하며 긴장감이 맴돌기 마련이다. 때로 불안감으로 인해 조기에 집단을 떠나는 집단원들이 생기기도 한다. 그러나 불안은 변화의 시작을 알리는 신호다. 이는 대인관계상의 갈등, 집단에 남고 싶은 욕구, 그리고 집단작업에서 느끼는 위협 사이에서 발생하는 부조화로 인해 발생한다. 적절한 수준의 불안은 집단원의 동기와 민첩성을 높이지만, 지나치면 스트레스 대응 능력을 떨어뜨린다(Conyne & Diederich, 2014).

게다가 지나친 불안과 두려움은 집단원의 환경 탐색, 학습, 탐색행동을 저해함은 물론, 자기성찰, 대인관계 탐색, 새로운 행동 실험에도 부정적인 영향을 미친다. 불안감은 집단원들에게 집단목표, 집단목표와 개인목표의 합치, 목표 성취방법, 그리고 기대되는 행동 등에 대해 명확하게 이해할 수 있도록 도움으로써 해소할 수 있다. 만일 불안감이 조기에 감소 또는 해소되지 않으면, 집단은 신뢰관계 형성이 저해되고 응집력이 약화되는 한편, 집단원들은 좌절을 거듭하면서 방어적 태도가 형성되어 집단목표 성취에 어려움을 겪게 될 수 있다. 바로 이러한 점들이 집단의 리더가 집단의 첫 회기에 관심을 가져야 할 중요한 이유다. 집단의 시작은 첫 회기의 특징과 과정, 그리고 시작하는 방법으로 나누어 살펴보기로 한다.

첫 회기 특징

잠시 치료적 집단이 시작되는 전형적인 장면을 떠올려 보자. 집단원들 간에 서로 어색한 상황도 잠시, 집단리더가 집단 시작을 알린다. 이어, 집단원들은 자기소개와 함께 집단에 참여하게 된 사연을 짤막하게 이야기한다. 집단리더는 집단원들에게 개인적 목표와 관련된 개인적·관계적 문제와 집단에서 얻고자 하는 점에 대해 언급하도록 격려한다. 또한 지금 여기에서의 반응에 집중하고, 다른 집단원들에 대한 생각, 느낌을 말로 표현해 보도록 한다. 그리고 집단경험을 통해 도움을 얻기 위해서는 자기개방을 하되, 그 범위와 깊이는 집단원이 결정하도록 하고, 다른 집단원에게 자기개방을 강요하지 않아야 함을 강조한다. 집단의 첫 회기에 집단원들이 흔히 나타내는 특징으로는 ① 집단참여에 대한 양가적 태도, ② 사교모임 같은 의사소통방식, ③ 다른 집단원의 특성 파악, ④ 충고·조언 일삼기를 들 수 있다.

집단참여에 대한 양가적 태도.   첫째, 집단원들은 집단참여에 대해 양가적 태도를 보인다. 집단의 도움이 필요해서 참여한 사람들은 집단에서 이루어지는 활동과 자신의 목표의 관련성에 대해 회의적인 태도를 보일 수 있다. 이들은 종종 "이러한 모임이 과연 나에게 도움이 될까?" "이렇게 이야기를 나누는 것이 내 문제해결에 실질적으로 도움이 될까?" 같은 회의적인 질문을 스스로에게 던지기도 한다. 그러면서 다른 한편으로는 집단에서 인정받거나 수용될 것인가에 대해 에너지를 집중하는 동시에, 의식적·무의식적으로 자신이 차지할 위치와 역할을 탐색하기도 한다. 그런가 하면 권위적으로 보이는 집단원에 대해서는 방어적으로 대하면서도, 약하고 의존적으로 보이는 집단원들은 내심 무시하면서 집단을 주도하려고 시도하기도 한다. 또는 은밀하게 자기 자신을 특별한 존재로 과시하면서, 자기는 상담받을 필요가 없는 꽤 괜찮은 사람임을 애써 강조하기도 한다.

게다가 집단원들과의 상호작용이 너무 비현실적이고 인위적이라며 평가 절하하기도 한다. 이 과정에서 미처 마음의 준비가 되지 않은 집단원들은 상처받기도 하고(Kieffer, 2002), 심지어 집단초기에 집단을 떠나기도 한다. 집단리더는 집단 전체를 살피면서도 집단원 개개인의 주관적인 경험에 대해 트래킹^{tracking}하며, 즉 지속적으로 언어적·비언어적 경청을 통해 따라가며 관심을 가져야 한다. 집단에 처음 참여하는 집단원들은 집단에서의 자신의 역할에 혼란스러워할 수 있다. 그러면서 자기대화를 하기도 하는데, 그 예는 대화상자 10-1과 같다.

대화상자 10-1. 집단의 첫 회기에 흔히 나타나는 집단원의 자기대화 예시

○ "이 집단에서 나의 역할은 무엇이고, 나의 위치는 어디인가?"
○ "집단에 어떤 식으로 기여해야 하는가?"
○ "이 집단에 참여한다는 것의 의미는 무엇인가?"
○ "나를 개방하라는 말의 의미는 무엇인가?"
○ "도대체 생각과 감정의 차이는 무엇인가?"
○ "집단리더와 다른 집단원들은 나를 이 집단의 구성원으로 받아들여 줄까?"
○ "다른 사람에게 부정적인 감정을 드러내면 나를 미워하지 않을까?"
○ "이성 집단원에게 긍정적인 감정을 표현하면 상대방이 오해하지 않을까?"

집단원들은 자신의 개성과 정체성을 잃는 것에 대해 두려워하면서도 다른 집단원들과 친밀한 관계를 형성하고 싶어 한다. 그러면서 집단리더를 집단 내에서 가장 권위 있는 존재로 인식한다(Fehr, 2019). 집단원들은 권위자로부터 인정을 받기 위해 집단활동에 적극 참여하는 모습을 보이면서도, 보상을 요구하는 것 같은 태도를 보이기도 한다. 집단의 첫 회기부터 집단원들은 집단상담자의 언어적·비언어적 반응을 통해 집단에서의 바람직한 행동과 그렇지 못한 행동에 대해 직간접적으로 암시를 받는다. 이 시기에 집단원들은 개인적 목적이 집단리더를 통해서만 성취될 수 있다고 믿으면서 마치 어린 시절 부모를 대하듯 의존적인 행동을 보이기도 한다. 이러한 태도는 때로 집단리더에게 책임질 수 없는 약속을 하게 하는데, 이는 자신에 대한 신뢰감을 높이려 하다가 스스로 부담을 떠안고 힘들어하는 원인이 되기도 한다(Fehr, 2019).

사교모임 같은 의사소통방식. 둘째, 집단초기에 집단원들의 의사소통방식과 내용은 사교모임의 것과 크게 다르지 않다. 서로에게 예의를 갖추거나, 예의범절을 내세우거나, 내면의 감정을 억누르며 상대방의 어떤 실수나 잘못이라도 용납할 것처럼 행동하기도 한다. 또한 크게 관심을 끌 만한 주제가 아님에도 불구하고, 진지하게 경청하고 논의하는 모습을 보인다. 이러한 모습은 전형적으로 서로에 대한 탐색을 위한 리트머스 시험지에 불과하다. 말로 표현되지 않은 메시지가 오히려 표현된 것보다 중요한 의미를 지니는 것이 바로 이 시기의 특징이다. 이 시기에 집단리더는 집단원들에게 다른 사람을 탓하기보다 건설적인 방법으로 다른 집단원에 대한 자신의 반응을 적극 표현하도록 격려한다. 이를 통해 집단원들은 서로의 공통점과 차이점을 탐색·확인하게 된다.

　치료적 집단은 친구를 사귀거나 교제하는 곳이 아니라 사회적 실험실이다. 즉, 의미 있고 만족스러운 관계 형성을 위한 기술을 습득하는 곳이다. 지지집단과는 달리, 상담 또는 치료집단에서는 집단원들이 집단 밖에서 접촉하거나 교제하는 것을 용인하지 않는다. 집단 밖에서의 접촉이 집단작업을 방해하기 때문이다. 집단이 소우주microcosm 또는 미시사회micro society로 불리는 이유는 집단원이 일상생활에서 겪는 문제가 집단의 다른 사람들과의 관계에서도 나타날 것이라는 기본 가정에 기반한다. 그러므로 집단원은 다른 집단원들과의 상호작용을 통해 자신의 행동·사고·감정·대인관계 패턴을 탐색·이해하게 되고, 이 과정에서 습득한 경험학습을 집단 밖의 일상생활에 적용할 수 있게 하기 위한 대인관계기술 계발작업에 참여하게 된다.

　그러나 집단 밖에서 다른 집단원(들)과 또 다른 관계를 맺게 되면, 집단에서는 그의 모든 감정을 나누지 않게 된다. 왜냐면 집단 밖에서 형성된 다른 집단원과의 돈독한 관계는 집단에서 그 관계를 위협할 수 있는 감정표현을 저지할 수 있기 때문이다. 치료적 집단에서 자기개방과 솔직성이 억제된다면, 집단작업은 이내 중단된다. 따라서 만일 집단원들이 의도적·비의도적으로 집단 밖에서 만났다면, 이와 관련된 정보를 집단에서 공유해야 한다. 대인관계에 관한 어떤 비밀도 집단작업의 속도를 떨어뜨리기 때문이다.

　다른 집단원의 특성 파악.　셋째, 집단원들은 암묵적으로 누가 주도적인지, 누구에게 호감이 가는지, 누가 자신에게 호감을 느끼고 있는지, 누가 호의적인지, 누가 권위적인지, 누가 약한지, 누가 무시할 만한지, 피해야 할 사람은 누구인지 등을 파악한다. 집단원들은 서로의 이야기를 들으면서 어려움을 겪고 있는 사람이 자기뿐이 아니라는 사실에 놀라게 된다('보편성'). 또한 자신도 크게 다르지 않다는 점을 강조하는

데 많은 에너지를 소모한다. 이 과정에서 집단원은 다른 집단원(들)에 대해 크고 작은 감정이 일어난다. 집단리더는 이러한 감정들을 적극 표현하도록 격려한다. 이 작업을 통해 집단원들은 점차 집단을 안전하고 신뢰할 만한 공간으로 인식하게 되고, 이는 집단응집력의 기초가 된다.

충고·조언 일삼기.   집단초기의 또 다른 특징은 집단원들 간에 충고나 조언을 하거나 요청하는 것이다. 이 시기에 집단원들은 전형적으로 자기가 속해 있는 가정(배우자, 자녀, 고부간의 갈등, 이사 등), 학교(진학, 진로, 학교생활 적응, 교우관계 등), 사회(승진, 전직, 직장상사 또는 부하직원과의 갈등)와 관련된 사안에 대해 표면적인 수준에서 이야기를 나눈다. 집단원들은 마치 그 문제를 해결할 것처럼 충고하거나 해결책을 찾기 위해 애쓰기도 한다. 이러한 시도는 집단원들에게 익숙한 일상적인 대화법으로, 치료와는 크게 관련이 없다. 직접적인 충고는 보통 도움이 되지 않기 때문이다. 그러나 적어도 서로에 대한 관심과 지지를 나타내는 행동이라는 점에서는 집단발달의 긍정적 요소로 볼 수 있다. 이에 집단리더는 구조화를 통해 집단규범의 토대를 구축한다.

첫 회기 과정

집단의 첫 회기는 집단리더에게 부담이 되는 시간이다. 이러한 부담감은 흔히 오랫동안 계획하고 준비해 왔던 공연을 위해 무대 위로 발걸음을 옮기는 연주자의 심정에 비유된다. 또한 집단원들도 부담되기는 마찬가지다. 특히 집단에 처음 참여하는 집단원은 더욱 그럴 수 있다. 집단원들이 첫 회기에 긴장하고 불안한 모습을 보이면 집단리더는 오히려 마음이 편안해지기도 한다. 리더의 편안한 자세는 집단원들의 불안 감소에 도움이 된다(Alle-Corliss & Alle-Corliss, 2009). 따라서 불안 감소를 첫 회기의 목표로 정할 필요까지는 없다. 첫 회기에 집단원들이 편안한 마음을 갖도록 도우려면, 집단 시작 며칠 전에 집단원들에게 전화를 걸거나 전자 매체를 통해 모임이 있음을 상기시켜 준다. 또한 첫 회기가 시작되기 전에 집단상담실 출입구 밖에서 집단원들을 일일이 맞이해 주거나 복도의 벽이나 바닥에 화살표를 붙이는 방법도 집단원들의 불안감을 낮추는 데 도움이 된다.

집단 회기의 시작은 집단원과 집단리더 모두에게 낯설고 어색할 수 있다. 난생 처음 만난 사람들과 사적인 이야기를 나눈다는 것은 그리 자연스러운 일이 아니기 때문이다. 따라서 집단의 첫 회기를 시작하면서 집단원들이 참여를 주저하는 것은 매우 자연스러운 현상이다. 그러나 집단리더는 집단원들의 적절한 불안수준을 파악하고 있어야 한다. 집단원들의 긴장감을 다소 완화하기 위해 집단리더는 간략히 구조화를 하거나 "어디에 앉고 싶으세요?"라는 말로 자리 배정에 대한 선택권을 집단원들에게 맡길 수 있다. 또한 집단 회기를 시작하면서 "어디서부터 시작할까요?"와 같은 말로 집단원들에게 선택과 의무를 동시에 건넬 수 있다. 일반적으로, 집단의 첫 회기는 글상자 10-2와 같이 진행된다.

🏢 글상자 10-2. 집단 첫 회기의 진행과정

1. 서로 소개하고 인사를 나눈다.
2. 집단의 목적, 방향, 기본 규칙을 소개한다.
3. 집단규범에 대해 안내하고 규칙을 정한다.
4. 집단경험학습을 일상생활에 적용하려면 집단원의 노력이 필요하고, 노력에 따라 얻어지는 것도 다를 것임을 강조한다.
5. 공감적 이해, 수용적 존중, 긍정적 분위기 등을 통해 집단원들과의 신뢰관계 형성에 초점을 둔다.
6. 집단원들에게 참여 기회를 공평하게 제공하여 집단역동을 촉진한다.
7. 집단참여의 목적, 관심사, 그리고 집단의 상호작용에서 갖게 되는 느낌과 생각의 표현 방법에 대해 모범을 보인다.
8. 집단원들에게 자신을 알리고, 상호작용을 통해 자기탐색을 하도록 하며, 다른 집단원들에게 도움을 줄 수 있도록 하여 자긍심을 높여 준다.

집단리더의 과업.   집단의 첫 회기에서 집단리더의 중요한 과업은 모델model로서 시범을 보이는 일이다. 즉, 개방적인 태도로 집단원들에게 심리적인 주의를 기울이고, 책임분담을 명료하게 하며, 이들의 집단참여 목적을 구체화하도록 돕는다. 또한 집단원들의 관심사와 문제점을 개방적으로 다루고, 구조화하면서 이들이 생각하고 느끼는 점을 공유할 수 있도록 돕는다. 집단리더는 집단원들에게 적극적 경청 및 반응과 같은 기본적인 상호작용의 기능을 가르쳐서 집단의 요구를 평가하는 한편, 이런 요구들이 충족되는 방향으로 끌어 나간다.

첫 회기 종결작업.   집단의 첫 회기를 마치면서, 집단리더는 그림 10-1에 제시된 간단한 체크리스트를 통해 자신의 역할수행을 점검한다.

확인사항	○	×	메모
1. 집단의 목적을 명확하게 언급했는가?			
2. 집단원들 사이에 서로 소개할 기회를 제공했는가?			
3. 집단원의 사전동의를 구했는가?			
4. 서로 믿고 수용적인 관계가 형성되고 있는가?			
5. 느낌과 행동에 관한 이야기를 나누고 있는가?			

그림 10-1. 집단의 첫 회기 종결을 위한 체크리스트

집단리더는 집단원들에게 '설명동의'로도 불리는 사전동의를 얻는다. 즉, 집단원들에게 집단상담의 이점, 부작용, 비용, 치료적 대안에 관한 정보를 충분히 제공한다. 이는 일회성이 아니라 기회가 있을 때마다 사전동의를 구한다. 이 작업이 다소 번거로울 수 있지만, 윤리적으로 합당한 집단을 이끌어 가기 위해서는 집단리더가 반드시 수행해야 할 과업이다. 집단리더는 소속 학회의 윤리 지침에 명시된 기준에 따라 주기적으로 집단과정에 대하여 진술하게 설명해 주고, 집단원들에 대한 존경을 나타냄으로써 작업동맹을 강화해 나간다. 그러면 이처럼 중요한 집단의 첫 회기는 어떻게 시작하는가?

첫 회기 시작

집단의 첫 회기는 일반적으로 집단리더가 자기 자신과 집단에 관해 간단히 소개하고, 집단의 목적을 간략히 언급하는 것으로 시작한다. 이어서 말문 열기 활동$^{ice\text{-}breaking}$ ^{activities}을 통해 집단원들 간의 신뢰 형성을 촉진하거나 아무런 활동 없이 직접 주제에 관한 논의로 들어가기도 한다. 초등학교 아동은 대체로 청소년이나 성인에 비해 의사표현 능력이 부족한 편이어서, 대화를 주도해 나가기보다는 오히려 집단리더의 질문에 대답하는 것에 익숙한 경향이 있다. 그러므로 어린 아동들로 구성된 집단의 경우, 간단한 워밍업$^{warm\text{-}up}$ 활동으로 시작하도록 구조화함으로써 아동의 불안감을 덜어 주는 한편, 자발적으로 감정을 표현할 수 있도록 돕는다. 집단원들 간의 관계를 촉진하기 위한 활동의 예는 글상자 10-3과 같다.

🏢 **글상자 10-3. 집단 회기 시작을 위한 활동의 예**

1. 2인 1조^{dyad}, 3인 1조^{triad} 혹은 그 이상의 소집단으로 나누어 서로 소개하고 집단참여 목적에 관해 이야기 나누기
2. 첫인상에 관해 이야기 나누기
3. 다른 사람들이 알지 못하거나, 한 번도 말해 본 적이 없는 내용에 관해 이야기 나누기
4. 집단원 자신에 관한 문항으로 구성된 미완성문장을 작성하여 발표하기
5. 지금 여기에서의 느낌에 관하여 이야기 나누기

집단의 첫 회기를 시작할 때 집단리더의 주요 역할로는, ① 집단 시작 선언, ② 집단 구조화, ③ 집단원 소개, ④ 신뢰 분위기 조성, ⑤ 긍정적 어조 사용, ⑥ 집단원의 기대표현 돕기, ⑦ 집단원의 자기표현 격려, ⑧ 집단원의 참여 촉진, ⑨ 목표 구체화, ⑩ 적절한 자기개방 촉진, ⑪ 집단과정 관찰, ⑫ 대화 내용에 초점, ⑬ 질문에 대한 답변, ⑭ 첫 회기 종결이 있다.

집단 시작 선언.   첫 회기를 시작하면서 집단리더가 수행할 첫 번째 과업은 집단 회기의 시작을 선언하는 것이다. 이 과업은 집단리더 고유의 권한이면서 임무다. 집단의 첫 회기를 어떤 말로 시작할 것인가? 집단의 첫 회기는 보통 집단목적과 방법에 관하여 간단히 소개하는 것으로 시작한다. 이어 솔직한 의사표현과 비밀유지 같은 집단규범에 대해 간단히 설명한다. 그러고 나서 집단원들에게 자기를 소개하도록 제안하거나 잠시 말을 멈춘 상태로 기다리기도 한다. 집단의 첫 회기를 시작하며, 집단 리더는 수용적 태도와 공감적 이해를 기반으로, 긍정적인 어조로 집단원들에게 관심, 배려, 그리고 돕고자 하는 의도를 전달한다. 이는 집단 내에 신뢰 분위기를 조성하여 집단원들의 자기개방을 촉진한다. 집단 시작을 위한 진술의 예는 대화상자 10-2와 같다.

🏠 **대화상자 10-2. 집단 시작을 위한 진술의 예**

[이혼가정자녀집단]

리 더: 지난번 예비모임 때 말한 것처럼, 이 집단은 여러분이 부모님과 더 이상 함께 살지 않게 된 상황에 대한 느낌과 생각들을 함께 나누기 위한 모임이에요. 그러면 이야기를 나누기 전에 집단에 참석한 친구들의 이름을 기억할 수 있게 잠시 간단한 활동을 하겠어요. 선생님이 먼저 내 이름을 말하면, 내 옆에 앉은 은하는 내 이

름을 먼저 말하고 은하 이름을 말하면 됩니다. 다음으로 찬미는 내 이름과 은하 이름을 말한 후에 자기 이름을 말하면 되겠죠. 이렇게 돌아가면서 이름을 기억해 주는 거예요. 이해되셨나요? 자, 그러면 시작해 볼까요?

진로의사결정집단

리 더: 만나 뵙게 되어 반갑습니다. 이 집단의 목표는 여러분의 소질과 적성에 맞는 진로를 탐색해 보고, 진로 의사결정을 돕는 겁니다. 집단을 시작하기에 앞서, 잠시 저를 간단히 소개하고, 앞으로 4주에 걸쳐 매주 한 시간씩 예정된 집단 회기에 관해 설명하겠습니다.

의사소통기술증진집단

리 더: 여러분, 이렇게 다시 만나 뵙게 되어 반갑습니다. 저는 지난 몇 년간 의사소통에 관해 연구해 오던 중, 생활지도에서 교사와 학생 간의 의사소통기술증진을 위한 프로그램을 개발하게 되었습니다. 먼저, 제가 나누어 드린 유인물을 살펴보면서 앞으로 이 시간을 어떻게 활용할 것인지 말씀드리겠습니다.

집단의 첫 회기를 시작하면서 집단리더는 적극적으로 집단원들 간의 상호작용을 촉진함으로써 집단발달에 박차를 가한다. 반면, 집단리더는 다음과 같은 실수를 범하기도 한다. 집단의 첫 회기 시작에 있어서 집단리더가 흔히 범하는 실수는 ① 경직형, ② 산만형, ③ 강압형, ④ 방임형으로 나눌 수 있다.

첫째, **경직형**은 지나치게 형식적이고 틀에 얽매여 경직된 상태로 집단을 시작하는 것이다. 이는 너무 긴장한 나머지 집단규범과 한계에 대해 지나치게 상세하거나 장황하게 설명하는 것이다. 집단의 첫 회기를 경직되게 시작하면, 집단원들은 마치 딱딱한 주제의 강의에 참석한 것 같은 인상을 받을 수 있다. 그 결과, 집단원들은 집단리더가 집단을 압도한다고 생각하여 시작부터 지루함을 느낄 수 있다.

둘째, **산만형**은 일정한 형식이 없이 산만하게 집단을 시작하는 것이다. 이렇게 시작하는 것은 집단원들에게 집단에 대해 부정적인 인상을 주게 되어 신뢰감 형성을 저해할 수 있다. 집단이 집단원들의 삶에 의미 있는 경험을 제공할 수 있음에도 불구하고 단순히 집단이 시작될 때 느꼈던 지루함이나 불신 때문에 집단참여에 소극적인 태도를 보이거나 초기에 집단을 떠나는 것은 집단리더와 집단원 모두에게 안타까운 일이다.

셋째, **강압형**은 집단초기부터 집단원들에게 무리한 참여를 종용하는 것이다. 이는 집단원들이 준비되지 않은 상태에서 강한 압박감을 느끼게 할 수 있다. 이러한 현상은 집단원들의 나이가 어리거나, 기능수준이 낮고, 집단참여경험이 없을수록 빈번히 나타난다.

넷째, **방임형**은 집단초기부터 집단원들 스스로 알아서 이야기를 나누도록 방임하는 것이다. 또한 아무런 개입 없이 집단원들끼리 장시간 이야기하도록 내버려 두는 것이다. 이렇게 시작하는 것은 집단원들을 지루하게 함은 물론, 집단리더의 방임적인 태도에 실망감 또는 회의감이 들게 할 수 있다. 이에 집단리더는 지금 여기 경험에 초점을 맞추도록 하는 한편, 집단원들이 해야 할 일을 주도해 나갈 필요가 있다.

집단구조화.   집단의 첫 회기를 시작하면서 집단리더가 수행해야 할 두 번째 과업은 집단구조화다. 집단구조화group structuring란 집단과정을 촉진하기 위한 틀 혹은 뼈대를 세우는 작업으로, 집단의 목적, 규칙, 과정을 소개 또는 가르치는 활동을 말한다. 집단구조화는 가능한 한 간결하게 하여 집단원들이 지루함을 느끼지 않게 한다. 집단구조화의 목적은 집단원들에게 집단의 목적과 규칙을 명확하게 상기시켜 줌으로써 집단발달을 촉진하는 것이다. 이 작업은 집단원의 지적 능력, 발달수준, 사회적 기능의 정도를 고려하여 실시한다. 즉, 나이가 어리거나 상호작용 능력이 부족한 집단원들로 구성된 집단일수록 그들의 참조틀과 어휘력에 적합한 언어를 사용해서 구체적이고 세세한 내용까지 포함한 구조화가 요구된다. 예를 들어, 초등학교 아동들로 구성된 집단의 경우, 사적인 비밀을 지켜야 하는 이유와 목적을 아동들이 이해할 수 있는 언어로 설명해 준다. 그리고 필요한 경우 비밀유지의 원칙을 파기할 수 있는 예외조항에 대해 말해 준다.

만일 아동들의 안전에 위협이 될 만한 상황이 발생하는 경우, 아동을 보호하기 위해 부득이하게 학부모나 교사에게 알릴 수밖에 없다는 점을 말해 준다. 그리고 다른 아동에게 신체적·언어적으로 상처를 주거나 타인의 소유물을 파괴하는 것은 용납되지 않음을 알려 준다. 집단리더는 아동들과 함께 규칙을 정하여 아동들이 집단참여를 하는 데에 자신의 책임을 올바르게 인식하도록 돕는다. 집단원들이 집단과정에 익숙해질수록 구조화의 필요성은 점차 감소한다. 집단구조화는 ① 집단목적 확인, ② 집단리더의 역할 소개, ③ 집단규범 안내, ④ 집단규칙 설명, ⑤ 집단운영방식 소개로 구성된다.

첫째, 집단목적은 집단유형에 따라 다르지만, 궁극적으로 집단원이 변화·성장하여 행복하고 만족스러운 삶을 영위할 수 있도록 돕는 것이다. 이 목적을 성취하기 위해 집단 회기마다 세부목표^{objectives}가 설정된다. 집단의 세부목표로는 흔히 집단원들 간의 관계 형성, 신뢰관계 구축, 가치관 명료화, 집단원의 관심사나 특정 주제에 관한 논의 등을 들 수 있다. 반면, 집단 회기의 목표는 집단원의 개인적 목표에 따라 달리 설정된다. 이에 집단리더와 집단원들이 협의하여 회기의 목표와 주제를 정한다. 집단 회기의 목표가 결정되면, 집단리더는 대화상자 10-3에 제시된 진술로 집단 회기를 시작할 수 있다.

대화상자 10-3. 집단목적 확인을 위한 진술의 예

> **리 더**: 자, 오늘은 지난 회기를 마치면서 약속했던 세현 씨의 부부관계에 대한 사안부터 다루도록 하겠습니다. 여러분, 잘 기억하고 계셨죠?

둘째, 집단리더 자신의 역할(촉진자, 치료자, 교육자 및/또는 상담자)에 관해 간단명료하게 소개한다. 이를 통해 집단원들은 집단리더에게 기대할 수 있는 것이 무엇인지 이해하게 된다. 집단리더가 자신의 역할을 설명하는 진술의 예는 대화상자 10-4와 같다.

대화상자 10-4. 집단리더의 역할에 관한 집단구조화 진술의 예

> **리 더**: 자, 그러면 잠시 여러분께 제 역할에 대해 말씀드리겠습니다. 우리는 앞으로 총 12주에 걸쳐 매주 수요일 저녁 7시 30분에 이 자리에 모여 서로의 경험과 관심사에 관한 이야기를 나눌 것입니다. 제 역할은 상황에 따라 다소 차이가 있을 것입니다. 주로 상담자와 촉진자로서의 역할을 하겠지만, 필요한 경우에는 교육자나 치료자의 역할도 하게 될 겁니다.

셋째, 집단규범에 관해 안내한다. 집단규범은 집단의 치료요인과 관련이 있다. 사회, 직장, 가정 등의 집단 상황에서는 규범이 발달한다. 그러나 규범이 집단발달에 항상 이로운 것은 아니다. 잘못 형성된 규범은 집단발달을 저해하기 때문이다. 예를 들어, 연장자 또는 상급자에게 절대 이의를 제기해서는 안 된다거나 부정적인 감정을 표출하면 안 된다는 암묵적 규범이 발달한 집단에서는 구성원 간의 소통이 차단되거나 긍정적인 느낌의 표현마저 억제하는 분위기가 자리 잡기도 한다. 치료적 집단에는 전형적인 사회규범, 규칙, 법률, 예의범절과는 다른 규범이 있다. 이에 관한 내용은 글상자 10-4와 같다.

🏢 **글상자 10-4. 집단규범에 포함되어야 할 내용**

1. 자기개방을 통해 자기이해를 확대할 것
2. 집단활동과 토론에 적극적으로 참여할 것
3. 다른 집단원들에 대해 무비판적으로 수용할 것
4. 2, 3인칭보다는 1인칭('나')을 주어로 말할 것
5. 성차별적 · 인종차별적인 표현을 하지 말 것
6. 외부 사람들에 대한 비난, 푸념, 불만을 자제할 것
7. 모든 집단원에게 시간 균등 배분에 적극 동참하도록 할 것
8. 행동 변화를 기초로 설정된 목표 성취를 위한 책임을 인식할 것
9. 남을 대신해서 말하기보다 자신을 위해서만 말할 것
10. 집단, 집단리더, 다른 집단원들에 대한 지금 여기에서 느껴지는 감정을 즉각적이고 자유롭게 표현할 것

넷째, 집단규칙에 관해 설명한다. 그러면 집단규칙과 집단규범은 어떻게 다른가? 집단규칙은 법률이나 학칙처럼 구체적으로 명시되며, 위반에 대한 벌이나 제재 방침이 설정된 행동기준이다. 반면, 집단규범은 윤리나 도덕처럼 집단원들에게 실천을 요구하는 행동기준으로, 권장사항으로 기능한다. 집단규칙에 포함되어야 할 내용은 글상자 10-5와 같다.

🏢 **글상자 10-5. 집단규칙에 포함되어야 할 내용**

1. 집단에서 흡연 또는 음식물, 음료수 반입 금지
2. 준비되지 않은 집단원에 대한 압력 행사 금지
3. 다른 사람의 사적인 정보에 대한 비밀유지
4. 물질사용 또는 투여한 상태에서 집단참여 금지(음주 포함)
5. 집단참여 시간 엄수(예, 3회 이상 지각 혹은 결석 시 퇴출)
6. 다른 집단원을 비난 · 공격하거나 궁지에 빠뜨리는 행위 금지

글상자 10-5에 제시된 내용은 집단규칙에 포함될 수 있는 극히 일부의 예에 불과

하다. 집단리더는 이러한 내용을 바탕으로 집단원들과의 협의를 거쳐 규칙을 제정한다. 그러나 반드시 첫 회기에 모든 집단규칙에 대해 논의해야 하는 것은 아니다. 집단의 시작부터 해야 할 일과 해서는 안 되는 일에 대해 장황하게 언급하는 것은 지루함을 줄 수 있고 자칫 위협적으로 들릴 수도 있다. 그러므로 집단규칙은 집단의 문을 열면서 의례적이고 형식적으로 공표하는 방식을 취하기보다는 필요한 경우에 자연스럽게 소개한다.

다섯째, 집단이 어떤 방식으로 운영되는지에 관한 내용을 소개한다. 이는 집단원들의 긴장감과 불안감 해소, 집단에의 적응, 그리고 집단원으로서의 역할수행을 돕기 위함이다. 만일 이러한 설명을 듣고 집단참여를 포기하는 집단원이 생긴다면, 집단리더는 개별면담을 통해 중도포기를 결정하게 된 이유를 탐색하되, 사유의 타당성에 따라 설득 여부를 결정한다. 중도포기 사유가 집단원의 집단참여 목적이 집단유형에 부합하지 않기 때문이라면, 집단에 남아 있도록 종용해서는 안 된다. 그러나 단지 막연한 불안감 때문이라면, 집단에 남도록 권한다.

집단원 소개. 집단의 첫 회기를 시작하면서 집단리더가 수행해야 할 세 번째 과업은 집단원들이 서로 소개할 기회를 마련하는 일이다. 소개방법으로는 ① 각자 소개하기, ② 이름 쌓기, ③ 2인 1조 소개, ④ 돌아가며 소개하기를 들 수 있다.

첫째, **각자 소개하기**^The Name Round 란 집단원들이 일정한 순서 없이 자발적으로 자신을 소개하는 방법이다. 이 방법은 집단에서 가장 흔히 사용되는 자기소개방법이다. 각자 소개하기는 이름, 집단참여 동기, 태어나서 자란 곳, 직업, 취미, 특기, 결혼 여부나 가족관계 등과 같은 내용을 소개하는 것이 일반적이다. 그러나 집단리더, 집단 혹은 집단의 목적에 따라 단순히 이름만 말하기도 하고, 필요한 대로 선택할 수 있다.

둘째, **이름 쌓기**^The Repeat Round 란 첫 번째 집단원이 자신을 소개하면, 다음 집단원은 첫 번째 집단원의 이름을 말하고 나서 자신을 소개하는 것을 돌아가면서 반복하는 방법을 말한다. 이는 집단원들의 주의를 집중시켜 단시간에 다른 집단원의 이름을 기억할 수 있게 하는 방법이다. 이름 쌓기는 기억력을 활용해야 한다는 점에서 집단원들에게 도전적이면서도 흥미를 유발할 만한 소개방법이다.

셋째, **2인 1조**^dyads **소개**란 집단원들이 둘씩 짝을 지어 이름, 소속, 집단참여 동기, 집단에서 얻고자 하는 점 등에 관한 내용을 중심으로 이야기를 나누도록 하는 방법이다. 이 방법은 다음 두 가지로 변형해 활용할 수 있다. 하나는 둘씩 짝을 지어 소개하는 시간을 갖되, 일정 시간이 지나면 짝을 바꾸어 가며 소개하는 것이다. 다른 하나는 2인 1조로 소개하고 나서 전체 집단에서 짝을 소개하는 방법이다. 2인 1조 소개방법은 대체로 시간이 많이 소요된다는 한계가 있으므로 집단원 수가 적은 상담집단, 치료집단, 성장집단에 적합하다.

끝으로, **돌아가며 소개하기**^{milling}는 맷돌을 돌리듯이 한 방향으로 차례대로 소개하는 방법이다. 의자에 앉은 상태로 하는 것이 일반적이지만, 때로 모두 일어선 상태에서 실시하기도 한다. 이 방법은 특히 시간이 제한되어 있거나 집단원의 수가 많은 경우에 적합하다.

신뢰 분위기 조성.　　집단의 첫 회기를 시작하면서 집단리더가 수행해야 할 네 번째 과업은 집단 내에 신뢰 분위기를 조성하는 일이다. 집단초기에 집단원들은 종종 양가감정, 즉 집단에 대한 기대감과 어떤 경험을 하게 될 것인가에 대해 불안을 느낀다. 이러한 감정은 집단의 첫 회기를 시작하면서 다른 사람이 먼저 말을 걸거나 관심을 보여 주기를 기다리는 경향성으로 이어지기도 한다. 그 결과, 집단원들은 평소보다 말의 속도가 빨라지거나 불안한 몸짓을 나타내기도 하며, 때로 긴장되고 어색한 웃음을 터뜨리기도 한다. 그런가 하면, 집단의 이러한 분위기에 제대로 적응하기 힘들어하기도 한다. 따라서 집단리더는 집단원들이 처음부터 자발적으로 자기개방을 한다거나 적극적으로 피드백을 주고받을 것으로 기대하기보다는 오히려 안전하고, 편안하며, 신뢰할 수 있는 집단 분위기 조성을 위해 노력해야 할 것이다.

신뢰 분위기 조성을 위해서는 집단리더가 지금 여기 경험을 적극 표현함으로써 집단원들이 자기를 개방하는 방법을 모방할 수 있도록 시범을 보인다. 예컨대, 집단리더가 먼저 집단의 첫 회기에 집단원들과의 만남을 통해 느끼는 감정(예, 기대감, 긴장감, 어색함 등)을 솔직하게 표현함으로써 집단원들도 이에 부응하여 새로운 상황을 접하는 느낌의 표현을 시험해 볼 수 있게 할 수 있다. 단, 집단원의 약점 같은 부정적인 측면보다는 강점에 초점을 둠으로써 자기개방행동을 강화해 주고, 감정표현에 대해 자신감을 심어 준다. 집단원 개개인의 강점을 탐색 · 발견하여 이를 구체적으로 드러내어 주는 작업은 그들의 잠재력을 활성화하는 효과가 있기 때문이다. 잠재력 활성화는 집단원들에게 그동안 성장의 걸림돌이 되어 왔던 요소를 직시할 수 있는 용기를 길러 주어 자율적 문제해결 능력을 높이는 효과가 있다. 이는 또한 집단원들로 하여금 완벽주의적 성향을 기꺼이 포기하게 하는 한편, 자신을 있는 그대로 수용하고 자신의 운명을 통제할 수 있다고 믿게 하며, 비로소 잠재되어 있던 능력을 발아시키는 발판으로 작용한다.

긍정적 어조 사용.   집단의 첫 회기를 시작하면서 집단리더가 수행해야 할 다섯 번째 과업은 긍정적 어조를 사용하는 것이다. 긍정적 어조^{positive tone}란 집단원의 부정적 측면보다는 긍정적 특성 혹은 강점에 초점을 둔 진술을 말한다(제8장 '긍정적 분위기 조성' 참조). 긍정적 어조의 표현방법은 부정문보다는 긍정적 의미의 평서문으로 진술하는 것이 특징으로, 그 예는 대화상자 10-5와 같다.

> **대화상자 10-5.** 긍정적 vs. 부정적 어조의 비교
>
> **집단원**: 솔직히, 저는 원래 남들 앞에서 말도 잘 못하고 활발한 성격도 아니에요. 이런 성격을 바꾸고 싶어서 집단에 참여하겠다고 신청을 하긴 했는데, 공연히 나 때문에 다른 분들에게 폐가 되는 것은 아닌지 염려가 돼요.
>
> **상담자**: 평소 말이 별로 없고 조용한 편이신데, 이러한 성격에 변화를 주기 위해 집단에 참여하고자 용기를 내셨군요.

집단에서의 자기개방은 어떤 감정 또는 화제라도 마음껏 토로할 수 있음을 의미하지는 않는다. 이보다는 오히려 집단리더의 전문적 · 임상적 필터링^{filtering}을 동반한 길잡이 역할이 요구된다. 만일 집단리더의 개입 없이 집단초기부터 집단원들이 서로에 대해 부정적인 측면에 초점을 둔 피드백을 교환하게 되면, 집단 내에는 위협적이고 경직된 분위기가 조성될 수 있다. 이러한 분위기는 집단원들 간의 신뢰관계 형성을 어렵게 하고, 자기개방을 꺼리게 하는 원인으로 작용할 수 있다. 일반적으로, 신뢰관계가 형성되지 않은 상태에서의 부정적 피드백은 종종 다른 집단원의 분노와 저항감을 갖게 하여 또 다른 부정적인 피드백의 원인이 된다. 그러므로 집단리더는 집단초기에 긍정적 어조의 반응을 통해 자신이 직접 집단원의 긍정적인 측면을 드러내어 주는 시범을 보임으로써 안전하고 신뢰할 수 있는 분위기를 조성하고, 응집력을 높인다.

집단원의 기대표현 돕기.   집단의 첫 회기를 시작하면서 집단리더가 수행해야 할 여섯 번째 과업은 집단원들의 기대를 표현할 수 있도록 돕는 일이다. 집단의 첫 회기는 집단원들이 서로 낯설어하고 신뢰관계가 미처 형성되지 않은 시기다. 미처 안전한 느낌이 들지 않는 집단원들은 종종 자기개방을 꺼리거나 피상적인 정도로 자기개방을 하게 된다. 집단원들의 자기개방은 이들에게 집단참여 목적과 집단참여를 통해

얻고자 하는 점에 관해 이야기할 기회를 제공하는 것에서부터 시작한다. 집단참여에 대한 자신의 기대와 욕구에 관한 자기개방은 변화의 시작을 알리는 중요한 신호다. 이때 집단리더는 집단의 목적에 부합하는 기대와 그렇지 않은 것에 대해 공감적으로 반응하는 한편, 집단원의 기대와 욕구를 구체화하도록 돕는다.

　집단원들은 흔히 집단경험을 통해 삶에 중요한 변화나 인간적 성장을 기대한다. 집단참여를 통해 생기는 사고 · 감정 · 행동 변화는 일상생활에 영향을 준다. 즉, 변화를 간절히 원했던 집단원이라 할지라도 막상 변화로 인해 일상생활에서의 어색함과 불편함을 느끼거나 일시적인 혼란을 겪을 수 있다. 동시에, 과거의 익숙한 패턴으로 되돌아가는 것이 낫지 않나 하는 의구심이 들 수 있다. 따라서 집단리더는 집단원들에게 새로운 행동의 습득은 생활상의 일시적 혼란을 줄 수 있음을 알릴 필요가 있다. 집단원들은 각자 소망하는 생산적이고 성숙한 삶을 위해 일시적인 혼란을 감수해야 함을 인식하고 있어야 한다.

　집단원의 자기표현 격려.　집단의 첫 회기를 시작하면서 집단리더가 수행해야 할 일곱 번째 과업은 집단원들이 사고와 감정을 명확하게 표현하도록 돕는 일이다. 집단에서 집단원이 사고와 감정을 분명하게 표현하여 다른 집단원들이 알게 하는 일은 매우 중요하다. 다른 집단원들과의 관계에서 개인적인 생각과 느낌을 개방하는 것은 합의적 타당화$^{consensual\ validation}$를 거쳐 자신을 깊이 탐색하고 이해의 폭을 넓혀, 자아성장의 발판이 된다. 자아는 관계 속에서 형성되고 성장하기 때문이다.

　그러나 일상생활에서 사고와 감정을 솔직하게 표현하는 것은 말처럼 쉽지 않다. 주변 상황이 안전하지 않다는 인식, 자기표현기술 부족 등으로 인한 지금 여기 상호작용을 통한 사고와 감정표현의 어려움은 적어도 집단초기에 집단원들 사이에서 흔히 나타나는 현상이다. 모호한 표현은 집단원의 의사를 명확하게 전달하지 못하게 한다. 이는 집단 내 의사소통의 질을 떨어뜨리고, 말하는 사람뿐 아니라, 듣는 이로 하여금 자신의 해석적 필터링$^{interpretative\ filtering}$을 통해 그 뜻을 헤아리게 만든다. 집단원의 모호한 진술의 예는 대화상자 10-6과 같다.

 대화상자 10-6. 집단원의 모호한 진술의 예

○ "좋은데요."
○ "제가 매력적인 사람인가요?"

○ "저를 좋아하세요?"

○ "사람들(남자, 여자, 아빠, 엄마, 부모)은 모두 똑같은 것 같아요."

○ "제 느낌이요? 그저 그렇죠, 뭐 그냥 덤덤하다고나 할까요?"

○ "남자들이 아름 씨를 좋아할 것 같아요."

○ "난 정말 구제 불능이에요."

○ "모든 걸 그냥 내던져 버리고 싶어요."

○ "저는 그렇고 그런 가정에서 태어나 자랐어요."

○ "우리 집단의 분위기는 그저 그런 것 같아요."

대화상자 10-6에 제시된 예에서, 집단원의 진술들은 자신의 내면 상태 혹은 자신이 원하는 점을 구체적으로 제시하지 않고 있다는 공통점이 있다. 이러한 진술은 집단원의 혼란스러운 심정을 나타내는 것일 수 있다. 그러나 생각과 감정을 명확하게 이해하려면 구체적으로 진술되어야 한다. 집단리더는 생각이나 느낌을 표현하는 방법을 시범 보임으로써 집단원들이 자기표현방법을 자연스럽게 습득하도록 돕는다. 자기표현은 개인의 내면 상태를 드러내는 동시에, 그의 감정과 사고에 영향을 준다. 예컨대, '할 수 없다'라는 말의 습관적인 사용은 실제로 그 자신을 무력화할 수 있다.

이처럼 자기표현은 집단원의 사고, 감정, 행동, 그리고 생리적 반응에까지 영향을 미친다(Rogers & Farson, 2015). 이러한 점에서 집단초기에 집단원들의 자기표현을 촉진하는 일은 집단발달을 위한 집단리더의 중요한 과업에 속한다. 따라서 집단리더는 집단원들이 정확한 자기표현을 위해 적절한 어휘를 선택하도록 돕는 한편, 필요하다면 교육 회기educative session를 통해 집단원들이 무심코 선택하는 단어들이 어떻게 그들의 정신세계에 영향을 주는지를 설명해 준다.

집단원의 참여 촉진.   집단의 첫 회기를 시작하면서 집단리더가 수행해야 할 여덟 번째 과업은 집단원들의 참여를 촉진하는 일이다. 집단의 첫 회기에 집단리더는 전체 집단원들이 고르게 참여할 수 있도록 개입한다. 집단원이 개인적인 생각, 감정, 또는 관심사에 대해 말 한마디 못 하고 첫 회기를 마치는 경우 고립감이 들 수 있기 때문이다. 그렇다고 해서 강압적으로 집단참여를 종용할 필요는 없다. 다만, 집단원들이 원할 때마다 집단에 기꺼이 참여할 수 있다는 느낌이 들도록 안전한 분위기를 조성한다. 동시에, 집단참여에 미온적인 태도를 보이는 집단원에게 참여할 기회를 제공한다.

상담 · 치료 · 성장 · 지지집단의 경우, 집단리더는 집단원들이 개인화^personalization하도록, 즉 이야기의 초점을 자신에게 맞추도록 돕는다. 왜냐면 집단초기에 집단원들은 종종 관심의 초점이 다른 사람에게 향해 있거나, 소극적으로 관망하는 태도를 보이는 경향이 있기 때문이다. 집단참여는 솔직한 자기개방을 수반한다. 집단원의 자기개방은 다른 집단원의 자기개방을 유도하고, 이들과의 신뢰관계가 형성되면서 초기 불안은 점차 집단에 대한 기대로 전환된다. 집단목적과 목표 성취는 집단원들의 적극적인 참여가 필수다. 그러면 집단참여에 미온적인 태도를 보이는 집단원을 어떻게 도울 수 있을까? 집단원들의 적극적인 참여를 돕기 위한 방안은 글상자 10-6과 같다.

글상자 10-6. 집단원의 적극적 참여 촉진방안

1. 질문을 지양하고, 자기개방과 피드백으로 소통한다.
2. 사소한 것처럼 보이는 참여행동이라도 적극 인정 · 강화해 준다.
3. 적극적 경청과 직접적 방식으로 소통함으로써 집단원들이 모방하게 한다.
4. 다른 집단원들의 말과 행동에 적극 반응하고, 피드백 방법의 시범을 보인다.
5. 집단원들의 행동에 대한 감정표현을 통해 집단원도 각자의 반응을 다른 집단원들과 함께 나누도록 한다.

목표 구체화. 집단의 첫 회기를 시작하면서 집단리더가 수행해야 할 아홉 번째 과업은 집단원이 목표를 구체화하도록 돕는 일이다. 집단목표는 집단원들과 함께 설정한다. 그 이유는 목표 달성을 위해 협력적 작업을 함으로써 집단원들의 자발적 · 적극적 참여를 촉진할 수 있기 때문이다. 집단목표는 궁극적으로 집단원의 실생활에 적용함으로써 성취된다. 목표를 구체적으로 설정하는 이유는 이를 기초로 성취방법이 결정되고 그 결과에 대한 평가가 가능해지기 때문이다. 집단원들이 목표를 구체화할 수 있도록 돕는 질문의 예는 대화상자 10-7과 같다.

대화상자 10-7. 구체적인 목표 설정을 돕는 대화의 예

예 1

연 아: 저는 이번 집단에 참여해서 다른 사람들과 좋은 관계를 형성하는 방법을 배우고 싶어요.
리 더: 대인관계 형성방법은 특히 누구와의 관계에 적용하고 싶은가요?

연　아: 제 남편이지요.

리　더: 그래요. 남편과는 어떤 점에서 어려움을 느끼시나요?

예 2

나　은: 저도 다른 사람들처럼 제 솔직한 감정을 잘 표현할 수 있으면 좋겠어요.

리　더: 어떤 감정을 표현하기가 어려운가요?

나　은: 음, 화? 분노? 저는 화를 너무 참는 것 같아요.

리　더: 그렇군요. 그러면 누구한테 가장 화가 나나요?

예 3

서　진: 제가 이번 집단에서 얻고자 하는 점이 있다면, 제 생활에 변화를 주기 위해서라고 할까요?

리　더: 생활의 어떤 부분에 변화를 주고 싶으세요?

　목표 설정은 지속적인 과정이다. 집단 회기가 진행되는 가운데서도 집단리더는 집단원의 목표가 충족된 정도를 지속적으로 평가한다. 그리고 필요한 경우 목표를 적절하게 수정하도록 돕는다. 또한 집단원은 다른 집단원들의 관심사를 함께 논의하면서 자신에게 필요한 목표를 추가로 설정할 수 있다. 집단참여를 통해 성취할 수 있는 일반목표는 글상자 10-7과 같다.

글상자 10-7. 집단원의 일반목표

○ 자신의 대인관계 패턴 탐색
○ 자기·타인 신뢰방법 습득
○ 친밀관계를 저해하는 요소 인식
○ 자신에 대한 자각 증진을 통한 선택과 결정 범위 확대
○ 자신의 문화적 배경이 선택과 결정에 미치는 영향 자각
○ 가치명료화를 통한 변화 모색
○ 독립적·협력적 삶을 위한 결단
○ 현재의 문제해결을 위한 보다 건설적인 방법 시도
○ 다른 사람의 욕구와 감정에 대한 민감성 체득
○ 다른 사람을 위한 피드백 또는 도움 제공을 통한 이타심 실천
○ 중요한 타인과의 진솔한 관계 형성방안 연습

○ 삶에서 더 이상 유용하지 않은 생애 초기의 결단(각본) 수정
○ 자기주장기술(자신이 원하는 것을 다른 사람에게 요구하는 방법) 습득

적절한 자기개방 촉진.   집단의 첫 회기를 시작하면서 집단리더가 수행해야 할 열 번째 과업은 집단원들의 직질한 자기개방을 촉진하는 일이다. 자기개방은 현재의 관심사를 진솔하게 표현하는 것으로, 변화와 통합을 촉진한다. 특히 지금 여기('현재') 경험에 초점을 맞춘 자기개방은 그때 거기('과거') 경험에 초점을 맞춘 것에 비해 응집력 형성에 더 큰 영향력이 있다(Joyce et al., 2007). 집단에서 경험하는 다른 집단원(들)에 대한 느낌은 치료적으로 큰 의미가 있기 때문이다. 자기개방은 의미 있는 관계 형성에 필수다. 집단원들 사이에 자기개방이 확대·심화되면서 집단원들은 점차 서로에 대한 책임감과 의무감을 느끼게 된다. 마음의 짐을 털어놓고 이해받게 하는 작업은 그 자체로 중요한 치료과정이다(Marmarosh & Van Horn, 2010). 집단원들은 자기개방에 대해 다른 집단원들로부터 강화를 받는다. 이렇게 학습된 자기개방은 집단 밖의 대인관계에 전이되어 유사한 강화를 받게 된다. 일단 자기를 드러내는 행동에 대해 다른 사람들에게서 수용과 지지를 받으면, 집단원은 이들과의 연대감과 이해받고 있다는 느낌을 체험하게 된다(Joyce et al., 2007). 서로 자신의 비밀을 털어놓는 일은 집단원들로 하여금 집단에 더욱 헌신하게 한다.

자신에 관해 무엇을, 얼마만큼 드러낼 것인가는 전적으로 집단원에게 달려 있다. 집단리더는 어떤 이유에서든지 집단원들에게 자기개방을 강요해서는 안 된다(ASGW, 2000). 대신, 집단원에게 자신에 관해 얼마나 드러낼 것인지 결정할 권리와 책임을 동시에 갖고 있음을 깨우쳐 주는 한편, 이들의 자기개방을 하지 않을 권리를 존중해야 한다. 자기개방의 속도는 집단원 개개인에게 달려 있다. 집단리더는 가급적 집단원이 원하는 방식으로 편안하게 개방할 수 있도록 돕는다. 이때 그동안 간직해 왔던 비밀을 그 시점에 개방하게 된 계기가 무엇인지 알아보는 일은 중요한 치료적 접근이다.

그러면 자기개방을 많이 할수록 치료효과가 높아지는가? 꼭 그렇지는 않다. 자기개방은 무분별하게 개인사를 낱낱이 드러내는 과정이 아니다. 무분별한 자기개방은 오히려 상대방에게 혼란을 초래하고 때로 곤혹스럽게 하여, 상대와의 관계와 관계없이 관계를 손상시킬 수 있다. 자기개방은 최적의 심리적·사회적 적응과 곡선관계가 있

기 때문이다. 즉, 자기개방이 너무 많거나 너무 적어도 부적응적 대인관계 행동으로 간주된다(Yalom, 2005). 특히 후자의 경우, 현실검증^{reality testing} 결여로 특정 행동에 대해 피드백을 받을 수 없고, 상대방 역시 자기개방을 꺼리게 되어 깊은 대인관계로의 발전이 어렵게 된다. 특히 집단초기에 너무 많은 자기개방을 한 집단원은 조기에 집단을 떠나기도 한다. 반면, 감당할 수 있는 정도의 자기개방은 다른 집단원들로부터 인정, 수용, 피드백, 관계 형성 등을 통해 강화되면서 집단원이 자기개방을 통해 모험을 시도할 용기를 갖게 한다.

집단초기에 집단원들은 흔히 자기개방에 대해 양가적인 태도를 보인다. 속시원히 털어놓고 싶으면서도, 동시에 조롱, 비난, 거부, 불인정 등을 받게 될 것을 두려워하거나 때로 비참한 공상에 빠지기도 한다. 그러나 시험적인 자기개방을 통해 자신의 공상이 잘못된 것임이 입증될 때, 그 경험은 강력한 치료효과가 된다. 집단원의 자기개방 소재는 통상 일상생활에서 잘 공개하지 않는 것들로, 이들의 삶에서 과거나 현재 사건, 공상, 꿈, 장래 소망, 타인에 대한 감정 등에 관한 것들이다(Straus, 2018). 자기개방은 의미 있는 관계에서 한 사람이 개방하면 상대방도 그 내용수준에 걸맞은 정도의 정보개방으로 답해야 할 것 같은 책임감 혹은 의무감을 준다. 따라서 상대방도 그 수준으로 자신에 대한 정보를 공개하게 된다. 그렇게 되면 두 사람은 서로에게 자신의 약점을 드러낸 셈이 된다. 이 상황은 두 사람의 관계를 더 깊어지게 한다. 이러한 원리에 따라 집단원들이 각자의 깊은 내면세계를 솔직하게 공개해 가면서 이들의 관계는 점차 깊어지게 된다.

그러나 집단 내에 자기개방에 대해 저항이 심한 집단원이 있는 경우, 다른 집단원들의 자기개방까지 가로막을 수 있다. 자기개방을 꺼리는 집단원은 주로 표면적인 수준에서 참여할 수밖에 없다. 왜냐면 이러한 집단원은 밝히고 싶지 않은 비밀뿐 아니라 그 비밀을 연상시키는 단서까지 숨겨야 하기 때문이다. 집단리더는 집단에서 도움을 얻기 위해서는 다른 집단원들과 사적인 비밀을 나누어야 한다는 점을 강조해야 한다. 대화상자 10-8은 불특정 여성들에 대해 길고 장황하게 부정적인 이야기를 늘어놓는 집단원의 자기개방 심화를 위한 대화의 예다.

🏠 대화상자 10-8. 자기개방 심화를 위한 대화의 예

> **단 비**: 솔직히 말해서 저는 상준 씨의 말을 듣고 있다 보면 가슴이 정말 답답해져요. 상준 씨가 누구한테 말하는지 잘 모르겠거든요. 나한테 말하고 있지 않다는 것은 알

겠는데……, 상준 씨는 마치 나와 아무 관계도 없는 사람처럼 느껴져요.

상 준: (당혹스러운 표정으로) 음…….

소 희: 상준 씨의 입장도 이해되지만, 저도 단비 씨와 같은 생각을 하고 있었거든요. 상준 씨는 말씀은 많이 하시지만, 저로서는 중요한 것 같지는 않았어요.

(이 말에 자극받은 상준은 자신의 책임을 인정하면서 개인적 감정을 털어놓는다.)

리 더: 상준 씨가 오늘 처음으로 자신의 감정을 표현하셨는데, 여전히 안전한 곳에 머물고 있다는 생각이 들어요. 상준 씨 자신을 드러내는 것을 10점 척도로 환산한다면, 10점은 현재 드러낼 수 있는 모든 것을 드러내는 정도이고, 1점은 그저 잘 모르는 사람들과 섞여서 잡담하는 정도라고 한다면, 조금 전 상준 씨의 개인적인 감정에 관해 이야기한 것은 몇 점 정도나 될까요?

상 준: (잠시 생각하다가) 글쎄요, 2점?

리 더: 그러면 그 점수에서 2~3점 정도 올린다면, 어떤 일이 일어날까요?

상 준: (잠시 골똘히 생각하다가) 음, 2~3점 정도 올린다면, 사실은 제가 미혼이 아니라 몇 달 전에 아내가 아이를 놔두고 가출해 버렸다는 사실을 말해야겠죠!

집단과정 관찰.   집단의 첫 회기를 시작하면서 집단리더가 수행해야 할 열한 번째 과업은 집단과정과 집단원들의 상호작용방식을 면밀히 관찰하고 모니터하는 일이다. 집단원은 누구나 독특한 개성과 행동 패턴이 있다. 말이 없고 조용한 집단원이 있는가 하면, 목소리가 크고 다른 집단원들에게 영향력을 행사하려는 집단원이 있다. 또한 다른 사람을 보살피거나 지지·격려해 주곤 하는 집단원이 있는가 하면, 지나치게 민감하게 반응하거나 공격적인 집단원도 있다. 그런가 하면 때로 소위 남성적인 성품의 여성이 있는가 하면, 여성스러운 남성 집단원도 있다. 집단리더는 집단과정 관찰을 통해 집단원을 이해할 뿐 아니라 다음 회기 계획수립에 필요한 자료를 수집한다. 집단과정 관찰은 대개 집단원들이 무엇을, 어떻게, 얼마나 자주, 주로 누구에게 이야기하는지에 대해 이루어진다. 집단과정 관찰이 중요한 이유는 집단과정이 집단목표 성취와 집단발달에 필요한 중요한 동력으로 작용하기 때문이다.

대화 내용에 초점.   집단의 첫 회기를 시작하면서 집단리더가 수행해야 할 열두 번째 과업은 집단 내에서 이루어지는 집단원들의 대화 내용과 주제에 초점을 맞추는 일이다. 집단주제는 학습방법 또는 부부갈등 대처방법 같이 구체적인 것부터 개인적 관심사 또는 인간 성장같이 다소 추상적인 주제에 이르기까지 다양하다. 집단리더는 집단원들이 나누는 대화의 주제가 집단목적에 부합되는 것인지 지속적으로 관심 있게 경청한다. 만일 자기소개나 참여 동기에 관한 배경설명 등으로 시간이 지체되는 경우, 집단의 기본 기술을 사용하여 즉시 개입하여 진행을 촉진한다. 왜냐면 집단초기부터 집단의 상호작용이 일부 집단원에 의해 지체되면, 집단원들이 지루해하거나 집단에 대한 흥미를 잃을 수 있기 때문이다. 또한 집단목적과 일치하지 않는 주제를 다루게 되는 경우, 집단원들은 집단에서 얻고자 하는 것을 얻지 못하고 있다는 느낌을 받게 된다. 이러한 느낌은 집단에 대해 지루해하거나 흥미를 잃는 결과를 초래할 수 있다.

질문에 대한 답변.   집단의 첫 회기를 시작하면서 집단리더가 수행해야 할 열세 번째 과업은 집단원들의 질문에 답하는 일이다. 집단의 첫 회기에는 집단원에 따라서 다양한 점에 대해 궁금해하기도 한다. 집단리더의 자격에 관한 것에서부터 집단의 목적, 집단의 회기 수, 모임시간과 장소 등에 관한 것까지 질문의 내용은 다양할 수 있다. 따라서 집단리더는 집단원들이 궁금해할 만한 사항에 대한 답변을 사전에 준비하여, 필요한 경우 시간을 할애하여 집단원들의 질문에 친절하고 간결하게 답변해 준다. 그렇지만 집단리더들이 범할 수 있는 실수의 예는 글상자 10-8과 같다.

📖 **글상자 10-8. 집단원의 질문에 대해 집단리더가 범할 수 있는 실수의 예**

1. 질문을 사소하고 하찮은 것으로 여겨 답변하지 않거나 성의 없이 답변하는 경우
2. 특정 집단원에게 한정되는 사안에 대해 지나치게 오랜 시간을 할애하여 답변하는 경우
3. 질문할 것을 예상하지 못하고 질문에 대한 적절한 답변을 준비하지 않은 경우
4. 답변에 필요한 시간을 할당해 놓지 않는 경우

글상자 10-8에 제시된 예에 해당하는 경우, 집단리더는 집단 회기가 종결된 후에 개인적으로 질문하도록 유도함으로써 집단시간을 불필요하게 소모하지 않도록 할 수 있다.

첫 회기 종결.   집단의 첫 회기를 시작하면서 집단리더가 수행해야 할 마지막 과업은 첫 회기를 종결하는 일이다. 첫 회기 종결은 다른 회기의 종결과 크게 다르지 않다. 차이가 있다면, 집단원들의 소감을 확인하고 궁금한 점을 설명해 주며, 확인할 사항에 좀 더 시간을 할애해야 한다는 점이다. 물론 집단유형에 따라 차이가 있지만, 첫

회기 종결에 앞서, 집단원들의 반응과 소감을 확인해 볼 수 있는 질문의 예는 대화상자 10-9와 같다.

 대화상자 10-9. 첫 회기 마무리를 위한 확인질문 목록

1. "첫 회기에 대한 소감이 어떤가요?"
2. "오늘 집단에서 무엇을 배웠나요?"
3. "집단에 대해 가졌던 기대와 차이가 있나요? 만일 있다면, 어떤 차이가 있나요?"
4. "집단참여에 어려움은 없었나요?"
5. "혹시 이해하기 어려웠던 점은 없었나요?"
6. "마음에 드는 점이 있다면, 어떤 점인가요?"
7. "혹시 맘에 들지 않았던 점이 있다면 무엇인가요?"
8. "다음 회기에 대해서는 어떤 기대를 하나요?"
9. "그 밖에 집단에 관해 궁금하신 점이 있나요?"

대화상자 10-9에 제시된 질문들은 집단원들의 소감과 기대에 관한 이야기를 나눌 때 유용하게 활용될 수 있다. 집단리더는 이러한 질문들을 필요에 따라 추려서 사용할 수 있다. 첫 회기 종결 시 집단리더는 첫 회기에 대해 요약·정리하고, 집단목적에 관해 재차 언급한다. 그런 다음, 다음 회기의 목표나 기대에 대해 간략하게 의견을 나눈 후에 첫 회기를 종결한다. 첫 회기를 마무리하면서 집단리더가 확인해야 할 사항은 글상자 10-9와 같다.

글상자 10-9. 첫 회기 종결 시 집단리더가 확인해야 할 사항

1. 집단목적 또는 집단원들의 욕구를 제대로 인식했는가?
2. 모임 장소가 집단을 하기에 적절한가?
3. 성적·문화적 쟁점으로 인해 집단원들이 온전히 참여하지 못한 적은 없는가?
4. 워밍업warm-up을 위한 시간이 너무 짧거나 너무 길지 않았는가?
5. 집단모임은 하루 중 적절한 시간이었는가?
6. 집단시간에 늦게 오는 등 집단 분위기를 해치는 집단원은 없었는가?
7. 집단리더에게 부정적으로 반응하는 집단원은 없었는가?
8. 자기개방을 꺼리거나 두려워하는 집단원은 없었는가?
9. 집단목적에 대해 혼란스러워하는 집단원은 없었는가?

> 10. 집단 회기 계획은 충분했는가?
> 11. 초점이 한 주제에서 다른 주제로 지나치게 빨리 바뀌는 경향은 없었는가? 만일 있었다면 그 이유는 무엇인가?
> 12. 한 집단원 혹은 주제에 너무 오랫동안 초점을 맞춘 적은 없었는가?

만일 집단의 첫 회기가 잘 진행되지 않았다면, 집단리더는 그 원인을 파악하고 이해할 시간을 충분히 가져야 한다. 집단리더는 때로 집단모임 시간, 장소, 혹은 내용을 수정해야 할 것이다.

 중간 회기

집단의 중간 회기는 집단의 시작 회기와 종결 회기 사이에 있는 회기들을 말한다. 즉, 집단의 첫 회기를 제외한 두 번째 회기부터 최종 회기 이전까지의 회기가 이에 해당한다. 이 시기에 집단원들은 자신의 관심사를 중심으로 자기개방을 통해 관계 형성과 피드백 교환 등 집단참여 목적 성취를 위한 작업과 경험학습에 집중한다. 집단의 중간 회기는 ① 매 회기 시작, ② 중간 회기 계획, ③ 중간 회기 평가, ④ 중간 회기의 집단기술, ⑤ 중간 회기 주제 개요, ⑥ 중간 회기의 리더십으로 구분하여 살펴보기로 한다.

매 회기 시작

집단의 첫 회기와 마찬가지로, 매 회기의 시작과 종결에는 일정한 구조와 절차가 있다. 한 회기를 마치면, 다음 회기 준비가 필요하다. 다음 회기 준비에서 집단리더에게 요구되는 과업은 지난 회기에 대한 성찰이다. 즉, 지난 회기에 다루었던 주제, 쟁점, 초점의 이동 경로 등의 내용적 측면과 집단원들 간의 자기개방과 피드백에 기반한 상호작용과 관계 변화 등의 과정적 측면을 토대로 집단리더 자신의 사고, 감정, 행동, 경험 등에 대해 되돌아보는 작업이 요구된다. 이를 토대로 집단리더는 새로운 회기에 필요한 마음의 준비, 전략구상, 해야 할 일을 계획한다. 집단의 첫 회기가 성공적이었다면, 집단리더는 지난 회기에 대한 간단한 요약과 함께 곧바로 집단작업으로 들어가는 계획을 세워도 좋을 것이다. 그러나 첫 회기가 계획대로 진행되지 않았다면, 글상자 10-10에 제시된 두 번째 회기의 계획, 준비, 시작 시의 대안을 고려해야 할 것이다.

🏢 **글상자 10-10. 두 번째 회기의 계획, 준비, 시작 시의 대안**

1. 집단목적을 재차 언급하되, 첫 회기의 부정적 측면에 대해서는 언급하지 않는다.
2. 첫 회기 이후 보완이 필요한 점을 밝히면서 후속 회기는 첫 회기와 같지 않을 거라는 점을 언급한다.
3. 첫 회기에 대한 집단원들의 반응을 들어 본 후, 무엇이 잘못되었는가에 대해 언급함으로써 바람직한 방안을 제시한다.

집단의 매 회기 시작과 종결을 위해 집단리더가 수행해야 할 사항으로는 ① 회기 시작을 알리는 진술, ② 신입 집단원 소개, ③ 공지사항 전달, ④ 미결사안 언급, ⑤ 집단 회기 목표 확인, ⑥ 분위기 침체 대비를 들 수 있다.

회기 시작을 알리는 진술.   첫째, 집단 시작을 선언한다. 집단작업에는 매 회기마다 시작/워밍업 국면이 있다. 집단의 새 회기를 시작하는 방법의 예는 표 10-1과 같다.

표 10-1. 집단 회기 시작방법의 대안적 지침과 진술 예시

대안적 지침	진술 예시
1. 집단원들에게 이번 회기를 통해 얻고 싶은 것에 대해 간단히 말해 보게 한다.	○ "오늘 집단에서 무엇을 얻고 싶으세요?"
2. 집단원들의 불안과 긴장 해소를 위해 구조화된 집단활동을 실시한다.	○ "오늘 집단을 시작하면서 구조화된 집단활동을 해 보겠어요."
3. 집단원들에게 이전 회기에서 들었던 생각/감정을 표현할 기회를 제공한다.	○ "혹시 지난 회기에 들었던 생각이나 감정이 있다면, 지금 잠시 함께 나누겠어요."
4. 집단원들에게 이전 회기에서 미처 해결하지 못한 사안을 언급할 기회를 준다.	○ "혹시 지난 회기에서 미처 해결하지 못한 사안이 있으면, 이 시간에 다루어 보겠어요."
5. 이전 회기 이후, 집단원들이 실생활에서 겪은 경험에 대해 잠시 이야기를 나눌 기회를 제공한다.	○ "지난 일주일 동안 집단에서 습득한 것을 실생활에 적용하는 과정에서 겪은 경험에 관해 잠시 이야기를 나누어 보겠어요."
6. 집단원들이 원하는 논의주제와 방향을 탐색한다.	○ "오늘은 어디서부터 시작하는 것이 좋을까요?"

7. 이전 회기에서의 관찰 결과 혹은 미결사안 등에 대해 언급한다.	○ "지난 회기에 몇몇 분이 다소 화가 난 채로 집단을 마친 것 같은데."

집단리더는 선호하는 대안을 택하여 2회기를 시작한다. 그리고 집단의 목적과 첫 회기에 대한 평가 결과에 따라 바로 작업국면으로 들어가거나, 시작국면에 좀 더 시간을 할애한다. 중간 회기 시작을 위한 집단리더의 진술은 집단유형에 따라 차이가 있다. 대화상자 10-10은 집단목적에 따른 집단리더 진술의 예다.

 대화상자 10-10. 집단유형별 회기 시작을 알리는 진술의 예

상담집단

○ "자, 시작하겠어요. 지난 회기에 많은 분이 개인적인 사안과 관심사에 관한 이야기를 했어요. 지난 일주일 동안 이 부분에 대해 여러분이 생각하고 느꼈던 점에 대해 잠시 이야기를 나누는 것도 꽤 의미가 있을 거라고 생각해요. 지금부터 몇 분간 여러분의 반응에 관한 이야기를 나누고 나서 바로 다른 주제로 넘어가겠어요."

○ "이번 회기는 조금 다르게 시작하려고 합니다. 여러분 각자 이 시간에 나누고 싶은 이야기가 있는지 잠시 생각해 보시기 바랍니다. 그런 다음, 시계방향으로 돌아가면서 제가 확인할 때, '예, 아니요'로 대답해 주시면 고맙겠습니다. 많은 분이 '예'라고 대답해 주시기를 바라지만, '아니요'라고 대답하셔도 됩니다."

○ "자, 시작할까요? 우선, 지난 한 주 동안의 삶을 한 단어 혹은 한 문장으로 나타내 볼까요? 그럼 제 옆에 앉아 있는 상현 씨가 준비된 것 같은데, 상현 씨부터 돌아가면서 해볼까요?"

치료집단

○ "자, 시작하겠어요. 조금 전 복도에서 진성 씨와 이야기를 나누었는데, 최근에 정신적으로 견디기 힘든 문제가 있다고 들었습니다. 우리가 함께 도울 수 있지 않을까 생각되는데……. 진성 씨, 지난주 어머니를 만나 뵈었을 때 무슨 일이 있었는지 말씀해 주시겠어요?"

교육집단

○ "오늘의 주제에 관하여 이야기를 나누기 전에, 혹시 지난 회기에 나누어 드린 유인물과 관련해서 질문이나 의견 있으신 분 있나요?"

○ "오늘은 먼저 20분짜리 동영상을 시청하겠어요. 그리고 나서 오늘 나누기로 한 주제에 관하여 간략히 설명하겠어요."

○ "먼저, 여러분의 경과보고를 듣는 것으로 오늘 모임을 시작하겠어요. 어느 분이 먼저 하시겠어요?"

○ "자, 우선 우리 팀의 업무가 얼마나 진행되고 있는지부터 검토해 보겠어요. 그리고 나서 다음에 해야 할 일을 결정하겠어요."

○ "시작하기에 앞서, 우리가 맡은 일과 관련해서 하고 싶은 말이 있나요?"

성장집단

○ "지난 회기 이후에 있었던 일 중에서 가장 의미 있는 것에 관해 잠시 생각해 보겠어요. 그리고 나서 돌아가면서 이에 관한 이야기를 나누어 보겠어요. 어느 분이 먼저 하시겠어요?"

○ "지난 회기에 대한 소감이나 지난 한 주 동안의 경과 혹은 새롭게 경험한 점이 있으면, 이야기를 나누어 보기로 하겠어요."

대화상자 10-10에 제시된 치료집단의 회기 시작을 알리는 진술의 예에서, 집단리더는 계획과는 달리 한 집단원에게 초점을 맞춤으로써 집단 회기를 시작하고 있다. 이는 계획한 것보다 위급한 상황에 있는 집단원의 관심사가 집단의 목적과 연관성이 있으므로 우선적으로 다루는 것이 더 좋을 것 같다는 판단에 따른 것이다. 이 상황에서 집단리더는 신속하게 진행하여 다른 집단원들도 이와 유사한 정도의 관심사가 있는지 살핀다. 물론 한 회기를 시작하면서 시작국면을 건너뛰면 부작용이 생길 수 있다. 그러나 이 예에서처럼 필요한 경우에는 얼마든지 시작국면을 생략하고 직접 작업국면으로 들어가기도 한다. 대화상자 10-11은 첫 회기 운영에 다소 미흡한 점이 있었다고 판단한 집단리더가 2회기를 시작하는 진술의 예다.

대화상자 10-11. 2회기 시작을 위한 진술의 예

리 더: 자, 시작할까요? 지난주에 첫 회기가 있었고, 오늘이 두 번째 회기예요. 우선 지난 회기에 대해서 잠시 말씀드리겠어요. 지난주에 몇 분이 다소 의기소침한 상태에서 집단 회기를 마치게 된 것 같아 마음에 걸렸어요. 한두 사람에 집중하느라 모든 분에게 골고루 충분한 시간을 드리지 못했다는 점을 깨닫게 되었거든요. 한 회기에 대한 소감을 나누면서 앞으로 계속 이렇게 진행될 것인가라는 질문을 받았을 때, 저는 직감적으로 첫 회기에 다소 실망스러운 점이 있었다는 사실을 알았어

요. 확실히 말씀드릴 수 있는 것은 앞으로의 집단 회기가 모두 첫 회기와 같지는 않을 거라는 점이에요. 여러분은 비슷한 문제를 겪고 있는 사람과 고민을 함께 나누고, 서로 지지하고, 의견을 듣기 위해 이 집단에 참여한 것으로 알고 있어요. 앞으로 여러분의 공통 관심사에 대한 진솔한 생각과 느낌을 나눈다면, 여러분은 이 집단을 통해 값진 경험과 결실을 얻게 될 거예요. 저도 모든 분이 집단에 참여할 수 있도록 노력하겠어요.

대화상자 10-11에 제시된 예에서, 집단리더는 지난 첫 회기 진행이 다소 미흡했다는 판단하에, 이를 보완하겠다는 약속과 함께 집단원들의 적극적인 참여를 독려하고 있다. 집단리더는 첫 회기의 성공 여부를 평가한 후, 2회기를 위한 계획을 세워야 한다. 두 번째 회기를 시작하면서 집단리더는 집단원들에게 집단의 목적을 재차 상기시킨다.

신입 집단원 소개.   둘째, 새로운 집단원을 소개한다. 개방집단의 경우, 새로 참여하는 집단원이 있다면 그 집단원에 대한 소개로 시작한다. 집단리더는 신입 집단원에게 다른 집단원들을 소개하는 한편, 이전 회기에 관해 간략히 요약해 준다. 이는 다른 집단원들에게도 첫 회기를 되돌려 볼 기회를 제공한다는 점에서 유용하다. 집단의 유형과 목적에 따라 차이가 있겠지만, 신입 집단원 소개는 이름을 비롯한 간단한 인적 사항만을 밝히는 것이 일반적인데, 이를 위한 집단리더 진술의 예는 대화상자 10-12와 같다.

🏠 대화상자 10-12. 신입 집단원 소개를 위한 진술의 예

예 1

리 더: 우리 집단에 새로 참여하게 된 분을 소개하겠어요. 이름은 강현빈이고요. 지난 주 첫 회기에는 부득이한 사정 때문에 참석을 못했어요. 현빈 씨에게도 알려 드릴 겸, 지난주에 집단에서 논의했던 것 중에 특별히 의미 있었던 내용 한두 가지 정도를 함께 나누었으면 해요. 자기 이름을 먼저 말씀하시는 것 잊지 마시고요.

예 2

리 더: 지난 한 주를 되돌아보는 의미에서, 여러분 각자 한 주 동안의 삶이 어떠했는지에 대한 이야기로 시작해 보겠어요. 그리고 정인 씨가 새로 왔으니까 여러분이 지난

주 집단에서 도움이 되었다고 생각되는 점에 관한 이야기를 해도 좋겠어요. 각자의 이름도 말씀해 주시고요. (집단원들의 소감과 자기소개를 마치고 나서 신입 집단원을 바라보며) 자, 준비되셨으면 본인 소개를 간단히 해 주시고, 나누고 싶은 이야기가 있으면 말씀해 주세요. 아직 준비가 덜 되셨으면 나중에 하셔도 되고요.

공지사항 전달.　셋째, 공지사항을 전달한다. 공지사항이란 집단, 집단리더, 혹은 집단원들과 관련하여 집단원 모두가 알아야 할 상담기관의 방침이나 공유할 필요가 있는 새로운 소식 등을 말한다. 집단리더는 다른 집단원들이 반드시 알고 있어야 할 사안에 한해 이를 전달하는 시간을 짧게 갖는다.

미결사안 언급.　넷째, 지난 회기에서의 미결사안에 관하여 간략하게 언급한다. 집단리더에 따라서는 미결사안을 언급하기에 앞서, 지난 회기의 내용과 과정을 요약해 주기도 한다. 여기서 미결사안^{unfinished issue}이란 집단에서 해결되지 않은 문제나 감정을 말한다. 미결사안을 회기 초에 다루는 이유는 미처 해결되지 않은 감정이나 문제가 집단과정과 역동에 걸림돌이 되는 것을 차단함으로써 집단과정을 촉진하는 원동력으로 활용할 수 있기 때문이다. 집단 회기를 시작하면서 사용할 수 있는 집단리더 진술의 예는 대화상자 10-13과 같다.

🏠 **대화상자 10-13. 집단 회기 시작을 위한 진술의 예**

○ "오늘 이 자리에 있는 것에 대해 어떤 느낌이 드나요?"

○ "집단에 오기 전에 어떤 생각과 느낌이 들었나요?"

○ "집단에 참여하면서 두려움이 든다면 무엇 때문인가요?"

○ "집단에서 얻고자 하는 것을 얻기 위해서는 어떻게 해야 할까요?"

○ "이 집단에서 지금 누가 가장 의식이 되나요? 그 이유는 무엇이죠?"

○ "안전하게 집단에 참여하고 함께 작업하는 데 필요한 규칙은 무엇일까요?"

○ "지난 회기에 마무리짓지 못한 문제가 있으면, 오늘 이 시간에 다루어 보겠어요."

○ "오늘 회기를 시작하기 전에 각자 잠시 지난 일주일을 회상해 보고, 꼭 함께 나누고 싶은 것이 있으면 말씀해 주시기 바랍니다."

집단 회기가 시작되면서 집단리더가 흔히 범하는 실수는 시작국면이 필요함에도 불구하고 건너뛰는 것이다. 이렇게 되면, 지난 회기와 관련한 미결감정이나 무언가 말을 하고 싶어 하는 집단원이 있어도 그 말을 들어 볼 수가 없다. 대화상자 10-14는 8명의 집단원으로 구성된 상담집단의 두 번째 회기에서 이루어진 대화의 예다.

🏠 **대화상자 10-14.** 상담집단의 두 번째 회기에서의 대화 예시

> **리 더:** 오늘은 어디서부터 시작할까요?
>
> **남 희:** 선생님, 저 지난주에 말씀드렸던 직장에 취직이 됐어요. 그동안 정말 바라던 취직을 했는데, 근데 기분이 묘해요.
>
> **보 성:** 저도 대학을 졸업한 지 3년 만에 취업했는데, 정말 지옥에서 천당에 간 기분이었어요.
>
> **정 주:** 취업했다고 다 좋은 것은 아니죠. 자기가 정말로 원하는 직장에 들어가지 않는 한, 직장 만족도가 많이 떨어지거든요. 어떤 회사는 정말 아무런 비전도 없고요.
>
> **리 더:** 남희 씨, 기분이 묘하다는 것은 그렇게 바라던 직장이었지만, 그렇게 기쁘지는 않다는 말씀이신가요?

대화상자 10-14에 제시된 대화의 예에서, 집단리더는 모든 집단원에게 이번 회기에서 나누고 싶은 이야기가 있는지 확인하기도 전에 남희라는 집단원의 진술에 명료화기술을 적용하여 작업국면으로 들어가고 있다. 여기서 집단리더가 흔히 저지르는 실수는 집단원들이 진술할 때마다 성급하게 반응하여 다른 집단원들과의 상호작용을 방해하는 것이다.

집단 회기 목표 확인. 다섯째, 집단 회기의 목표를 확인한다. 집단리더는 이번 회기에 집단원들에게 말할 기회가 주어진다면, 무엇에 관한 이야기를 나누고 싶은지 돌아가면서 간략히 한두 문장으로 이야기하게 한다. 집단 회기의 목표 설정을 위한 집단리더 진술의 예는 대화상자 10-15와 같다.

🏠 **대화상자 10-15.** 집단 회기 목표 설정을 위한 진술의 예

> ○ "집단에 참여함으로써 무엇을 얻기를 원합니까?"
>
> ○ "여러분은 원하는 것을 얻기 위해 무엇을 할 것입니까?"
>
> ○ "집단이 끝날 때, 자신이 배웠다고 말하고 싶은 것은 무엇입니까?"
>
> ○ "각자 다음 미완성문장을 완성해 보시기 바랍니다. 기회가 주어진다면, 오늘 나는 _____ _____에 대한 작업에 집중하고 싶다."

○ "자, 그러면 한 사람씩 돌아가면서 오늘 말할 기회가 주어진다면, 무엇에 관한 이야기를 나누고 싶은지 한두 문장으로 말씀해 주시기 바랍니다."

대화상자 10-15에 제시된 예에서, 제시된 진술들은 집단리더가 집단원들의 회기목표 설정을 돕는 데 유용하게 사용할 수 있는 것들이다. 집단원들에게 각자 설정한 집단 회기의 목표를 나누도록 한 다음에는 집단리더가 개입하여 어떤 집단원의 이야기부터 다룰 것인가를 집단원들과 협의하여 결정한다. 그런데 집단 회기의 목표 설정을 위한 논의를 할 때 때로 장황하게 자신의 문제를 설명하려는 집단원이 생길 수있다. 이 경우, 집단리더는 그 집단원의 말을 차단하는 한편, 일단 목표 설정부터 하고 나서 추후에 기회가 주어졌을 때 보다 구체적으로 소개할 수 있도록 안내한다.

분위기 침체 대비. 여섯째, 발생 가능한 집단 분위기 침체에 대비한다. 집단경험에 대한 기대와 흥분으로 가득했던 첫 회기와는 달리 두 번째 회기의 분위기는 다소가라앉는 것이 일반적이다(Jacobs et al., 2016). 왜냐면 첫 회기는 보통 관계 형성을 위해 집단원들의 흥미를 유발하는 활동을 하는 한편, 개인적인 사안이나 문제보다는 집단참여 이유, 집단에 대한 기대, 집단의 형식과 규칙 등과 같이 비교적 공식적이면서표면적인 내용에 관한 이야기를 나누기 때문이다. 그러나 이 같은 첫 회기와는 달리,2회기부터는 통상적으로 집단원의 내적 경험에 초점이 맞춰진다. 이러한 상황에 익숙하지 않은 집단원들은 흔히 집단참여에 대한 불안감으로 다른 집단원들과의 상호작용을 주저하게 된다. 이는 집단의 전반적인 분위기를 가라앉히는 원인으로 작용한다. 집단리더는 이러한 가능성에 대비하여 각 회기의 시작국면을 위한 준비를 철저히 해야 한다.

집단리더는 집단원들에게 2회기는 1회기만큼 열정적인 느낌보다는 불안감이 들 수있다는 점을 일러 준다. 집단 분위기가 가라앉는 것을 사전에 막으려면, 집단리더는첫 회기에 파악한 결과를 바탕으로 모든 집단원이 균형 있게 참여할 수 있도록 도와야 한다. 또한 긍정적인 분위기를 조성하고, 집단원들의 집단에 대한 흥미와 관심 정도를 확인하는 한편, 필요한 경우 집단규칙을 공지한다. 집단규칙의 예로는 다른 집단원에 대한 비난 · 평가 · 공격행위 금지, 비밀유지, 시간 엄수, 지각 · 결석 금지 등이 있다. 단, 집단규칙은 첫 회기 혹은 2회기의 시작과 동시에 일일이 열거하는 것보다는 회기가 진행되면서 필요할 때 자연스럽게 언급하는 것이 좋다.

만일 첫 회기의 진행이 원만하지 않았다면, 집단리더는 발생 가능한 집단원의 부정적인 반응에 대비해야 한다. 또한 집단리더는 회기의 종결을 위해 적정한 시간을 확보하여 소감을 나누거나 질문에 답변해 준다. 집단리더는 심사숙고해서 각 회기의 시작국면에 대한 계획을 세운다. 매 회기의 시작방법은 많이 있지만 때로 집단리더가 창의적인 방법으로 회기를 시작한다. 그럼에도 불구하고 시작국면에서 흔히 저지르는 공통적인 실수는 시작을 너무 길게 하거나 아예 실시하지 않는 것이다. 따라서 집단리더는 항상 집단 회기를 어떻게 시작할 것인가를 염두에 두고 있어야 한다.

치료적 집단은 일반적으로 긍정적인 효과가 즉각적으로 나타나지 않을 수 있다. 이로 인해 때로 어떤 집단원은 집단에서 스트레스를 받게 되면 집단초기에 집단을 떠나고 싶을 수 있다. 이 경우, 집단리더는 그 집단원에게 집단이 제공할 수 있는 도움에 관한 판단을 잠시 유보하고 계속 참여해서 스트레스와 집단에 대한 의구심을 적극 표현해 보도록 격려한다. 이러한 점에서 집단리더는 집단원들에게 집단의 가능한 도움에 대한 느낌이 들 정도의 회기(예, 12회기)를 참여하겠다는 서약서를 작성하도록 제안할 수 있다.

중간 회기 계획

집단의 중간 회기 시작에 앞서, 집단리더는 집단의 목적, 집단원들의 성격과 욕구, 그리고 이들이 집단에 대해 신뢰, 흥미, 주인의식을 갖는 정도를 기초로 전반적인 회기 계획을 수립해야 한다. 회기 계획은 집단이 진행되면서 수정이 가능하다. 아무리 잘 고안된 계획이거나 과거에 효과가 있었다고 하더라도 집단의 성과를 높이기 위해서는 종종 불가피하게 수정이 필요한 상황이 생기기 때문이다.

중간 회기 평가

집단의 중간 회기에서 집단리더가 지속적으로 평가해야 할 사항은 집단원들의 ① 집단참여도, ② 집단에 대한 관심도, ③ 신뢰수준 · 응집력, ④ 비밀유지 원칙 위반 여부를 비롯해서, ⑤ 집단과정 · 내용에의 초점 정도, ⑥ 퇴출 집단원 선별, ⑦ 중도포기 집단원, ⑧ 집단원 충원, ⑨ 집단효과다.

집단참여도.   첫째, 집단원 개개인의 집단참여 빈도와 방식을 평가한다. 평가를 위해 정해진 규정은 없다. 그러나 최소한 언어적 진술로 자신을 적극 드러내는 것은 단순히 관찰만 하거나 간헐적으로 반응만 보이는 것보다는 바람직하다. 일반적으로 조용하고 말이 없는 집단원들에게는 생각과 감정을 표현해 보도록 권한다. 집단에서 자신을 드러내는 데 좀 더 편안해질 수 있기 때문이다. 집단원들의 참여도를 높이기 위해 집단리더가 사용해 볼 수 있는 기술과 기법은 글상자 10-11과 같다.

> **글상자 10-11. 집단참여도를 높이기 위한 기술 또는 기법**
>
> 1. 목소리의 톤에 변화를 주어 신뢰할 수 있는 분위기를 조성한다.
> 2. 진지한 논의를 활성화할 구조화 활동을 실시한다.
> 3. 개인적인 논의를 활성화할 수 있는 주제로 이동한다.
> 4. 현재 집단에서 어떤 일이 일어나고 있는지에 대해 언급하면서 적극적인 참여를 권장한다.

집단에 대한 관심도.   둘째, 집단원들의 집단에 대한 흥미, 관심, 주인의식 수준을 평가한다. 이를 위해 집단리더는 집단원의 출결 상황, 즉 (무단)결석, 지각, 조퇴 등의 빈도를 바탕으로 집단에 대한 관심 정도를 점검한다. 집단에 대한 관심도는 회기 동안의 활력수준과도 밀접한 관계가 있다. 따라서 집단원들의 관심 수준은 적어도 2~3회기에 걸쳐 지속적으로 관찰한다. 집단에 대한 관심도는 집단원의 다양한 심리사회적 요인의 영향을 받는다. 만일 집단원들의 관심도가 떨어지는 것 같다고 판단되면, 이러한 현상이 일부 집단원에게서 나타나는 것인지, 아니면 집단 전체적인 분위기인지를 확인한다. 만일 전자의 경우라면, 그 이유를 면밀히 파악한다. 특히 비자발적 참여 집단원들은 적어도 집단초기에 집단에 흥미를 느끼지 못하거나 집단활동에 소극적으로 참여할 수 있다. 그 이유는 집단에서 흥미를 느낄 만한 내용을 찾지 못하거나, 자신의 욕구가 충족되고 있다는 느낌이 들지 않거나, 삶에서 변화를 체험할 마음의 준비가 되어 있지 않기 때문이다. 어떤 이유에서건 극히 일부 집단원이 집단참여에 대한 관심이 저조하다고 판단되는 경우, 집단리더는 글상자 10-12에 제시된 방법을 시도해 볼 수 있다.

> **글상자 10-12. 일부 집단원들의 집단참여에 대한 관심수준이 낮을 때의 대처방안**
>
> 1. 집단에서 이 사안에 대해 논의한다.
> 2. 집단작업에 변화를 주어 흥미와 참여를 높인다.
> 3. 집단이 소기의 목적 성취를 위해 충실히 운영되었다고 결정하고 집단을 마친다.

만일 집단원들 대부분이 흥미를 잃은 것으로 판단되는 경우, 집단리더는 글상자 10-13에 제시된 방법을 시도해 본다.

🏛 **글상자 10-13. 집단원 대부분이 집단참여에 대한 관심수준이 낮을 때의 대처방안**

> 1. 의견차를 예상하면서 이 문제를 다룬다.
> 2. 관심수준이 낮은 집단원들과의 면담을 통해 관심수준을 높이기 위한 방안을 협의한다.
> 3. 해당 집단원들을 중도하차시키고 새로운 집단을 구성한다.

집단리더는 집단참여에 대해 관심을 보이지 않는 집단원들과의 협의를 통해 집단목적을 명료화하는 한편, 흥미를 갖지 못하는 이유를 파악한다. 이 결과를 바탕으로 집단리더는 집단원들의 관심을 높이기 위한 방향으로 변화를 시도한다. 그럼에도 집단참여에 대한 관심도에 변화가 없다면, 해당 집단원(들)에게 집단을 떠나도록 요구한다. 이러한 극단적인 처방을 사용하는 일이 없으면 좋겠지만, 집단 분위기가 더 이상 침체되지 않도록 하기 위한 최선책으로 적극 고려해 볼 수 있다. 여러 명의 집단원이 집단의 목적 성취에 열의를 보이지 않는다면, 집단의 효과적인 진행에 한계가 있기 때문이다.

신뢰수준 · 응집력. 셋째, 집단원들 간의 신뢰수준과 응집력을 평가한다. 집단원들 사이의 신뢰수준은 집단응집력에도 직접적으로 영향을 미친다. 만일 집단원의 신뢰수준이 낮다고 판단되는 경우, 집단리더는 집단에서 신뢰 문제에 관해 개방적으로 다룬다. 이를 위해 집단리더는 집단원들에게 신뢰 문제에 관하여 논의하게 하거나, 신뢰감 형성 촉진을 위한 활동(예, 소경 안내하기)을 투입하여 집단의 신뢰수준을 높인다.

비밀유지 원칙 위반 여부. 넷째, 비밀유지 원칙 위반 여부를 평가한다. 집단의 진행과정에서 때로 비밀유지 원칙을 위반하는 집단원이 생길 수 있다. 비밀유지 원칙의 위반과 대처방식은 집단 분위기에 영향을 미칠 수 있는 사안이므로 신중하게 다룬다. 집단리더는 즉각 어떤 조치를 취하기에 앞서, 비밀유지 원칙을 위반한 집단원과 개별면담을 실시한다. 개별면담에서 집단리더는 비밀유지 원칙 위반과 관련하여 어떤 일이 있었으며, 그 이유는 무엇인지에 관해 들어 본다. 비밀유지 원칙을 위반한 집단원의 처리방법에 대해 정해진 법이나 규정은 없다. 그렇지만 가능하면 이러한 상황이 문제의 집단원과 다른 집단원들에게 의미 있는 성장의 기회가 되도록 한다. 문제의 집단원에 대한 제재수준은 비밀유지 원칙을 위반한 집단원의 고의성 여부, 상황, 다른 집단원의 반응이 결정에 영향을 미친다.

비밀유지 원칙 위반에 고의성이 없는 경우, 집단리더는 문제가 발생한 다음 회기에 해당 집단원의 잔류 여부에 대한 다른 집단원들의 생각과 느낌을 들어 본 후, 잔류시키는 방안을 택한다. 단, 문제의 집단원을 출석시킨 상태에서 실시할 것인가, 없는 상태에서 실시할 것인가는 집단리더가 결정한다. 반면, 비밀유지 원칙의 위반이 다른 집단원에 대한 분노, 복수이거나 근거 없는 소문을 퍼뜨리기 위해서였다면, 해당 집단원을 집단에서 내보내는 방안이 적극 고려되어야 한다(Lasky & Riva, 2006). 만일 문제의 집단원을 집단에서 퇴출하기로 결정했다면, 집단리더는 해당 집단원에게 이 결정을 통보하면서 그의 감정을 다뤄 준다. 반면, 문제의 집단원을 잔류시키기로 결정했다면, 해당 집단원이 다른 집단원들의 공격과 비난의 대상이 되지 않도록 한다. 특히 10대 청소년집단의 경우, 문제의 집단원은 이러한 상황에 효과적으로 대처하지 못할 수 있으므로, 집단리더는 문제의 집단원이 다른 집단원들의 피드백을 성장을 위한 발판으로 삼을 수 있도록 적극 개입한다.

집단과정·내용에의 초점 정도.   다섯째, 집단과정과 내용이 균형 있게 다뤄지고 있는지를 평가한다. 집단목적에 관계없이 집단과정에 비중을 두고 초점을 맞추는 것은 매우 중요하다. 집단리더들이 흔히 저지르는 실수는 집단과정을 무시한 채 집단내용에만 초점을 맞추는 것이다. 중요한 집단역동이 존재하고 있음에도 불구하고 집단과정에 초점을 맞추지 않으면, 집단작업은 피상적으로 흐를 수 있기 때문이다. 따라서 집단리더가 초점을 맞추어야 할 집단과정은 글상자 10-14와 같은 집단원과 관련된 역동이 존재할 때다.

글상자 10-14. 관심 있게 지켜봐야 할 집단원

1. 집단을 주도하려는 집단원
2. 다른 사람을 신뢰하지 않는 집단원
3. 열등감과 피해의식이 있는 집단원
4. 다른 사람을 비판·공격하는 집단원
5. 참여를 꺼리며 눈치만 보는 집단원

집단의 효과를 극대화하려면, 집단리더는 집단역동을 지속적으로 관찰하되 특히 부정적인 역동에 특별한 관심을 두어야 한다.

퇴출 집단원 선별.   여섯째, 퇴출이 필요한 집단원(들) 선별을 위한 평가를 한다. 집단을 운영하다 보면, 집단리더는 이처럼 어려운 선택을 해야 할 때가 있다. 즉, 심각한 문제행동을 반복적으로 나타내는 집단원에게 집단을 떠나 줄 것을 요청하는 일이다. 이는 문제행동을 보이는 집단원이 집단발달에 협력할 수 있도록 돕는 작업이 수차례 실행된 후에 결정되어야 한다. 만일 집단리더가 집단에 지속적으로 어려움을 주는 집단원에게 집단을 떠날 것을 요청하기 어려워한다면, 집단과 다른 집단원들은 그 집단원에 의해 '희생의 제물'이 될 수 있다. 집단리더에 따라서는 문제행동을 보이는 집단원의 퇴출 여부 결정을 다른 집단원들에게 일임하려고 할 수 있다. 때로 이 방법이 바람직한 경우도 있지만, 대부분의 경우 집단리더가 결정을 내려야 한다. 집단리더에게는 특정 집단원의 집단발달 저해 여부를 판단할 권한이 있기 때문이다. 따라서 집단리더는 집단원 개개인이 구성원으로서 본분을 다하고, 집단의 혜택을 누리기 위해 노력하고 있는지 지속적으로 평가한다.

집단원을 중도에 하차시키는 일은 당사자는 물론 다른 집단원들에게도 충격이 될 만한 조치이므로 신중히 처리해야 한다. 만일 집단작업에 집중하지 않는 집단원이 생긴다면, 집단리더는 해당 집단원의 작업에 방해가 되는 요인을 찾아내어 제거해 준다. 그러나 이러한 노력에도 상황에 변화가 없다면, 다음 세 가지 중 한 가지 상황이 전개될 수 있다. 즉, 해당 집단원이 다른 집단원들의 작업을 방해하거나, 더 이상의 집단참여가 오히려 해가 되거나, 아니면 더 이상 얻는 것 없이 결국 집단을 떠나게 된다. 따라서 적극적인 조치로 집단원을 그만두게 하는 것이 오히려 서로의 시간과 노력을 절약하는 선택이다. 집단원을 그만두게 하기로 결정했다면, 이러한 결정을 해당 집단원에게 어떻게 전달할 것인가? 이것은 해당 집단원과의 개별면담을 통해 전달하는 것이 바람직하다. 단, 집단원을 중도에 하차시킬 때는 다른 집단원들의 반발도 예상해야 한다. 집단리더의 결정이 아무리 합리적인 선택이었다고 하더라도 집단원들은 그 결정에 위협을 느낄 수 있기 때문이다.

중도포기 집단원.   일곱째, 중도포기 가능성이 있는 집단원이 있는지에 대해 평가한다. 중도포기$^{drop-out}$란 집단원이 집단참여 목적을 달성하기 전 혹은 예정된 회기 수를 채우기 전에 집단참여를 그만두는 것이다. 중도포기는 일반적으로 집단원이라는 지위가 주는 보상이 불이익보다 작다고 판단될 때 발생한다. 여기서 보상^{reward}이란 개인적 욕구, 목표 성취, 다른 집단원들과의 관계, 집단과업 참여, 집단원 자격 혹은 지위에의 만족감 등이 포함된다. 한편, 불이익에는 우울, 불안, 갈등, 좌절, 지루함, 거부감같이 집단경험에서 발생하는 불편함과 경비, 시간, 노력 등의 투자가 포함된다. 집단원의 중도포기는 당사자는 물론 집단 전체에 부정적인 영향을 미친다.

집단참여를 중도에 포기하고 집단을 떠나는 사람들은 집단경험에 만족하지 못했고, 대부분 유의한 변화를 보이지 않았으며, 남아 있는 집단원들에게 부정적인 영향을 미친다(Yalom, 2005). 집단에 남게 되는 집단원들은 중도에 포기하고 집단을 떠나는 집단원에게서 흔히 위협을 느끼거나 사기가 저하된다. 이러한 현상은 특히 집단 초기에 두드러지는데, 개인상담과 마찬가지로 집단상담에서 구성원의 47%가 조기에 종결한다(Wierzbicki & Pekarik, 1993). 집단원의 중도포기는 집단원, 집단, 그리고 집단리더 변인 등이 복잡한 양상으로 작용하여 발생하는 것으로 불가피한 현상이다(Roback, 2000). 그러면 사람들은 왜 집단참여를 중도에 포기하고 집단을 떠나는가? 이에 관한 연구(MacNair-Semands, 2002; McCallum et al., 2002)의 결론을 종합해 보면, 사람들이 조기에 집단을 떠나는 이유는 글상자 10-15와 같다.

글상자 10-15. 집단원들의 중도포기 이유

- 동기 결여
- 낮은 지능
- 호감도 저하
- 강한 부인
- 긍정적 정서 결여
- 높은 신체화 성향
- 문화적 무감각 경험·예상
- 높은 수준의 분노감·적개심
- 반성적이기보다는 반응적 성향
- 집단작업의 기능에 대한 이해 결여
- 심리적 인식 부족
- 행위 없는 정서에 대한 사고 능력 저하

집단에서도 부익부 빈익빈富益富 貧益貧 현상이 있다. 집단참여를 통해 삶을 되돌아보고 자기성찰을 통해 성장과 발달을 거듭하는 사람들이 있는가 하면, 적응적 악순환의 굴레에서 헤어나지 못하고 조기에 집단상담실 문을 나서는 사람들도 있다. 집단리더는 중도포기율을 낮출 방안을 마련해야 한다. 중도에 포기하려거나 이미 마음을 굳힌 집단원에게는 개별면담을 통해 집단에 참여했던 경험이 또 다른 실패경험이 되지 않도록 돕는다. 이를 위해 집단리더는 집단과정에서 해당 집단원에 대한 관찰 내용을 상세하게 다루어 준다. 그런 다음 집단원이 아직 집단참여에 대한 준비가 되지 않았다는 판단이 드는 경우, 그에게 개인상담을 먼저 받고 난 다음에 집단에 참여하는 대안이 있음을 알린다. 또한 다른 집단에 참여해 보는 것도 또 다른 대안임을 말해 준다. 이러한 조치의 핵심은 집단원이 실패자가 아니라, 여러 가지 사정으로 집단작업이 그에게 별로 도움이 되지 않은 상황을 이해시키기 위한 것이다.

집단원 충원. 여덟째, 새로운 집단원을 추가할 필요성을 확인한다. 만일 집단원들의 중도하차로 인원이 5명도 채 되지 않는다면, 집단원 충원을 적극 고려한다. 집단원 충원은 시기가 중요하다. 일반적으로, 집단원 충원에 적절한 시기는 집단이 침체 상태에 놓여 있을 때다. 새로운 집단원의 영입은 집단에 활력을 불어넣을 수 있기 때문이다. 반면, 집단원 충원에 적절하지 않은 시기는 집단이 갈등으로 위기에 처해 있거나 새로운 발달단계에 진입했을 때다. 이 경우, 집단원들은 새로운 집단원을 받아들이지 않으려 하거나 집단의 현안에 직면하기를 회피한 채 신입 집단원에게 에너지를 집중해 버릴 수 있기 때문이다(Yalom, 2005).

일반적으로, 기존의 집단원들은 신입 집단원에 대해 호의적이기보다는 적대감을 갖는다. 새로운 집단원이 들어오면 기존의 집단원들은 집단 회기에 늦는다거나, 집단 회기 시작 전에 자기들끼리 모여 지나칠 정도로 정답게 대화를 나누거나, 갑자기 옛날이 좋았다는 말을 하는 등의 행동을 보이기도 한다. 반면, 긍정적인 집단경험에 관한 이야기를 하는 등 신입 집단원에게 집단에 대해 좋은 인상을 주기 위해 노력하기도 한다(Billow, 2010). 집단리더는 신입 집단원이 집단에 속히 적응할 수 있도록 대화상자 10-16에 제시된 진술로 집단의 상호교류에 자연스럽게 참여시킨다.

 대화상자 10-16. 신입 집단원의 참여 유도를 위한 진술의 예

> ○ "집단참여는 이번이 처음이라고 하셨는데, 참여해 보니까 어떤 느낌이 드시나요?"
> ○ "이번 회기가 시작되면서 여러 사람에게 질문을 받으셨는데, 기분이 어떠세요?"
> ○ "오늘 처음이어서 그런지 별로 말씀이 없어 보이는데, 이 집단에서 어떤 경험을 하고 있나요?"

기존 집단원들이 환영하는 것 같지 않으면, 신입 집단원들끼리 하위집단을 형성하여 안정을 위한 기반을 다지기도 한다. 만일 집단이 통합되지 않고 이러한 형태의 하위집단이 존속된다면, 집단작업의 지체요인으로 작용하게 된다. 앞서 언급한 것처럼, 집단원들이 새로 들어오게 될 때도 기존의 집단원들은 각자 독특한 반응을 보인다. 집단원 개개인의 반응은 작업과정의 중요한 단서가 된다. 이러한 반응의 의미를 탐

색함으로써, 집단원들은 새로운 각도에서 자신의 행동을 조망하고 통찰을 앞당기게 된다.

집단효과.   끝으로, 집단이 집단원 개개인에게 얼마나 도움이 되는지를 평가한다. 집단효과를 사정하기 위한 활동은 글상자 10-16과 같다.

🏢 글상자 10-16. 집단효과 사정을 위한 활동 목록

1. 집단효과에 대해 돌아가면서 1~10점 평가를 실시하고, 그 결과에 대해 논의한다.
2. 집단의 가치와 효과에 대해 돌아가면서 이야기한다.
3. "앞으로 약 30분간 이 집단이 여러분에게 얼마나 가치가 있었는지에 대해 이야기를 나눠 보겠어요."라는 말로 집단의 가치에 대한 논의를 시작한다.
4. 이미 논의되었던 주제를 되돌아보면서 특별히 의미 있었던 점에 대해 말하게 함으로써 집단경험의 효과를 평가한다.
5. 지금까지 집단에서 얻은 점에 대해 5~10분 동안 글로 작성하게 한다.
6. 집단 회기를 마칠 무렵, 집단효과를 글로 작성하여 다음 회기에 제출하거나 전자우편으로 보내도록 한다.

글상자 10-16에 제시된 방법을 활용하여 집단리더는 집단원들이 집단참여를 통해 무엇을 얻고 있다고 느끼는지를 파악한다. 이렇게 파악된 정보는 집단 회기의 가치와 효과를 높이기 위한 기초 자료로 활용된다. 집단참여가 집단원 모두에게 의미 있는 경험이 되도록 노력하는 일은 집단리더의 임무이자 책무에 속한다. 그러나 집단이 항상 성공적으로 진행된다는 보장은 없다. 또한 집단에 참여한다고 해서 저절로 집단의 효과를 얻을 수 있는 것은 더더욱 아니다. 집단을 찾는 사람 중에는 주의집중력 또는 기본적인 소통기술 같은 개인적 자원 결핍으로 인해 집단효과를 얻기 힘든 경우도 있기 때문이다. 설령 집단의 가치나 효과에 대해 부정적인 평가나 비판을 받더라도, 집단리더는 이에 압도되거나 방어적인 태도를 보여서는 안 된다. 대신, 집단에서 일어나는 모든 일을 집단원 모두가 똑같이 좋아하지는 않는다는 점을 기억할 필요가 있다. 집단효과 사정을 위한 질문 목록은 대화상자 10-17과 같다.

 대화상자 10-17. 집단효과 사정을 위한 질문 목록

○ "어떤 활동이 유익한가요?"

○ "집단에 대해 어떤 느낌이 드나요?"

○ "이 집단이 얼마나 도움이 됩니까?"

○ "이 집단이 개선해야 할 점은 무엇인가요?"

○ "집단에 관하여 어떤 점이 마음에 들지 않나요?"

중간 회기의 집단기술

집단경험을 가치 있고 보람 있는 것으로 느낄 수 있도록 하기 위한 기술로는 차단, 참여 유도 외에도 초점 유지, 이동, 심화 등이 있다. 이러한 기술 외에 집단의 중간 회기에 필요한 기법은 ① 경과보고 활용, ② 논의주제 소개, ③ 집단원의 사고 활성화, ④ 집단 진행방식 변경, ⑤ 리더십 스타일 변경, ⑥ 집단구조 변경, ⑦ 사고 활성화를 위한 목소리 사용, ⑧ 과제부과, ⑨ 집단원 개별면담, ⑩ 집단종결에 대한 사전 공지가 있다.

경과보고 활용. 첫째, 경과보고를 활용한다. 경과보고란 지난 회기 이후부터 이번 회기까지 일상생활에서 집단원의 관심사 또는 문제에 있어서 어떤 또는 얼마만큼의 진척이 있었는지에 대해 알리는 것을 말한다. 치료적 집단에서 집단원들은 종종 여러 회기에 걸쳐 연이어 다룰 필요가 있는 자신들의 삶에 관해 이야기한다. 그러므로 매 회기마다 경과보고로 시작하는 것은 집단원이 자신들의 진척된 정도를 확인할 수 있을 뿐 아니라 응집력 형성에도 효과가 있다(Jacobs et al., 2016). 단, 경과보고는 간결하게 하도록 해서 모든 집단원이 5~10분 이내에 마칠 수 있도록 한다. 경과보고 요청을 위한 진술의 예는 대화상자 10-18과 같다.

🏠 **대화상자 10-18. 경과보고 요청을 위한 진술의 예**

> **리 더**: 자, 그럼 시작할까요? 우선 지난 회기 이래로 여러분의 삶에 어떤 일이 있었는지에 대해 간략히 업데이트하는 시간을 갖겠어요. 여러분 모두가 의미 있는 사안에 대해 작업 중인데, 지난 1주일 동안 작업은 어떻게 진행되었나요? 그럼 5분 정도에 걸쳐, 각자 진행하고 있는 작업 경과에 관한 이야기를 들어 보겠어요. 준비되셨죠?

논의주제 소개. 둘째, 논의주제를 소개한다. 집단의 중간 회기에는 집단원들이 원하는 다양한 주제에 관한 논의를 돕는다. 집단원들은 새로운 동향이나 주제에 귀기울이는 경향이 있다. 만일 집단의 활력이 떨어진다는 느낌이 들면, 새로운 주제 또는 이전에 나눴던 논의주제 중에서 가장 의미 있었다고 여겨지는 주제로 초점을 이동한다. 대화상자 10-19는 자녀교육에서 겪은 어려움에 관한 이야기를 나누어 온 집단에서 논의주제 소개를 위한 집단리더 진술의 예다.

🏠 대화상자 10-19. 논의주제 소개를 위한 진술의 예

> **예 인**: 지난주에 자녀와의 대화방법에 대해 집중적으로 연습했잖아요. 아직은 좀 더 두고 봐야겠지만, 연습한 대로 아이와 대화했더니 효과가 있었어요. 그런데 이 방법을 우리 남편한테 적용했는데 그렇게 큰 효과는 없었던 것 같아요. 오늘 이 주제를 다룬다고 하셔서 기대가 많이 돼요.
>
> **리 더**: 네, 좋습니다. 그러면 이번 회기에는 부부간의 효과적인 의사소통에 대해 살펴보겠습니다. 여기 계신 분들 모두 결혼하셨고, 배우자와의 효과적인 의사소통방법에 관해 관심이 있다고 알고 있습니다. 혹시 부부간의 의사소통과 관련된 경험에 대해 말씀하실 분 있나요?

집단원의 사고 활성화.   셋째, 집단원들의 사고를 활성화한다. 집단원이라고 해서 언제라도 자신의 관심사를 나눌 준비가 된 것은 아니다. 집단에 자발적으로 참여한 사람들로 구성된 집단조차 다양한 요인에 의해 분위기가 침체되기도 한다. 이러한 경우를 대비하여 집단리더는 집단원들의 논의를 촉진시키는 한편, 집단 분위기를 활성화할 방안을 마련해야 한다. 집단 분위기는 집단원들의 자기개방과 집단리더의 효과적인 자극질문stimulus questions을 통해 활성화될 수 있는데, 그 예는 대화상자 10-20과 같다.

🏠 대화상자 10-20. 사고 활성화를 위한 자극질문의 예

> ○ "몇몇 분은 깊은 생각에 잠겨 있는 것처럼 보이는데, 여러분에게 의미 있게 다가오는 점을 한두 가지만 고른다면, 어떤 것이 있겠어요?"
> ○ "아마 여러분 중에는 지금까지 나눈 이야기에 동의하지 않는 사람도 있을 거예요. 그렇지만 각자의 생각을 나누는 것은 중요해요. 이에 대한 반응이나 나누고 싶은 이야기가 있나요?"
> ○ "방금 채빈 씨가 경험한 느낌은 우리 집단에서 공통으로 나타나고 있는데, 다른 분들은

이러한 감정을 잘 표현하지 않고 있어요. 그래서 채빈 씨의 솔직한 감정표현에 감사드려요. 잠시 후에 채빈 씨의 경험에 대해 다시 다루겠지만, 잠시 여러분께 질문을 하나 드리겠어요. 혹시 이와 비슷한 느낌이 드는 분 있나요?"

○ "여러분의 이야기를 들으면서 많은 분이 진술한 감정을 억누르고 있다는 느낌이 들었어요. 우리 집단이 실제로 도움이 되기 위해서는 여러분이 실제로 느끼는 점을 좀 더 적극적으로 나눠 주기 바랍니다. (잠시 멈추었다가) 방금 말씀드린 사항에 대한 의견 있으신가요?"

집단 진행방식 변경.　　넷째, 집단의 진행방식에 변화를 준다. 변화를 주기에 앞서, 집단리더는 집단형식에 변화가 필요한지 지속적으로 살펴야 한다. 집단에 따라 집단원들이 선호하는 형식이 있는가 하면, 동일한 형식이라고 하더라도 어떤 사람들로 구성되는가에 따라 효과가 달라지기도 한다. 만일 집단형식에 변화를 줄 필요가 있는 경우, 집단리더는 흥미롭고 생산적인 집단 회기가 될 수 있도록 창의성을 살려 집단시간의 활용방안을 마련해야 한다. 집단 진행방식 변경을 위한 진술의 예는 대화상자 10-21과 같다.

 대화상자 10-21. 집단 진행방식 변경을 위한 진술의 예

> **리　더**: 지금까지 우리 집단에서 해 왔던 방식에 조금 변화를 주어야 할 것 같아요. 지금까지는 다소 반복되는 것처럼 보이는 사안에 너무 많은 시간을 소모했다는 생각이 들어요. 다른 사안에 대해 생각해 볼 수 있도록 분위기 전환을 위한 집단활동을 해 보면 어떨까요?
>
> **다　인**: 어머, 그거 아주 좋은 생각이에요.
>
> **모　현**: 사실, 저도 좀 지루했거든요. 선생님 말씀처럼 집단활동을 통해서 분위기를 좀 바꾸면 좋겠어요.

리더십 스타일 변경.　　다섯째, 리더십 스타일에 변화를 준다. 집단을 운영하다 보면, 집단리더는 때로 자신의 리더십 스타일을 바꾸어 보고 싶을 때가 있다. 주도적으로 집단을 이끌어 가던 집단리더는 집단원들에게 더 많은 책임을 지게 하는 방식으로 변화를 시도해 볼 수 있다. 또한 집단리더 대신 집단원들이 차단을 주도하게 하는가 하면, 소극적인 집단원의 참여를 유도하거나 집단의 논의주제를 제시하게 할 수 있다. 이와는 반대로, 지금까지 집단원 중심의 리더십을 발휘해 왔던 집단리더는 오히려 집단리더 중심의 적극적인 역할을 펼칠 수 있다.

집단구조 변경.   여섯째, 집단구조에 변화를 준다. 집단구조에 변화를 준나는 것은 새로운 집단원들을 충원하거나, 집단 회기를 덜 혹은 더 자주 갖거나, 한 회기의 시간을 늘리거나 혹은 줄이거나, 모임시간을 다른 시간대로 옮기는 것 등과 같은 집단 활성화를 위한 시도를 말한다. 단, 이러한 변화시도에 관한 결정에 앞서 집단리더는 집단원들과 협의를 거침으로써 협력을 구한다. 집단원에 따라 집단참여의 목적이 다를 수 있기 때문이다.

사고 활성화를 위한 목소리 사용.   일곱째, 집단원들의 사고 활성화를 위해 목소리 톤에 변화를 준다. 집단리더의 목소리는 흔히 집단에 활력을 불어넣기도 하고, 집단의 분위기에 변화를 주기도 한다. 집단리더는 자신의 목소리가 집단목적을 성취하기 위해 얼마나 효과적으로 활용되는지를 지속적으로 살펴야 한다. 집단목적에 따라 특정 목소리를 사용해야 한다는 원칙은 없다. 그러나 만일 신중한 판단이 필요한 사안이 있다면, 집단리더는 말의 속도를 줄이고 목소리의 음조를 낮춤으로써 반응을 촉구하기보다 잠시 생각할 시간을 줄 수 있다. 이러한 과정을 통해 집단리더는 집단의 주제에 대한 탐색을 심화시킬 수 있다.

과제부과.   여덟째, 과제부과를 통해 집단원들의 집단경험학습 효과를 극대화한다. 과제의 대표적인 형태로는 읽기, 쓰기, 실행하기가 있다. 여기서 읽기는 집단의 목적 성취를 도울 수 있는 추천 서적, 저널 등을 읽는 것이다. 쓰기는 집단경험에 대한 소감을 비롯하여 스스로 격려하는 편지를 작성하여 자신의 주소로 부치는 등의 활동이다. 또한 실행하기에는 특정 기관 혹은 특정인에게 전화를 걸거나, 특정인을 만나 이야기를 나누거나, 특정 프로그램 수강하기, 식습관 또는 수면습관 바꾸기 등이 포함된다. 외부 자료나 과제는 집단원들에게 두 회기 사이의 기간도 집단과정의 연장선 위에 있다는 인식을 심어 주면서, 다음 집단 회기를 위한 논의거리 마련에도 도움이 된다.

집단원 개별면담.   아홉째, 집단원과 개별면담의 기회를 갖는다. 집단리더는 필요한 경우 일부 혹은 전체 집단원과의 개별면담을 통해 집단에 대한 감정이나 반응에 관해 이야기를 나눈다. 개별면담은 집단원들과 집단에 대한 의견을 나눌 기회가 된다는 점에서 의의가 있다. 또한 시간 제약을 덜 받으면서 집단원과 허심탄회하게 중점 사안에 관한 이야기를 나눌 수 있다는 이점이 있다. 그러나 이러한 성격의 면담은 오히려 집단 분위기를 산만하게 할 수 있다는 점에서 주의가 필요하다.

집단종결에 대한 사전 공지.   끝으로, 적어도 3주 전에 집단이 종결될 것임을 공지한다. 물론 집단이 언제 종결될 것인가는 집단 시작에 앞서 결정되는 것이 일반적이다. 그러나 경우에 따라서는 집단의 종결 시기를 설정하지 않는 집단도 있다. 종결 시기가 설정된 경우에도 집단리더가 집단원들에게 몇 주 후에 집단이 종결될 것이라는 사실을 상기시킴으로써 집단종결을 준비할 수 있도록 한다.

중간 회기 주제 개요

집단 회기의 진행과정에서 집단원의 통찰과 변화의 계기를 마련할 중요한 주제가 떠오르기도 한다. 그러나 집단리더가 이 사안을 다룰 역량을 갖추지 못했다면 집단에서 집중적으로 다루어질 수 없다는 한계에 부딪힌다. 따라서 집단의 중간 회기에 집단리더는 집단목적과 관련된 다양하고 중요한 사안을 의미 있고 심도 있게 다룰 수 있는 역량을 갖추고 준비해야 한다. 이를 위해 집단리더는 집단에서 공통으로 다루어지는 주제의 핵심 사안들을 숙지한다. 집단에서 흔히 다루는 주제로는 인정욕구(자존감, 자아정체감, 열등감 등), 대인관계(교우관계, 이성관계, 애정관계, 부부관계, 부모-자녀 관계 등), 실존적 요인(삶·죽음, 고독, 불안, 삶의 의미 등), 의미 있는 선택(성, 우울, 분노, 종교, 이혼·재혼) 등이 있다. 집단리더는 각 주제의 개요를 작성하여 해당 주제에 쉽게 초점을 맞추는 한편, 초점 심화를 통해 집단논의에 의미를 더한다.

중간 회기의 리더십

집단의 중간 회기에서 집단리더는 ① 균형 있는 리더십 적용, ② 적절한 워밍업 시간 안배, ③ 안정적인 초점 이동, ④ 집단원들에 대한 고른 시간 안배 같은 리더십 전략을 강구하여 집단원들의 목표 성취를 촉진한다.

균형 있는 리더십 적용.   첫째, 균형 있는 리더십을 적용한다. 경험이 많고 숙련된 집단리더는 집단의 중간 회기에서도 특유의 리더십을 발휘하여 집단원들이 집단경험을 통해 많은 것을 얻도록 돕는다. 반면, 그렇지 못한 집단리더들은 리더십의 부재로 집단원들이 집단에 기여할 기회를 제대로 활용하지 못한다(DeLucia-Waack et al., 2014;

Riva et al., 2004). 게다가 집단목적과 무관한 사안에 초점을 맞춤으로써 집단의 생산성을 크게 떨어뜨리기도 한다. 때로 자신의 권한을 제대로 발휘하지 못하는 집단리더들도 있다. 이들은 집단의 가치를 잘 모르는 집단원들에게 집단의 리더십을 넘겨주기도 한다. 따라서 집단의 중간 회기에 집단리더는 집단의 생산성을 고려하여 균형 있는 리더십을 적용함으로써 집단원 개개인이 집단경험을 통한 혜택을 골고루 받을 수 있도록 해야 한다.

적절한 워밍업 시간 안배.   둘째, 적절한 워밍업 시간을 안배한다. 워밍업은 집단회기를 시작하면서 집단원들이 집단목표를 성취하기 위한 방향으로의 집단작업에 몰입하도록 서서히 몸과 마음을 풀도록 돕는 과정이다. 워밍업 시간을 적절히 안배하지 못하는 경우, 집단작업을 위한 시간은 그만큼 줄어들 수밖에 없다. 그러므로 숙련된 집단리더는 워밍업에 너무 많은 시간을 할애하지 않는다. 대신, 유용하고 생산적인 방향으로 집단을 이끌어 집단시간의 대부분을 작업시간으로 활용한다. 따라서 집단리더는 리더십을 발휘하여 적절한 정도의 워밍업으로 집단원들이 자연스럽게 집단목표 성취를 위한 작업에 몰입할 수 있도록 개입해야 한다.

안정적인 초점 이동.   셋째, 집단논의의 초점을 안정적으로 이동한다. 집단리더는 집단원들이 관심 있는 주제에 균등하게 초점을 맞추어야 한다. 특히 숙련된 집단리더들은 집단의 중간 회기에 집단의 초점을 자주 바꾸기보다 집단원들에게 의미 있는 영향을 미칠 만큼 충분한 시간을 할애한다. 그러나 그렇지 않은 경우에는 집단의 초점은 흔히 한 주제에서 다른 주제로 혹은 한 집단원에서 다른 집단원으로 넘어가기 쉽다. 따라서 집단리더는 지속적으로 집단의 초점과 그 깊이를 살펴야 한다. 그뿐 아니라, 기회가 있을 때마다 초점을 심화시켜 집단원들에게 의미 있는 집단경험이 될 수 있도록 한다.

집단원들에 대한 고른 시간 안배.   끝으로, 집단원 개개인에게 고른 시간을 안배한다. 시간을 적절하게 안배하는 것 역시 집단리더의 중요한 임무다. 집단원들은 흔히 집단 회기의 시작과 함께 지난 회기에서 이어지는 이야기를 꺼내거나, 중언부언하거나, 집단목적과는 무관한 주제에 초점을 맞추기도 한다. 이러한 경우, 집단리더의 개입이 없다면 집단원들은 자신의 이야기에 몰입한 나머지 시간의 흐름을 의식하지 못할 수 있다. 그러므로 집단리더는 집단에서 다루는 주제와 집단원 개개인에게 균형 있게 초점을 맞추어야 한다. 집단원 중에는 개인 작업과는 무관하게 집단에서 다루고 있는 내용을 이해하지 못하거나, 중언부언하거나, 지나치게 말이 많거나, 끊임없이 조언을 구하거나, 도움을 요청하는 집단원들이 있다. 이러한 집단원이 생기는 경우, 해당 집단원은 도움이 필요한 것처럼 보이고, 집단리더와 다른 집단원들은 도움을 제공해야 할 것 같은 분위기가 조성된다. 그러나 집단의 초점이 이러한 집단원에게 반복적으로 맞추어지면, 집단시간은 자연히 일부 집단원에게 편중되기 마련이다. 이는 결국 집단원들의 불만을 초래하고, 집단의 가치와 만족도마저 크게 떨어뜨릴 수 있다. 글상자 10-17은 집단의 흐름을 잘 이해하지 못하는 집단원에 대한 조력방안의 예다.

🏢 글상자 10-17. 집단의 흐름을 잘 이해하지 못하는 집단원 조력방안

1. 다른 집단원에게 그 집단원을 돕게 한다.
2. 다른 집단원들에게 설명해 주도록 요청한다.
3. 다른 시간에 만나서 설명해 주겠다고 말한다.
4. 비교적 짧은 시간 내에 해결할 수 있는 문제는 즉시 돕는다.
5. 회기를 마치고 나서 혹은 휴식시간에 설명해 주겠다고 말한다.
6. 다른 집단원에게 집단 공간 내 다른 곳에서 질문에 답하거나 설명해 주도록 한다.

만일 집단리더가 어떤 원칙을 가지고 있지 않으면, 집단원 개개인을 위한 시간을 고르게 안배하기란 말처럼 쉽지 않다. 집단리더나 다른 집단원들의 도움에도 불구하고 계속해서 도움을 요청하는 집단원이 있다면, 집단리더는 해당 집단원의 상황을 고려하여 개인상담을 권하거나, 아니면 문제의 심각성을 알리고 중도에 그만두도록 권고한다. 그 밖에 집단리더는 계획대로 진행되지 않을 경우를 대비해서 대안을 마련해 두어야 한다. 또한 집단 회기 중에 영화, 특강, 집단활동 등이 진행되는 경우, 소감 나누기에 충분한 시간을 할애한다. 대화상자 10-22는 소수의 집단원에게만 초점을 맞추게 되는 잘못을 피하기 위한 질문의 예다.

🏠 대화상자 10-22. 소수의 집단원에 대한 초점 집중을 피하기 위한 탐색질문의 예

○ "이 집단원은 집단참여에 대해 어떻게 느끼는가?"
○ "이 집단원이 말할 필요가 있지만 두려워하는 것이 무엇인가?"

○ "이 집단원이 집단으로부터 배워야 하는 것은 무엇인가?"
○ "지난 몇 주 동안 이 집단원을 위해 사용된 시간은 얼마나 되는가?"

이외에도 집단리더는 집단작업을 위한 계획을 다듬거나 소감 나누기에 적정한 시간을 안배하는 등 집단성과를 극대화하기 위해 노력해야 한다.

 ## 종결 회기

집단은 시작하는 때가 있으면 마치는 때가 있다. 집단의 시작이 봄에 씨를 뿌리는 것이라면, 중간 회기는 열심히 밭을 경작해서 비료(수용, 공감, 돌봄, 강화, 지지, 격려, 피드백 등)를 주고 잡초(비생산적·부적응행동)를 뽑아 주는 등 일련의 작업을 거치는 것이고, 종결 회기에는 그간의 결실을 수확한다. 집단 회기 종결에 대한 책임은 집단리더에게 있다. 종결은 ① 회기 종결과 ② 전체 회기 종결로 구분된다.

회기 종결 / 회기 종결 시 무엇을·어떻게 해야 하는가?

집단 회기마다 시작이 있으면 종결이 있다. 회기를 마친다고 해서 집단원들의 문제가 모두 해결되는 것은 아니다. 해결되지 않은 사안은 다음 회기에 재차 다루면서 집단원들이 변화와 성장을 위한 방향으로 나아가도록 한다(DeLucia-Waack, 2006). 집단 회기의 종결국면에 집단원들은 집단 회기에서의 감정, 사고, 행동, 경험에 초점을 두고 활동, 논의, 피드백 등으로 집단경험학습에 대한 소감을 나눈다. 소감 나누기는 집단 개개인의 집단경험을 확인할 수 있는 활동이다. 이 활동은 집단원들 사이에 '우리'라는 의식을 심어 주어 집단응집력을 높이는 효과가 있다. 또한 회기 내내 말이 없거나 문제행동을 보였던 집단원의 소감은 다음 회기 준비를 위한 자료가 된다. 집단 회기의 종결국면을 시작하기 위한 진술의 예는 대화상자 10-23과 같다.

 대화상자 10-23. 집단 회기 종결국면을 시작하기 위한 진술의 예

○ "마쳐야 할 시간이 10분 남았네요. 오늘 집단 회기의 종결국면을 시작할까요?"
○ "자, 이제 마칠 준비를 해야 할 것 같네요. 그러면 오늘 집단 회기를 잠시 되돌아보면서 여러분에게 어떤 의미가 있었는지 생각해 보기 바랍니다."

> ○ "오늘 집단 회기도 이제 몇 분 남지 않았네요. 자, 그러면 오늘 우리가 다루었던 부분을 살펴보기로 하겠어요."
> ○ "이제 마쳐야 할 시간이 된 것 같군요. 앞으로 남은 시간 동안 오늘 집단 회기를 요약해 보겠어요. 그런 다음, 다음 주 회기에 관하여 잠시 이야기를 나누겠어요."
> ○ "오늘은 분노와 죄책감에 관한 이야기를 나눠 봤는데, 여러분은 어떤 경험을 하셨나요?"

집단 회기마다 종결을 위해 어떤 과업을 수행하고, 얼마나 많은 시간을 배정해야 하는가? 이에 대한 답변은 집단유형과 회기 길이에 따라 다르다. 집단 회기의 길이가 길수록 더 많은 시간을 할애할 수 있다. 만일 한 회기의 길이가 60분이라면, 집단 회기 종결을 위해 필요한 시간은 보통 3~5분 정도가 적당하다. 반면, 한 회기가 120분이라면, 5~10분 정도가 적당하다. 여기서는 ① 회기 종결 준비 목적, ② 회기 종결형식, ③ 회기 종결기술에 관해 살펴보기로 하자.

회기 종결 준비 목적. 집단 회기 종결 준비시간을 따로 갖는 목적은 ① 집단원의 학습 내용 요약, ② 집단원의 실천 의지 강화, ③ 소감 나누기, ④ 미결사안 다루기, ⑤ 다음 회기의 목표 설정 및 관심사를 탐색하기 위함이다.

□ **집단원의 학습 내용 요약.** 첫째, 집단에서 다루었던 내용과 집단과정의 중요 사안을 요약·정리할 시간을 제공하기 위해서다. 즉, 집단원들이 일상생활로 되돌아가기에 앞서, 집단과정을 통해 습득한 학습 내용을 되돌아볼 시간을 갖기 위함이다. 교육 집단을 예로 들면, 집단원들은 집단을 통해 학습한 것과 새롭게 얻은 정보가 자신의 삶에 어떤 영향을 주었는지에 초점을 둔다. 상담집단 또는 성장집단에서는 집단원 개개인의 경험을 되돌아보며 특정 사안에 대한 느낌을 탐색한다. 또한 새로운 각도에서 조망하여 얻은 통찰 또는 더 나은 삶을 위해 내린 결단들을 요약·정리한다. 집단 회기에서 다뤘던 핵심 내용의 정리는 집단원들이 집단 회기 종결 후에도 이를 기억하는 데 도움을 준다. 대화상자 10-24는 집단 회기의 종결을 앞두고 집단원의 학습 내용을 요약·정리하는 대화의 예다.

⌂ 대화상자 10-24. 회기 종결 시 집단원의 학습 내용 정리를 위한 대화의 예

> **리 더**: 이제 약 10분 정도의 시간이 남았네요. 그러면 오늘 우리가 다룬 내용에 대한 소감을 나눠 보기로 할까요? 오늘은 경석 씨부터 돌아가면서 하겠어요.

경 석: 네, 저는 오늘 집단을 통해 평소에 제가 생각 없이 내뱉는 말이 주위 사람들에게 상처를 줄 수 있다는 사실을 인식하지 못하면서 살아왔다는 점을 깨닫게 되었어요. 특히 여성들에게요.

리 더: 오늘 집단을 통해 경석 씨가 깨닫게 된 언어적 표현의 중요성은 어쩌면 지난주에 여자친구와 헤어지게 된 이유와도 전혀 무관하지 않다는 뜻으로 들리네요.

경 석: 그렇게도 볼 수 있겠네요. 거기까지는 생각하지 못했는데, 다음 주에 기회가 된다면 이 점에 관한 이야기를 나눠 보고 싶어요.

리 더: 좋아요. (몸을 돌리면서) 신영 씨는 오늘 집단을 통해 무엇을 얻으셨나요?

대화상자 10-24에 제시된 대화의 예에서, 집단리더는 집단 회기에 대한 집단원들의 소감을 말해 보도록 하여 학습 내용을 정리할 기회를 제공하고 있다. 또한 해석을 통해 집단원의 통찰을 유도하는 한편, 다음 회기의 목표 설정도 돕고 있다. 한편, 집단 회기의 요약은 일반적으로 집단리더가 담당하지만, 때로 집단원에게 맡기기도 한다. 집단리더는 집단원들에게 집단 회기에 대한 반응, 생각과 느낀 점, 집단을 통해 얻은 점 등에 대해 요약·정리하게 함으로써 집단 회기에 대해 평가한다. 이는 다음 회기의 목표 설정과 세부계획의 기초가 된다. 그뿐 아니라, 집단원에게는 자신에게 의미 있었던 경험을 정리할 기회가 된다.

□ 집단원의 실천 의지 강화. 둘째, 집단작업을 통해 습득한 집단원의 학습 내용을 집단 밖에서 실천하려는 의지를 강화하기 위함이다. 이를 위해 집단리더는 집단원이 계획하고 있는 행동 변화의 목표를 정리해 주고, 실현 가능한 방법을 찾도록 지지와 격려를 아끼지 않는다. 집단원의 행동 변화를 위한 시도를 지지·격려하는 대화의 예는 대화상자 10-25와 같다.

대화상자 10-25. 집단원의 행동 변화 시도를 지지하는 대화의 예

리 더: 오늘 우리가 다룬 내용에 대해 정리해 봤어요. 그러면 이제 약 5분 동안 다음 회기까지 여러분이 어떤 목표를 가지고 일주일을 보낼 것인지에 관한 이야기를 나눠 보겠어요. 먼저, 승희 씨부터 말씀해 보시겠어요? 둘째 아들이 저녁에 늦게 들어올 때, 지금까지와는 다른 방법을 시도해 보겠다고 하셨는데……

승 희: 저는 오늘 집단활동을 통해 화가 날 때 그 자리에서 언성을 높이면서 화를 내는 것은 아이의 행동 변화에 효과적이지 않다는 사실을 깨달았어요. 그래서 아이가

늦게 들어온다면, 우선 심호흡으로 마음을 가라앉히고 나서 엄마의 염려와 관심을 차분하게 전달해야 할 것 같아요.

리　더: 다인 씨는 어떤가요? 현재 사귀고 있는 남자친구와의 관계에서 한계를 정하고 싶다고 한 것 같은데…….

다　인: 아, 네. 저는 남자친구가 제 사생활의 사사로운 부분까지 참견하고 관여하려고 해서 마음이 많이 불편했는데, 불편한 마음을 지금까지 아무 말 없이 참아 왔거든요. 아까도 말했지만, 다음 주 집단에 오기 전에 남자친구에게 제 느낌을 솔직하게 표현해 보려고요.

시　은: 음, 저도 다인 씨와 비슷한 것 같은데요. 이번 주말에 시골집에 내려가거든요. 제가 학교 다닐 때부터 계속되었지만, 엄마랑 있다 보면 자꾸 티격태격하게 되는 거예요. 오늘 집단에서 엄마의 입장을 많이 이해할 수 있었는데, 이번에 집에 가면 먼저 엄마를 사랑한다고 제 마음을 꼭 표현하겠어요.

리　더: 다인 씨와 시은 씨는 중요한 분들에게 자신의 감정을 표현해 보기로 목표를 정하셨네요. 꼭 실천해 보시고 우리에게 어떤 결과가 있었는지 말씀해 주시기 바랍니다. 이번 주에 지금까지와는 다른 방식을 시도해 보실 분 또 없나요?

대화상자 10-25에 제시된 대화의 예에서, 집단리더는 집단원 개개인이 자신의 행동 변화를 위한 방법을 실천해 보도록 격려하고 있다. 이처럼 집단 회기가 종결될 무렵이 되면, 집단리더는 집단에서 다루었던 내용을 요약하고 집단원들의 결정을 명료하게 정리해 준다. 그런 다음, 다음 회기까지의 실천목표와 계획을 구체화한다. 만일 이 과정에서 비현실적인 점이 발견되면, 집단리더는 집단원들의 다양한 실천목표와 계획을 함께 검토한다. 이 과정을 통해 집단리더는 비현실적이거나 실현 가능성이 불분명한 목표를 수정하여 더 명료하면서도 실천 가능한 실행목표와 계획을 수립하도록 돕는다. 집단리더가 집단원의 비현실적인 목표를 수정하도록 돕기 위한 대화의 예는 대화상자 10-26과 같다.

🏠 대화상자 10-26. 집단원의 비현실적 목표 수정을 돕기 위한 대화의 예

리　더: 이번 회기를 끝마치기에 앞서, 다음 한 주 동안 행동 변화를 위한 계획에 관해 이야기를 나눠 보겠어요. 인수 씨는 어떤 계획이 있나요?

인　수: 저는 이제부터라도 룸메이트에 대해 불평만 하기보다는 그 친구한테 느낌을 중심으로 대화를 시도해 보려고요. 오늘 연습한 것처럼 말이에요.

> **리 더**: 참 좋은 생각이네요. 실천해 보시고 어떤 경험을 했는지 다음 시간에 소개해 주시기 바랍니다. 미아 씨는 어떤 계획이 있나요?
>
> **미 아**: 글쎄요, 저는 이번 주부터 밤에 4시간만 자려고요. 쉽진 않겠지만, 이렇게 해야 성적을 확 올릴 수 있을 것 같아서요.
>
> **리 더**: (다른 집단원들을 둘러보며) 미아 씨의 계획에 대해 어떻게 생각하세요?
>
> **지 용**: (미소를 지으며) 아, 잠자는 시간이 너무 적은 것 같은데요. 저 같으면 단 하루도 못 견딜 것 같아서요.
>
> **리 더**: 미아 씨는 어떻게 생각하세요?
>
> **미 아**: 글쎄요, 제 생각에도 잠이 좀 부족하겠다는 생각은 들어요. 그렇다면 지금보다 한 시간만 줄여 보는 것으로 시작해야겠어요.

대화상자 10-26에 제시된 대화의 예에서, 집단리더는 다른 집단원에게 피드백 기회를 제공함으로써 비현실적인 목표를 세운 집단원이 현실적이고 실현 가능한 목표로 수정하도록 돕고 있다. 집단원의 목표와 계획수립을 돕는 대화의 예는 대화상자 10-27과 같다.

🏠 대화상자 10-27. 집단원의 목표 · 계획수립을 돕기 위한 대화의 예

> **리 더**: 여러분은 다음 회기까지의 행동 변화를 위해 어떤 목표와 계획을 세웠나요?
>
> **준 서**: 저는 아내와의 갈등에 관한 이야기를 하면서 많은 걸 깨달았어요.
>
> **리 더**: 오늘 집단에서 아내와의 관계를 새로운 시각에서 생각해 보신 것 같은데, 아내와의 관계 개선을 위해 한 주 동안 어떤 계획을 실천해 보고 싶으세요?
>
> **준 서**: 아내가 저에 대한 불만을 털어놓으면, 전 그냥 나가서 술을 마시고 밤늦게 들어오곤 했거든요. 근데 이 방법은 문제해결에 별 도움이 안 된다는 피드백을 받았어요.
>
> **리 더**: 이번 주에 그 문제에 대해서 아내와 진지하게 대화를 나누기로 하지 않으셨던가요?
>
> **준 서**: 아, 참 그렇죠. 잠시 깜빡했네요. 아주 중요한 부분인데. 우선 마음의 문을 열고, 아내의 말에 경청하면서 진지하게 제 느낌에 관해서도 얘기해 보려고요.
>
> **리 더**: (미소를 지으며) 네, 좋아요. 다음 회기에 어떤 결과가 나타날지 무척 기대되네요. 오늘 연습해 본 것처럼요.

대화상자 10-27에 제시된 대화의 예에서, 집단리더는 집단원의 행동 변화를 위한 계획을 구체화하고 실천 가능한 목표를 수립하도록 돕고 있다. 만일 집단리더의 개입이 없었다면, 집단원은 집단에서 아내와의 관계를 재고했을 뿐, 모호한 계획으로 집단 밖에서의 실행을 통한 목표 성취에는 한계가 있었을 것이다. 그러나 집단리더의 시의적절한 개입으로 집단원들은 수립된 계획을 구체화하고, 계획의 실천 의지를 다지고 있다. 다음 회기에 집단원은 실천 결과에 대한 피드백을 통해 생산적인 행동 습득을 기대할 수 있을 것이다.

☐ 소감 나누기. 셋째, 집단원들에게 집단 회기에 대한 소감을 나눌 기회를 제공하기 위함이다. 종결 시기에 이루어지는 집단원들의 학습 내용에 대한 정리가 인지적 측면의 작업이라면, 소감 나누기는 정의적 측면의 작업이다. 모든 집단원이 편안한 상태에서 상담실 문을 나서는 것은 아니다. 고통을 겪던 문제에 대해 통찰을 얻게 된 감동을 안고 다음 회기를 학수고대하는 집단원이 있는가 하면, 문제의 원인이 자신에게 있음을 깨닫게 되거나 이를 받아들이기 힘들어하는 집단원도 있다. 한 회기에서 미처 해답을 얻지 못한 문제가 있다면, 이는 다음 회기까지 더 깊이 탐색해 볼 좋은 기회가 되기도 한다. 회기 종결에 앞서 이루어지는, 집단에서 무엇을 얻었는지에 관한 논의는 집단경험을 일상생활에 생산적으로 적용할 원동력이 된다. 소감을 나누면서 집단원이 집단경험에 대한 부정적인 피드백을 표현하는 경우, 집단리더의 적절한 반응의 예는 대화상자 10-28과 같다.

 대화상자 10-28. 집단원의 부적 피드백에 대한 집단리더의 적절한 반응 예시

> 성 준: 오늘 집단은 왠지 모르게 지루했던 것 같아요.
> 리 더: 음, 그러셨군요, 지루함을 해소하기 위해 집단에서 무엇을 하고 싶으세요?

대화상자 10-28에 제시된 대화의 예에서, 집단원은 집단 회기에 대한 부적 감정을 표현하고 있다. 이에 집단리더는 집단원의 감정을 수용하면서 그가 진정으로 원하는 대안 탐색의 기회를 제공하고 있다. 이처럼 집단원의 부적 피드백은 집단원이 새롭게 시도할 수 있는 대안 탐색의 기회로 활용할 수 있다.

☐ 미결사안 다루기. 넷째, 해결되지 않은 사안을 집단원들과 함께 점검해 보기 위함이다. 집단 회기 동안 충분히 해결되지 않은 문제 혹은 표현되지 않은 감정이나 생각을 말하는 미결사안은 게슈탈트치료의 미결과제[unfinished business]와는 의미가 다소 다르다. 집단 회기 종결국면에서 집단리더는 미결사안, 즉 작업국면에서 다소 미흡하게

다룬 문제가 있거나 감정 또는 생각의 표현이 불충분했다고 판단되는 집단원에게 이를 좀 더 표현할 기회를 제공한다. 만일 미결사안을 다룰 수 있는 시간이 충분하지 않다면, 집단원들의 동의를 얻어 다음 회기로 유보한다. 그러나 사안이 급박하거나 심리적으로 심각하게 불편하여 다음 회기까지 기다릴 수 없는 상황이라면, 집단원들에게 집단 회기의 종결시간을 다소 늦추는 것에 대해 동의를 구한 다음 미결사안을 다룬다. 그러나 집단원들이 동의하지 않는다면, 개별면담을 통해 해당 집단원의 미결사안을 다룬다. 집단원의 미결사안 확인을 위한 진술의 예는 대화상자 10-29와 같다.

대화상자 10-29. 집단원의 미결사안 확인을 위한 진술의 예

○ "오늘 집단에서 미처 해결하지 못한 문제나 사안이 있나요?"
○ "혹시 여러분 중에 미처 표현하지 못한 생각이나 감정이 있다면, 앞으로 남은 시간 동안 다루어 보겠어요."
○ "오늘 집단을 마치기에 앞서 여러분의 뇌리를 스치는 생각이나 감정이 있다면 다음 회기에 가장 먼저 다루겠어요."

집단 회기를 마칠 무렵이 되면, 미결사안을 깊이 논의할 만한 시간이 충분하지 않다. 그렇지만 미결사안에 대해 언급하는 것 자체만으로도 집단원이 자신의 감정과 생각을 정리하거나 문제해결을 도모할 수 있게 하는 효과가 있다. 그뿐 아니라, 집단원들에게 다음 회기에 그 문제를 논의할 수 있다는 기대를 품을 수 있게 한다는 점에서 의의가 있다. 청소년 대상의 집단 회기 종결 시 미결사안을 다루는 대화의 예는 대화상자 10-30과 같다.

대화상자 10-30. 청소년 대상의 집단 회기 종결 시 미결사안을 다루는 대화의 예

리 더: 집단을 마치기 전에 혹시 다루다가 그만둔 사안이나 나누고 싶었던 생각 혹은 감정이 있나요? 준상이는 친구들과의 관계에 관한 이야기를 하면서 자신의 생각을 미처 충분히 말하지 못한 것 같은데. 물론 시간이 얼마 남지 않아서 충분하지는 않겠지만, 준상이가 조금 전에 말하고 싶어 했던 생각은 무엇이었지?
준 상: 네, 사실 아까 말하려고 했는데요. 친구한테 서운했던 일에 대해 말하다가 깨달은 건데, 얘기하다 보니까 제 잘못도 있었다는 생각이 들었어요. 그래서 내일 학교에 가면 그 친구한테 내 잘못도 있었다고 사과하려고요. 앞으로 친하게 잘 지내자고 말하고 싶어요.

> 리 더: 그랬구나. 혹시 이 점에 대해 좀 더 얘기하고 싶으면 다음 회기에 들어 보도록 하자. 그리고 그 친구에게 사과하고 난 결과를 다음 회기에 와서 우리와 함께 나눌 수 있기 바란다.

대화상자 10-30에 제시된 대화의 예에서, 집단리더는 집단원이 미처 표현하지 못한 생각을 나타낼 수 있도록 돕고 있다. 그럼으로써 그의 생각을 구체적으로 실천할 수 있는 계기를 마련해 주고 있다. 동시에, 다음 회기에 미결사안에 대해 좀 더 이야기를 나눌 가능성도 열어 주고 있다.

☐ 다음 회기의 목표 설정 및 관심사 탐색. 끝으로, 집단원들에게 다음 회기의 목표를 설정하고 관심사 탐색 기회를 제공하기 위함이다. 집단리더는 집단원들이 다음 회기까지 시도해 보고 싶은 새로운 행동이나 탐색해 보고 싶은 관심사를 알아봄으로써, 회기 사이에 연결고리를 만들어 준다. 다른 한편으로는 집단원들이 피드백 교환을 통해 새로 깨달은 강점, 잠재력, 성취경험 등의 긍정적인 부분에 초점을 둠으로써, 이들에게 변화를 위한 용기와 자신감을 불어넣어 준다. 만일 개방집단에서 집단을 떠나는 집단원이 있다면, 1~2회기 전에 집단을 떠나게 된 상황에 대해 서로의 느낌과 집단경험을 통해 배운 것을 잠시 나누는 시간을 갖는다. 집단 회기를 종결하면서 집단리더가 집단원들에게 던질 수 있는 과정질문의 예는 글상자 10-18과 같다.

📖 글상자 10-18. 집단 회기 종결 시 유용한 과정질문 목록

○ "집단에서 원하는 것을 얻고 있나요?"
○ "오늘 이 집단에서 어떤 경험을 했나요?"
○ "이번 집단경험을 통해 무엇을 배웠나요?"
○ "집단을 마치기 전에 회기에 대한 평가를 해 보겠어요."
○ "집단활동에 참여하는 동안 어떤 느낌이 들었나요?"
○ "오늘 배운 것을 일상생활에 어떻게 적용할 계획인가요?"
○ "집단활동이 만족스럽지 않다면, 어떻게 바꾸어 보고 싶나요?"
○ "집단에서 배운 것을 실천하기 위해 이번 주에는 무엇을 할 예정인가요?"
○ "다음 회기까지 집단경험을 일상생활에 적용해 보기 위해 무엇을 하고 싶나요?"
○ "지금까지 이 집단이 어떻게 발전해 왔는지에 대해 말해 보고, 변화를 위해 필요한 제안을 해 보기로 하겠어요."

집단 회기를 능숙하게 시작하고 효율적으로 마칠 수 있으려면, 그만큼 회기와 회기 사이의 연속성을 증대시키는 능력과 기술이 뒷받침되어야 한다. 두 회기 사이가 유기적으로 연결될 수 있다면, 집단원들의 통찰을 촉진하고 새로운 행동으로 전이시킬 개연성은 그만큼 높아진다. 한편, 집단을 다른 집단리더와 공동으로 이끄는 경우, 집단 회기의 시작과 종결을 어떻게 할 것인지 반드시 협의해야 한다. 협의사항에는 누가 회기를 시작할 것인가, 언제 어떠한 형식으로 회기를 종결할 것인가, 회기 종결을 위해 요약은 언제 어떠한 방식으로 시작할 것인가 등이 포함된다.

집단 회기 종결형식.　　집단 회기 종결을 위한 형식의 선택은 집단유형, 회기목적, 그리고 한 회기 동안 어떤 일이 일어났는가에 좌우된다. 집단리더는 집단 회기마다 다른 종결형식을 적용할 수 있다. 특히 교육·과업·토론집단의 경우, 종결국면에 집단원마다 한 마디씩 말하는 것은 그리 중요하지 않다. 이 집단에서 집단원들은 개인적인 감정보다는 생각과 아이디어를 중심으로 이야기를 나누기 때문이다. 반면, 상담, 치료, 성장, 지지집단의 경우, 집단원들이 집단 회기에 관한 소감을 나누는 작업은 매우 중요하다. 집단 회기 종결형식으로는 ① 돌아가며 말하기, ② 2인 1조 대화, ③ 집단상담자 요약, ④ 집단원 요약, ⑤ 소감문 작성이 있다.

첫째, 돌아가면서 집단원들의 집단활동과 경험에 대한 소감을 들어 보는 것은 집단 회기의 종결형식으로 매우 유익한 방법이다. 이 방법은 집단에서 흔히 사용되는 것으로, 집단원 개개인에게 소감을 말할 기회를 제공할 수 있다는 이점이 있다. 또한 한 회기 동안 말이 없고 소극적으로 참여한 집단원에게 감정표현의 기회를 줄 수도 있다. 더욱이, 돌아가며 말하기는 도움이 될 만한 소감에 대해 반응해 줄 수 있다는 점에서 집단리더에게 유용하다. 그러나 시간이 많이 든다는 한계가 있다. 따라서 집단리더는 집단원들에게 반드시 한두 문장으로 소감을 말하도록 요청한다. 집단리더가 돌아가며 말하기 형식으로 소감 나누기를 하게 하는 예는 대화상자 10-31과 같다.

🏠 대화상자 10-31. 돌아가며 회기 종결에 따른 소감 나누기를 하는 예

리　더: 오늘 집단에서 마음의 호주머니에 챙겨서 나갈 것은 무엇인지 한두 문장으로 말해 보겠어요. 어느 분이 먼저 하시겠어요? 동준 씨부터 시작할까요?

동　준: 저는 제가 생각했던 것보다 훨씬 더 주장적이지 못하다는 사실을 깨달았어요.

상　현: 음, 주장적이 된다는 것이 생각보다 쉽지 않을 것 같아요. 겁쟁이라서 그런지.

리　더: 저는 상현 씨가 겁쟁이라고는 생각하지 않아요. 다만 아직 주장적이 되는 것에 대해 배우지 않았을 뿐이죠.

길　주: 저는 오늘 제가 이렇게 공격적인 행동을 하게 된 것이 우리 엄마, 아빠 때문이라는 것을 알게 되었어요.

리　더: 길주 씨, 그리고 여러분 모두에게 말씀드리고 싶은 점이 있어요. 우리는 물론 부모님의 언행을 통해 많은 것을 배우게 됩니다. 그래서 우리의 행동에 주의를 기울이지 않으면, 부모님과 같은 행동을 할 수 있어요. 길주 씨 말처럼, 부모님 두 분 다 공격적이시라고 하더라도 길주 씨가 반드시 공격적이 된다는 법은 없답니다. 그렇지만 자신의 행동을 관심 있게 살피지 않는다면, 아마도 그렇게 될 수 있겠지요. 오늘 집단경험이 도움이 되었으면 합니다.

둘째, 집단 회기의 종결국면을 2인 1조 대화로 시작하는 방법이다. 이 방법은 모든 집단원을 참여시킬 수 있다는 점에서 한 회기의 종결국면에 특히 유용하다. 2인 1조 대화는 집단원 개개인이 반드시 표현해야 하는 모든 메시지를 나누게 하고 싶지만 시간 여유가 없을 때 효과가 크다. 2인 1조 대화는 집단원들이 집단에서 미처 토로하지 못한 생각과 감정의 메시지를 다른 집단원에게 소리 내어 분출할 수 있다는 이점이 있다. 또한 집단 회기가 끝나갈 무렵, 집단원들의 에너지 수준이 낮은 상태라면, 2인 1조 대화방법을 통해 집단원들에게 생기를 불어넣을 수 있다. 회기 종결을 앞두고 2인 1조 대화로 소감 나누기를 할 것을 알리는 진술의 예는 대화상자 10-32와 같다.

🏠 **대화상자 10-32. 2인 1조로 회기 종결 소감 나누기를 할 것을 알리는 진술의 예**

리　더: 자, 이제 오늘 집단 회기도 5분 정도 남았습니다. 두 사람씩 짝을 지어 회기에 대한 소감 나누기를 하겠어요. 창인 씨와 진아 씨, 문주 씨와 은지 씨, 성화 씨와 정미 씨, 모현 씨와 수향 씨, 이렇게 짝을 지면 되겠네요. 여러분이 할 일은 오늘 회기에서 특별히 의미 있게 생각되는 점에 대해 한두 가지 이야기를 나누는 것이에요. 그런 다음, 다시 모여서 생각과 느낌을 함께 정리하겠어요.

대화상자 10-32에 제시된 진술의 예에서, 집단리더는 집단 회기에서 있었던 일을 바탕으로 특별히 의미가 있을 만한 사람들끼리 짝을 지워 준다. 예를 들어, 비슷한 관심사를 나타내거나 유사한 문제에 대해 작업 중인 집단원끼리 묶어 준다. 다른 한편으로는, 집단원들에게 짝을 고르도록 하여 2인 1조로 회기 종결에 대한 소감을 나누도록 하는 방법도 있다.

셋째, 집단리더가 직접 한 회기를 요약·정리하는 것으로, 집단리더는 그 회기 동안 다루었던 특정 내용을 강조한다. 이때 집단리더는 집단원들의 진술이나 작업 내용을 요약에 포함하는 한편, 집단원이 중요하게 여기는 점을 언급한다. 그런 다음, 집단리더는 집단원들에게 자신의 요약에서 누락된 점을 보충하도록 요청한다.

넷째, 집단원에게 집단 회기를 요약해 보도록 하는 것, 즉 한 회기에서 일어났던 일과 작업한 내용을 요약하게 하는 방법이다. 집단리더는 자원자를 구하거나 그 회기에서 특별히 의미 있는 작업을 한 집단원에게 요청할 수 있다. 한 집단원이 요약을 하면, 다른 집단원들은 중요하다고 생각하는 내용을 덧붙인다. 혹시 집단원들이 간과하는 내용이 있다면, 집단리더가 추가로 언급한다. 그러나 종결국면에서 유의할 점은 요약이 지루함을 느낄 정도로 너무 길어서는 안 된다는 것이다. 종결국면에서 요약을 하는 목적은 집단원들에게 한 회기에 대해 간단히 되돌아볼 기회를 제공하기 위함이다.

끝으로, 집단원들에게 소감문을 작성하도록 하는 것이다. 즉, 이 방법은 집단원들에게 한 회기에 대한 소감을 글로 써 보게 하는 방법이다. 소감문 작성은 말로 표현하는 것에 비해 훨씬 편안하고 안정되게 반응하도록 하는 효과가 있다. 집단원들은 5~10분 동안 한 회기에 대한 소감을 글로 작성하여 집단리더에게 제출한다. 집단리더는 집단원들의 소감문을 읽으면서 격려와 명료화를 위한 짤막한 의견을 적어서 다음 회기에 되돌려 준다. 이렇게 모인 소감문들은 집단원 개개인에게 집단의 첫 회기부터 마지막 회기에 이르기까지의 집단경험에 대한 기록으로 남는다.

집단 회기 종결기술.   집단 회기 종결에 필요한 기술로는 ① 목적의 명료화, ② 차단, ③ 통합, ④ 참여 유도, ⑤ 소원 말하기, ⑥ 신입 집단원 환영, ⑦ 떠나는 집단원 격려, ⑧ 집단 외부 환경의 상이성 언급, ⑨ 집단에 대한 비판 경청이 있다.

첫째, 목적의 명료화다. 명료화clarification는 집단작업의 필수 도구이면서 집단 회기를 마칠 무렵에 활용할 수 있는 유용한 기술이다. 집단원들은 때로 회기 종결이 임박해서야 심각한 문제나 관심사를 끄집어내어 집단리더를 당혹스럽게 하기도 한다. 이때 집단리더는 집단원이 제기한 새로운 주제에 대해 논의를 시작하는 실수를 범하지 않아야 한다. 회기의 종결을 앞둔 시점에서 새로운 주제나 관심사에 대한 논의를 시작하는 것은 종결 시간을 지연시킬 수 있을 뿐 아니라, 시간은 사람을 기다려 주지 않는 실존적 이유 때문이다. 즉, 정시에 집단 회기를 마치는 것은 집단원 자신에게 중요한 사안이 있다면 집단 회기에 먼저 꺼낼 필요가 있음을 시사한다. 만일 종결 시기에 새로운 관심사를 꺼내려는 집단원이 있다면, 회기 종결국면의 목적을 설명해 주는 한편, 다음 회기를 시작할 때 다시 논의해 볼 것을 제안한다. 대화상자 10-33은 집단 회기의 종결을 앞두고 집단참여에 소극적인 태도를 보였던 집단원과 집단리더 사이에 이루어진 대화의 예다.

 대화상자 10-33. 회기 종결 시 심각한 주제를 꺼내는 집단원과의 대화 예시

> **리 더**: 경원 씨는 오늘 집단을 통해 무엇을 얻었나요?
>
> **경 원**: (잠시 생각에 잠겨 있다가) 음, 저는 사실 우리 집단의 남자분들이 저를 어떻게 생각하는지 무척 궁금해요.
>
> **리 더**: 음, 그렇군요. 경원 씨가 궁금해하는 점은 경원 씨 자신에게 무척 중요한 사안인 것 같아요. 그런데 지금 시간은 오늘 집단을 통해 여러분 각자가 어떤 경험을 했고, 어떤 점을 배웠고, 또는 깨닫게 되었는지와 같이 소감을 나누기 위한 시간이에요. 안타깝게도, 새로운 주제에 대해 논의할 시간이 없네요. 잘 기억해 놓으셨다가 다음 회기가 시작될 때 다시 말씀해 주세요.

대화상자 10-33에 제시된 대화의 예에서, 집단 회기 동안 소극적인 태도로 일관하던 집단원은 집단 회기 종결이 임박해서야 자신의 중요한 관심사를 꺼냈다. 이 사안을 다룰 시간이 충분하지 않다고 판단한 집단리더는 집단원의 입장을 이해하고 있음을 전달하면서, 회기 종결국면의 목적을 명료하게 설명하고 있다. 그리고 나서 다음 회기에 그 사안을 다시 꺼내 줄 것을 제안하고 있다. 이로써 집단리더는 집단원들에게 집단 회기의 시간이 한정되어 있으므로 중요 사안이나 새로운 문제는 집단 회기가 종결할 무렵보다는 시작할 무렵이나 중간에 꺼내는 것이 바람직하다는 메시지를 강하게 전달하고 있다.

둘째, 차단^{cutting-off}이다. 정해진 시간에 집단 회기를 끝마치려면, 집단리더는 차단기술을 시의적절하게 활용할 수 있어야 한다. 집단 회기가 종결할 무렵에 새로운 문제나 관심사를 끄집어내는 집단원이 종종 있기 때문이다. 이 경우, 집단리더는 재진술, 반영, 요약 같은 기술과 함께 차단기술을 적시에 적용한다. 그럼으로써 집단원이 적시에 문제를 논의할 수 있도록 돕는다. 집단 회기의 종결을 앞두고 집단에 대해 집단원들이 어떤 경험을 했는지 들어 보는 과정에서 집단리더가 차단기술을 활용하여 개입하는 대화의 예는 대화상자 10-34와 같다.

🏠 **대화상자 10-34. 집단 회기 종결 시 차단기술을 활용한 개입의 예**

> **리　더**: 오늘 집단에서는 어떤 점들을 논의했는지 잠시 요약·정리해 보겠어요.
>
> **지　현**: 아까도 말씀드렸지만, 우리나라의 고질적인 문제는 국민의 정치에 대한 무관심입니다. 물론 이렇게 된 것은 무능하고 부패한 정치가들이 일조해 왔다는 거죠. 제가 생각하는 정치는…….
>
> **리　더**: (부드러우면서도 단호한 어조로) 지현 씨, 잠깐만요. 한국 정치의 발전은 지현 씨에게는 중요한 사안이고, 지현 씨가 정치에 대해 남다른 관심이 있는 건 충분히 이해합니다. 그런데 안타깝게도 이 주제에 관해 논의할 시간이 없네요.

대화상자 10-34에 제시된 대화의 예에서, 집단원은 집단 회기에서 다루었던 내용을 정리하기보다 정치에 관한 이야기를 이어 가려고 하고 있다. 이에 집단리더는 즉각 집단원의 말을 가로막았다. 이처럼 집단 회기를 정해진 시간 내에 종결하기 위해 집단리더는 집단목적에 부합되지 않는 이야기를 시의적절하게 차단할 수 있어야 한다. 정시에 집단 회기를 종결할 수 있는 능력은 곧 집단 회기의 가치를 높일 수 있다는 의미다. 그러므로 집단 회기를 효과적으로 종결하기 위해서는 사전준비와 계획이 요구된다. 집단 회기의 종결이 잘 이루어지면, 집단원들은 성취감을 느끼며 상담실 문을 나설 수 있다. 집단 회기의 종결단계에서 적용되는 목표, 기술, 전략들은 전체 집단 회기의 종결단계에도 그대로 적용할 수 있다는 점에서 그 의의를 찾을 수 있다.

셋째, 통합integration은 함께 묶기tying together라고도 불린다. 이 기술을 통해 집단리더는 집단 회기에서 선정한 주제, 사안, 그리고 개인적인 경험들이 상호 관련이 있음을 집단원들이 깨닫도록 돕는다. 그러므로 집단리더에게는 집단에서 다루는 사안들의 상호 관련성을 파악할 수 있는 능력이 요구된다.

넷째, 참여 유도drawing-out는 가능한 한 모든 집단원이 소감을 나누도록 하는 방법이다. 집단리더는 적극 참여하지 않은 집단원에 대한 참여 유도를 통해 집단경험에 대한 소감을 들을 수 있는 한편, 집단소속감을 높일 수 있다.

다섯째, 소원 말하기는 특히 치료집단, 성장집단, 지지집단의 회기를 종결할 때 유용하게 사용되는 기술이다. 이 기술은 집단원들에게 긍정적이면서도 지지적인 느낌이 들게 하는 효과가 있다. 소원 말하기 기술을 활용한 대화의 예는 대화상자 10-35와 같다.

대화상자 10-35. 소원 말하기를 활용한 대화의 예

리 더: 이번 회기에 대한 요약이 웬만큼 된 것 같은데, 더 말씀하실 분 없나요? (잠시 멈
추었다가 더 이야기할 사람이 없음을 확인하고 나서) 자, 이렇게 해 볼까요? 방 안
을 한번 둘러보세요. 그리고 혹시 소원을 말하고 싶은 대상이 있는지 확인해 보
세요. 만일 그런 사람이 있다면, 다음과 같이 말해 보세요. "당신에 대한 나의 소
원은 ~입니다." 예를 들어, 금미 씨, 당신에 대한 나의 소원은 당신의 시어머니께
전화를 걸어서 감사함을 표현하는 것입니다.

민 수: 제가 먼저 해 볼게요. 수인 씨, 당신에 대한 나의 소원은 당신 스스로에 대한 비난
을 멈추고 자신감을 회복하는 것입니다.

소 현: 주원 씨, 당신에 대한 나의 소원은 자녀가 잘못될 것에 대한 염려를 그만두고 잘
될 것이라는 확고한 믿음을 갖는 것입니다.

여섯째, 새로 들어온 집단원이 있다면, 집단리더는 종결국면의 시간을 할애하여 그
집단원에게 초점을 둔다. 이때 집단리더는 신입 집단원에게 집단 회기에 대한 소감
을 묻는다. 신입 집단원에게 초점을 두는 것은 그 집단원의 경험을 공유할 수 있음은
물론, 집단에의 적응을 돕기 위함이다. 신입 집단원의 소감을 직접 경청함으로써, 그
집단원이 집단에서 어떤 경험을 하고 있는가를 파악하려는 목적도 있다. 대화상자
10-36은 신입 집단원의 적응을 돕기 위해 소감을 다루는 대화의 예다.

 대화상자 10-36. 신입 집단원의 적응을 돕기 위한 대화의 예

리 더: 나은 씨, 이번 집단 회기가 나은 씨에게 많은 도움이 되었으면 하는데, 소감을 말
해 보시겠어요?

나 은: 글쎄요, 집단이 시작할 때는 정말 떨렸어요. 그런데 시간이 갈수록 조금씩 긴장이
풀리면서 마음이 편안해졌어요. 그렇지만 생각한 것만큼 적극적으로 참여하지 못
해서 아쉬워요. 제가 원래 여러 사람 앞에서 말을 잘 못하거든요.

리 더: 음, 그런데 이번 집단 회기가 나은 씨에게 어떤 점에서 도움이 되었나요?

나 은: 다른 분들도 저와 비슷한 생각과 느낌이 들었다는 사실이 정말 놀라웠어요.

리 더: 그랬군요. 다음 회기에도 나은 씨 자신에 대한 탐색과 이해가 계속 이어질 수 있
기 바랍니다. 그러면 오늘 회기를 마치기 전에 더 이야기하실 분 있나요?

일곱째, 집단을 떠나는 집단원이 있는 경우, 그를 위한 시간을 할애한다. 집단리더

는 해당 집단원이 집단 회기에 처음으로 참여할 당시에 설정했던 목표를 얼마나 성취했는지 검토하게 하는 한편, 다른 집단원들에게 격려와 피드백을 제공하게 한다. 특히 개방집단에서 이 과정은 다른 집단원들이 언제 집단을 그만둘 것인지 생각해 볼 기회가 된다. 대화상자 10-37은 떠나는 집단원을 인정해 주기 위한 진술의 예다.

대화상자 10-37. 떠나는 집단원을 인정해 주기 위한 진술의 예

○ "이제 약 15분 정도 남았는데, 이번 회기에 대해 요약·정리해 보겠어요. 그리고 나서 이번 회기 이후로 이 집단을 떠나게 된 혜인 씨와 작별 인사를 나누겠어요. 여러분 각자 오늘 이 시간에 얻은 것 중에서 한 가지를 생각해 보시기 바랍니다. 음, 정균 씨가 준비된 것 같은데……."

○ "오케이, 시간이 더 가기 전에 첫 회기부터 우리와 함께한 선아 씨와 작별을 나누는 시간을 잠시 갖도록 하겠어요. 여러분 모두가 선아 씨를 잘 알고 있을 거예요. 선아 씨가 처음 집단에 참여했을 때와 비교해서 현재의 모습은 어떻다고 생각하는지 선아 씨에 대한 소원과 함께 말씀해 주시면 고맙겠어요. 자, 선아 씨가 어떻게 달라졌나요?"

여덟째, 집단리더는 집단 내에서의 상호작용방식이 집단 외부 사람들과는 다소 차이가 있을 거라는 사실을 일러 준다. 집단에 참여하는 사람들에게는 상대방을 있는 그대로 받아들이는 태도가 권장된다. 또한 사적인 경험에 초점을 맞추는 한편, 때로 모험을 감수하고, 서로 배려하고 존중하기도 한다. 집단에서 이러한 경험을 한 집단원들은 가정, 직장, 학교에서 만나는 사람들과의 관계에서도 이와 동일한 소통방식을 기대할 수 있다. 이러한 기대가 충족되지 않을 때면, 집단원에 따라서는 은연중에 주변 사람이나 집단리더에게 실망, 좌절 혹은 분개할 수도 있다.

그러므로 집단리더는 집단원들에게 집단참여로 배우자나 친구보다 오히려 집단원들과 더욱 친밀한 관계가 형성될 수 있다는 점을 알려 준다. 집단리더는 이러한 가능성을 염두에 두어야 한다. 만일 이러한 점이 집단의 분위기에 부정적인 영향을 미칠 가능성이 있다면, 이 사안은 집단에서 직접 다룬다. 또한 집단원들과의 관계를 이상화한 나머지, 집단 외부의 중요한 인물들과 갈등을 초래할 수 있다는 점도 일러 준다. 대화상자 10-38은 집단 분위기와 집단 외부 환경이 차이가 날 수 있다는 점에 대해 집단리더가 어떻게 진술해야 하는가를 보여 주는 예다.

대화상자 10-38. 집단 외부 환경의 상이성에 관한 진술의 예

> **리 더**: 잠시 말씀드릴 게 있어요. 아마 나중에 다시 말씀을 드릴 거예요. 음, 우리는 집단
> 에서 사적인 부분에 대해서도 허심탄회하게 이야기를 나누고 있어요. 저는 이렇
> 게 하는 것이 우리가 이 자리에 모인 목적이라는 점에서 매우 바람직하고 또한 중
> 요하다고 생각해요. 그리고 다른 사람들의 말에 적극 반응하는 방식 역시 매우 고
> 무적이에요. 이 자리에 함께한다는 것 자체에 대해 여러분 대부분이 좋은 느낌을
> 경험하고 있다고 믿고 있어요. 그런데 주의가 요망되는 경우는 이러한 의사소통
> 방식을 다른 사람들, 즉 배우자라든가 직장동료나 상사, 친구 혹은 자녀들에게 적
> 용하고자 할 때예요. 왜냐면 그들에게는 이러한 의사소통방식이 낯설게 느껴질
> 수 있기 때문이에요. 만일 여러분이 그들과 집단에서 하는 방식으로 의사소통을
> 하려면 시간이 좀 걸릴 거예요. 그렇기 때문에 여러분이 원하는 것처럼 즉각적으
> 로 집단에서 하는 방식으로 그들과 대화할 수 있을 거라고 기대할수록 갈등이 초
> 래될 수 있어요.

끝으로, 집단 회기의 종결국면에서 집단리더는 회기나 집단에 대한 비판을 대비해
야 한다. 이때 집단리더가 유념해야 할 점은 집단원의 비판에 대해 방어적으로 대처
해서는 안 된다는 것이다. 물론 집단원 전원 혹은 대부분이 회기나 집단에 대해 비판
하는 상황이 아니라면, 집단리더는 종결국면을 비판을 다루는 데 소모하고 싶지는 않
을 것이다. 집단리더가 비판을 어떻게 다루는가는 비판의 종류, 비판을 통해 취할 점,
그리고 남은 시간의 길이에 따라 다르다. 대화상자 10-39는 종결국면에서 집단 회기
나 집단에 대한 집단원의 비판을 다루기 위한 대화의 예다.

 대화상자 10-39. 집단 회기나 집단에 대한 집단원의 비판을 다루기 위한 대화의 예

> **명 지**: 음, 말씀드리고 싶은 것이 있는데요. 이런 말씀을 드려야 할지 잘 모르겠지만, 리
> 더 선생님이 너무 자기중심적으로 이 집단을 이끄시는 것 같아요. 제가 지금까지
> 여러 집단에 참여해 봤는데, 보통 리더는 집단원의 말을 가로막지 않고, 자기 말
> 을 아끼면서 집단원의 말에 경청하지 않나요?
>
> **리 더**: 아, 그랬군요. 저는 이 집단이 여러분의 것이라는 느낌이 들기를 바랍니다. 제가
> 이 집단의 논의를 주도해 나간 적이 몇 차례 있을 거예요. 그 이유는 제가 집단리
> 더로서 교육과 훈련을 받았기 때문이지요. 그래서 저는 여러분의 말이 좀 길어지
> 거나 주제와 관련 없는 이야기를 할 때면 집단의 초점을 유지하기 위해 여러분의

> 말을 차단하기도 하고, 말이 없는 사람에게 반응이나 자신에 관한 이야기를 해 보
> 도록 독려하기도 한답니다. 저는 집단리더로서 집단을 지배하는 것 같은 인상을
> 주는 것을 원치 않습니다. 이런 인상을 받은 사람 있나요? (다른 집단원들이 고개
> 를 가로젓는다.) (집단원 전체를 둘러보며) 명지 씨가 어렵게 자신의 느낌과 생각
> 을 진솔하게 진술하게 말씀해 주서셔 감사합니다. 궁금했던 점이 다소 풀리셨나요? 서로의
> 이해를 돕는 기회가 된 것 같아요.
>
> **명　지:** (미소와 함께 고개를 끄덕이며) 네, 명확하게 말씀해 주셔서 고맙습니다.
> **리　더:** 자, 그럼 계속해서 이번 회기를 요약해 보겠습니다. 이야기해 보고 싶은 다른 생
> 　　　　각이나 느낌이 있나요?

　대화상자 10-39에 제시된 대화의 예에서, 집단리더는 집단원의 비판에 대해 일종
의 약식강의^mini-lecture처럼 간략히 반응하고 나서 다른 집단원들의 피드백을 구하고 있
다. 다른 집단원들의 비언어행동을 통해 지지를 받은 집단리더는 다시금 집단 회기
의 종결을 위한 마무리 작업으로 되돌아간다. 집단 회기의 종결 역시 집단리더의 철
저한 계획이 요구된다. 집단 회기를 어떻게 종결하는가는 집단원들의 성취감과 만족
도에 영향을 미칠 수 있기 때문이다. 그뿐 아니라, 집단원들은 다른 사람들의 소감을
경청하면서 새로운 통찰의 발판을 마련할 수 있다. 집단 회기의 종결단계에서 적용
되는 목표, 기술, 전략들은 집단이 완전히 종결하는 단계에도 그대로 적용할 수 있다
는 점에서 그 중요성은 아무리 강조해도 지나침이 없다. 다음은 집단이 완전히 종결
되는 단계에 관해 살펴보기로 한다.

전체 회기 종결 / 전체 회기 종결 시 무엇을 · 어떻게 해야 하는가?

집단이 종결되는 시기는 일반적으로 총 10회기 집단을 기준으로 9회기 내지 10회기
에 해당한다. 이 시기에 집단리더의 주요 임무는 집단원들이 이제까지 집단에서 있
었던 경험의 의미를 통합하고, 변화된 인지적 요소와 새로 습득한 행동을 실생활에
적용하도록 강화하는 일이다.

　집단리더의 임무.　　집단의 전체 회기 종결 시, 집단리더는 ① 집단경험 통합, ② 복
합 감정 처리, ③ 미결사안 해소, ④ 집단에서 습득한 행동실천 도모, ⑤ 피드백 교환
활성화, ⑥ 집단경험 평가, ⑦ 후속 일정 논의, ⑧ 비밀유지 강조, ⑨ 후속 집단 회기
일정 협의, ⑩ 작별인사를 돕는 임무를 수행한다. 이외에도 집단리더는 집단원이 개

인적으로 도움을 청하는 방법을 안내한다. 집단종결 시기에 집단리더가 집단역동의 활성화를 위해 집단원들에게 강조할 점은 글상자 10-19와 같다.

글상자 10-19. 집단역동 활성화를 위한 강조점

1. 집단에서 새로 습득한 행동을 일상생활에서 실천할 수 있다는 믿음과 용기를 갖는다.
2. 자신을 이해하고 수용할 때 훨씬 덜 방어적이 된다는 점을 인식한다.

□집단경험 통합. 첫째, 집단원들의 집단경험 통합을 돕는다. 이 시기는 집단에서의 경험과 새로운 학습 내용을 통합·정리하여 실생활에의 적용방안을 모색·결정하는 시간이다. 이 시점에서 집단원들의 관심은 집단이라는 실험실, 즉 안전하고 수용적인 분위기에서 습득한 행동을 실생활에 적용할 수 있는지에 모아진다. 집단원들의 집단경험의 실천 가능성을 높이기 위해 집단리더가 수행해야 할 과업은 글상자 10-20과 같다.

글상자 10-20. 집단원의 집단경험의 실천 가능성을 높이기 위한 집단리더의 과업

1. 집단원들의 집단경험을 재고한다.
2. 학습한 내용의 실천방법을 모색한다.
3. 집단 밖에서 실천해 본 새로운 행동에 대해 피드백을 교환하게 한다.
4. 서약서를 작성하게 하여 집단에서 배운 것을 실생활에 적용할 수 있도록 돕는다.

집단원들의 집단경험을 실생활에 적용하도록 돕기 위해 집단리더는 글상자 10-21에 제시된 항목들을 활용하여 집단논의를 촉진한다.

글상자 10-21. 집단원의 집단경험의 실천 가능성을 높이기 위한 집단논의 대상 항목

1. 집단에서의 주요 경험
2. 집단경험을 통해 얻은 점
3. 변화의 계기가 되었던 일
4. 삶에 영향을 줄 만한 경험 혹은 활동
5. 집단에서 좋았던/싫었던 점
6. 기억에 남는 활동이나 순간
7. 제안 또는 건의 사항

집단리더는 또한 글상자 10-22에 제시된 질문 또는 제안을 통해 집단원들 각자가

집단경험학습을 통합하여 실생활에 효율적으로 적용할 수 있게 돕는다.

🏢 글상자 10-22. 집단원의 집단경험학습의 실생활 적용을 돕기 위한 질문 목록

1. 집단종결에 대해 어떤 느낌이 드나요?
2. 이번 집단경험은 여러분의 삶에 어떤 의미가 있나요?
3. 집단참여를 통해 얻게 된 것이 있다면 무엇인가요?
4. 집단참여 전과 후를 비교해 볼 때, 어떤 점이 달라졌나요?
5. 이 집단이 첫 회기와 달라 보인다면, 어떤 점이 변했다고 생각하나요?
6. 첫 회기와 비교해서 마지막 회기에 어떤 점이 달라졌나요?
7. 특별히 기억에 남는 활동이나 장면은 무엇인가요?
8. 이번 집단을 통해 얻은 경험이 있다면 무엇인가요?
9. 자신에 대해서 배운 것 중, 가장 중요한 것은 무엇인가요?
10. 배운 것을 어떻게 지속적으로 실행하고자 하나요?
11. 이 집단에서 여러분은 어떤 방식으로 변화되었나요?
12. 집단활동이나 경험 중 가장 유익했던 것은 무엇인가요?
13. 집단이 종결된 후에 실천하고자 스스로 세운 목표는 무엇인가요?
14. 지금까지 집단에서 일어났던 의미 있는 일은 무엇인가요?
15. 집단에 처음 참여했을 때, 집단원 개개인에게 들었던 느낌과 생각이 바뀌었다면 어떻게 바뀌었나요?
16. 다른 집단원들을 둘러보면서 혹시 다른 집단원과 여러분 자신에 대해 깨닫게 된 사실이 있다면 무엇인가요?
17. 집단참여를 통해 여러분의 삶에 영향을 줄 만한 경험이나 활동이 있었다면 어떤 것인가요?
18. 집단에서 특별히 좋았던 점이나 싫었던 점은 무엇인가요?
19. 집단을 마치면서 하고 싶은 제안이나 건의사항은 무엇인가요?

집단리더는 집단원들과 이러한 질문들에 답해 봄으로써 집단에서 이루어진 변화와 소득이 저절로 이루어진 것이 아니라, 집단원 개개인이 열심히 노력해서 일구어 낸 산물이라는 점을 강조한다. 그리고 필요한 경우 역할연습 혹은 행동실연을 통해 집단원들의 자신감을 높이는 한편, 집단에서 성취한 새로운 행동을 실생활에 적용할 수 있도록 돕는다. 또한 집단원들이 집단작업을 통해 습득한 새로운 행동과 기술을 실생활에 적용할 수 있도록 학습효과를 강화한다. 예를 들어, 표현력을 높일 필요가 있는 아동이나 청소년의 경우에는 구조화된 방법으로 "이번 집단을 통해 가장 기억에 남는 일은 바로 _____입니다."와 같은 미완성문장을 완성하도록 한다. 이로써 자기표현의 중요성을 인식하고 자연스럽게 실생활에 적용할 수 있도록 돕는다.

집단원들이 차례대로 각자의 소감을 나누도록 하는 방법도 있다. 예를 들어, "저는 이번 집단을 통해 ~에 대해 배웠습니다." 또는 "저는 이번 집단을 통해 ~에 대해 다시 배우게 되었습니다." 같은 형식은 자기표현 능력이 부족한 집단원들, 특히 초등학생에게 매우 유용한 집단경험의 통합방법이다. 그러나 어떤 방법을 활용하건 간에 중요한 점은 집단원들이 집단에서 습득한 학습 내용과 경험을 자신의 말로 표현할 기회를 갖는 것이다. 만일 자신의 경험 내용을 제대로 표현하지 못하는 집단원이 있다면, 집단리더는 대화상자 10-40에 제시된 질문을 통해 집단원이 명확하고 구체적으로 진술하도록 돕는다.

🏠 **대화상자 10-40. 집단원의 명확하고 구체적인 진술을 돕는 질문의 예**

> **집단원**: 전 이번 집단에서 여러 번 제 문제에 대해 직면하면서 많은 걸 배웠어요. 전보다 더 성숙해졌다고 할까요? 앞으로 이 경험을 절대 잊지 않을 거예요.
>
> **리더 1**: 어떤 면에서 성숙해지신 것 같습니까?
>
> **리더 2**: 여러 번 직면 기회가 있었다고 했는데, 그 경험에 대해 좀 더 말씀해 주시겠어요?
>
> **리더 3**: 이번 집단경험이 어떤 점에서 ○○ 씨에게 의미가 있을까요?

대화상자 10-40에 제시된 대화의 예에서, 집단리더는 집단원의 진술 중 의미 있는 부분에 대해 선택적으로 반응함으로써 집단원이 자신의 집단경험을 정리하도록 돕고 있다. 이 과정에는 집단리더와 집단원들이 서로에 대한 반응을 나누고, 피드백을 교환하며, 작별의 아쉬움을 나누는 것이 포함된다. 집단의 종결을 앞둔 시기는 집단 종결 후에도 집단원들이 경험과 학습 내용의 일반화를 통해 지속적으로 성장할 수 있도록 전략을 모색하는 시간이기도 하다. 집단원들은 집단의 최종 회기가 다가오면, 성장에 박차를 가하기 위해 더 도전할 방법을 찾는다. 집단원에 따라서는 개인상담이나 다른 집단에 참가 신청을 하기도 하고, 관련 서적을 읽기도 하며, 각종 상담 관련 워크숍이나 대학원에 등록하기도 한다. 집단원들의 집단경험과 학습이 지속적인 효과가 있는가는 후속 집단 회기를 통해 점검한다. 그러나 후속 집단 회기는 필수적으로 가져야 하는 것이 아니므로 실천 여부와 진척속도를 묻는 질문지나 개별접촉을 통해 확인하는 방법으로 대신하기도 한다.

☐복합 감정 처리. 둘째, 집단종결에 따른 집단원들의 복합적인 감정 처리를 돕는 일이다. 집단초기에는 집단원들 간의 신뢰관계 형성을 위해 집단참여에 따른 감정을 적극 표현하도록 격려한다. 마찬가지로, 집단리더는 집단종결이 다가옴에 따라 파생되는 복합적인 감정들을 표출·정화하기 위한 시간을 할애한다. 집단원 중에는 집단종결을 앞두고 부적응행동을 나타내거나 집단에서 변화되기 이전의 행동을 다시 나타내기도 한다. 집단리더는 집단종결을 앞두고 이러한 행동을 나타내는 집단원들을 직면을 통해 돕는다. 집단종결에 따른 상실감 극복을 돕는 방법으로는 과거의 경험을 함께 나누는 것을 들 수 있다. 즉, 집단에서 의미 있었던 사건들을 되짚어 보고, 당시에 어떤 경험을 했는지 등에 관한 이야기를 나누는 것이다. 집단리더는 집단 회기의 마지막 순간까지 집단원들이 개인적인 작업을 계속할 수 있도록 돕는다.

집단리더도 집단종결에 대해 상실감을 경험할 수 있다. 집단종결을 앞둔 몇 회기 동안은 집단리더도 작별에 대한 자신의 감정을 적극 개방하여 집단작업을 촉진한다. 집단리더도 집단원들과 동고동락_{同苦同樂}하면서 심리적으로 친밀해져 있기 때문이다. 집단원들이 서로를 그리워하듯이, 집단리더 역시 집단원들을 그리워하게 될 수 있다. 이때 집단리더가 상실과 애도의 감정에 무감각하지 않음을 보여 준다면, 집단원들의 작별인사에 도움을 줄 수 있다.

집단종결은 집단 밖의 실생활에서 다른 형태의 관계 종결을 반영한다. 집단원에 따라서는 집단에 처음 참가하게 되었을 때만큼이나 집단을 떠나는 데에 따르는 불안감과 상실감을 호소하기도 한다. 이런 감정들은 집단원에게는 소중한 경험으로, 집단이 완전히 종결되기 전에 집단 내에서 충분히 표출되어야 한다. 집단경험과 관련된 감정을 가슴속에만 품고 있다면, 결국 실생활에서도 슬픔과 상실감에 대처하는 방법을 제대로 습득하지 못할 것이기 때문이다. 이러한 점에서 집단리더는 집단원들이 복합적인 감정을 표출하여 정화·해소할 수 있도록 돕는다. 이 작업을 위해서는 집단리더 자신이 먼저 분리감과 상실감을 적절한 방식으로 표출함으로써 집단원들도 이러한 감정을 표현하고 기꺼이 받아들일 수 있게 한다. 집단종결에 대한 불안의 단서가 되는 진술의 예는 대화상자 10-41과 같다.

 대화상자 10-41. 집단종결에 대한 불안의 단서가 되는 진술의 예

○ "우리 집단원들은 정말이지 가족 이상이에요. 정말 헤어지기 싫어요."
○ "오늘이 집단의 마지막이라는 사실 때문에 지난 밤 한숨도 못 잤어요."

> ○ "매주 이 시간이면 만나서 이야기를 나누던 분들을 더 이상 만날 수 없다면, 어떻게 생활할 수 있을까 너무 걱정돼요."

만일 집단원으로부터 대화상자 10-41에 제시된 진술을 듣게 된다면, 집단리더는 집단원에게 이러한 감정은 지극히 정상이라는 점을 깨닫게 하는 한편, 작별에 따른 감정을 잘 표출할 수 있도록 돕는다. 그리고 나서, 집단원들이 서로에 대해 느끼는 친근감이 반드시 독특할 필요는 없다는 점을 강조한다. 물론 집단원들은 집단경험을 통해 얻은 자각과 기술을 활용하여 집단 밖에서 관계를 형성할 수 있다. 만일 집단의 종결과 함께 어려운 시간을 보내게 될 집단원들이 있다면, 집단리더는 이러한 집단원들과 작업할 추가적인 시간을 확보한다.

☐ **미결사안 해소.** 셋째, 첫 회기가 시작된 이래 집단이 진행되는 과정에서 해결되지 않고 남아 있는 사안이나 감정에 관한 이야기를 나누도록 돕는 일이다. 집단종결 시기에 집단리더는 자신과 집단원(들) 사이에 해결되지 않은 문제나 집단의 목표와 관련된 미결사안을 다룬다. 집단의 종결단계에서 다루어질 수 있는 미결사안의 예는 글상자 10-23과 같다.

🏢 글상자 10-23. 집단의 종결단계에서 다루어질 수 있는 미결사안의 예

> ○ 이전 회기에서 거론되었으나 다루어지지 않았던 사안이나 의문점
> ○ 특정 집단원이 집단리더 혹은 다른 집단원에게 가지게 된 의문점
> ○ 집단 회기 중 특정 상황에서 집단리더가 다루었던 방식에 관한 부적 감정
> ○ 작업이 필요함에도 불구하고 집단에서 미처 다루지 않았거나 미해결된 개인적인 사안

미결사안을 마무리짓는 일은 중요하다. 그러나 집단종결 시간이 임박한 상황에서 새로운 사안을 끄집어내지 않도록 유의해야 한다. 만일 이전 회기에서 집단리더가 특정 상황을 다루는 방식에 대해 불만을 나타내는 집단원이 있더라도, 집단리더는 장황하게 당시 상황을 설명하거나 변명을 늘어놓기보다는 단순히 집단원의 지적사항을 받아들인다. 혹시 자신의 미결사안에 대한 상담을 원하는 집단원이 있는 경우에는 다른 상담자 또는 치료자에게 의뢰하거나 집단 회기가 완전히 종결된 후에 개인상담 또는 치료의 가능성을 탐색한다. 앞서 강조한 것처럼, 집단이 종결되는 시점에서 집

단원의 특정 사안에 대한 탐색을 심화시키는 것은 적절하지 않다. 대화상자 10-42는 집단의 종결단계에서 집단원의 미결사안을 다루는 집단리더 진술의 예다.

대화상자 10-42. 종결단계에서 미결사안을 다루는 집단리더 진술의 예

> **리　더**: 집단을 모두 마치기 전에, 집단에서 꼭 다룰 필요가 있었는데 미처 다루지 못했거나 표현하지 않은 감정이나 해결되지 않은 사안이 있으면 이 시간을 통해 마무리 짓기로 하겠어요. 잘 아시다시피, 우리가 지금 하려는 작업은 집단종결을 위한 것이에요. 여러분에게 개인적으로 작업할 것을 요청하는 것이 아니라, 이 시간에 함께 나눌 필요가 있다고 느끼는 소감이나 궁금한 점에 대해 질문해 주시면 됩니다.

☐ **집단에서 습득한 행동실천 도모.** 넷째, 집단원들이 집단에서 습득한 새로운 행동을 실생활에서 실천할 수 있도록 돕는 일이다. 집단이 종결되면서 집단원들이 직면하게 되는 주요 과제는 집단에서 학습한 것을 통합하여 실생활에 적용하는 일이다. 즉, 집단경험에서 얻은 통찰과 행동들을 음미해 보고, 인지적 재구조화를 통해 일상생활에 적극 활용하는 것이다. 졸업이 인생의 새로운 시작을 의미하듯이, 집단종결 역시 집단경험에서 습득한 새로운 신념과 행동을 바탕으로 새롭게 변화된 삶의 시작이다. 집단원이 집단에서 얻은 통찰이나 습득한 학습 내용을 실생활에서 적극 실천하도록 돕는 데 있어서 집단리더가 염두에 두어야 할 사항은 다음 두 가지다.

하나는 부메랑 현상을 막는 것이다. 아무리 집단활동에 열성적으로 참여한 집단원이라도 일단 집단을 떠나면 부메랑^{boomerang} 현상 혹은 요요^{yoyo} 현상이 나타날 수 있다. 이는 집단경험을 통해 새로 습득한 행동이 집단의 종결과 함께 다시 이전 상태로 되돌아가는 것을 말한다. 집단과는 달리 집단의 외부세계는 그리 지지적인 환경이 아닐 수 있다. 따라서 집단리더는 새로 습득한 행동을 안전하지 않고 지지적이지 않은 환경에서도 실천할 방법을 마련해야 한다. 어떤 집단원은 집단의 종결과 함께 마치 모든 것이 끝나는 것처럼 여기기도 한다. 그러므로 집단리더는 집단은 단지 각자가 설정한 목표를 달성하기 위한 수단이고, 집단의 궁극적인 목적은 집단에서 습득한 학습 내용을 외부 세계에 나가서 도전하고 삶을 보다 생산적으로 변화시키는 것이라는 점을 반복해서 강조한다.

집단에서 습득한 행동실천을 도모하기 위해서는 실행계약서를 작성하는 방법이 있다. 집단종결은 집단모임이 없어도 집단에서 학습한 것을 실생활에 실천해야 하는 시점이다. 집단원들의 행동실천을 도모하기 위해 집단리더는 집단이 종결된 후라도 집단원들이 습득한 새로운 행동을 각자 집단의 외부에서 실험해 보거나 지속적으로 실천할 수 있도록 과제를 부과하거나 계약을 맺는 방법을 활용할 수 있다. 즉, 집단의 최종 회기에 집단원들이 앞으로 실천할 목록과 계약서를 작성한다. 이처럼 집단에서 습득한 새로운 학습 내용을 일상생활에서 적극적으로 수행하고 성취하겠다는 계약서를 작성하는 것은 매우 적극적인 활동으로서, 새로운 행동을 실생활에 성공적으로 정착시키는 효과가 있다(Tomkins, 2004).

계약서 작성 시, 집단원 중 한 사람에게 계약서를 본보기로 공개하거나 크게 읽게 하여 다른 집단원들이 참고하게 한다. 계약 결과는 일정 기간이 지난 후에 전화나 개별면담 또는 후속 집단을 통해 확인한다. 새로운 행동을 실천하는 데 있어서 집단원들이 흔히 갖는 비현실적인 기대는 자신의 삶에 즉각적으로 대변혁이 자동적으로 일어나 영원히 지속된다고 믿는 것이다. 집단원들은 때로 이러한 비현실적인 기대와 조급함 때문에 쉽게 좌절하기도 한다. 그러므로 집단리더는 집단원들에게 오랫동안 굳어진 습관을 한순간에 변화시키기는 어려우며, 그 변화는 서서히 진행된다는 점을 깨닫도록 돕는다.

□ 피드백 교환 활성화. 다섯째, 집단원들의 피드백 교환을 활성화하는 일이다. 집단종결에 앞서 집단원들이 서로 최종적인 피드백을 주고받는 것은 매우 의미 있는 활동이다. 최종 피드백final feedback이란 집단원들이 각자 다른 집단원에게 그동안의 집단경험과 작업을 통해 어떻게 변화되었는지 말해 주는 것을 말한다. 최종 피드백은 진솔하면서도 구체적으로 진술되어야 한다. 집단리더는 집단원들이 명확하게 진술할 수 있도록 돕는다. 집단원들 간의 구체적인 피드백의 예는 대화상자 10-43과 같다.

🏠 **대화상자 10-43. 집단원들 간의 구체적인 피드백의 예**

> ○ "해인 씨의 솔직한 피드백이 참으로 맘에 들어요. 또 다른 사람들을 따뜻하게 배려하고 경청하는 태도를 보면, 참 좋은 느낌이 들어요."
> ○ "한주 씨가 아무 말 없이 있을 때는 말을 걸기조차 어려운데, 얼굴에 미소를 지을 때는 훨씬 더 매력적이고, 어떨 때는 귀엽기까지 해요."

반면, 지나치게 모호하고 추상적이어서 별로 유용하지 않은 피드백도 있다. 모호하고 추상적이어서 유용성이 낮은 피드백의 예는 대화상자 10-44와 같다.

대화상자 10-44. 모호해서 유용성이 낮은 피드백의 예

○ "이 세상에는 나연 씨 같은 사람이 필요한 것 같아요."

○ "전 정말이지 동민 씨가 참 괜찮은 사람이라 생각합니다."

○ "우리 집단에 있는 사람들 모두 참 좋은 분들인 것 같아요."

○ "가인 씨가 지금은 어렵지만, 앞으로는 모든 것이 다 잘될 거예요."

○ "솔직히 말하면, 은아 씨는 정말 굉장한 여자예요. 수퍼우먼이라고나 할까요?"

피드백을 주고받을 때, 집단리더가 관심 있게 지켜봐야 할 점은 집단원들이 의도적으로 긍정적인 부분에만 초점을 맞추지 않도록 하는 것이다. 물론 긍정적인 피드백은 학습을 강화하는 효과가 있다. 그렇지만 건강하고 생산적인 집단이라면 긍정적 측면은 물론 부정적 측면에 대해서도 진솔한 피드백을 교환할 수 있어야 한다. 대화상자 10-45는 집단원에게 진솔한 관심을 표현함으로써 집단의 종결 이후에도 지속적인 변화의 계기를 마련할 수 있는 피드백의 예다.

 대화상자 10-45. 유용성이 높은 피드백의 예

○ "제가 보기에 보아 씨의 삶에서 보아 씨 자신은 보이지 않는 것 같다는 생각이 들었어요. 그래서 제가 보아 씨에게 바라는 점이 있다면, 다른 사람들의 요구에만 민감하게 반응하기보다는 좀 더 보아 씨 자신을 위해 시간과 에너지를 할애하셨으면 하는 것이에요."

○ "저는 민영 씨가 가장 친한 친구분과 사소한 갈등으로 헤어지게 된 사실에 대해 안타까우면서도 친구분에게 먼저 화해를 요청하지 않는 것이 자신의 스타일이라는 우기는 행동에 대해 의아한 생각이 들었어요."

○ "전 한영 씨가 유머를 즐기는 점은 참 좋게 보지만 서인 씨의 불편한 몸에 대해 농담을 하는 것은 왠지 서인 씨 마음을 아프게 할까 봐 염려되곤 했어요."

○ "미주 씨가 제게 충고할 땐, 저는 강한 거부감이 느껴졌습니다. 대신 미주 씨가 제가 고민하던 문제를 한번에 해결해 주려고 하기보다는 저의 어려움을 함께 나누려고 했을 때 훨씬 더 많은 도움이 되었어요."

○ "한빈 씨가 인내심이 강하다는 사실이 부럽기는 하지만, 한편으로는 매사에 너무 참으려고 해서 오히려 가까운 사람들과의 관계에서도 어려움을 겪게 되는 것이 아닌가 생각됩니다."

대화상자 10-45에 제시된 진술의 예에서, 집단리더는 한 집단원에게 최종 피드백을 제공하고 있다. 집단리더는 집단원들에 비해 직면적 혹은 부적 피드백을 주기에 좋은 위치에 있다. 왜냐면 집단리더는 집단원들의 개인 신상에 관한 정보를 가지고 있고, 집단 내에서 지속적으로 관심을 가지고 관찰해 왔기 때문이다. 또한 필요한 경우 개인적으로 면담 기회를 통해 비교적 다양한 측면에서 집단원들을 알고 있기 때문이다. 그렇지만 집단원들 사이에 이루어진 피드백은 오히려 집단리더보다 더 큰 효과를 가져다줄 수 있다. 그 이유는 집단원들은 동병상련同病相憐, 즉 서로 비슷한 입장에서 각자의 문제와 씨름해 왔다는 점에서 서로의 입장을 이해할 수 있기 때문이다. 집단리더는 피드백의 효율성을 높이기 위해 이 과정을 구조화시켜 집단원들이 명확하게 진술할 수 있도록 도와야 한다. 집단리더가 최종적인 피드백 제공방식을 구조화시켜서 집단원들이 구체적인 피드백을 제공할 수 있도록 도와주는 대화의 예는 대화상자 10-46과 같다.

🏠 **대화상자 10-46. 최종 피드백 제공을 위한 대화의 예**

> **리　더**: 자, 그러면 지금부터 그동안 집단경험을 통해 다른 집단원들이 긍정적으로 변화된 점에 대해 잠시 생각해 보겠어요. 여러분이 보기에 긍정적인 변화가 있었다고 생각하는 사람 세 명을 골라 보세요. 그러고 나서 그 세 사람은 각자 어떤 변화가 있었고, 그 변화된 점이 그분에게 얼마나 도움이 될 것으로 생각하는지 말하면 됩니다. 예를 들어, 저는 주현 씨가 부드러워졌다는 느낌이 들어요. 그래서 저는 이전보다 주현 씨와 대화하기가 훨씬 더 쉬워졌어요. 자, 그럼 송희 씨부터 시작해 볼까요?
>
> **송　희**: 저는 정주 씨의 피드백이 참 맘에 들어요. 예리하면서도 구체적이어서 저한테 도움이 많이 되었어요. 그리고 다른 사람들을 따뜻하게 배려하고 다른 사람들의 말에 귀 기울여 주는 모습이 무척 좋은 느낌이 들었어요. 이러한 모습을 직장동료들에게 보인다면, 그들도 저와 같은 느낌을 받게 될 거예요.
>
> **준　상**: 병준 씨가 얼굴에 미소를 지을 때, 제 맘이 편안해지고 가까이 다가갈 수 있었어요. 이번 집단에서 자녀와의 관계가 어렵다고 했는데, 아이들에게도 웃는 모습으로 먼저 다가간다면 아이들과의 관계에서도 마찬가지의 효과가 있지 않을까 하는 생각이 들어요.

한편, 최종 피드백은 자신의 문제를 부인하거나 자신의 행동에 대한 책임을 회피하려는 집단원에 대해 직면하는 기능도 있다. 직면의 기능이 있는 피드백은 분노나 실망과 같은 감정 없이 솔직한 생각을 전달함으로써 미결사안에 대해 직면하려고 하지 않는 집단원에게 영향을 미칠 수 있다. 이러한 피드백은 집단리더뿐 아니라 집단원도 할 수 있다.

□**집단경험 평가.** 여섯째, 집단원들의 집단경험을 평가하는 일이다. 집단의 최종 회기에는 집단에 대한 평가가 이루어진다. 이를 위해 집단원들은 집단평가서를 작성한다. 또한 상담이 필요한 집단원의 의뢰와 함께 후속 집단에 대해 안내한다. 경험보고서 작성 역시 이 시기에 이루어진다. 집단평가는 집단원들이 집단참여를 통해 얻은 변화의 정도를 가늠해 볼 수 있는 수단이다. 집단리더는 가종 표준화 혹은 비표준화 검사방법 등으로 집단원들에게 도움이 되었던 개입방법과 그렇지 못한 방법을 확인할 수 있다. 그뿐 아니라, 집단원 개개인의 변화를 객관적으로 확인할 수 있다. 집단경험 평가는 향후 더 나은 집단을 만드는 데 유용한 자료로 활용할 수 있다는 점에서 의의가 있다. 집단경험 평가는 ① 객관식 질문지, ② 주관식 질문지, ③ 경험보고서 또는 소감문 작성을 통한 방법이 있다.

첫째, **객관식 질문지**는 보통 라이커트 척도$^{Likert scale}$를 사용하여 기술통계방법으로 분석하는 방법이다. 이 방법은 분석 결과를 바탕으로 집단원의 만족도를 확인할 수 있는 한편, 다른 집단들의 평가와 객관적 비교를 가능하게 한다. 반면, 척도가 획일화되어 응답자의 자유롭고 다양한 반응을 끌어낼 수 없고, 이들의 변화과정을 추정할 수 없다는 한계가 있다. 그러나 집단 시작 전과 후에 집단원의 태도, 신념, 행동, 감정 등의 변화 정도를 양적으로 추정할 수 있다는 장점이 있다. 객관식 질문지 형식을 활용한 집단상담 평가서 예시는 그림 10-2와 같다.

문항	전혀 그렇지 않다	그렇지 않다	보통 이다	그렇다	매우 그렇다
1. 집단경험을 통해 다른 사람들을 더 잘 이해할 수 있게 되었다.					
2. 집단경험은 내게 아무런 영향을 주지 않았다.					
3. 이번 집단경험은 집단 밖에서의 실생활에 긍정적인 영향을 주었다.					
4. 나는 이 집단에 소속되어 있었다는 사실이 싫었다.					
5. 집단경험은 나를 이해하는 데 많은 도움이 되었다.					
6. 다른 사람들에게도 집단참여를 적극 추천하겠다.					

주. 2번과 4번 문항은 역산문항임.

그림 10-2. 집단상담 평가서 예시

둘째, **주관식 질문지**는 응답자의 주관적 반응을 질적으로 분석하는 방법이다. 이 방법은 객관식 질문지에 비해 자유로운 반응을 끌어낼 수 있다는 장점이 있다. 그러나 객관식 질문지와 마찬가지로, 다른 집단의 평가 결과와 비교하기에는 다소 한계가 있다. 그러므로 집단리더는 객관식 질문지와 주관식 질문지의 이점을 얻기 위해 둘을 혼합한 방식을 사용할 수 있다. 주관식 질문지의 문항은 집단리더의 관심에 따라 다양하게 작성할 수 있지만, 일반적으로 자주 사용되는 문항의 예는 글상자 10-24와 같다.

🏢 글상자 10-24. 주관식 질문지 문항의 예

1. 집단경험을 통해 얻은 점은 무엇인가요?
2. 집단경험 중 가장 중요한 것은 무엇인가요?
3. 집단경험의 가치를 10점 척도로 나타낸다면, 몇 점인가요?
4. 집단에서 가장 의미 있었던 점은 무엇인가요?
5. 집단경험에서 가장 좋았던 점과 싫었던 점은 무엇인가요?
6. 집단리더가 사용한 기술 중 가장 큰 영향을 받은 것은 무엇인가요?
7. 집단에서 배운 것을 실생활에 적용할 때 어떤 문제가 있었나요?
8. 집단에서 경험한 변화는 계속되고 있나요?
9. 집단경험이 삶에 부정적인 영향을 미쳤다면 어떤 것인가요?
10. 집단참여가 중요한 타인들에게 어떤 영향을 주었나요?
11. 집단에 참여하지 않았더라면 어땠을까요?
12. 집단경험을 한 문장으로 말한다면?
13. 집단의 유익한 점과 그렇지 못한 점은 무엇인가요?
14. 집단리더의 집단운영방식에 대해 좋았던/싫었던 점은 무엇인가요?
15. 기타 소감, 의견, 건의사항을 적어 주세요.

셋째, **경험보고서** 또는 **소감문**을 작성하게 하는 방법이 있다. 이 방법은 집단에 대한 평가는 물론, 집단원들의 집단경험학습을 정리, 통합, 공고히 할 수 있다는 장점이 있다. 이외에도 집단리더는 집단원들이 보고서에 적은 내용을 기초로 집단 내에서 겪은 주관적인 경험뿐 아니라 일상생활에서 겪은 경험 내용을 보고하는 질문지에 답하게 하는 방법을 이용할 수 있다.

☐후속 일정 논의. 일곱째, 후속 일정을 논의하는 일이다. 이때 개인상담 또는 치료를 통해 지속적인 도움이 필요한 집단원들에게 상담전문가 혹은 기관의 이름과 연락처 등에 관한 정보를 제공하고 상세하게 안내해 주는 일은 집단리더의 책임에 속한다. 또한 집단리더는 필요한 경우 집단원들에게 새로 시작되는 집단, 다른 유형의 집단, 결혼상담, 혹은 가족치료에 관한 정보를 제공한다.

☐비밀유지 강조. 여덟째, 집단원들에게 비밀유지의 중요성을 재차 강조하는 일이다. 비록 고의가 아니라도 집단 내에서 거론된 집단원들의 사적인 정보가 다른 사람들에게 공개되는 경우가 종종 발생하기 때문이다. 예를 들어, 집단경험에서 배운 것을 다른 사람들에게 전달하려고 할 때 자신도 모르게 불필요하게 상세한 내용까지 이야기해 버릴 수 있다. 그러므로 집단경험을 나누는 데서 다른 집단원들의 신상에 대해 상세하게 언급하거나 거론하지 않도록 재차 강조한다.

☐후속 집단 회기 일정 협의. 아홉째, 후속 집단 회기의 일정을 협의하는 일이다. 집단리더는 집단 회기가 완전히 종결하고 나서 수주 혹은 수개월 후에 후속 집단 회기 일정을 집단원들과 협의한다. 단, 후속 집단 회기를 한 차례 갖느냐, 아니면 두 차례 갖느냐는 집단의 유형과 집단원들의 요구에 달려 있다. 예를 들어, 한 기관에서 과업집단에 참여한 사람들은 일이 어떻게 진행되고 있는지 확인하기 위해 한 차례 정도 후속 집단 회기를 가져도 좋다. 반면, 상담집단, 치료집단, 지지집단의 경우에는 후속 집단 회기는 집단원들에게 있어서 자신들의 근황을 알리는 것은 물론 이별에 따른 불안감을 감소시킬 수 있는 기회가 된다. 따라서 집단리더는 후속 집단 회기 프로그램을 활용하여 집단원들의 불안을 해소해 주도록 한다.

☐작별인사. 끝으로, 집단원들이 작별인사를 나눌 기회를 마련하는 일이다. 집단종결은 집단원들의 삶에서 매우 특별한 경험의 끝을 의미할 수 있다. 집단원에 따라서는 집단에서 맺은 관계가 자신의 삶에서 다른 어떤 관계보다 친밀하고도 특별한 관계일 수 있기 때문이다. 이러한 집단원들은 더 이상 집단모임을 갖지 않는다는 사실에 강렬한 감정을 경험할 수 있다. 집단리더는 이러한 감정을 토로할 기회를 마련하는 한편, 서로에게 마지막 인사를 나눌 수 있도록 시간을 할애한다. 집단원들이 원한다면 서로 연락처를 교환하도록 할 수 있다.

성찰활동 / 함께 해 볼까요?

1. 당신과 나 사이 두 사람씩 짝을 지어 전신을 볼 수 있는 거리를 두고 마주보고 앉는다. 잠시 말없이 상대방을 응시한 다음, 서로의 느낌을 나눈다. 그런 다음, 한 사람이 표현한 느낌에 대해 다른 사람은 그에 대한 자신의 느낌을 표현한다. 이 작업을 더 이상 표현할 수 없을 때까지 반복한다. 이 연습은 감수성훈련의 일종으로, 참여자들의 감성을 일깨워 주기 위한 활동이다. 연습을 마치면, 서로 소감을 나눈다.

_____

_____

_____

_____

_____

_____

_____

_____

_____

_____

2. Dear me ... 3분 정도 모두 눈을 감고 명상을 한다. 그런 다음, A4 용지에 각자 자신에게 하고 싶은 말을 편지형식으로 자유롭게 글로 써 보자. 예를 들어, 과거 일의 회상, 장래희망, 위로 또는 용서를 구하는 기도문, 용서를 선언하는 편지 등을 작성한다. 모두 작성을 마치면, 편지를 모아서 뒤섞는다. 구성원 각자가 무작위로 한 장씩 뽑고는 돌아가면서 큰 소리로 읽는다. 모두 읽고 나면, 서로 소감을 나눈다.

_____

_____

_____

_____

_____

_____

_____

_____
_____
_____
_____
_____
_____
_____
_____

3. 나의 선택 다음 상황에서 나는 어떤 선택을 할 것인가?

> 비바람이 몰아치던 밤, 차를 몰고 집으로 돌아가던 중이다. 버스정류장을 지나치다가 버스를 기다리던 세 사람이 눈에 들어온다. ① 몸이 불편해 보여 병원으로 모시고 가야 할 상황에 있는 할머니, ② 내 생명을 구해 준 적이 있는 의사, ③ 꿈에 그리던 이상형의 인물이다. 차에는 단 한 명만이 탈 수 있는 자리가 있다. 이들이 기다리고 있는 버스가 온다는 보장이 없는 상황이다.

나는 누구를 태우겠는가? 그 이유는?

_____
_____
_____
_____
_____
_____
_____
_____
_____
_____
_____
_____
_____

집단발달

순간에서 순간으로 움직여 가야 한다.
삶의 의미는 무엇으로부터 오는가?
삶의 의미는 미지의 것으로부터,
낯선 것으로부터,
갑자기 문을 두드리는
예측할 수 없는 손님으로부터 온다.

예기치 않았던 순간에
갑자기 피어나는 꽃으로부터,
그때 삶은 의미를 갖는다.
그때 삶은 춤을 갖는다.
그것은 미지의 세계로
걸어 들어가는 발걸음이기에……

– 오쇼의 『장자, 도를 말하다』 중에서 –

☐ 탐색단계 … 555
☐ 작업단계 … 572
☐ 생산단계 … 593
☐ 통합단계 … 603
☐ 후속 집단 회기 … 607
◆ 성찰활동 … 610

집단은 어떻게 발달하는가? 집단은 유기체처럼 발달한다. 누군가 처음 만나면, 그와는 구면舊面이 된다. 서로에 대해 피상적으로 알던 두 사람은 시간을 함께하게 되면, 만남과 대화를 통해 서로에 대해 알게 되고 전보다 더 심층적인 부분에 대해 깊이 있고 진솔한 대화를 나누게 된다. 이처럼 자연스럽게 진행되는 과정을 변화 혹은 치료적으로 활용하기 위하여 의도성을 가지고 구성되는 모둠이 치료적 집단이다. 또한 집단에서 발생하는 변화과정을 이해하기 쉽게 단계로 구분한 것이 집단의 발달단계다. 이미 수세기 전부터 학자들은 과학의 힘을 빌려 이 과정을 일정한 단계로 구분하여 유기체의 발달을 이해하고자 했다. 특히 심리학 분야에서는 프로이트의 심리성적 발달단계, 에릭슨의 심리사회발달단계, 피아제의 인지발달단계, 콜버그의 도덕성 발달단계, 퀴블러-로스Elisabeth Kübler-Ross의 애도과정grieving process 등이 그 예다. 이러한 이론들은 발달을 단계로 보고 있고, 발달원리에 기초한다는 공통점이 있다. 발달의 원리는 글상자 11-1과 같다.

글상자 11-1. 인간발달의 원리

1. 단계의 순서대로 진행된다.
2. 일반적으로 단계의 순서는 건너뛰지 않는다.
3. 한 단계에서 다음 단계로 넘어가는 경계선이 명확하지 않다.
4. 때로 선형적으로 일어나지만, 주기적으로 반복해서 일어나기도 한다.
5. 사람들이 어떤 단계에 있는지를 알고 있다면, 다음에 어떻게 될 것인지에 대한 예측이 가능하다.
6. 사람들이 다음 단계로 옮겨 갈 수 있도록 도움으로써 촉진될 수 있다.

인간발달의 원리는 집단발달에 그대로 적용된다. 단지 차이가 있다면, 집단이 진행되는 한 어떤 단계도 영원히 졸업하지는 않는다(Yalom, 2005)는 사실이다. 집단발달의 단계별 특징은 대체로 분명하게 드러난다. 따라서 발달단계는 집단의 시작에서 종결에 이르기까지 집단역동을 관찰할 수 있는 유용한 틀을 제공한다. 이 장에서는 집단 역시 이처럼 일정한 단계를 거쳐 발달한다고 가정한다(표 11-1 참조). 학자별로 구분한 집단발달단계는 표 11-1과 같다(강진령, 2019).

표 11-1. 학자별 발달단계 구분

학자명	연도	집단발달단계	
□ 베니스 · 셰파드 Bennis & Shepard	1956	1. 권위^{authority} 및 구조화^{structure} 2. 친밀감^{intimacy} 및 상호의존^{interdependence}	
□ 슈츠^{Schutz}	1958	1. 합류^{inclusion} 3. 개방^{openness} 5. 방출^{letting go}	2. 통제^{control} 4. 상호신뢰^{mutual trust}
□ 터크만^{Tuckman}	1965	1. 형성^{forming} 3. 폭풍^{storming} 5. 산회^{adjourning}	2. 규준 설정^{norming} 4. 수행^{performing}
□ 피셔^{Fisher}	1980	1. 오리엔테이션^{orientation} 3. 출현^{emergence}	2. 갈등^{conflict} 4. 강화^{reinforcement}
□ 라 쿠르스제 La Coursiere	1980	1. 오리엔테이션^{orientation} 3. 해소^{resolution} 5. 종결^{termination}	2. 불만족^{dissatisfaction} 4. 생산^{production}
□ 워드^{Ward}	1982	1. 힘^{power} 3. 작업^{working}	2. 응집^{cohesiveness} 4. 종결^{termination}
□ 코만스키 · 모젠터 Kormanski & Mozenter	1987	1. 갈등^{conflict} 3. 생산^{productivity}	2. 협력^{cooperation} 4. 분리^{separation}
□ 가즈다^{Gazda}	1989	1. 탐색^{exploration} 3. 실행^{action}	2. 과도^{transition} 4. 종결^{termination}
□ 반더 콜크^{Vander Kolk}	1990	1. 시작^{beginning} 3. 응집^{cohesiveness} 및 생산성^{productivity} 4. 완결^{completion}	2. 갈등^{conflict} 및 우월^{dominance}
□ 도니지안 · 말나티 Donigian & Malnati	1997	1. 오리엔테이션^{orientation} 3. 응집력^{cohesiveness} 5. 종결^{termination}	2. 갈등^{conflict} 및 직면^{confrontation} 4. 작업^{work}
□ 윌란^{Wheelan}	2004	1. 의존^{dependence} 및 합류^{inclusion} 2. 역의존^{counterdependence} 및 투쟁^{fight} 3. 신뢰^{trust} 및 구조화^{structure} 4. 작업^{work} 5. 종결^{termination}	

☐ 얄롬^{Yalom}	2005	1. 오리엔테이션^{orientation} 및 의미 탐색^{search for meaning} 2. 갈등^{conflict} 3. 우월^{dominance} 및 반발^{rebellion} 4. 응집^{cohesiveness}
☐ 윤 · 존슨 Yoon & Johnson	2008	1. 방향 설정^{orientation}　　2. 일정수립^{scheduling} 3. 탐색^{exploration}　　4. 작업^{work} 및 결정^{decision} 5. 진척 확인^{progress check} 및 평가^{evaluation} 6. 정교화^{refinement} 7. 종결^{termination}
☐ 트로처^{Trotzer}	2013	1. 안전^{security}　　2. 수용^{acceptance} 3. 책임^{responsibility}　　4. 작업^{work} 5. 종료^{closing}
☐ 코틀러^{Kottler}	2015	1. 도입^{introduction}　　2. 실험 참여^{experiment engagement} 3. 응집력 있는 참여^{cohesive engagement} 4. 탈참여^{disengagement}
☐ 글라딩^{Gladding}	2016	1. 형성/방향 설정^{formation/orientation} 2. 과도^{transitioning}(폭풍/규준 설정^{storming/norming}) 3. 수행/작업^{performing/working} 4. 애도/종료^{mourning/closing}
☐ 제이콥스 외 Jacobs et al.	2016	1. 시작^{beginning}　　2. 중간^{middle} 또는 작업^{working} 3. 종결^{ending} 또는 끝맺음^{closing}
☐ 코리 · 코리 Corey & Corey	2017	1. 초기^{initial}　　2. 과도기^{transition} 3. 작업^{working}　　4. 종료^{ending}

　표 11-1에 제시된 바와 같이, 집단의 발달단계에 관한 견해는 학자마다 다르다. 그러나 집단의 발달단계는 몇 회기가 지나면 기계적으로 다음 단계로 넘어가는 것이 아니라, 집단과정의 이해를 돕기 위해 체계적으로 정리해 놓은 이론이다. 따라서 집단의 발달단계를 마치 사전에 정해 놓은 것으로 여겨서 집단을 이러한 과정에 억지로 짜 맞추려고 해서는 안 된다. 이렇게 정형화된 집단은 진정한 집단리더와 집단원의 작업동맹과 집단의 실제성^{realness}과 진정성^{authenticity}을 훼손시킬 수 있기 때문이다. 여기서는 집단발달단계를 ① 탐색단계, ② 작업단계, ③ 생산단계, ④ 통합단계로 구분하여 살펴보기로 한다. 그런 다음, 후속 집단 회기에 관해 고찰하기로 한다.

집단의 탐색단계exploratory stage는 집단 회기가 시작되는 시기로, 집단원들이 자신의 관심사와 집단참여목표를 탐색하고, 다른 집단원들과 신뢰관계를 형성하는 시기다. 작업단계working stage는 집단원들이 자신의 삶을 되돌아보면서 통찰을 얻기 위해 애쓰고, 보다 생산적이고 행복한 삶을 위해 행동과 사고의 변화에 노력하는 시기다. 생산단계productive stage는 이전 단계의 노력을 통해 집단원들에게 통찰이 일어나고 행동과 사고가 생산적인 방향으로 변화하는 시기다. 집단참여의 목적을 이루게 된 집단원들은 통합단계integrative stage에서 집단경험과 학습 내용을 일상생활에 적용하여 생산적이고 행복한 삶을 영위할 수 있도록 요약 · 정리한다. 끝으로, 후속 집단 회기follow-up session는 선택 사안으로, 집단종결 후 일정 기간이 지난 후에 집단경험 효과의 지속 여부를 평가하기 위한 회기를 말한다. 집단은 저마다 독특한 배경과 특성을 지닌 사람들 사이에 이루어지는 복잡한 상호작용을 통해 발달해 간다. 집단원들은 생각과 느낌을 표현하게 되면서 각자의 대인관계 패턴과 스타일을 나타낸다. 집단이 발달하면서 집단원들의 의사소통방식에 생기는 변화는 글상자 11-2와 같다.

글상자 11-2. 집단발달과 함께 변화되는 집단원들의 의사소통방식

1. 비판적인 태도가 공감적 이해로 바뀐다.
2. 충고나 조언이 느낌 표현으로 변화된다.
3. 갈등회피가 적극적인 자기개방으로 이어진다.
4. '왜'라는 질문이 구체적인 피드백으로 대체된다.
5. 집단리더 중심에서 자기주도적으로 극적인 변화가 이루어진다.
6. 집단원들과의 갈등을 피하기보다 오히려 자기탐색을 심화하는 계기로 삼는다.
7. 다른 집단원의 말에 공감적 · 수용적으로 경청하면서 개인적이고 느낌 중심의 경험을 표현한다.
8. 지금 여기 경험에 초점을 맞추고 다른 집단원들의 행동에 대해 솔직하고 구체적인 피드백을 제공한다.

글상자 11-2에 제시된 변화의 움직임은 집단 내에서의 작업을 보다 심화시켜 집단원 개개인의 변화를 촉진한다. 여기서는 집단발달의 각 단계에 따른 집단의 특성을 좀 더 구체적으로 기술하고 있다. 또한 집단리더와 집단원들의 역할, 집단모임을 시작하고 종결하는 집단리더의 기술, 집단원들의 집단참여 목적을 달성할 수 있도록 도와야 할 집단리더의 책임 등에 대해 논의하고 있다. 그뿐 아니라, 임상적인 실제와 관련된 집단과정의 중심 개념들을 다루면서 집단의 발달단계별로 집단리더가 어떻게 개입할 것인지를 설명하고 있다. 그러면 집단발달의 첫 단계인 탐색단계에 관하여 살펴보자.

탐색단계

집단원들은 보통 양가감정^{ambivalence}, 즉 기대감과 불안감을 동시에 가지고 집단 회기에 참여한다. 첫 회기를 마친 후, 집단원에 따라서는 일종의 문화충격을 받아 밤잠을 설치며 몹시 힘들어하는가 하면, 한 주를 보내면서 상상 속에서 다른 집단원들과 대화를 나누며 다음 회기를 기다리기도 한다. 또한 한 회기를 함께하더라도 처음 만나는 사람들의 모습이 잔상으로 남기도 한다. 그리고 집단에서 형성되는 관계가 오래 이어지기도 한다. 정도의 차이는 있겠지만, 사람들은 대체로 자신이 속한 집단의 구성원들에게 관심이 있다. 따라서 집단원들은 권태감 때문에 집단을 떠나지는 않는다. 그러므로 집단리더는 이들이 나타내는 조롱, 모욕, 두려움, 의기소침, 수치, 공포, 미움은 믿되, 이들의 무관심만은 믿어서는 안 된다(Yalom, 2005).

탐색단계의 핵심은 집단이 나아갈 방향으로의 안내와 탐색이다. 이 단계는 집단유형에 따라 다소 차이가 있다. 그러나 집단의 전체 회기 수를 10회기로 볼 때, 집단의 탐색단계는 일반적으로 집단 시작 후 1~2회기 정도에 해당한다. 탐색단계에는 집단원들 사이에서 집단에 대한 기대, 소망, 흥분감이 지배적이다. 이 시기는 아직 서로 낯설고 상대적으로 피상적인 인간관계로 인해 서로 좋은 점만을 내보이려 한다는 점에서 '신혼여행기$^{honeymoon\ period}$'에 비유되곤 한다. 집단의 탐색단계에서 집단리더가 리더십을 어떻게 발휘하고 집단원들이 어떤 수준에서 작업에 임하는가에 따라 생산단계로의 도약 여부가 결정된다. 만일 집단리더의 리더십과 집단원들의 작업이 수준에 미치지 못한다면, 집단은 탐색단계에 정체되거나 작업단계에서 공전하다가 종결을 맞이하기도 한다. 집단의 탐색단계는 ① 탐색단계의 특징, ② 집단리더의 임무, ③ 탐색단계의 촉진전략으로 구분하여 살펴보기로 한다.

탐색단계의 특징

　탐색단계의 특징은 집단원들이 새로운 사람들과의 만남으로 어색해하고, 자기개방에 부담을 느끼며, 피상적으로 교류하는 것이다. 또한 집단참여에 대한 불안감으로 집단참여를 꺼리는 집단원들이 나타나기도 한다는 것이다. 탐색단계의 주요 특징을 요약·정리하면 표 11-2와 같다.

표 11-2. 탐색단계의 특징

특징	설명
☐ 낮은 신뢰감	○ 집단원들 간의 신뢰감 수준이 상대적으로 낮은 편이어서 자신들의 심리내적 관심 또는 쟁점보다는 피상적이고 안전한 주제를 다루는 경향이 있음
☐ 소극적 집단참여	○ 집단참여에 소극적·미온적인 태도를 보이며, 설령 참여하더라도 자신의 감정보다는 사실 중심의 이야기를 하는 경향이 있음
☐ 높은 불안감	○ 대체로 이완된 상태보다는 불안수준이 높은 편임
☐ 자신에의 초점 회피	○ 집단과정에서 자기 자신보다는 다른 집단원 또는 집단 밖의 인물 또는 사건에 초점을 맞추는 경향이 있음
☐ 그때 거기에 초점	○ 지금 여기에서의 경험보다는 과거의 사건에 초점을 맞추어 이야기하는 경향이 있음

　낮은 신뢰감. 　탐색단계의 첫 번째 특징은 집단원들의 집단, 집단리더, 그리고 다른 집단원들에 대한 신뢰감이 다른 단계에 비해 상대적으로 낮다는 사실이다. 집단원들 간의 신뢰감 형성은 집단리더가 탐색단계에서 특별히 관심을 기울여야 할 사안이다. 왜냐면 신뢰관계는 집단발달을 촉진하기 때문이다. 서로에 대한 신뢰감이 낮을 때 나타나는 집단원들의 특징적인 행동의 예는 글상자 11-3과 같다.

글상자 11-3. 신뢰감이 낮을 때 나타나는 집단원의 특징

1. 즉각적인 느낌 표출을 억제한다.
2. 집단에 대한 기대가 명확하지 않다.
3. 집단원들 간의 상호작용이 추상적으로 흐른다.
4. 남이 자신을 위해 무언가를 결정해 주기를 기다린다.
5. 다른 집단원 및/또는 집단리더에 대해 적대감 또는 의구심을 품는다.

집단이 시작되면, 집단원들은 수용적이고 안전한 분위기 속에서 자신을 소개하고 다른 집단원들과 인사를 나누면서 관계 형성을 시작한다. 집단원들은 집단리더, 다른 집단원들과 교류하면서 점차 서로를 알게 되고 신뢰를 쌓아 간다. 이 과정에서 집단원들은 집단리더의 도움을 통해 집단참여에 대한 느낌과 기대에 관한 이야기를 서로 나누고, 집단참여 목적을 명료화하는 작업을 한다. 이 시기에 지금 여기 경험에 관한 이야기를 나누라고 하면, 집단원들은 대개 다른 집단원들 모두에게 아주 똑같이 따스함, 친절함, 혹은 우호적인 감정을 느낀다는 반응을 보인다. 또한 누구에게도 화나지 않는다는 등 부적 감정이 들지 않는다는 식의 반응을 나타내는 경향이 있다. 이는 집단초기에 특징적으로 나타나는 저항의 형태다. 또한 집단원들이 전적으로 공평하다고 미묘하게 가장하고 있는 것이므로, 이들의 반응을 있는 그대로 받아들여서는 안 된다(Yalom, 2005).

그러므로 집단리더는 적절한 시기에 집단기술을 활용하여 집단원들의 개인화^{personalization} · 개별화^{individuation} 작업을 도와야 한다. 이 작업을 통해 집단원들은 비로소 다른 집단원들과 자신을 구분하는 한편, 그들에 대해 자신만의 독자적인 느낌과 특정 반응이 있음을 솔직하게 드러낼 수 있게 된다. 비록 처음에는 그 차이가 그리 크지 않고 다소 모호하게 표현될 수 있다. 그러나 이러한 변화는 장차 집단 내에서 지금 여기 경험 인식을 통한 상호작용 작업으로 이어 주는 연결고리가 된다. 그러므로 집단리더는 집단원들에게 확대경을 통해 집단을 들여다보고 어떤 느낌이 드는지에 대해 기술해 보도록 독려한다. 이 상황에서 집단참여 목적을 명료화하는 데 도움이 될 만한 탐색질문의 예는 글상자 11-4와 같다.

🏢 **글상자 11-4. 집단참여 목적의 명료화를 위한 탐색질문 목록**

1. 집단에 거는 기대는 무엇인가?
2. 집단참여를 결정하게 된 동기는 무엇인가?
3. 집단참여를 통해 얻고자 하는 점은 무엇인가?

집단참여에 대한 느낌, 집단을 통해 얻기를 원하는 것, 또는 집단참여 동기 등에 관하여 허심탄회하게 대화를 나눌 수 있는 사람들을 만난다는 것은 집단원들에게 참으로 신선한 경험이 아닐 수 없다. 인간관계에서 서로의 느낌을 자유롭게 표현할 수 있다는 것은 그만큼 서로 신뢰하고 있음을 의미한다. 집단이 얼마나 안전한가, 그리고 집단을 얼마나 신뢰할 수 있는가는 집단원들의 자기개방의 폭과 깊이에 직접적으로 영향을 미친다. 집단의 분위기가 집단원의 긍정적인 측면뿐 아니라 부정적인 측면까지 기꺼이 수용할 정도로 안전하다고 인식하게 될수록 집단원들의 집단에 대한 신뢰감은 높아진다. 이를 위해 집단리더는 집단원들의 언행에 민감하게 반응하는 한편, 자신을 개방적으로 드러내도록 분위기를 조성한다. 만일 집단리더가 방어적인 태도를 보이거나 집단원들의 느낌 탐색을 소홀히 한다면, 단지 특정 느낌만이 수용되는 것 같은 규범이 설정되기도 한다. 이처럼 집단리더가 집단원들의 감정표현을 어떻게 다루는가는 집단원들 간의 신뢰감 형성에 영향을 준다.

소극적 집단참여.   탐색단계의 두 번째 특징은 집단원들의 집단참여가 대체로 소극적이라는 점이다. 특히 나이가 어리거나 집단참여경험이 많지 않은 집단원은 집단규범이나 집단에서 기대되는 행동에 낯설어할 수 있다. 이러한 모호함과 혼란은 집단원들의 집단참여를 가로막기도 한다. 또한 다른 한편으로 집단원들의 저항이 강하게 나타나는 것은 그리 놀라운 일이 아니다. 이 시기에 집단원들은 각자에게 익숙한 자세, 태도, 입장을 고수하고자 한다. 그럴수록 집단원은 저항이 자신의 삶에 미치는 부정적인 영향에 아랑곳하지 않고 집단참여에 소극적으로 임하게 된다. 특히 지금여기 경험을 인식하도록 요구받을 때, 집단경험이 없는 집단원들은 마치 낯선 외국어를 말해야 하는 상황처럼 당혹스러워할 수 있다.

집단원들의 소극적 참여는 때로 경험이 부족한 집단리더를 당혹스럽게 하여, 집단의 진행을 서두르게 할 수 있다. 마음이 조급해진 집단리더는 집단초기부터 집단원들에게 일련의 질문을 던짐으로써 집단의 활성화를 꾀할 수 있다. 그러나 집단리더의 이러한 노력은 집단원들로 하여금 집단작업에 자발적으로 참여하게 하기보다는 오히려 질문에 대해 대답만을 반복하게 하는 악순환의 시작이 될 수 있다. 집단리더는 집단원들의 저항이 대개 의식적 수준에서 단순히 고집을 피우는 것이 아니라, 자신들도 의식하지 못한 상황에서 발생할 수 있다는 점을 인식한다. 이와는 대조적으로, 이렇다 할 구조화 없이 집단원의 참여만을 기다리는 집단리더들도 있다. 이 경우, 집단원들은 역할 혼란, 즉 집단에서 말과 행동을 어떻게 해야 할지 몰라 불안해하고 혼란스러워할 수 있다. 이러한 문제를 예방하는 한편, 집단원들이 집단을 안전한 공간으로 여기고 자발적·적극적으로 집단에 참여할 수 있게 하기 위한 집단 회기 시작 지침은 글상자 11-5와 같다.

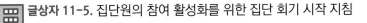

글상자 11-5. 집단원의 참여 활성화를 위한 집단 회기 시작 지침

1. 집단 관련 혹은 집단작업에 도움이 될 만한 뉴스, TV나 신문 보도 내용 또는 영화나 날씨 등에 대해 아주 간단히 언급한다.
2. 지난 회기에 토의되었던 주요 사항을 언급하면서 이번 회기의 계획을 말해 준다.
3. 지난 회기에 나누었던 감정, 생각, 반응 또는 관찰 내용에 대해 잠시 논의할 시간을 갖는다.
4. 이번 회기에 나누고 싶은 이야기의 주제를 돌아가면서 한두 문장 정도로 간단히 소개하게 한다.
5. 어떤 집단원의 관심사부터 다룰 것인가를 결정한다.
6. 질문이나 대답이 필요한 문제가 있다면, 처음 5분 정도를 할애한다.

글상자 11-5에 제시된 지침에서, 특히 집단원이 집단에서 나누고 싶은 이야기의 주제를 한두 문장 이상으로 장황하게 설명하려는 경우, 집단리더는 집단원이 말하려는 핵심 내용을 한 문장 정도로 요약해 주면서 다음 집단원에게 말할 기회를 준다. 그리고 모든 집단원이 집단 회기에서 나누고 싶은 이야기의 주제를 소개하고 나면, 어떤 집단원의 이야기부터 들어 볼 것인지 결정한다. 이때 집단에서 다룰 주제 결정의 일반원칙은 위급하거나 심각한 사안, 여러 집단원의 공통적인 관심사 혹은 비교적 쉽게 해결할 수 있는 문제나 관심사부터 다루는 것이다. 그러나 집단작업의 초점을 맞출 관심사는 집단리더가 집단원들의 의견을 참작하여 결정하는 것이 일반적이지만, 때로 전적으로 집단원들에게 맡길 수도 있다.

높은 불안감.   탐색단계의 세 번째 특징은 높은 불안감이다. 불안감이 높은 집단원들은 마치 집단참여를 주저하거나 꺼리는 것처럼 보일 수 있다. 그러면 이 시기에 집단원들이 불안하게 되는 원인은 무엇일까? 불안의 주요 원인은 집단원의 내재적 갈등intrinsic conflict으로, 자신의 소망, 욕망, 욕구를 표출하면서 앞으로 나아가고 싶으면서도 내면의 거부, 수치감, 징벌에의 두려움 때문에 표출을 위한 동기가 꺾이곤 한다(Berg et al., 2018). 내면의 갈등이나 충돌은 다시 불안의 원인이 된다. 이때 야기되는 불안은 작업 가능한 해법을 찾거나 오히려 후퇴하여 방어전술을 펴게 되는 신호로 해석된다.

따라서 이 시기의 작업목표는 집단과정을 활성화하여 갈등의 쟁점에 대한 자기탐색을 촉진하는 것이다. 집중적인 자기탐색은 집단원이 대인관계에서 더 적응적인 해결방법을 습득하는 데에 도움이 된다. 성장은 두려움에의 직면을 통해 성취할 수 있다. 성장을 위한 동기와 욕구는 더 적응적인 해결방법들이 시도되고 지지받는 맥락에서 표면으로 떠오를 수 있다. 불안감의 또 다른 원인으로는 집단효과나 집단리더에 대한 신뢰감 결여를 들 수 있다. 이로 인한 집단원의 불안감은 소극적 집단참여로 나타난다. 이는 일종의 집단에 대한 저항 또는 두려움의 표현으로 해석된다. 이 단계에서 집단원의 불안감으로 인한 자기대화^{self-talk}의 예는 대화상자 11-1과 같다.

 대화상자 11-1. 불안감으로 인한 집단원의 자기대화 예시

○ "이 집단에서 외톨이가 되는 것은 아닐까?"
○ "사람들이 나를 어리석은 사람으로 보면 어떡하지?"
○ "이 집단에 있는 사람들이 나를 이상한 사람으로 보지 않을까?"
○ "내가 정신적으로 문제가 있는 사람으로 판명되면 어떡하지?"
○ "공연히 마음에 상처로 남는 일이 생기면 어떡하지?"
○ "내 비밀을 털어놓았다가 평생 후회하게 되지는 않을까?"
○ "사람들이 내가 어떤 사람인지를 알게 되면 무척 실망할 거야."
○ "내가 경험한 일을 알게 된다면, 사람들 모두가 비난할 거야."
○ "잘 모르는 사람들 앞에서 과연 내 솔직한 느낌을 표현할 수 있을까?"

탐색단계에서 집단원들은 자신이 있는 그대로 수용되고 있는지, 자신의 관심사가 진지하게 받아들여지고 있는지, 또는 집단이 자기 생각과 감정표현에 안전한 곳인지에 대해 탐색한다. 그러므로 집단원의 언행에 집단리더와 다른 집단원들이 어떻게 반응하는가는 집단원의 행동에 영향을 준다. 부정적이든 긍정적이든 간에, 감정과 생각이 존중되고 경청된다는 인식은 집단원들로 하여금 훨씬 더 깊은 내면을 다루고자 하는 동기가 된다. 그러면 집단의 탐색단계에서 흔히 발생하는 집단원들의 불안감 해소 혹은 감소방안은 무엇인가? 집단원의 불안감 감소를 위해서는 적극적 경청과 공감적 이해를 통해 두려움을 자유롭게 표현할 수 있도록 돕는다.

그러나 불안해하는 집단원에게 집단에서 마음을 아프게 할 사람은 없으니 염려 말라는 등의 보장할 수 없는 위로의 말은 불안감 해소에 별 도움이 되지 않는다. 변화를 위한 집단작업은 때로 긴장감과 불안감을 자아낼 수 있다. 집단원에 따라서는 집단과정에서 다른 집단원들의 부적 피드백으로 감정이 상할 수도 있다. 그러므로 집단리더는 책임질 수 없는 약속을 결코 해서는 안 된다. 대신, 집단원의 감정이 잠시 상할 수는 있지만, 이러한 경험과 과정을 통해 자신을 진솔하게 되돌아볼 수 있도록 돕는다.

이외에도 집단원들의 집단참여를 돕기 위해서는 불안감을 서로 나눌 기회를 제공한다. 예를 들어, 2인 1조로 신뢰감 형성을 돕는 활동지를 함께 작성하게 하는 방법이 있다. 이 방법은 집단원이 전체 집단에서 이야기하는 것보다 훨씬 덜 위협적이어서 더 안정된 상태에서 마음의 대화를 나눌 수 있다는 이점이 있다. 두 사람은 서로의 감정을 공유하게 되면서 적어도 다른 한 집단원과 친밀한 관계를 형성하게 된다. 이러한 관계 형성은 결과적으로 집단을 더 안전한 공간으로 인식하게 할 수 있다.

자신에의 초점 회피.   탐색단계의 네 번째 특징은 집단에서 거론되는 내용이 흔히 집단원 자신에 관한 것보다 집단 외부의 인물, 사건, 또는 상황에 초점을 맞춘다는 점이다. 이 단계에서 집단원은 자신이 겪은 사건이나 상황에 관해 말하면서도 마치 다른 사람의 일처럼 말하거나 다른 사람의 일에 초점을 맞추기도 한다. 또한 자기 관심사에 초점 맞추기를 회피하면서 의도적 · 비의도적으로 집단작업을 꺼리기도 한다. 이에 집단리더는 집단기술 사용과 모델링을 통해 집단원들이 자기 자신과 관심사에 초점을 맞추도록 돕는 작업을 수행한다. 집단원이 자기 자신에게 초점을 맞추도록 돕기 위한 집단리더의 진술 예시는 대화상자 11-2와 같다.

 대화상자 11-2. 집단원 자신에게로의 초점 이동을 위한 진술의 예

> **리 더**: 학창 시절에 영향을 주신 분들에 관해 말씀하셨는데, 안타깝게도 그분들이 지금 여기에 계시지 않아서 이 문제해결을 돕기에는 한계가 있다는 생각이 드네요. 오늘날 세라 씨가 있기까지 그분들에게서 받은 영향을 생각하면 어떤 느낌이 드나요?

대화상자 11-2에 제시된 진술의 예에서, 집단리더는 집단원의 이야기 초점을 집단 밖의 인물로부터 집단원 자신에게로 이동하도록 돕고 있다. 이때 집단원이 이러한 반응을 받아들일 준비가 되어 있는지 살핀다. 이를 통해 집단리더는 해당 집단원이 다른 사람에게 초점을 맞추는 것이 자기방어의 수단일 수 있음을 깨닫도록 돕는다. 이러한 작업은 결과적으로 집단원의 방어벽을 허물고, 적극적 집단참여를 위한 용기와 의욕을 불러일으킬 수 있다.

그때 거기에 초점.   탐색단계의 다섯 번째 특징은 집단원들이 흔히 이야기의 초점을 지금 여기보다 그때 거기에 맞춘다는 점이다. 이 단계에서 집단원들은 과거의 경험과 관련된 문제나 주변에서 발생한 사건이나 관심사를 드러내기도 한다. 따라서 집단리더는 집단원들이 자신의 개인적인 문제를 집단에서 의미 있게 탐색할 수 있게 지금 여기에 초점을 맞추도록 돕는다. 집단참여를 통한 경험과 학습을 토대로, 집단원들은 비로소 집단 고유의 기능을 이해하게 되고, 집단참여방법을 서서히 터득하게 된다. 이 과정을 통해 이들은 생각하고 느끼는 바를 다른 집단원들과 기꺼이 공유할 수 있게 된다. 이러한 능력은 집단의 신뢰 분위기 형성에 촉매 역할을 하여 응집력 증진으로 이어진다. 집단원들이 그때 거기의 경험 중심에서 지금 여기 경험에 초점을 맞추게 되었다면, 집단리더는 자신의 역할을 충실히 이행한 것이다. 지금 여기 경험에 초점을 맞추게 되면, 집단원들 간의 상호작용이 활발해지기 때문이다. 이는 집단의 치료요인을 활성화한다. 따라서 이 단계에서 집단원들이 지금 여기 경험에 초점을 맞추도록 돕는 일은 집단 본연의 목적 달성을 위한 방향으로 집단의 힘을 모으는 중요한 작업이다.

집단리더의 임무

탐색단계에서 집단리더의 주요 임무는 ① 집단의 상호작용 촉진, ② 구조화 실시 및 모델 역할, ③ 문제행동에의 시의적절한 개입, ④ 신뢰 분위기 조성이다.

집단의 상호작용 촉진.   첫째, 집단원들 간의 상호작용을 촉진한다. 상호작용 촉진을 위한 주요 과업은 집단원들의 상호작용을 지금 여기 경험에 초점을 맞추고, 내용 중심의 이야기보다는 과정 중심의 솔직한 느낌을 현재형으로 표현하도록 돕는 일이다. 이를 위해 집단리더는 집단원들이 지금 여기에서 어떤 경험을 하는지 면밀하게 관찰·인식하는 한편, 심적 에너지를 다른 집단원들과의 상호작용을 통해 드는 느낌에 집중하도록 돕는다. 이때 집단리더는 권위적이고 위압감을 주는 부모의 모습을 지양하는 대신, 공감적 이해를 바탕으로 재진술, 반영, 연결 등의 집단기술을 통해 집단원들 사이에 활발한 교류가 일어나도록 돕는다. 그리고 필요한 경우 집단원들에 대한 지지와 함께 적절한 상호작용 방법을 시범 보인다.

구조화 실시 및 모델 역할.   둘째, 집단에 대한 구조화^{structuring}를 실시하고, 시범을 통해 집단원들에게 기대되는 행동을 가르친다. 집단구조화는 지지적인 집단규범을

세우고 집단원들 간의 상호작용을 증진한다. 집단원들은 적극적·지시적이고 구조
화된 집단참여를 통해 더 좋은 성과가 있었다고 보고했다(Barlow, 2008). 단, 구조화
는 집단원들의 의존을 조장하지 않으면서도 나아갈 방향 설정에 도움이 되기에 충분
해야 한다(Yalom, 2005). 집단초기에 집단원들의 대화 방향은 집단리더에게 집중되는
경향이 있다. 이러한 현상을 믹고 집단원들 간의 상호작용을 활성화하려면, 집단리더
는 집단기술을 활용하여 집단원들에게 적극 반응·연결해 줌으로써 집단원들도 이
러한 소통방법을 체득할 수 있도록 도와야 한다.

문제행동에의 시의적절한 개입. 셋째, 집단원의 문제행동에 시의적절하게 개입
한다. 이 시기에 집단원들은 종종 집단에서 허용되는 행동과 그렇지 않은 행동의 한
계를 시험한다. 특히 일상생활에서 문제행동을 보이던 집단원의 경우에는 더더욱 그
러하다. 예를 들어, 아동 또는 청소년집단의 경우, 이들 중에는 문제행동에 대한 제
재 정도가 교실에서 교사들의 것과 어떻게 다른지 비교하고 싶어질 수 있다. 물론 행
동의 한계를 시험해 보려는 의도가 없더라도 집단에서 문제행동을 나타내는 집단원
들도 있다. 이 경우, 집단리더는 시의적절하게 개입하여 해당 집단원이 집단참여목표
성취를 위한 생산적인 방향으로 나아갈 수 있도록 돕는다.

신뢰 분위기 조성. 끝으로, 집단에 신뢰 분위기를 조성한다. 신뢰 분위기는 집단
원들에 대한 수용적 존중과 공감적 이해를 토대로 조성된다. 집단에서 치료적 성과
가 나타나려면, 집단원들이 집단을 안전하고 신뢰할 수 있으며 지지받을 수 있는 공
간으로 인식하여야 한다. 집단의 신뢰감 촉진을 위한 지침은 글상자 11-6과 같다.

글상자 11-6. 집단의 신뢰감 촉진을 위한 지침

> 1. 집단참여 행동을 적극적으로 강화한다.
> 2. 집단원의 긍정적인 면을 적극적으로 강화한다.
> 3. 반복적으로 드는 느낌을 표현해 보게 한다.
> 4. 집단원들로 하여금 자기개방 범위를 스스로 결정하게 한다.
> 5. 집단리더의 시범을 통해 경청과 피드백 교환의 중요성을 강조한다.

탐색단계의 촉진전략

집단의 탐색단계에서 집단발달을 촉진하기 위한 전략은 다양하다. 여기서는 ① 집단

규범 발달, ② 집단응집력 증진, ③ 집단리더의 시범, ④ 주의 깊은 경청, ⑤ 공감적 이해, ⑥ 사려 깊은 직면을 중심으로 살펴보기로 한다.

집단규범 발달. 탐색단계에서 집단발달을 촉진하기 위한 첫 번째 전략은 건설적인 집단규범 발달을 돕는 것이다. 집단규범이란 집단이 효과적으로 기능하기 위해 요구되는 행동, 즉 '해야 할 것$^{Do's}$'과 '해서는 안 되는 것$^{Dont's}$'에 대한 공유된 신념을 말한다. 이는 문서화되지 않은 규칙으로, 집단규준으로도 불린다. 집단규범은 집단원들의 집단에 대한 기대와 영향력 있는 구성원들의 명시적·암묵적 지시의 영향을 받으며, 집단발달에 영향을 미친다. 집단규범은 대체로 집단초기에 정해지며, 설정된 규범은 변경하기 어렵다. 이를 변경하려면 많은 시간과 노력이 요구되며, 때로 여러 집단원이 교체되어야 가능해지기도 한다. 집단규범 발달을 촉진하기 위한 집단리더의 역할은 글상자 11-7과 같다.

글상자 11-7. 집단규범 발달 촉진을 위한 집단리더의 역할

자기표현을 위한 긍정적인 규범을 발달시켜 집단운영을 촉진하고, -〈중략〉- 집단에서 새로 생성되는 규범들을 예의주시하여 긍정적인 규범을 지지하는 한편, 부정적인 것은 제거할 수 있어야 한다(Morganett, 1990, p. 8).

집단리더는 집단규범 발달에 유의한 영향을 준다. 집단원의 언어·비언어행동에 대한 고개 끄덕임, 미소, 주의집중, 긍정적 반응, 질문, 수용적 경청 등은 집단규범의 초석이 된다. 이외에도 집단발달 촉진에 필요한 집단규범으로는 자기개방, 느낌을 중심으로 한 상호작용, 즉시성, 자기탐색 등이 있다. 이러한 점에서 볼 때, 치료적 집단은 조작적 조건화를 기반으로 이루어지는 학습과정이다. 설령 집단리더가 의도하지 않았더라도, 집단에서는 끊임없이 사회적 강화가 일어나기 때문이다.

예컨대, 집단리더가 지나치게 권위를 내세우는 경우, 집단원이 집단리더에게 질문이나 도전을 해서는 안 된다는 규범이 형성될 수 있다. 또한 소극적인 집단 분위기를 전환하기 위해 돌아가면서 발언하게 하는 활동이 반복되면, 집단에는 자연스럽게 순번제 참여라는 규범이 자리 잡게 될 수 있다. 그뿐 아니라 집단초기에 부적 감정표현에 치중하다가 정적 감정표현의 기회를 잃게 되는 것도 이와 유사한 맥락에서 규범으로 자리 잡게 된다. 따라서 집단리더는 집단규범 형성에 영향을 주는 자신의 역할을 깊이 인식할 필요가 있다. 집단규범은 ① 명시적 규범과 ② 암묵적 규범으로 나뉜다. 명시적 규범^{explicit norms}은 집단의 형태와 관계없이 많은 집단에서 공통으로 적용하는 행동기준으로, 그 예는 글상자 11-8과 같다.

> **글상자 11-8. 명시적 집단규범의 예**
>
> 1. 집단에 빠지지 않고 시간을 지킨다.
> 2. 집단활동에 적극적으로 참여한다.
> 3. 다른 집단원에게 감정표현의 권리가 있음을 인정한다.
> 4. 다른 집단원을 무비판적으로 수용한다.
> 5. 각자의 관심사에 대해 작업할 주제를 정한다.
> 6. 집단에서 광범위하게 자기를 개방·탐색한다.
> 7. 자기에게 초점을 맞추고 행동 패턴의 변화를 위해 작업한다.
> 8. 솔직하고 자발적인 피드백을 교환한다.
> 9. 다른 집단원과의 갈등은 집단에서 다룬다.
> 10. 사고와 감정표현에 있어서 지금 여기에 초점을 둔다.
> 11. 자기개방은 지적인 방식보다는 느낌에 초점을 둔다.
> 12. 다른 집단원의 도움을 받기도 하고 주기도 한다.
> 13. 직접적인 소통으로 의미 있는 경험을 나눈다.
> 14. 다른 집단원의 언행 불일치에 대해 적대적이지 않은 방식으로 직면한다.
> 15. 다른 집단원의 피드백을 주의 깊게 듣고 자신을 되돌아보는 기회로 삼는다.

어떤 집단에서든지 집단의 행동과정을 결정하는 규범이 형성된다. 규범은 집단원들이 각자 집단참여를 통해 얻고자 하는 것을 성취하도록 촉진하는 작용을 한다. 그러므로 건설적인 규범을 발달시키고 그 가치를 바로 알게 하는 일은 집단발달을 위한 원동력으로 작용한다. 집단규범에는 암묵적 규범도 있다. 암묵적 규범^{implicit norms}이란 명시적 규범 외에 집단에 대해 집단원이 나름대로 가지고 있는 신념을 토대로 은밀하게 작용하는 일련의 원칙을 말한다. 집단을 자신의 개인사를 낱낱이 털어놓는 장소로 여기거나 눈물을 흘리는 정도를 집단작업의 참여도와 비례하는 것으로 간주하는 것은 바로 암묵적 규범의 예다. 암묵적 규범은 때로 집단리더의 언행에 대한 작위적인 해석을 통해 생성되기도 한다. 즉, 집단리더가 공격적인 언사나 부정적인 어투를 사용한다면, 집단원들은 암묵적으로 집단에서 이러한 행동이 용인된다고 오인할 수 있다. 집단리더가 이러한 행동을 허용한다고 명확히 밝히지 않아도, 집단원들이 상호작용에서 그러한 행동 패턴을 나타낼 수 있다는 신념을 갖게 되는 것이 암묵적 규범의 예다.

집단응집력 증진. 집단의 탐색단계에서 집단발달을 촉진하기 위한 두 번째 전략은 집단응집력을 증진하는 것이다. 집단응집력$^{group\ cohesion}$이란 집단 내에 형성되는 '우리라는 의식^{weness}' 혹은 우리가 함께한다는 의식을 말한다. 이는 일종의 공동체^{community} 의식으로, 구성원들 간의 신뢰도와 밀접한 관계가 있다. 따라서 응집력이 높은 집단은 구성원들이 집단에 남아 있고자 하는 동기수준이 높고, 신뢰를 토대로 서로 관련되어 있다는 느낌과 소속감을 느낀다. 응집력은 신뢰와 친근감과 함께 치료활동이 일어나게 하기 위한 가장 중요한 블록이다(Yalom, 2005). 그렇다면 응집력에 문제가 있음은 어떻게 알 수 있는가? 응집력에 문제가 있음을 나타내는 지표는 글상자 11-9와 같다.

🏫 **글상자 11-9. 집단응집력에 문제가 있음을 나타내는 지표**

1. 집단원들이 모험시도를 꺼린다.
2. 집단규칙과 규범이 존중되지 않는다.
3. 비밀유지 원칙이 잘 지켜지지 않는다.
4. 솔직한 감정표현과 반응을 회피한다.
5. 주로 안전하고 피상적인 내용만이 다루어진다.
6. 안전감을 느끼지 못하는 사람(들)이 나타난다.
7. 지각, 조퇴, 결석하는 사람이 생긴다.
8. 사소한 언사에도 공격받는 것처럼 민감한 반응을 보인다.
9. 자기개방이 줄고, 주로 강압적으로 이루어진다.
10. 집단원끼리 말을 함부로 하거나 배려하지 않는다.

일반적으로, 탐색단계에서는 집단원들이 진정한 공동체 의식을 가질 만큼 서로를 잘 알지 못한다. 이러한 분위기 때문에 집단원들은 그들 자신에 관하여 이야기는 하지만 내면의 깊은 측면보다는 공적인 부분을 나타내거나, 자기개방은 피상적인 수준에 머무르기 쉽다. 집단의 탐색단계에서 집단의 응집력 정도를 가늠할 수 있는 지표는 글상자 11-10과 같다.

글상자 11-10. 집단응집력의 지표

1. 모임시간의 엄수 정도
2. 집단참여의 자발성 수준
3. 상호 신뢰할 수 있는 집단으로 만들려는 노력의 정도
4. 다른 집단원들에 대해 수용·지지·경청하고, 보살피려는 노력의 정도
5. 지금 여기 원칙에 따라 다른 집단원에게 자발적·즉각적인 반응을 표출하는 정도

집단원들 사이의 응집력은 집단의 시작과 함께 점진적으로 형성된다. 응집력은 집단이 갈등을 겪거나 고통 또는 의미 있는 경험을 함께 나누게 되면서 높아지는 특징이 있다. 집단응집력 증진방안은 글상자 11-11과 같다.

글상자 11-11. 집단응집력 증진방안

1. 집단목표를 집단원들과 함께 결정한다.
2. 모든 집단원의 적극적인 참여를 유도한다.
3. 집단원들과의 역할분담으로 상호작용을 증진한다.
4. 집단원 간의 갈등을 공개적으로 다루어 솔직한 대화로 문제해결을 꾀한다.
5. 느낌과 생각을 중심으로 자유롭게 표출할 수 있는 상호작용 네트워크를 구축한다.
6. 집단을 통해 목표가 성취되고 있다는 느낌이 들게 하여 집단 만족도를 높인다.
7. 모험시도를 통해 인정과 지지를 받고, 의미 있는 경험 공유를 통해 집단원들 간의 친밀감을 높인다.

집단리더의 시범.   탐색단계에서 집단발달을 촉진하기 위한 세 번째 전략은 집단리더의 시범demonstration이다. 집단리더의 인간적 자질, 전문적 능력, 행동방식, 집단원들을 대하는 태도는 신뢰할 수 있는 공동체 구축을 돕는 요소들이다. 집단리더는 집단원들에게 구체적인 지침을 제공하거나, 자신이 직접 본보기가 되어 시범을 보임으로써 신뢰 분위기 조성에 필요한 기본 행동방식을 가르쳐야 한다. 집단경험을 통해 의미 있는 변화가 일어날 수 있음을 확신하는 집단리더는 집단원들에게서 이러한 경험을 통해 변화가 일어날 수 있도록 최선을 다할 것이다.

집단원들은 집단리더가 비방어적인nondefensive 태도로 그들의 주관적 경험을 소중히 여기고 적극적으로 경청하는 것을 지켜보면서 이 같은 태도와 행동을 모방하게 된

다. 또한 집단리더의 자발적인 자기개방 효과를 관찰하면서, 집단원들은 굳게 닫혀 있던 자신을 개방함으로써 변화의 첫발을 내딛게 된다. 그뿐 아니라 집단리더의 수용적이고 따뜻한 관심과 배려를 몸소 체험하게 되면서, 집단원들 역시 다른 사람을 있는 그대로 받아들이는 수용의 가치를 비로소 깨닫게 된다. 이처럼 집단리더가 행동을 통해 직접 시범을 보이는 것은 집단원들이 서로 어떻게 건설적으로 상호작용할 수 있는지를 가르쳐 주는 강력한 치료적 방법이다.

주의 깊은 경청.   탐색단계에서 집단발달을 촉진하기 위한 네 번째 전략은 집단원들의 언어 · 비언어행동을 주의 깊게 경청^{attentive listening}하는 것이다. 주의 깊은 경청은 집단원들 사이를 이어 주는 가교인 동시에, 치료효과가 있는 중요한 도구다. 사람들은 자신의 이야기를 주의 깊게 경청하고 이해해 주는 사람을 신뢰한다. 이처럼 주의 깊은 경청이 신뢰감 형성에 중요한 요소임에도 불구하고 사람들은 종종 다른 사람의 말에 귀 기울이지 않는다. 그 이유는 글상자 11-12와 같다.

🏢 **글상자 11-12. 경청의 장애요소**

1. 습관적인 질문(폐쇄질문) 사용
2. 듣고 싶은 것만을 선별적으로 들음
3. 말하는 사람에게 집중하기보다 다음에 할 말을 미리 생각함
4. 겉으로만 말하는 것에 주의를 기울일 뿐, 비언어행동은 간과함
5. 너무 많은 이야기를 늘어놓느라 상대의 말에 귀 기울이지 않음
6. 상대방을 격려하기보다 습관적으로 조언, 충고, 또는 제안을 함

적극적 경청을 하기 위해서는 교육, 훈련, 경험이 필요하다. 탐색단계에서 시범을 통해 집단원들에게 기본적인 경청과 반응기술을 가르치는 것은 집단원들 간의 신뢰관계를 구축하고 자존감과 공존감을 높인다. 자존감^{self-esteem}이 집단원에 대한 그 자신의 평가라면, 공존감^{public-esteem}은 집단원에 대한 집단의 평가다(Miller, 1983). 공존감을 확인하기 위한 질문의 예는 글상자 11-13과 같다.

🏢 **글상자 11-13. 공존감의 구성요소**

1. 집단을 얼마나 중요하게 여기는가?

2. 공존감에 대해 집단원들이 얼마나 자주, 그리고 구체적으로 소통하는가?

3. 집단원이 나타내는 특성이 그 집단원에게 있어서 얼마나 특징적인 요인인가?

공감적 이해.   탐색단계에서 집단발달을 촉진하기 위한 다섯 번째 전략은 공감적 이해다. 공감적 이해empathic understanding는 다른 집단원이 주관적으로 경험한 것을 이해(인지적 측면)하고, 그의 경험세계를 그의 입장에서 함께 느끼는 것(감성적 측면)이다. 자기 자신이 있는 그대로 받아들여지고 있다는 느낌이 들 때, 그 사람은 비로소 자신의 진정한 관심사를 탐색할 수 있게 된다(Rogers, 1970). 사람들은 흔히 다른 사람의 실질적인 동기와 욕구를 고려하기보다 다른 사람을 자기만의 세계에서 지정된 역할을 하는 배우처럼 여기곤 한다. 상대방의 내적 세계에 대한 이해 없이는 그와의 관계는 혼란과 좌절을 초래할 수 있다. 이 상태는 이렇다 할 변화가 없는 한 계속 반복된다.

따라서 집단리더의 공감적 이해는 집단원들이 이를 습득하게 하여 행동의 근원적 의미와 그러한 행동이 다른 사람에게 미치는 영향을 인식 · 처리할 힘이 된다. "제가 말씀드린 것은 지금까지 아무에게도 말한 적이 없었고, 처음 말하는 거예요."라는 집단원의 고백은 바로 집단리더와 다른 집단원들의 공감적 이해를 기반으로 조성된 신뢰 분위기의 산물이다. 집단원들의 삶 전체와 비교할 때, 이들이 집단에서 만난 시간은 비교되지 않을 만큼 짧은 시간이다. 그러나 심리적 접촉을 통한 만남은 비역사적인unhistorical 동시에 물리적으로 시공을 초월한다는 특징이 있다(Yalom, 2005). 그렇지만 공감적 이해에 걸림돌이 되는 요소들이 있다. 공감적 이해의 장애요소는 글상자 11-14와 같다.

글상자 11-14. 공감적 이해의 장애요소

1. 부적절한 질문

2. 방어적인 태도

3. 비판적인 언사

4. 무반응 혹은 부적절한 반응

5. '어떻게 되어야 한다.' 또는 '어떻게 느껴야 한다.'는 식의 화법

만일 해결되지 않은 문제로 고통을 털어놓는 집단원이 있다고 하자. 이 집단원에게는 즉각적으로 해결책을 제시해 주려고 하거나 모든 일이 잘 해결될 거라는 일시적

구원과 같은 언사를 하기보다는 우선 그의 심적 고통을 공감해 주고 이해해 주는 것이 오히려 더 치료적 효과가 있다(Rogers, 1970; Yalom, 2005). 또한 현재 겪고 있는 어려움을 충분히 토로할 기회를 제공하는 것이 집단원 스스로 문제에 대한 통찰을 얻는 데 훨씬 더 효과적이다.

사려 깊은 직면.   탐색단계에서 집단발달을 촉진하기 위한 여섯 번째 전략은 사려 깊은 직면^{thoughtful confrontation}이다. 직면이란 언행 혹은 언어행동상의 불일치를 드러내 줌으로써 자신의 모순점을 깨달아 통찰을 얻게 하기 위한 기술이다. 직면은 집단리더는 물론 집단원도 활용할 수 있는 치료적 도구다. 그러나 이 기술은 자칫 공격적이거나 무례하고 거친 방식으로 이루어질 수 있으므로 오남용되지 않도록 유의해야 한다. 사람들은 일반적으로 언어행동보다 비언어행동을 통해 더 자발적이고 솔직한 의사를 표출한다(Mehrabian & Epstein, 1971). 숙련된 집단리더일수록 집단원들의 언어행동은 물론 비언어행동까지 세심하게 주의를 기울여서 그들의 메시지를 총체적으로 이해한다.

집단 회기가 이어지면서 집단원들의 문제행동 혹은 행동·사고·감정·대인관계 패턴들이 집단의 상호작용을 통해 드러나게 된다. 이렇게 드러난 집단원들의 문제나 패턴들은 집단 내 갈등의 원인으로 작용한다. 그렇지만 집단 내 갈등은 집단작업의 필수조건인 동시에 변화를 위한 기회다(Yalom, 2005). 갈등이 집단에서 공개적으로 다루어짐으로써 집단원들은 도움을 얻게 된다. 그러나 집단초기에 갈등이 감당하기 어려울 정도로 발생하는 것은 오히려 집단발달에 위협이 된다. 집단원들은 적어도 다른 집단원에 대해 부정적인 피드백을 제공하는 데 큰 부담을 느끼지 않을 만큼 안전함을 느끼고 있어야 한다. 또한 기꺼이 모험을 시도할 정도로 집단의 중요성과 가치를 인정하고 있어야 한다. 따라서 집단리더는 지지와 격려를 통해 집단원들이 집단을 안전한 곳으로 인식하게 된 이후에 갈등을 다룰 수 있도록 집단작업에 임한다. 직면이 필요한 집단원의 불일치의 예는 글상자 11-15와 같다.

글상자 11-15. 직면이 요구되는 집단원의 불일치 예시

○ 고통스러운 경험을 토로하면서 환한 미소를 짓는 집단원

○ 정적 감정을 표출하면서 주먹을 불끈 쥐는 집단원

○ 집단이 편안해서 좋다면서 팔짱을 꽉 낀 채 입을 꾹 다물고 있는 집단원

> ○ 집단에 적극적으로 참여하고 싶다면서도 자기개방을 꺼리고 집단이 끝나기를 기다리는 집단원
> ○ 다른 집단원의 행동에 대해 의미 있는 표정과 몸짓을 나타내면서도 아무런 느낌이 들지 않는다고 말하는 집단원

　이러한 행동을 보이는 집단원의 비언어행동이 무엇을 의미하는지 집단리더가 분명히 알고 있다고 할지라도, 일반적으로 해석보다는 직면이 효과적이다(DeLucia-Waack et al., 2014). 해석과 직면의 예는 대화상자 11-3과 같다.

 대화상자 11-3. 해석과 직면의 비교

> [해석]
> **리　더**: 영민 씨가 고통스러운 경험에 대해 말하면서 미소를 짓고 있는 것은 어린 시절부터 착한 아이로 인정을 받아 왔기 때문에 여기서도 인정을 받고자 하는 무의식적 욕구가 표출된 것은 아닐까 하는 생각이 드는군요.
>
> [직면]
> **리　더**: 영민 씨는 고통스러운 경험에 대해 말하면서 눈물을 흘리면서도 웃고 계시는군요. 제가 어떻게 받아들여야 할까요?

　대화상자 11-3에 제시된 예에서처럼, 해석은 집단원의 언어행동과 비언어행동 중에서 집단리더가 보고 느낀 것을 묘사한 후에 집단원에게 비언어행동의 원인 혹은 의미를 잠정적인 방식으로 기술하는 것이다. 비언어행동은 사람마다 독특한 특성이나 버릇이 있을 수 있다. 그러므로 집단원의 비언어적 메시지를 잘못 읽거나, 섣불리 해석하거나, 무리하게 직면하지 않도록 한다. 대신, 집단원들이 무엇을 경험하는가에 대해 미리 짐작하여 해석하기보다는 비언어행동이 의미하는 것을 인지하고 탐색해 볼 기회를 제공해야 할 것이다. 사려 깊은 직면을 통해 집단원들에게 집단활동에 의욕을 갖게 하는 일은 공감적 이해나 적극적 경청 같은 기술과 전략을 통해 집단의 신뢰 형성을 도모하는 일만큼이나 중요하다(Straus, 2018).

　집단리더의 사려 깊은 직면은 집단원이 간과하거나 회피해 왔던 자신의 모순된 점을 깨닫게 하고, 통찰을 촉진하여 집단참여 의욕을 높일 수 있는 중요한 도구다. 적대적인 공격은 집단원들을 방어적으로 만들어 마음의 문을 닫아 버리게 하지만, 주의

깊은 직면은 집단 내에 신뢰 분위기를 증진한다. 직면은 집단원들이 서로 존중하는 방식으로 상호작용할 수 있도록 하는 한편, 파괴적인 행동을 하지 않고도 자신의 부적 감정을 표출할 수 있다는 사실을 깨닫게 한다. 그러면 집단이 탐색단계를 지나 작업단계로 넘어갈 준비가 되었는지는 어떻게 알 수 있는가? 그 기준 또는 지표는 글상자 11-16과 같다.

 글상자 11-16. 작업단계로 넘어갈 준비 여부를 확인하기 위한 기준

1. 적어도 중간수준의 신뢰관계가 형성된다.
2. 경직되었던 집단원들 간의 경계가 유연해진다.
3. 집단규범을 내면화하고, 수용하며, 일관성 있게 준수한다.
4. 갈등을 축소·회피하기보다 인정하고 집단작업을 통해 해소한다.
5. 집단규범이 부과되기보다 집단문화를 위해 구체적으로 개발된다.
6. 집단 내 의사소통이 집단리더 중심에서 집단원 중심으로 이동한다.
7. 솔직한 피드백을 두려워하기보다 훨씬 더 직접적인 피드백을 원한다.
8. 자기개방이 집단원과 무관한 과거의 것에서 개인적이고 현재 중심으로 바뀐다.
9. 개인차와 문화적 차이를 두려워하고 분노하기보다 존중하고 소중히 여긴다.

작업단계

작업단계working stage는 집단원들이 탐색단계에서 신뢰감을 형성하고, 자기탐색을 통해 개인·집단목표 달성을 위한 작업에 집중하는 시기다. 이 단계는 탐색단계에서 시작되어 그 연장선 위에 있는 시기다. 그렇지만 이 시기는 잠정적·실험적 작업이 이루어진다는 점에서 탐색단계와는 구분된다. 여기서 작업working이란 집단원이 집단리더의 전문적인 도움을 토대로 집단목적과 관계되는 개인적 관심사나 문제해결을 위해 하는 제반 활동을 뜻한다. 집단의 탐색단계에서 집단원들의 관심이 집단의 '안팎in or out'에 모아진다면, 작업단계에서는 집단의 '상하up or bottom'에 집중된다(MacKenzie & Livesley, 1983). 즉, 집단원들의 관심은 탐색단계에서와 달리 구성원으로서의 수용과 인정보다는 주도성과 통제력에 집중된다.

작업단계에서 집단원들은 자신들의 상황 또는 문제에 대한 통찰을 얻기 위해 각자

의 생각 논의, 감정표현, 다른 집단원들의 관심사 경청, 피드백 등의 활동에 참여한다. 이 단계의 핵심적인 특징은 다른 집단원 및/또는 집단리더와의 갈등이다. 집단원들이 주도권과 통제력 확보를 시도하면서 집단에는 위계와 계층이 형성된다. 이 과정에서 집단원들은 점차 자신의 본래 모습을 드러내기 시작한다. 즉, 일상생활에서 다른 사람들과 교류하듯이 집단원들과 상호작용하게 되면서 그동안 유지해 왔던 행동 및 대인관계 패턴을 나타내게 된다. 그러면서 다른 집단원들과의 관계에서 부적응적인 행동이나 역기능적인 대인관계 패턴을 보이기도 한다.

탐색단계에서 신뢰관계가 형성되었음에도 불구하고, 이 단계에서는 여전히 집단원들이 지극히 사적인 사안과 관심사를 기꺼이 공개할 준비가 되어 있지 않다는 특징이 있다. 이러한 이유로 집단원들은 불안, 방어, 저항, 통제, 갈등, 긴장, 질투, 힘겨루기, 집단리더에 대한 도전 등의 다양한 행동을 나타내는 동시에, 여전히 직면을 회피하는 특징이 있다. 또한 집단원들은 불안과 갈등으로 위기의식을 갖게 되면서도 집단활동과 작업을 통해 조금씩 집단역동과 그 매력을 경험하게 된다. 작업단계를 어떻게 보내는가에 따라 이 단계가 집단의 생산단계로 발돋움하게 되는가, 아니면 작업단계에 정체되어 있다가 통합단계를 맞이하게 될 것인가가 결정된다. 작업단계는 ① 작업단계의 특징, ② 집단리더의 임무, ③ 작업단계의 촉진전략으로 구분하여 살펴보기로 한다.

작업단계의 특징

작업단계는 집단이 탐색단계에서 생산단계로 발달해 가는 길목에 있다. 이 단계에서는 집단참여에 대한 희망과 기대감이 고조되었던 신혼여행기 같았던 탐색단계의 분위기가 다소 가라앉으면서 집단원들이 새로운 현실에 부딪히게 된다. 집단원들 사이에 신뢰감이 형성되면서도 더욱 고조된 불안감이 공존하게 되기 때문이다. 집단원 내면의 불안감은 자연스럽게 자신을 통제·조절하려는 노력으로 이어진다. 이러한 노력이 방어적 태도의 원인이 된다. 그러므로 방어적 태도는 집단원들 사이에 새로운 갈등의 원인으로 떠오른다. 작업단계에서의 이러한 특징은 때로 집단리더에 대한 도전으로 표출되기도 한다. 따라서 집단의 작업단계에서 흔히 들을 수 있는 집단원 진술의 예는 대화상자 11-4와 같다.

대화상자 11-4. 작업단계에서 흔히 들을 수 있는 집단원 진술의 예

○ "구체적으로 우리가 해야 할 일이 있어야 하는 것 아닌가요?"

○ "저는 우리 집단이 어디를 향해 가고 있는지 도무지 모르겠어요."

○ "이 집단은 저와는 잘 맞지 않는 것 같아요. 사람들이 서로 눈치만 보는 것 같거든요."

○ "우리 집단 사람들은 모두 가면을 쓰고 있는 것 같아요. 도대체가 자기 속마음을 드러내지 않고 있잖아요!"

○ "전 정말 집단에서 계속 저를 얼마나 더 개방해야 하는지 잘 모르겠어요. 다른 사람들은 거의 입을 열 생각조차 하지 않는 것 같아요."

○ "제 생각에, 이 집단 사람들은 대부분 가식적인 얘기만 늘어놓고 있는 것 같아요. 전 시어머님과의 갈등 문제에 대해 진솔한 피드백을 받고 싶었거든요."

○ "이 집단에서는 신앙생활에 관한 이야기를 하면 안 되겠다는 생각이 들었어요. 전 제가 가진 종교에 대해 비판받고 싶지 않거든요."

집단참여를 위해 준비된 정도는 집단원들 사이에 큰 차이가 있다. 성격이 급해서 잘 참지 못하는 사람이 있는가 하면, 차분하게 자발적으로 집단작업에 깊이 몰입하는 사람도 있다. 집단리더가 집단에 관한 어떤 틀을 제공해 주지 않고 자신의 욕구를 충분히 만족시켜 주지 않는 것에 대해 크게 불만을 표출하는 집단원도 이 단계에서 나타난다. 그런가 하면 집단활동에 대해 흡족해하며 집단작업에 자발적이면서도 적극적으로 참여하는 집단원들도 있다. 집단이 생산단계로 발돋움하기 위해서는 집단리더가 이러한 문제들을 인식하고 사려 깊게 다뤄야 한다. 작업단계의 특징을 요약·정리하면 표 11-3과 같다.

표 11-3. 작업단계의 특징

특징	설명
☐ 불안 고조	○ 자기개방수준이 깊어지면서 집단원들의 불안감이 높아짐
☐ 저항 표출	○ 집단원들의 자기통제·조절 노력과 함께 저항이 표출됨
☐ 갈등 야기	○ 방어적 태도에 따른 갈등이 야기됨
☐ 집단리더에 대한 도전	○ 집단리더의 권위와 능력을 시험하거나 도전함

불안 고조.   작업단계의 첫 번째 특징은 집단원들의 불안 고조다. 이는 집단원들의 자기개방수준이 높아짐에 따라 다른 집단원들을 의식하게 되는 정도도 높아지면

서 나타나는 현상이다. 집단이 작업단계에서 정체되다가 생산단계로 도약하지 못하는 이유는 집단원의 불안, 저항, 갈등을 직접적으로 다루지 않고 간과, 회피, 또는 방치하기 때문이다(Billow, 2010). 작업단계에서 집단원들의 불안감이 고조되는 원인은 글상자 11-17과 같다.

📖 **글상자 11-17. 작업단계에서 집단원의 불안감이 고조되는 원인**

> 1. 다른 집단원들의 비판 · 비난 의식
> 2. 웃음거리가 될 수 있음에 대한 염려
> 3. 통제력 · 자제력 상실에 대한 두려움
> 4. 집단리더나 다른 집단원들의 거부와 따돌림에 대한 두려움
> 5. 무지하고 어리석은 자신의 모습이 노출될 수 있음에 대한 염려

글상자 11-19에 제시된 바와 같이, 작업단계에서 집단원들은 다른 집단원들의 판단 · 비난을 의식하게 되고, 감정표현에 대한 자제력 · 통제력이 상실될 것에 대한 두려움이 커진다. 그러면서도 예기치 않게 자신의 원치 않는 모습이 노출될 것에 대한 두려움으로 불안이 고조되기도 한다. 집단원들의 불안감은 흔히 부정적인 자기대화^{self-talk}를 야기하는데, 그 예는 대화상자 11-5와 같다.

🏠 **대화상자 11-5. 집단원들의 불안감으로 인한 자기대화의 예**

> ○ "다른 사람들이 나의 진정한 모습을 알면 너무 실망할 거야."
> ○ "감정을 표현하다가 나도 모르는 사이에 자제력을 잃으면 어떡하지?"
> ○ "사람들이 내 과거를 알게 되면 무척 실망해서 날 경멸할지도 몰라!"
> ○ "내 약점이 드러나서 다른 사람들에게 웃음거리가 되면 어떻게 하지?"
> ○ "내가 해결해야 할 문제인데, 다른 사람들에게 너무 의존하는 것은 아닐까?"
> ○ "내 이야기만 한다고 날 너무 이기적인 사람으로 여기지 않을까?"
> ○ "이 사람들과 너무 정들었다가 집단이 끝나면 어떡하지?"

불안으로 인해 야기되는 집단원들의 부정적인 자기대화는 종종 불안감을 더욱 고조시키는 역할을 한다. 불안을 조성하는 원인을 근본적으로 제거할 수는 없겠지만, 적어도 불안 감소를 돕기 위해서는 불안의 요소를 파악해야 한다. 이를 위해 집단리

더는 집단원들의 자기대화를 감정표현의 형식으로 나타내도록 돕는다. 집단에서 불안이나 두려움 같은 감정을 표출하는 것은 집단원들에게는 중요한 학습과정이다. 집단원들은 이러한 과정을 통해 감정을 언어적으로 표현하는 것이 대인관계를 손상시키기보다 서로를 이해할 수 있는 계기가 된다는 사실을 몸소 깨달을 수 있다. 그런가하면, 감정표현을 통해 다른 사람들의 도전 또는 압력에 견디는 힘을 기르기도 한다. 이처럼 감정표현은 집단원들로 하여금 비현실적 요소를 걸러 내게 하여 불안을 감소시킬 뿐 아니라 자기이해의 폭을 넓혀 준다. 집단원들의 불안감은 저항과 밀접한 관련이 있다.

저항 표출. 작업단계의 두 번째 특징은 집단원들이 예상되는 상처를 피하기 위해 자기방어 또는 저항을 표출한다는 점이다. 저항resistance은 이전에 억압 또는 거부되었던 위협적인 사건을 의식화하는 것에 대한 망설임이다(Luborsky et al., 2011). 이는 무의식적 경험을 막아 고통을 피하려는 욕구의 표현으로, 개인의 갈등과 고통스러운 감정 탐색을 막는 등의 다양한 형태로 나타난다. 저항의 대표적인 형태는 방어적 태도, 즉 불안으로부터 자아를 보호하기 위한 시도다. 방어적 태도는 흔히 자아방어기제ego defense mechanisms를 과도하게 적용하거나, 자기개방을 주저하는 행동으로 표출된다. 치료적 집단의 핵심 과업은 자기개방을 통해 자기와 타인과의 관계를 탐색하는 작업('집단과정')이다. 글상자 11-18은 한 집단원이 저항을 표출하는 진술의 예다.

글상자 11-18. 저항을 표출하는 진술의 예

> 사실, 저는 그렇게 심각한 문제가 있어서 집단에 참여한 것은 아니에요. 그냥 어쩔 수 없어서, 아니 단순히 호기심에서 오게 되었거든요. 그런데 이 집단은 너무 인위적인 것 같아요. 어떤 면에서는 가식적인 면도 보이고요. 선생님도 아시다시피, 집단에 참여하는 사람들 대부분이 정신적으로 조금씩은 문제가 있잖아요. 그러니 내가 이런 곳에서 뭘 배우겠어요? 전혀 희망이 보이지 않아요. 차라리 정신병원에 입원해서 혼자 있는 게 낫지.

그러면 집단원의 저항에는 어떻게 개입하는가? 집단원의 저항, 즉 방어적 행동을 다루기 위한 도구는 집단리더의 관찰, 느낌, 생각이다. 집단원의 방어적 행동을 치료적으로 돕는 방법은 집단리더가 관찰한 것을 밝히고, 집단에서 진행되고 있는 것에 대한 집단리더의 느낌과 생각을 해당 집단원에게 알려 주는 것이다(Billow, 2010). 또한 단호하면서도 돌보는 방식으로 집단원의 불일치에 대해 직면하는 것은 집단원으로 하여금 자신의 방어적 행동을 새로운 관점에서 조망하게 함으로써, 그동안 적용해 왔던 특정 대처전략이 이전의 삶에서 어려운 상황을 극복하기 위한 최선책이었지만 이젠 그렇지 않음을 깨닫게 도울 수 있다.

다른 한편으로, 방어적 행동은 일상생활에서 집단원의 대인관계방식에 의미 있는 단서를 제공한다. 이러한 행동은 흔히 집단에서 안전감을 느끼지 못해 변화를 위한 모험시도에 어려움이 있는 집단원에게서 나타난다. 저항은 친밀감에 대한 두려움으로(Billow, 2010), 이로 인해 상처받을 수 있음에 대한 두려움이기도 하다. 그러므로 집단에서 집단원의 친밀감과 연관된 감정을 직접적으로 다룬다면, 집단원은 자신이 그동안 다른 사람들과 거리를 두기 위해 사용했던 방식을 인식하게 되고, 집단에서 의미 있는 친밀감을 체험하고자 마음의 문을 열 수 있게 된다. 이를 위해 집단리더는 집단 상황에 대한 자신의 느낌과 생각을 집단원들과 함께 나눔으로써 집단원들이 솔직하고 건설적인 상호작용을 체험할 수 있도록 돕는다. 집단원의 저항 표출에 대한 탐색질문의 예는 표 11-4와 같다(강진령, 2019).

표 11-4. 집단원의 저항 표출에 대한 탐색질문의 예

방어적 진술	탐색질문
○"더 이상 이 집단에 있고 싶지 않아요."	○"그러면 지금 어디에 있고 싶나요?" ○"이 집단에 있기 어렵게 하는 것이 무엇인가요?" ○"집단에 참여하지 않는다면, 지금 무엇을 하고 싶나요?"
○"이 집단에서 제 문제는 심각한 것 같지 않네요."	○"누구의 문제가 더 중요하다는 생각이 드나요?" ○"사소하게 여겨지는 문제 한 가지만 말해 보세요."
○"저는 다른 사람들 앞에서 말하는 것이 너무 어려워요."	○"지금 이 순간 떠오르는 생각을 말로 해 보세요." ○"다른 사람들 앞에서 실수하면 어떤 일이 일어날 것 같나요?"
○"마음이 너무 불편해서 더 이상 아무 말도 하고 싶지 않아요."	○"말을 멈추게 한 것이 무엇인가요?" ○"그것에 대해 더 말하면, 어떤 일이 일어날 것 같나요?"
○"집단에서 감정을 표현하는 것이 너무 힘들어요."	○"어떤 감정을 표현하기가 불편한가요?" ○"당신의 삶에서 사람들이 감정을 표출하면 어떤 일이 일어났나요?"

○ "아버지에게 무슨 말을 해야 할 지 잘 모르겠어요."	○ "바로 그 말을 가장 아버지 같은 집단원에게 해 보세요." ○ "만일 당신이 아버지라면, 무슨 말을 하고 싶을까요?"
○ "이제 더는 여기 있는 사람들에 게 주목받고 싶지 않아요."	○ "누구의 주목을 피하고 싶나요?" ○ "주목을 피하고 싶은 집단원에게 가서 '난 더는 ○○씨의 주목을 받고 싶지 않아요. 왜냐면 ~ 때문이에요.' 라고 말해 보세요."

집단원의 저항/방어적 행동에 개입할 때 유의할 점은 집단원의 참여가 소극적이라고 해서 모두 저항으로 단정지어서는 안 된다는 것이다. 저항은 관점에 따라 치료의 장애물이라기보다는 "어려운 세상을 살아가기 위한 창조력"(Polster & Polster, 1976, p. 52)으로 작용할 수 있기 때문이다. 특정 행동을 저항 또는 방어적 행동으로 간주하는 것은 이러한 행동을 이질적 또는 병리적인 것으로 간주하여, 건강한 상태를 유지하기 위해 제거할 필요가 있음을 암시하는 것이다. 그러므로 집단과정에서 저항이라는 개념을 사용하지 않는다면, 집단원이 부적절하게 행동하고 있다고 가정하지 않아도 된다. 이러한 점에서 볼 때, 저항이라는 개념은 치료적 집단에 적합하지 않을 수 있다(Corey & Corey, 2017).

특히 인본주의적 관점에서 볼 때, 집단원은 자신이 원하는 것과 필요한 것을 이해할 수 있는 능력이 있는 존재다. 따라서 저항이라는 개념은 집단리더가 집단과정에서 발생하는 일에 대한 책임을 회피하고, 진척이 없는 것을 집단원의 탓으로 돌리는 수단으로 악용될 수 있다. 집단원이 자신의 역량과 잠재력을 확인하고, 만족스럽고 행복한 삶을 창조·영위하는 데 있어서 자신이 원하는 것과 필요한 것을 인식하도록 돕는 일은 집단리더의 책무다. 따라서 집단원의 참여가 소극적이라고 해서 이를 단순히 저항으로 단정짓는 것은 오히려 집단리더 자신의 저항을 나타내는 것일 수 있고, 치료적 어려움은 집단리더가 집단원의 말과 행동을 제대로 경청·이해하지 못함으로 인해 초래된 것일 수 있다(de Shazer & Dolan, 2007). 집단원의 참여 태도는 집단리더의 리더십 유형이나 생산성에 따라 얼마든지 달라질 수 있다. 그러므로 집단리더는 저항의 원인이 자신의 리더십 때문인지, 아니면 집단원 자신의 문제에 기인하는지를 명확하게 파악할 필요가 있다.

갈등 야기. 작업단계의 세 번째 특징은 집단원 간 혹은 집단원들과 집단리더 간에 갈등^{conflict}이 야기된다는 점이다. 이 시기에는 다른 집단원들 혹은 집단리더에 대한 불만이나 비난성 피드백이 잦아진다. 그러면 탐색단계에서 좋은 관계가 형성되는 것처럼 보이던 집단원들 사이에 갈등이 발생하는 이유는 무엇인가? 그 이유는 지금 여기 경험을 표현하라는 것을 마치 다른 집단원들을 함부로 분석·비판해도 좋다고 허락받은 것처럼 행동하기 때문이다. 즉, 사회적 관습이 폐기되었으므로 다른 집단원들에 대해 개인적으로 자유롭게 비난해도 무방하다고 여기게 될 수 있기 때문이다. 그 결과, 주로 '~해야 한다^{shoulds, oughts, or musts}' '해서는 안 된다', 혹은 '~했어야 했는데'라는 식의 표현을 중심으로 소통하게 되면서 마치 "동료 법정^{peer court}"(Bach, 1955, p. 95)에서 재판이 진행되는 것 같은 분위기가 연출된다. 이러한 형식의 충고나 조언은 대체로 상대방을 위한 것이라기보다는 주로 자신의 지위를 확보하기 위한 시도로 해석된다. 게다가 집단에서 주도적인 위치를 차지하려는 욕구가 강한 집단원이 있는 경우, 집단논의의 주제는 통제에 집중되는 경향이 있다(Yalom, 2005). 그러면 집단과정에서 갈등의 주요 원인은 무엇인가?

탐색단계에서 집단원들은 새로운 경험에 대한 희망, 기대감과 함께 불안감이 공존한다. 이에 집단원들은 흔히 심리적 가면을 쓰게 되고, 새로 만난 집단원들에게 최선의 모습을 보이면서 관용과 포용, 그리고 고도의 이해심과 인내심을 발휘한다(DeLucia-Waack et al., 2014). 그러나 시간이 갈수록 솔직한 감정표현을 시도하게 되고, 자신의 본래 모습을 드러내면서, 집단원들 간에는 오해와 갈등이 싹튼다. 이로써 집단원들은 흔히 글상자 11-19에 제시된 형태의 갈등 상황에 놓이게 된다.

글상자 11-19. 집단원들이 집단에 참여하면서 흔히 놓이게 되는 갈등 상황

1. 이타심 vs. 이기심
2. '우리'라는 느낌 vs. 경쟁적인 느낌
3. 변화를 위한 열망 vs. 변화로부터의 도피
4. 집단의 일원이라는 느낌 vs. 개별성 상실에 대한 두려움
5. 다른 집단원들 위에 군림할 것인가? vs. 다른 집단원들에게 지배를 당할 것인가?
6. 다른 집단원들이 변화되기를 바라는 마음 vs. 자신만이 뒤떨어질 수 있다는 염려

사회적 통념상, 갈등은 부정적인 의미를 내포한다(예, 노사, 민족/인종, 사회계급[가진 자와 못 가진 자, 지배층과 피지배층], 국가, 지역, 종교, 세대, 부부, 고부간 갈등). 갈등은 흔

히 작업단계에서 발생하지만, 사실상 발달단계에 상관없이 발생한다. 그렇지만 탐색단계에서 발생하는 갈등은 집단응집력 형성을 저해한다는 점에서 특히 잘 다루어야 한다. 이때 이러한 감정들이 시의적절하게 표출되지 않아 내면에 누적되기 때문이다. 누적 또는 억압된 감정은 집단의 진행과정에서 다양한 형태로 새어 나와 집단작업을 저해한다. 그러나 다른 한편으로 집단 내 갈등은 학습 기회 제공을 비롯한 순기능이 있다(Kottler, 2015).

글상자 11-20. 집단 내 갈등의 순기능

1. 지금까지 무시되었을 수 있는 중요한 문제에 주의를 기울이게 한다.
2. 힘과 통제에 관한 중요한 문제를 드러낸다.
3. 정체stagnation를 방지한다.
4. 사람들 사이에 거리를 두게 한다.
5. 긴장을 완화한다.
6. 성찰의 기회를 제공하고, 이를 기반으로 성장을 촉진한다.
7. 더 높은 수준의 친근감과 응집력 형성의 원동력을 제공한다.

집단 내 갈등은 집단작업의 동력이다. 이는 마치 잔잔한 호수에 돌을 던지면 파문이 일면서 물결이 출렁이는 힘을 유발하는 것과 같다. 이러한 역동은 집단작업에 있어서 과정 인식과 분석에 필요한 연료를 공급한다. 작업단계에서 야기되는 갈등은 주로 집단원의 방어적 행동, 적대감, 신뢰감 부족으로 인해 발생한다. 갈등 상황에 놓인 집단원들은 흔히 서로를 이해하기보다 자신이 믿는 것을 입증하기 위해 노력한다(Billow, 2010). 갈등해결방법은 중요한 사회적 기술로서, 이 기술을 습득한 집단원은 그것을 일상생활에도 적용할 수 있다. 갈등에의 개입에는 복합적인 전략이 요구되는데, 그 지침은 글상자 11-21과 같다.

글상자 11-21. 갈등 중재를 위한 지침

1. 집단원들이 표출한 감정을 반영한다.
2. 다른 집단원들의 참여를 독려한다.
3. 의사소통 내용을 집단기술을 사용하여 되돌려준다.
4. 배려하지 않는 행동 또는 공격적 행동은 차단한다.

5. 서로 공통적이거나 일치하는 부분은 적극적으로 연결해 준다.
6. 갈등 상황에 있는 집단원들이 상대에 관해서[about the person]보다는 상대에게[to the person] 직접 말하도록 돕는다.

집단리더에 대한 도전.   작업단계의 네 번째 특징은 집단리더에게 석대감을 가지고 도전함으로써 그의 권위와 능력을 시험해 보는 집단원이 나타나는 것이다. 이는 집단발달과정에 있어서 불가피한 현상이다. 집단초기에 집단원은 종종 집단리더가 자신의 삶 전체에 깊은 관심을 보여 줄 대상이라는 환상을 가지고 집단에 참여한다. 그러나 기대와는 달리, 집단리더가 그들에게 더 많은 관심을 기울여 주지 않을 뿐 아니라, 집단원의 주 호소 내용에 대해서도 구체적인 해결책을 제공해 주지 않는다는 사실을 깨닫게 된다. 더욱이 집단원의 자원 탐색 또는 대안 선택만을 도우려는 집단리더의 태도에 대해 강한 실망감을 느끼는 집단원이 나타난다. 따라서 임상경험이 많고 숙련된 집단리더라고 하더라도 집단원들의 실망을 피해 갈 수는 없다. 이러한 이유로 집단리더는 개인적으로 불편하고 어려움이 가중되기도 한다.

집단리더에 대한 적대감은 때로 왜곡된 형태로도 나타난다. 집단리더에 대한 부적 감정을 공개적으로 다룰 수 없게 된다면, 집단원들은 희생양을 만들어서라도 미결감정을 해소하려고 한다. 그러므로 집단리더는 특정 집단원에 대한 공격이 자신에게 향하도록 적극 개입하여 다른 집단원들과의 상호작용의 의미를 조금씩 인식하는 계기를 마련해 주어야 한다(Clark, 2002). 그런가 하면 집단리더에게 '전이반응[transference reactions]'을 나타내는 집단원들이 생긴다. 전이, 즉 다른 사람에 대한 지각을 왜곡(시점 + 대상)하는 개인의 성향을 해리 설리번[Harry Sullivan]은 '관계왜곡[parataxic distortion]'이라고 명명했다(Sullivan, 1955).

관계왜곡은 대인관계 상황에서 다른 인물을 현실에 근거하기보다는 자신의 환상 속에 존재하는 인물로 인격화[personification]하는 현상으로, 이런 사람과의 관계 형성 시 발생한다. 이러한 점에서 전이와 관계왜곡의 개념이 유사하나, 다음 두 가지에서 차이가 있다. 하나는 관계왜곡이 범위가 더 넓어서 집단리더에 대한 왜곡된 관점뿐 아니라 전반적인 대인관계와 연관되어 있다는 점이다. 다른 하나는 관계왜곡에는 단지 과거에 중요한 타인에게 가졌던 태도가 현재의 관계로 전이될 뿐 아니라, 대인관계적 욕구에 반응하여 대인관계상의 현실왜곡이 포함된다는 점이다. 즉, 생애 초기에 권

위적인 인물과의 관계에서 갖게 될 미해결 감정이 현재 지각 능력을 마비시키는 상태
다. 이런 부류의 역동은 흔히 집단에서 나타난다. 이 경우, 사람들은 계속해서 서로를
실제 모습이 아니라, 상상 속의 인물로 간주한 상태에서 반응하게 된다.

그러므로 집단리더는 집단원의 전이반응을 단순히 자신의 전문성이나 능력에 대
한 무시나 공격으로 간주해서는 안 된다. 집단원의 불만은 집단리더의 능력 부족 또
는 리더십에 대한 불만족에 기인할 수 있기 때문이다. 그러므로 집단리더는 집단원
의 불만에 책임을 통감한 나머지 위축되기보다는 지적사항을 면밀히 탐색하고 자신
의 행동을 되돌아보는 기회로 삼는다. 이때 집단원의 요구에 방어적 태도로 즉각 반
박하기보다는 수용적으로 경청하고 오히려 그의 불만을 충분히 표현하도록 돕는다.
집단원의 도전에 대한 집단리더의 촉진적 반응의 예는 대화상자 11-6과 같다.

 대화상자 11-6. 집단원의 도전에 대한 집단리더의 촉진적 반응의 예

> ○ "지아 씨가 이 집단에 대해 바라는 점을 말씀하셨는데, 이 집단에서 지향해야 할 것이
>   뭐라고 생각하시나요?"
> ○ "지아 씨는 집단에서 얻고자 하는 것을 얻지 못해서 매우 실망스러우신가 봐요. 혹시
>   제가 다르게 행동해 주었으면 하는 점이 있나요?"
> ○ "이 집단이 지아 씨의 기대에 부응하지 못해 안타까워하셨는데, 좀 더 의미 있는 집단
>   을 만들기 위해 지아 씨가 할 수 있는 점이 있다면 무엇일까요?"

자신에게 도전하는 집단원이 있을 때, 집단리더는 집단원의 감정 표출에 쉽게 동요
되기보다는 비방어적인 경청을 통해 도전의 의미를 탐색하고 이를 치료적 단서로 활
용한다. 그렇지 않으면 집단리더에 대한 도전은 집단에서 희생양이 만들어지는 형태
로 대체될 수 있기 때문이다. 집단에서 희생양이 생기는 경우, 이 상황을 방임하거나
집단원의 비생산적인 행동을 강화해서는 안 된다. 대신, 분노의 실제 대상이면서 이
러한 상황을 효과적으로 다룰 역량을 갖춘 집단리더 자신이 직접 다룬다. 집단리더
가 집단원들의 공격에 대해 방어적인 태도를 보이기보다 집단기술을 통해 비보복적
인 방식으로 다루는 것은 집단원들에게는 효과적인 갈등해결방법을 위한 관찰학습
의 기회가 된다(Clark, 2002).

집단리더에게 부정적인 감정을 표현할 수 있다는 것은 집단원들에게 중요한 경험
이 된다. 이러한 경험의 핵심은 시의적절한 부적 감정표현이 막연히 두려워했던 재

앙이나 불행한 사태를 초래하는 것은 아니라는 사실을 깨닫는 것이다. 즉, 부정적인 감정을 생산적으로 해소하는 방법은 그 감정의 원인이 되는 대상에게 직접 표현하는 것이 훨씬 더 효과적이라는 사실을 암시하는 것이다. 반면, 집단리더가 자신에 대한 도전에 대해 이렇다 할 반응을 보이지 않는다면, 이는 집단원들의 통찰과 변화를 위한 모험시도에도 부정적인 영향을 줄 수 있는 동시에 실생활에서의 훈습을 꺼리게 하는 원인으로 작용할 수 있다.

집단리더의 임무

작업단계에서 집단리더는 집단원들의 불안, 저항, 갈등 해결 외에, ① 집단역동의 활성화와 ② 직면 활용 같은 임무를 수행한다.

   집단역동의 활성화.   작업단계에서 집단리더의 첫 번째 임무는 집단역동의 활성화다. 이 작업은 집단원들을 지지 · 격려하여 자기개방과 탐색을 위한 용기를 북돋아 주고, 적절한 방식으로 감정을 표현하게 하여 자기이해를 촉진함으로써 가능해진다. 집단역동 활성화를 위한 기본 가정은 글상자 11−22와 같다.

> **⊞ 글상자 11-22. 집단역동 활성화를 위한 기본 가정**
>
> 1. 집단원의 행동에 대한 책임은 바로 집단원 자신에게 있다.
> 2. 집단원은 자기 자신을 개방함으로써 많은 것을 얻을 수 있다.
> 3. 집단원은 모험시도를 통해 자신의 행동을 이해하고 변화를 꾀한다.

   글상자 11−22에 제시된 기본 가정을 실천하기 위해 집단리더는 ① 안전한 분위기 조성, ② 교정적 정서체험 유도, ③ 지금 여기 상호작용 촉진에 초점을 둔다.

   첫째, 안전한 분위기를 조성한다. 치료적 집단은 정서 지향적이면서 교정적 체험이 요구되는 과정이다. 집단원들에게는 정서적으로 강한 체험이 요구되는 반면, 이성을 기반으로 정서체험의 의미를 이해해야 한다. 이러한 점에서 집단역동의 활성화는 집단원들이 내면의 감정을 탐색하고 그 감정을 솔직하게 표출할 수 있도록 지지와 격려를 아끼지 않는 안전한 분위기를 조성하는 것에서 시작된다. 안전한 분위기란 진솔한 감정을 표현하는 모험이 허용되고 이러한 모험에 대해 지지와 격려를 아끼지 않는 정서적 환경을 말한다. 정서적으로 안전감을 느낄 수 있는 집단 분위기는 집단원들이 기꺼이 위험을 감수하고 대인관계 지향적인 강렬한 감정을 표현할 수 있는 여건을 마련한다. 집단원들의 솔직한 감정표현은 집단역동 활성화에 매우 중요하다. 치료집단의 참여자들을 대상으로 실시된 한 연구에서 응답자들은 자신들의 변화에 전환점이 된 결정적 사건으로 다른 집단원에 대한 강한 분노와 미움의 갑작스러운 표현을 꼽았다. 집단원들이 응답한 결정적 사건들의 특징은 글상자 11-23과 같다(Yalom, 2005).

글상자 11-23. 치료집단의 참여자들이 꼽은 결정적 사건

1. 강한 부적 감정을 표현해 본 것
2. 감정표현이 특이하고 신기한 경험임을 깨닫게 된 것
3. 항상 두려워했던 분노표현을 실행에 옮겨 봄으로써 분노를 표현해도 막연히 두려워했던 '재앙'이 일어나지 않는다는 사실을 알게 된 것
4. 현실검증을 통해 표현한 정서의 강도나 방향이 부적절했음 또는 정서표현을 회피해 온 것이 비합리적이었음을 깨닫게 된 것
5. 전보다 자유롭게 상호작용할 수 있게 되었고, 대인관계를 깊이 탐색할 수 있게 된 것

따라서 집단리더는 모델링을 통해 집단원들이 감정을 적극적으로 표현하는 방법을 체득하도록 하는 한편, 갈등 상황을 정확하게 인식 · 직면 · 해결하는 방법을 집단과정을 통해 습득하도록 적극 도와야 한다.

둘째, 집단원들의 감정표현을 교정적 정서체험corrective emotional experience으로 변환시킨다. 교정적 정서체험은 심리치료의 핵심 메커니즘이다(Alexander & French, 1946). 얄롬(Yalom, 2005) 역시 집단심리치료에서 궁극적인 증상 해소와 성격의 재구성을 위해서는 지금 여기에서의 교정적 정서체험에 초점을 맞춘 대인관계 학습이 가장 중요한 치료요인임을 강조했다. 집단원들이 솔직한 감정표현을 통해 치료적 효과를 얻기 위해서는 그러한 표현이 교정적 정서체험으로 변환되어야 한다. 여기에는 한 가지 조건이 요구되는데, 즉 안전한 분위기에서 표출한 감정이 다른 집단원들의 합의적 타당화consensual validation를 거쳐 집단원들의 솔직한 피드백 교환을 통해 현실검증이 이루어져야 한다는 것이다. 이 과정을 통해 집단원들은 그동안 직시하기를 꺼려 왔던, 대인관계에 있어서 자신의 감정과 행동의 부적절성을 인식하게 된다. 이러한 통찰은 결국 다른 사람들과의 솔직한 상호작용을 촉진한다. 단, 비생산적인 신념에 변화를 가

져오려면 명확하고 유용한 피드백이 제공되어야 한다. 피드백이 모호하거나, 반대로 너무 공격적이면, 피드백을 감내하기 어려울 수 있다. 또는 신뢰관계가 형성되기도 전에 이루어지는 섣부른 피드백은 오히려 자신을 폄훼하거나 강압적·모욕적인 언사로 받아들여질 수도 있다(Berg et al., 2018).

셋째, 지금 여기에서의 상호작용을 촉진한다. 집단이 지금 여기 경험에 초점을 맞추는 것만큼, 집단의 힘, 역동, 성과가 증가한다(Riva et al., 2004). 단, 지금 여기에 초점을 맞추는 것이 치료효과가 있으려면 집단원들이 솔직하고 자발적으로 서로를 경험해야 하고, 경험에 대한 성찰이 선행되어야 한다. 감정표현을 통한 경험이 치료 자원이 되기 위해서는 자기반성적 회로$^{self\text{-}reflective\ loop}$가 중요하기 때문이다(Yalom, 2005).

직면 활용.   작업단계에서 집단리더의 또 다른 임무는 직면^{confrontation}의 활용이다. 직면은 때로 인간관계에 위협이 되는 행동으로 여겨진다. 이러한 이유로 사람들은 흔히 직면을 불편해하며 회피한다. 직면을 통한 도전은 심적 에너지를 발생시킨다. 직면을 활용하지 않는 집단은 겉으로는 평온해 보일 수 있지만, 목표를 향해 나아가지 못하고 표류하는 배와 같다. 그러므로 집단리더는 집단원들에게 시범을 통해 건설적으로 직면하는 방법을 가르친다. 주의 깊은 직면을 위한 지침은 글상자 11-24와 같다.

글상자 11-24. 주의 깊은 직면을 위한 지침

1. 관찰 가능한 행동에 초점을 두고 구체적으로 진술한다.
2. 언행의 불일치를 객관적인 어조로 진술한다.
3. 독단적 진술을 하지 않는다.
4. 배려와 관심을 통해 집단원이 판단 또는 비판받고 있다는 인상을 주지 않는다.
5. 직면에 대해 생각하고 반응할 기회를 준다.

대화상자 11-7에는 직면에 대한 이해를 돕기 위해 비생산적 직면과 생산적 직면의 예가 제시되어 있다.

대화상자 11-7. 비생산적 직면(●) vs. 생산적 직면(◎)

● "유빈 씨는 항상 너무 비판적이어서 유빈 씨 앞에서 말을 꺼내기가 겁나요."
◎ "저는 유빈 씨를 대할 때마다 마음이 불편해져요. 유빈 씨가 날 어떻게 생각할까 두렵

기 때문인 것 같아요. 유빈 씨의 의견은 저한테 중요해서, 유빈 씨와 함께 있을 때 마음
이 불편하기보다는 편안해지고 싶어요."

● "지후 씨는 집단에서 마치 심리적 게임을 하는 것처럼 보여요."

◎ "지후 씨가 울고 계셨을 때 마음이 불편했어요. 왜냐면 지후 씨 눈물에 공감하기가 쉽
지 않아서죠. 이에 관해 이야기 나누고 싶어요."

● "수지 씨는 왜 집단에 참여하고 있나요? 그저 앉아서 다른 사람들이 집단활동에 참여
하는 것을 구경만 하고 있잖아요."

◎ "저는 수지 씨에 대해 알고 싶어요. 수지 씨가 무슨 생각을 하고 있고, 어떤 느낌이 드
는지에도 관심이 있어요. 그러면서 수지 씨가 혹시 저를 재미있는 구경거리로 생각하
고 있지는 않나 하는 염려도 있고요. 수지 씨에 대한 제 생각이 바뀌면 좋겠어요."

● "제가 민주 씨 남편이었다고 해도 당장 이혼했을 거예요. 왜냐고요? 민주 씨는 항상 분
노로 가득 차 있고, 거기다 인간관계에도 지독한 편견을 갖고 있어서죠."

◎ "저는 민주 씨에게 마음 열기가 어려워요. 민주 씨가 던지는 말들이 제게는 상처가 되
고, 저도 마찬가지로 상처를 주고 싶은 마음이 생기기 때문이죠. 그래서 민주 씨와 친
근한 관계를 맺는 것이 몹시 어렵겠다는 생각이 들어요."

● "한석 씨는 참 가식적으로 보여요. 보통 때 얼굴에 미소를 짓고 있지만, 그 미소에는 진
실함이 없다는 생각이 자꾸 들거든요."

◎ "저는 한석 씨의 표정을 믿기 어려워요. 왜냐면 한석 씨가 화났다고 말할 때도 웃고 있
기 때문이죠. 그래서 한석 씨와 가까워지기가 쉽지 않아요."

대화상자 11-7에 제시된 예에서, 공격적·비생산적 직면의 특징은 상대방을 추상
적으로 판단하듯이 진술함으로써 무시하는 듯한 뉘앙스를 나타내고 있다는 점이다.
반면, 생산적이고 책임 있는 직면은 상대방에 대해 어떻게 느끼고 있고, 구체적으로
어떤 영향을 받고 있으며, 자신이 원하는 것이 무엇인지를 정확하게 표현하고 있다.
이처럼 주의 깊은 직면은 집단원들이 자신에 대해 정직하게 평가하고, 다른 집단원들
의 반응보다 자신의 반응에 더 관심을 보이게 하는 효과가 있다.

작업단계의 촉진전략

작업단계에서의 촉진전략으로는 ① 집단원들의 모험시도 독려, ② 시의적절한 해석 제공, ③ 적절한 통제 유지, ④ 비언어행동에 대한 적극적 반응이 있다.

집단원들의 모험시도 독려.   작업단계 촉진을 위한 첫 번째 전략은 집단원들의 모험시도를 독려하는 것이다. 집단이 작업단계에 도달했다고 해서 자동적으로 생산단계로 도약하는 것은 아니다. 집단원들의 변화를 위한 깊은 수준의 탐색과 새로운 행동시도 같은 모험 없이는 더 이상의 집단발달을 기대하기 어렵다. 모험시도는 변화를 위한 결단의 실행인 동시에 집단의 치료요인이기도 하다. 모험시도가 어떻게 이루어지는가는 집단발달에 영향을 준다. 즉, 집단이 작업단계에서 생산단계로 진입하는가, 아니면 공전하다가 통합단계에서 종결을 맞이하게 되는가를 결정하는 변수로 작용한다. 행동 변화를 위한 집단원들의 모험시도는 집단역동과 집단과정을 통해 자연스럽게 이루어지기도 한다. 그러나 그렇지 않은 경우 구조화된 방법을 활용한다. 집단원들의 모험시도 촉진을 위한 구조화된 연습의 예는 글상자 11-25와 같다.

📖 **글상자 11-25. 집단원들의 모험시도 촉진을 위한 구조화된 연습의 예**

1. 집단원들 간에 피드백을 교환하고, 그에 대한 느낌 · 생각을 나눈다.
2. 일상생활에서 시도했던 심리적 · 정서적 모험(처음엔 어려웠지만, 긍정적 성과가 있었던 경험)에 관해 이야기한다.
3. 미결감정이 남아 있다는 집단원이 있다면, 그 감정의 대상자에게 동의를 구하고, 두 사람이 마주앉아서 감정에 관한 이야기를 나누고, 다른 집단원들은 이를 관찰한다. 그런 다음, 전체 집단원의 소감을 나눈다.
4. 집단원들에게 남에게 알리고 싶지 않은 사적인 내용을 A4 용지에 적게 한다. 펜과 종이의 종류를 같게 하여 누가 작성했는지 모르게 한다. 작성이 끝나면, 종이를 모아 잘 섞어서 집단원들에게 한 장씩 나누어 주고 큰 소리로 읽게 한다. 그런 다음, 종이의 내용에 대해 부연설명을 원하는 집단원의 모험시도를 돕는다.

글상자 11-25에 제시된 구조화된 모험시도 연습은 집단에서의 친근감, 공유감, 응집력 수준을 심화시키기 위한 목적으로 적용되어야 한다. 이때 연습을 시작하기에 앞서 얼마나 개방할 것인가, 혹은 얼마나 깊은 수준의 모험을 시도할 것인가는 전적으로 집단원에게 맡긴다. 이는 집단원들이 준비되었다고 느끼는 것 이상으로 말하거나 행동으로 옮기도록 압력을 행사하지 않아야 함을 의미한다. 이 활동에서 집단리더의 임무는 집단원들이 편안하고 안전함을 느끼는 수준을 넘어서 새로운 존재방식을 위해 모험을 감수하도록 적극 격려하는 것이다. 모험시도의 첫 단계는 이에 대한 감정을 터놓고 이야기할 수 있도록 돕는 것이다. 집단원들의 모험시도 촉진을 위한 진술의 예는 대화상자 11-8과 같다.

🏠 **대화상자 11-8. 집단원들의 모험시도 촉진을 위한 진술의 예**

> **리 더**: 자, 잠시 눈을 감으세요. (모두 눈을 감았는지 확인하고 나서 다시 말을 한다.) 이제 여러분의 깊고 어두운 곳에 감춰져 있는 비밀을 털어놓을 거라고 상상해 보세요. 지금까지 생각하고 느껴 왔지만 말할 용기가 없었던 것들에 대해 이제 말하게 될 거라고 상상해 보세요. (잠시 쉬었다가 다시 말을 시작한다.) 자, 눈을 뜨고 잠시 주위를 둘러보세요. 다른 분들의 눈을 쳐다보면서 여러분이 만일 자신에 대해 노출한다면, 다른 사람들이 어떤 반응을 보일 것인가에 대해 상상해 보세요."

대화상자 11-8에 제시된 예에서, 집단리더의 지시에 따른 작업은 타인의 판단이나 비판에 대한 두려움을 영적으로 나누는 것과 같은 효과를 얻을 수 있다. 집단에는 종종 두려움이 적거나 높은 수준의 모험을 시도해 보려는 집단원이 있기 마련이다. 집단리더는 이 집단원의 용기를 다른 집단원들도 동참하게 하는 전환점으로 활용할 수 있다. 그러나 선택은 반드시 자발적으로 이루어져야 한다. 모험을 시도한 집단원에 대해서는 지지와 격려를 아끼지 않음으로써 변화를 위한 모험시도 행동을 강화해 준다. 대인관계 능력은 관계왜곡이 감소할수록 향상된다. 불안수준이 낮아지면서 자존감이 상승하고 자기은폐 욕구가 감소하기 때문이다.

행동 변화는 치료적 집단의 존재 이유다. 아무리 사소하게 보이더라도 다른 집단원들의 긍정적인 반응에 힘입어 변화를 체험하게 되면, 집단원들은 이제까지 생산적인 행동방식의 걸림돌이 되었던 두려움이 비합리적인 기우杞憂에 불과했고, 마음먹기에 따라 얼마든지 변화할 수 있다는 사실을 인식하게 된다. 그뿐 아니라, 새로운 행동을 시도했을 때 그동안 두려워했던 재앙과 같은 일들이 일어나지 않는 사실을 목격하게 된다. 집단원들은 점차 새로운 행동을 시도함으로써 그 행동을 습득하기 위한 노력에 박차를 가하게 된다.

모험시도 촉진을 위해 유용한 기법으로는 '뜨거운 의자hot seat'를 꼽을 수 있다. 이 기법에서 집단원들은 차례로 다른 집단원들이 직접적인 방식으로 던지는 사적인 질문에 솔직하게 대답함으로써 실험적으로 자신을 노출시키게 된다. 다른 대안적인 활동으로는 집단원들을 무작위로 소집단으로 나누거나, 가장 신뢰할 만한 사람과 짝을 짓게 하여, 사적인 이야기를 서로 나누게 하는 방법이 있다. 그러고 나서 집단원들은 모험시도에 대한 소감을 나눔으로써, 이를 집단에서도 시도해 보도록 서로 강화해 준다.

시의적절한 해석 제공.   작업단계 촉진을 위한 두 번째 전략은 시의적절한 해석을 제공하는 것이다. 집단에서 다루게 되는 주제는 흔히 실제 문제의 표면적인 수준의 것에 불과하다. 집단원들은 종종 주 호소문제나 관심사를 집단 내에서도 유사한 방식으로 경험하게 된다. 예를 들어, 같은 반 학생들과 잘 어울리지 못해 원만한 인간관계기술을 습득하고자 집단에 참여한 사람은 집단 내에서도 유사한 경험을 할 수 있다. 이처럼 주 호소 내용은 그 집단원을 이해할 수 있는 중요한 자원인 동시에, 집단의 의미 있는 주제가 된다.

집단원들은 자신의 관심사를 피력하면서도 문제의 핵심을 잘 이해하지 못하는 경우가 더러 있다. 문제의 실체를 잘 파악하지 못한다면, 문제해결의 실마리를 찾기는 더욱 어렵다. 해석은 바로 이러한 경우에 사용하는 기술이다. 이 기술은 인간이해와 상담이론에 관한 깊은 지식과 임상경험을 기반으로, 집단원의 행동, 사고, 감정, 경험을 대상으로 한다. 집단리더는 집단의 흐름을 거스르지 않는 범위 내에서 직관[intuition]('주. 감각, 경험, 연상, 판단, 추리 등의 사유를 거치지 않고, 대상을 직접적으로 파악하는 작용) 또는 직감[hunch]('주. 사물이나 현상을 접했을 때, 설명이나 증명 없이 진상을 곧바로 느껴 알게 되는 작용)을 적극 활용하여 부드럽게 해석해 준다. 해석의 예는 대화상자 11-9와 같다.

대화상자 11-9. 작업단계에서 이루어지는 적절한 해석의 예

○ "지윤 씨가 집단에서 남에게 피해를 주지 않기 위해 애쓰게 되면서 오히려 이러한 행동 때문에 다른 사람들과 갈등을 겪는 것이 자주 눈에 띄었는데, 이러한 신념과 행동이 어쩌면 어렸을 때 실수로 동생을 심하게 다치게 한 일이 있고 나서부터 시작되어 서서히 마음속에 자리 잡게 된 죄책감과 분노로 인한 것이 아닌가 하는 생각이 언뜻 드네요."

○ "은석 씨가 원하는 바를 구체적으로 표현한다면 아내가 싫어할 거라는 생각은 은석 씨의 행동을 소극적으로 만들고, 소극적인 행동은 다시 불편한 감정과 부정적인 사고, 그리고 원치 않는 경험으로 이어져서 악순환되는 것 같아요. 마찬가지로, 이 집단에서도 그렇게 되지 않을까 해서 자기개방에 조심스러워지면서 감정표현을 자제하는 것처럼 보이고요."

대화상자 11-9에 제시된 예에서, 집단리더는 집단원의 행동에 대한 관찰 결과를 부드러운 어조와 잠정적인 가설의 형태로 해석해 주고 있다.

적절한 통제 유지.   작업단계 촉진을 위한 세 번째 전략은 적절한 통제 유지다. 집단의 통제를 적절한 수준으로 유지한다는 것은 지속적인 관찰을 통해 집단에서의 논의가 집단목적에 합당한 주제 혹은 초점에서 벗어나지 않도록 관리·감독하는 것을 의미한다. 집단에서 주로 논의되는 주제는 구성원 층에 따라 다르다. 예컨대, 중·고등학생집단의 경우에는 학업성적, 학습방법, 학습전략, 과제해결, 교우관계, 이성관계, 방학에 대한 기대, 따돌림/괴롭힘 같은 학교생활과 관련된 쟁점이 될 수 있다. 이에 비해, 성인집단의 경우에는 이성교제, 결혼/이혼, 자녀양육/교육, 부부관계, 고부간의 갈등, 직장상사/동료와의 갈등, 재정문제, 진로문제, 취업/이직 등 구성원들의 발달과업과 관련된 쟁점이 흔히 집단논의의 주제가 된다.

집단리더의 적절한 통제는 다음 두 가지 상황에서 빛을 발하게 된다. 하나는 집단원들이 편안하고 안전한 주제에만 머물며, 변화를 위한 자기탐색과 도전적인 모험시도를 꺼리는 경우다. 다른 하나는 일부 집단원의 도전적인 태도가 도를 넘어 다른 집단원들에게 공격적인 양상으로 확대되는 경우다. 만일 변화를 위해 더 도전적인 주제로 옮겨 갈 필요가 있다면, 집단리더는 집단원들의 대화 내용을 요약해 줌으로써 다른 주제로 옮겨 갈 필요성을 암묵적으로 제안할 수 있다. 고등학교 2학년 학생들을 대상으로 하는 집단에서 집단리더의 적절한 통제 유지를 위한 진술의 예는 대화상자 11-10과 같다.

🏠 **대화상자 11-10. 적절한 통제 유지를 위한 진술의 예**

> **리 더**: 음, 오늘 여러분의 이야기는 학업성적에 집중되네요. 성적이 떨어져서 원하는 대학에 못 갈까 봐 불안해하는 사람도 있고, 부모님께서 실망하시지 않을까 염려하는 사람도 있고요. 모두들 학업성적이 중요하다고 여기는 것 같은데, 혹시 다른 사안에 관해 이야기하고 싶은 사람이 있나요?

대화상자 11-10에 제시된 진술의 예에서처럼, 집단리더는 필요한 경우 요약을 통해 집단원들이 자연스럽게 새로운 주제를 모색하게 하거나, 암묵적으로 초점을 바꿔 보도록 권유한다. 그리고 집단 회기 종료 10~15분 전에 한 회기 동안 다룬 주제와 그 내용을 집단원들이 직접 요약해 보도록 권유할 수 있다. 집단원에게 요약해 보도록 제안하기 위한 진술의 예는 대화상자 11-11과 같다.

 대화상자 11-11. 집단원에게 요약을 권유하기 위한 진술의 예

○ "자, 오늘 집단에서 무엇을 배웠나요?"

○ "오늘 우리가 무엇에 관해 이야기를 나누었는지 누가 정리해 볼까요?"

비언어행동에 대한 적극적 반응. 작업단계 촉진을 위한 네 번째 전략은 집단원들의 비언어행동에 대해 적극적으로 반응하는 것이다. 관심 있게 관찰해야 할 집단원들의 비언어행동에는 전반적인 행동 특성뿐 아니라 갑작스러운 행동 변화가 포함된다. 비언어행동은 크게 ① 동작성, ② 근접성, ③ 준언어로 분류된다. 동작성^{kinesics}은 보통 신체언어^{body language}, 즉 표정, 시선, 제스처, 태도, 자세, 신체 접촉 등을 말한다. 이에 비해, 근접성^{proxemics}은 사회적 거리, 사회적 공간, 개인적 영역, 또는 세력권을 말한다. 그리고 준언어^{paralanguage/paralinguistics}는 무엇을 말하는가보다 어떻게 말하는가에 관한 개념이다. 비언어행동 영역에 따른 관찰 목록은 글상자 11-26과 같다(강진령, 2019).

글상자 11-26. 비언어행동 관찰 목록

☐ 동작성 / 신체언어

1. 표정이 말하는 내용 · 상황과 일치하는가?

2. 말 대신 표정으로 전달하고 있는 메시지는 없는가?

3. 입을 꽉 다물고 있거나, 이를 악물고 있지 않는가?

4. 시선의 접촉이 적절하게 유지되고 있는가? (시선을 아래로 향하고 있거나, 회피하거나, 자주 창밖을 향하고 있지 않는가?)

5. 다리를 떨고 있지 않는가?

6. 몸이 경직되어 있지 않는가?

7. 제스처가 전반적으로 과장/위축되어 있지는 않은가?

8. 특정 주제에 관해 말할 때 표정, 몸짓, 자세가 변하지는 않는가?

9. 전반적인 자세와 태도는 어떠한가?

10. 신체 접촉과 관련된 변화는 없는가?

☐ 근접성 / 사회적 거리 · 공간

1. 특별히 서로 가까이 앉거나, 앉고 싶어 하는 집단원은 없는가?

2. 눈에 띄게 거리를 두고 앉으려는 집단원은 없는가?

3. 출입구를 중심으로 주로 어떤 위치에 앉곤 하는가?

4. 습관적으로 앉던 위치에 변화는 없는가?

5. 특정 주제에 관한 이야기를 하고 난 다음 회기에 자리 이동은 없는가?

□ 준언어 / 어떻게 말하는가?

1. 말할 때 전반적인 어조는 어떠한가?

2. 특정 주제에 관한 이야기를 하는 동안 어조나 음조에 변화는 없는가?

집단리더는 집단원들의 비언어행동과 그 변화를 관심 있게 살펴야 한다. 그리고 필요한 경우, 관찰한 내용을 토대로 피드백을 제공한다. 특히 의미 있는 단서에 대해 즉각적인 반응을 보임으로써 집단원들이 통찰을 확대·심화하도록 돕는다. 설령, 즉각적으로 반응하지 않더라도 중요한 자원이 되는 특정 주제에 대한 집단원들의 비언어적 반응은 지속적으로 관찰한다.

정리하면, 작업단계에서 집단원들은 지속적으로 자기개방을 통해 감정표현방법을 연습하게 되고 자신을 탐색하게 된다. 또한 집단의 분위기가 어느 정도 안전한가를 결정하기 위해 직간접적으로 집단리더와 집단원의 신뢰성 여부를 확인하고자 지속적으로 평가하게 된다. 그러면서도 한편으로는 거부당하지 않을까 하는 불안감을 갖기도 한다. 그리고 현실에 안주하는 것과 변화를 위한 모험시도 사이에서 갈등을 겪기도 하며, 집단원에 따라서는 집단리더나 다른 집단원들과 힘겨루기를 하거나 갈등을 경험하기도 한다. 집단리더가 집단원들과 집단작업을 위한 신뢰관계와 작업동맹을 구축하는가, 그리고 집단원들의 갈등, 저항, 모호한 느낌들, 집단리더에 대한 도전을 어떻게 다루느냐에 따라 집단발달이 좌우된다.

따라서 작업단계에서 집단리더는 생산적인 신뢰관계와 작업동맹을 기반으로 집단원들의 갈등, 저항, 감정을 효율적으로 다룸으로써, 이를 집단발달의 초석으로 삼아야 한다. 만일 이 단계에서 집단원의 저항이나 갈등을 다루지 않고 회피한다면, 집단은 작업단계에서 표류하다가 생산단계로 진입하지 못하고 종결에 이르기도 한다. 집단이 생산단계로 도약하기 위해서는 집단원들의 다양한 형태의 저항과 갈등을 치료적 자원으로 활용하는 집단리더의 역량과 의지가 요구된다.

생산단계

생산단계$^{productive\ stage}$는 집단발달단계의 절정기인 동시에 집단의 생명이다. 집단 작업단계에서 생산단계로 넘어가는 것을 명확히 구분하는 선은 없다. 그러나 굳이 구분한다면, 총 10회기 집단의 경우 보통 4~8회기가 생산단계에 해당한다. 집단이 생산단계에 도달했는지는 집단역동과 과정을 토대로 판단할 수 있다. 즉, 집단원들 간의 상호작용이 얼마나 생산적이고, 치료요인들이 활성화되어 작용하고 있는지에 따라 결정된다. 만일 이전 단계가 치료적으로 잘 진행되었다면, 집단은 자연스럽게 생산단계에 도달한다.

생산단계에 도달한 집단의 구성원들은 자신의 이익, 관심, 서로를 돕는 기술을 위해 어떻게 집단을 이용할 것인지에 대한 명확한 생각을 가지고 있다. 집단이 생산단계로 발돋움하기 위해서는 집단원들 각자가 한 집단에 소속되어 있다는 의식, 집단 내에서 자신의 통제력이 있다는 믿음, 그리고 인정받고 있다는 느낌을 가져야 한다. 이러한 요소들의 축적과 집단리더의 리더십을 통해 집단은 생산단계로 도약할 수 있게 된다. 집단발달에 있어서 탐색단계의 관심사는 '안팎$^{in\ or\ out}_{內外}$', 작업단계는 '상하$^{up\ or\ bottom}_{上下}$'에 있는 데 비해, 생산단계는 '원근$^{near\ or\ far}_{遠近}$'에 모아진다(Schutz, 1966).

집단원에 따라서는 작업단계에서 집단참여에 대한 실제 목적을 밝히기도 한다. 그 뿐 아니라, 내면 깊은 곳에 간직해 두었던 사적인 비밀을 공개하기도 한다. 그러나 때로 집단의 응집력을 고려한 나머지, 부적 감정표현을 삼가는 분위기가 조성되기도 한다. 분명한 사실은 감정이 표출되고 건설적으로 다루어지게 되면서 집단은 더욱 성숙해진다는 점이다. 이처럼 생산단계는 집단 내에 갈등이 전혀 없었기 때문에 진입할 수 있는 것이 아니라, 오히려 갈등에 직면하여 해결함으로써 찾아오는 단계다.

만일 집단원들 사이에 여전히 생산단계의 특징이 나타나지 않는다면, 이는 이전 단계에서의 문제들이 여전히 미결 상태로 남아 있으면서 다음 단계로의 도약을 저해하고 있다는 증거다. 이러한 문제로 생산단계에 도달하지 못하고 종결을 맞게 되는 집단이 적지 않다(Kottler, 2015). 그러나 설령 집단이 생산단계에 들어가지 못하더라도 집단원들은 여전히 집단의 혜택을 누릴 수는 있다. 여기서는 ① 생산단계의 특징, ② 생산적 집단원의 특징, ③ 집단리더의 임무, ④ 생산단계의 촉진전략으로 구분하여 생산단계에 대한 이해를 꾀하고자 한다. 그러면 먼저 생산단계의 특징부터 살펴보자.

생산단계의 특징

생산단계의 대표적인 특징은 집단의 치료요인들이 고르게 나타난다는 점이다. 이 단계는 집단원들이 개인적으로 깊이 있고 의미 있는 쟁점을 탐색하게 되는 시기인 동시에, 다양한 방식으로 상호작용하게 되면서 강력한 집단역동이 발생하는 시기다. 이 단계에서 집단원들은 집단목적에 초점을 맞추고 다양한 사적인 쟁점을 다루는 한편, 자신의 주 호소문제를 해결하기 위한 과업을 실행·완수하게 된다. 그러나 다른 한편으로 생산단계에서는 집단원들의 자율성 수준이 집단리더의 개입이 더 이상 필요하지 않을 정도로 높아졌다는 점에서, 집단리더는 유혹과 씨름할 수 있다. 즉, 치료자로서의 역할을 내던지고 집단의 일원으로서 집단작업에 참여하고 싶은 반면, 종전처럼 개입이나 활동을 전개하여 여전히 집단의 주도권을 쥐고 있다는 것을 재확인시켜 주고 싶을 수 있다. 그러나 숙련된 집단리더들은 이 단계에서 집단역동에 대해 모니터링을 계속하는 한편, 집단원들의 깊은 자기탐색을 돕는다. 그러면 집단이 과연 생산단계에 도달했는지는 어떻게 알 수 있을까? 집단의 생산단계에 도달한 집단과 그렇지 못한 집단을 구분할 수 있는 특성이 있다(Corey, 2017; Gladding, 2016; Kottler, 2015; Yalom, 2005). 집단의 생산단계에 도달한 집단의 구성원들 사이에서 흔히 이루어지는 진술의 예는 대화상자 11-12와 같다.

 대화상자 11-12. 생산단계에 도달한 집단의 구성원 진술 예시

> ○ "저는 지난주에 해결하지 못한 문제를 마무리짓고 싶어요. 선생님, 괜찮겠죠?"
> ○ "지성 씨! 마음에 두고 있다는 그 여성에게 데이트 신청을 하셨는지 궁금해요."
> ○ "저는 우리 집단의 별칭을 생각해 봤는데요, '천상의 아이들 7인', 어때요? 우리 모두 수렁에 빠졌다가 멋지게 빠져나오고 있잖아요."
> ○ "혜인 씨가 지난주 저한테 주셨던 말씀에 대해 일주일 동안 곰곰이 생각해 봤는데요. 그때는 혜인 씨 피드백에 많이 놀랐지만, 진심으로 저를 직면시켜 주신 것에 대해 감사드리고 싶어요."

집단리더는 생산단계에 도달한 집단의 특징을 확인해 봄으로써 자신이 맡은 집단의 발달단계를 확인할 수 있다. 이러한 특징은 집단이 최적의 수준에서 기능하고 있는지를 판가름하는 지표다. 생산단계에 도달한 집단의 특징은 ① 깊은 신뢰관계, ② 강한 집단응집력, ③ 피드백 교환의 활성화, ④ 개인차 존중, ⑤ 집단규범의 적극적 실천, ⑥ 갈등의 불가피성 인정과 적극적 해결, ⑦ 적극적인 집단참여, ⑧ 회기 간 지속성, ⑨ 실천 가능한 과제 부여를 들 수 있다.

깊은 신뢰관계.   생산단계의 첫 번째 특징은 집단원들 사이에 깊은 신뢰관계가 형성된다는 점이다. 집단초기부터 집단원들 사이에 형성되어 온 깊은 신뢰감으로 집단원들은 서로에 대해 지지와 격려를 아끼지 않게 된다. 그뿐 아니라, 집단원들은 실제로도 다른 사람들로부터 진정으로 지지받고 있음을 느끼게 된다. 이렇게 형성된 신뢰감은 비판, 조롱, 실수에 대한 두려움을 없애 주는 작용을 한다. 신뢰감은 또한 집단원들이 자신을 있는 그대로 수용할 수 있게 하는 한편, 자신을 더욱 개방하게 하는 동기를 부여한다. 집단원들에게서 깊은 신뢰감이 형성되어 있음을 확인할 수 있는 단서는 글상자 11-27과 같다.

글상자 11-27. 집단원들 사이에 깊은 신뢰감을 확인할 수 있는 단서

1. 기꺼이 변화를 위한 모험을 더욱 자주 시도한다.
2. 집단 내 경험을 진솔하고 전보다 더 명확하고 간결하게 표현한다.
3. 원하는 바를 실현할 수 있다는 변화 가능성을 깊이 신뢰한다.
4. 모험이 따르는 주제에 대해서도 기꺼이 자기를 개방한다.
5. 자발적인 자기개방을 통해 다른 집단원들의 피드백을 받고 싶어 한다.

글상자 11-27에 제시된 것처럼, 신뢰감은 집단원들 간의 신뢰관계 및 신뢰할 수 있는 분위기의 토대로 작용한다. 설령 신뢰감이 다소 부족한 경우에도 생산단계에 도달한 집단의 구성원들은 기꺼이 개방적이고, 직접적이며, 정확하게 표현하려고 노력한다. 집단원들이 깊은 신뢰를 바탕으로 자기 개방적이고 직접적인 방식으로 피드백을 교환하게 되면서 집단응집력은 급격히 높아지게 된다(Marmarosh & Van Horn, 2010).

강한 집단응집력.   생산단계의 두 번째 특징은 집단의 응집력이 강하다는 점이다. 강력해진 응집력은 집단원들의 솔직한 자기개방, 적극적 피드백 교환, 지금 여기 상호작용에 의한 논의, 직면, 통찰 등의 활동으로 전환되면서 실행 지향적인action-oriented 행동들이 강화된다. 직면과 통찰을 통한 집단원들의 실행 지향적인 태도는 건설적인 행동과 사고의 변화로 이어진다. 이러한 분위기에 편승하여 집단원들은 더욱 사적인 내용을 집단에서 논의하고 싶어 하고, 서로 간의 갈등을 인정하며, 이를 직접적이면서도 효율적으로 다룰 수 있게 된다. 그뿐 아니라, 서로의 경험을 공유하고, 친밀한 정서적 유대감을 나누며, 서로 동일시하게 되면서 개개인의 변화를 촉진하게 된다. 이처럼 집단응집력은 치료적 집단과정과 밀접한 관계가 있다. 응집력이 강한 집단은 갈등을 포용할 수 있고, 갈등에서 건설적인 작업을 끌어낸다(Marmarosh & Van Horn, 2010). 집단이 갈등을 건설적으로 다룰 수 있게 될수록 집단원들 간의 상호작용은 더욱 활성화되고 집단과정은 한층 더 역동적이 된다. 응집력이 강한 집단원들의 특징은 글상자 11-28과 같다(Yalom, 2005, p. 75).

🏢 글상자 11-28. 응집력이 강한 집단원들의 특징

1. 다른 집단원들에게 영향을 주기 위해 더욱 노력한다.
2. 다른 집단원들의 영향에 더욱 개방적이다.
3. 기꺼이 다른 사람들에게 더욱 귀 기울이고 수용해 준다.
4. 집단에서 더욱 안전감safety을 느끼고 안심relief한다.
5. 더욱 자발적으로 집단에 참여한다.
6. 자기개방을 더 많이 한다.
7. 집단규범을 지키고, 규범에 어긋나는 행동을 하는 집단원에게 압력을 가한다.
8. 집단원의 중도포기를 덜 민감하게 받아들인다.
9. 집단치료에 대해 더 강한 주인의식을 갖는다.

글상자 11-28에 제시된 것처럼, 집단의 강한 응집력을 기반으로 집단원들은 방어적 태도의 필요성을 점차 느끼지 않게 된다. 이처럼 집단 내에 치료적 분위기가 조성되면서 집단원들 사이에 이루어지는 상호작용을 통해 활성화되는 집단역동은 집단원들의 행동, 사고, 감정, 경험의 변화를 더욱 촉진한다. 이러한 변화는 결국 집단원들의 인간적 성장을 실현하는 결과로 이어진다. 그러나 높은 집단응집력이 집단 내 분위기가 편안함을 의미하지는 않는다. 응집력이 높은 집단은 그렇지 않은 집단에 비해 집단원들 간에 더 높은 수준의 수용, 이해, 친밀감이 나타나지만, 오히려 갈등과 적대감은 더 크고 더 많이 표현되기 때문이다. 그 이유는 응집력이 높은 집단에서는 집단원들 간의 지지 외에도 갈등이나 이견도 자유롭게 표출하도록 격려하는 규범이 적극 실천되기 때문이다(Yalom, 2005).

피드백 교환의 활성화.　생산단계의 세 번째 특징은 집단원들 사이에 피드백 교환이 활성화된다는 점이다. 이 단계에서는 상호작용하는 방법을 터득한 집단원들이 집단리더의 요구나 개입 없이도 구체적이고 정교한 피드백을 교환하게 된다. 집단리더가 구조화나 개입 횟수를 줄이더라도, 집단원들은 자발적인 피드백으로 집단역동을 더욱 활성화한다. 생산단계에서 집단원들이 교환하는 피드백의 특징을 정리하면 글상자 11-29와 같다.

글상자 11-29. 생산단계에서 이루어지는 피드백의 특징

1. 구체적이고 명료하며 자율적으로 이루어진다.
2. 불필요한 방어나 저항 없이 받아들여진다.
3. 솔직한 피드백을 자유롭게 교환하고 이를 기꺼이 수용한다.
4. 위협적인 사안에도 기꺼이 자기개방의 모험을 감수한다.
5. 지금 여기에 초점을 둔, 직접적인 상호작용방식을 기초로 이루어진다.
6. 흔히 집단 내의 통제, 권위, 상호 간 갈등이 주요 소재가 된다.
7. 깊은 수준까지 탐색할 단서를 제공한다.

집단원들 사이에 피드백 교환이 활성화되면서 집단 내에는 더욱 강력한 치료적 분위기가 조성된다. 피드백 활성화가 집단원들에게 미치는 영향은 글상자 11-30과 같다.

글상자 11-30. 피드백 활성화가 집단원들에게 미치는 영향

1. 말과 행동이 일치하게 된다.
2. 집단에 대한 자신감이 높아진다.
3. 심적 에너지가 충만하고 그 힘을 공유한다.
4. 서로에 대해 더 잘 알고 이해하며, 서로 돕고 의지한다.
5. 자신의 문제와 상황에 대해 더 책임 있는 행동을 한다.
6. 진지하면서도 민감하게 배려하는 마음으로 다른 집단원들에게 직면한다.
7. 상호 간의 배려, 보살핌, 지지수준이 높아지면서 자신과 타인에 관해 더 많이 배우게 된다.

글상자 11-30에 제시된 것처럼, 생산단계에서는 집단원들이 자유롭고 직접적인 상호작용을 통해 집단리더의 역할을 공유한다. 이는 집단원들에게 집단과정에 대한 자각이 생기게 되어 무엇이 집단을 생산적 · 비생산적으로 만드는지 잘 알 수 있게 되기 때문이다.

개인차 존중.   생산단계의 네 번째 특징은 집단원들의 개인차^{individual difference}가 존중된다는 점이다. 이 단계에서는 집단원의 다양성이 권장되는 한편, 개인차와 문화적 차이가 존중된다. 즉, 집단원들의 성별, 학력, 출신학교, 출신지역, 직업, 사회경제적 지위, 인종, 민족 등에 따른 편견 또는 차별이 용납되지 않는 동시에, 문화적 배경이 서로 다르다는 사실이 인정된다. 어떤 의미에서, 생산단계에 도달한 집단 혹은 생산적 집단^{productive groups}이란 집단원들의 경험을 한곳에 쏟아 놓을 방법을 마련한 집단이다. 즉, 집단원들은 각자의 경험을 다른 집단원들과 연결시켜 공유하게 된다. 집단에서 산출되는 성과 혹은 집단원들의 사고, 행동, 감정, 경험의 변화는 집단원 모두가 합력하여 입력^{input}한 것에서 추출^{output}된 것이다.

집단규범의 적극적 실천.   생산단계의 다섯 번째 특징은 집단원들이 집단목표를 성취하기 위해 집단규범을 적극 실천한다는 점이다. 이 단계에서 집단원들은 각자의 문제해결을 위한 행동선택에 대해 스스로 책임져야 한다는 사실을 받아들인다. 집단리더와 집단원들이 함께 설정한 집단목표는 이미 명확하고 구체적인 특징을 띤다. 리더들은 소속감을 느끼고 소외된 집단원들에게는 적극적인 참여를 유도한다. 그리고 집단과정을 인식하고 집단규범을 적극 실천한다. 집단원들이 집단규범을 적극 실천하는 일은 매우 중요하다. 만일 집단에서 수용할 수 있는 행위와 그렇지 않은 행위를 명확하게 정해 놓은 기준이 없거나 이를 제대로 준수하지 않는다면, 집단은 고유의 치료적 기능을 상실할 수 있기 때문이다.

생산적인 집단의 구성원들은 각자 집단 내에서 어떻게 행동해야 하는지를 잘 알고 있다. 따라서 집단리더는 집단 내에 건강한 문화가 형성되고 있는지를 지속적으로 관찰해야 한다. 이는 집단원들의 행동을 안내하는 규범이나 규칙을 마련하는 것을 전제로 이루어진다. 기능수준이 높은 집단일수록 서로에 대한 배려와 보살핌, 또는 생산적인 기여를 강화하는 긍정적인 문화를 창출하는 특징이 있다. 집단원들은 이 집단의 일원이 되어 이러한 경험에 동참한다는 사실에 대해 좋은 느낌이 들게 된다.

갈등의 불가피성 인정과 적극적 해결.   생산단계의 여섯 번째 특징은 작업단계를 지나면서 집단원들 사이에 싹텄던 갈등이 오히려 집단논의의 소재가 되고, 갈등을 통해 서로에 대한 이해의 폭과 깊이를 더하게 된다는 점이다. 이 단계에서는 집단원들 또는 집단리더 사이의 갈등이 인식되고, 논의되며, 해결된다. 집단원들은 여러 집단원과의 상호작용에 익숙해지면서 다른 상황에서 갈등을 다루는 법을 터득하게 된다. 두 사람 이상이 한자리에 모이게 되면, 긴장과 불일치는 필연이다. 기능수준이 높은 집단일수록 갈등이 많지만, 적극적인 해결과정을 거쳐 상호 이해의 폭을 넓힌다. 반면, 기능수준이 낮은 집단일수록 갈등의 불가피성을 인정하지 않거나, 혹은 갈등을 무시하거나 최소화하려는 경향이 있다(Marmarosh & Van Horn, 2010).

기초가 튼튼한 집단일수록 집단원들이 서로 다른 생각과 견해를 가질 수 있다는 점을 인정하는 특성이 있다. 동시에, 이로 인해 발생하는 갈등을 직면을 통해 적극 해결하고자 한다. 집단원 각자가 이러한 차이점 극복을 위해 애쓰고 있다는 믿음을 가질 때, 갈등은 비로소 서로에게 도움이 되는 필수요소로 인식된다. 집단의 발달과정에서 흔히 집단의 초점을 혼미하게 하거나 역기능적인 행동을 보이는 집단원이 발생한다. 예를 들어, 다른 집단원들을 조종하려고 하거나, 대화를 독점하거나, 집단 분위기를 흩뜨리거나, 주변을 맴돌거나, 다른 집단원들에게 폭언이나 비하하는 발언을 일삼는 등의 행동을 하는 집단원들이 나타나기도 한다.

집단이 생산단계에 도달하기 위해서는 집단원의 문제행동이 적절하게 저지되고 있는가가 중요한 변수가 된다. 생산단계에서 직면은 다른 집단원과 감정을 공유하는 방식으로 이루어진다. 따라서 직면은 배려 없는 공격이 아니라, 개인의 행동 탐색과 통찰을 위한 도전이다. 생산적 집단에서는 이러한 집단원을 배제하거나 문제행동을 즉각 중지시키기보다 문제행동이 자연스럽게 일어나도록 방임하기도 한다. 왜냐면 오히려 집단원들이 문제행동을 다루면서 문제 상황에 대처하는 방법을 연습할 기회로 삼을 수 있기 때문이다. 기능수준이 높은 집단일수록 이러한 과정을 통해 집단원 모두가 문제행동에 직면할 책임을 공유하는 특징이 있다.

적극적인 집단참여.   생산단계의 일곱 번째 특징은 집단원 모두가 집단목적을 달성하기 위해 책임을 공유하며, 집단작업에 적극 참여한다는 점이다. 집단에는 작업에 적극적으로 참여하는 사람들이 있는가 하면, 소극적인 태도로 임하거나 다른 사람들을 압도하거나 통제하려는 구성원들이 있게 마련이다. 생산단계에 도달한 집단은 기능수준이 높은 집단이다. 기능수준이 높은 집단은 집단원 개개인이 집단작업에 적극 참여하는 한편, 집단작업과 관련된 책임을 적절하게 공유하는 집단이다. 즉, 다른 집단원들을 압도하거나 주변인으로 남으려는 집단원이 없이, 집단원 모두가 집단 및 개인적 목표 달성을 위해 균형 있게 참여하는 그런 집단이다.

　　회기 간 지속성.　생산단계의 여덟 번째 특징은 집단원들이 집단 회기 사이에도 변화와 성장을 위해 적극 노력한다는 점이다. 생산적 집단의 구성원들은 집단 및 개인적 목표 달성을 위해 집단 회기 밖의 시간도 적극 활용한다. 이 집단에서는 새로운 행동 시도와 변화 노력을 적극 지지 · 격려하는 분위기가 고조된다. 이 단계에서 집단원들은 집단에서 학습한 새로운 행동을 실생활에 적용하는 한편, 변화와 성장의 가능성을 확신하게 된다. 이러한 인식을 기반으로 집단원들의 희망은 자연스럽게 고조되는 특징이 있다.

　　이처럼 집단 회기 밖의 활동이 활성화됨에 따라 집단원들은 매 회기마다 집단목표 달성을 위한 방향으로 집단작업이 지속적으로 이어진다는 느낌이 들게 된다. 집단 회기 간 과업수행을 통해 집단작업이 자연스럽게 이어지도록 하는 것은 그만큼 집단의 생산성에도 긍정적인 영향을 주게 되어, 기능수준이 높은 집단으로 발돋움하게 된다. 기능수준이 높은 집단은 집단리더를 포함하여 집단원 모두가 집단목표 달성을 위해 어떤 변화가 있었는지를 보고하고, 지난 회기에 주어진 과제의 결과에 대해 논의하는 등 건설적인 피드백을 교환하는 특징이 있다.

　　실천 가능한 과제 부여.　끝으로, 생산단계의 또 다른 특징은 집단원들에게 실천 가능한 과제가 주어지고, 그 과제의 실행 결과와 변화를 구체적으로 논의한다는 점이다. 이 단계는 집단의 발달단계 중에서 가장 많은 통찰과 행동 변화가 일어나는 시기다. 집단에서는 집단목표 달성을 위한 실험적 행동이 수행되는 반면, 집단 밖에서는 실천 가능한 과제 부여를 통해 집단원들로 하여금 일상생활에서 실험적 행동을 적용해 보게 하는 작업이 요구된다. 이에 집단원들이 새로운 행동을 실험해 볼 수 있도록 다양한 치료적 중재기법과 전략이 활용된다.

　　만일 변화를 위한 새로운 행동의 실행 혹은 실천이 없다면, 집단은 탁상공론卓上空論을 위한 공간, 즉 집단에서 논의되는 이야기는 풍성하지만 행동이나 사고의 변화를 기대할 수 없는 무기력한 모임으로 전락할 수 있다. 집단에서 새롭게 학습했다거나 공언했다고 해서 바로 실천에 옮겨지는 것은 아니다. 기능수준이 높은 생산적 집단의 구성원들은 집단 내에서 발견한 문제를 해결하기 위한 행동을 체득하기 위해 집단 밖의 시간을 적극 활용한다. 이렇게 실천을 통해 체득한 학습 내용은 집단원의 삶에 지속적이고 의미 있는 영향을 주게 된다. 그러면 집단이 생산단계에 도달했는지는 어떻게 알 수 있는가?

생산적 집단원의 특징

집단의 생산단계 도달 여부는 무엇보다도 집단원들을 관찰함으로써 파악할 수 있다. 생산단계에 접어든 집단의 구성원들은 명확하고 구체적인 목표가 설정되어 있어서 집단종결 시기에 목표 달성 여부를 평가할 수 있다는 특징이 있다. 예를 들어, 기혼인 직장여성의 경우, 직장과 결혼생활의 균형을 되찾고 부모-자녀 관계 개선을 목표로 정할 수 있다. 이처럼 생산단계에 도달한 집단의 구성원들은 집단참여를 통해 얻기를 원하는 것이 명확하고, 자신의 관심사를 집단에서 함께 탐색하려는 의지를 보이는 특징이 있다.

집단의 생산단계에 도달한 집단의 구성원들은 자기를 수용하고, 자신의 감정을 소중하게 여기며, 이를 적절한 방식으로 표현한다. 그러면서도 다른 집단원들의 사고, 행동, 감정, 경험을 수용적이고 적극적으로 경청하면서 진솔한 피드백으로 지지와 관심을 나타낸다. 그리고 직면이 요구되는 경우, 진단이나 평가하는 듯한 언사를 지양하는 대신, 자신이 어떤 영향을 받는지에 대한 느낌을 중심으로 직면한다. 집단원들은 또한 다른 집단원들의 피드백에 대해 방어적인 태도나 행동을 보이기보다는 진지하게 고려하고, 스스로 판단하여 행동 변화의 촉매로 활용한다. 그뿐 아니라, 집단에서 새로운 행동을 연습하고, 나아가 집단에서 배운 것을 일상생활에 적용한다. 게다가 회기 사이에 변화를 촉진하기 위해 관련 서적과 자료를 참조하기도 한다. 이러한 종합적인 과정을 통해 집단원들은 통찰을 얻게 되고, 통찰은 다시 집단원들의 문제해결과 의사결정 능력을 촉진하게 된다.

집단리더의 임무

생산단계에서 집단리더의 임무는 이전 단계에서 집단원들에게 보여 왔던 적절하고 생산적인 행동에 대해 솔선수범하여 모델 역할을 계속하는 것이다. 집단리더는 또한 공감적 이해를 토대로 집단원들을 지지·격려하며, 적절하고 생산적인 직면을 통해 집단원들의 자기탐색의 깊이와 강도를 높여 나가는 임무를 수행한다. 그리고 적절한 때에 해석을 통해 집단원이 자신을 더욱 깊이 탐색하고, 특정 행동의 원인을 이해할 수 있도록 돕는다. 대화상자 11-13은 생산단계에 도달한 집단의 집단리더 진술의 예다.

대화상자 11-13. 생산단계에 도달한 집단리더 진술의 예

○ "자연 씨, 준비되시면 자연 씨가 방금 흘린 눈물의 의미에 대해 말씀해 주시기 바랍니다."

○ "혜미 씨가 관찰한 것은 아주 중요하다고 생각해요. 혜미 씨는 자신이 관찰한 내용을 누구와 나누고 싶나요?"

○ "한주 씨, 이번 회기에는 여성들에게 피드백을 구하면서 남성들에게는 피드백을 요청하지 않았는데, 이 점에 대해 혹시 스쳐 지나가는 생각은 없나요?"

○ "이번 회기에 준하 씨 자신에 관해 많은 부분을 우리와 함께 나누었는데, 여전히 감정에 관한 말씀을 더 듣고 싶습니다."

○ "소연 씨, 아직 희선 씨에게 답변을 해 주시지 않은 것 같은데, 희선 씨에게 그러한 행동을 가로막고 있는 것이 무엇인지 말씀해 주시겠어요?"

○ "오늘 우리 집단의 환한 분위기에 저도 즐겁습니다. 그런데 오늘 우리가 원하는 것이 바로 이것뿐인지 궁금합니다."

대화상자 11-13에 제시된 진술의 예에서, 집단리더는 집단원들에게 다른 사람들과의 친밀한 연결고리를 이어 주고 있다. 또한 말과 행동에 있어서 좀 더 큰 모험을 시도할 수 있게 하기 위한 과업을 수행하도록 집단원들에게 도전하고 있다. 집단리더는 집단원들이 스스로 개방한 점에 대해 좀 더 심층적인 탐색을 유도하는 한편, 그들 자신의 변화에 대해 좀 더 책임의식을 갖도록 직면하고 있다. 생산단계에서 집단리더는 집단의 치료요인을 염두에 두면서 집단원들을 변화시키기 위한 노력을 계속한다. 또한 집단원들이 집단참여를 통해 얻고자 하는 바를 명료하게 정리해 줌으로써 목표 달성에 필요한 주제에 집단논의의 초점을 둔다. 그리고 새로운 행동을 습득하고자 기꺼이 모험하려는 집단원에게 아낌없는 지지와 격려를 보냄으로써 집단에서 습득한 새로운 행동을 일상생활에서도 실천할 수 있게 한다. 집단의 생산단계에서 집단역동의 촉진을 위한 강조점은 글상자 11-31과 같다.

글상자 11-31. 집단역동의 촉진을 위한 강조점

1. 행동 변화를 위해서는 실천이 필요하다는 점
2. 변화를 실천하는 것은 실생활에 도움이 된다는 점
3. 어려운 상황을 헤쳐 나가기 위해서는 이를 극복하기 위한 구체적인 대안들을 생각해야 한다는 점

　　이외에도 집단리더는 여러 집단원이 공통으로 관심을 가질 주제를 집단의 초점으로 설정하고자 노력한다. 이 과정을 통해 집단리더는 집단원들이 얻은 통찰을 실행에 옮길 수 있도록 돕는 한편, 집단에서 학습한 새로운 사회적 기술을 실생활에 적용하도록 지지와 격려를 아끼지 않는다. 그러면 집단의 생산단계에서의 작업을 더욱 촉진하기 위해서는 어떤 전략이 필요한가?

생산단계의 촉진전략

집단은 생산단계에 도달하더라도 항상 그 수준에 머물러 있지 않는다. 집단원 개개인이 시시각각 변하듯이, 집단 역시 끊임없이 변화를 거듭하고 진화한다. 그러므로 집단이 생산단계에 도달했다고 하더라도 이전 단계의 쟁점들이 다시금 대두되는 것은 그리 놀라운 일이 아니다. 다시금 정체 상태에 빠지거나, 이전 단계인 작업단계로 돌아가기도 하며, 작업단계에서의 문제들이 다시 나타나기도 한다. 그리고 때로 집단원들 간의 신뢰관계나 저항이 또다시 집단의 쟁점이 되기도 한다. 신뢰감 부족의 원인은 흔히 집단경험의 타당성에 대한 의구심, 집단에의 잔류에 대한 혼란스러움, 감정 표출에 대한 어색함, 집단원들의 고통스러운 경험의 표출이나 부적 감정 교환에 대한 불편함, 집단종결 후에 대한 염려 등에서 기인된다. 이외에도 다양한 이유로 집단원들에게서 일종의 퇴행^{regression} 현상이 발생한다. 집단원들의 퇴행 현상을 효과적으로 다루기 위해서는 그동안 집단에서 진행되어 온 상황의 주요 부분을 간추려서 정리해 주는 한편, 집단원들의 생각과 느낌을 자유롭게 표현하도록 하는 방법이 있다.

 통합단계

통합단계$^{integrative\ stage}$는 집단경험을 통해 변화되고 학습한 것들을 총체적으로 정리하고, 공고히 하며, 일상생활에 효율적으로 적용할 수 있도록 돕는 시기다. 이러한 과업은 치료적 집단의 존재 이유이자 집단 고유의 책무다. 졸업^{commencement}이 새로운 시작을 의미하듯이, 집단의 종결 역시 새로운 시작을 지향한다. 집단의 통합단계를 굳이 회기로 나타낸다면, 10회기 집단의 경우 9~10회기에 해당한다. 이 단계는 그동안 자기개방을 통해 기쁨과 슬픔을 함께 나눠 온 집단원들이 각자 소속된 터전으로 흩어지는 시점이다. 집단원들 가운데 집단을 종결하고 싶지 않다거나 집단에 남고 싶어 하는 반응이 나오는 것도 바로 이 단계의 대표적인 특징에 해당한다.

통합단계의 핵심 과업은 종결^{termination}이다. 그러나 그 중요성에도 불구하고 흔히 소홀히 다루어지곤 한다. 집단종결은 집단원들과 사전에 약속한 것을 이행하는 작업이다. 집단종결은 잠시 존재하다가 사라지는 과정의 일부가 아니라, 개인 성장의 중요한 과정이다. 따라서 절차가 구체적이고, 초점이 명확해야 한다. 집단종결은 더 이상 동일한 사람들과 동일한 시간에 동일한 장소에서 더 이상의 만남이 없음을 의미한다. 이러한 점에서 집단종결은 집단리더를 포함하여 집단원들 간에 관계의 본질을 되돌아볼 수 있게 한다.

치료적 집단은 여러 사람이 동시에 한 공간에 모여 집단작업을 도모하는 치료적 절차다. 그러나 그 본질은 개인적으로 이루어지는 작업과정이다. 집단원 개개인은 개별적이고 독특한 방식으로 집단에 참여하여 변화를 추구한다. 그러면 집단을 종결해도 될 만큼 집단원들의 집단목적 성취 여부는 어떻게 알 수 있는가? 무엇보다도 집단원들이 일상생활에서 주변의 자원들을 건설적으로 활용할 수 있게 되었는가에 초점을 맞춘다. 집단종결 후에도 지속적인 변화를 거듭하는 집단원들이 있는가 하면, 수개월 혹은 여러 해가 지나서야 집단경험의 의미를 깨닫는 집단원들도 있다(Yalom, 2005). 반면, 집단종결에 따른 애도기간이 연장되어 일시적으로 도움을 필요로 하는 집단원들도 있다. 심한 경우, 집단종결 시 겪게 되는 상실감이 초기기억을 자극하여 심각한 고통을 유발하면서 종결작업을 마무리하지 못하기도 한다.

따라서 집단리더는 집단원에게 도전하여 긍정적인 집단경험을 내면화할 수 있도록 도와야 한다. 또한 학습의 전이에 초점을 두고 집단 밖에서 모험을 시도해 보도록 지지와 격려를 아끼지 않아야 한다. 집단원에 따라서는 집단리더의 보장을 받고 싶어 하기도 한다. 그렇지만 미래에 관한 일은 누구도 확신할 수 없고 위험은 항시 존재할 수 있다. 이것이 현실이라는 점을 집단원들이 이해하도록 돕는 것도 집단리더의 임무다. 그러면 집단종결을 결정해도 좋은 조건은 무엇인가? 이 질문에 대한 답변으로 프로이트를 비롯한 일부 학자의 주장을 토대로 정리한 확인 목록은 글상자 11-32와 같다(Freud, 1921; Grenyer & Luborsky, 1996).

🏢 **글상자 11-32. 집단원의 집단목적 성취 여부 확인을 위한 질문 목록**

1. 자기를 사랑할 수 있는가?
2. 다른 사람이 자기를 사랑하도록 허용할 수 있는가?

3. 융통성이 있는가?

4. 놀 수 있는가?

5. 자신의 가치를 발견 · 신뢰할 수 있는가?

6. 보다 높은 수준의 자기의식을 갖게 되었는가?

7. 대인관계 능력이 향상되었는가?

8. 자기방어가 더 성숙해졌는가?

집단의 성과에서도 개인차가 크다. 단기간에 많은 것을 성취하는 집단원들이 있는가 하면, 좀처럼 변화가 없는 집단원들도 있다. 대단히 의욕적으로 목표를 설정 · 성취하는 집단원들이 있는가 하면, 소극적으로 목표를 설정하여 다른 집단원들의 집단 초기에 해당하는 정도의 상태에서 집단을 종결하는 집단원들도 있다. 집단에서 학습한 것을 일상생활에 전이하는 것에 대해 기대가 큰 집단원들이 있는가 하면, 버림받는 것에 민감한 나머지 집단종결에 대해 언급하기조차 꺼리는 집단원들도 있다. 특히 치료집단에서 후자의 경우, 자신의 증상이 호전되면 집단에 참여할 자격이 상실되거나 집단리더를 만날 수 없게 될 것이 두려운 나머지 집단성과를 최소화하거나 은폐하기도 한다. 이러한 관점에서 볼 때, 집단원들에게 집단종결이 임박했음을 나타내는 단서는 이들에게 더 이상 집단이 중요하지 않게 되는 것이다.

집단종결은 집단리더를 포함하여 집단원들에게 다양하면서도 복잡한 감정을 유발한다. 이러한 감정들은 각각 집단, 집단원, 집단리더의 관점에서 탐색 · 표출되어야 한다. 가장 이상적인 집단종결은 집단이 계획대로 집단목표와 개인목표를 달성하고, 집단원들은 집단종결을 집단작업의 통합된 일부로 인식하며, 석별의 정을 나누고, 삶의 다음 단계를 맞이하게 된 것을 자축하는 것이다. 이를 위해 집단리더는 집단원들 사이에 형성된 관계의 의미를 되짚어 보고, 다루지 못한 작업에 대한 미련은 최소화하는 한편, 미처 표현되지 않은 느낌과 정서를 표출함으로써 마지막 회기를 마무리짓는다. 여기서는 통합단계의 특징과 후속 집단 회기에 관하여 알아보기로 한다. 그러면 먼저 통합단계의 특징부터 살펴보자.

통합단계의 특징

통합단계의 전 단계('생산단계')에서는 집단에서 어떤 일이 일어나고 무엇을 배우게 되는지를 탐색하고 최상의 것을 얻도록 안내한다. 반면, 통합단계에 이르면, 이제까지 배운 것을 통합하여 일상생활에 연결·확장하는 방법을 다루게 된다. 통합단계의 특징은 집단원들이 ① 복합적 감정을 갖게 되고, ② 집단활동에 소극적으로 참여하게 된다.

복합적 감정.   통합단계의 첫 번째 특징은 집단원들이 복합적인 감정을 갖게 된다는 점이다. 통합단계는 집단원들이 집단을 떠나야 하는 데서 오는 분리감^separation 또는 상실감^loss을 경험하게 되는 어려운 시기다. 이 시기에 집단리더는 집단원들의 분리감이나 상실감을 완전히 완화시킬 수는 없을지라도, 감정에 초점을 맞추고 이를 확인·탐색한다. 특히 생애 초기에 분리와 연관된 어려움을 겪은 적이 있는 집단원의 경우에는 심한 상실감으로 이어질 수 있기 때문이다. 예를 들어, 가정이나 학교에서 따돌림을 당하는 아동의 경우, 집단종결이 또 다른 형태의 거부^rejection로 여겨질 수 있다. 그러므로 집단리더는 집단원들에 대한 특별한 관심, 지지, 격려를 아끼지 않아야 한다. 그뿐 아니라 집단종결에 따른 집단원들의 다양하고 복잡한 감정을 다뤄 주어야 한다.

분리감이나 상실감 외에, 집단원들은 전형적으로 집단에서 학습한 새로운 행동을 실생활에 잘 적용할 수 있을 것인가에 대한 의구심과 두려움을 갖기도 한다. 동시에, 집단경험을 통해 얻게 된 것에 대한 성취감과 새로운 삶에 대한 기대감 등의 복합적인 감정을 갖게 된다. 게다가 정적 감정과 부적 감정이 뒤섞이면서 혼란을 겪기도 한다. 그러므로 집단원들이 복합적인 감정을 자유로이 표출하는 한편, 헤어짐으로 인한 슬픔을 잘 직면할 수 있도록 돕는 일은 통합단계에서 집단리더가 수행해야 할 중요한 임무다. 또한 집단리더는 집단원들이 집단에서 성취한 인식과 사고의 변화, 그리고 새로운 행동을 실생활에 적용하는 데 용기를 잃지 않도록 지지와 격려를 아끼지 않아야 한다. 대화상자 11-14는 집단을 떠나기에 앞서 집단원들의 복합적인 감정을 정리하는 데 도움을 줄 만한 진술들이다.

🏠 **대화상자 11-14. 집단원의 복합적 감정처리를 돕기 위한 진술의 예**

> ○ "다른 집단원들과 어떤 감정을 나눴나요?"
> ○ "집단종결을 앞두고 함께 소감을 나누어 보겠어요."
> ○ "이제 집단종결이 일주일 앞으로 다가왔는데, 어떤 느낌이 드나요?"
> ○ "집단을 떠나게 되면서 느껴지는 슬픔을 과거에도 느껴 본 적이 있다면, 그 경험에 관해 이야기를 나눠 보겠어요."

집단종결에 따른 집단원들의 복합적인 감정을 다루어야 하는 또 다른 이유는 그것이 집단원들에게 집단에서 학습한 것을 명확하게 정리할 기회가 되기 때문이다. 그리고 다른 한편으로, 집단종결에 따른 복합적인 감정을 나누는 일은 집단리더에게도 필요한 일이기 때문이다. 그러므로 이 작업을 소홀히 하는 경우, 집단리더 자신이 종결에 저항하거나 회피하게 될 수가 있다. 예를 들어, 헤어지기 싫은 집단원을 만났을 때, 무의식적으로 집단종결을 꺼리는 경우가 발생할 수 있다. 끝으로, 집단리더는 집단이 종결된 후에도 개인상담 또는 치료나 새로운 집단참여의 기회가 있다는 사실을 알리고, 이에 관한 상세한 정보를 집단원들에게 제공한다.

소극적 참여.   통합단계의 두 번째 특징은 집단원들이 집단참여에 소극적 태도로 임한다는 점이다. 이 단계에서 집단원들은 집단종결을 예상하여 집단활동에 냉담해지는 한편, 집단참여에도 소극적인 자세를 취하게 된다. 따라서 집단작업의 강도가 최종 회기에 이르게 되면서 점차 줄어드는 경향이 나타나기도 한다. 이러한 현상은 집단종결에 대한 저항의 일종으로, 집단원들이 새롭게 탐색할 문제를 제시하는 것을 꺼리기 때문에 나타난다. 이 시기에 집단원들이 슬픔과 상실감을 경험하게 되면서, 저항이나 현실수용을 거부해 보려는 반응이 나타나는 것은 그리 놀라운 일이 아니다. 안타깝지만, 집단원들은 종결이 현실이라는 것을 직시해야 하고, 작별하는 법을 배워야 한다. 집단리더는 집단원들이 이별을 기꺼이 받아들여 집단종결을 새출발하는 시기로 인식할 수 있도록 돕는다. 그뿐 아니라 집단원들이 집단경험과 새로운 기술을 일상생활에서도 지속적으로 확장·심화해 나갈 수 있도록 도움을 아끼지 않아야 한다.

후속 집단 회기

후속 집단 회기^{follow-up session}는 집단이 완전히 종결되고 나서 일정한 시간이 지난 후, 집단원들의 기능 상태를 점검하기 위한 모임이다. 이 회기의 목적은 집단원들이 집단경험을 통해 학습한 새로운 행동을 실생활에서 지속적으로 실천할 수 있도록 지지체계^{support system}를 재확인해 주기 위함이다. 이를 위해 집단리더는 집단원들이 집단에서 얻은 경험이나 새로운 사고와 행동을 외부세계에 적용한 과정과 효과, 중요한 타인으로부터의 반응 등에 대해 경청하고, 이 과정에서 파생된 감정들을 반영해 준다. 그리고 필요한 경우 실천방안을 다소 수정해서 더 생산적인 삶이 될 수 있도록 동기를 부여한다.

후속 집단 회기는 일반적으로 집단종결 2~6개월 후에 갖는다. 그러나 집단원의 연령과 성숙도에 따라 다소 차이가 있다. 성인집단은 보통 집단종결 2~6개월 후에 갖지만, 아동집단은 짧게는 2주 후에 갖기도 한다. 이 회기에서는 집단이 종결되면서 계약을 맺은 행동 변화와 관련되어 설정한 목표의 성취 정도가 평가된다는 점에서 목표 달성과 유지를 위한 촉매 역할을 한다. 집단원들은 집단종결 후에도 지속적인 지지체계를 형성하는 한편, 각자 설정한 행동 변화의 목표를 달성하기 위해 서로 도움을 주고받기도 한다. 후속 집단 회기에서의 작업은 ① 집단면담 혹은 ② 개별면담을 통해 이루어진다. 만약 후속 집단 회기가 성사되기 어려운 상황이라면, 집단리더는 참석 가능한 집단원들과 개별면담을 한다.

집단면담. 집단면담에서 집단리더는 집단원들이 설정한 목표를 얼마만큼 수행했는지, 계약 내용과 기대를 어느 정도 충족시켰는지 평가한다. 이 회기에서 집단원들은 집단에서 의미 있었던 경험과 연관된 생각과 감정을 표현할 뿐 아니라, 의미 있는 경험을 위해 어떤 노력을 해 왔는지, 집단종결 이후에 지속적인 변화를 위해 시도했던 방법과 어려움, 집단에서 배운 긍정적인 경험을 기억하기 위해 취한 조치 등에 관해 이야기를 나눈다. 집단리더는 또한 집단원들이 집단경험에서 습득한 새로운 행동을 지속적으로 실천할 수 있도록 돕는다. 그뿐 아니라 집단원들이 스스로 원하는 삶을 영위하고 있고, 목표한 방향으로 나아가고 있는지 탐색한다. 이를 통해 집단리더는 필요한 경우 집단원의 기대를 좀 더 현실적으로 조정한다.

만일 후속 집단 회기를 갖기가 여의치 않다면, 집단리더는 집단원들에게 집단경험에 대한 이들의 생각과 의견, 그리고 집단작업이 이들의 삶에 미친 영향력을 평가하는 질문지를 만들어 작성하게 한다. 또 다른 방법으로는 집단원들에게 집단에서의 경험과 집단에서 잊어버리기를 원하는 경험에 관해 편지를 쓰게 하는 방법이 있다. 이 방법은 집단원들이 성취한 것에 대한 기억을 되살리게 하는 한편, 집단에서 시작했던 작업을 지속하기 위해 필요한 동기를 제공한다.

개별면담. 후속 집단 회기에서 집단리더는 집단원을 개별적으로 면담할 수 있다. 이 방법은 많은 시간이 든다는 약점이 있지만, 장소와 시간 정하기가 용이하다는 이점이 있다. 게다가 일대일 면접은 개인에게 초점을 맞추고, 집중적으로 이야기를 나눌 수 있다는 장점이 있다. 따라서 개별면담은 집단의 효과를 알아보는 좋은 방법 중 하나다. 개별면담은 구조화된 방식 또는 비구조화된 방식으로 진행할 수 있다. 구조화된 방식으로 개별면담을 진행하는 경우, 집단리더는 사전에 준비한 일련의 질문에 대한 반응을 분석하여 집단원의 지속적인 성장을 돕기 위한 자료로 활용한다. 이때 집단리더는 집단원들이 질문에만 대답하는 형식이 아니라, 자신의 견해를 자유로이 말할 수 있도록 분위기를 조성한다. 집단리더는 또한 집단의 최종 회기에 활용되었던 집단경험 평가서와 같은 형식의 질문지를 개별면담에 활용할 수 있다. 집단경험 평가서의 결과와 개별면담에서 얻어진 자료들은 집단리더에게 다음에 이끌게 될 집단을 어떻게 개선할 수 있는가에 대해 가치 있는 정보를 제공한다.

집단리더의 임무

집단이 완전히 종결되고 난 후, 집단원들에게 요구되는 점은 집단에서 학습한 것을 실생활에 적용하고 적극 실천하는 일이다. 집단리더는 후속 회기를 통해 집단원들이 집단에서 학습한 생산적인 신념과 행동을 일상생활에 일반화할 수 있도록 도와야 할 책임이 있다. 따라서 후속 집단 회기에서 집단리더의 주요 과업은 집단원들이 집단리더나 다른 사람의 지지와 도움 없이도 집단에서 습득한 새로운 신념과 행동을 스스로 강화해 나갈 방법을 모색하는 것이다. 이에 집단리더는 집단의 종결이 새로운 삶의 시작이고, 변화를 위해 도전이 요구된다는 사실, 집단원들의 시간과 노력, 그리고 적극적 실천의 중요성을 재차 강조한다. 집단리더는 집단원들의 집단경험효과를 지속시키기 위해 그 효과가 얼마나 오랫동안 지속되고 있고, 그 과정에서 문제점은 없는지, 집단원 개개인의 목표가 얼마나 충족되고 있는지 등을 확인한다. 그리고 필요한 경우 집단리더는 집단원에게 개인상담의 기회를 마련해 주거나, 다양한 상담 또는 치료 관련 프로그램의 참여를 제안한다. 그뿐 아니라 집단원 개개인의 지지 자원 support resources 을 파악하여 실천목표를 용이하게 수행하도록 돕는다.

성찰활동 / 함께 해 볼까요?

1. **나의꿈** 나는 어릴 적 무엇이 되고 싶었는가? 그 꿈을 키우게 된 이유는 무엇이었는가? 그 꿈이 변했다면, 그 이유는 무엇이었는가? 흔히 어린 시절의 꿈은 높고 위대하지만, 성장하면서 꿈은 작아진다. 왜 그럴까? 시도하지 않으면 아무것도 이룰 수 없다. 지금 여기에서 시작하자! 지금 여기에서 나는 어려서 어떤 꿈을 꾸었고, 그 꿈은 어떻게 바뀌었으며, 현재 내가 이루고자 하는 꿈은 무엇인가를 점검해 보자.

시기	꿈을 가진 이유	꿈이 바뀐 이유
초등학교		
중학교		
고등학교		
대학교		
사회		

2. **자기 패턴 탐색** 다른 사람들과 이야기를 나누는 나의 모습을 동영상으로 본다면, 과연 어떤 모습일까? 내가 말하는 모습, 다른 사람들의 말을 듣는 모습, 그리고 다른 사람들과 상호작용하는 모습을 관찰해 보자. 자기관찰 연습은 시청각 기자재를 활용하여 참여자들의 의사소통방식을 스스로 관찰·분석할 수 있도록 고안되었다. 5인 1조로 나누어 소집단별로 주제를 정하여 이야기를 나누어 보자. 이 장면을 녹화하여 다른 사람들과 함께 녹화된 영상을 재생해 보자. 그런 다음, 다음과 같은 질문에 대한 답변을 토대로 집단과정과 집단역동을 분석해 보자.

집단역할 분석표		
	분석 항목	이름
1	가장 호감이 가는 사람은?	
2	발언 횟수가 가장 많았던 사람은?	
3	가장 말이 없었던 사람은?	
4	가장 자연스럽게 집단토의를 이끈 사람은?	
5	가장 효과적으로 자기주장을 한 사람은?	
6	간결한 표현으로 의사소통이 효율적이었던 사람은?	
7	자기개방수준이 가장 높았던 사람은?	
8	다른 사람들에게 가장 반응적이었던 사람은?	
9	집단의 성과에 가장 크게 공헌한 사람은?	
10	따스한 집단 분위기 조성에 크게 기여한 사람은?	
11	이 집단의 리더로 가장 적합하다고 생각되는 사람은?	

| 12 | 공동리더로 함께 집단을 이끌고 싶은 사람은? | |

그러고 나서 다음 영역으로 구분하여 자신과 다른 사람들의 동영상에서의 모습을 분석해 보자.

1. 대화 패턴: 사실지향, 과정지향, 관계지향
2. 대화 태도: 자기중심, 타인중심
3. 경청수준: 선택적, 공감적, 집중적, 가식적, 무관심
4. 경청 태도: 표정, 시선, 제스처, 자세, 목소리
5. 대화의 장애요소: 지시, 위협, 조롱, 판단, 훈계, 충고, 분석, 설득, 추궁, 위로, 관심분산, 치켜세우기

동영상 분석이 모두 끝나면, 서로 의견과 소감을 나누어 보자.

_____
_____
_____
_____
_____
_____
_____

3. **신뢰관계** 수강생 또는 집단원 3명을 지목하여 눈을 가린 후, 이들과 친분관계가 없는 사람 3명과 각각 짝을 짓게 한다. 그런 다음, 눈을 가린 채로 3명을 안내하여 정해진 목표 지점으로 돌아오도록 한다. 그러고 나서 눈을 가린 사람들이 직접 가장 친한 사람을 골라 자신을 안내하도록 한다. 어떤 경우에 목표 지점으로 가장 빠른 시간 내에 돌아올까? 이 활동은 무엇을 의미하는가? 과연 집단리더에게 필요한 덕목은 무엇인가? 이 활동을 통해 느낀 점에 관해 이야기를 나누어 보자.

_____
_____
_____
_____
_____
_____
_____

CHAPTER
12

대상별 집단

그대가 더 많이 죽어 있을수록
그대는 더 안전하다.

무덤 속에 있을 때
그대는 더 이상 위험하지 않다.
살아 있을 때는 상처받기 쉽다.

그러나
그것이 살아 있음의 아름다움이다.

- 오쇼의 『장자, 도를 말하다』 중에서 -

□ 아동집단 … 615
□ 청소년집단 … 625
□ 대학생집단 … 631
□ 커플집단 … 633
□ 중독자집단 … 636
□ 나이 든 성인집단 … 638
□ 사별집단 … 645
□ 다문화집단 … 647
◆ 성찰활동 … 652

집단전문가는 때로 특수 집단의 사람들을 대상으로 집단작업을 하게 된다. 이러한 사람들을 대상으로 집단작업을 하기 위해서는 그 집단에 적합한 리더십을 발휘해야 할 것이다. 집단 서비스를 제공할 대상자집단은 그 수를 헤아리기 어려울 정도로 많겠지만, 여기서는 집단전문가들이 자주 전문적 서비스를 제공하는 대상인 ① 아동, ② 청소년, ③ 대학생, ④ 커플, ⑤ 중독자, ⑥ 나이 든 성인, ⑦ 사별, ⑧ 다문화집단을 중심으로 살펴보기로 한다. 이러한 대상별로 셀 수 없을 정도로 다양하고 유용한 활동과 프로그램들이 개발되어 있다. 그러나 이러한 자료들은 이 책의 범위를 초과하므로, 다른 문헌과 자료, 그리고 인터넷 웹 사이트 등을 참고하도록 한다. 이 장에서는 집단작업을 통해 유용한 도움을 제공할 수 있는 특수 집단의 특징, 주제, 운영전략과 쟁점을 중심으로 살펴보고자 한다.

아동집단

아동집단은 2인 또는 그 이상의 만 12세 이하의 아이들을 대상으로 치료적 또는 심리교육적 서비스를 제공하기 위한 모둠이다. 그동안 심리적 집단개입이 아동들에게 유의한 효과가 있다는 공통적인 견해와 많은 연구가 있다(Kottler, 2015). 특히 아동집단은 아동들에게 새로운 기술을 습득하게 하는 데 있어서 개인상담보다 더 효과적이다. 또한 아동들은 상담집단 또는 지지집단 경험을 통해 집단의 치료요인의 하나인 보편성, 즉 자신들만이 특별한 감정을 가지고 있는 것이 아니라는 사실을 깨달을 수 있다는 이점이 있다(Greenberg, 2003). 여기서 아동집단은 ① 아동집단의 특징, ② 집단계획과 준비, ③ 집단작업전략으로 구분하여 살펴보기로 한다.

아동집단의 특징

심리적 집단은 아동들에게 건강한 교우관계 형성에 필요한 새로운 사회기술 습득 또는 실연해 볼 공간으로 활용될 수 있다는 이점이 있다. 다른 연령층 집단과 비교할 때, 아동집단의 특징은 ① 학교장면 중심, ② 심리교육적 주제 중점, ③ 집단리더 중심의 리더십, ④ 동질·구조화집단 중심, ⑤ 부모/보호자의 협력 필수, ⑥ 미성년자에 관한 법·윤리 적용으로 요약·정리할 수 있다.

학교장면 중심.   첫째, 아동 대상의 집단은 주로 학교장면에서 이루어진다. 아동 대상의 심리적 집단개입은 이들의 특정 문제를 다루는 일부 사회기관에서 제공되기도 하지만, 대부분은 학교장면에서 이루어진다(Sink et al., 2012). 그 이유는 교육 목표와 관련이 있고, 발달촉진을 위한 정보제공과 치료요인 제공에 효율적이기 때문이다. 학교장면에는 소집단 형태의 상담집단과 대집단 형태의 심리교육집단인 '교실생활교육집단^{classroom guidance group}' 또는 '대집단생활교육^{large group guidance}'의 조화로운 병행이 이상적이다. 특히 전자는 아동의 발달과정에서 흔히 겪을 수 있는 문제를 해결하도록 돕는 데 유용하다. 즉, 따돌림 감소, 알코올중독가정 아동들의 자존감 고양, 이혼가정 자녀들의 불안 감소 및 학업수행 능력 증진에 효과가 있다(Myrick, 2011). 이에 비해, 후자는 발달과업 관련 쟁점에 관한 교육과 예방에 효과가 있다(Sink et al., 2012). 이처럼 집단활동을 통해 발달상의 어려운 상황에 놓인 아동들에게 위기극복에 필요한 정보, 지지, 또는 상담 기회를 제공할 수 있다.

심리교육적 주제 중점.   둘째, 아동 대상의 집단에서는 주로 심리교육적인 주제를 다룬다. 학교장면에서 실시되는 집단은 학생들의 건강한 발달과 일상생활에서의 효율적인 삶을 위한 방법 모색을 돕기 위해 예방과 발달 관련 문제에 초점이 맞추어져 있고, 다양한 주제와 형식으로 진행된다는 특징이 있다(Sink et al., 2012). 사회가 복잡해지면서 가족구조의 변화는 아동들에게도 많은 영향을 주었다. 생부 또는 생모와 함께 사는 아동이라도, 부모의 심리사회적 문제(예, 물질사용, 실직, 불화 등)로 인해 갖가지 어려움을 겪고 있는 아동이 있는가 하면, 부모의 별거, 이혼, 또는 재혼으로 인해 한부모, 조부모, 또는 새엄마/새아빠 등 새로운 가족과 함께 살게 되면서 변화된 상황에의 적응에 어려움을 겪는 아동이 있을 수 있다. 이로 인한 정서적 혼란은 아동의 학교생활에도 영향을 줄 수 있는데, 집단형태의 개입은 이러한 아동을 돕는 데 효과가 있다(Gladding, 2016). 그러면 아동 대상의 집단에서는 주로 어떤 주제를 다루는가? 아동집단에 적합한 주제는 글상자 12-1과 같다.

🏢 글상자 12-1. 아동집단에 적합한 주제

○ 자기개념/자존감	○ 신체·성 학대	○ 상실감
○ 또래관계	○ 새엄마/새아빠와의 관계	○ (재혼) 형제자매와의 관계
○ 학습기술	○ 학습전략/공부기술	○ 분노 조절

| ○ 괴롭힘/따돌림 | ○ 사회적 기술 | ○ ADHD |
| ○ 수줍음/죄책감 | ○ 습관적 욕설 | ○ 전·입학에 따른 적용 |

글상자 12-1에 제시된 것처럼, 아동집단은 다양한 문제를 겪는 아동들에게 도움을 제공할 수 있다. 그러나 심각한 수준의 학대 또는 정신장애(예, ADHD) 같은 문제가 있는 아동은 집단참여를 어려워하거나 집단활동에 집중하지 못할 수 있다. 이처럼 집단참여가 곤란한 아동들은 집단형태보다는 개인에게 온전히 주의를 집중할 수 있는 개인상담이 더 효과적일 수 있다. 따라서 특정 집단의 참여자 선발을 위해서는 일련의 선별기준과 절차를 마련하여, 집단작업을 통해 치료적 효과를 얻을 수 있는 아동을 중심으로 선발해야 할 것이다(Gladding, 2016).

집단리더 중심의 리더십.   셋째, 아동집단은 성인집단에 비해 집단리더의 주도적·지시적·직접적인 리더십이 요구된다(Greenberg, 2003). 그러므로 아동집단의 리더가 갖춰야 할 능력과 자질은 글상자 12-2와 같다.

글상자 12-2. 아동집단 리더가 갖춰야 할 능력과 자질

○ 인내심	○ 긍정적 태도	○ 엄중한 분노표현 능력
○ 돌봄	○ 공감 능력	○ 진심 어린 염려와 관심
○ 진실성	○ 처벌이 아닌 단호함	○ 기강 유지 및 통솔 능력
○ 유머 감각	○ 융통성	○ 아동기 발달 특성에 관한 지식

글상자 12-2에 제시된 특성 중에서도, 긍정적 태도는 아동이 집단과정에 적극적인 참여자가 될 수 있다는 믿음이다. 이에 집단 시작에 앞서, 아동들에게 구체적이고 상세한 안내와 지시가 요구된다. 왜냐면 아동들은 성인과 달리 집단에서 논의할 내용을 사전에 준비하지 않은 상태로 집단에 참여하는 경향이 있기 때문이다(Greenberg, 2003). 이러한 이유로, 아동집단의 리더 중에는 글상자 12-3과 같이 호소하기도 한다.

글상자 12-3. 아동집단 리더의 호소 내용

집단에서 아이들에게 자신에 관한 이야기를 해 보라고 하면, 아이들 대부분은 무엇을 어떻게 말해야 할지 몰라 하며 무척 곤혹스러워해요. 그런가 하면 다른 아이들이 말하는

> 것을 주의 깊게 경청해야 한다는 규칙을 잊어 먹고 대화에 마구 끼어들기 일쑤고요. 특히 남자아이들은 느낌을 물으면, 마치 내가 다른 나라 말을 하기라도 하는 것처럼 너무 어려워해요. 또 집단시간 동안 가만히 앉아 있는 것도 너무 힘들어하고요.

글상자 12-3에 제시된 진술을 고려할 때, 집단논의의 초점이 주제를 벗어나는 경우, 집단리더는 부드러운 어조로 아동의 말을 중단시켜 논의의 초점을 다시 주제에 관한 것으로 되돌려야 할 것이다. 따라서 집단리더는 차단과 초점 유지기술을 능숙하게 사용할 수 있어야 한다. 또한 집단목적, 집단참여 아동들에게 기대되는 점, 이들이 집단리더로부터 기대할 수 있는 점 등에 대해 아동의 언어로 전달할 수 있어야 한다. 집단리더는 또한 집단규칙 제정 및 강화 작업에 이들을 참여시키는 한편, 기본적이고 변경할 수 없는 규칙에 대해서는 이들을 이해시킬 수 있어야 한다(Greenberg, 2003).

아동들은 종종 '상담 선생님'이 자신들을 안전하게 지켜 줄 것으로 생각하면서도 집단리더의 한계를 시험해 보곤 한다. 이러한 시험은 대개 집단에 대해 안전한 느낌이 들면서 줄게 된다. 하지만 이들의 시험은 언제든지 발생할 수 있다. 그러므로 집단리더가 훈육자가 되지 않으려면, 이들의 시험에 대해 인내하면서 개방적인 태도를 유지함으로써 집단 내 상호작용이 원활히 일어날 수 있도록 해야 한다. 또한 집단리더는 자신을 힘들게 하는 아동에 대해 인내심을 발휘해야 한다. 성인집단에서와 마찬가지로, 집단리더는 집단참여 아동 또는 청소년에게 역전이를 일으킬 수 있음을 항상 염두에 두고 있어야 한다(Hays et al., 2011). 이외에도 아동집단의 리더는 활기찬 목소리로 집단에서 논의되는 주제에 대해 열정과 관심을 보여 줄 필요가 있다.

동질 · 구조화집단 중심.   넷째, 아동집단은 동질집단의 성격을 띠고, 주로 구조화집단 프로그램을 사용한다. 아동의 발달 특성을 고려할 때, 아동집단은 간단하고, 구조화되며, 문제 중심적이고, 동질집단의 형태를 띠며, 인지행동적 접근을 지향하는 특징이 있다(Greenberg, 2003). 그 이유는 발달과업 관련 쟁점에 관한 교육과 예방은 학교 교육과 어깨를 나란히 하는 주제이기 때문이다. 이에 아동집단 리더는 학년별 및/또는 학급별 교실생활교육과 대집단생활교육집단을 통해 발달과업 관련 주제에 관한 구조화된 심리교육 집단 프로그램을 운영할 수 있다.

구조화집단 프로그램은 아동들의 흥미와 관심을 유발할 수 있다는 장점이 있다. 집단 프로그램의 효과를 극대화하기 위해 집단리더는 사전에 아동들의 집단참여와 논의를 촉진할 주제와 자료를 철저히 준비해야 한다. 아동의 흥미와 관심을 끌 수 없다면, 집단참여 아동들은 쉽게 산만해질 수 있기 때문이다. 만일 아동들의 자기표현 능력이 제한되어 있다면, 그림을 그릴 수 있는 종이를 비롯한 다양한 소품을 준비하여 아동들의 흥미를 유발한다(Gladding, 2016). 집단리더는 때로 목소리의 톤을 높임으로써 집단에 대한 강한 관심과 열정을 보여 주는 동시에, 다양한 소품을 활용함으로써 아동들이 흥미를 갖게 한다. 또한 저학년 아동들에게는 주의집중에 동기를 부여할 수 있는 스티커 같은 보상체계를 활용할 수 있다. 그리고 집단이 종료되어 아이들이 각자 교실로 돌아가거나 귀가할 때 집단활동에서 그린 그림이나 이들이 만든 소품을 가져갈 수 있게 함으로써 집단참여에 대한 동기와 흥미를 높일 수 있다(Sink et al., 2012).

부모/보호자의 협력 필수.   다섯째, 아동집단은 부모 또는 보호자의 협력을 필요로 한다. 물론 아동이 미성년자라는 이유도 있지만, 부모나 보호자의 협력이 아동의 행동 변화와 문제해결에 매우 중요하기 때문이다. 물론 집단유형에 따라 학부모의 동의를 구하지 않아도 법적으로 문제가 없을 수 있다. 그러나 소집단 상담에 참여하는 만 18세 미만의 아동 · 청소년들의 경우, 학부모의 동의서를 받는 것이 안전하다. 게다가 이렇게 하는 것이 법적 보호자의 협조가 용이하기 때문이다. 동의서에는 학부모의 관점에서 아동에 대한 관찰 내용을 묻는 문항, 집단 절차, 또는 다른 중요 정보를 포함시킬 수 있다. 학부모(또는 법적 보호자)와 집단리더는 아동을 돕고자 하는 공통 목표를 가진 협력관계에 있다(Gladding, 2016).

특히 어린 학생일수록 집단리더는 학부모에게 집단목적과 기대효과를 설명해 줌으로써 자녀의 집단참여를 신뢰 · 이해할 수 있도록 도와야 한다. 이를 위해 집단리더는 방과 후 또는 저녁시간을 활용하여 집단을 소개하는 시간을 갖거나 집단을 소개하는 가정통신문을 통해 학부모의 협조를 구한다(Greenberg, 2003). 또한 학부모는 물론 교직원들에게도 집단목표, 주제, 예시활동, 기대효과를 알려 줌으로써 비밀유지 원칙을 파기하지 않고도 집단에서 어떤 일이 진행되고 있는지 알 수 있게 한다(Steen & Bemak, 2008).

미성년자에 관한 법 · 윤리 적용.   아동집단에는 미성년자에 관한 법과 윤리기준을 적용한다. 이에 아동집단의 리더는 미성년자의 집단활동에 관한 법적 · 윤리적 기준, 학칙 및 제반 규정, 그리고 이들의 적용기준을 알고 있어야 한다. 예컨대, 아동에게 집단에서 있었던 일에 대한 비밀보장을 함부로 약속해서는 안 된다. 왜냐면 소속 기관장 또는 학교장에게 아동에 관한 정보와 자료를 제출해야 하는 경우가 있기 때문 이다(Greenberg, 2003). 그러므로 집단리더는 자신이 속한 학교의 방침과 절차를 알고 있어야 할 뿐 아니라, 아동의 사적인 정보에 대해 지켜 줄 수 있는 것과 그럴 수 없는 것을 학생들에게 명확하게 설명해 줘야 한다. 만일 아동이 학대 또는 방치되었던 사 실을 알게 된다면, 상담자는 관계기관에 보고할 법적 · 윤리적 의무가 있으므로 적법 한 보고 절차를 밟아야 한다. 이 경우, 법은 집단상담자의 알려야 할 의무를 강조하기 때문에 집단장면에서의 비밀유지 원칙은 파기된다.

집단계획과 준비

아동집단의 목적은 주어진 주제에 대해 충분한 시간 동안 초점을 유지하고 논의를 촉 진해서 기대되는 성과를 얻는 것이다. 아동집단의 성패는 아동의 주의를 집중시키기 에 충분할 정도의 집단리더의 준비, 계획, 기술, 기법, 전략에 관한 역량에 달려 있다 고 해도 과언이 아니다. 집단목적을 성취하기 위해서는 아동들의 적극적인 참여가 요구된다. 학교에서 아동을 위한 집단을 계획하는 경우, 일반적인 집단계획 및 준비 원칙과 동일하다. 아동을 위한 집단계획과 준비를 위한 지침은 글상자 12-4와 같다.

> **글상자 12-4. 아동집단의 계획과 준비를 위한 지침**
>
> 1. 집단의 목적과 목표를 명확히 제시한다.
> 2. 집단의 장점과 명확한 이론적 근거를 제공한다.
> 3. 집단이 학교 교육의 필수요소인 동시에, 학생들의 행동 변화와 교육적 체험 증진에 효 과적이라는 증거를 제시한다.
> 4. 아동들이 집단참여를 통해 얻을 수 있는 이점에 대해 학교장을 비롯한 교직원, 학부모 들에게 명확하게 제시한다.
> 5. 집단목표, 과정, 질문 목록, 평가 절차를 비롯한 관련 서류양식에 관해 기술한다.
> 6. 출결석, 지각, 중도포기에 관한 방침을 기술한다.
> 7. 학부모들에게 집단에 관한 오리엔테이션을 실시한다.

아동집단의 계획과 준비를 위해 집단리더가 고려할 사항은 ① 집단원 선발, ② 집 단크기, ③ 집단 회기 길이, ④ 집단의 총 회기 수, ⑤ 집단장소로 나누어 살펴보기로 한다(제9장 '집단계획과 준비' 참조).

집단원 선발.   첫째, 집단원 선발은 특별히 집단 상황에 적응하기 어려워하는 아동이 있다는 섬에서 주의 깊게 결성해야 한다. 십단에 참여할 아동을 선별하는 작업에는 교사들과의 협력이 요구된다. 왜냐면 이들은 직접 아동을 집단상담에 의뢰하거나 집단 상황에서 아동의 행동 특성에 관한 정보와 자료를 제공해 줄 수 있기 때문이다. 물론 교사가 의뢰했다고 해서 의뢰된 아동이 특정 집단에 적합하다고 볼 수는 없다. 다만, 집단에 참여할 아동을 선별하는 작업에서 집단리더는 집단활동에 집중하지 못하는 아동, 다른 아동들과의 상호작용을 극히 힘들어하는 아동, 지나칠 정도로 주의가 필요한 아동은 집단장면보다는 개인상담 또는 치료가 더 나은 선택일 것이다(Gladding, 2016).

집단크기.   둘째, 집단크기는 아동의 주의집중시간과 문제의 심각도를 고려하여 정한다. 아동의 주의집중시간은 성인에 비해 짧다는 점을 고려한다면, 8~12명까지 구성되는 성인집단에 비해 집단크기를 6인 이하로 작게 편성하여 아동 개개인에게 주의를 기울일 수 있게 한다(Greenberg, 2003). 더욱이 아동의 주의집중을 저해하는 발달적 문제가 있는 경우에는 개별 아동에게 더 많은 주의가 요구되므로, 집단은 더욱 작게 편성되어야 할 것이다. 그러나 결석하는 아동이 생기는 경우를 고려한다면, 최소한 4명 이상은 되어야 한다. 그러므로 아동집단은 4~6명이 적절하되, 심각한 문제(예, ADHD, 외현적 행동문제)가 있는 아동들의 경우에는 3명의 아동으로 편성하기도 한다(Jacobs et al., 2016).

집단 회기 길이.   셋째, 아동집단 회기의 길이는 집단참여 아동의 나이, 주제, 목적, 집단원 수를 고려하여 정한다. 집단 회기의 길이는 일반적으로 아동들의 주의집중시간을 고려한 초등학교 수업시간 길이인 40분 정도가 적절하다(Greenberg, 2003). 그러나 기능수준이 낮은 아동들로 구성된 집단은 집단 회기당 20~30분 정도가 적당하다. 만일 이 시간을 초과하는 경우, 아동들은 쉽게 산만해질 수 있기 때문이다.

집단의 총 회기 수.   넷째, 집단의 총 회기 수는 집단목적, 그리고 아동의 연령과 발달수준을 고려한다. 일반원칙은 아동이 어릴수록 집단의 크기는 작아지고 기간도 짧아진다는 것이다. 또한 아동 문제의 심각도가 고려되어야 한다(Greenberg, 2003). 예컨대, 공격적·적대적 행동을 보이는 아동들은 그렇지 않은 아동들에 비해 더 적은 인원으로 집단을 구성한다. 또한 교실생활교육집단의 경우에는 대체로 1~2회기로 편성되는 반면, 교우관계, 이혼/재혼 가정 자녀를 위한 소집단은 8회기 또는 그 이상의 회기로 편성한다(Sink et al., 2012). 그리고 집단에 참여하는 아동들의 건강 상태 또는 이들이 복용하고 있는 처방약물을 반드시 확인해야 한다.

집단장소.   끝으로, 집단장소는 집단에 참여할 아동과 예상되는 효과를 고려하여 선정한다. 아동집단에 적합한 장소의 요건은 글상자 12-5와 같다.

> **글상자 12-5. 아동집단에 적합한 장소의 요건**
>
> 1. 아이들이 자유롭게 돌아다닐 수 없도록 너무 크지 않으면서 둘러앉거나 활동하기에 비좁지 않은 곳
> 2. 큰 소리로 말해도 다른 교실의 수업에 방해되지 않는 곳
> 3. 주변의 방해를 받지 않고 개인적인 이야기에 집중할 수 있는 곳
> 4. 아동을 다치게 하거나, 파손되기 쉬운 물건이 없는 안전한 곳
> 5. 아동들에게 적합한 장식과 가구가 비치된 곳

집단작업전략

아동집단의 작업전략은 ① 자기개방, ② 비밀유지의 필요성 강조, ③ 중립적 태도 유지, ④ 적절한 실습과 기법 사용, ⑤ 경청 · 개방적 태도, ⑥ 종결준비로 구분하여 살펴보기로 하자.

자기개방.   첫째, 집단참여 아동의 자기개방 수위는 집단목적과 목표를 고려하여 조절한다. 특히 가족과 관련된 주제 또는 아동의 외상적 경험에 대해서는 더욱 그렇다. 개인적 주제에 따라서는 집단목적의 테두리를 벗어나는 것일 수 있어서 개인치료가 더 적합할 수 있다. 집단에서 아동의 개인적인 문제를 상세히 다루고자 할 때에는 적절한 판단이 요구된다. 아동이 명백하게 신체학대를 당한 사실을 알게 되면, 집단리더는 아동에게 이 사건으로부터 받은 영향에 대해 표현하도록 기회를 제공하되, 회기를 마치고 나면 이 사실을 학교 또는 관계기관에 잠재적인 아동학대로 신고해야 하기 때문이다.

비밀유지의 필요성 강조.   둘째, 비밀유지의 필요성을 강조한다. 학교에서의 집

단상담은 다른 장면에 비해 비밀유지가 훨씬 어렵다. 학교에서는 아동이 또래들과 함께 어울리는 시간이 많다는 점에서 다른 집단원들이 집단에서 공개한 사적인 정보가 유출되기 쉽기 때문이다. 따라서 집단리더는 학생들에게 비밀유지의 중요성을 강조하는 한편, 이 원칙을 위배하지 않는 범위 내에서 집단활동 또는 경험에 관해 이야기하도록 가르쳐야 한다. 즉, 학생들이 집단에서 습득한 다른 학생의 사적인 정보를 집단 밖에서 이야기해서는 안 된다는 사실을 인식시켜 주어야 한다(Greenberg, 2003). 이때 활용할 질문의 예는 대화상자 12-1과 같다.

 대화상자 12-1. 비밀유지의 중요성 강조를 위한 질문의 예

○ "만일 우리 집단의 다른 친구가 여러분이 집단에서 말한 내용이나 행동에 대해 교실이나 운동장에서 다른 아이들에게 말한다면, 어떤 느낌이 들까요?"

○ "우리 집단의 누군가가 여러분이 여기서 나눈 사적인 비밀을 집단 밖에 있는 다른 어른이나 아이들에게 말한다면, 여러분의 기분은 어떨까요?"

단, 집단참여 아동은 집단리더가 자신의 부모나 교사에게 집단에서 나눈 이야기를 할 수도 있음을 알고 있어야 한다. 아동들에게는 집단리더가 부모나 교사와 어떤 정보가 공유되고, 공유되지 않는지를 알고 있을 권리가 있기 때문이다.

중립적 태도 유지.   셋째, 중립적 태도를 유지한다. 집단리더는 부모, 학교장, 교사, 또는 특정 기관에 맞서서 일방적으로 아동의 편을 들어서는 안 되고 중립적 입장을 취해야 한다. 집단참여 아동들은 상담자가 인내심을 가지고 공감적으로 이해해주기 때문에 집단리더를 좋아하고 잘 따르는 경향이 있지만, 부모와 교사들은 이런 성향을 가지고 있지 못하다는 이유로 불만스러워할 수 있다. 그렇지만 집단에서 리더와의 상호작용을 통한 경험이 다른 어른들과의 것과는 다르다는 것을 아는 것만으로도 아동들에게는 의미가 있다.

적절한 실습과 기법 사용.   넷째, 적절한 실습과 기법을 사용한다. 집단초기에는 자기개방을 깊숙이 하지 않는 상호작용 활동이 권장된다. 아동은 어른들이 생각하는 것보다 훨씬 더 사려 깊고 세심하며 이해를 잘하는 경향이 있다(Sink et al., 2012). 따라서 집단활동 참여를 부담스러워하거나 불편해하는 아동에게는 참여를 강요해서는 안 된다. 집단활동에 참여하기를 꺼리는 것은 활동에 대한 이해 부족, 활동 목적에 대한 불신, 또는 다른 아이들에게 우습게 보일 수 있음을 의식하기 때문일 수 있다. 따라서 집단리더가 인내심을 가지고 진솔하게 돌보는 태도를 보이는 것은 집단참여를 꺼리는 아동의 집단참여 촉진에 도움이 될 수 있다. 일반적으로, 집단 회기가 거듭되면서 아동들은 서로 친해지고, 차츰 도전의식을 갖게 된다.

경청·개방적 태도.　다섯째, 주의 깊고 정확한 경청과 개방적 태도를 유지한다. 숙련된 집단리더는 아동의 이야기뿐 아니라 행동에 대해 세심한 주의를 기울인다. 즉, 아동의 말에 귀 기울이는 한편, 행동이 의미하는 메시지에 관심을 기울인다. 아동의 외현화된 문제행동은 "난 나의 행동을 멈출 수 없어요. 제발 멈출 수 있게 도와주세요!"라고 도움을 청하는 몸짓일 수 있고, 아동이 반복해서 큰소리를 내는 것은 "나를 좀 봐 주세요. 아무도 나에게 주의를 기울여 주지 않아요."라는 메시지를 보내는 것일 수 있기 때문이다. 이때 집단리더가 주의할 점은 아동 또는 청소년에 대한 진단명을 함부로 사용함으로써 그것이 이들에게 선입견을 갖게 할 꼬리표로 작용하지 않도록 하는 것이다(예, ADHD, 지적장애아, 발달장애아, 또는 ADD).

집단리더는 학교에서 아동의 심리적 어려움을 도울 수 있도록 전문교육과 훈련을 받은 몇 안 되는 또는 유일한 어른이다. 이러한 어른이 적극적·반영적 경청을 통해 아동이 자신의 경험을 자기 언어로 이야기하고자 애쓰는 것을 귀담아 들어 주고 있는 그대로 수용해 주는 것이야말로 아동에게는 그 자체로 치료요인으로 작용할 수 있다(Riva & Haub, 2004). 집단리더는 아동의 잠재력 발휘를 저해하는 요인을 발굴하는 작업을 한다. 이러한 작업은 다양한 예술활동을 활용하여 아동들의 상호작용을 촉진함으로써 완수할 수 있다(Gladding, 2016). 집단리더는 아동이 자신의 언어로 감정을 표현할 수 있도록 돕는 한편, 자기주도적으로 문제해결과 의사결정을 할 수 있도록 용기를 북돋아 준다.

종결준비.　끝으로, 집단종결을 준비한다. 아동은 대개 자신에게 진솔한 관심을 기울여 주는 어른들과 빠르게 친해지는 경향이 있다. 종결준비에는 집단이 종결되기 2~3회기 전이 되면, 종결이 얼마 남지 않았음을 상기시켜 주는 것이 포함된다. 집단종결과정에서 집단리더와 아동들은 서로의 생각과 감정을 나눈다. 이 과정에서 집단리더는 아동이 집단에서 배운 것과 다른 아이들로부터 받은 영향을 공유한다(DeLucia-Waack, 2006). 단, 집단이 종결되면, 아동들에게 계속해서 연락을 취할 거라는 등의 약속은 함부로 하지 않는다. 왜냐면 집단리더가 이 약속을 지키지 않거나 소홀히 하는 경우, 아동은 리더가 약속을 저버린 것으로 여기거나 믿을 수 없는 어른이 또 있다고 생각할 수 있기 때문이다. 대신, 집단을 통해 형성된 인적 네트워크가 집단 밖에서도 건실한 지지기반이 되도록 돕는다(Greenberg, 2003). 이는 아이들이 새로운 정보, 어려움, 성공경험을 하게 되면 다시 함께 모일 기회를 제공함으로써 실현할 수 있다. 이러한 만남은 자연스럽게 모임으로 이어질 수 있을 뿐 아니라, 아이들에게 새로운 모임도 가능하다는 사실을 암시함으로써 집단종결에 따른 불안을 감소시켜 줄 수 있다. 또한 집단종결 시기에 집단참여 아동들에게 수료증을 수여하여 성취감을 느끼게 할 수 있다(Sink et al., 2012).

 # 청소년집단

청소년집단은 중·고등학교에 재학 중이거나 이에 상응하는 연령층에 속하는 사람들로 구성되는 모둠을 말한다. 「청소년기본법」에 의하면, 청소년은 9세 이상 24세 이하인 사람을 가리키지만, 「청소년 보호법」에서는 19세 미만인 사람을 지칭한다(단, 만 19세가 되는 해의 1월 1일을 맞이한 사람은 제외). 여기서는 「청소년 보호법」에서의 정의를 채택한다. 청소년집단의 특징은 전반적으로 아동집단의 특징과 크게 다르지 않다. 다만, 청소년집단의 리더는 다음과 같은 청소년기의 특징이 집단역동에 미칠 영향을 고려해야 할 것이다.

청소년집단의 역동

청소년기는 인지발달과 생리적 변화뿐 아니라, 정체성과 가치관 체계를 확립하며, 사회적 관계를 더욱 확대하는 시기다. 이 시기는 사춘기가 속해 있는 기간으로, 청소년들은 학업 외에도 정체성, 성, 진로, 또래관계, 이성관계, 부모와의 관계를 비롯하여 다양한 선택과 결정에 관한 문제로 어려움을 겪을 수 있다. 청소년기는 에너지 넘치는 시기라는 점에서, 자기탐색과 소속 욕구가 있는 청소년들에게 집단상담은 상당한 도전이다. 이에 청소년들은 집단리더가 자신들의 말을 경청하고 자신들을 있는 그대로 이해·수용해 주는 어른인지, 아니면 어른임을 내세우면서 이들보다 삶에 관해 더 많이 알고 있는 것 같이 행세하며 '덕담과 충고'를 일삼으려는 사람인지에 대해 민감하게 반응하곤 한다. 후자의 태도는 종종 청소년과의 신뢰관계 및 작업동맹 형성의 장애물로 작용한다(Malekoff, 2014).

　청소년은 때로 집단에서 리더가 자신의 가치관을 얼마나 받아들이는지 시험 또는 도전하기도 한다. 특히 예기치 않은 생애 변화(예, 부모의 이혼/재혼으로 인한 가족 해체/새 가족과의 동거)에의 적응에 관한 쟁점 등을 고려할 때, 청소년을 위한 집단 서비스의 중요성은 아무리 강조해도 지나침이 없다(Sink et al., 2012). 학교는 교실 또는 대집단 생활교육집단을 통해 전체 학생에게 발달과업을 중심으로 청소년들의 갈등과 강점을 연결하고 심리교육을 할 수 있는 이상적인 공간이다. 학교장면에서 집단상담 운영 시, 학교장을 비롯한 교직원과 학부모의 도움이 필수적이다(Gladding, 2016; Sink et al., 2012).

집단계획과 준비

청소년집단의 계획과 준비를 위해 집단리더가 고려할 사항은 ① 집단원 선발, ② 집단구성, ③ 집단크기 · 회기 수, ④ 집단주제로 나누어 살펴보기로 한다(제9장 '집단계획과 준비' 참조).

　집단원 선발.　첫째, 집단원은 간단한 면접을 통해 선발하되, 집단참여 목적이 분명하고 집단참여 또는 집단원들 간의 상호작용이 가능한 학생들을 중심으로 선발한다. 집단이 수업시간과 같은 시간에 진행되는 경우, 일부 학생은 수업에 불참하거나 또는 친구와 함께 시간을 보내기 위해 집단참여를 신청할 수 있다. 집단리더는 집단원 선발에 있어서 이 점을 유의해야 한다(Greenberg, 2003). 집단은 목적에 따라 남성, 여성, 또는 혼성으로 구성할 수 있다. 성별을 구분하여 구성된 집단은 성별에 따른 쟁점에 관해 심도 있는 논의를 전개해 나갈 수 있는 데 비해, 혼성집단은 이성에 대해 배울 기회가 있지만 성별 관련 쟁점에 관한 논의는 이성 집단원의 견제로 인해 제약이 있을 수 있다는 한계가 있다(Gladding, 2016).

　집단구성.　둘째, 집단을 자발적 참여, 비자발적 참여, 또는 혼합형태로 구성할 것인지를 결정한다. 비자발적 참여란 교칙 또는 법률을 위반하거나 일탈행동을 저지른 청소년들이 교화 목적으로 학교 또는 법원의 명령에 따라 참여하게 되는 경우를 말한다. 비자발적 집단원들로 이루어진 집단의 경우, 집단리더는 청소년들의 저항 또는 중도 포기 등의 선택 문제를 중요한 쟁점으로 다루게 된다.

집단크기 · 회기 수.　　셋째, 집단크기를 정한다. 인지발달단계의 형식적 조작기에 속하는 청소년은 아동들보다 주의집중시간이 길고 이해력도 높은 편이어서, 청소년 대상의 성장 · 지지 · 상담 · 치료집단은 6~8명, 심리교육집단은 8~12명이 적절하고, 집단 회기는 보통 40~90분 동안 진행하되, 시설 거주 청소년들의 경우에는 더 길게 진행할 수 있고, 정신건강센터에서의 집단은 90분 정도가 적절하다(Greenberg, 2003).

집단주제.　　청소년들을 위한 성장 · 토론 · 교육 · 상담 · 치료집단은 매우 유용하다(Malekoff, 2014). 청소년집단, 특히 중 · 고등학생들을 대상으로 실시되는 소집단에서 유용한 집단주제는 글상자 12-6과 같다.

🏢 글상자 12-6. 청소년들을 위한 집단주제

○ 자아정체성 · 자존감	○ 학습기술 · 전략	○ 진로 탐색 · 결정
○ 교우관계	○ 이성교제	○ 성 문제
○ 성 지향성	○ 임신 · 미혼모	○ 분노 조절
○ 부모의 이혼 · 재혼	○ 학업중단	○ 상실 · 애도

글상자 12-6에 제시된 집단주제 외에도, 위기 청소년들을 위한 소집단은 위기 상황 대처방법과 의사소통기술 증진에 유용하다. 청소년들에게 적극적인 집단참여를 유도하는 일은 쉽지 않다. 청소년집단의 경우, 집단리더는 집단규칙에 관해 구체적이고 분명하게 설명하고 집단원들의 동의를 구할 필요가 있다(Gladding, 2016). 아동집단과 마찬가지로, 청소년집단에서도 집단원 간의 상호작용 촉진을 위해 음악, 미술, 동작, 드라마, 유머, 시각적 작품 등의 창의적 활동이 유용하게 활용될 수 있다. 이러한 창의적 활동은 청소년들의 적절한 감정표현을 돕고, 건강하고 개성 있는 행동 및 자신과 타인에 대한 통찰을 촉진하는 효과가 있다(Myrick, 2011).

집단리더십

청소년집단의 리더는 자신이 주도적으로 집단을 리드할 것임을 집단참여 청소년들에게 인식시키는 것이 중요하다. 그렇지 않으면 불필요한 힘 대결이 불가피하고, 일부 집단원에 의해 집단이 좌지우지되는 일도 생길 수 있기 때문이다(Greenberg, 2003). 집단리더는 사람들, 특히 청소년들은 '탁월한 리더십을 발휘하는 리더를 따르는 것은 마다하지 않는다'는 사실을 기억한다. 청소년집단의 리더십 관련 쟁점으로, 여기서는 ① 비자발적 참여 청소년, ② 신뢰관계 형성, ③ 비밀유지, ④ 분노·갈등 상황의 청소년, ⑤ 다감각적 접근 활용으로 구분하여 살펴보기로 한다.

비자발적 참여 청소년.   첫째, 비자발적 참여 청소년들을 위해 흥미를 불러일으 키고 동기를 부여할 수 있는 활동을 중심으로 집단계획을 수립·실행한다. 청소년집 단은 자발적 집단과 비자발적 집단으로 구분된다. 자발적 집단은 대체로 학교, 종교 기관, 정신건강 관련 기관에서, 비자발적 집단은 치료기관, 행형·수용시설(예, 보호 관찰소, 소년원, 소년교도소), 정신건강 관련 기관에서 실시된다. 청소년들의 집단참여 는 자발적으로 이루어지는 것이 이상적이다. 그러나 때로 학칙 또는 법률을 위반하 는 청소년들은 집단참여 명령을 통해 집단에 참여하게 된다. 이러한 이유로, 비자발 적으로 집단에 참여하는 청소년들은 집단참여에 소극적인 태도를 보인다. 그러므로 집단리더는 이들의 집단에 참여하지 않을 권리를 인정하는 한편, 집단에 참여하지 않 을 경우 대안적 처벌을 받게 됨을 알려 준다. 또한 집단에 참여하기로 서명했다고 해 도, 집단에 결석하거나 집단활동에의 참여를 거부하는 경우, 이러한 사실을 관계기관 에 보고해야 함을 알린다.

비자발적 집단의 리더는 집단의 첫 회기부터 집단의 규칙과 벌칙을 장황하게 소개 하는 것을 지양한다. 또한 집단초기의 몇 회기 동안 집단원들의 부정적 언어·비언 어행동 표출 가능성을 예상하는 한편, 이들의 감정표현을 도움으로써 집단 에너지를 창조적 방향으로 나아가도록 돕는다. 이 과정에서 청소년들은 때로 집단리더에게 단 도직입적으로 사적인 또는 짓궂은 질문을 던질 수 있다. 질문의 예는 대화상자 12-2 와 같다.

 대화상자 12-2. 집단참여 청소년들이 던질 수 있는 곤란한 질문의 예

○ "선생님은 종교가 있으세요?"
○ "혼전 성교에 대해 어떻게 생각하세요?"
○ "마약을 해 본 적 있으세요?"
○ "자살에 대해 어떻게 생각하세요?"
○ "혹시 자살하려고 생각해 보거나 시도해 본 적이 있으세요?"

대화상자 12-2에 제시된 질문은 집단리더의 말하는 방식이 이들과 진정성을 가지

고 소통하고자 노력하고 있는 것인지를 확인하려는 시도일 수 있다. 이러한 질문은 집단리더에게 이중구속, 즉 긍정하든 부정하든 간에 집단원들의 비판적 태도를 부추길 수 있다. 예컨대, 집단리더가 특정 종교를 가지고 있다고 답하면, 종교가 없는 청소년들은 반감 또는 경계하는 태도를 보일 수 있고, 같은 종교를 가진 청소년들 역시 말과 행동을 조심하게 될 수 있다. 또한 혼전 성교 또는 마약사용 경험에 관한 대답 역시 집단원들에게 가십거리^{gossip} 또는 논란거리를 제공하게 되는 동시에, 신뢰관계 형성을 저해할 수 있다(Sink et al., 2012).

　　그러므로 집단리더는 청소년들의 이러한 방식의 자기표현을 자기탐색의 기회로 활용할 수 있도록 돕는다. 집단리더는 이들의 개방 압력에 대해 '예' 또는 '아니요'의 형식으로 답하기보다는 공감적 · 수용적 경청으로 반응하거나 탐색질문(예, "나의 답변이 ○○의 집단참여에 얼마나 중요한가요?")을 통해 개인화^{personalization} 작업의 단서로 활용한다. 청소년들은 돌봄, 열정과 활력, 개방성, 진솔성 등을 보여 주는 집단리더에게 더 반응적인 경향이 있으므로 집단리더는 말과 행동의 일치를 보여 줄 필요가 있다(Greenberg, 2003). 비자발적 집단에서는 글상자 12-6에 제시된 집단주제 외에, 필요에 따라 글상자 12-7에 제시된 주제를 다룬다.

글상자 12-7. 비자발적 청소년집단을 위한 주제

○ 물질사용 · 중독	○ 동성애 문제	○ 협력관계(시설거주 관련)
○ 신체 · 성학대	○ 10대 부모	○ 보호관찰 · 가석방
○ 물질사용자와의 동거	○ 부모 역할	

　신뢰관계 형성.　둘째, 친절하고 따뜻한 배려와 함께 진정성 있게 존중하는 태도로 청소년들을 대함으로써 신뢰관계를 구축한다. 집단리더의 이러한 태도와 행동은 집단리더가 수용적인 어른임을 암묵적으로 전달하게 된다. 청소년집단의 리더는 무엇보다도 10대들을 좋아하고 존중해야 하며, 이들의 세계에 대해 더 알고 싶어 하고, 이들의 성장과정에서 겪게 되는 갈등유형에 대해 이해할 수 있어야 한다. 청소년들의 입장과 처지는 집단리더와 다르다. 이들은 집단리더가 이전과는 다른 행동과 태도를 보일 수 있음을 예견하고 있을 수 있다.

　집단리더의 폐쇄적인 태도나 솔직하지 않은 행동은 이들과의 관계 형성에 심각한 장애물로 작용하는 한편, 집단리더가 자신의 임무를 망각하고 이들에게 동조하는 척한다고 해도 청소년들은 이러한 사실을 이내 알아차릴 것이다. 집단초기에 실시하는 구조화에는 비밀유지 원칙, 집단규범과 규칙, 한계점, 피드백의 중요성 등이 포함된다. 또한 청소년집단에서 위밍업 활동을 통한 신뢰관계와 작업동맹 형성은 집단의 전 과정에 영향을 줄 수 있을 정도로 중요하다(Sink et al., 2012).

청소년집단의 리더는 과장되지 않은 라포를 형성하고, 문화적 민감성을 토대로 청소년 문화를 이해·존중하는 태도를 보일 필요가 있다. 즉, 속어/은어, 소통방식, 선호하는 음악, 오락 미디어, 소셜 미디어(SNS) 등의 청소년 하위문화에 익숙해질 필요가 있다. 청소년 문화에 동참하고 있음을 보여 줄 방법으로는 이들이 좋아하는 음악, 영화, 또는 논의주제로 집단 회기를 시작하는 것이다(Gladding, 2016). 이러한 주제에 관한 논의는 청소년 문화에 대한 집단리더의 이해를 돕기도 한다. 그렇다고 해서 집단리더가 청소년들의 비속어 또는 소통방식을 흉내 내거나 이들처럼 행동해야 한다는 의미는 아니다. 다만, 청소년들의 하위문화에 대한 지식은 이들의 세계를 이해하고 이들이 필요로 하는 전문적 조력을 제공하는 데 많은 단서를 제공할 것이다.

비밀유지.   셋째, 청소년집단에서 비밀유지는 매우 중요한 쟁점이다. 비밀유지는 집단원 선발단계에서부터 관심을 가져야 할 사안으로, 성격적인 문제가 있거나 대인관계에 심각한 문제가 있는 청소년은 사전에 선별screening되어야 한다. 만일 이들이 집단보다는 개별적으로 작업하는 것이 더 효과적이라고 판단된다면, 사전에 선별하여 개인상담을 권하거나 다른 전문가에게 의뢰한다. 집단의 진행과정에서 비밀유지 문제가 발생하는 경우, 집단리더는 서로의 신뢰를 깨뜨린 결과에 대해 명확하게 알려 준다. 또한 향후 이러한 문제가 다시 발생한다면, 비밀유지 원칙을 위반한 집단원은 집단을 떠나야 할 것임을 언급함으로써 비밀유지 원칙준수의 중요성을 재차 강조한다. 그뿐 아니라 집단원 중에 자해 또는 타해 가능성이 있다는 사실을 알게 된다면, 집단리더는 비밀유지 예외원칙에 따라 자신에게 부모, 보호자, 또는 학교 등의 관계기관에 신고해야 할 의무가 있음을 집단참여 청소년들에게 알려야 한다.

분노·갈등 상황의 청소년.   넷째, 청소년들에게 분노와 내적 갈등을 인식하고 이를 효과적으로 다루게 하거나 그 방법에 대해 가르친다. 이는 청소년들의 공격적·폭력적 행동 예방에 매우 효과적이다. 특히 집단 내에서 감정(특히 분노)을 표현하고 이를 다루는 방법을 익힐 수 있게 고안된 집단활동은 청소년의 비행 예방에 유용하다. 이러한 활동은 대인관계기술, 문제해결, 의사결정, 분노 조절 등에도 효과가 있다

(Gladding, 2016). 일반적으로, 학교상담자(전문상담교사 또는 전문상담사)의 업무량은 과중한 편이다. 이러한 상황에서 상담자의 역량 및 유능성과 관계없이 개별적으로 학생들의 행동 변화를 돕는 데는 한계가 있다. 따라서 학교상담자는 청소년들의 발달과업에 따른 집단상담 프로그램을 적극적으로 활용해야 할 것이다.

다감각적 접근 활용. 다섯째, 청소년들 역시 아동들과 마찬가지로 집단의 지루한 분위기를 견디기 힘들어한다. 이들 역시 언제라도 TV 또는 인터넷 게임을 더 선호할 수 있다. 그러므로 집단리더는 청소년들의 관심을 높일 수 있는 주제, 소재, 활동, 운영방식 등에 있어서 다감각적인multisensory 접근을 활용한다. 이러한 접근의 하나는 놀이치료기법을 활용하는 것이다. 놀이치료는 주로 12세 미만 아동들에게 사용되지만, 때로 청소년들에게도 유용하게 활용된다. 청소년들 역시 놀이활동에 흥미로운 반응을 보일뿐더러, 놀이가 이들의 사고와 감정표현의 매개로 활용될 수 있기 때문이다 (Gladding, 2016).

집단리더는 청소년에게 놀이기구를 선별·제공함으로써, 놀이를 통해 생각, 감정, 행동, 경험을 자유롭게 표현하도록 돕는다. 놀이는 아이들에게 덜 위협적으로 자기를 표현하게 할 언어로, 인지·언어 능력, 대처기술 습득과 발달과업 성취를 돕는다. 그 뿐 아니라, 놀이기반 활동은 집단의 형태와 상관없이 청소년들로 하여금 또래들과 잠시 놀이를 함께하기 위한 시간이라는 가벼운 마음으로 집단에 참석하게 하는 데 도움이 된다. 특히 모래놀이치료는 행동문제가 있는 사춘기 이전의 아이들에게 발달적으로 적절한 치료법으로서 그 효과가 입증되었다(Jacobs et al., 2016).

대학생집단

대학 캠퍼스 내에서 대학상담센터는 집단상담 또는 프로그램을 통해 대학생들의 다양한 현안 해결을 위한 조력활동을 전개할 수 있는 중요한 기관이다. 예컨대, 학업적으로 어려움을 겪는 대학생들을 위해 공부기술, 학업 능력, 학습동기 향상을 위한 다양한 프로그램을 고안·제공할 수 있다. 또는 대학생들이 개인적 목표를 수립하고, 대인관계를 저해하는 요소들을 탐색하며, 자신들의 능력 발휘를 저해하고 있는 내부의 걸림돌을 탐색함으로써 삶의 변화를 시도하도록 도울 수 있다. 대학생은 집단참여를 통해 자신의 개인적인 관심사를 다룰 수 있고, 감정 탐색과 방출을 통해 정서적 안정을 회복할 수 있으며, 더 나은 학습자가 되어 더 열정적 · 생산적인 삶을 영위할 수 있게 된다.

그러나 다른 한편으로 대학생들의 집단참여에 대한 저항, 비효율적인 집단운영, 마케팅/홍보 부족, 또는 비효과적인 치료방법 선정 등은 대학생들이 집단을 찾지 않게 하는 원인으로 꼽힌다(Parcover, Dunton, Gehlert, & Mitchell, 2006). 이러한 한계를 극복하기 위한 방안은 요구조사를 실시하는 것이다. 요구조사를 통해 대학상담센터에서는 대학생들의 학업, 진로, 개인 성장 관련 주제를 다룰 수 있는 집단(예, 진로 탐색 · 결정, 진로계획, 불안 해소, 스트레스 관리, 슬픔 대처, 개인적 · 문화적 동질성, 자아 성장, 자존감 향상, 성학대 생존 집단)을 개설할 수 있다. 집단에서 이러한 주제를 효과적으로 다루기 위해서는 제한된 시간 내에 대학생 집단원들이 경험학습을 통해 변화를 일궈 낼 수 있도록 고안된 전략이 요구된다. 집단참여 대학생들의 변화를 유발하기 위한 지침은 글상자 12-8과 같다.

> ### 글상자 12-8. 집단참여 대학생의 변화 유발을 위한 지침
>
> 1. 집단참여 대학생들이 변화를 위한 준비가 된 단계를 다룰 것
> 2. 집단주제 해결에 적절한 치료적 환경을 조성할 것
> 3. 집단발달의 단계 이동을 용이하게 할 것
> 4. 교육적 구성요소를 다룰 것
> 5. 원하는 변화를 위한 중요한 치료적 요소의 활용방법을 선택할 수 있도록 도울 것

대학의 특성상, 대학생들은 지적 발달을 위한 요구에 치우친 나머지, 개인적 · 정서적 발달이 균형 있게 조화를 이루지 못할 수 있다. 이러한 현실을 고려할 때, 대학 내에서 대학생들의 다양한 요구는 집단상담을 통해 확인할 수 있다. 집단장면에서 대학생들은 자신의 개인적인 문제를 다룸으로써 더 성숙한 학생으로 학업에 더욱 전념하게 될 수 있을 것이다. 대학상담센터는 흔히 전문인력 부족으로 인해 다양한 개인 상담 서비스를 제공하는 데 한계가 있다. 따라서 다양한 주제에 따른 치료적 집단운영을 통해 대학생들이 흔히 겪게 되는 문제(예, 폭력, 데이트 강간, 성학대, 성희롱, 진로, 이성 교제, 교우관계 등)를 다룰 수 있다.

 **커플집단**

커플집단은 커플^couple, 즉 법적으로 혼인 상태 또는 교제 중인 두 사람 단위로 구성되는 모둠이다. 커플집단의 목적은 이러한 사람들이 두 사람의 관계에서 다양한 심리사회적 스트레스를 유발하는 요인과 문제, 그리고 대처방식에 관한 이야기를 나눌 기회를 제공하고, 새롭고 건설적인 대처방안을 마련할 수 있도록 돕는 것이다. 커플집단의 일반적인 형태로는 부부, 연인, 동성애(게이/레즈비언) 집단이 있지만, 구체적인 쟁점에 따라 예비부부, 임신 부부, 자녀양육을 위한 부부, 특수문제가 있는 자녀를 둔 부부, 자녀를 상실한 부부, 재혼부부 등 다양한 형태의 집단으로 구분된다. 커플집단은 대개 정신건강센터, 종교단체, 상담기관 등에서 이루어진다.

집단리더십

커플집단운영은 집단리더에게는 상당한 도전이 될 수 있다. 왜냐면 커플 두 사람이 집단에 미결과제를 가져오거나 집단원의 개인 내적 문제 및 동반자 간·커플 간·남녀 간의 갈등 등, 다른 형태의 집단에 비해 집단역동이 강력하고 복잡한 형태로 얽힐 수 있기 때문이다. 이러한 이유로 커플집단은 공동리더십이 권장되기도 한다(Corey & Corey, 2017; Jacobs et al., 2016). 커플집단 참여자는 흔히 자신의 행동의 원인과 동반자에 대한 행동에 관한 정보와 자료를 원한다는 점에서 집단리더는 상담·심리치료 이론에 관한 교육 회기를 적극 활용할 수 있다. 예를 들면, 리더는 TA에 관한 교육을 통해 동반자 간의 의사교류 패턴을 이해할 기회를 제공하는 한편, 심리극을 통해 집단원들에게 특정 문제 또는 상황과 관련된 주인공 자신과 동반자, 그리고 관객의 내재된 깊은 정서를 체험·인식하도록 도울 수 있다.

집단주제

커플집단에서는 동반자의 불일치 사안보다는 서로의 경험을 공유하고 인간관계에서 흔히 발생할 수 있는 폭넓은 문제와 관심에 초점을 맞춘다. 커플 중에는 커플상담보다 커플집단에서 더욱 적극적으로 작업에 참여하고 충분히 기능하는 커플이 있다. 동성애(게이/레즈비언) 커플집단의 경우, 집단리더에게는 이들의 당면 문제에 대한 지식과 이해가 필수로 요구된다. 동성애 커플에 관한 지식은 전문서적이나 리더의 개인적인 추측에 의한 것이 아니라, 이러한 성 지향성^{sexual orientation}을 가진 사람들과의 직접적인 대면을 통해 수집한다. 왜냐면 이들 집단에 대한 지식과 경험 없이 집단을 맡는 것은 집단의 성과에도 부정적인 영향을 미치게 될 뿐 아니라, 집단리더로서의 윤리강령에도 위배되기 때문이다. 커플집단에서 흔히 다루어지는 주제는 글상자 12-9 와 같다.

글상자 12-9. 커플집단에서 흔히 다루어지는 주제

○ 의사소통　　　　　　　　　　　　　○ 정체성
○ 애정표현　　　　　　　　　　　　　○ 성 문제
○ 가치관(결혼, 이성관계, 종교, 성 역할 등)　　○ 문화적 배경에 따른 차이
○ 친밀감을 저해/촉진하는 게임/행동　　　○ 갈등해결
○ (시)부모 또는 형제자매와의 관계　　　　○ 관계 개선을 위한 행동 변화

집단계획과 준비

커플집단의 계획과 준비는 ① 집단원 선별, ② 집단크기, ③ 집단 회기 길이 · 시간으로 구분하여 살펴보기로 한다.

집단원 선별.　　커플집단 역시 집단원 선별은 집단리더의 중요한 과업이다. 집단리더는 면담을 통해 집단목적을 구체적으로 소개하는 한편, 잠재적 집단참여자들의 요구를 평가한다. 선별면담은 커플을 동시에 만나기도 하고, 따로 만나서 집단에 대한 개인적인 요구를 확인함으로써 커플의 관계에 관한 관심과 요구에 대한 폭넓은 시각을 가질 수 있다. 커플집단에 적합하지 않은 커플에 대해서는 집단보다는 개인상담 또는 커플상담을 받도록 권한다. 만일 커플 또는 둘 중 한 사람이 집단보다는 집중적인 개인상담 또는 치료가 요구된다고 판단된다면, 해당 분야의 외부 전문가에게 전문적 도움을 요청할 것을 권한다.

집단크기.　　커플집단의 형태와 크기는 집단목적에 따라 다르다. 집단크기는 흔히 집단참여 커플들 간의 상호작용이 원활한 정도에 따라 결정된다. 커플집단의 경우, 10~12커플(20~22명)로 구성되는 대집단도 있지만, 집단원 개개인의 생각과 감정을 공유할 필요충분한 시간을 확보하려면 다섯 커플을 넘지 않는 것이 좋다(Jacobs et al., 2016).

집단 회기 길이 · 시간.   커플집단은 일반적으로 주당 1~2회, 회기당 2시간(120분)으로 진행된다. 그러나 커플 두 사람이 동시에 수주 또는 수개월 동안 주중에 회기당 2~3시간을 확보하기가 어려울 수 있다. 따라서 때로 커플의 관계 탐색과 주제에 대한 작업을 집중시킬 목적으로 하루종일 또는 주말시간을 활용한다(Corey & Corey, 2017)는 점에서 일종의 마라톤 집단의 형태를 띠기도 한다. 이러한 형태의 집단 회기를 통해 커플들 간의 생각과 감정 공유의 빈도와 깊이가 더해지고, 서로를 통해 더 많은 학습효과를 얻을 수 있다. 커플집단은 사전에 구성된 2인 1조로 집단에 참여하게 된다는 점에서 다른 집단들과는 다른 독특한 집단역동이 발생할 수 있다. 커플집단에서 발생할 수 있는 독특한 문제는 글상자 12-10과 같다(Jacobs et al., 2016, p. 437).

📠 **글상자 12-10. 커플집단의 역동에 영향을 미칠 수 있는 잠재적 문제**

1. 두 사람의 집단참여에 대한 요구와 목적이 다를 수 있다(예, 관계 개선을 희망하는 동반자 vs. 이혼에 대한 확신을 필요로 하는 동반자).
2. 커플 또는 동반자 1인이 다른 집단원들과의 생각과 감정 공유를 꺼릴 수 있다.
3. 개인적인 사안을 드러내기를 원치 않는 동반자 또는 커플이 있을 수 있다.
4. 커플 중 1인 또는 2인 모두가 집단을 배심원처럼 활용하여 자신(들)의 행동을 정당화하고자 할 수 있다.
5. 집단을 오랫동안 담고 있던 부적 감정 표출을 위한 공간으로 활용할 수 있다.
6. 커플 중 1인이 집단의 힘을 빌려 동반자의 행동 변화를 시도할 수 있다.
7. 자신 또는 동반자를 다른 사람과 비교하다가 마음이 상하거나 관계를 손상할 수 있다.

커플집단에서는 흔히 커플 내 또는 커플 간의 친밀감 증진, 불일치에 대한 작업, 생산적인 의사결정 등에 관한 작업이 이루어진다. 집단작업과정에서 커플의 한 동반자가 다른 동반자에게 초점을 두고 부정적인 감정 토로를 지속하는 경우가 잦다는 점에서, 집단리더는 능숙하게 차단과 초점을 유지해야 할 필요가 있다. 예를 들어, 집단원이 동반자를 비난한다면, 집단리더는 탐색의 초점을 비난하는 집단원 자신에게 맞출 필요가 있다. 이는 그 집단원의 동반자에게 화살이 집중됨으로써 비난하는 집단원의 책임회피 수단이 되는 것을 막는 한편, 집단원으로 하여금 자신의 감정, 행동, 사고에 대한 주인의식을 갖게 하기 위함이다.

중독자집단

중독자집단이란 중독^{addiction}, 즉 물질사용 또는 행동을 지나치게 반복한 결과, 물질 사용 또는 특정한 행위를 하지 않고는 못 견디는 병적 상태에 있는 사람들로 구성되는 모둠을 말한다. 중독성 물질^{addictive substance}로는 알코올, 카페인, 대마, 펜시클리딘, 환각제, 흡입제, 아편계, 진정제·수면제·항불안제, 자극제(암페타민류 물질, 코카인 등), 담배, 그리고 기타(또는 미상의) 물질이 있다(APA, 2013). 이러한 물질들은 완전히 구별되지 않고, 과량 복용 시 행동과 기억 생성을 강화하는 뇌 보상체계를 직접 활성화한다는 공통점이 있다. 이들이 강력하게 보상체계를 자극해서 정상적인 뇌 활성화 신호들이 무시됨으로써 남용물질에 의해 직접적 보상회로가 활성화되면서 유기체는 점차 물질에 의존하게 된다. 물질중독은 심한 경우 정신병 증상으로 나타난다.

이에 비해, 행동중독^{behavioral addiction}은 비물질중독으로 분류되지만, 물질중독과 마찬가지로 보상체계를 활성화하고, 장애로 인한 행동 증상이 유사하다는 공통점이 있다. 중독성 행동^{addictive behaviors}으로는 반복적인 행위를 보이는 도박, 섹스, (인터넷) 게임, 식이(폭식/거식), 운동, 쇼핑 등이 있다. 그러나 물질중독과는 달리 행동중독을 정신장애로 규정짓기에는 이에 관한 연구와 행동 증후군에 관한 증거가 더 필요하다(APA, 2013). 이에 비해 인터넷게임장애^{internet gaming disorder}는 『DSM-5』의 추가 연구가 필요한 진단적 상태에 속해 있다. 현재, 정신장애로 구분되는 유일한 행동중독은 도박이다. 도박^{gambling}은 더 큰 가치가 있는 것을 얻기 위해 가치 있는 무언가를 거는 것으로, 개인, 가족, 직업상의 장해를 유발한다는 특징이 있다. 도박장애^{gambling disorder}는 『DSM-5』에 수록된 유일한 비물질장애로, 도박장애로 치료받는 사람들의 절반 이상이 자살사고를 하고, 17% 정도가 자살시도를 한다(APA, 2013).

집단리더십

중독자집단의 구성원들, 특히 비자발적으로 참여하는 집단원들은 대체로 자신에게 문제가 있다는 사실을 인정하기 힘들어한다. 자신들의 문제 또는 그 심각성에 대한 몰이해는 집단리더에게는 큰 도전으로 작용한다. 흔히 중독자 집단원을 지배하는 감정은 분노로, 집단리더는 집단치료에의 강제 참여로 인한 이들의 분노를 능숙하게 다룰 수 있는 전문적 역량을 갖추어야 한다. 또한 집단원의 동기유발을 위해 다양한 활동을 준비해야 할 것이다. 중독집단운영을 위한 지침은 글상자 12-11과 같다.

> **글상자 12-11. 중독집단운영을 위한 지침**
>
> 1. 집단의 목표를 구체적으로 설정한다.
> 2. 집단원 개개인이 고통을 겪고 있는 물질 또는 비물질에 관한 정확한 지식과 치료전략에 관한 지식을 갖춘다.
> 3. 집단원의 분노를 다룰 수 있는 기술, 기법, 전략을 체득한다.
> 4. 가장 도전적인 집단임을 감안하여 인내심을 가지고 집단원을 이해한다.
> 5. 집단원의 동기부여를 위해 다감각적^{multisensory} 접근을 적극 사용한다.
> 6. 집단원의 불일치에 대한 직면을 통해 통찰과 행동 변화를 촉진한다.
> 7. 차단과 참여 유도를 통해 집단원 간의 상호작용을 촉진한다.

집단리더는 처벌적 직면 사용을 지양함으로써 집단원들로 하여금 공격, 비하, 또는 굴욕감이 들게 하지 않아야 한다. 또한 집단원들끼리 공격과 비난하는 것을 방임해서는 안 된다. 만일 특정 집단원에 대해 지속적으로 부정적인 감정이 든다면, 집단리더는 해당 집단원에 대해 기대하는 것을 확인시켜 주고, 필요한 경우 동료 또는 수퍼바이저에게 자문을 구한다. 중독자집단의 구성원들은 흔히 자신들의 이야기를 반복해서 하고 싶어 하는 경향이 있다(Miller, 2015).

이에 집단리더는 필요한 경우 차단기술을 사용하여 장황한 이야기를 중단시킴으로써 다른 집단원들에게 말할 기회를 제공하고, 집단 상호작용을 촉진하며, 논의되고 있는 주제에 초점을 유지·심화시킨다. 그런가 하면 자신에 관한 사항을 개방·공유하기를 꺼리거나 은폐하려는 집단원들에게는 참여 유도기술을 적극 활용한다. 그리고 필요한 경우 2인 1조 또는 3인 1조로 나누어 서로의 경험을 공유할 기회를 제공하거나, 간단한 소품 또는 글쓰기를 활용하여 집단원들이 자연스럽게 자신을 개방·이해할 수 있도록 한다(Hagedorn & Hirshhorn, 2009).

중독자집단의 성공률은 다른 문제를 가진 집단원들과의 작업만큼 높지 않고, 재발 가능성이 높다(Velasquez, Crouch, Stephens, & DiClement, 2016). 또한 이 집단의 구성원들은 다른 재활 프로그램에 쉽게 참여하지 않는다는 점에서, 집단리더는 집단성과에 대한 지나치게 높은 기대로 인해 심리적 또는 신체적으로 소진되지 않도록 유의해야 한다. 따라서 설령 집단원이 같은 문제로 치료 프로그램을 다시 찾게 되더라도 집단리더는 이를 자신의 실패로 받아들이지 않아야 할 것이다.

집단계획과 준비

중독자집단의 계획과 준비는 ① 집단유형, ② 집단구성, ③ 집단크기 · 회기 길이로 구분하여 살펴보자.

집단유형.   중독된 사람들의 회복을 돕기 위한 집단에는 다양한 유형이 있다. 중독자집단은 중독전문가 또는 중독에서 회복되었거나 회복 중인 비전문가가 담당한다. 중독자집단 중에는 정신건강 전문가 없이 진행되는 집단들이 적지 않다. 중독자집단의 특징으로는 집단원이 치료자 역할을 겸하는 거의 유일한 집단으로서, 서로의 고통을 함께 나누고 지지와 격려를 아끼지 않으면서 집단원들 사이에 강한 응집력과 결속력이 형성된다는 점을 들 수 있다(Hagedorn & Hirshhorn, 2009).

집단구성.   중독자집단은 자발적 집단과 비자발적 집단으로 나눌 수 있다. 만일 중독자가 거주형 치료센터 또는 치료감호시설에 수용되어 있다면, 집단리더가 따로 집단원을 선발할 필요는 없다. 단, 지역사회의 병원, 정신건강센터, 또는 치료센터에서 집단치료가 실시되는 경우, 자발적이든 비자발적이든 간에 집단리더는 잠재적 집단원들을 대상으로 선별 절차를 진행한다.

집단크기 · 회기 길이.   집단크기는 구성원들과 집단목적에 따라 다르지만, 치료집단의 경우에는 6~10명, 교육집단은 더 많은 인원으로 구성되는 것이 일반적이다. 집단 회기의 길이는 AA와 이와 유사한 집단은 대체로 1~2시간으로, 구성원, 환경, 그리고 기타 다양한 조건에 따라 그 길이가 조정된다(Hagedorn & Hirshhorn, 2009).

 나이 든 성인집단

나이 든 성인$^{older adults}$, 즉 노인의 사전적 정의는 나이가 들어 늙은 사람이다. 여기서 늙었다는 말은 한창때를 지나 쇠퇴한 상태를 말한다. 그러니까 노인집단이라는 말은 나이가 들어 한창때를 지나 쇠퇴한 사람들을 대상으로 하는 모둠을 의미한다. 이러한 이유로, 사람들은 종종 글상자 12-12에 제시된 것과 같이 소위 '노인^{elderly}'에 대해 잘못된 편견을 갖는다.

🏛 **글상자 12-12. 노인에 대한 편견 또는 선입관**

1. 변화되기 어려우므로 이들을 위한 집단작업은 시간 낭비다.
2. 은퇴하게 되면서 더 이상 사회에 기여할 수 없다.
3. 잘 잊어 먹거나 잃어버리는 것은 노망의 징조다.
4. 아동을 대상으로 하는 치한이 많다.
5. 자녀들의 부양 여부와 관계없이 감정적 · 재정적으로 부담을 준다.
6. 지적 · 창조적이지 못하고, 젊은 층의 관심과 문제를 이해하지 못한다.
7. 죽음을 두려워하지 않으며, 동반자가 세상을 떠나면 곧 세상을 떠날 것이다.
8. 추하고, 많은 신체적 · 정신적 문제를 겪는다.
9. 외로워하고 의존적이어서 보호를 필요로 한다.
10. 젊은 층에 비해 알코올 중독자가 많다.
11. 재혼과 성에 관심이 없다(특히 남성은 성적 능력이 없다).

글상자 12-12에 제시된 것처럼, 노인이라는 말에는 암묵적으로 낙인찍는 의미가 스며 있다. 그러나 오늘날 의학이 발달하고 인간의 삶의 조건이 나아짐에 따라 전체 인구에서 나이 든 성인 인구가 차지하는 비율은 급속도로 높아지고 있다. 젊은이들 못지않게 정신적 · 신체적으로 건강하고 생산적으로 살아가는 다수의 70대, 80대가 있는가 하면, 심신이 쇠퇴해 버린 다수의 40대, 50대가 있다. 이러한 상황을 고려할 때, 노인이라는 말은 '어르신' 또는 '노인 양반' 같은 높임말로 대체하여 사용하더라도 여전히 낙인의 뉘앙스가 남는다. 따라서 불필요하게 낙인을 찍는 정신건강 관련 용어의 사용을 지양하고 중립적인 용어 사용을 권장하는 시대적 흐름에 맞춰 여기서는 노인 대신 나이 든 성인이라는 말을 사용하기로 한다.

나이 든 성인들은 앞으로 살아갈 날이 한정되어 있다는 현실을 인식하게 된다는 공통점이 있어서, 이와 같은 실존적 요인에 관한 쟁점이 집단에서 다루어질 수 있다. 오늘날 고령화 시대에 진입한 우리 사회에서 나이 든 성인 인구의 급증은 나이 든 성인집단에 전문적 서비스를 제공할 것에 대한 정신건강 전문가들의 압력과 요구를 높여 왔다. 이에 정신건강 전문가들에게는 나이 든 성인들과의 작업을 위한 전문지식과 역량이 과거 어느 때보다도 더 요구되고 있다. 나이 든 성인들의 특징은 글상자 12-13과 같다.

> **글상자 12-13. 나이 든 성인의 특징**
>
> 1. 노화 또는 치료약물 복용으로 능력 발휘에 있어서 한계가 있을 수 있다.
> 2. 신경인지장애 또는 기억력의 한계로 집단시간을 지키지 못할 수 있다.
> 3. 질병 또는 교통수단 문제 등으로 규칙적인 집단출석이 어려울 수 있다.
> 4. 정신적 · 신체적 어려움으로 주의집중시간이 짧을 수 있다.
> 5. 외부의 시선과 집단효과에 대한 의구심으로 신뢰관계 형성에 시간이 걸릴 수 있다.
> 6. 외로움, 고립감, 상실감, 빈곤감, 거부감, 삶의 의미 추구, 의존감, 절망감, 죽음에 대한 두려움, 타인의 죽음에 대한 슬픔, 정신적 · 신체적 퇴화에 따른 슬픔, 지난날에 대한 회한을 겪고 있을 수 있다.

집단리더십

나이 든 성인들에게 집단경험은 그 자체로 치료적 가치가 있다. 그러나 이들의 독특한 문제를 효과적으로 다루기 위해서는 특수한 지식과 경험이 요구된다. 예컨대, 나이 든 성인들의 회상을 돕는 집단의 경우, 집단리더가 더욱 수용적이고, 쟁점에 더 유연하며, 잠재된 혼란을 더 잘 받아들이고, 다른 세계관을 더 잘 이해함으로써 집단의 효과를 높일 수 있다(Singer, Tracz, & Dwokin, 1991). 이 연구는 집단리더가 나이 든 성인 집단원들에게 개인적인 이야기를 나누기 위한 시간과 공간을 충분히 제공하는 것의 중요성을 보여 준다. 또한 나이 든 성인 대상의 회상집단 진행에는 특수 지식과 훈련이 요구되지만, 일반적인 집단운영에 필요한 전문적 역량과 크게 다르지 않음을 입증하고 있다. 회상집단에서 사용된 기술과 방법 중 많은 것이 다른 집단의 것과 유사했기 때문이다.

나이 든 성인집단을 이끄는 경우, 집단리더는 자신의 태도와 감정이 집단원들에게 어떤 영향을 미치는지 인식해야 한다. 이를 위해 집단리더는 나이 든 성인집단에 요구되는 효과적인 리더십의 특성을 알고 있을 필요가 있다(Myers, Poidevant, & Dean, 1991). 나이 든 성인들과의 집단작업에 필요한 집단리더의 자질과 역량은 글상자 12-14와 같다.

> **글상자 12-14. 나이 든 성인들과의 집단작업에 필요한 집단리더의 자질과 역량**
>
> 1. 노화와 노년기에 대한 건강한 태도

2. 나이 든 성인들에 대한 존중과 깊은 애정

3. 나이 든 성인들에게서 배우고자 하는 태도와 능력

4. 같은 이야기를 반복적으로 경청할 수 있는 인내심

5. 나이 든 성인의 문화적 가치 존중 및 문화적으로 적절한 방식의 접촉 능력

6. 자신의 문화적 배경이 현재의 태도와 행동에 미치는 영향 이해

7. 나이 든 성인의 독특한 생물학적 · 심리적 · 영적 · 사회적 요구 인식

8. 상실감, 우울, 고독, 절망감, 좌절감 등을 다룰 수 있는 역량

9. 나이 든 성인 집단작업에 필요한 특수 지식과 기술

글상자 12-14에 제시된 자질과 역량 외에도, 집단리더는 가족들과의 면담을 통해 이들이 겪고 있는 어려움과 조력방안에 관한 자료를 수집하고 정보를 교환할 수 있다.

집단작업전략

노화의 발달적 문제와 생애 후반기에서의 의미 찾기는 건강한 노화과정을 지나고 있는 나이 든 성인집단의 주요 과제다(Rowe & Kahn, 1998). 시설에 위탁되지 않은 건강한 나이 든 성인들의 경우에도 노화에 따르는 심리적 부담과 갈등, 그리고 노화와 관련된 상실감을 겪을 수 있다. 따라서 집단리더는 때로 집단원들이 겪는 어려움이 보편적인 것임을 이해하도록 도와야 할 것이다. 이들은 전체 연령층에게 도움이 되는 개인 성장집단을 통해 도움을 받을 수 있다(Myers, Poidevant, & Dean 1991). 나이 든 성인들과의 집단작업을 위한 일반적인 지침은 글상자 12-15와 같다(Corey & Corey, 2017).

글상자 12-15. 나이 든 성인들과의 집단작업을 위한 지침

1. 집단원의 인격과 지성을 존중하여 자존심을 상하지 않게 한다.

2. 집단원들을 너무 약한 사람으로만 취급하지 않도록 한다.

3. 인지 능력이 제한되거나 행동 수행에 어려움이 있어도 성인으로 대접한다.

4. 생기 있고 열정을 발휘하되, 소진되지 않고 감당할 한계를 설정한다.

5. 유머를 사용하면서 재미있는 이야기에 함께 웃어 주되, 불필요하게 웃지 않는다.

6. 반복적으로 '옛날이야기'를 하는 것에 대해 인내심을 가지고 경청한다.

7. 집단이 느리게 진행될 수 있으므로 인내심을 가지고 적응한다.

8. 의미 없는 활동으로 집단원들을 계속 바쁘게 하지 않는다.

9. 사소한 일에 대해 불평하거나 귀찮게 하는 것을 기꺼이 이해 · 수용해 준다.

10. 노화, 죽음, 상실 등 나이 든 성인들의 쟁점에 관한 지식을 갖춘다.

나이 든 성인들과의 집단작업 역량 강화를 위해 집단리더가 시도해 볼 만한 일은 글상자 12-16과 같다(Corey & Corey, 2017).

글상자 12-16. 나이 든 성인들과의 집단작업에 도움을 줄 수 있는 시도

1. 나이 든 성인 문제를 다루는 강좌 수강

2. 나이 든 성인과의 작업 현장 참여 또는 인턴십 경험

3. 나이 든 성인 보호기관 견학

4. 노인학gerontology 또는 관련 학문 영역의 학술모임 참가

5. 나이 든 성인집단 리더십 훈련 워크숍 참가

6. 자신의 노화 및 일상생활에서 만나는 나이 든 성인에 대한 감정 탐색

7. 자신이 나이 든 성인으로서 갖추기를 바라는 특성 탐색

8. 나이 든 성인의 경험에 관한 경청을 통한 그들의 욕구 확인

집단계획과 준비

나이 든 성인집단의 계획과 준비는 ① 집단구성, ② 집단크기 · 회기 길이, ③ 집단주제로 구분하여 살펴보기로 한다.

집단구성.   집단은 집단목적에 따라 크게 지지, 교육, 치료를 필요로 하는 대상으로 선발하여 구성한다. 잠재적 집단원은 학습이 가능하고 소통 또는 활동참여에 지장이 없을 정도의 인지 능력을 갖추어야 한다. 또한 집단에서 공동 관심사를 자유롭게 논의하고 상호작용할 수 있는 분위기 조성을 저해하지 않아야 한다. 집단과정을 더 역동적으로 만들기 위해 집단은 다소 이질적인 배경과 특성을 지닌 사람들(예, 말하기 좋아하는 사람 vs. 말 없는 사람, 우울한 사람 vs. 열정적인 사람, 급한 성격을 가진 사람 vs. 느긋한 사람, 의심이 많은 사람 vs. 잘 믿어 주는 사람)로 구성한다.

집단크기 · 회기 길이.   집단의 크기는 집단목적, 집단원의 사회적 · 심리적 수준 또는 성숙도를 고려하여 결정한다. 교육을 위한 집단은 10~12명, 지지 또는 치료를

위한 집단은 4~6명이 적당하다(Jacobs et al., 2016). 집단 회기의 길이는 집단크기와 구성원들의 기능수준에 따라 60~90분 정도가 적당하다.

집단주제.   나이 든 성인들은 다른 집단의 구성원들과는 다른 특별한 욕구와 문제를 가지고 있다. 미래의 집단전문가들은 나이 든 성인들이 그들의 삶에 있어 의미를 찾고 은퇴 후에 생산적인 일을 할 수 있도록 돕기 위한 프로그램 개발에 더 많은 관심을 가져야 할 것이다. 나이 든 성인집단에서 다루면 좋을 실존적 요인 관련 주제는 글상자 12-17과 같다.

글상자 12-17. 나이 든 성인집단에서 다루면 좋을 실존적 요인 관련 주제

○ 외로움 · 사회적 고립	○ 재정적 어려움	○ 상실 · 애도
○ 거부감	○ 삶의 의미 발견 노력	○ 의존성
○ 무망감	○ 과거 일에 대한 후회	○ 절망감
○ 죽음	○ 신체적 · 정신적 쇠퇴에 대한 슬픔	○ 무가치감

그렇다고 해서 모든 나이 든 성인이 글상자 12-17에 제시된 어려움을 겪는 것은 아니다. 대신, 이들은 삶에 대한 다양한 경험과 강점을 지니고 있는데, 집단작업에서 이러한 점들이 간과되어서는 안 된다. 나이 든 성인들과 함께하는 집단작업은 구성원들이 이 시기와 관련된 과업에 대처하도록 도움을 줄 뿐 아니라 노화에 대한 긍정적 측면을 인식하도록 한다.

집단작업

나이 든 성인집단의 주요 집단작업으로는 집단원들의 '옛날이야기' 경청을 꼽을 수 있다. 이들의 옛날이야기에는 기뻤던 일, 성취감, 성공담이 있는가 하면, 슬펐던 일, 죄책감, 상실감, 고향 이야기, 실수담 등이 포함된다. 과거 일의 회상은 어릴 적 즐거웠던 기억의 재구성, 젊은 시절의 상처 치료, 여생에 대한 계획수립을 돕는 효과가 있다(Rowe & Kahn, 1998). 나이 든 성인들은 종종 집단에서 흔히 자신들의 과거사, 경험, 추억에 관한 이야기를 꺼내곤 한다. 이러한 이야기는 다른 사람들에게는 의미 없고 지루한 이야기일 수 있지만, 적어도 나이 든 성인에게는 자신의 삶을 되돌아볼 기회가 된다. 이 점은 나이 든 성인집단이 다른 집단들과 차별화되어야 하는 이유의 하나다. 그러므로 집단리더는 집단원에게 의미 있는 기념일 또는 특별한 의미가 있는 사건에 관해 이야기할 시간을 비교적 충분히 할애함으로써 집단원에 대한 개인작업의 기회로 활용한다(Singer et al., 1991).

정보제공.   집단리더는 나이 든 성인집단의 구성원들이 직면한 특별한 삶의 문제에 관해 알고 있어야 한다. 정보제공이 아동·청소년집단에서 집단리더에게 요구되는 중요한 집단기술이라면, 나이 든 성인집단에서도 유용하게 활용할 수 있는 기술이다. 집단리더는 필요한 경우 교육 회기를 통해 나이 든 성인들이 필요로 하는 정보(예, 의료, 건강, 구직, 보험, 복지, 주거/요양 시설 등)를 제공함으로써 이들의 문제해결과 의사결정을 돕는다. 또한 이들에게 내재해 있는 감정(예, 분노, 슬픔, 죄책감, 상실감, 두려움, 공허감, 무력감 등)의 탐색, 표출, 해소를 돕는 한편, 실존적 문제(예, 죽음, 이별, 상실)를 다룬다. 그리고 이 집단에서는 은퇴 후 또는 나이 든 성인에서의 생애 목표 수립을 돕는다. 특히 상실로 인한 애도작업은 중요한 치료적 가치가 있다(Wolfelt, 2004).

구조화된 활동 적용.   나이 든 성인집단의 리더는 집단원들의 생애 목표 수립과 새로운 사회적 관계 형성·유지를 돕기 위해 사회적 관계 증진 프로그램을 활용하거나 지지집단을 통해 사회화를 위한 공간을 마련해 줄 수 있다. 그뿐 아니라 다양한 주제에 따른 집단을 운영할 수 있다(예, 과거 회상, 신체 건강, 신체 자각, 애도작업, 음악/미술치료, 댄스/율동, 퇴직과 퇴직 후 문제, 동기 재발견, 가족치료, 주장훈련 등). 특별한 역량과 경험을 갖춘 나이 든 성인은 상호작용 촉진자로서의 임무를 담당하게 할 수 있다. 또는 다른 연령층과의 활동을 통해 그들과 자연스럽게 소통·교류하도록 할 수 있다(Worden, 2009). 나이 든 성인집단의 상호작용을 촉진하기 위한 활동 시작을 위한 진술의 예는 대화상자 12-3과 같다.

🏠 **대화상자 12-3. 나이 든 성인집단에서 활동을 위한 집단리더 진술의 예**

○ "중요한 기억을 한 가지만 말해 보세요."
○ "좋아하는 휴일과 그날 즐겁게 하는 것을 말해 볼까요?"
○ "이름을 새로 지어 보세요. 그 이름은 어떤 의미가 있나요?"
○ "상상 여행을 떠나 볼까요? 함께 가고 싶은 분을 골라 보세요."
○ "원하는 것을 무엇이든지 할 수 있다면, 무엇을 하고 싶으세요?"
○ "좋아하는 사진 한 장을 가지고 와서 집단원들에게 보여 주세요."
○ "당신과 가족의 모습을 그리고, 가족 안에서 당신의 위치를 말해 보세요."

문장완성법 활용.   나이 든 성인집단 구성원들의 상호작용에 도움을 주고 집중을
돕는 또 다른 도구로는 문장완성법이 있다. 문장완성검사 문항의 예는 글상자 12-18과
같다.

글상자 12-18. 나이 든 성인집단을 위한 문장완성검사 문항의 예

1. 자기개방: 나에 대해 사람들이 알면 놀랄 만한 사건은 _____.
2. 분리: 지금까지 가졌던 가장 심한 분리는 _____.
3. 분노: 진짜 나를 화나게 한 것은 _____.
4. 고독: 나의 삶에 있어서 가장 외롭다고 느낀 때는 _____.
5. 병동사건: 지난 밤 병동에서의 싸움은 나를 _____.
6. 감동: 타인에게 감동받을 때는 _____.
7. 지금 여기 상호작용: 이 방에서 내가 가장 좋아하는 사람은 _____.
8. 스트레스: 내가 긴장을 경험한 때는 _____.

문장완성법은 집단원들의 강한 감정을 유발할 수 있다. 따라서 집단리더는 이러한
감정을 치료적으로 능숙하게 다룰 수 있어야 한다. 나이 든 성인집단 구성원들은 느
리지만 조금씩 변화할 수 있다. 그러므로 집단리더는 나이 든 성인들과의 성공적인
작업을 위해 조급해하거나 획기적인 변화를 시도하려 들지 말아야 한다.

사별집단

사별^{bereavement}, 즉 사랑하는 이를 잃게 된 것에 대해 슬퍼하는 일은 자연스럽고 필요
한 과정이다. 슬픔은 사랑하는 이의 죽음으로 인해 발생하는 삶의 자연스러운 과정
이다. 그러나 해소되지 않는 슬픔은 개인의 학습을 방해하고, 새로운 관계 형성을 가
로막는다. 그뿐 아니라 슬픔은 사랑하는 이의 죽음에 따른 상실감, 관계 균열, 실직,
자녀와의 이별 등 다양한 심리사회적 사건으로 인해 유발된다(Freeman, 2005). 이에
집단은 사별한 사람들이 소외감을 덜 느끼도록 도울 수 있다. 만일 슬픔이 표출/해소
되지 못하고 가슴속에 남게 되면, 일상생활에서의 기능수준을 떨어뜨리고 새로운 관
계 형성에도 부정적인 영향을 미치게 된다. 이에 퀴블러-로스(Kübler-Ross, 1970)는

슬픔을 당한 사람의 애도과정을 표 12-1과 같이 6단계로 정리했다.

표 12-1. 퀴블러-로스의 애도단계

단계	특징
☐ 충격	○ 사랑하는 사람 또는 친구의 죽음이 처음에는 사건에 대한 부인을 동반한 무감각한 상태가 됨
☐ 고통/죄책감	○ 몹시 고통스러워하며, 곁을 떠난 사람에게 미처 하지 못한 말과 행위에 대한 후회와 죄책감을 동반함
☐ 분노	○ 상실에 대한 깊은 좌절감, 공격성, 분노를 느낌
☐ 고독/우울	○ 2~3개월이 지나면서 상실 대상자에 대한 그리움을 동반한 깊은 우울 상태에 빠짐
☐ 훈습	○ 상실 후 4~6개월이 지나면, 텅 빈 느낌과 함께 절망감을 극복하고 삶을 지속하기 위한 해법을 찾기 시작하면서 점차 심한 우울은 사라지고 종전의 기분 상태를 회복함
☐ 수용	○ 상실감 극복을 위한 방법을 발견하면서 목표 설정이 가능해지고, 점차 종전의 생활 패턴을 회복함

퀴블러-로스가 강조했듯이 죽어 가는 모든 사람이 표 12-1에 제시된 것처럼 동일한 애도단계를 거치는 것은 아니다. 또한 사람들은 상실을 경험할 때 그들 나름의 방식으로 슬퍼한다. 슬픔에 빠져 있는 집단원과 작업하는 숙련된 집단리더는 고통을 완전하게 경험하게 하는 것이 얼마나 치료적 효과와 가치가 있는지를 잘 안다. 애도과정은 때로 슬픔을 겪는 이를 무감각하게 만든다. 무감각한 상태가 지나면 고통이 밀려온다. 이 과정을 겪지 않고 건너뛰려는 사람들은 더 나아지기 위해 더 악화될 수 있음을 배워야 한다(Humphrey, 2009). 미해결된 문제 또는 미처 표현하지 못한 감정을 해소하기 위해 사람들은 내면에 쌓인 분노, 후회, 가책, 좌절 같은 감정을 표출해야 한다. 고통을 부정하려 할 때, 감정은 고착되어 심리적·신체적 문제의 원인이 될 수 있기 때문이다. 이러한 감정은 죽음 이외에도 실직 같은 심리사회적 요인도 유사한 영향을 미친다(Worden, 2009).

집단과정은 상실로 인한 변화에 적응하기 위해 애쓰는 집단원들에게 치료적 효과를 산출할 수 있다. 그러나 애도집단이라고 해서 상실 또는 고통 같은 문제에만 중점을 두어서는 안된다. 대신, "상실과 고통의 내용을 지나치게 강조하기보다는 새로운 사회적 친밀관계에 중점을 둠으로써 집단원들이 정체성을 확장하고, 사랑하는 이의 죽음으로 인한 실존적 문제를 인식하며, 새로운 개인적 자원과 힘을 발견하도록 도와야 한다."(MacNair-Semands, 2002, p. 528) 사별은 나이 든 성인들에게 특히 중요한 발달과업이다. 이들에게 사별은 가까운 사람의 죽음만이 아니라 일부 능력의 상실을 의미한다. 사랑하는 이의 죽음은 나이 든 성인과 자녀에게 충격을 안겨 주는 동시에 노화에 특별한 의미를 준다. 만일 사별한 사람이 생각과 느낌을 충분히 표현할 수 있다면, 그는 새로운 환경에 더 잘 적응하고 더 많은 기회를 누리게 될 것이다(Wolfelt, 2004). 이처럼 애도과정은 근본적인 삶의 변화를 가져오고, 새롭게 성장할 기회를 제공한다. 이러한 점에서 애도집단은 사별한 이들에게 특별한 도움을 줄 수 있다.

다문화집단

다문화집단multicultural group이란 문화적 배경이 상이한 사람들로 구성되는 모둠을 말한다. 문화culture란 특정 집단의 참여자들이 공유하는 가치, 신념, 행동을 포함한다. 이는 단순히 민족 또는 인종 같은 요소뿐 아니라 성별, 나이, 성 정체성, 종교, 사회경제적 지위 등에 의해 구별되는 집단을 말한다. 문화는 개인의 인식 여부와 상관없이 행동, 사고, 감정에 영향을 미친다. 다시 말해서, 문화는 개인에게 세 가지 측면, 즉 ① 인구통계학적 변인(예, 성별, 연령, 거주지 등), ② 계층 변인(사회적 지위, 경제력, 교육수준 등), ③ 소속 변인(공식적, 비공식적)의 측면에서 영향을 준다. 상담에서 내담자와 상담자의 문화적 배경이 두 사람의 상담관계, 과정, 성과에 미치는 영향을 중시하는 사조가 태동하면서 다문화주의multiculturalism는 정신역동, 행동주의, 인본주의에 이은 제4세력the 4th force으로 인정받기에 이르렀다.

다문화주의의 핵심은 개인은 문화의 영향을 받을 수밖에 없는데, 각자의 문화에 근거한 행동, 사고, 감정의 옳고 그름이 특정 문화의 관점에서 함부로 판단되기보다는 서로 다름을 인정하여 조화로운 성장과 발달을 추구하자는 것이다(Pedersen et al., 2016). 오늘날 집단작업 분야에서도 집단전문가와 전문적 도움을 필요로 하는 사람들의 문화적 유사점과 차이점이 동등하게 중요하다는 점이 강조되고 있다. 문화적 역량을 갖춘 집단리더가 되는 것은 지속적인 자기성찰이 요구된다. 집단리더의 자기성찰에는 문화적·이론적 관점에서 집단원에게 어떻게 학습이 일어나고 변화되는지에 대한 신념 검토가 포함된다. 미국의 경우, 인종 또는 민족이 다른 소수집단의 구성원들이 유럽계 미국인들에 비해 집단초기에 중도 포기하는 비율이 유의하게 높다는 연구 결과를 보더라도, 신뢰관계 형성을 저해하는 언어 또는 문화 관련 가치가 상담관계에 유의한 영향을 준다(Pedersen et al., 2016; Sue & Sue, 2016)는 사실을 알 수 있다. 특정 문화적 집단의 높은 중도 포기율은 집단리더의 문화에 대한 인식수준과 적절한 반응의 부족과 연관이 있기 때문이다(Corey & Corey, 2017).

집단리더십

다문화집단의 리더는 이론적 접근 외에도 성별, 나이, 인종, 민족, 장애, 성 지향성, 능력, 종교 등 집단원의 정체성을 구성하는 제반 측면과 적합한 주제, 그리고 다문화 작업에 필요한 지식과 기술을 갖추고 있어야 할 윤리적 의무가 있다(AGPA, 2007; ASGW, 2008, 2012; Hays & Erford, 2017; Sue & Sue, 2016). 이에 집단리더는 자신에게 다문화적 요소에 대한 편견 또는 선입관이 있는지 점검해 봐야 한다. 만일 정체성과 관련한 어떤 형태의 차별을 경험한 집단원이 있다면, 집단리더는 그가 경험한 고통을 먼저 다루어야 한다. 이것은 윤리적으로 합당한 조치인 동시에 이를 통해 다양한 배경을 지닌 집단원과의 신뢰관계 구축을 촉진할 수 있다.

집단이 누구에게나 효과적인 것은 아니다. 사람에 따라서는 다른 사람들 앞에서 개인적인 문제를 드러내거나, 가족 간의 문제 또는 갈등을 털어놓는 것을 꺼리거나, 자신에게 문제가 있다는 사실 자체를 부끄럽게 여기거나, 낯선 사람들에게 그 문제에 대해 말을 꺼내는 것 자체를 대단히 수치스러운 일로 여기는 사람들이 있다. 그런가 하면 문화권에 따라서는 전문가의 도움을 구하기보다 가족, 성직자, 주술사, 또는 친구를 찾기도 한다. 이러한 이유로, 집단참여를 꺼리거나 불편해하는 집단원이 있을 수 있다. 따라서 집단리더는 모든 집단원이 자신과 동일한 방식으로 세상을 조망하는 것은 아니라는 사실을 인식해야 할 것이다. 그뿐 아니라 이러한 인식은 집단리더의 태도와 행동 변화와 통합되어 집단과정에서의 기술, 기법, 전략 적용에서 반드시 발현되어야 한다(Hays & Erford, 2017). 글상자 12-19는 문화적 관점에서 집단리더의 자기성찰을 위한 질문 목록이다.

🏛 **글상자 12-19. 문화적 관점에서 집단리더의 자기성찰을 위한 질문 목록**

1. 나의 문화적 배경이 집단리더 또는 개인으로서 나의 행동, 사고, 감정에 어떻게 영향

주고 있는가?

2. 나는 다양한 문화적 배경을 지닌 집단원들을 그들의 문화적 관점에서 이해하고 함께 작업할 준비가 되었는가?

3. 삶의 과정에서 나와 다른 세계관을 가진 사람들과의 관계를 통한 경험이 나의 집단작업에 어떤 영향을 주고 있는가?

4. 내가 가진 문화적 편견에는 어떤 것들이 있는가?

5. 집단작업에서의 중립 유지를 위해 나는 나의 문화적 편견을 어떻게 극복하고자 하는가?

집단리더는 문화적으로 다양한 배경을 가진 집단원들과 작업하게 되는 경우, 이들과 신뢰관계를 형성하려고 노력하는 과정에서 갖가지 도전에 직면하게 된다. 집단리더는 말보다는 태도와 행동으로 문화적으로 다양한 집단원과 신뢰관계를 구축할 수 있다. 왜냐면 문화적으로 소수집단에 속하는 사람들은 다수집단에 속하는 집단리더를 처음 만나게 되면, 집단리더가 자신들을 이해하거나 자신들의 상황을 배려하지 않을 것 같은 생각을 할 수 있기 때문이다. 이들은 집단리더를 마치 특권층에 속해 있으면서 정치적·사회적 특권을 누리고 있는 사람으로 인식할 수 있다. 또한 다수집단과의 과거 경험을 떠올리면서 집단리더도 별반 다르지 않을 것이라는 생각을 할 수 있다(Sue & Sue, 2016). 따라서 집단리더는 자신과 해당 집단원들의 문화적 인식과 정체성 발달이 서로 다른 단계에 있을 수 있다는 사실을 인식해야 한다. 이들에게 방어적으로 대하는 것이 도움이 되지 않음을 인식해야 한다. 집단리더가 다문화 역량을 갖추기 위한 지침은 글상자 12-20과 같다.

글상자 12-20. 다문화 역량을 갖추기 위한 지침

1. 자신의 문화적·개인적 가치관을 검토한다.
2. 관찰을 통해 다른 문화적 집단에의 개입방법을 습득한다.
3. 집단과정에서 문화적 차이의 관련성을 충분히 고려해서 반응한다.
4. 개인적 가치관, 이론적 가치, 관점, 신념이 다른 문화적 집단에 속한 구성원들에 대한 부정확한 추측을 피한다.
5. 문화적 배경이 다른 집단원들에게 자신의 세계관을 강요하지 않는다.
6. 자신의 편견 또는 관점으로 인해 집단작업에 대한 수퍼비전 또는 자문을 받아야 하는 상황을 인식한다.

7. 집단원들과 개인적·문화적 차이에 관한 대화의 시간을 가짐으로써, 편견 또는 잘못된 추측으로 인한 실수를 줄이고 도움이 필요한 상황을 인식한다.
8. 문화적 요소가 집단작업에 미치는 영향에 관한 학습을 위해 다른 문화에 대한 이해와 구성원들 간의 잠재적 갈등에 관한 정보 자원을 지속적으로 업데이트한다.

한편, ASGW(2008)는 '유능한 집단전문가의 다양성을 위한 원칙'이라는 제목의 지침을 승인·발표한 바 있다(http://asgw.org 참조). 예를 들어, 평소 집단에서 말이 없고 감정표현을 거의 하지 않는 집단원이 있다면, 집단리더는 그에게 무작정 감정표현을 돕는 기법을 적용하기보다는 감정표현과 관련해서 그가 성장한 사회의 문화를 통해 습득한 가치와 경험을 탐색하기 위한 시간을 할애하는 것이 선행되어야 할 것이다. 또한 집단원들의 문화적 가치와 경험을 존중할 뿐 아니라, 집단원들이 자신의 가치관, 삶의 경험, 사회화 경험, 성장 배경 등이 어떻게 자신의 행동과 선택에 영향을 미치고 있는지 탐색하도록 돕는다. 이처럼 문화적 역량을 갖춘 집단리더의 특징은 글상자 12-21과 같다(Pedersen et al., 2016).

글상자 12-21. 문화적 역량을 갖춘 집단리더의 특징

1. 집단원들의 세계관을 기꺼이 이해하고 문화적 배경에 관해 학습한다.
2. 자신 역시 문화적 존재로 인식하면서 문화적 다양성을 이해·수용·존중한다.
3. 개인적 가치관, 태도, 기본 가정, 편견, 선입견이 집단작업을 저해하지 않도록 한다.
4. 집단과정에 영향을 미칠 수 있는 자신의 문화적 요소를 깊이 인식하고 있고, 문화적 배경이 다른 집단원에게 자신의 가치 또는 기대를 강요하지 않는다.
5. 사회적 소수 집단원들의 문화적 배경이 집단과정에 미칠 영향에 대한 지식과 경험을 갖추고 있다.
6. 사회적 소수집단에 속하는 사람들이 집단작업에 참여하는 것을 저해하는 제도적 문제를 인식하고 있다.
7. 문화적 배경이 다른 집단원들의 삶의 경험(예, 인종/민족주의, 억압, 차별, 편견, 선입관, 고정관념)에 대해 문화적으로 중립적인 개입을 할 수 있다.

문화적으로 다양한 사람으로 구성된 집단을 맡는 경우, 집단리더는 문화적 차이와 특성에 관한 사안에 대해 집단원들과의 대화를 통해 신뢰관계 형성을 촉진할 수 있다. 만일 특정한 역사적 사건으로 인해 집단리더와 집단원이 가해자와 피해자로 나뉜다면, 집단리더는 사건에 대해 직접적인 책임을 질 필요까지는 없더라도 그들이 집단리더에게 말해야 하는 것을 비방어적 공감을 통해 경청하는 것이 중요하다. 왜냐면 집단리더가 집단원들과 문화에 관해 대화를 나눌 기회를 갖는 것은 치료적 관계를 강화할 뿐 아니라, 더 나은 치료 결과를 산출할 수 있기 때문이다(Sue & Sue, 2016). 집단리더로서 다문화적 차원에서 자신의 세계관이 집단과 집단과정에 대한 신념 또는 실행에 미치는 영향에 대해 집단원들과 함께 대화를 나누는 것은 중요하다. 또한 솔직한 자기평가, 수퍼비전, 동료 피드백을 통해 다문화적 인식, 지식, 기술, 역량을 증진해 나갈 수 있다(Lee, 2013).

집단작업전략

서양에서 창안된 치료 모델은 개인의 독특성과 선택, 자기주장, 개인적 성장과 발달, 강한 자아에 가치를 둔다. 또한 대처행동 습득, 스트레스 조절 능력 향상, 주장적 대처기술 등을 치료목표로 설정하여 개인의 변화와 성장을 추구한다. 그러나 오늘날 다원화 사회에서는 모든 집단참여자에게 이들의 문화적 배경에 부적합한 치료적 틀에 맞추도록 강요하지 말 것을 강조하고 있다(AGPA, 2007; ASGW, 2008). 따라서 집단리더는 자신이 집단원들에게 문화적으로 적절하게 개입하고 있는지에 대해 주의를 기울여야 한다. 또한 필요한 경우 집단리더가 적용하는 이론적 접근과 기법을 집단원의 문화적·민족적 배경에 적합한 방식으로 수정·보완해야 한다. 이를 통해 집단원에 대한 긍정적인 집단성과를 산출할 가능성을 높일 수 있다(Sue et al., 2014).

집단에서 문화적 차이에 관한 논의 시, 집단리더는 유연한 태도를 유지하여 다양한 수준의 논의에 집단원들을 초대할 수 있어야 한다. 이를 위해 집단리더는 집단에 존재하는 다양성을 깊이 인식하고, 이러한 다양성이 집단원 간의 관계와 상호작용에 영향을 미칠 수 있음을 언급한다. 이때 집단리더는 문화적으로 중립적인 태도를 유지하는 한편, 이러한 태도를 말과 행동으로 나타낸다. 다른 문화권에서 태어나 자란 사람들은 대체로 자신들의 고국에 대한 애국심을 지니고 있으면서도, 동시에 새로운 문화에 대해 매력을 느끼고 호기심을 가지고 있을 수 있다(Pedersen et al., 2016).

이들은 흔히 이 두 문화권의 가치를 통합하려고 할 때 갈등을 겪게 된다. 그러므로 집단리더와 다른 사회적 다수집단에 속하는 집단원들이 이러한 문화적 갈등을 존중·수용해 준다면, 이들은 자신들에 대한 의미 있는 탐색에 집중할 수 있게 된다. 집단리더는 심지어 문화적 다양성을 깊이 인식하고 있다고 확신하더라도 부지불식간에 눈에 잘 띄지 않거나 의도하지 않은 행동을 통해 사회적 소수에 대한 차별적인 태도를 드러낼 수 있고, 이러한 태도는 집단과정에 영향을 미칠 수 있다는 사실을 깊이 인식하고 있어야 한다(Sue et al., 2014).

성찰활동 / 함께 해 볼까요?

1. **나의 비문** 조용한 음악을 튼 상태에서 각자 눈을 감고 태어나서 지금까지의 일들을 차례로 떠올려 본다. 이러한 기억을 떠올리면서 자신이 세상을 떠난 후에 묘비에 어떤 비문을 새길 것인지를 생각해 본다. 각자 어떤 사람으로 기억되고 싶은지, 세상 사람들에게 남기고 싶은 말 등을 고려하여 간략히 자신의 비문碑文을 작성해 보자. 모두들 작성을 마치면, 준비된 사람부터 돌아가면서 발표한다. 그런 다음 이 활동이 소개되었을 때, 자신의 죽음을 상상해 보았을 때 비문을 작성 · 발표하면서, 그리고 다른 사람들의 비문 발표를 들으면서 느낀 점에 대해 서로 소감을 나눈다.

_____

_____

_____

_____

_____

_____

_____

_____

_____

_____

_____

_____

2. **성장·변화 경험 나누기** 각자의 삶에서 성장과 변화를 가져온 경험에 대해 떠올려 보자. 3인 1조로 나누어 각자 3분 정도에 걸쳐 집단에서 어떤 일이 있었고, 태어나서 지금까지 어떤 변인이 자신의 성장에 주요한 영향을 미쳤는지를 목록으로 작성해 보자. 이때

각자에게 배정된 시간을 초과하거나 한 사람이 토의를 주도하지 않도록 유의한다. 토의 결과와 소감을 요약 · 정리하여 전체 집단에서 발표 · 논의해 보자.

_____

_____

_____

_____

_____

_____

_____

_____

3. 나의 습관 이야기   사람들에게는 다양한 습관이 있다. 습관은 자신도 모르는 사이에 반복을 통해 형성되는 행동이다. 일상생활에서 사람들 행동의 많은 부분은 습관을 바탕으로 이루어진다. 습관에는 공부, 운동, 독서, 취침, 기상, 메모, 인사, 미소, 낙천성, 긍정적 사고 등과 같은 습관이 있는가 하면, 과음, 흡연, 남 탓, 욕설, 비난, 불평, 부정적 사고 등과 같은 습관이 있다. 각자 생각할 때, 간직하고 싶은 습관과 습관이 된 동기, 그리고 각자의 삶에 가장 중요한 순으로 순위를 적어 보자.

	간직하고 싶은 습관	습관이 된 동기	순위
1			
2			
3			
4			
5			

이번에는 각자 버리고 싶은 습관과 습관이 된 동기, 그리고 가장 먼저 버리고 싶은 순으로 순위를 적어 보자.

	버리고 싶은 습관	습관이 된 동기	순위
1			
2			
3			
4			
5			

5인 1조로 나누어 각자 작성한 활동지 내용을 소개하고, 이에 대한 피드백을 나눈다. 그런 다음, 소집단 또는 전체 집단에서 이 활동에 대한 소감을 나눈다.

강진령. (2008). 상담심리 용어사전. 경기: 양서원.

강진령. (2009). 상담과 심리치료. 경기: 양서원.

강진령. (2012). 집단상담과 치료. 서울: 학지사.

강진령. (2015). 학교상담과 생활지도(제2판). 서울: 학지사.

강진령. (2019). 집단상담의 실제(제3판). 서울: 학지사.

강진령, 이종연, 유형근, 손현동. (2009). 상담자 윤리. 서울: 학지사.

김재득. (2009). 리더십 워크북, 5도의 리더십: 진단, 처방, 적용. 경기: 공동체.

김해암. (1995). A Korean-American psychiatrist's view of the evolution of the American psychotherapy value system during the past 50 years. 대한신경정신의학회 창립 50주년 제38차 추계학술대회 초록집, 51-52.

윤성철, 이후경. (1998). 집단정신치료의 활성화. 신경정신의학, 37, 3-13.

이후경. (2000). 집단정신치료의 이론과 실제. 한국정신치료학회지, 14, 82-108.

이후경. (2013). 집단정신치료. 서울: 하나의학사.

한국상담심리학회. (2018). 상담심리사 윤리강령. http://krcpa.or.kr/sub01_5.asp?menuCategory=1

한국상담학회. (2008). 한국상담학회 윤리강령(개정안). 서울: 저자.

Akos, P., Hamm, J. V., Mack, S. G., & Dunnaway, M. (2007). Utilizing the developmental influences of peers in middle school groups. *Journal for Specialists in Group Work, 32*, 51-60.

Alexander, F., & French, T. (1946). *Psychoanalytic therapy: Principles and applications*. New York, NY: Ronald Press.

Alle-Corliss, L., & Alle-Corliss, R. (2009). *Group work: A practical guide to developing groups in agency setting*. Hoboken, NJ: Wiley.

American Counseling Association (ACA). (2014). 2014 ACA Code of ethics. Retrieved from www.counseling.org/resources/aca-code-of-ethics.pdf

American Group Psychotherapy Association (AGPA). (2007). *Practice guidelines for group psychotherapy*. New York, NY: Author.

American Psychiatric Association (APA). (2013). *Diagnostic and statistical manual of mental disorders* (5th ed.). Washington, DC: Author.

American Psychological Association (APA). (2017). Ethical principles of psychologists and code of conduct. Retrieved from www.apa.org/ethics/code/

American School Counselor Association (ASCA). (2016). *ASCA ethical standards for school counselors*. Retrieved from www.schoolcounselor.org/asca/media/asca/Ethics/EthicalStandards2016. pdf

American School Counselor Association (ASCA)/Hatch, T., & Bowers, J. (2005). *The ASCA National Model: A framework for school counseling programs* (2nd ed.). Alexandria, VA: American School Counselors Association.

Amrhein, P. C., Miller, W. R., Yahne, C. E., Palmer, M., & Fulcher, L. (2003). Client commitment language during motivational interviewing predices drug use outcomes. *Journal of Consulting and Clinical Psychology, 71*, 862–878.

Arkowitz, H., & Miller, W. R. (2008). Learning, applying, and extending motivational interviewing. In H. Arkowitz, H. A. Westra, W. R. Miller, & S. Rollnick (Eds.), *Motivational interviewing in the treatment of psychological problems* (pp. 1–25). New York, NY: Guilford Press.

Arkowittz, H., Westra, H. A., Miller, W. R., & Rollnick, S. (Eds.). (2008). *Motivational interviewing in the treatment of psychological problems*. New York: Guilford Press.

Association for Specialists in Group Work (ASGW). (2000). ASGW professional standards for the training of group workers. *Journal for Specialists in Group Work, 25*, 327–342.

Association for Specialists in Group Work (ASGW). (2008). Best practice guidelines. *Journal of Specialists in Group Work, 33*(2), 111–117. Retrieved from http://www.asgw.org/pdf/ Best_Practices.pdf

Association for Specialists in Group Work (ASGW). (2012). Multicultural and social justice competence principles for group workers. Retrieved from http://www.asgw.org (under heading: ASGW Standards and Practices)

Ayllon, T., & Azrin, N. J. (1965). The measurement and reinforcement of behavior of psychotics. *Journal of Experimental Analysis of Behavior, 8*, 357–383.

Bach, G. (1955). *Intensive group psychotherapy* (p. 95). New York, NY: Ronald Press.

Bandura, A. (1977). *Social learning theory*. Englewood Cliffs, NJ: Prentice-Hall.

Barlow, S. H. (2008). Group psychotherapy specialty practice. *Professional Psychology: Research and Practice, 39*(2), 240–244.

Bemak, F., & Young, M. E. (1998). Role of catharsis in group psychotherapy. *International Journal of Action Methods: Psychodrama, Skill Training and Role Training, 50*(4), 166–184.

Berg, R. C., Landreth, G. L., & Fall, K. A. (2018). *Group counseling: Concepts and procedures* (6th ed.). New York, NY: Routledge.

Bernard, H. (1991). Patterns and determinants of attitudes of psychiatric residents toward group therapy. *Group, 15*, 131-140.

Berne, E. (1964). *Games people play*. New York, NY: Grove Press.

Bieling, P. J., McCabe, R. E., & Antony, M. M. (2006). *Cognitive-behavioral therapy in groups*. New York, NY: The Guilford Press.

Billow, R. M. (2010). On resistance. *International Journal of Group Psychotherapy, 60*(3), 313-346.

Bion, W. (1961). *Experiences in groups*. London: Tavistock Publications.

Blakeslee, S. (2000, September 19). Brain-updating machinery may explain false memories. *The New York Times*.

Blatner, H. A. (2000). *Foundation of psychodrama: History, theory, and practice* (4th ed.). New York, NY: Springer Publishing Company, Inc.

Bowden, M. (2002). Anti-group attitudes and assessment for psychotherapy. *Psychoanalytic Psychotherapy, 16*, 246-258.

Bower, J., Kemeny, M., Taylor, S., & Fahey, J. (1998). Cognitive processing, discovery of meaning, CD4 decline, and AIDS-related modality among bereaved HIV-seropositive men. *Journal of Consulting and Clinical Psychology, 66*, 979-986.

Brown, C. (2007). Situating knowledge and power in the therapeutic alliance. In C. Brown & T. Augusta-Scott (Eds.), *Narrative therapy: Making meaning, making lives* (pp. 3-22). Thousand Oaks, CA: Sage Publications.

Brown, N. W. (2003). Conceptualizing process. *International Journal of Group Psychotherapy, 53*, 225-247.

Brown, N. W. (2010). Group leadership teaching and training: Methods and issues. In R. K. Conyne (Ed.), *The Oxford handbook of group counseling* (pp. 346-369). New York, NY: Oxford University Press.

Carkhuff, R. R. (1969). *Helping and human relations: Practice and research*. New York, NY: Holt, Rinehart & Winston.

Clark, A. (2002). Scapegoating: Dynamics and interventions in group counseling. *Journal of Counseling and Development, 80*, 271-276.

Cole, P. H., & Reese, D. A. (2017). *New directions in gestalt group therapy: Relational ground, authentic self*. New York, NY: Routledge.

Conyne, R. K., & Diederich, L. T. (2014). *What is group work?* Thousand Oaks, CA: Sage.

Cooper, J. O., Heron, T. E., & Heward, W. L. (2007). *Applied behavior analysis* (2nd ed.). Columbus, OH: Merrill.

Corey, G. (2017). *The theory and practice of group counseling* (10th ed.). Boston, MA: Cengage Learning.

Corey, M. S., & Corey, G. (2017). *Groups: Process and practice* (10th ed.). Boston, MA:

Cengage Learning.

Cormier, S. (2016). *Counseling strategies and interventions for professional helpers* (9th ed.). Essex, UK: Pearson Education Limited.

Council for Accreditation of Counseling and Related Educational Programs (ACREP). (2009). *CACREP accreditation manual.* Alexandria, VA: Author.

De Jong, P., & Berg, I. K. (2012). *Interviewing for solutions* (4th ed.). San Francisco, CA: Brooks/Cole.

de Shazer, S., & Dolan, Y. (2007). *More than miracles: The state of the art of solution-focused brief therapy.* Binghamton, NY: Haworth Press.

DeLucia-Waack, J. L. (2006). Closing: What have we learned about ourselves? In J. L. DuLucia-Waack, K. H. Bridbord, S. Kleiner, & A. Nitza, (Eds.), *Group work experts share their favorite activities: A guide to choosing, planning, conducting, and processing.* (Rev. ed., pp. 152–154). Alexandria, VA: Association for Specialists in Group Work.

DeLucia-Waack, J. L., Kalodner, C. R., & Riva, M. T. (2014). *Handbook of group counseling and psychotherapy* (2nd ed.). Thousand Oaks, CA: Sage.

Dusay, J. M. (1978). *Egogram.* New York: Harper & Row.

Ellis, A.(2001). *New directions for Rational Emotive Behavior Therapy: Overcoming destructive beliefs, feelings, and behaviors.* New York, NY: Prometheus Books.

Falco, L. D., & Bauman, S. (2004). The use of process: Notes in the experiential component of training group workers. *Journal for Specialists in Group Work, 29*, 185–192.

Feder, B., & Frew, J. (2008). *Beyond the hot seat revisited: Gestalt approaches to groups.* Peregian Beach, Queensland, Australia: Ravenwood Press.

Feder, B., & Cole, P. (2013). *Gestalt group therapy: A practical guide* (2nd ed.). Peregian Beach, Queensland, Australia: Ravenwood Press.

Fehr, S. S. (2019). *Introduction to group therapy* (3rd ed.). New York, NY: Routledge.

Fernando, D. M., & Herlihy, B. R. (2010). Supervision of group work: Infusing the spirit of social justice. *Journal for Specialists in Group Work, 35*(3), 281–289.

Forsyth, D. R. (2018). *Group dynamics* (7th ed.). Boston, MA: Cengage Learning, Inc.

Foulkes, S. (1975). *Group analytic psychotherapy: Methods and principles.* New York, NY: Interface.

Foulkes, S., & Anthony, E. (1963). *Group psychotherapy: The psychoanalytic approach* (2nd ed.). Baltimore, MD: Penguin.

Frank, J., & Ascher, E. (1951). The corrective emotional experience in group therapy. *American Journal of Psychiatry, 108*, 126–131.

Frankl, V. (1988). *The will to meaning: Foundations and applications of logotherapy.* New York, NY: Meridian Printing.

Frankl, V. (1997). *Victor Frankl-Recollection: An autobiography*. New York, NY: Plenum.

Freedman, J., & Combs, G. (1996). *Narrative therapy: The social construction of preferred realities*. New York, NY: W. W. Norton and Company.

Freeman, S. J. (2005). *Grief and loss: Understanding the journey*. Belmont, CA: Brooks/Cole, Cengage Learning.

Freud, S. (1921). *Group psychology and analysis of the ego*. New York, NY: Hogath.

Gazda, G. (1989). *Group counseling: A developmental approach*. Boston, MA: Allyn & Bacon.

Gergen, K. J. (1999). *An invitation to social construction*. Thousand Oaks, CA: Sage Publications.

Gill, M. (1982). *Analysis of transference: Vol. 1*. New York, NY: International University.

Gladding, S. T. (2016). *Group work: A counseling specialty* (7th ed.). Boston, MA: Pearson Education, Inc.

Glasser, W. (2000). *Counseling with choice theory: The new reality therapy*. New York, NY: Harper Collins.

Gordon, T. (1970). *Parent effectiveness training: The tested way to raise responsible children*. New York: David Mackay.

Greenberg, K. R. (2003). *Group counseling in K–12 schools: A handbook for school counselors*. Boston, MA: Pearson Education, Inc.

Grenyer, B., & Luborsky, L. (1996). Dynamic change in psychotherapy: Mastery of interpersonal conflicts. *Journal of Consulting and Clinical Psychology, 64*, 411–416.

Hagedorn, W. B., & Hirshhorn, M. A. (2009). When talking won't work: Implementing experiential group activities with addicted clients. *Journal for Specialists in Group Work, 34*, 43–67.

Hall, J., & Hawley, L. (2004). Interactive process notes: An innovative tool in counseling groups. *Journal for Specialists in Group Work, 29*, 193–205.

Hart, B. (1995). Re-authoring the stories we work by: Situating the narrative approach in the presence of the family of therapists. *Australian and New Zealand Journal of Family Therapy, 16*(4), 181–189.

Hays, D. G., & Erford, B. T. (2017). *Developing multicultural counseling competency: A systems approach* (3rd ed.). Boston, MA: Pearson Education, Inc.

Hays, J. A., Gelso, C. J., & Hummel, A. M. (2011). Management of countertransference. In J. C. Norcross (Ed.), *Psychotherapy relationships that work: Evidence-based responsiveness* (2nd ed., pp. 239–258). New York: Oxford University Press.

Head, L. S., & Gross, A. M. (2003). Systematic desensitization. In W. O'Donohue, U. J. Fisher, & S. C. Hayes (Eds.), *Cognitive behavior therapy: Applying empirically supported techniques in your practice* (pp. 417–422). Hoboken, NJ: John Wiley & Sons.

Hodson, G., & Sorrentino, R. (1997). Groupthink and uncertainty orientation: Personality differences in reactivity to the group situation. *Group Dynamics, 2*, 144−155.

Holmes, S., & Kivlighan, D. (2000). Comparison of therapeutic factors in group and individual treatment processes. *Journal of Counseling Psychology, 47*, 478−484.

Horwitz, L. (1983). Projective identification in dyad and group. *International Journal of Group Psychotherapy, 33*, 259−279.

Hulse-Killacky, D., Killacky, J., & Donigian, J. (2001). *Making task groups work in your world.* Upper Saddle River, NJ: Prentice Hall.

Hulse-Killacky, D., Kraus, K., & Schumacher, B. (1999). Visual conceptualization of meetings: A group work design. *Journal for Specialists in Group Work, 24*, 113−124.

Hulse-Killacky, D., Orr, J. J., & Paradise, L. V. (2006). The corrective feedback instrument-revised. *Journal for Specialists in Group Work, 31*(3), 263−281.

Humphrey, K. (2009). *Counseling strategies for loss and grief.* Alexandria, VA: American Counseling Association.

Jacobs, E. E., Schimmel, C. J., Masson, R. L., & Harvill, R. L. (2016). *Group counseling: Strategies and skills* (8th ed.). Boston, MA: Cengage Learning.

Jensen, J. P., & Bergin, A. E. (1988). Mental health values of professional therapists: A national interdisciplinary study. *Professional Psychology: Research and Practice, 19*, 290−297.

Johnson, D. H., & Johnson, F. P. (2016). *Joining together: Group theory and group skills* (12th ed.). Boston, MA: Allyn & Bacon.

Joyce, A. S., Piper, W. E., & Orgrodniczuk, J. S. (2007). Therapeutic alliance and cohesion variables as predictors of outcome of short-term group psychotherapy. *International Journal of Group Psychotherapy, 57*, 269−296.

Kessler, R., Mickelson, K., & Zhao, S. (1997). Patterns and correlations of self−help group membership in the United States. *Social Policy, 27*, 27−47.

Kirschenbaum, H. (2009). *The life and work of Carl Rogers.* Alexandria, VA: American Counseling Association.

Kitchner, K. S. (1986). Teaching applied ethics in counselor education: An integration of psychological processes and philosophical analysis. *Journal of Counseling and Development, 64*, 306−310.

Kivlighan, D. M., & Tarrant, J. (2001). Does group climate mediate the group leadership-group member outcome relationship? A test of Yalom's hypothesis about leadership priorities. *Group Dynamics: Theory, Research, and Practice, 3*, 220−234.

Kottler, J. A. (2015). *Learning group leadership: An experiential approach* (2nd ed.). Thousand Oaks, CA: SAGE Publications, Inc.

Kübler-Ross, E. (1970). *On death and dying.* New York, NY: Macmillan.

Lasky, G. B., & Riva, M. T. (2006). Confidentiality and privileged communication in group psychotherapy. *International Journal of Group Psychotherapy, 56*(4), 455–476.

Ledley, D. R., Marx, B. P., & Heimberg, R. G. (2010). *Making cognitive-behavioral therapy work: Clinical processes for new practitioners* (2nd ed.). New York, NY: Guilford Press.

Lee, C. C. (2013). *Multicultural issues in counseling: New approaches to diversity* (4th ed.). Alexandria, VA: American Counseling Association.

Leva, K. P., Ohrt, J. H., Swank, J. M., & Young, T. (2009). The impact of experiential groups on master's students counselor and personal development: A qualitative investigation. *Journal for Specialists in Group Work, 34*(4), 351–368.

Lewin, K. (1943). Forces behind food habits and methods of change. *Bulletin of the National Research Council, 108*, 33–65.

Lieberman, M. A. (1986). Self-help groups and psychiatry. *Annual Review, 5*, 744–760.

Lieberman, M., Yalom, I., & Miles, M. (1973). *Encounter groups: First facts*. New York, NY: Basic Books.

Luborsky, E. B., O'Reilly-Landry, M., & Arlow, J. A. (2011). Psychoanalysis. In R. J. Corsini & D. Wedding (Eds.), *Current psychotherapies* (9th ed., pp. 15–66). Belmont, CA: Brooks/Cole, Cengage Learning.

Luke, M., & Hackney, H. (2007). Group coleadership: A critical review. *Counselor Education and Supervision, 46*(4), 280–293.

Luke, M., & Kiweewa, J. M. (2010). Personal growth and awareness of counseling trainees in an experiential group. *Journal for Specialists in Group Work, 35*(4), 365–388.

MacKenzie, K. (1997). Time-limited group psychotherapy. *International Journal of Group Psychotherapy, 46*, 41–60.

MacKenzie, K., & Livesley, W. (1983). A developmental model for brief group therapy. In R. Dies & K. MacKenzie (Eds.), *Advances in group therapy* (pp. 101–116). New York, NY: International Universities Press.

MacNair-Semands, R. (2002). Predicting attendance and expectations for group therapy. *Group Dynamics: Theory, Research and Practice, 6*, 219–228.

Malekoff, A. (2014). *Group work with adolescents: Principles and practice* (3rd ed.). New York, NY: Guilford Press.

Maniacci, M. P., & Sackett-Maniacci, L. (2019). Adlerian psychotherapy. In D. Wedding & R. J. Corsini (Eds.), *Current psychotherapies* (11th ed., pp. 60–96). Boston, MA: Cengage Learning, Inc.

Marmarosh, C. L., & Van Horn, S. M. (2010). Cohesion in counseling and psychotherapy groups. In R. K. Conyne (Ed.), *The Oxford handbook of group counseling* (pp. 137–163). New York, NY: Oxford University Press.

May, R. (1967). *Psychology and the human dilemma*. New York, NY: W. W. Norton.

May, R., & Yalom, I. (1989). Existential psychotherapy. In R. J. Corsini & D. Wedding (Eds.), *Current psychotherapies* (4th ed., pp. 273–302). Itasca, IL: Peacock.

McCallum, M., Piper, W., Ogrodniczuk, J., & Joyce, A. (2002). Early process and dropping out from group therapy for complicated grief. *Group Dynamics: Theory, Research and Practice, 6*, 243–254.

Mehrabian, A., & Epstein, N. (1971). A measure of emotional empathy. *Journal of Personality, 40*, 525–543.

Miller, D. (1983). The study of social relationships: Situation, identity, and social interaction. In S. Koch (Ed.), *Psychology: A Study of a Science, 3*, 639–737.

Miller, G. (2015). *Learning the language of addiction counseling* (4th ed.). New York, NY: Wiley.

Miller, W., & Rollnick, S. (2012). *Motivational interviewing*. New York, NY: Beacon Press.

Moreno, J. K. (2007). Scapegoating in group psychotherapy. *International Journal of Group Psychotherapy, 57*(1), 93–104.

Moreno, J. L. (1964). *Psychodrama: Vol. 1* (3rd ed.). Beacon, NY: Beacon House.

Moreno, Z. T., Blomkvist, L. D., & Ruetzel, T. (2000). *Psychodrama, surplus reality and the art of healing*. Philadelphia, PA: Routledge (Taylor & Francis).

Morgan, A. (2000). *What is narrative therapy? An easy-to-read introduction*. Adelaide, South Australia: Dulwich Centre Publications.

Morganett, R. S. (1990). *Skills for living: Group, counseling activities for young adolescents*. Champaign, IL: Research Press.

Morran, K., Stockton, R., & Whittingham, M. H. (2004). Effective leader interventions for counseling and psychotherapy groups. In J. L. DeLucia-Waack, D. Gerrity, C. R. Kalodner, & M. T. Riva (Eds.), *Handbook of group counseling and psychotherapy* (pp. 91–103). Thousand Oaks, CA: Sage.

Mosak, H. H. (2000). Adlerian psychotherapy. In R. J. Corsini & D. Wedding (Eds.), *Current psychotherapies* (6th ed., pp. 54–98). Itasca, IL: Peacock.

Mosak, H. H., & Maniacci, M. P. (2011). Adlerian psychotherapy. In R. J. Corsini & D. Wedding (Eds.), *Current psychotherapies* (9th ed., pp. 67–112). Belmont, CA: Brooks/ Cole, Cengage Learning.

Myers, J. E., Poidevant, J. M., & Dean, L. A. (1991). Groups for older persons and their care-givers: A review of the literature. *Journal for Specialists in Group Work, 16*(3), 197–205.

Myrick, R. (2011). *Developmental guidance and counseling* (5th ed.). Minneapolis, MN: Educational Media Corporation.

Naugle, A. E., & Maher, S. (2003). Modeling and behavioral rehearsal. In W. O'Donahue, U. J.

Fisher, & S. C. Hayes (Eds.), *Cognitive behavior therapy: Applying empirically supported techniques in your practice* (pp. 238-246). Hoboken, NJ: John Wiley & Sons.

Neufeldt, S. A. (2010). 상담·심리치료 실습과 수련감독 전략. (강진령 역). 서울: 학지사. (원저는 2007년에 출판).

Neukrug, E. (2017). *Counseling theory and practice* (2nd ed.). Belmont, CA: Brooks/Cole Cengage Learning.

Neukrug, E. S., & & Fawcett, R. C. (2010). *Essentials of testing and assessment: A practical guide for counselors, social workers, and psychologists* (2nd ed.). Belmont, CA: Brooks/Cole.

Norcross, J. C., & Lambert, M. J. (2011). Evidence-based therapy relationships. In J. C. Norcross (Ed.), *Psychotherapy relationships that work: Evidence-based responsiveness* (2nd ed., pp. 3-31). New York: Oxford University Press.

O'Donohue, W., Fisher, U. J., & Hayes, S. C. (Eds.). (2003). *Cognitive behavior therapy: Applying empirically supported techniques in your practice.* Hoboken, NJ: John Wiley & Sons.

Ohlsen, K. R., Jackson, T. T., & Nelson, J. (1997). Attributional biases in clinical practice. *Journal of Psychological Practice, 3,* 27-33.

Okech, J. E. A. (2008). Reflective practice in group co-leadership. *Journal for Specialists in Group Work, 33*(3), 236-252.

Paleg, K., & Jongsma, Jr. A. E. (2015). *The group therapy treatment planner* (2nd ed.). Indianapolis, IN: Wiley.

Parcover, J. A., Dunton, E. C., Gehlert, K. M., & Mitchell, S. L. (2006). Getting the most from group counseling in college counseling centers. *Journal for Specialists in Group Work, 31*(1), 37-49.

Pedersen, P. B., Lonner, W. J., Draguns, J. G., Trimble, J. E., & Scharron-del Rio, M. R. (Eds.). (2016). *Counseling across cultures* (7th ed.). Thousand Oaks, CA: Sage.

Perls, F. (1969). *In and out of the garbage pail.* Moab, UT: Real People Press.

Pines, M. (1983). The contributions of S. H. Foulkes to group therapy. In M. Pines (Ed.), *The evolution of group analysis* (p. 265). London, UK: Routledge & Kagan Paul.

Polster, E., & Polster, M. (1976). Therapy without resistance: Gestalt therapy. In A. Burton (Ed.), *What makes behavior change possible?* New York, NY: Brunner/Mazel.

Prochaska, J. O., & Norcross, J. C. (2014). *Systems of psychotherapy: A transtheoretical analysis* (8th ed.). Pacific Grove, CA: Brooks/Cole.

Rapin, L. S. (2010). Ethics, best practices, and law in group counseling. In R. K. Conyne (Ed.), *The Oxford handbook of group counseling* (pp. 61-82). New York, NY: Oxford University Press.

Riva, M. T. (2010). Supervision of group counseling. In R. K. Conyne (Ed.), *The Oxford handbook of counseling* (pp. 370–382). New York, NY: Oxford University Press.

Riva, M. T., & Haub, A. L. (2004). Group counseling in the schools. In J. L. DeLucia-Waack, D. Gerrity, C. R. Kalodner, & M. T. Riva (Eds.), *Handbook of group counseling and psychotherapy* (pp. 309–321). Thousand Oaks, CA: Sage.

Riva, M. T., Wachtel, M., & Lasky, G. B. (2004). Effective leadership in group counseling and psychotherapy: Research and practice. In J. L. DeLucia-Waack, D. Gerrity, C. R. Kalodner, & M. T. Riva (Eds.), *Handbook of group counseling and psychotherapy* (pp. 37–48). Thousand Oaks, CA: Sage.

Roarck, A., & Sharah, H. (1989). Factors related to group cohesiveness. *Small Group Behavior, 20*, 62–69.

Roback, H. (2000). Adverse outcomes in group psychotherapy: Risk factors, prevention, and research directions. *Journal of Psychotherapy Practice and Research, 9*, 113–122.

Rogers, C. R. (1969). *Freedom to learn: A view of what education might become.* Columbia, OH: Charles E. Merrill.

Rogers, C. R. (1970). *Carl Rogers on encounter groups.* New York: Harper & Row.

Rogers, C. R. (1975). Empathic: An unappreciated way of being. *Counseling Psychologist, 5*, 2–10.

Rogers, C. R., & Farson, R. E. (2015). *Active listening.* Mansfield, CT: Martino Publishing.

Rooney, J., & Hanson, R. (2001). Predicting attrition from treatment programs for abusive men. *Journal of Family Violence, 16*, 131–149.

Rowe, J. W., & Kahn, R. L. (1998). *Successful aging.* New York, NY: Pantheon Books.

Rutan, J. S., Stone, W. N., & Shay, J. J. (2007). *Psychodynamic group psychotherapy* (5th ed.). New York, NY: The Guilford Press.

Scaturo, D. (2004). Fundamental clinical dilemmas in contemporary group psychotherapy. *Group Analysis, 37*, 201–217.

Scheidlinger, S. (1982). On scapegoating in group psychotherapy. *International Journal of Group Psychotherapy, 32*, 131–143.

Scheidlinger, S. (1991). Conceptual pluralism: AGPA's shift from oxodoxy organization. *International Journal of Group Psychotherapy, 41*, 217.

Scheidlinger, S. (1993). History of group psychotherapy. In H. I. Kaplan & B. J. Sadock (Eds.), *Comprehensive group psychotherapy* (3rd ed., pp. 577–578). Baltimore, MD: Williams and Wilkins.

Schermer, V. (2000). Contributions of object relations theory and self psychology to relational psychology and group psychotherapy. *International Journal of Group Psychotherapy, 50*, 199–212.

Schoenwolf, G. (1998). The scapegoat and the holy cow in group therapy. *Journal of Contemporary Psychotherapy, 28*(3), 277–287.

Shumaker, D., Ortiz, C., & Brenninkmeyer, L. (2011). Revisiting experiential group training in counselor education: A survey of master's-level programs. *Journal for Specialists in Group Work, 36*(2), 111–128.

Schutz, W. C. (1966). *The interpersonal underworld.* Palo Alto, CA: Science and Behavior Books.

Singer, V. I., Tracz, S. M., & Dwokin, S. H. (1991). Reminiscence group therapy: A treatment modality for older adults. *Journal for Specialists in Group Work, 16*(3), 167–171.

Sink, C., Edwards, C. N., & Eppler, C. (2012). *School-based group counseling.* Belmont, CA: Brooks/Cole, Cengage Learning.

Sonstegard, M. A., & Bitter, J. R. (2004). *Adlerian group counseling and therapy.* New York, NY: Brunner-Routledge.

Steen, S., & Bemak, F. (2008). Group work with high school students at risk of school failure: A pilot study. *Journal for Specialists in Group Work, 33*(4), 335–350.

Stockton, R. (2010). The art and science of group counseling. *Journal for Specialists in Group Work, 35*(4), 324–330.

Stockton, R., Morran, D. K., & Nitza, A. G. (2000). Processing group events: A conceptual map for leaders. *Journal for Specialists in Group Work, 25*, 343–355.

Straus, B. (2018). *Healing in action: Adventure-based counseling with therapy group.* Lanham, MD: Rowman & Littlefield.

Sue, D. W., & Sue, D. (2016). *Counseling the culturally diverse* (7th ed.). Hoboken, NJ: John Wiley & Sons, Inc.

Sue, D. W., Gallardo, M. E., & Neville, H. A. (2014). *Case studies in multicultural counseling and therapy.* Hoboken, NJ: Wiley.

Sullivan, H. (1955). *Conceptions of modern psychiatry.* London: Tavistock.

Sweeney, T. J. (2015). *Adlerian counseling and psychotherapy: A practitioner's approach* (5th ed.). New York, NY: Routledge.

Tomkins, M. A. (2004). *Using homework in psychotherapy: Strategies, guidelines, and forms.* New York: Guilford Press.

Toseland, R. W., & Rivas, R. F. (2017). *An introduction to group work practice* (8th ed.). Essex, UK: Pearson Education Limited.

Trotzer, J. (2013). *The counselor and the group: Integrating theory, training, and practice* (4th ed.). Philadelphia, PA: Taylor & Frances.

Velasquez, M. M., Crouch, C., Stephens, N. S., & DiClement, C. C. (2016). *Group treatment for substance abuse: A stages-of-change therapy manual* (2nd ed.). New York, NY: Guilford

Press.

Wacker, D. P., Harding, J., Berg, W., Cooper-Brown, L. J., & Barretto, A. (2003). Punishment. In W. O'Donohue, U. J. Fisher, & S. C. Hayes (Eds.), *Cognitive behavior therapy: Applying empirically supported techniques in your practice* (pp. 308−320). Hoboken, NJ: John Wiley & Sons.

Wagner, C. C., & Ingersol, K. S. (2013). *Motivational interviewing in groups*. New York, NY: The Guilford Press.

Waldron, V., Lavitt, M., & Douglas, K. (2000). The nature and prevention of harm in technology-mediated self-help settings: Three exemplars. *Journal of Technology in Human Services, 17,* 267−293.

Ward, D. (2006). Classification of groups. *Journal for Specialists in Group Work, 3*(2), 93−97.

Wastell, C. A. (1997). Description of an experiential course in group processes incorporating community-based practitioners. *Journal of Group Psychotherapy, Psychodrama, and Sociometry, 48*(1), 21−29.

Weigel, R. (2002). The marathon group dynamics. *Psychological Reports, 20,* 1147−1158.

Wheelan, S. A. (2004). *Group processes: A developmental perspective* (2nd ed.). Boston, MA: Allyn & Bacon.

White, M. (2007). *Maps of narrative practice*. New York, NY: Norton Books.

Wierzbicki, M., & Pekarik, G. (1993). A meta-analysis of psychotherapy dropouts. *Professional Psychology: Research and Practice, 24,* 190−195.

Winslade, J., & Geroski, A. (2008). A social constructionist view of development. In K. Kraus (Ed.), *Lenses: Applying lifespan development theories in counseling* (pp. 88−113). Boston/ New York: Lahaska Press.

Wolf, E. S. (1988). *Treating the self: Elements of clinical self psychology*. New York, NY: Guilford.

Wolfelt, A. D. (2004). *The understanding your grief support group guide: Starting and leading bereavement support group*. Fort Collins, CO: Companion Press.

Wolitzsky, D. L. (2011). Psychoanalytic theories in psychotherapy. In J. C. Norcross, G. R. Vandenbos, & D. K. Freedheim (Eds.), *History of psychotherapy* (2nd ed., pp. 65−100). Washington, DC: American Psychological Association.

Wolpe, J. (1958). *Psychotherapy by reciprocal inhibition building*. Stanford, CA: Stanford University Press.

Worden, J. W. (2009). *Grief counseling and grief therapy* (4th ed.). New York, NY: Brunner/ Mazel.

Wubbolding, R. E. (2000). *Reality therapy for the 21st century*. Philadelphia, PA: Brunner-Routledge (Taylor & Francis).

Yalom, I. (1980). *Existential psychotherapy*. New York: Basic Books.

Yalom, I., (with Leszcz, M.). (2005). *The theory and practice of group psychotherapy* (5th ed.). New York, NY: Basic Books.

🔍 찾아보기

인명

Adler, A. 242
Alexander, F. 170

Bandura, A. 258
Berg, I. K. 296
Berne, E. 290
Binswanger, L. 262
Breuer, J. 73

Carr, E. H. 15

de Shazer, S. 296
Dostoevskii, F. M. 83
Dreikurs, R. 17
Dusay, J. M. 293

Ellis, A. 277
Epston, D. 303
Erikson, E. H. 551

Festinger, L. 339
Forsyth, D. R. 13
Foulkes, S. H. 236

Frankl, V. 262
Freud, S. 73, 235

Glasser, W. 284

Heidegger, M. 262
Horwitz, L. 54
Husserl, E. 262

Ingham, H. 414

James, W. 13

Kierkegaard, S. 262
Kitchner, K. S. 197
Klein, M. 55
Kohlberg, L. 551
Kübler-Ross, E. 551, 645

Lewin, K. 18, 29, 76
Luft, J. 414

May, R. 262

Miller, W. 308
Moreno, J. L. 17, 18, 248
Moreno, Z. T. 249

Sartre, J. P. 262
Skinner, B. F. 258
Slavson, S. R. 17, 18
Sullivan, H. 13, 581

Pavlov, I. P. 257
Perls, F. 270
Piaget, J. 551
Pratt, J. H. 16, 17

Rogers, C. 29, 266
Rollnick, S. 308

Wender, L. 17
White, M. 303
Wolpe, J. 259
Wubbolding, R. E. 285

Yalom, I. D. 20, 87, 262

내용

2인 1조 소개 482

3R 286

AA 36

ABCDEF 모델 279, 280

ABC 모델 279

AGPA 18

APGA 20

ASGPP 18

ASGW 20

CYS-Net 22

DARN-CAT 309

DSM-5 407

ICD-11 408

MI 308

NTL 29, 31

OARS 310

Q-분류법 88

SUDs 259

training in human relations
    18, 29

T 집단 28

T 집단의 주요 목적 29

WDEP 모델 285

가속 311

가족구도 243

가족 재연 84

가치관 주입 211

가치중립적 · 가치배타적 상담
    213

가치 조건화 267

각본분석 294

각자 소개하기 482

감속 312

감수성 29

감수성훈련집단 29

감정화 186

강압 214

강압형 479

개념화 324

개방적 태도 100

개방질문 369

개방집단 41

개별면담 428, 608

개별면접 448

개별성 106

개별화 557

개인내적 고립 264

개인심리학 집단 242

개인심리학 집단의 기본 가정
    242

개인저널 341

개인차 598

개인화 487, 557, 629

객관식 질문지 543

객관적 불안 237

거울기법 254

걸어 다니는 모델 105

게슈탈트 270

게슈탈트치료집단 270

게임 291

게임분석 294

격려 245, 246, 419

결과 462

경고의무 206

경과일지 341

경외심 306

경직형 478

경험보고서 544

경험학습 117

고급대화기법 311

고기능집단 151

고립 264

고전적 조건형성 257

공감적 이해 105, 269, 569

공동리더 131

공동리더십 131, 457

공동리더십의 이점 132

공동리더십의 한계 135

공동지도자 131
공정성 198
공존감 80, 568
공통성 78
과업집단 31
과정기술 384
과정논평 328, 350
과정분석 326, 350
과정분석의 자원 328
과정인식 328, 343
과정일지 327
과정전문가 266
과정질문 328, 346
과제 246
관객 253
관계왜곡 85, 581
관리의료제도 35
관리의료체계 408
관점 탐색국면 313
관점 확대국면 313
관찰학습 118
관찰학습 방법 119
관찰학습 지침 120
교도교사 자격연수 21
교류 293
교류분석 293
교류분석집단 290
교수학습 117
교실생활교육집단 27
교육지도 실습집단 112
교육집단 26

교육집단의 일반 절차 27
교육집단의 주요 주제 27
교육 회기 384
교정적 정서체험 170, 584
교정적 체험 469
교정적 피드백 417
교차교류 294
구성주의 303
구조분석 293
구조화 385, 562
구조화된 활동 644
구조화 집단 39
국제질병분류체계(제11판)
    408
권위주의적 리더 126
권한부여 69
그룹 멤버 145
극화된 자유연상 273
근접성 591
금지령 291
긍정적 분위기 조성 387
긍정적 어조 사용 484
기대효과 및 평가 460
기본 실수 244
기본 욕구 284, 285
기본참만남집단 19, 30
기저선 261
깊이 312
깔때기효과 397
꼬리표 붙이기 159, 374
꿈 분석 238

꿈 작업 273

'나' 규칙 274
'나와 너' 규칙 274
나이 든 성인 638
나이 든 성인집단 638
낙인찍기 374
내사 271
내용기술 362
내파치료 259
넓이 312
노인 638
노인에 대한 편견 639
논의 도출 311
누락 363
능력 226

다감각적 접근 631
다문화주의 647
다문화집단 647
다중관계 214
당위주의 279
대리학습 77, 88, 90, 103
대인관계모델 20
대인관계중심 집단치료의 원리
    469
대집단생활교육 27
대처질문 300
대학생집단 631
대화독점 159
도덕 196

도덕적 불안 237
도박 636
도움거부 불평자 168
독단형 리더십 125
독단형 리더십의 특징 126
독백 254
독재형 리더 126
돌아가며 소개하기 483
동기강화면담 308
동기강화면담 정신 309
동기강화면담집단 308
동작성 591
동조 106
동질집단 42, 444
등록 227

라켓 292
리더십 18, 123
리더십의 정의 123
리더 중심 125

마라톤집단 30
마술가게기법 255
마이너스 위치 243
'마치 ~처럼' 행동하기 245
말문열기 활동 41
매 회기 시작 494
명료화 362
명시적 규범 565
모델링 77, 103, 127, 258, 259
모방행동 88

모임의 빈도수 65
모험시도 83
모호한 계획 439
목표선택질문 300
목표설정 224
무계획 439
무대 253
무리한 계획 439
무의미 264
무의식 236
무조건 자극 257
무조건적인 긍정적 존중 268
문장완성법 163, 645
문제 외현화 대화법 306
문화충격 383
미결과제 81, 112, 271, 522
미결사안 134
미국인사 · 생활지도학회 20
미국정신의학회 249, 407
미국집단심리치료 · 사이코드
    라마협회 18
미국집단심리치료학회 18
미래투사기법 255
미성년자 참여 · 강제 참여 210
미시사회 473
민감성 29
민법 197
민주형 리더십 125
민주형 리더십의 특징 125

반구조화 집단 41

반대로 하기 273
반영 365
반영적 경청 313
반영적 경청의 5수준 367
반전 271
반창고 붙이기 169
방임형 479
방임형 리더십 126
방치 207
배경 270
버튼 누르기 245
벌 260
법 196
변화대화 309
변화실행언어 309
보상 243
보편성 77, 88
부적절한 내용 구성 440
부적절한 시간 배분 440
부적 피드백 417
부조화 332, 339, 372
분리감 606
불균형 339
불안 236
불안위계 259
불일치 332, 372
비구조화 집단 40
비밀유지 47, 204, 622, 630
비밀유지에 관한 구조화 386
비밀유지의 한계 205
비생산적 직면 585

비생산적 침묵 166
비언어행동 591
비유해성 198
비일관성 332, 372
비자발적 참여 66, 220
비자발적 참여 청소년 628
비전문적 관계 214
비존재 263
비합리적 신념 277
비합리적 신념 목록 277
빈의자기법 254, 273

사랑 264
사별 645
사별집단 645
사실적 이야기 늘어놓기 172
사이버 지지집단 38
사전동의 216
사전동의서 210
사회구성주의 297, 304
사회인지학습이론 258
사회적 관심 243
사회적 소우주 46
산만형 478
삶 263
상담기관에서의 홍보전략 458
상담집단 32
상담집단의 특성 32
상대주의 304
상보교류 294
상실감 606

상위의사소통 55
상처 싸매기 169
상호 제지이론 259
상황 실연 248
새로운 경험 추구 107
생산단계 554, 593
생산단계의 촉진전략 603
생산단계의 특징 594
생산적 직면 585
생산적 집단 598
생산적 집단원의 특징 601
생산적 침묵 166
생애각본 293, 294
생애사 질문지 246
생존 욕구 285
생활각본 292
생활양식 243
생활자세 292
선의 198
선입관 639
선택이론 284
성격구조 236
성스러운 소 146
성장집단 28
세계 내 존재 264
세부목표 480
소감 나누기 522
소감문 544
소극적 참여 163
'소문 전파 금지' 규칙 274
소사회 46

소속감 90
소속 욕구 285
소우주 473
소진 132, 457
소크라테스식 대화법 281
수용 69, 258
수직적 탐색 72
수퍼비전 224
수평적 탐색 72
수프에 침 뱉기 245
수행 226
숨겨진 과업 186
숨겨진 사안 405
스태미너 106
스트로크 291
습관적 불평 168
시간 구조화 291
시작국면 312, 436
시작 회기 470
신경증 237, 242
신경증의 5개 층 271
신경증적 불안 236
신뢰감 형성 활동 41
신뢰관계 629
신뢰 분위기 조성 483
신뢰성 109
신비감 306
신체언어 591
신혼여행기 555
실존심리치료 263
실존적 고립 264

실존적 요인 86
실존치료집단 262
실천적 지식 115
실행국면 313
실험 272
실험훈련집단 29
실현경향성 267
심리교육집단 26
심리극 34, 248
심리적 에너지 106

아동집단 615
아동 · 청소년들의 흔한 비합리
    적 신념 목록 278
아동학대 207
악동 피하기 245
알아차림 271
알지 못함 295
알코올 중독자 익명집단 36
암묵적 규범 565
압력 214
애착 80
약식강의 383, 533
양가감정 309, 555
역량 226
역설적 의도 245, 264
역전이 329
역지사지 105
역할 바꾸기 254
역할이론 251
역할 훈련 255

연결 409
연습 272
연출자 252
연합 학습 257
열등감 243
열등 콤플렉스 243
열정 109
영웅 145
예비집단 회기 460
예비집단 회기의 기능 460
예외발견질문 301
완전히 기능하는 사람 268
왜곡 363
요구조사 442
요약 367
요약 피드백 301
우리라는 의식 78
우월성 추구 243
우월한 태도 181
원가족 84, 237
원초아 236
위약효과 69
유기체 266
유머 감각 102, 109
윤리 196
윤리강령 195
윤리강령의 한계 201
윤리적 리더십 195
윤리적 의사결정 197
윤리적 의사결정 모형 198
융통성 109

융합 271
응용행동과학 국립훈련원 18,
    29, 31
응집력 79
의뢰 226
의미감 263
의미치료 262
의사거래 293
의사교류 293
의사소통방식 310
의식 236
의식수준 236
의존적 행동 178
이고그램 293
이렇게 해 보시죠? 네, 그렇지
    만 게임 179
이론 지향성 233
이름 쌓기 482
이면교류 294
이상적 자기 267
이심전심 105
이야기 304
이야기치료집단 303
이중 경청 306
이중관계 214
이중자아 254
이질집단 42, 445
이차 목적 336
이타심 88
인간관계훈련 18
인간중심치료집단 266

인격화 581

인구통계학적 변인 378

인식 변화 272

인증 227

인지기법 280

인지부조화 339

'인지 연속' 규칙 274

인터넷게임장애 636

인터넷 지지집단 38

일반화 363

일방경 119

일시적 구원 169

일차가족 84

일차가족집단의 교정적 재현 88

일차 목적 336

일치성 30, 268

잉여현실 251

자, 갑시다!형 125

자격 227

자격증 223

자극질문 511

자극통제 260

자기 267

자기간파 245

자기개념 267

자기개방 70, 622

자기개방에 대한 오해 71

자기반성적 회로 585

자기부인 75

자기수용 99, 109

자기이해 75

자기인식 110

자기인지 109

자기지식 75

자기진술 대처기법 281

자기체계 271

자기초월 264

자기표현 253

자문 224

자문자 31

자발성 250

자발적 모범 103

자발적 참여 221

자아 236

자아강도 340

자아방어기제 237, 576

자아상태 290

자유 263

자유연상 238

자유 욕구 285

자율성 존중 198

자의식 59

자조집단 36

자존감 80, 568

작업국면 437

작업단계 554, 572

작업단계의 촉진전략 587

작업단계의 특징 573

작업동맹 72, 428

장이론 18, 29

잦은 지각 · 결석 154

재결단 292, 293, 294

재구성 418

재연법 255

재저술 304

재정향 244, 247

재진술 307, 364

저기능집단 151

저항 239, 576

저항분석 · 해석 238

적대적 행동 177

전경 270

전략 326

전문기법 222

전문상담교사제도 22

전문성 개발 226, 228

전문적 역량 221

전문지식 222

전문학습자 266

전의식 236

전이 239, 329

전이반응 581

전이발달단계 240

전이왜곡 330

전이해결단계 241

전체론적 관점 267

전체적 형상 270

전체 회기 종결 533

전행동 284

접촉 271

접촉경계 271

정보공유 88
정보제공 202, 381, 644
정서기법 281
정서 인식 106
정서장해 279
정신병 237
정신분석집단 235
정신장애 34
정신장애의 정의 34
정신장애 진단ㆍ통계편람 407
정신적 감염 429
정신적 외상 186
정신화첩 284
정예의식 307
정적 피드백 416
정직성 109
제4세력 647
제4심리학 30
조건 반응 257
조건 자극 257
조언 474
조작적 조건형성 258
조하리 창 이론 414
존재방식 268
존재와 시간 264
존재 추동 267
존중 어린 호기심 306
종결 604, 624
종결국면 437
종결 회기 517
주관식 질문지 544

주관적 불편 단위 척도 259
주인공 252
주제/연관성 분석 403
죽음 263
준언어 591
중간 회기 494
중간 회기 계획 502
중간 회기의 리더십 514
중간 회기 평가 502
중도포기 158, 219, 221
중독 636
중독성 물질 636
중독성 행동 636
중독자집단 636
중립성 결여 305
중립적 태도 623
즉시성 245, 405
즉흥성 250
즐거움 욕구 285
증거기반치료 257
증상 242
증언거부권 209
지각지도 267
지금 여기 과정분석 327
'지금 여기' 규칙 274
지금 여기 상호작용 촉진 399
지배적 이야기 304
지성화 185
지역사회 정신건강센터 20
지역사회 정신건강센터건립법 19

지역사회 청소년 통합지원체계 22
지지 419
지지집단 38
직감 378, 405
직관 378, 405
직면 244, 372, 570, 585
직무상 과실 197, 206, 227
진단 406
진술 307
진실성 109
진정성 30
진정성 추구 264
질문 306, 369
질문공세 173
'질문 금지' 원칙 274
질적 세계 284
집단경험 평가 543
집단계획 432
집단계획과 준비 620, 626, 634, 638, 642
집단계획서 작성 440
집단계획서 작성을 위한 점검 목록 441
집단계획 시 흔히 범하는 실수 439
집단과업 역할 148
집단과정 53, 54
집단과정분석 326
집단구성 443, 626, 638, 642
집단구조화 479

집단 구축 및 유지 149
집단규범 461, 564, 598
집단규칙 462
집단규칙 설정 462
집단 대상 선정 443
집단 대상 선정 지침 444
집단리더 28
집단리더 수 457
집단리더십 123, 627, 633, 636, 640, 648
집단리더십 유형 124
집단리더십 증진방안 127
집단리더의 역량 발달단계 227
집단리더의 역할 97
집단리더의 자질 99
집단리더의 전문성 109
집단면담 608
집단모임 빈도 452
집단모임 시간 66, 453
집단모임 장소 64, 454
집단목표 442
집단 문화 97
집단분석 17
집단분석 심리치료 236
집단상담과 치료의 강점 43
집단상담과 치료의 한계 47
집단 시작 선언 477
집단심리와 자아분석 23, 235
집단심리치료 15, 34, 249
집단심리치료의 아버지 17
집단심리치료자 34

집단심리학 17
집단압력 18
집단에 관한 구조화 385
집단역동 18, 53, 57
집단역동 관찰 58
집단역동의 아버지 18
집단역동의 영향 요소 62
집단원 145
집단원 선발 621, 626
집단원 선별 634
집단원 선별방법 447
집단원 선별·선발 445
집단원 선별 지침 447
집단원의 개별 역할 150
집단원의 과업 146
집단원의 기대표현 돕기 484
집단원의 문제행동과 개입 154
집단유형 445, 638
집단응집력 88, 566
집단의 구성원리 43
집단의 유형 24
집단의 좌석 배치유형 456
집단의 총 회기 수 452, 621
집단의 치료요인 67
집단의 필요성·목적 442
집단의 한계에 관한 구조화 386
집단의 형태 39
집단일정 451
집단작업 53, 323
집단작업 실습 114
집단작업전략 622, 641, 643,

651
집단작업전문가협회 20
집단전문가 교육과 훈련 116
집단전문가 윤리강령 200
집단 전체에 대한 계획 432
집단종결 225
집단주제 627, 633, 643
집단주제·활동 443
집단준비 427
'집단중독' 현상 184
집단참여 동기 66
집단참여자 145
집단치료 15, 17, 34
집단치료자 34
집단크기 63, 451, 621, 634
집단크기·회기 길이 638, 642
집단크기·회기 수 627
집단평가서 131
집단홍보 457
집단 회기 계획 433
집단 회기 길이 64, 453, 621
집단 회기 길이·시간 635
집단 회기의 녹음/녹화 131
집중집단 133
집중체험 28
집합치료 17, 242

차단 410, 528
참만남 250
참만남집단 19, 29
참만남집단운동 19, 30, 127

참여 유도 390, 529

창의성 108

창조성 250

책임 263

책임감 81

책임 있는 전문가 196

척도질문 301

첫 회기 과정 474

첫 회기 시작 476

첫 회기 특징 471

청소년대화의광장 22

청소년집단 625

체계적 둔감법 259

체험집단 30

초기기억 246

초월심리학 30

초자아 236

초점 맞추기 394

초점 설정 310, 395

초점 심화 312, 397

초점 완화 312

초점 유지 311, 395

초점 이동 311, 397

초점 축소 312

초점 확장 312

촉진자 26, 28

최종 피드백 540

출생순위 244

충고 474

충고 일삼기 174

충실성 198

치료계획 326

치료동맹 237

치료적 14

치료적 집단 13, 14, 113

치료집단 34

카타르시스 73, 90, 251

커플 633

커플집단 633

코리더 131

쾌락원리 236

퀴블러-로스의 애도단계 646

타라소프 판례 206

타인의 복지에 대한 관심 101

탄력 311

탈숙고 264

탈신비화 431

탈억압 89

탐색단계 554, 555

탐색단계의 특징 556

태도적 자질 268

텔레 250

토큰경제 259

통찰 89, 251

통합 529

통합단계 554, 603

통합단계의 특징 605

통합으로 통하는 왕도 273

통합적 전체 270

통합적 접근 314

투명성 340

투사 72, 271

투사적 동일시 54

트래킹 472

패턴 352

편향 271

평가 225

평가질문 300

평등주의 340

폐쇄질문 370

폐쇄집단 41

포스트구성주의 303

포스트모더니즘적 접근 295

플러스 위치 243

피드백 76, 414, 597

하위집단 형성 182, 435

하위집단화 59

학교에서의 홍보전략 458

학생생활연구소 설치 21

학위 223

한국의 집단상담과 치료 발달
    사 21

한국집단상담학회 창립 22

한국청소년상담원 22

함께 묶기 529

합당한 치료 224

합리정서행동치료집단 277

합의적 타당화 61, 584

해결중심단기치료집단 296

해결지향질문 301

해석 238, 376

해석적 설명 377

해석적 필터링 361, 485

해체 304

행동기법 281

행동 실연 255

행동주의 257

행동중독 636

행동치료집단 257

허구적 목적론 243

현상적 장 267

현실 감각 109

현실검증 78, 171, 251

현실원리 236

현실적 자기 267

현실치료집단 284

현재화 274, 276

협력 306

형법 197

호의 109

혼합 메시지 332, 372

홍수법 259

회기 종결 517

회원 재구성 대화 307

후속 집단 회기 225, 554, 607

훈습 237, 241

훈습단계 241

희망 68

희망고취 88

희생양 145

히스테리 73

힘겨루기 59

힘 욕구 285

행동치료집단 257

허구적 목적론 243

현상적 장 267

현실 감각 109

현실검증 78, 171, 251

현실원리 236

현실적 자기 267

현실치료집단 284

현재화 274, 276

협력 306

형법 197

호의 109

혼합 메시지 332

혼합메시지 372

홍수법 259

회기 길이 638, 642

회기 수 627

회기 종결 517

회원 재구성 대화 307

후속 집단 회기 225, 554, 607

훈습 237, 241

훈습단계 241

희망 68

희망고취 88

희생양 145

히스테리 73

힘겨루기 59

힘 욕구 285

 **저자 소개**

강진령(姜鎭靈)
(Jin-ryung Kang, Ph.D. in Counseling Psychology)

미국 인디애나 대학교 상담심리학 석사(M.S.) · 박사(Ph.D.)
미국 일리노이 주립대학교 임상인턴
한국청소년상담원 상담교수(집단상담 부장)
미국 플로리다 대학교 초빙교수 역임
현재 경희대학교 교수

주요 저서
집단상담의 실제(3판, 학지사, 2019)
상담연습: 치료적 의사소통 기술(학지사, 2016)
학교상담과 생활지도: 이론과 실제(학지사, 2015)
반항적인 아동 · 청소년 상담(공저, 학지사, 2014)
상담과 심리치료(2판, 양서원, 2013)
집단상담과 치료(학지사, 2012)
집단과정과 기술(학지사, 2012)
학교집단상담(학지사, 2012)
상담자 윤리(공저, 학지사, 2009)
상담심리 용어사전(양서원, 2008) 외 다수

주요 역서
DSM-5 아동 · 청소년 정신건강 가이드북(학지사, 2018)
DSM-5 노인 정신건강 가이드북(학지사, 2018)
DSM-5 진단사례집(학지사, 2018)
DSM-5 가이드북(학지사, 2017)
학교상담 핸드북(학지사, 2017)
상담심리치료 수퍼비전(학지사, 2017)
DSM-5 Selections(전 6권, 학지사, 2017)
학교에서의 DSM-5 진단(시그마프레스, 2017)
DSM-5 임상사례집(학지사, 2016)
APA 논문작성법(6판, 학지사, 2013)
간편 정신장애진단통계편람/DSM-IV-TR: Mini-D(학지사, 2008) 외 다수

집단상담과 치료
이론과 실제
GROUP COUNSELING AND PSYCHOTHERAPY
THEORY AND PRACTICE

2019년 8월 25일 1판 1쇄 발행
2023년 4월 20일 1판 3쇄 발행

지은이 • 강진령
펴낸이 • 김진환
펴낸곳 • (주) 학지사
　　　　04031 서울특별시 마포구 양화로 15길 20 마인드월드빌딩
대표전화 • 02)330-5114　　　팩스 • 02)324-2345
등록번호 • 제313-2006-000265호

홈페이지 • http://www.hakjisa.co.kr
페이스북 • https://www.facebook.com/hakjisabook

ISBN 978-89-997-1877-9　93180

정가 27,000원

출판미디어기업 **학지사**
간호보건의학출판 **학지사메디컬** www.hakjisamd.co.kr
심리검사연구소 **인싸이트** www.inpsyt.co.kr
학술논문서비스 **뉴논문** www.newnonmun.com
교육연수원 **카운피아** www.counpia.com